그날 밤 체르노빌

세계 최대 핵 재앙의 전말

Midnight
그날밤
체르노빌
in
Chernobyl

세계
최대
핵 재앙의
전말

애덤 히긴보덤 지음
김승진 옮김

이후

바네사에게

차례

1부 어느 도시의 탄생

2부 어느 제국의 죽음

표기에 관하여

이 책은 역사 속의 실제 사건을 다루고 있다. 벨라루스, 러시아, 우크라이나 단어들의 영문 표기는 미 의회도서관의 표기 원칙에 따랐으며 때로는 가독성을 높이기 위해 축약했다. 지명, 인명, 측정 단위는 사고 당시 소련에서 일반적으로 사용되던 것을 그대로 사용했다. **지은이**

1986년 소련[소비에트연방]*

✪ 국가 수도   ★ [소비에트 연방 내] 소비에트사회주의공화국(S.S.R.) 수도   ▪ 핵발전소

*   소련, 소비에트연방, 연방, 소비에트를 문맥에 따라 혼용해서 번역했다. '구 소련(소비에트연방)은 15개의 구성공화국으로
    이뤄져 있었다. 지도 안의 '그루지아'는 현재의 '조지아'다. 조지아가 러시아식 명칭인 '그루지아'를 사용하지 말 것을 국제
    사회에 공식 요청해 현재는 '조지아'가 사용되나, 이 지도는 1986년 당시를 나타낸 것이어서 '그루지아'로 표기했다. 옮긴이

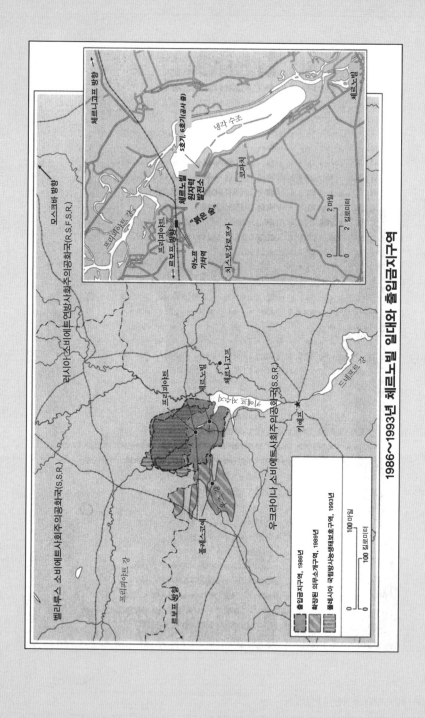

1986~1993년 체르노빌 일대와 출입금지구역

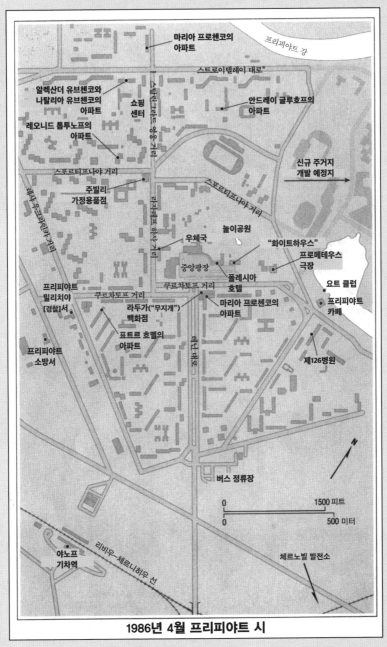

마리아 프로첸코의
아파트

프리피야트 강

스트로이텔레이 대로

알렉산더 유브첸코와
나탈리아 유브첸코의
아파트

쇼핑
센터

안드레이 글루호프의
아파트

레오니드 톱투노프의
아파트

신규 주거지
개발 예정지

스포르티프나야 거리

주빌리
가정용품점

스포르티프나야 거리

우체국

놀이공원

"화이트하우스"

중앙광장

프로메테우스
극장

폴레시아
호텔

요트 클럽

프리피야트
밀리치야
[경찰]서

쿠르차토프 거리

쿠르차토프 거리

마리아 프로첸코의
아파트

프리피야트
카페

라두가("무지개")
백화점

표트르 흐멜의
아파트

제126병원

프리피야트
소방서

버스 정류장

0   1500 피트
0   500 미터

리비우-체르니하우 선

야노프
기차역

체르노빌 발전소

1986년 4월 프리피야트 시

* prospekt는 '대로', street와 lane은 '거리'로 표기했다. 옮긴이

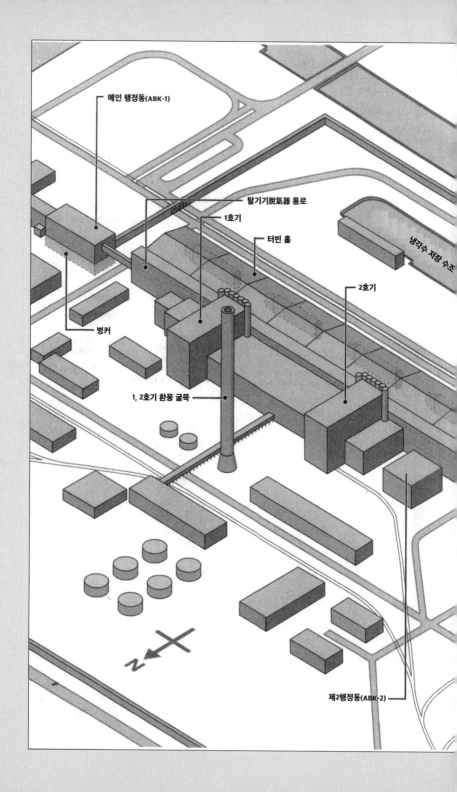

메인 행정동(ABK-1)

탈기기脫氣器 통로

1호기

터빈 홀

냉각수 저장 수조

2호기

벙커

1, 2호기 환풍 굴뚝

N

제2행정동(ABK-2)

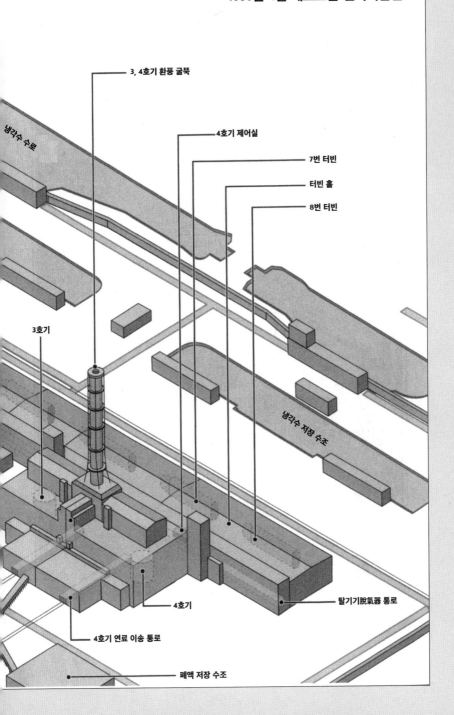

1986년 4월 체르노빌 원자력발전소

3, 4호기 환풍 굴뚝

냉각수 수로

4호기 제어실

7번 터빈

터빈 홀

8번 터빈

3호기

냉각수 저장 수조

4호기

탈기기脫氣器 통로

4호기 연료 이송 통로

폐액 저장 수조

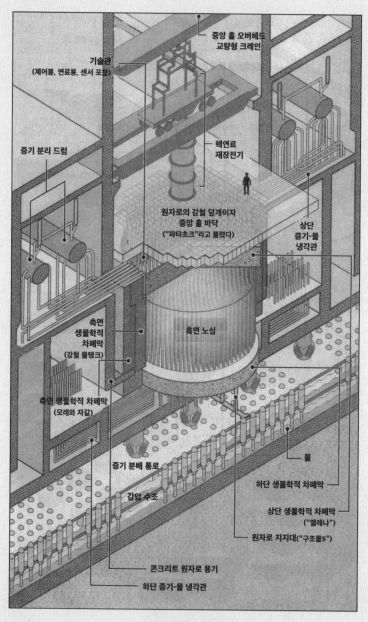

중앙 홀 오버헤드
교량형 크레인

기술관
(제어봉, 연료봉, 센서 포함)

핵연료
재장전기

증기 분리 드럼

원자로의 강철 덮개이자
중앙 홀 바닥
("퍄탸초크"라고 불렸다)

상단
증기-물
냉각관

흑연 노심

측면
생물학적
차폐막
(강철 물탱크)

측면 생물학적 차폐막
(모래와 자갈)

물

증기 분배 통로

하단 생물학적 차폐막

상단 생물학적 차폐막
("엘레나")

감압 수조

원자로 지지대("구조물S")

콘크리트 원자로 용기

하단 증기-물 냉각관

체르노빌 4호기

체르노빌 원자력발전소와 프리피야트 시

발전소 경영진

빅토르 브류하노프 Viktor Brukhanov: 발전소장
니콜라이 포민 Nikolai Fomin: 수석 엔지니어, 발전소 부소장
아나톨리 댜틀로프 Anatoly Dyatlov: 발전소 운전 담당 부수석 엔지니어

발전소 직원

알렉산더 아키모프 Alexander Akimov: 4호기 제5근무조 조장
레오니드 톱투노프 Leonid Toptunov: 4호기 제5근무조 선임 원자로 제어 엔지니어
보리스 스톨랴추크 Boris Stolyarchuk: 4호기 제5근무조 선임 유닛 제어 엔지니어
유리 트레구브 Yuri Tregub: 4호기 선임 원자로 제어 엔지니어
알렉산더 유브첸코 Alexander Yuvchenko: 4호기 제5근무조 선임 기계 엔지니어
발레리 페레보첸코 Valery Perevozchenko: 4호기 제5근무조 원자로실 조장
세라핌 보로브예프 Serafim Vorobyev: 체르노빌 발전소 시민방호 책임자
베니아민 프리아니치니코프 Veniamin Prianichnikov: 체르노빌 발전소 원자력 안전 훈련 책임자

소방관

레오니드 텔랴트니코프 Leonid Telyatnikov 소령Major: 제2소방대(체르노빌 발전소 소재. 소방대는 준군사 조직임) 지휘관

블라디미르 프라비크 Vladimir Pravik 중위Lieutenant: 제2소방대(체르노빌 발전소 소재) 제3당직조 지휘관

표트르 흐멜 Piotr Khmel 중위Lieutenant: 제2소방대(체르노빌 발전소 소재) 제1당 직조 지휘관

빅토르 키베노크 Viktor Kibenok 중위Lieutenant: 제6소방대(프리피야트 시 소재) 제3당직조 지휘관

바실리 이그나텐코 Vasily Ignatenko 하사Sergeant: 제6소방대(프리피야트 시 소재) 제3당직조 대원

프리피야트 시

알렉산더 에사울로프 Alexander Esaulov: 프리피야트 이스폴콤(시 위원회) 부위원 장(부시장에 해당)

마리아 프로첸코 Maria Protsenko: 프리피야트 시 수석 건축가

나탈리아 유브첸코 Natalia Yuvchenko: 제4학교 국어[러시아어] 교사, 알렉산더 유 브첸코의 아내

정부

미하일 고르바초프 Mikhail Gorbachev: 소비에트연방 공산당 서기장(소비에트연방 최고 통수권자)

니콜라이 리지코프 Nikolai Ryzhkov: 소비에트연방 각료회의 의장(소비에트연방 총리)

예고르 리가초프 Yegor Ligachev: 소비에트연방 공산당 이념담당서기, 정치국 2인자

빅토르 체브리코프 Viktor Chebrikov: 소비에트연방 국가공안위원회KGB 의장

블라디미르 돌기흐 Vladimir Dolgikh: 당 중앙위원회 서기, 원자력발전을 포함한 중공업 분야 담당

블라디미르 마린 Vladimir Marin: 당 중앙위원회 "중공업 및 에너지 분과"의 원자력발전 분야 책임자

아나톨리 마요레츠 Anatoly Mayorets: 소비에트연방 에너지전기부 장관

제나디 샤샤린 Gennadi Shasharin: 소비에트연방 에너지전기부 차관, 원자력발전 분야 담당

블라디미르 셰르비츠키 Vladimir Scherbitsky: 우크라이나 당 제1서기(우크라이나 소비에트사회주의공화국 최고 통수권자), 소비에트연방 정치국 위원

알렉산더 랴슈코 Alexander Lyashko: 우크라이나 각료회의 의장(우크라이나 소비에트사회주의공화국 총리)

블라디미르 말로무츠 Vladimir Malomuzh: 키예프 주州 당 제2서기

비탈리 스클랴로프 Vitali Sklyarov: 우크라이나 에너지전기부 장관

보리스 셰르비나 Boris Scherbina: 소비에트연방 각료회의 부의장, 체르노빌 사고 대응 정부위원회 제1기 위원장

이반 실라예프 Ivan Silayev: 소비에트연방 각료회의 부의장, 엔지니어링 산업 담당, 당 중앙위원회 위원, 체르노빌 사고 대응 정부위원회 제2기 위원장

원자력 전문가

아나톨리 알렉산드로프 Anatoly Aleksandrov: 소비에트 과학아카데미(최고 학술기관) 원장, 쿠르차노프 원자력 에너지 연구소 소장, 소련 전역의 원자력 과학기술 개발을 총괄한 인물

에핌 슬라브스키 Efim Slavsky: 중기계건설부 장관, 소련 핵무기 프로그램의 모든 측면을 총괄한 인물

니콜라이 돌레잘 Nikolai Dollezhal: "에너지 기술 개발 및 설계 연구소NIKIET" 소장, 소련의 주요 원자로 개발과 설계를 담당한 인물

발레리 레가소프 Valery Legasov: 쿠르차토프 연구소 제1부소장, 아나톨리 알렉산드로프 바로 아래 서열의 부소장이자 오른팔

예브게니 벨리호프 Evegeny Velikhov: 쿠르차토프 연구소 부소장, 고르바초프의 과학 자문, 발레리 레가소프의 라이벌

알렉산더 메슈코프 Alexander Meshkov: 중기계건설부 차관

보리스 프류신스키 Boris Prushinsky: 에너지부 관할 원자력발전 담당 기관 소유즈아톰에네르고Soyuzatomenergo 수석 엔지니어 겸 에너지부 산하 원자력발전소 사고 대응팀 OPAS 책임자

알렉산더 보로보이 Alexander Borovoi: 쿠르차토프 연구소 중성미자 실험실 책임자, "체르노빌 복합 단지 탐사단Chernobyl Complex Expedition" 과학팀 책임자

한스 블릭스 Hans Blix: 국제원자력기구IAEA(오스트리아 빈 소재) 사무총장

장군

보리스 이바노프 Boris Ivanov 상장Colonel General: 소비에트 시민방호군 총부사령관

블라디미르 피칼로프 Vladimir Pikalov 상장Colonel General: 소비에트 육군 화학전부대 지휘관

니콜라이 안토슈킨 Nikolai Antoshkin 소장Major General: 키예프 군구 제17공수부대 지휘관

니콜라이 타라카노프 Nikolai Tarakanov 소장Major General: 소비에트 시민방호군 부지휘관

의사

안겔리나 구스코바 Angelina Guskova: 모스크바 제6병원 임상과장

알렉산더 바라노프 Alexander Baranov: 모스크바 제6병원 혈액학과장

로버트 게일 Robert Gale: 미국 UCLA 대학병원 혈액학 전문의

우크라이나, 체르노빌 원자력발전소
1986년 4월 26일 토요일 4:16 PM[1]

알렉산더 로가쵸프Alexander Logachev 상위Senior Lieutenant는 남자가 아내를 사랑하듯이 방사능을 사랑했다.[2] 큰 키에 수려한 외모, 짧게 깎은 머리와 얼음 같은 푸른 눈을 가진 스물여섯 살의 장교 로가쵸프는 소년 티를 채 벗지 못한 어린 나이에 군에 들어갔고 군에서 고도로 전문적인 교육을 받았다. 모스크바 외곽의 사관학교 교관들은 맹독성 화학물질과 비非차폐unshielded 상태의 방사선 피폭 같은 것들을 가르쳐 주었다. 또한 그는 카자흐스탄에 있는 세미팔라틴스크Semipalatinsk 핵실험장, 은폐된 방사능 사고의 낙진으로 여전히 심하게 오염되어 있는 외지고 황량한 지대 "동우랄 방사능 흔적East Urals Trace" 등을 돌아다니며 교육을 받았다. 얼마 후에는 저 멀리 무려 북극해에 있는 금단의 섬 노바야젬랴Novaya Zemlya에도 가게 되었다. 이곳은 역사상 최강 위력의 무시무시한 열핵융합탄 "차르 봄바Tsar Bomba"의 폭발 실험이 있었던 곳이다.

이제 로가쵸프는 키에프군구 시민방호군 제427 적기赤旗군 기계화 연대 소속의 방사능 정찰 장교로서, 신경가스, 생물학 무기, 감마선, 고방사성 입자 등으로부터 자신과 세 명의 대원을 보호하는 방법을 잘 알고 있었다.[3] 교과서에 나온 지침을 정확하게 준수할 것. 선량계의 숫자를 믿을 것. 필요할 경우 장갑차 운전석에 있는 핵전쟁 및 생화학 전쟁 대비용 구급상자를 열어 응급조치를 취할 것. 하지만 그는 최선의 방어는 심리적인 방어라고도 굳게 믿고 있었다. 그의 믿음에 따르면, 방사능에 대한 두려움을 다스리지 못하는 사람일수록 큰 위험에 처했고, 유령 같은 방사능의 존재를 인정하고 사랑하며 그것의 변덕을 이해하는 사람은 아무리 강한 감마선도 끄떡없이 견딜 수 있었다.

이날 오전에 로가쵸프는 체르노빌 원전에서 발생한 상황 때문에 비상 소집된 차량들의 선두에서 발전소를 향해 달리고 있었다. 30여 대의 차량이 키예프 외곽을 가로질러 속도를 내어 달리는 동안, 로가쵸프는 자신만만했고 그렇지 않아야 할 이유가 없었다. 장갑차 안으로 들어오는 봄바람에서는 나무 향기와 갓 베어진 풀 향기가 났다. 어제가 마침 매달 실시하는 훈련 점검일이었던 부하들은 잘 훈련되어 만반의 준비를 갖추고 있었다. 발치에 있는 방사능 탐지 장비들(구형 장비보다 민감도가 두 배나 높은 신형 장비도 있었다)은 부드럽게 웅웅거리는 소리를 내고 있었고 주변의 대기에 이상 징후가 있다는 신호는 전혀 없었다.[4]

하지만 늦은 오전 무렵 발전소가 가까워지면서 무언가 엄청난 일이 있었다는 것이 점점 분명해졌다.[5] 발전소 경내임을 알리는 콘크리트 표지를 지날 때 처음으로 선량계가 울렸다. 로가쵸프 상위는 차를 세우라고 지시하고 선량계의 숫자를 기록했다. 시간당 51뢴트겐. 그곳에서 60분만 지체해도 그들 모두 소비에트 군이 전쟁 상황에서 허용하는 최대 피폭 양을 흡수하게 될 터였다. 그들은 다시 차를 출발시켜 고압 송전탑들이 늘어서 있는 길을 따라 발전소 방향으로 이동했다. 선량계의 숫자는 더 높이 올라갔다가 다시 내려갔다.

장갑차가 발전소 냉각수 수로의 콘크리트 둑을 따라 이동하면서 체르노빌 원자력발전소 4호기의 윤곽이 보이기 시작했을 때, 로가쵸프와 부하들은 할 말을 잃었다. 20층 높이 건물의 지붕이 날아가서 위가 뻥 뚫려 있었다. 건물 위쪽은 검게 그을려 있었고 아래에는 무너진 잔해가 엄청나게 쌓여 있었다. 부서진 강화콘크리트 패널들과 흑연 벽돌 덩어리들이 여기저기 떨어져 있었고 노심에서 튕겨져 나온 핵연료 집합체의 반짝이는 금속 케이스도 곳곳에 보였다. 잔해에서는 증기 구름이 맑은 하늘로 계속해서 피어오르고 있었다.

발전소 전체를 완전하게 정찰하라는 명령을 받은 그들은 시속 10킬로미터로 발전소 복합 단지 주위를 반反시계 방향으로 돌면서, 블라스킨 하사가 성능 좋은 새 선량계의 숫자를 소리 내어 읽으면 로가쵸프가 손으로 그린 지도(누런 종이에 볼펜과 색깔 사인펜으로 그려져 있었다)에 그것을 적어 넣었다.[6] 시간당 1뢴트겐, 2뢴트겐, 다시 3뢴트겐. 그러다 좌회전을 하자 숫자가 급격히 올라갔다. 10, 30, 50, 100.

하사가 소리쳤다.

"시간당 250뢴트겐입니다!"

하사의 눈이 휘둥그레졌다.

"상위 동지…" 하사는 말을 잇지 못하고 선량계를 손으로 가리켰다.

디지털 숫자판을 내려다본 로가쵸프는 공포로 머리 가죽이 쭈뼛해지는 것을 느꼈다. 시간당 2080뢴트겐이라니![7] 이것은 있을 수 없는 숫자였다.

로가쵸프는, 그의 지론대로 두려움을 다스리기 위해, 필사적으로 침착함을 그러모으면서 교과서에 쓰여 있던 것을 기억하려 애썼다. 하지만 이번만큼은 그가 받았던 고도의 훈련도 아무 소용이 없었다. 차가 멎을까 봐 완전히 공포에 질린 로가쵸프는 자기도 모르게 운전병에게 고래고래 소리를 질렀다.

"왜 이 길로 가는 거야, 이 멍청한 자식! 정신 나갔나? 이게 멎으면 15분 안에 우리 모두 시체가 된단 말이다!"

Midnight

1부

어느 도시의 탄생

in Chernobyl

1장

소비에트의 프로메테우스

헬기의 회전날개 소리에 검은 새들이 푸드득 날아올라 얼어붙은 초원과 프리피야트 강 유역을 눈부시게 장식하고 있는 지류들의 상공으로 흩어졌다. 저 아래에서는 빅토르 브류하노프Viktor Brukhanov가 입김이 구름처럼 서리는 추위 속에서 무릎까지 눈에 빠진 채, 모스크바에서 오는 노멘클라투라* 일행을 기다리고 있었다.[1]

헬기가 착륙하자 각료 대표들과 당 간부들이 헬기에서 내려 얼어붙은 들판에 발을 디뎠다. 매서운 바람이 두터운 외투와 높은 털모자를 사정없이 할퀴었다. 기다리고 있던 브류하노프가 소비에트연방 에너지전기부Ministry of Energy and Electrification 장관과 우크라이나 소비에트사회주의공화국 고위 당 간부들을 맞이했다. 우크라이나 서부의 이 벌판에서 실로 대담하고 야심찬 프로젝트가 시작되려 하고 있었다. 서른네 살의 영민하고 야망 있는 엔지니어이자 헌신적인 당원인 브류하

---

* 구 소련의 권력층. 옮긴이

노프는 이곳에 원자력발전소를 지으라는 명을 받고 와 있는 참이었다. 소비에트 중앙계획가들의 뜻대로 된다면 이 발전소는 세계 최대 규모의 원자력발전소가 될 것이었다.[2]

강둑 근처에 모여 선 십여 명은 코냑으로 잔을 채우고 원대한 계획을 위해 건배했다. 그리고 국영 사진사의 지시대로 멀리 서 있는 헬기를 배경으로 측지기*와 긴 삽들 사이에서 포즈를 취했다. 이어 표트르 네포로지니Pyotr Neporozhny 에너지전기부 장관이 얼어붙은 땅에 기념 말뚝을 박았고, 말뚝이 조금씩 땅속으로 들어가는 것을 모두가 지켜보았다.

그날은 1970년 2월 20일이었다. 이 무렵에는 소비에트 원자력 공학의 명성을 세계만방에 떨칠 발전소의 이름이 수개월의 논의 끝에 드디어 정해져 있었다. "북키예프 발전소", "서부 우크라이나 발전소", "프리피야트 발전소" 등 여러 이름이 물망에 올랐지만, 우크라이나 당 제1서기 블라디미르 셰르비츠키Vladimir Scherbitsky가 최종 서명한 문서에 적힌 이름은 인근 중심지인 자그마한 도시 이름을 딴 것이었다.[3] 브류하노프와 소비에트 고위 인사들이 서 있는 눈 덮인 벌판에서 14킬로미터 떨어진, 체르노빌이었다.[4]

인구 2000명 정도의 작지만 유서 깊은 도시 체르노빌은 12세기에 형성되었다.[5] 이후 800년 동안 이곳의 농민들은 풀밭에서 소를 키우고 강에서 물고기를 잡으면서, 또 우크라이나 북서부와 벨라루스 남부에 걸쳐 있는 울창한 숲에서 버섯을 캐면서 살았다. 하지만 집단 학살, 숙청, 기근, 전쟁이 이곳을 반복적으로 휩쓸고 지나갔고, 20세기 후반부에야 평화가 찾아왔다. 체르노빌은 조용한 지역 중심지로 자리를 잡아

---

* 연직각 및 수평각 측정에 쓰이는 기구. 옮긴이

갔다. 공장 몇 개, 병원 하나, 도서관 하나, 그리고 "문화의 전당"이 있었고, 프리피야트 강과 드네프르 강으로 들어오는 예인선과 바지선들을 위한 작은 조선소[및 수리소]도 하나 있었다. 주변의 시골, 끝없이 펼쳐지는 토탄 지대와 늪지, 그리고 축축한 숲이 어우러진 광대한 땅으로 물이 스며들어 드네프르 강 유역을 형성하고 있었으며, 이곳의 3만 2000여 개 강과 지류가 이리저리 얽혀 흐르면서 우크라이나의 거의 절반에 뻗어 있었다. 강들은 발전소 부지에서 하류 쪽으로 15킬로미터쯤 떨어진 곳에서 하나로 합류해 "키예프 해Kiev Sea"로 들어갔다. "키예프 해"는 수력 발전용 댐이 있는 거대한 저수지로, 우크라이나 수도 키예프의 약 250만 주민에게 담수를 공급했다.[6] 키예프는 체르노빌에서 남쪽으로 약 95킬로미터, 차로 두 시간 거리에 있었다.

빅토르 브류하노프는 벌판의 기념식이 있기 얼마 전에 체르노빌에 도착해 이 도시에 하나뿐인 호텔에 짐을 풀었다.[7] 소비에츠카야 거리에 있는 칙칙한 단층 건물이었다. 브류하노프는 체구는 작은 편이지만 운동선수처럼 몸이 탄탄했고, 올리브색 피부의 좁은 얼굴과 곱슬기 강한 검은 머리, 그리고 신경이 곤두선 듯한 표정을 지니고 있었다. 넷 중 맏이인 브류하노프는 러시아계 부모 슬하에 태어났지만 중앙아시아 산간 지역인 우즈베키스탄에서 자랐다.[8] 굉장히 이국적인 외모여서, 나중에 그를 만나게 된 담당 KGB 장교는 새로 온 젊은 발전소장이 그리스인인가 싶었다고 한다.[9]

브류하노프는 호텔 침대에 앉아 서류 가방을 풀었다. 공책 한 권, 설계 도면 한 무더기, 나무로 된 계산자 하나. 그는 체르노빌 원자력발전소의 소장이자 현재로서는 유일한 직원이었지만 원자력발전에 대해서는 아는 게 별로 없었다. 그는 타슈켄트 공과대학Tashkent Polytechnic

Institute에서 전자공학을 전공했고, 졸업 후에는 "우즈벡 수력발전소" 터빈실의 별 볼 일 없는 직급에서 일을 시작했다. 하지만 빠르게 승진해서 몇 년 만에 우크라이나 동부 산업 지역 도시 슬라뱐스크Slavyansk에 있는 우크라이나 최대 석탄화력발전소에서 신규 발전 시설의 론칭을 지휘하는 부수석 엔지니어가 되었다. 어쨌든 모스크바의 에너지부는 경력과 전문성보다는 당에 대한 충성심과 어떻게 해서든 일이 되게 만드는 능력을 고위 경영자의 자격 요건으로 더 중시했다. 기술적인 문제들이야 전문가들에게 맡기면 된다고 여겨졌다.[10]

1970년대로 접어들면서 소비에트 당국은 급증하는 전력 수요를 충당하고 서구를 따라잡기 위해 대대적인 원전 건설 계획을 세웠다. 한때는 소비에트 과학자들이 세계 원자력 공학을 선도했고 1954년에는 최초로 상업용 전기를 생산하는 원자로를 개발해 자본주의 진영의 과학자들을 깜짝 놀라게 하기도 했지만, 그 이후로 소비에트의 기술 수준은 절망적으로 뒤처져 있었다. 1969년 7월, 미국 우주인들이 달에 착륙할 최종 준비를 하고 있었을 때, 소비에트의 에너지전기부 장관은 원자력발전의 공격적인 확장에 드라이브를 걸었다.[11] 그는 핀란드 만부터 카스피 해에 걸쳐 거대 규모의 원전을 다수 건설해 소련의 유럽 쪽 지역 전역에 원전 전력망을 구축한다는 야심찬 목표를 세웠다.[12]

1960년대가 저물어 가던 그해 겨울, 에너지부는 브류하노프를 모스크바로 불러 새 임무를 제시했다. 엄청나게 영광스러운 프로젝트였다. 우크라이나 최초의 원전을 짓는 것일 뿐 아니라 에너지전기부 자체가 새로운 영역에 첫발을 내딛는 것이기도 했기 때문이다.[13] 아직까지 에너지전기부는 원전을 맨 처음부터 전적으로 관할해 지어 본 적이 없었다. 그때까지 소비에트의 모든 원자로는 "중中기계건설부Ministry of Medium Machine Building"가 도맡아 짓고 있었다. 중기계건설부는 핵무기 프로그램을 위해 만든 비밀스러운 정부 부처로, 부의 명칭 자체도 듣는 이들에게서 더 이상의 궁금증을 차단할 목적으로 지어진 일종의 암호였다. 충성스러운 당원인 브류하노프는 그 길에 도사리고 있을 난관이 무엇이든 간에 "붉은 원자"의 깃발을 기꺼이 들기로 했다.

그리하여, 체르노빌의 호텔 방 침대에 혼자 앉아 있는 이 젊은 엔지니어는 허허벌판에 거대한 발전소가 솟아나게 해야 하는 어마어마한 임무에 직면해 있었다. 예상 총비용이 4억 루블에 달하는 프로젝트였다.[14) 브류하노프는 공사에 필요한 자재들의 목록을 적은 뒤 계산자로 비용을 추산했다.[15) 그리고 그것을 키예프에 있는 국영 은행에 가지고 가서 전달했다. 그는 거의 매일 키예프를 오가야 했다. 버스가 있으면 버스를 타고 버스가 없으면 지나가는 차를 얻어 타고 다녔다. 아직 이 프로젝트에는 회계사가 없었기 때문에 급여 처리 절차도 마련되어 있지 않았고, 따라서 그는 아직 임금도 받지 못하고 있었다.

발전소 자체를 짓기에 앞서 브류하노프는 이 허허벌판까지 장비와 물자를 실어올 인프라부터 지어야 했다.[16) 야노프 기차역(가장 가까운 기차역이다)에서 이곳까지 들어오는 철도 지선을 깔아야 했고 강에는 강화콘크리트와 자갈을 실은 배가 짐을 내릴 수 있도록 도크를 지어야 했다. 브류하노프는 건설 노동자들을 고용했고 곧 무한궤도형 굴착기와 초대형 벨라즈BelAZ 덤프트럭이 숲과 평원을 가르며 회갈색의 풍경에 길을 내기 시작했다. 또 브류하노프는 근처의 개벌지에 아담한 임시 마을도 하나 꾸렸다. 브류하노프 본인과 새로 고용한 회계사, 그리고 건설 현장에서 숙식하는 소수의 노동자들이 머물 곳이었다. 바퀴 달린 나무 오두막들이 들어섰고, 각 오두막에는 작은 부엌과 나무로 때는 화로가 있었다.[17) 사람들은 이 마을을 "숲에서"라는 뜻의 "레스노이Lesnoy"라고 불렀다. 봄이 되어 날이 풀리자 브류하노프는 학교채도 하나 지어서 아이들이 4학년 과정까지 수업을 들을 수 있게 했다. 1970년 8월, 브류하노프의 가족이 레스노이에 합류했다. 아내 발렌티나, 여섯 살인 딸 릴리아Lilia, 갓난아기인 아들 올레그Oleg였다.

발렌티나와 빅토르 브류하노프는 부부로 함께 산 첫 십 년을 사회주의적 전력 공급의 완성이라는 꿈을 실현시키는 일에 바쳤다. 체르노빌은 지난 6년 사이에 그들이 일했던 세 번째 "발전소 스타트업"이었다. 발렌티나와 빅토르는 우즈베키스탄 수도 타슈켄트에서 백 킬로미터쯤 떨어진 안그렌Angren 수력발전소 건설 프로젝트에서 젊은 공학자들로 만났다. 발렌티나는 터빈 기사의 보조였고 빅토르는 대학을 막 졸업하고 견습생으로 와 있었다. 그는 대학으로 돌아가서 석사 과정을 밟을 계획이었는데 상관이 만류했다. "있어 봐. 여기에서 미래의 아내를 만나게 될 테니까." 빅토르와 발렌티나는 1959년 겨울에 지인들의 소개로 만나게 되었는데, 소개해 준 사람들은 빅토르에게 "발렌티나의 눈을 보면 푹 빠지고 말 것"이라고 장담했다. 정말로 둘은 데이트를 시작한 지 불과 1년 만인 1960년 12월에 타슈켄트에서 결혼식을 올렸고 1964년에 딸 릴리아가 태어났다.

발렌티나에게 레스노이는 마법의 마을 같았다. 시끄러운 불도저와 굴착기 소리가 잦아드는 밤이면 열 가구 정도의 오두막이 옹기종기 모여 있는 마을에 부드러운 고요함이 내려왔다. 이 고요한 어둠을 가로지르는 것이라곤 손전등 하나와 부엉이 소리뿐이었다. 모스크바 당국은 목표를 잘 달성하도록 노동자들을 격려하기 위해 소비에트의 유명 연예인들을 이곳에 보내곤 했다. 한번은 집시 슈퍼스타 니콜라이 슬리첸코Nikolai Slichenko의 공연 팀이 와서 콘서트를 열었다. 우다르니키 (udarniki, 목표량을 늘 초과달성하는 우수 노동자)들이 땅을 파서 1호기가 들어갈 구덩이와 거대한 저수조(커다란 원자로 네 기를 돌리는 데 필수적인 수백만 세제곱미터의 냉각수를 공급하게 될, 길이 11킬로미터, 폭 2.5킬로미터의 인공 호수)가 될 공간을 만드는 동안,[18] 브류하노프 가족은 숲속 마을에서 2년을 더 살았다.

브류하노프는 발전소 외에 프리피야트 강 옆에 도시 하나를 통째로 짓는 일도 관장해야 했다. 앞으로 이 발전소를 돌리게 될 수천 명의 직원과 그들의 가족이 거주할 "아톰그라드(atomgrad, 원자력의 도시)"를 짓는 것이었다. 이 도시는 나중에 "프리피야트"라고 불리게 된다. 도시 계획가들의 설계에 따라 1972년에 몇 동의 기숙사 건물과 아파트 건물이 완공되었다. 너무 급히 지어지는 바람에 처음에는 도시에 포장도로도, 아파트에 난방을 공급하는 시설도 없었다. 하지만 이곳 주민들은 젊고 열정이 넘쳤다. 가장 처음 프리피야트에 이주해 온 전문 인력들은 원자력의 미래를 일구는 개척자들이었고, 새로운 테크놀로지로 조국의 발전과 변혁을 가져오겠다는 의지에 불타는 이상주의자들이었다.[19] 난방이 안 들어오는 것쯤이야 이들에게는 사소한 문제였다. 추우면 외투를 껴입고 자면 그만이었다.

발렌티나와 빅토르도 가장 처음 들어온 주민들에 속했다. 브류하노프 가족은 1972년 겨울에 새 도시의 초입에 위치한 레닌 대로 6번지의 방 세 개짜리 아파트에 정착했다. 아직 학교가 없어서 딸 릴리아는 매일 트럭이나 자동차를 얻어 타고 레스노이로 가서 숲속 학교에서 수업을 들었다.

소비에트의 도시 계획 규제에 따라 프리피야트 시는 발전소에서 "위생지대sanitary zone"만큼 떨어져 있었다.[20] 사람들이 저준위 전리 방사선에 만성적으로 노출되는 것을 막기 위한 완충 공간으로, 위생지대 내에는 건물을 짓는 게 금지되어 있었다. 그렇더라도 프리피야트는 발전소와 충분히 가까운 거리에 있었다. 직선 거리로 약 3킬로미터, 차로

33 1장 소비에트의 프로메테우스

는 10분이면 닿을 수 있었다. 그리고 도시가 커지고 인구가 늘면서 주민들은 위생지대에 여름용 별채를 짓기 시작했다.[21] 임시 다차[별장]와 작은 텃밭을 갖기 위해 다들 규제를 대수롭지 않게 무시했다.

빅토르 브류하노프가 지시받은 원래의 임무는 신규 모델의 원자로 두 기를 짓는 것이었다.[22] 이 모델은 "고출력 채널형 원자로Reactor bolshoy moschnosti kanalnyy", 줄여서 RBMK라고 불리는 원자로였다. 거대함에 집착하는 소비에트적 특성에 부합하게, RBMK는 크기와 용량 모두에서 이제까지 서구에 지어졌던 거의 모든 원자로를 능가하는 규모를 자랑하게 될 것이었다. 이론상으로 이 원자로는 한 기당 1000메가와트의 전기를 생산할 수 있었는데, 이는 현대식 가정 적어도 100만 가구에 전기를 공급할 수 있는 양이다.[23] 그런데 모스크바[소비에트연방 당국]와 키예프[우크라이나 당국]의 상관들이 정한 마감일에 맞추려면 공사가 인간의 역량을 넘어서는 속도로 진행되어야 했다.[24] 제9차 5개년 계획에 따르면 1호기는 1975년 12월, 2호기는 1979년 말까지 가동에 들어가야 했는데, 곧 브류하노프는 이것이 도저히 불가능한 일정이라는 것을 깨달았다.

젊은 발전소장 브류하노프가 체르노빌 원전 프로젝트에 착수한 1970년 무렵이면 소련의 사회주의 경제 실험은 뒷걸음질치고 있었다. 소련 경제는 수십 년의 중앙계획이 야기한 왜곡, 어리석은 관료제, 막대한 군비 지출,[25] 만성적인 부패에 짓눌려 무너지고 있었다. 이것은 훗날 "침체의 시대The Era of Stagnation"라고 불리게 되는 시기의 시작이었다. 물자 부족과 병목 현상, 절도와 횡령이 거의 모든 산업을 망가뜨리고 있었고, 원자력 분야라고 예외일 리 없었다. 처음부터도 브류하노프는 건설 장비와 자재가 부족해 애를 먹었다.[26] 핵심 기계 부품과 건설 물자가 늦게 도착하거나 아예 도착하지 않는 일이 비일비재했고, 도착한 것들도 결함이 있기 일쑤였다.[27] 거대한 원자로를 누빌 몇 킬로미터 길이의 파이프들과 수백 개의 핵 연료관을 만들려면 철과 지르코늄이 꼭 필요했는데, 둘 다 공급이 부족했다. 핵발전소용으로 특수하게 제작되었어야 할 파이프와 강화콘크리트는 받고 보니 품질이 너무 낮아서 버려야 했다. 사실 당시 소비에트에서는 제조업 전반적으로 작업 수준이 너무나 형편없었기 때문에, 전력 산업의 어느 공사 현장에서든 "설치 이전 단계에서의 개조pre-installation overhaul"라고 불리는 추가 과정을 거쳐야 했다.[28] 트랜스포머든 터빈이든 스위치기어든 그 밖의 무엇이든 간에, 새 장비가 현장에 도착하면 일단 볼트와 너트 하나까지 다 해체해서 결함 여부를 확인한 뒤 결함이 있는 곳을 고치고 나서 다시 조립해야 했다. 원래 주문했던 사양대로 만들기 위해, 그러니까 애초에 그렇게 왔어야 하는 상태로 만들기 위해 엄청난 추가 작업이 필요했던 것이다. 그렇게 하지 않으면 장비를 안전하게 설치할 수 없었다. 이렇게 낭비적인 이중 작업 때문에 모든 공사가 수개월씩 지연되었고 수백만 루블의 추가 비용이 발생했다.

1971년 말과 1972년 초 내내 브류하노프는 노동자들의 분규와 현장 관리자들 사이의 분쟁으로 고전했고 키예프의 당 지도부로부터 계속해서 질책을 받았다.[29] 현장 식당에서는 노동자들이 음식이 부족하고 줄이 너무 길다고 불평했다. 공사 비용 추산치와 설계 서류들도 제때 제출되지 못했다. 또 브류하노프는 세부 마감일들을 계속 맞추지 못했고 모스크바가 정한 월간 작업 할당량에도 애처로울 정도로 미달해 있었다. 그 와중에 지어야 할 것들은 자꾸만 더 늘어났다. 새 도시 프리피야트에는 빵집, 병원, "문화의 전당", 쇼핑센터 등이 필요했고 수백 세대의 아파트도 더 지어야 했다.[30]

1장 소비에트의 프로메테우스

1972년 7월, 지칠 대로 지치고 미몽에서 깨어나 현실을 절감한 빅토르 브류하노프는 마음을 정하고 에너지전기부의 상관[31]을 만나러 키예프로 갔다. 브류하노프는 근 3년간 체르노빌 원자력발전소의 소장이었지만 발전소 건물은 아직 땅 위로 올라오지 않고 있었다. 그는 발전소장직을 사임할 생각이었다.

　　권력자들의 부패, 정실 인사, 심각한 비효율, 계획경제의 막대한 낭비 등 "침체의 시대"에 소비에트가 겪었던 그 모든 재앙적인 문제의 뒤에는 공산당의 일당 독재 권력이 있었다. 원래 공산당은 1917년 소비에트혁명 이후 권력을 잡기 위해 투쟁했던 여러 정당과 분파 중 하나였지만[32] 빠르게 일당 독재 권력을 구축했다. 노동자들의 의지를 대표하는 정당으로서(명시적으로는 그랬다), "진정한 공산주의"로 향해 가는 과도기적 단계에서 당이 프롤레타리아트 대중을 그 방향으로 이끌기 위해 필요한 조치들을 수행한다는 것이었다.

　　여기에서 말하는 "진정한 공산주의"는 단순한 사회주의와는 구별되는 단계로서, 마르크스주의 버전의 유토피아였다. 그 사회는 "인간의 성취를 위한 무한한 가능성들을 담고 있는 계급 없는 사회"이자 인민의 자치에 의해 평등주의의 꿈이 실현된 사회일 것이었다.[33] 하지만 혁명의 자리를 [독재의] 정치적 억압이 차지하면서, 평등하고 능력본위적인 이상사회의 예상 실현 시기는 계속해서 미뤄졌다. 그러는 한편 당은 마르크스-레닌주의 교리를 인민에게 강제한다는 교조주의적 역할에 계속 집착했다. 당은 전업 간부 당원들을 둔 화석화된 이데올로기적 "기관apparatus"이 되었다. 명목상으로는 당과 정부가 분리되어 있었지만 실제로는 위부터 아래까지 사회의 모든 수준에서 당이 의사 결정을 좌우했다.

수십 년이 지나면서 당 자체 내에 인맥과 후견으로 얽힌 매우 경직적인 위계가 생겨났고 당은 영향력 있는 모든 자리에 사람들을 임명할 권한을 갖게 되었다.[34] 이들 구소련의 특권층을 통틀어 노멘클라투라nomenklatura라고 부른다. 또한 모든 작업장, 군 산업체, 민간 산업체, 정부 기관들에 각각 그곳의 감독을 맡은 당 간부들이 있었다. "기관원apparatchiks"이라고 불린 이들은 소비에트 전역의 모든 조직에서 정치적 임무를 수행하는 공직자로서 그림자 관료 조직을 형성했다. 공식적으로는 소비에트연방의 15개 구성공화국이 자체적으로 총리와 각료회의를 두어 행정을 담당하도록 되어 있었지만 실제로 각 공화국은 해당 공화국의 당 제1서기가 통제하고 있었다. 그리고 이들 모두의 위에 소비에트연방 공산당 서기장이자 정치국 의장인 레오니드 브레즈네프Leonid Breznev가 있었고, 그가 2억 4200만 소련 국민 전체의 실질적인 최고 통수권자였다. 현대 국가를 경영하기에는 너무나 복잡하고 비생산적인 정치제도였지만,[35] 어쨌든 모든 문제에 대해 최종 결정 권한은 언제나 당이 가지고 있었다.

당원이 되는 것은 쉽지 않았다. 후보가 되는 데서부터 최종 승인을 받기까지 매우 지난한 과정을 거쳐야 했고, 기존 당원의 지지가 있어야 당원이 될 수 있었으며, 꼬박꼬박 당비도 내야 했다. 1970년경에 소비에트연방 국민 중 당원은 15명 중 1명 꼴도 채 되지 않았다.[36] 당원이 되면 엘리트 계층만 누릴 수 있는 특전과 특권을 누릴 수 있었다. 가령 출입이 제한된 상점이나 해외 저널, 별도의 의료 시설, 해외여행 등에 접할 수 있는 기회가 주어졌다. 무엇보다, 어느 직종이든 당원이 아니면 높은 직위로 승진을 하기가 어려웠고 예외는 매우 드물었다. 빅토르 브류하노프가 당원이 된 1966년 무렵에 당은 말 그대로 모든 곳에 존재했다.[37] 브류하노프는 자신의 업무에 대해 두 곳의 상관에게 보고해야 했다. 하나는 직장의 상관이었고 다른 하나는 당 지역위원회의 상관이었다. 발전소 소장이 되어서도 마찬가지였다. 모스크바의 에너지부에서도 지시를 받았지만 키예프의 당 위원회 지시도 따라야 했다.

많은 당원들이 여전히 마르크스-레닌주의를 믿고 있긴 했지만 1970년대 초 무렵이면 브레즈네프와 그를 호위하는 노장파들의 권위주의적인 통치하에서 이데올로기는 겉치장에 불과하게 되었다. 스탈린 시절에 30년이나 이어졌던 대대적인 숙청과 자의적인 처형은 사라졌지만 소비에트 전역에서 당 간부들과 대단위 사업체(집단농장, 탱크 공장, 발전소, 병원 등)의 경영자들은 아랫사람들을 괴롭히고 위협하고 닦달함으로써 관리했다. 소설가이자 역사학자인 피에르 폴 리드Piers Paul Read에 따르면, 이들은 "트럭 운전사의 얼굴에 피아니스트의 손을 가진" 깡패 같은 관료들이었다.[38] 고성의 욕설을 견뎌야 하는 모멸감은 모든 사무실에서 늘상 되풀이되는 의례나 마찬가지였다.[39] 이는 위로는 상관의 어떤 변덕이나 어떤 의견에도 무조건 동의하는 법을 터득하고 아래로는 위협을 가해 직원들을 닦달하는 상명하복의 문화를 낳았다. 상관은 자신이 안을 내면 내용이 어떻든 간에 투표에서 무조건 만장일치로 통과되리라고 합리적으로 예상할 수 있었다. 언제나 힘이 이성을 압도했다.

정치, 경제, 과학계의 많은 분야에서 경력상의 기회는 상관 앞에서 자신의 견해를 잘 억누르고 갈등을 일으키지 않으며 윗사람에게 무조건 복종하는 사람들에게 주어졌다. 1970년대 중반 무렵이면 이러한 맹목적인 순응주의가 정부 조직과 당 조직의 거의 모든 수준에서 개인들의 판단과 의사 결정을 질식시키고 있었다. 정치적인 문제에서만이 아니라 기술적, 경제적 사안에서도 마찬가지였다. 아래 위 양방향 모두로 시스템 전체에 거짓과 속임수가 만연했다. 아랫사람들은 미달성된 목표를 영웅적으로 달성된 것처럼 보이게 바꾸고 못 채운 할당량을 위대하게 초과달성된 것처럼 보이게 둔갑시킨 거짓 통계와 부풀려진 숫자들을 위에 보고했다. 모든 단계에서 모든 관리자가 자기 자리를 보전하기 위해 상관에게 거짓말을 하면서, 위로 갈수록 정보는 점점 더 엉망이 되었다.

이 거짓의 피라미드 꼭대기에서, 고스플란Gosplan이라고 불리던 국가계획위원회State General Planning Committee가 현실적인 토대라고는 거의 없는 숫자들을 가지고 소비에트 경제 전체를 관장했다.[40] 명령경제 체제의 두뇌인 고스플란은 칫솔부터 트랙터까지, 강화콘크리트부터 구두까지, 모든 자원의 분배를 중앙집중적으로 관리했다. 그런데 이곳의 경제학자들은 자신이 굴리고 있는(적어도 개념상으로는 그렇다고 되어 있는) 거대한 제국에서 정말로 어떤 일이 일어나고 있는지에 대해 믿을 만한 지표를 가지고 있지 못했다. 거짓 회계가 너무나 만연해서, 한번은 KGB가 정확한 면화 수확량을 알아내기 위해 첩보위성으로 [적국의 동향이 아니라] 자국인 우즈베키스탄의 면화 생산지를 관찰하기도 했다.

극심한 물자 부족과 당최 설명이 안 되는 병목현상은 소비에트의 암울하지만 일상적인 현실이었다. 장을 보는 것은 유용한 물건이 보이면 닥치는 대로 사냥하는 게임이 되었다.[41] 설탕이건, 휴지건, 체코슬로바키아에서 온 라따뚜이 통조림이건, 마침 내가 가게에 갔을 때 혹시라도 들어와 있는 물건이 있으면 족족 사 두어야 했던 것이다. 소련에서 사람들은 망사형 장바구니를 "아보스카avoska"라고 불렀는데, 아보스카는 "혹시라도"라는 뜻이다. 중앙계획경제의 고질적인 공급 불균형 문제는 점점 더 심해져서, 들판에서는 곡물이 썩어 가고 그물에서는 고

기가 부패하고 있는데도 식료품점의 선반들은 텅 비어 있는 일이 다반사로 일어나는 지경이 되었다.[42]

목소리는 부드러웠지만 스스로에 대한 확신이 매우 강했던 빅토르 브류하노프는 대부분의 소비에트 관리자들과 달랐다.[43] 온화한 태도를 가지고 있어서 많은 아랫사람들이 빅토르를 좋아했다. 또한 엄청난 기억력, 영민한 재정 감각, 그리고 업무와 관련한 수많은 기술적인 측면들(화학과 물리도 포함해서)을 파악하는 뛰어난 능력으로 윗사람들에게도 좋은 인상을 주었다. 그리고 자신의 견해에 확고한 자신감을 가지고 있었기 때문에, 적어도 이 당시에는, 상관에게 이견을 대놓고 밝히는 편이었다. 그래서 체르노빌의 어마어마한 과업이 도저히 감당 불가라는 판단이 서자 브류하노프는 그만두기로 결정했다.

하지만 1972년 7월에 사직 의사를 밝히러 키예프에 갔을 때, 당이 임명한 에너지부의 상관은 브류하노프의 사직서를 면전에서 박박 찢더니 가서 일이나 하라고 했다.[44] 젊은 발전소장 브류하노프는 도망칠 길이 없다는 것을 깨달았다. 어떤 일이 주어지건 간에, 그의 가장 중요한 임무는 당에 복종하는 것이고 어떤 수단과 방법을 써서든 당의 계획을 실행하는 것이었다. 다음 달, 체르노빌 건설 노동자들은 발전소 부지의 토대 위에 첫 콘크리트를 부었다.

13년 뒤인 1985년 11월 7일, "위대한 10월 혁명Great October Revolution" 기념일을 맞아 브류하노프는 새로 문을 연 프리피야트 "문화의 전당" 앞에 마련된 사열 전망대에 서 있었다.[45] "문화의 전당" 창문에는 국가와 당 지도자들의 초상화가 드리워져 있었다. 발전소 노동자들과 건설 노동자들이 배너와 플래카드를 들고 광장을 행진했다. 연사들은 브류하노프의 뛰어난 성취에 대해 찬사를 보냈다. 브류하노프는 당의 계획들을 성공적으로 완수했으며, 온화한 리더십으로 프리피야트 시를, 그리고 이 도시의 존재 이유인 체르노빌 발전소를 잘 운영하고 있었다.[46] 브류하노프는 5만 명이 사는 도시 하나와 1000메가와트 용량의 거대 원자로 네 기가 들어서 있는 흰색의 강화콘크리트 제국 하나를 창조하는 데 인생의 전성기를 바쳤다. 그리고 2년 뒤 완공 예정인 5호기와 6호기의 건설 공사도 한창 진척되고 있었다.[47] 예정대로 5호기와 6호기가 1988년에 가동에 들어가면 브류하노프는 세계 최대의 원자력 발전소 단지를 관장하는 사람이 될 터였다.

브류하노프의 지휘하에서 체르노빌 발전소(이때 공식 명칭은 "블라디미르 일리치 레닌 원자력발전소"였다)는 소비에트연방의 모든 원자력 전문가들이 가고 싶어 하는 곳이 되었다. 상당수는 소비에트판 MIT라고 할 수 있는 모스크바 물리공과대학MePhI을 졸업하고 바로 온 젊은이들이었다.[48] 소련의 컴퓨터 테크놀로지가 절망적으로 뒤처져 있어서 원자력 엔지니어들의 교육에 사용할 모의운전용 시뮬레이터가 부족했기 때문에, 젊은 엔지니어들은 체르노빌에서 실전에 투입되는 것이 원전 운전을 해 보는 첫 경험이었다.

한편 프리피야트 이스폴콤(시 위원회)은 아톰그라드의 경이로움을 알리기 위해 화려한 책자를 발간했다.[49] 행복한 시민들이 즐거운 시간을 보내는 모습을 보여 주는 생생한 컬러 사진들이 담겼다. 프리피야트 주민의 평균 연령은 26세였고 주민 중 3분의 1 이상이 아동이었다.[50] 프리피야트에는 학교 다섯 개, 수영장 세 개, 놀이터와 운동장 35개가 있었고, 강변에는 모래사장도 있었다. 도시 계획가들이 울창한 환경을 유지하기 위해 세심하게 신경을 쓴 덕분에 각각의 아파트 단지는 무성한 나무들로 둘러싸여 있었다. 건물과 옥외 공간들은 과학과 기술을 찬양하는 조각과 모자이크로 장식되었지만, 이 도시의 모든 모더니티와 세련됨은 황야의 자연환경 안에 존재했고 때때로 사람들은 황홀한 원시적 자연 경관에 접할 수 있었다. 어느 여름날 브류하노프의 아내 발렌티나는 엘크 한 쌍이 프리피야트 강을 헤엄쳐 와 강변으로 올라온 뒤 숲으로 표표히 사라지는 것을 보았다.[51] 물론 엘크 한 쌍은 모래사장에서 넋을 놓은 채 자신을 보고 있는 사람들 따위는 안중에도 없어 보였다.

원자력의 도시답게 프리피야트 시와 그 안의 모든 것(병원부터 유치원 열다섯 개까지)은 체르노빌 원자력발전소의 부속으로 간주되었고, 따라서 프리피야트의 재정은 모스크바의 에너지부에서 직접 자금을 댔다.[52] 이곳은 소련의 나머지 세계와 분리된, 경제적인 꿈의 공간이었다. 마치 부족과 결핍의 사막에서 홀로 풍요로운 오아시스 같았다. 프리피야트의 식료품점은 우크라이나공화국 수도인 키예프보다도 구색을 잘 갖추고 있었다. 돼지고기, 송아지 고기, 신선한 오이와 토마토, 그리고 다섯 종류가 넘는 소시지도 있었다. 라두가 백화점(라두가 Raduga는 "무지개"라는 뜻이다)에서는 대기자 명단에서 몇 년이나 기다리지 않고도 오스트리아제 식탁 세트와 프랑스제 향수까지 살 수 있었다.[53] 또 프리피야트에는 극장, 음악 학교, 미장원, 요트 클럽도 있었다.

프리피야트는 아담한 도시였다. 10층 넘는 건물은 거의 없었고 20분이면 도시를 가로지를 수 있었다. 모두가 서로를 알았고 밀리치야(내무부Ministry of Internal Affairs가 관할하는 경찰)나 KGB(프리피야트를 담당하는 KGB 장교의 사무실이 이스폴콤 5층에 있었다)가 관여될 만한 골치 아픈 일도 거의 없었다.[54] 프리피야트에서 발생하는 문제는 주로 기물 파손이나 공공장소에서 취객이 벌이는 소란 같은 것들이었다.[55] 해마다 봄이면 강은 끔찍한 수확물을 내놓곤 했는데, 겨울에 술에 취해 강물에 뛰어들었다가 익사한 시체가 얼음이 녹으면서 물 위로 올라오는 것이었다.[56]

서구의 눈으로 보면 프리피야트의 단점들이 먼저 눈에 들어올지도 모른다. 똑같이 생긴 음울한 콘크리트 건물들 사이사이에 누렇게 마른 풀밭이 있는 풍경 같은 것들 말이다. 하지만 소비에트 변방의 척박한 공장 도시, 카자흐스탄의 황량하고 인적 드문 초원, 시베리아의 유형지 마을 등에서 나고 자란 사람들이 보기에, 새로 지어진 원자력의 도시는 진정으로 노동자의 낙원이었다. 프리피야트 주민들이 직접 찍은 사진과 동영상을 보면 그들이 자신을, 그리고 서로를, 생기 없고 칙칙한 사회주의 실험의 피해자가 아니라 걱정 근심 없는 쾌활한 젊은이들로 여기고 있다는 것이 분명해 보인다. 카약과 요트를 타고, 댄스를 즐기고, 새 옷을 입고 포즈를 취해 보고, 아이들은 거대한 철제 코끼리 등에 올라타거나 밝은 색의 장난감 트럭을 가지고 노는, 미래의 도시에 사는 쾌활한 낙관주의자들의 모습이 담겨 있는 것이다.

1985년 12월 연말을 맞아 빅토르 브류하노프와 발렌티나 브류하노프는 한 해 동안 가정과 직장에서 있었던 중요한 일들을 되돌아보았다.[57] 8월에 딸 릴리아가 결혼을 했고 릴리아 부부는 키예프 의과대학에서 다시 공부를 시작했다. 그리고 곧 릴리아는 첫 아이를 임신했다. 12월에는 빅토르의 50세 생일과 빅토르와 발렌티나의 은혼식이 있었다. 프리피야트 중앙광장이 내려다보이는 널찍한 아파트에서 파티가 열렸다.

또한 빅토르는 모스크바로부터 제27차 소련 공산당대회에 참석하라는 초청을 받았다. 위의 높은 사람들이 그를 정치적으로 승인했다는 중요한 징표였다. 게다가 이번 당대회는 소비에트연방 전체적으로도 매우 중요한 행사가 될 터였다. 새 서기장 미하일 고르바초프가 소비에트연방의 최고 지도자로서 관장하는 첫 당대회이기 때문이었다.

고르바초프는 1985년 3월에 권좌에 올랐다. 친위 부대가 건강 문제, 알코올중독 문제, 치매 문제 등을 점점 더 필사적으로 숨겨 주어야 했던 노년의 서기장들이 연달아 사망*한 뒤 최고 지도자가 된 54세의 고르바초프는 젊고 활력 있어 보였으며 서구에서도 호감을 사고 있었다. 고르바초프는 1960년대에 정치적인 견해가 형성된 세대에 속했고 텔레비전의 힘을 적극 활용한 최초의 서기장이기도 했다. KGB가 정교하게 연출하기야 했겠지만 명백하게 즉흥적인 것으로 보이는 설정에서 사람들 사이로 걸어 들어가 (전혀 의식하거나 꾸민 게 아니라는 듯) 자연스럽게 남부 사투리를 써서 이야기를 나누는 등,[58] 고르바초프는 매일 밤 소련 전역에서 거의 2억 명이 시청하던 대표적인 뉴스 프로그램 "브레미야Vremya"에 단골로 등장했다. 고르바초프는 페레스트로이카 (perestroika, 경제구조조정)를 위한 계획들을 발표했고, 1986년 3월에 제27차 당대회가 클라이맥스**에 올랐을 때 글라스노스트(glasnost, 투명하고 개방적인 정부)의 필요성을 역설했다. 신실한 사회주의자인 고르바초프는 소비에트가 어쩌다 길을 잃고 말았지만 레닌이 주창했던 원래의 원칙으로 돌아간다면 "진정한 공산주의"의 유토피아로 갈 수 있으리라고 믿었다. 하지만 그 과정은 길고 지난할 것이었다. 경제는 냉전의 재정적인 부담으로 휘청거리고 있었고 소비에트 군대는 아프가니스탄에서 수렁에 빠져 있었다. 1983년에는 미국 대통령 로널드 레이건Ronald

---

* 와병설, 사망설 등이 나돌던 브레즈네프가 사망한 후 서기장이 된 유리 안드로포프Yuri Andropov가 15개월 만에 병사했고, 뒤를 이은 콘스탄틴 체르넨코Konstantin Chernenko도 13개월 만에 병사했다. 옮긴이

** 당대회는 2월 말부터 3월 초 사이에 열렸다. 옮긴이

Reagan이 일명 스타워즈Star Wars 프로그램이라고 불리는 전략방위계획 Strategic Defense Initiative을 시작함으로써 냉전의 전선을 우주로 확대했다. 또 핵 공격으로 인류가 절멸할 가능성은 그 어느 때보다도 가까워 보였다. 이에 더해 국내적으로는 공산당 일당 독재하에서 확립되어 온 옛 방식, 즉 목을 조르는 듯한 관료주의와 "침체의 시대" 시기의 부정부패가 계속해서 사라지지 않고 있었다.

외진 허허벌판에 원자로 네 기와 도시 하나를 통째로 세우면서 보낸 16년의 세월 동안 빅토르 브류하노프는 소비에트의 현실에 대해 많은 교훈을 얻었고, 이제 전과는 다른 사람이 되어 있었다. 당의 끌과 정에 의해 모양이 잡히고 지위가 주는 특권에 의해 융통성과 유연성도 생기면서, 자신의 견해에 확신을 가진 젊은 전문가이던 브류하노프는 노멘클라투라의 순종적인 도구가 되었다.[59] 그는 목표를 달성했고 계획을 완수했으며 자신뿐 아니라 부하들도 메달과 포상을 받게 했고[60] 마감일과 목표량을 초과달성해 보너스를 받았다. 하지만 소비에트의 모든 성공적인 관리자와 마찬가지로, 그렇게 하기 위해 임시방편으로 땜질을 하고 제한된 자원을 이리저리 구부려 가며 끝없이 이어지는 비현실적인 목표들을 매우는 법을 터득했다. 그는 절차를 무시하고 장부를 조작하고 규칙을 뭉개야 했다.

발전소 건축가들이 [원전 건설용으로] 요구한 특수 자재를 구할 수 없다는 것이 명확해질 때면 미봉책으로 땜질을 하는 수밖에 없었다. 이를테면, 원래는 방염 케이블을 쓰도록 되어 있었는데 구할 수가 없어서 그냥 구할 수 있는 것들 중에서 가장 나은 것을 사용했다. 또 모스크바의 에너지부가 터빈 홀 천정이 불이 잘 붙는 비투멘 재질로 되어 있는 것을 발견하고 교체를 지시했지만, 원전의 터빈 홀 용도로 쓰이기에 적합한 특수 방염 자재는 소련 내에서 아예 제조되고 있지조차 않았다(게다가 이곳의 터빈 홀은 폭이 50미터에 길이가 거의 1킬로미터에 달했다). 그래서 에너지부는 브류하노프에게 예외를 허용했고 터빈 홀 천정은 그대로 비투멘으로 지어지게 되었다.[61] 지역의 당 서기가 프리피야트에 올림픽 경기장 길이의 수영장을 지으라고 지시했을 때는 브류하노프도 반대해 보려고 했다. 소비에트연방에 그런 대규모 수영장은 주민이 100만 명 이상인 도시에만 존재했다. 하지만 당 서기는 완고했다. "가서 지으라고!"[62] 그래서 브류하노프는 지시에 따랐다. 국영 은행을 속이기 위해 시 지출 기록을 조작해 대형 수영장을 짓는 데 들어가는 추가 비용을 조달했다.[63]

곡절 끝에 가장 최신형 원자로인 4호기의 완공일이 드디어 다가왔는데, 이번에는 시간을 많이 잡아먹는 터빈 안전 테스트 때문에 완공 일정에 다시 차질이 빚어질 상황이 되었다. 그래서 브류하노프는 [완공 전에 실시되어야 하는] 안전 테스트를 조용히 완공 뒤로 미루고 모스크바에서 정해 준 완공 일자에 일정을 맞췄다. 그날은 1983년 12월 31일이었다.[64]

하지만 잘해 줘서 버릇없어진 애인처럼 모스크바의 에너지전기부는 만족하지 않았다. 1980년대에 들어서면서 소련의 서쪽 지역 전역에 걸쳐 더욱더 거대한 발전소를 더욱더 많이 짓는다는 놀라운 계획들과 함께 소비에트의 무자비한 원전 건설 계획은 한층 더 가속화되었다.[65] 모스크바 당국은 20세기 말까지 많게는 12기의 원자로가 들어선 초대형 원전 복합 단지를 여러 개 지을 계획이었고,[66] 체르노빌도 이 거대한 원전들의 네트워크 중 하나가 될 예정이었다. 1984년에는 체르노빌 5호기의 완공 예정일이 원래보다 1년이나 당겨졌다.[67] 하지만 만성적인 인력 문제와 자재 공급 문제는 여전히 해결되지 않고 있었다.[68] 콘크리트는 하자가 있었다. 공사에 쓸 전동 장비는 늘 부족했다. KGB 요원들 및 그들의 정보원들은 계속해서 크고 작은 건설상의 결함들을 발견했다.[69]

1985년에 브류하노프는 제2체르노빌 원전 단지를 건설하라는 명령을 받았다.[70] 현재의 체르노빌 발전소와 별개로 네 기의 RBMK 원자로를 둔 또 하나의 원전 단지를 건설하라는 것이었다. 게다가 이번에는 도면에서 갓 나온, 이전 RBMK 모델보다도 더 거대한 새 RBMK 모델의 원자로를 짓도록 되어 있었다. 제2체르노빌은 기존 발전소의 강 건너편, 거리로는 몇백 미터 정도 떨어진 곳에 들어설 예정이었다. 이에 더해 새 발전소의 직원들이 거주할 수 있도록 프리피야트에 주거 단지도 추가로 지어야 했고, 새 발전소에 오갈 수 있도록 강에 다리도 놓아야 했다. 또한 10층짜리 본관 건물도 새로 지을 예정이었다. 발전소장 집무실은, 점점 더 넓게 퍼져 가는 그의 원자력 영지를 굽어볼 수 있도록, 그 건물의 꼭대기층에 들어서기로 되어 있었다.[71]

브류하노프는 밤낮없이 일했다. 그의 상관들은 그를 찾을 일이 생기면 낮이건 밤이건 발전소의 어딘가에서 그를 발견할 수 있었다.[72] 발전소에서 무언가 문제가 발생하면(이런 일은 자주 있었다) 끼니도 거르고 커피와 담배만으로 24시간을 버티기도 했다.[73] 회의 시간에는 주로 뒤로 물러나서 속을 읽기 어려운 침묵을 지키는 편이었고, 한마디면 될 것을 절대로 길게 말하지 않았다. 브류하노프는 친구도 거의 없었고 누군가에게 속을 털어놓는 일도 거의 없었다. 아내에게도 그랬다. 그는 점점 더 지치고 고립되었다.

브류하노프와 함께 일하는 직원들도 초창기와 달라져 있었다. 오래전 얼어붙은 숲속에서 젊음과 열정으로 첫 원자로의 건설과 가동을 성공시켰던 젊은 전문가들은 다시 각자의 길을 가서 여기에 없었다. 그들의 자리에는 이제 수천 명의 새로운 직원들이 있었는데, 브류하노프에게는 대규모 인력의 규율과 질서를 유지하는 것이 쉽지가 않았다. 그는 기술적인 면에 대한 지식은 뛰어났지만 소비에트식 규모[즉 거대한 규모]의 사업체를 관리하는 데 필요한 카리스마가 부족했다.[74] 카리스마 있고 연줄 많은 당원인 발전소 공사 책임자의 권위가 발전소장과 맞먹을 (심지어는 발전소장을 능가할) 정도였고 그는 종종 브류하노프를 "마시멜로"라고 조롱했다.[75]

"침체의 시대"는 소비에트 전역의 직장과 일터에 도덕적인 부패를 불러왔고 사람들이 개인의 책임감이라는 개념에 무관심해지게 만들었다.[76] 원자력 분야에서마저 그랬다. 소비에트의 경제적 유토피아주의는 실업의 존재를 용인하지 않았기 때문에, 직원들이 필요 이상으로 많이 배치되는 것과 직원들의 잦은 결근이 어디에서나 만성적인 문제가 되어 있었다.[77] 발전소와 그것에 딸린 도시를 이끄는 사람으로서 브류하노프는 프리피야트의 모든 사람에게 일자리를 제공할 책임이 있었다. 그는 막무가내의 일정으로 진행되는 건설 공사 일자리로 2만 5000명을 소화했고 프리피야트의 여성들에게 추가로 일자리를 제공하기 위해 "주피터 전자"의 공장을 유치했지만[78] 그래도 충분하지 않았다. 이제 체르노빌 발전소의 각 근무조에는 수백 명씩의 사람들이 통근버스로 프리피야트와 발전소를 오가며 근무했고 이들 중 상당수가 근무 시간에 그저 할 일 없이 앉아 있거나 어슬렁거렸다. 직원 중 일부는 고참 운전원이 현장에서 일하는 것을 보면서 원자력 엔지니어 훈련을 받으러 온 견습생이었다. 이들은 "아톰시키(atomshchiki, 원자력 과학자)"라고 불리는 원자력 기술 엘리트가 되겠다는 야망을 품고 온 사람들이었다.[79] 원자력 이외의 에너지 분야에서 온 기계 기술자나 전기 기술자들도 있었는데, "에네르게티키"(energetiki, "전력 맨")라고 불리던 이들은 원전에 대해 매우 안일한 태도를 가지고 있었다.[80] 이들은 방사능이 "빵에 발라 먹어도 될 정도"로 무해하다거나[81] 원자로가 "사모바르(커다란 물주전자)와 비슷하며 (…) 화력발전소보다 훨씬 단순하다"는 둥의 이야기를 들은 터였다.[82] 어떤 이들은 무지갯빛이 나는 유리잔에 술을 마시곤 했는데, 사용 후 연료 냉각 수조에 있는 방사능 물에 유리잔을 담갔다 꺼내서 그렇게 만든 것이라고 자랑했다.[83] 어떤 이들은 열의 없이 소설이나 읽고 카드 게임이나 하면서 근무 시간을 때웠다.[84] 원전을 돌리는 데 꼭 필요한 일을 하는 사람들은 "실질적 통제 그룹Group of Effective Control"이라고 불렸는데,[85] (아마 풍자의 의도도 있었을 법한) 관료적 솔직함이 실로 잘 드러난 명명이 아닐 수 없다. 하지만 발전소 운영에 딱히 필요가 없는 막대한 인력의 무게는 긴요한 책임을 지니고 있는 핵심 인력들마저 잡아끌었고, 발전소 전체에 위험한 관성과 비효율을 전염시켰다.

한편, 맨 위쪽에는 전문성 있고 잔뼈 굵은 엔지니어들이 부족했다. 전문성과 독립적인 정신을 가지고 있었던 체르노빌 원전 초창기의 인력들, 첫 네 기의 원자로를 궤도에 올려놓았던 원자력 전문가들은 모두 떠나고 없었다.[86] 발전소 전체의 수석 엔지니어 니콜라이 포민(Nikolai Fomin, 발전소 수석 부소장으로 발전소의 일상적인 운전을 책임지고 있었다)은 발전소의 당 서기 출신으로, 오만하고 고압적인 옛 스타일의 기관원이었다.[87] 벗겨진 머리에 넓은 상체, 환한 웃음과 자신감 넘치는 바리톤 목소리(화가 나거나 흥분하면 평소의 바리톤이던 목소리가 매우 높은 톤으로 올라가기도 했다)를 가진 포민은 브류하노프가 가지고 있지 못한 소비에트적 카리스마를 가지고 있었다. 포민은 원자력 전문가가 아닌 전기공학자였고 에너지부의 반대에도 당에서 밀어붙여서 임명된 경우였다.[88] 원전 분야에서 일한 경험은 없었지만 이데올로기적으로

1장 소비에트의 프로메테우스

는 흠잡을 데가 없었던 것이다. 그리고 임명된 후에 포민은 부족한 핵물리학 지식을 따라잡기 위해 통신 강좌를 들으며 최선을 다했다.[89]

1986년 봄에 체르노빌 발전소는 공식적으로 소련에서 가장 잘 가동되는 원자력발전소였고, 당에 대한 브류하노프의 충성심이 곧 보상을 받게 될 것이라는 소문이 돌았다. 가장 최근의 5개년 계획 달성 성과에 따라 체르노빌 발전소는 영예로운 레닌 훈장Order of Lenin을 받기로 되어 있었다. 직원들은 보너스를, 브류하노프는 사회주의노력영웅Hero of Socialist Labor 칭호를 받게 될 터였다. 또한 에너지부는 브류하노프를 모스크바로 승진시키기로 결정을 내려놓은 상태였다.[90] 후임 발전소장으로는 포민이 내정되었다. 이 소식들은 노동절인 5월 1일에 최고소비에트Supreme Soviet 간부회Presidium에서 칙령으로 선포될 예정이었다.[91]

브류하노프는 주민들에게 사랑받는 아름다운 모델 도시 프리피야트를 무無에서부터 세운 사람이기도 했다. 시 위원회가 따로 있었지만 시와 관련된 대부분의 의사 결정은 아무리 사소한 것이더라도 브류하노프의 승인을 받아야 했다. 처음부터 도시 계획가들은 자작나무, 느릅나무, 마로니에, 재스민, 라일락, 매자나무 등 다양한 나무가 울창하게 들어선 도시가 되도록 설계했다.[92] 하지만 브류하노프는 특히 꽃을 좋아해서 도처에 꽃을 심도록 지시했다.[93] 1985년 이스폴콤 회의에서 브류하노프는 거창한 계획을 하나 발표했다. 프리피야트의 도로에 5만 주민을 상징하는 5만 그루의 장미나무가 활짝 피었으면 한다는 것이었다. 물론 반대 의견이 나왔다. 그 많은 꽃나무를 다 어디서 구하는가? 하지만 이듬해 봄에는 막대한 지출을 들여 리투아니아와 라트비아에서 구매한 3만 그루의 발트해 장미나무가 프리피야트에 이미 도착했고 레닌 대로의 포플러 나무 가로수 아래 마련된 두둑과 중앙광장 도처에 심어졌다.

계획에 따르면 도시로 진입하는 아름다운 산책로의 끝, 그리고 쿠르차토프 거리를 따라 들어서 있는 콘크리트 플라자에 레닌 동상도 세워져야 했다(소비에트의 모든 주요 도시에는 레닌 동상을 세우는 것이 의무 사항이었다). 그런데 영구적인 동상은 아직 세워지지 않은 상태였다. 프리피야트 시 위원회는 디자인을 공모했고, 동상이 세워지게 될 주춧대에는 망치와 낫 그림과 멋진 초상화, 그리고 "레닌의 이름과 사명은 영원할 것이다."라는 글귀가 들어간 삼각형 모양의 나무 상자가 임시로 올라갔다.[94]

빅토르 브류하노프는 더 고대의 신을 위한 조형물도 마련했다. 프리피야트 극장 앞에 들어선 6미터짜리의 사실주의풍 청동 동상이었는데, 벌거벗은 몸에 천을 두르고 불길이 낼름거리는 횃불을 높이 들고 있는 이 거인은 프로메테우스였다. 그리스 신화에서 프로메테우스는 올림포스에서 불을 훔쳐내 인간에게 빛과 따뜻함, 그리고 문명을 가져다주는 존재다. "붉은 원자"의 횃불을 든 사람들이 소비에트의 깜깜한 집들에 빛을 밝혀 주었듯이 말이다.

하지만 프로메테우스 신화에는 어두운 이야기가 함께 전해져 온다. 제우스는 프로메테우스가 신들의 가장 강력한 비밀을 훔친 것에 격노해서 프로메테우스를 바위에 사슬로 묶고 거대한 독수리가 내려와 그의 간을 날마다 쪼아 먹게 했다.

프로메테우스에게서 선물을 받은 인간 또한 응징을 피할 수 없었다. 제우스는 최초의 여성인 판도라를 인간 세계에 내려 보냈다. 한 번 열면 다시 넣을 수 없는 온갖 악들이 세상으로 풀려나오게 되는 상자와 함께.

알파, 베타, 감마

삼라만상의 거의 모든 것은 '원자'로 이뤄져 있다. 크기가 머리카락 굵기의 100만 분의 1도 안 되는, 우주진(宇宙塵, stardust)의 이 작은 조각들이 모든 물질을 구성한다. 원자 내부는 거의 빈 공간으로 되어 있지만 모든 원자의 중앙에는 "핵"이 있다. 핵은 상상하기 어려울 정도로 밀도가 높으며(60억 대의 자동차를 서류 가방 하나에 욱여넣었다고 생각해 보면 된다), 잠재된 에너지가 가득하다.[1] 원자핵은 양성자와 중성자로 이뤄져 있고 그 주위를 한 무리의 전자들이 돌고 있다. 이 모두가 물리학자들이 "강력強力"이라고 부르는 힘에 의해 흩어지지 않고 묶여서 하나의 원자를 이룬다.[2]

강력은 우주를 묶어 주는 네 가지의 힘 중 하나다(나머지는 중력, 전자기력, 약력이다). 전에는 강력이 너무나 강력하기 때문에 원자를 부수거나 쪼개는 것은 불가능하다는 것이 과학계의 정설이었다. 또 과학자들은 질량과 에너지 모두, 없다가 새로이 생성되거나 있다가 파괴되어 사라질 수 없다고 믿었다.[3] 그런데 1905년에 알베르트 아인슈타인

Albert Einstein이 이러한 개념들을 뒤집었다.[4] 그는 만약에 어찌어찌 해서 원자가 쪼개질 수 있다면 그 과정에서 원자의 자그마한 질량이 상대적으로 막대한 에너지로 바뀔 수 있다고 보았다. 아인슈타인은 이 이론을 E=mc²라는 방정식으로 표현했는데, 방출되는 에너지의 양(E)은 원자가 잃은 질량(m)에 빛의 속도의 제곱(c²)을 곱한 만큼이라는 뜻이다.

1938년에 독일 과학자 두 명이 우라늄 원자에 중성자를 사정없이 충돌시키면 원자핵이 정말로 쪼개질 수 있으며 그 과정에서 핵에너지가 나온다는 사실을 알아냈다. 또한 하나의 핵이 쪼개질 때 거기에서 나온 중성자가 매우 빠른 속도로 날아가서 근처의 다른 원자와 충돌하면 그것의 핵이 쪼개지고 거기에서 나온 중성자가 옆의 원자와 또 충돌하는 식으로 연쇄반응이 일어나 더욱 많은 에너지가 나올 수도 있었다. 즉 충분한 양의 우라늄 원자가 정확한 배열로 모여 있을 경우(임계질량 critical mass을 형성할 수 있을 경우), 이 연쇄 과정은 자가 영속적으로 지속될 수 있었다. 이렇게 임계에 도달해 연쇄적인 핵의 쪼개짐(핵분열)이 발생하면 상상을 초월하는 어마어마한 에너지를 방출할 수 있을 터였다.

1945년 8월 6일 오전 8시 16분, 우라늄 64킬로그램이 담긴 핵분열탄이 일본 히로시마 상공 580미터에서 터졌고,[5] 아인슈타인의 방정식은 무자비하게도 정확했던 것으로 판명되었다. 그러나 이 폭탄 자체는 몹시 비효율적이었다.[6] 64킬로그램의 우라늄 중 1킬로그램만 핵분열을 일으켰고 나비 한 마리 무게밖에 안 되는 700밀리그램 정도의 질량만이 에너지로 전환되었다. 하지만 1초도 안 되는 동안 도시 하나를 통째로 날리기에는 충분했다. 7만 8000명이 증기가 되거나 압착되거나 폭풍파에 이은 불폭풍으로 불에 타서, 즉시 사망하거나 곧 사망했다.[7]

이에 더해, 그해 말까지 추가로 2만 5000명이 세계 최초의 원폭 공격에서 방출된 방사선 피폭으로 목숨을 잃었다.

　방사선은 "불안정"한 상태의 원자가 붕괴할 때 생성된다. 원소마다 원자 무게가 다른데, 원자의 무게는 핵에 있는 양성자와 중성자의 개수에 달려 있다.[8] 원소마다 양성자의 수는 고유하며 이것은 절대로 변하지 않는다. 그래서 양성자의 수에 따라 해당 원자의 "원자 번호"와 주기율표에서의 위치가 결정된다. 수소는 반드시 양성자가 하나이며 절대로 그것보다 많을 수 없다. 산소는 늘 양성자가 8개다. 금은 언제나 79개다. 하지만 같은 원소라도 중성자 수는 다를 수 있다. 그래서 "동위원소"들이 생기게 되는데, [같은 원소 계열이라도] 동위원소들은 각각 특성이 다르다. [원자번호 94인] 플루토늄은 중성자 134개를 가진 플루토늄228부터 중성자 153개를 가진 플루토늄247까지, 알려진 동위원소가 스무 개나 된다.

　안정적인 원자의 핵이 중성자를 얻거나 잃으면 그 원소의 불안정한 동위원소가 된다. 그런데 불안정한 원소는 균형을 되찾으려는 성질이 있다. 핵의 일부를 떨궈서 안정 상태를 되찾으려 하는 것이다.[9] 그 과정에서 또 다른 동위원소가 나오기도 하고 아예 다른 원소가 나오기도 한다. 예를 들어, 플루토늄239는 핵에서 두 개의 양성자와 두 개의 중성자를 떨궈서 우라늄235가 된다. 이렇게 핵이 붕괴하는 동태적인 성질을 "방사능radioactivity" 또는 "방사성"이라고 하고, 원자가 중성자를 떨구면서 입자나 파동 형태로 방출하는 에너지를 "방사선radiation"이라고 한다.

　방사선은 우리 주변 도처에 존재한다.[10] 태양에서도 나오고 우주선線에서도 나온다. 그래서 고도가 높은 도시들은 해수면에 가까운 도시

들보다 자연방사선이 높다. 지하의 토륨이나 우라늄 매장층도 방사선을 방출한다. 그뿐 아니라 돌이나 벽돌도 방사성 동위원소를 가지고 있다. 미국 의사당을 짓는 데 쓰였던 화강암은 방사성이 매우 높아서 오늘날 미국의 원전 안전 규제 법령을 통과하지 못할 것이다. 또한 모든 살아 있는 조직은 어느 정도 방사선을 방출한다. 인간도 그렇고 바나나도 그렇다. 소량이지만 방사성 동위원소인 포타슘[칼륨]40을 가지고 있기 때문인데, 근육에는 다른 조직보다 포타슘40이 더 많기 때문에 일반적으로 남성이 여성보다 방사성이 강하다. 그리고 브라질너트는 세상에서 방사성이 가장 강한 식품으로, 어지간한 유기물질보다 천 배나 많은 라듐이 축적되어 있다.

방사선은 무색, 무미, 무취다. 적은 양의 피폭이 인체에 해를 미치느냐 아니냐에 대해서는 아직 분명하게 입증된 바 없지만(아주 적은 양이라도 위험하기 때문에 "안전한 수준의 방사선"이란 있을 수 없다고 보는 과학자들도 있다), 어쨌든 생명체의 세포 조직에서 원자를 파괴하거나 변형시킬 수 있을 정도로 방사선이 강력할 경우 생명에 매우 위험하다는 것만큼은 분명하다. 이러한 고에너지 방사선을 전리방사선ionizing radiation이라고 부른다.

전리방사선에는 크게 세 가지가 있다. 알파 입자, 베타 입자, 그리고 감마선이다. 알파 입자는 상대적으로 크고 무거워서 느리게 움직이며 피부를 관통할 수 없다. 종이 한 장만 덮어도 피부에 침투하는 것을 막을 수 있다. 하지만 어찌어찌 해서 (가령 삼키거나 호흡 중에 들이마셔서) 신체 안으로 들어오면 심각한 염색체 손상과 사망까지도 야기할 수 있다. 환기가 안 된 지하에서 기체의 형태로 나오는 라돈222을 흡입하면 폐에 알파 입자가 방출되어 폐암을 유발할 수 있다.[11] 매우 강력한 알파 입자 방사 물질인 폴로늄210은 담배 연기에 있는 발암 물질 중 하나다.[12] 2006년에 전직 러시아연방보안국FSB 요원 알렉산더 리트비넨코 Alexander Litvinenko가 런던에서 차를 마시고 독살되었는데 그때 사용된 독극물도 폴로늄210이었다.[13]

베타 입자는 알파 입자보다 작고 더 빠르게 움직이고 세포에 더 깊이 침투할 수 있으며, 피부에 눈으로 식별 가능한 화상을 남기고 영구적인 유전자 손상을 일으키기도 한다. 종이 한 장 덮어서는 베타 입자를 차단할 수 없다. 하지만 알루미늄 호일로는 차단이 가능하고 방출원으로부터 거리가 충분히 떨어져 있어도 피부를 보호할 수 있다. 10피트[약 3미터] 이상 떨어져 있으면 베타 입자는 거의 해를 끼치지 못한다. 하지만 어떤 방식으로든 체내에 흡입되면 매우 해롭다. 신체가 그것을 몸에 꼭 필요한 필수 성분으로 착각해서 특정한 내장 기관에 베타 입자가 치명적인 수준으로 집중될 수 있기 때문이다. 이를테면, 스트론튬90은 화학적으로 칼슘과 같은 족에 속해서 뼈에 축적된다. 루테늄은 창자에 축적된다. 아이오딘131은 갑상선(특히 아동에게)에 잘 집중되어서 갑상선암을 유발한다.

마지막으로 감마선은 빛의 속도로 이동하는 고주파 전자기파로, 셋 중 에너지가 가장 세다.[14] 굉장히 먼 거리를 이동할 수 있고 아주 두꺼운 납이나 콘크리트를 제외하면 무엇이든 침투할 수 있어서 전자 장비들을 고장 낸다. 감마선은 속도가 전혀 느려지지 않은 채로 인체도 관통하며, 관통하는 도중에 미니 다연발 총알을 발사하기라도 한 것처럼 세포들을 공격한다.

심하게 노출되면 세 가지 전리방사선 모두 급성방사선증후군(Acute Radiation Syndrome, ARS)을 일으킨다.[15] 신체 조직이 가장 미세한 수준에서 해체되고 재배열되고 파괴되면서, 어지럼증, 구토, 출혈, 탈모 등이 나타나고, 이어서 면역계가 파괴되고 골수가 상실되며, 내장 기관이 해체되고 결국 죽음에 이르게 된다.

19세기 말에 "방사 물질"을 처음으로 탐구했던, 원자력 연구의 조상 격인 과학자들에게 방사선은 마법만큼이나 호기심을 불러일으키는 매력적인 현상이었다.[16] 1895년에 X선을 발견한 빌헬름 뢴트겐Wilhelm Roentgen은 어떤 실험을 하다가 자기 손의 뼈가 실험실 벽에 비치는 것을 보고 크게 흥미를 느끼게 되었다. 하지만 얼마 후에 아내의 왼손을 X레이로 찍었을 때(사진에 화룡점정으로 결혼 반지가 보인다) 세계 최초의 X레이 사진을 본 아내는 경악해서 이렇게 말했다고 한다. "나는 나의 죽음을 보았다."[17] 나중에 뢴트겐은 자신이 발견한 것이 신체에 침투하지 않도록 충분히 차폐를 하는 조심성을 발휘했지만, 다른 사람들은 그렇지 못했다. 1896년에 토머스 에디슨Thomas Edison은 X선으로 물체의 내부를 투시해 스크린상에서 볼 수 있게 만든 "형광투시경"을 발명했다. 에디슨의 실험에는 X선이 쪼여지는 상자 위에 반복적으로 손을 올려놓을 조교가 필요했다.[18] 한쪽 손에 화상을 입자 조교는 대수롭지 않게 다른 쪽 손을 대신 올려놓았다. 하지만 화상은 낫지 않았다. 결국 조교는 왼팔과 오른손의 네 손가락을 절단해야 했다. 이어 오른팔에도 암이 퍼져서 오른팔마저 절단했다. 여기에서 그치지 않고 암은 가슴으로도 이동했고, 결국 그는 1904년 10월에 숨졌다. 에디슨의 조교는 알려진 최초의 인공 방사선 피폭 사망자였다.

외부 피폭이 일으키는 피해가 명백히 알려진 뒤에도 내부 피폭이 유발하는 손상은 한동안 잘 알려져 있지 않았다.[19] 20세기 초에 약국에서 판매된 특허 약품 중에는 라듐을 함유한 건강 증진제도 있었다. 사람들은 방사선에 강장 효과가 있다고 생각해 그런 약을 마셨다. 1903년에 라듐과 폴로늄을 발견해 노벨물리학상을 받은 마리 퀴리Marie

Curie와 피에르 퀴리Pierre Curie는 파리에 있는 실험실에서 찐득하고 끈적끈적한 몇 톤의 광물로부터 폴로늄과 라듐을 추출했다.[20] 폴로늄과 라듐은 우라늄보다 방사성이 대략 백만 배는 강한 물질로, 알파 입자를 방출한다. 피에르는 자동차 사고로 사망했지만 마리는 1934년에 사망할 때까지 방사성 화합물에 대해 연구를 계속했는데, 마리의 사인은 방사선 피폭으로 인한 골수 상실이었던 것으로 보인다. 80년도 더 지났지만 퀴리의 실험 노트들은 아직도 방사선 수치가 너무 높아서 납상자에 차폐된 상태로 보관되어 있다.

라듐은 다른 물질과 섞으면 야광 효과를 내기 때문에 [20세기 초의] 시계 제조 업체들은 시계의 숫자와 시침, 분침에 라듐 페인트를 칠해 깜깜한 밤에도 시간이 잘 보이는 야광 시계를 만들었다.[21] 뉴저지, 코네티컷, 일리노이의 시계 공장들에서는 여공들("라듐 걸"이라고도 불린다)이 가느다란 붓 끝을 혀에 대어 침으로 뾰족하게 한 뒤에 라듐 물감을 묻혀 시계에 칠하도록 교육을 받았다. 여공들의 턱이 돌출하고 혹이 생기고 뼈가 무너지기 시작하자, 고용주들은 그들이 매독을 앓고 있어서 그런 것이라고 했다. 최종적으로는 라듐 걸들의 승리로 이어진 지난한 법정 투쟁 과정에서, 고용주들이 라듐 물감 작업이 일으키는 피해를 알고서도 여공들에게 이 사실을 은폐하기 위해 갖은 수를 썼음이 드러났다.[22] 이것은 방사성물질의 내부 피폭이 일으키는 위험을 대중이 알게 된 첫 번째 사례였다.

방사선 피폭이 인체에 미치는 효과(곧 이것을 측정하는 '렘rem'이라는 단위가 생기게 되는데 '인체뢴트겐당량roentgen equivalent man'이라는 뜻이다)는 노출된 방사선의 종류, 총 노출 시간, 신체에 침투한 정도, 침투한 신체 부위, 해당 부위의 방사선 피폭에 대한 취약성 등 여러 복잡한 요인들에 영향을 받는다. 골수, 피부, 창자처럼 세포가 빠르게 분열되는 기관들이 심장, 간, 뇌와 같은 기관들보다 더 위험하다. 또 핵종마다 방사성의 강도가 다르다. 가령 라듐이나 스트론튬90은 우라늄이나 포타슘40보다 방사성이 강해서 더 위험하다.[23]

히로시마와 나가사키(히로시마에 원폭이 투하된 지 사흘 뒤에 나가사키에도 원폭이 투하되었다)의 원폭 생존자들은 처음으로 급성방사선증후군의 영향에 대해 다수의 사람들을 대상으로 연구를 할 수 있는 기회를 제공했다.[24] 이후에 이들을 대상으로 70년 이상에 걸친 연구 프로젝트가 수행되었고, 이를 통해 전리방사선이 인체에 미치는 장기적인 영향에 대한 데이터베이스가 만들어질 수 있었다. 나가사키의 경우, 폭발 시에 즉각 사망하지 않은 사람들 중 3만 5000명이 24시간 이내에 죽었고, 급성방사선증후군에 걸린 사람들은 1, 2주 뒤에 머리카락이 빠지고 혈변을 보았으며 곧 감염과 고열에 시달리다가 3개월 안에 추가로 3만 7000명이 사망했다. 그리고 이보다 오래 살아남은 생존자 중 또 비슷한 숫자만큼이 3년이 지나자 백혈병에 걸렸다.[25] 1940년대 말이면 백혈병은 공식적으로 방사선 피폭과의 관련성이 인정된 첫 번째 암이 된다.

1950년대 말에 미 공군은 무생물 물체와 살아 있는 생물 모두에 대해 전리방사선이 미치는 영향을 밀도 있게 연구했다.[26] 핵 추진 항공기를 개발하기 위한 정부 프로젝트의 일환으로, 록히드 항공은 노스 조지아 숲속의 지하 격납고 안에 물을 냉각제로 사용하는 10메가와트 용량의 원자로를 지었다. 버튼을 누르면 원자로가 지상으로 올라와 300미터 반경 안에 있는 모든 것에 치명적인 수준의 방사선을 조사照射할 수 있었다. "방사선 효과 원자로Radiation Effect Reactor"라고 불린 이 원자로가 1959년 6월에 최초로 완전한 출력으로 가동되면서 방사선을 뿜어내자 근처의 모든 것이 죽어 버렸다. 벌레가 공중에서 떨어졌고 작은 동물과 그 안에 살던 박테리아가 몰살되었다. 기술자들은 이것을 "즉각적인 박제화"라고 표현했다. 식물에 미치는 효과는 들쭉날쭉했다. 참나무는 갈변했지만 바랭이는 희한하게도 멀쩡해 보였으며 소나무가 가장 심각한 피해를 입은 것 같았다. 무생물 물체들의 변화도 희한했다. 투명한 코카콜라 병은 갈색이 되었다. 물이 흐르던 곳은 껌처럼 응고되었다. 트랜지스터가 사용된 장비는 작동이 멎었다. 고무 타이어는 바위처럼 딱딱해졌다.

전리방사선은 사람에게 끔찍하고 돌이킬 수 없는 피해를 입히면서도 피폭 당시에 아무런 감각을 일으키지 않기 때문에 피폭자는 자신이 피폭되고 있는지를 전혀 알아차리지 못한다. 통증이나 열기 등 어떤 것도 느끼지 못하는 채로도 일백 번을 고쳐 죽을 만큼의 감마선에 노출될 수 있다.

히로시마에 원폭이 투하된 지 2주 뒤인 1945년 8월 21일, 24세의 맨해튼 프로젝트 물리학자 해리 K. 대글리언 주니어Harry K. Daghlian Jr.는 뉴멕시코 로스앨러모스의 연구실에서 실험을 계속하고 있었다. 한 덩어리의 플루토늄 코어 주위에 탄화텅스텐 벽돌을 쌓은 작은 구조물을 만들다가 손이 미끄러지는 바람에 텅스텐 벽돌이 코어에 떨어졌고 방사성물질이 순식간에 임계에 도달하고 말았다.[27] 대글리언은 잠깐 동안 푸른 섬광을 보았고 500렘 이상의 감마선과 방사성 중성자에 피폭되었다. 그는 구조물을 황급히 무너뜨려 폭주 반응을 막고 스스로 건물에서 걸어 나와(동료의 도움을 받아) 병원으로 갔다.[28] 겉으로 보이는 증상은 없었지만 방사선은 기차가 달려오는 철로에 몸을 던졌을 때만큼이나 확실하게 그의 목숨을 앗아 갔다. 그는 25일 뒤에 의식을 잃었고 다시 깨어나지 못했다. 대글리언은 핵분열에 근접 접촉한 사고로 목숨을 잃은 첫 사례가 되었다. 『뉴욕타임스』는 그의 죽음이 "산업재

해"로 인한 화상 때문이라고 보도했다.[29]

처음부터 원전 산업은 군사적 기원의 그림자를 벗기 위해 매우 고전해야 했다. 1942년 시카고 대학의 사용되지 않는 미식축구장 외야석에서 손으로 조립된 역사상 최초의 원자로는 [핵무기 개발 프로젝트인] 맨해튼 프로젝트의 토대가 되었다. 세계 최초의 핵폭탄을 만드는 데 필요한 핵분열성 물질을 만드는 과정의 필수적인 첫 번째 단계였기 때문이다. 그리고 그 이후 워싱턴 주 핸포드의 컬럼비아 강 주위에 들어선 원자로들은 점점 커지는 미국의 핵 무기고를 채우는 데 필요한 무기급 플루토늄을 제조할 목적으로 지어졌다. 또한 미국에서 민간 목적으로 사용되는 거의 모든 원자로는 미 해군이 설계한 원자로가 원형이라고 볼 수 있었다. 미국에서 민간 용도로 지어진 최초의 원자로는 핵 추진 항공모함 개발 프로젝트에서 나왔던 설계안을 재활용한 것이었다.

소비에트도 마찬가지였다. 소비에트가 만든 최초의 원폭 RDS-1(이것을 만든 과학자들 사이에서는 "아티클Article"이라고 불렀다)[30]은 1949년 8월 29일 새벽 카자흐스탄 초원 지역인 세미팔라틴스크에서 북서쪽으로 140킬로미터 떨어져 있는 핵 실험장에서 투하 실험이 이뤄졌다. 암호명 "제1문제Problem Number One"로 불린 이 프로젝트를 이끈 사람은 46세의 물리학자 이고르 쿠르차토프Igor Kurchatov였다. 쿠르차토프를 담당한 비밀경찰 팀에 따르면, 빅토리아시대 심령학자 같은 양갈래 콧수염을 한 그는 매우 신중하고 정치적 수완도 뛰어났다고 한다.[31] 이 폭탄은 4년 전에 나가사키에 투하되었던 원폭 "팻맨Fat Man"의 충실한 복제품이나 마찬가지였다. 그리고 이 폭탄은 플루토늄을 연료로 사용했는데 그 플루토늄을 제조하는 데 사용된 원자로 "안누슈카Annushka"(줄여서 "A" 원자로라고도 불렀다)의 초기 모델은 미국 핸포드의

2장 알파, 베타, 감마

원자로를 본뜬 것이었다.[32]

쿠르차토프가 성공할 수 있었던 데는 해외에서 암약한 믿을 수 있는 스파이들, 그리고 고맙게도 미국 정부가 1945년에 출간해 준 베스트셀러 『군사적 목적을 위한 원자력 에너지*Atomic Energy for Military Purposes*』 (모스크바에서 곧 러시아어로 번역되어 소련 과학자들에게 배포되었다)가 톡톡히 기여했다.[33] 핵 개발 관련 업무는 새로 설립된 "제1주요국First Chief Directorate" 소관이었는데, 스탈린의 측근인 NKVD(KGB의 전신인 비밀경찰) 국장 라브렌티 베리야Lavrenty Beria가 이끌었고 "원자력계의 정치국"으로 통했다.[34] 처음부터 소비에트의 원자력 프로젝트는 어떻게든 일이 되게 만든다는 임시변통의 원칙과 편집광적인 비밀주의가 지배했다. 1950년이면 제1주요국에 고용된 인원은 70만 명에 달하게 되는데, 절반 이상이 우라늄 광산에서 강제 노역을 하는 노동자들이었다(한때는 전쟁 포로 5만 명이 동원되기도 했다).[35] 수형 기간이 끝난 뒤에도 제1주요국은 그들을 풀어 주지 않고 그들이 목격한 것을 아무에게도 발설하지 못하도록 화물칸에 실어 소비에트의 최북단으로 이주시켰고 많은 이들이 거기에서 숨졌다. 쿠르차토프의 팀이 드디어 성공했을 때, 비밀경찰 국장인 베리야는 관련된 사람들 각각에 대해 실패했을 경우 가할 생각이었던 처벌의 정도에 부합하는 보상을 내렸다.[36] 실패했더라면 즉각 처형 명령이 떨어졌을 사람들(쿠르차토프 본인과 안누슈카 원자로를 설계한 니콜라이 돌레잘 등)은 이제 성공의 보상으로 소비에트 최고의 영예인 사회주의노력영웅 칭호와 다차, 자동차, 그리고 현금 보너스를 받았다. 실패했더라면 최대 기간의 수형을 선고받았을 사람들은 그 다음으로 높은 영예인 레닌 훈장을 받았다.

"아티클" 폭발 실험이 성공했을 무렵이면 이고르 쿠르차토프는 이미 [무기용이 아닌] 전기 생산용 원자로 개발을 시작하기로 마음먹고 있었다. 발전용 원자로의 개발은 1950년에 모스크바에서 남서쪽으로 두 시간 거리에 새로 지어진 비밀 도시 오브닌스크Obninsk에서 시작되었다. 안누슈카 원자로를 개발했던 동일한 물리학자들이 여기에서 새 원자로 개발에 착수했다. 이번에는 [폭탄이 아니라] 핵분열에서 나오는 열로 물을 증기로 바꿔서 그것으로 터빈을 돌려 전기를 생산하는 원자로를 개발하기 위한 것이었다. 자원은 턱없이 부족했고 원자력 프로그램의 몇몇 사람들은 발전용 원자로가 전혀 실용성이 없을 것이라고 보고 있었다. "원폭의 아버지"라는 쿠르차토프의 명성이 아니었다면 베리야는 이 프로젝트를 절대로 허용하지 않았을 것이다.[37] 소비에트 정부가 [전력 생산용] 신형 원자로 설계를 목적으로 하는 연구소를 만듦으로써 발전용 원자로 개발을 진지하게 생각한다는 뜻을 처음 드러낸 것은 1952년 말이 되어서였다. 이 연구소는 "에너지 기술 개발 및 설계 연구소Scientific Research and Design Institute of Energy Technology"로, 러시아어 Nauchno-issledovatel'skiy i konstruktorskiy institut energotekhniki를 줄여 NIKIET라고 불렸다.[38]

이듬해에 소련은 최초의 열핵융합탄(수소폭탄으로, 원폭보다 파괴력이 천 배는 더 강하다) 폭발 실험을 했고, 떠오르는 두 슈퍼파워 미국과 소련 모두 이론적으로는 인류 전체를 쓸어 없애는 것이 가능해졌다.[39] 폭파 지점으로부터 5킬로미터 이내의 토양을 녹은 유리처럼 바꿔 버리는 가공할 위력을 보고, 쿠르차토프마저 자신이 만든 신무기의 파괴력에 경악했다.[40] 4개월쯤 뒤 미국의 드와이트 D. 아이젠하워Dwight D. Eisenhower 대통령은 유엔 총회에서 "평화를 위한 원자력Atoms for Peace"이라는 제목의 연설을 했다. 인류 절멸의 가능성에 직면했다는 공포에 사로잡힌 미국 대중의 두려움을 누그러뜨리기 위한 시도의 일환이었다.[41] 아이젠하워는 막 시작되고 있는 핵 군비 경쟁을 통제하고 원자력의 힘을 인류에게 이로운 쪽으로 길들이기 위해 국제적인 협력을 구축하자고 촉구하면서 이 사안을 논의할 국제 콘퍼런스를 열자고 제안했다. 소련은 공허한 프로파간다라며 이 제안을 공개적으로 일축했고, 이에 대해 아무도 놀라지 않았다.[42]

하지만 1955년 8월에 스위스 제네바에서 "원자력 에너지의 평화적 사용을 위한 유엔 국제 콘퍼런스UN International Conference on the Peaceful Uses of Atomic Energy"가 열렸을 때 소련은 대규모 대표단을 파견했다. 이 콘퍼런스는 20년 만에 처음으로 소련 과학자들이 외국 과학자들과 섞여 대화를 나누도록 허용된 경우였다.[43] 물론 소련 과학자들은 소련의 프로파간다용 어젠다를 가지고 왔다. 그들은 이전해 7월 27일에 소련이 오브닌스크의 원자로 "AM-1"을 모스크바의 전력망에 성공적으로 연결시켰다고 발표했다.

과학자들이 "평화로운 원자력 1호"라는 뜻의 "아톰 미르니Atom Mirny 1호"를 줄여 AM-1라고 부른 이 원자로는 전기를 생산하는 비군사적인 목적으로 원자력을 이용한 세계 최초의 원자로였다. 그때 펜실베이니아 주 쉬핑포트에 지어지고 있던 미국 최초의 원자력발전소는 완공까지 2년이나 남은 상태였다. 얼핏 보면 초콜릿 공장처럼 보이는 높은 굴뚝과 고풍스러운 회벽으로 된 건물에서 AM-1 원자로는 겨우 5메가와트의 전력을 생산했다. 기관차 딱 한 대를 돌릴 수 있는 정도의 전력이었다.[44] 하지만 이것은 원자력을 인류에게 이롭게 사용할 수 있는 사회주의의 우월한 역량을 보여 주는 상징이었다. 또한 이것은 소비에트 원전 산업 탄생의 신호탄이자 냉전 시기 미소 간 원전 기술 경쟁의 시작을 알리는 신호탄이기도 했다.

1953년 스탈린이 사망하고 얼마 뒤에 라브렌티 베리야는 체포되어 감옥에 갇혔다가 처형되었다.[45] 제1주요국은 개편되고 이름도 바꿔었다.[46] 새 조직은 "중기계건설부"로, 러시아어 Ministerstvosrednego mashinostroyeniya를 줄여서 민스레드마시MinSredMash, 또는 더 간단하게 스레드마시라고 불렀다. 이제 이곳이 우라늄 채굴부터 폭탄 투하 실험까지 핵과 관련된 모든 것을 관장하게 되었다. 새 총리 니키타 흐루쇼프Nikita Khrushchev는 스탈린 치하의 오랜 억압을 종식시켰고, 예술과 기술을 해방시켰으며, 첨단 기술을 받아들였고, 1980년까지 "진정한 공산주의"(모든 이의 평등과 풍요로움이 보장되는 노동자의 이상사회)를 달성할 것이라고 약속했다.[47] 소비에트 경제의 근대화를 촉진하고 자신의 권력을 공고히 하기 위해, 흐루쇼프는 우주 왕복 기술과 핵 기술을 촉진하는 데 매우 관심이 많았다.

아톰 미르니 1호가 성공하면서, 물리학자들과 그들을 지휘하는 당 지도자들은 소비에트연방이 과거의 결핍에서 벗어나 사회주의의 밝은 미래를 향해 나아가게 할 만병통치약이 될 법한 것을 드디어 발견했다.[48] 아직 제2차 세계대전의 폐허로부터 재건하느라 고투를 벌이고 있는 소비에트 국민들에게 오브닌스크의 원자로는 소비에트가 평범한 사람들의 가정에 열과 빛을 공급해 줌으로써 국민의 삶에 보탬이 되는 방식으로 세계의 테크놀로지를 선도하는 국가가 될 수 있는 방법을 보여 주었다. AM-1 개발에 관여한 물리학자들은 레닌상을 받았고,[49] 원자력의 힘은 잡지, 영화, 라디오 등에서 줄기차게 찬양되었다. 문화부는 초등학교 교과서에 원자력 에너지에 대한 기초적인 내용을 포함시켰고 아이들에게 소비에트의 원자력 프로그램이 가진 평화적인 목적을 미국의 원자력 프로그램이 가진 군사적인 목적과 대조해서 가르치게 했다. 역사학자 폴 조지프슨Paul Josephson에 따르면, 원자력 과학자들은 우주인, 대大조국전쟁[독소獨蘇전쟁][50] 전사자와 더불어 "소비에트 영웅의 전당에서 거의 신화적인 인물의 반열"에 올랐다.

하지만 오브닌스크의 작은 원자로와 관련된 이야기는 외부로 드러난 것이 전부가 아니었다.[51] 이 원자로의 설계 원리는 전력 생산 목적이 아니라 폭탄의 원료인 플루토늄을 값싸고 빠르게 제조하려는 목적에 기원을 두고 있었다. 중기계건설부의 관할 하에 오브닌스크의 원자로를 만들은 과학자들은 [폭탄용의] 안누슈카 원자로를 만들었던 동일한 과학자들이었다. 또 오브닌스크 원자로를 완성하기까지 부식, 누출, 장비 실패 등의 사고가 부지기수로 일어났다. 그리고 원래 이 원자로는 핵잠수함 추진 장치 용도로 개발되었던 것이었다. 그것이 현실적으로 유용성이 없으리라는 것이 판명된 후에야 AM이라는 약어가 애초에 의미했던 암호명(아톰 모르스코이Atom Morskoy, "해군 원자로"라는 뜻이다)[52]이 아니라 인류에게 이롭게 들리는 이름(아톰 미르느, 평화의 원자로)을 뜻하는 것으로 바뀌었던 것이다.

그리고 무엇보다, 이 원자로는 내재적으로 불안정했다.[53]

몇 분의 1초도 안 되는 극히 짧은 시간에 방대한 양의 우라늄 원자를 분열시켜 강렬한 빛과 열의 형태로 모든 에너지를 한꺼번에 방출하게끔 되어 있는 핵무기와 달리, 발전용 원자로에서는 핵분열 과정이 몇 주, 몇 달, 몇 년 동안 지속될 수 있도록 섬세하게 조절되어야 한다. 그러려면 세 가지가 필요하다. 감속제, 제어봉, 냉각제.

가장 단순한 형태의 원자로는 아무런 장비도 필요로 하지 않는다. 정확한 양의 우라늄235가 감속제(중성자가 날아가는 속도를 늦춰서 그것이 다른 원자와 더 잘 충돌하게 만드는 물질로, 흑연, 물 등이 쓰인다)가 있는 곳에 모이면 자가 영속적인 연쇄반응이 시작되고 열에너지가 방출된다. 연쇄반응이 시작되게 만드는 이상적인 조건(임계 조건)은 자연 상태에서 저절로 형성될 수도 있다.[54] 아프리카의 가봉에서 발견된 지하의 한 우라늄 매장고에서는 지하수가 감속제 역할을 해서 20억 년 전에 자가 영속적인 연쇄반응이 시작되었고 약한 열에너지가 생성되었다. 평균적으로 백 킬로와트 정도였는데, 전구 천 개를 밝힐 수 있는 양이다. 이 과정은 백만 년 동안 간헐적으로 이어지다가 핵분열에서 나오는 열에너지로 지하수가 증기가 되어 다 사라지면서 감속제 역할을 할 것이 없어지자 멈추었다.

하지만 원자로에서 꾸준하고 안정적으로 전력을 뽑아내려면 중성자의 행동을 인위적으로 통제해야 한다. 그래야만 연쇄반응이 안정적으로 지속되어 거기에서 나오는 열을 전기 생산에 사용할 수 있다. 이상적으로는, 원자 하나가 분열될 때 그것이 옆에 있는 원자 하나를 분열시키는 것이 좋다. 그러면 중성자 개수가 정확하게 직전의 중성자 개수와 같아져서 원자로는 동일한 임계 상태를 계속 유지할 수 있게 된다.

매번의 핵분열이 정확하게 직전과 같은 숫자만큼의 중성자를 못 만들어 내면 원자로는 미임계 상태가 되어 연쇄반응이 느려지다가 결국에는 멈추게 된다. 반대로 매번의 핵분열이 직전보다 많은 개수의 중성자를 만들어 내면 연쇄반응이 너무 빠르게 증가해 통제 불능의 초과임계 상태가 될 수 있다. 그렇게 되면 핵폭탄처럼 일거에 방대한 에너지를 방출하게 된다. 이 양극단 사이에서 안정적인 상태를 유지하려면 매우 섬세한 작업이 필요하다. 초창기의 원자력 공학자들은 인간이 가진 제어 능력의 정교성을 극한까지 시험하는 듯한 물리학적 힘들을 능수능란하게 다뤄 낼 수단들을 개발해야 했다.

원자로 안에서 벌어지는 일들, 원자보다도 작은 단위들의 극히 미세하고 눈에 보이지 않는 행동들을 파악하는 것은 매우 어려운 일이다. 1와트의 전기를 생산하려면 초당 300억 회 이상의 핵분열이 필요하다.[55] 핵분열이 한 번 이뤄질 때 나오는 중성자 중 99퍼센트는 어마어마한 속도로 이동하는 고에너지 입자들이다. 이를 "즉발 중성자"라고 부르는데, 속도가 초속 2만 킬로미터나 된다. 즉발 중성자가 이웃의 원자와 충돌하는 데 걸리는 시간은 평균 10나노초 정도다. 이 찰나의 시간을 일컫기 위해 맨해튼 프로젝트의 과학자들은 "순식간"이라는 영어 표현 "a shake of a lamb's tail"에 나오는 "쉐이크shake"라는 단어를 측정 단위로 사용하기도 했다.[56] 이렇듯 즉발 중성자가 움직이는 시간은 너무나 짧아서 어떤 방법을 써도 인간이 기계적인 수단으로 제어할 수 없다. 다행히 매 핵분열에서 나오는 중성자 중 나머지 1퍼센트는 인간의 시간 단위에 조금 더 잘 부합하는 속도로 방출된다.[57] 이들은 초 단위, 심지어는 분 단위의 훨씬 더 느린 시간 단위로 이동한다. 애당초 원자로의 가동 자체가 가능한 것은 인간의 제어 역량으로 다뤄 봄직한 이 느림보 중성자들의 존재 덕분이다.

덕분에, 중성자를 흡수하는 물질(보론, 카드뮴 등)이 들어 있는 제어봉을 기계 장치로 조금씩 삽입하거나 빼냄으로써 연쇄반응을 미세 조정할 수 있다.[58] 제어봉은 스펀지처럼 느림보 중성자들을 흡수해 붙잡아 둠으로써 그 중성자들이 옆의 원자와 충돌해 핵분열을 일으키는 것을 막는다. 제어봉이 원자로에 끝까지 다 들어가면 노심은 미임계 상태에 있게 된다. 그러다 제어봉을 빼기 시작하면 서서히 핵분열이 증가해 원자로가 임계 상태에 도달한다. 임계에 도달하면 그 상태를 계속 유지하기 위해 필요에 따라 제어봉을 뺐다 넣었다 하면서 조정한다. 제어봉을 더 멀리 빼거나 더 많은 개수를 빼면 핵분열 반응이 증가해서 열과 출력이 증가하고, 제어봉을 더 깊이 넣거나 더 많은 개수를 넣으면 반대의 효과가 난다. 하지만 전체 중성자 중 1퍼센트도 안 되는 중성자로만 제어해야 하므로 원자로 제어는 극도로 민감한 작업이다.

제어봉을 너무 빠르게 뽑거나 너무 멀리 뽑거나 너무 많은 개수를 뽑으면, 또 그 밖에 어떤 안전 시스템이 문제를 일으켜도, 즉발 중성자의 핵분열이 인간의 제어 역량을 압도해 "즉발 초임계" 상태가 될 수 있다. 그러면 원자로에서 "폭주 반응"이 발생한다. 이것은 핵폭탄에서와 유사한 과정이 원자로에서 발생하게 되는 재앙적인 시나리오다. 이런 일이 발생하면 출력이 통제 불가능하게 폭주해 노심이 용융되거나 원자로가 폭발하게 된다.

전기를 생산하려면 원자로 안의 핵연료[우라늄]가 물을 증기로 바꿀 수 있을 만큼은 뜨거워야 하지만* 핵연료 자체가 용융될 만큼 뜨거워져서는 안 된다. 용융될 만큼 뜨거워지는 것을 막기 위해, 제어봉과 감속제 외에 원자로에는 과도한 열기를 제거할 냉각제가 필요하다. 영국의 초창기 원자로들은 감속제로는 흑연을, 냉각제로는 기체를 사용했고, 나중에 미국에서 상업화된 모델은 냉각제와 감속제 둘 다에 물을 사용했다.[59] 두 모델은 각기 뚜렷한 위험과 뚜렷한 장점이 있었다. 물은 타지 않지만 고압의 증기로 바뀌면 폭발을 야기할 수 있다. 흑연은 폭발할 수 없지만 극단적으로 높은 온도에서는 불이 붙을 수 있다. 소비에트의 초창기 원자로들은 미국에서 맨해튼 프로젝트 때 설계된 모델을 모방해 물과 흑연을 둘 다 사용했는데,[60] 이것은 매우 위험한 조합이었다. 흑연은 높은 온도에서 맹렬하게 탈 수 있는 감속제이고, 물은 잠재적으로 폭발 가능성이 있는 냉각제이기 때문이다.[61]

나중에 아톰 미르니 1호가 되는 원자로를 만들기 위해 세 팀의 물리학자가 각기 설계안을 만들었다.[62] 첫 번째는 흑연-경수 모델, 두 번째는 흑연(감속제)-헬륨(냉각제) 모델, 세 번째는 베릴륨을 감속제로 사

---

* 그 증기로 터빈을 돌려서 전기를 생산한다. 옮긴이

2장 알파, 베타, 감마

용한 모델이었다. 하지만 소비에트 과학자들이 원래 무기용 플루토늄 생산을 위해 원자로를 개발해 왔던 터라, 이들은 흑연-경수 모델에 대해 훨씬 더 많은 경험을 가지고 있었다.[63] 그리고 이것이 건설 비용도 덜 들고 건설 자체도 더 쉬웠다. 그래서 더 실험적인, 그리고 잠재적으로 더 안전한 설계안들에는 기회가 주어지지 않았다.[64]

오브닌스크의 물리학자들이 원자로 설계상의 주요 결함을 처음 발견한 것은 아톰 미르니 1호 건설이 거의 막바지가 되었을 때였다.[65] 냉각제로 쓰이는 물이 뜨거운 흑연 쪽으로 누출될 위험이 있었던 것이다. 그렇게 되면 폭발과 방사선 누출뿐 아니라 노심 용융도 일어날 수 있었다. 과학자들은 이 문제를 해결할 안전 계통을 고안하느라 원자로 가동 개시 일정을 수차례 연기해야 했다. 그 문제는 고쳤지만, 1954년에 드디어 원자로가 가동되어 노심이 임계에 도달했을 때 아톰 미르니 1호는 또 다른 근본적인 결함을 가지고 있었다. 오브닌스크의 과학자들이 미처 고치지 못한 이 문제는 "양의 보이드 계수"라는 결함이었다.

정상적으로 작동할 경우, 물을 냉각제로 사용하는 모든 원자로는 노심에 증기를 어느 정도 갖고 있게 된다.[66] 증기는 물 안에 기포, 즉 "보이드"를 형성시킨다. 그런데 물이 증기보다 더 효율적인 감속제이므로 물 안에 있는 기포의 양은 노심의 반응도에 영향을 미친다. 물을 감속제와 냉각제 모두에 사용하는 원자로에서는 증기의 양이 증가하면 [감속제인 물이 줄어들게 되므로] 더 적은 양의 중성자가 감속된다. 따라서 증기의 양이 증가하면 핵분열 반응이 떨어진다. 증기가 지나치게 많이 형성되거나 심하게는 냉각수가 모두 증기로 바뀌어서 냉각제 대량 상실 사고가 발생하면 연쇄반응이 멈추고 원자로는 스스로 멎게 된다. 이러한 **음의** 보이드 계수는 데드맨 장치*와 같은 역할을 한다. 이는 서구에서 일반적으로 사용되는 모델, 즉 물을 감속제와 냉각제 모두에 사용하는 원자로의 중요한 안전 요소 중 하나다.

그런데 아톰 미르니 1호 같은 흑연-물 모델에서는 이 효과가 반대 방향으로 일어난다. 원자로가 뜨거워져서 더 많은 물이 증기로 바뀌어도 흑연 감속제는 영향을 받지 않고 이전과 동일한 효율로 감속제 기능을 한다. 연쇄반응은 계속 증가하고 물은 더 뜨거워지며 더 많은 물이 증기로 바뀐다. 그리고 물은 약하게나마 중성자를 흡수하는 역할도 하는데, 물이 더 많이 증기로 바뀔수록 더 적은 양의 중성자가 흡수되어 연쇄반응이 한층 더 가속화된다. 이러한 순환 고리를 타고 열과 출력이 계속 상승한다. 이를 늦추거나 멈추려면 제어봉을 삽입해야 하는데, 만약 어떤 이유에서 제어봉이 삽입되지 못했을 경우 원자로는 폭주 반응, 노심 용융, 혹은 폭발까지도 일으킬 수 있다. 이 **양의** 보이드 계수는 아톰 미르니 1호의 치명적인 결함 중 하나였고, 아톰 미르니 1호는 이 결함을 가진 채로 가동에 들어갔다. 또한 그 이후에 소비에트에서 건설된 모든 흑연-경수 원자로에도 양의 보이드 계수의 위험성이 드리워져 있었다.

1956년 2월 20일, 이고르 쿠르차토프는 십여 년 만에 처음으로 소비에트의 대중 앞에 모습을 드러냈다. 원폭의 아버지인 그는 "제1문제" 프로젝트의 비밀 유지 필요성 때문에 1943년 이래로 모스크바와 오브닌스크의 고립된 비밀 연구실에 틀어박혀 있거나 카자흐스탄의 광대한 핵 실험장에서 일하면서 전혀 외부에 모습을 드러내지 않고 있었다. 하지만 지금 그는 모스크바의 제20차 소련공산당대회장에 서 있었다. 이 자리에서 그는 원자력 에너지로 돌아가는 새로운 소비에트 사

---

* 주행 중 운전자가 어떤 원인으로 의식을 잃고 핸들로부터 손을 놓았을 때 자동적으로 브레이크가 걸려 작동이 멈추게 한 장치. 옮긴이

회에 대한 환상적인 비전을 발표했다.[67] 짧지만 인상적인 연설에서, 쿠르차토프는 실험적인 원자로 기술에 대한 야심찬 계획들과 원자력으로 추진되는 배, 기차, 비행기로 방대한 공산주의 제국을 누비게 될 미래주의적인 비전을 이야기했다. 그는 원자력발전소들이 제공하는 방대한 전력망을 통해 소련 방방곡곡에 값싼 전기를 공급할 수 있을 것이라고 말했다. 그에 따르면 겨우 4년이면 소비에트의 원자력 전기 생산 역량이 200만 킬로와트(오브닌스크가 생산할 수 있는 것의 거의 400배였다)에 도달하게 될 것이었다.

이제 "원자력 에너지 연구소Institute of Atomic Energy"의 소장인 쿠르차토프는 이 대담한 비전을 실현하기 위해 스레드마시에 네 종류의 원자로 원형을 개발하는 프로젝트를 지원해 달라고 설득했다.[68] 이 네 가지 중에서 소비에트 원자력산업의 토대가 될 설계안을 고를 생각이었다. 하지만 이 일을 진행하려면 스레드마시뿐 아니라 소비에트의 모든 자원 분배를 통제하는 고스플란의 경제 관료들도 설득해야 했다.[69] 개별 발전소를 짓는 데 자금을 얼마나 할당할 것인가부터 완공되고 나면 그 발전소가 전력을 얼마나 생산해야 할 것인가까지, 모든 목표량을 설정하는 곳은 고스플란의 에너지전기 담당 부서였다. 그리고 고스플란 사람들은 이데올로기, 소비에트의 자부심, 사회주의적 기술이 자본주의적 기술을 능가해야 한다는 사명감 같은 것에는 별로 관심이 없었다. 그들은 경제적 합리성과 손에 잡히는 구체적인 결과물을 원했다.

서구에서와 마찬가지로, 기존의 전기 생산 방식에 비해 원자력발전이 얼마나 빠르고 값싸게 경쟁력을 갖게 될지에 대한 소비에트 과학자들의 주장은 아직 추측일 뿐이었고 [한 미국 과학자의 표현을 빌리면] "계량기를 달기에는 너무 싼"[70] 전기에 대한 "소망"에 가까운 이야기들이 많았다.[71] 하지만 미국에서 원자력의 밝은 미래를 역설하는 사람들과 달리, 소비에트의 과학자들은 "골프장 피치"*를 하거나 자금 시장에서 기업가들의 투자를 받는 것에 의존할 수 없었다. 그리고 경제적 효율성으로 말하자면, 그것은 원자력의 편이 아니었다. 어떤 모델이건 원자로는 건설에 들어가는 자본 비용이 어마어마했고, 반면 화석연료는 소비에트에 아주 풍부했다. 특히 시베리아의 외진 곳에서 새로운 원유와 가스 매장고가 계속해서 발견되고 있었다.

하지만 소련의 어마어마한 면적과 형편없는 인프라가 원자력발전에 힘을 실어 주었다.[72] 원자력 과학자들은 시베리아의 화석연료 매장고가 전기를 가장 필요로 하는 지역에서 수천 킬로미터나 떨어져 있다는 사실을 지적했다. 전기가 가장 많이 필요한 지역은 인구와 산업의 대다수가 밀집해 있는 소련의 서쪽 지역인데, 시베리아에서부터 이곳까지 원유와 가스를 수송해 오는 것, 아니면 전기를 시베리아에서 만들어 서부까지 송전하는 것 둘 다 비용이 너무 많이 들고 비효율적인 일이 될 터였다. 또 원자력발전의 가장 가까운 경쟁 상대인 수력 발전은 귀한 농토를 대거 수몰시키는 문제가 있었다. 원자력발전소는 건설 비용은 비싸지만 환경적 영향이 거의 없고 천연자원에도 거의 의존하지 않으며 주요 대도시 등 수요가 많은 곳 근처에 지을 수 있을 것으로 기대되었다. 그리고 충분히 큰 규모로 짓는다면 막대한 양의 전기를 생산할 수 있을 터였다.

쿠르차토프의 비전에 설득되어서 고스플란은 원형 발전소 두 개를 건설할 자금을 할당했다.[73] 하나는 가압경수로로, 미국에서 이미 표준이 되기 시작한 모델이었고, 다른 하나는 흑연-경수 채널형 원자로로,

---

* 같이 골프를 돌면서 홍보를 하는 것. 옮긴이

2장 알파, 베타, 감마

아톰 미르니 1호를 큰 규모로 확대한 버전이었다. 하지만 건설 비용은 금세 계획보다 훨씬 높아졌고(이는 서구에서도 마찬가지였다), 고스플란은 과학자들이 처음에 오도의 소지가 있는 정보를 제공했다고 의심했다.[74] 그래서 원래 계획을 축소해 가압경수로 개발 작업을 중지시켰고 원자력 에너지로 돌아가는 소비에트의 미래에 대한 쿠르차토프의 비전도 점차 흐지부지되었다. 그는 고스플란에 서신을 보내서 이 원자로들을 짓는 것이 소비에트 원자력의 미래를 결정하는 데 핵심적으로 중요하다고 주장하며 자금 지원을 재개해 달라고 간청했지만, 고스플란은 그의 청원을 귀담아듣지 않았고 1960년에 쿠르차토프는 자신의 꿈이 되살아나는 것을 끝내 보지 못하고 숨졌다.

한편, 그 사이에 중기계건설부는 새로운 프로젝트 하나를 완료한 상태였다.[75] 서부 시베리아의 "콤바인-816(Combine-816)" 혹은 "톰스크-7(Tomsk-7)"이라고 알려진 비밀 핵 실험장에서 은밀하게 진행된 이 프로젝트를 통해 비용 면에서 매우 큰 장점을 갖는 군사용 흑연-경수 원자로가 개발되었다. 이 원자로는 "EI-2" 혹은 "이반 2세"라고 불렸다.[76] 이반 2세의 전신인 이반 1세는 핵탄두에 쓰일 플루토늄을 생산할 용도로만 만들어진 간단한 모델이었지만 이반 2세는 두 가지 목적을 동시에 수행하도록 개조되었다. 무기급 플루토늄을 생산하는 동시에, 그 과정의 부산물로서 100메가와트의 전기도 생산할 수 있게 한 것이다. 쿠르차토프가 숨지고 2년 뒤 소비에트에서 민간 용도의 원자력 개발에 드디어 재시동이 걸렸을 때는 미국과의 경쟁에서 이미 뒤처져 있었기 때문에 건설 비용과 가동 비용이 모두 적게 들어야 한다는 데 한층 더 강조점이 놓여 있었다.[77] 그리하여, 마침내 때가 왔을 때 소련의 원자력 깃발을 들 태세를 갖춘 것은 이고르 쿠르차토프가 상정했던 정교한 원자로가 아니라 투박한 이반 2세였다.

***

이고르 쿠르차토프가 공산당대회에서 원자력 에너지로 돌아가는 소비에트의 미래에 대한 장대한 비전을 발표하고 1년이 채 안 되어서, 이를 다 드러내고 웃는 미소가 매력적인 젊은 엘리자베스 2세 여왕이 영국 북서부 해안에 있는 콜더홀Calder Hall 원자력발전소에 모습을 보였다.78) 여왕은 장갑을 낀 우아한 손으로 레버를 당기고서 커다란 미터기의 바늘이 돌기 시작하는 것을 지켜보았다. 미터기는 콜더홀 발전소의 기체냉각 원자로 두 기 중 하나에서 나오는 최초의 원자력 전기가 영국 송전망으로 들어가는 것을 보여 주고 있었다. 영국 정부는 이것이 "상업적 규모로 가동되는" 세계 최초의 원자력발전소라고 선포했다. 또한 이것은 새로운 산업혁명의 서막이며, 원자력이 세계를 파괴하기만 할 것이라고 두려워한 사람들이 아니라 원자력을 평화적으로 이용할 수 있을 것이라고 믿은 사람들의 승리라고 찬양되었다. 한 뉴스릴 논평가에 따르면, "그들에게 오늘은 승리의 이정표"였다.

하지만 이날의 이벤트는 프로파간다에 가까웠고 진실은 이보다 훨씬 어두웠다. 콜더홀은 갓 시작된 영국의 핵무기 프로그램에 쓰일 플루토늄 제조용으로 건설된 것이었다. 여기에서 나오는 전기는 치부를 가리기 위한, 매우 값비싼 가림막이었던 셈이다.79) 그리고 민간 원자력산업의 군사적 기원은 테크놀로지에만이 아니라 그것을 촉진하는 사람들의 마음속에도 깊이 뿌리를 내리고 있었다. 소비에트뿐 아니라 서구에서도 원자력 과학계에는 비밀주의와 임시방편의 문화가 팽배해 있었다. 이러한 환경에서, 무모한 실험, 그리고 실험이 잘못되었을 때 인정하지 않으려 하는 제도적인 부인의 문화가 쉽게 결합되었다.

1957년 10월, 콜더홀이 가동되고 1년이 지나서 인근 윈드스케일Windscale의 플루토늄 생산 원자로 기술자들은 영국 수소폭탄 개발에 필요한 삼중수소 제조와 관련해 거의 달성이 불가능한 마감 일정에 직면해 있었다. 인력이 절망적으로 부족한 상태에서, 게다가 완전하게 파악하지 못한 기술로 작업을 해야 하는 상황에서, 그들은 마감에 몰려 아슬아슬하게 일했고 안전 절차들을 건너뛰었다. 10월 9일에 윈드스케일 원전 1호기에서 흑연 2000톤에 불이 붙었다.[80] 불은 이틀 내내 타면서 영국 전역과 유럽에 방사능 물질을 방출했고 인근의 낙농 지역을 고준위 아이오딘131로 오염시켰다.[81] 최후의 수단으로, 발전소장은 불붙은 1호기에 물을 뿌리라고 지시했다. 물을 뿌리는 것이 불길을 잡을지, 아니면 폭발을 일으켜 영국의 상당 부분을 거주 불가능한 곳으로 만들지, 알지 못하는 채로 말이다. 곧 조사위원회가 꾸려져 사고에 대해 상세한 백서를 작성했지만 발표 전날 영국 총리는 두세 부만 남기고 다 회수하라고 지시했고 인쇄에 쓰인 금속 조판도 없애라고 했다.[82] 그리고 충격적인 부분들을 삭제하고 화재 원인을 발전소 운전원들에게 돌리는 식으로 편집한 요약본을 공개했다. 영국 정부는 이 사고의 진정한 규모를 이후 30년 동안 인정하지 않았다.[83]

한편 소비에트에서는 원자력 분야의 만성적인 비밀주의가 새로운 극단으로 한층 더 올라가 있었다. 흐루쇼프 치하에서 소비에트 과학자들은 전례 없는 자율성을 누리기 시작했고, 과학과 기술이라는 새로운 신을 무조건적으로 믿도록 독려하는 분위기 속에서 대중은 그곳이 실제로 어떻게 돌아가는지에 대해 알지 못하는 정보의 깜깜이 상태에 있었다. 이렇게 도취하기 좋은 조건에서, 평화적인 목적을 위해 원자력을 길들일 수 있었던 초창기의 성공은 핵 과학자들이 위험하리만큼 과도한 자신감을 갖게 만들었다. 과학자들은 닭고기나 딸기의 유통 수명을 늘리기 위해 감마선을 조사했다. 또 탱크와 북극을 누빌 선박에 달 이동식 원자로를 만들었고, 미국 과학자들처럼 핵 추진 항공기도 고안했다. 심지어 화재를 진압하고 지하에 굴을 뚫는 데 핵폭탄을 사용하기도 했는데, 충격파가 인근의 건물을 무너뜨리는 것을 보고서야 이 용도로 사용하는 핵폭발의 규모를 제한했다.[84]

이고르 쿠르차토프가 사망하고서 "원자력 에너지 연구소"는 그의 이름을 따서 "쿠르차토프 연구소"로 명명되었다. 그리고 이제 이 연구소의 수장으로서 소비에트의 원자력 과학을 이끄는 역할은 쿠르차토프의 사도 아나톨리 알렉산드로프Anatoli Aleksandrov가 맡고 있었다. 번들 거리는 대머리에 인상적인 외모를 가진 알렉산드로프는 최초의 플루토늄 제조용 원자로를 짓는 데 참여한 바 있었고 1960년에 쿠르차토프 연구소 소장이 되었다. 헌신적인 당원이자 과학이 소비에트 경제의 꿈을 이루는 수단이 될 것이라고 전적으로 믿는 사람이었던 알렉산드로프는 첨단 연구보다는 국가 차원의 기념비적인 프로젝트들을 더 소중하게 여겼다.[85] "침체의 시대"가 시작되었을 때도 소비에트의 과학 기득권층은 국가의 즉각적인 우선순위로 간주된 분야, 가령 우주 탐사, 유역 분지 간 물 수송, 원자력발전 등에 자금을 펑펑 사용했고, 반면 컴퓨터 과학, 유전학, 섬유 광학 등 떠오르는 기술은 뒤로 밀려났다. 알렉산드로프는 핵잠수함과 핵추진 쇄빙선을 위한 원자로 설계를 감독했고 전력 생산을 위한 새로운 채널형 흑연감속 원자로 설계도 관장했다. 알렉산드로프는 건설 비용을 줄이기 위해 "규모의 경제"를 강조했고 일반적인 공장에서 사용되는 평범한 물질과 자재를 사용해서 원자로 규모를 키워야 한다고 주장했다. 그는 원자로 제조가 탱크나 농기계 제조와 달라야 한다고 생각하지 않았다. 알렉산드로프는 자신이 생각하는 거대 원자로를 여러 개 짓는 것이 소비에트의 경제 발전에 핵심적으로 중요하다고 생각했고, 원자력이야말로 사막에 물을 대고 북극에 온대의 오아시스가 생기게 하고 불편하게 놓인 산들을 평평하게 만들겠다는 꿈, 러시아 사람들의 표현을 빌리면 "자연의 실수를 교정"하겠다는 대담한 꿈을 실현시켜 줄 수단이라고 생각했다.[86]

대담한 비전과 정치적인 영향력이 있었음에도, 알렉산드로프가 소비에트 원자력계를 장악하지는 못했다. 무지막지한 중기계건설부가 원자력계를 지배하고 있었기 때문이다. 중기계건설부는 1917년 소비에트혁명의 일원이었던 호전적인 지도자 에핌 슬라브스키(Efim Slavsky, "빅 에핌" 또는 "아야톨라"라는 별명으로도 불렸다)[87]가 이끌고 있었다. 원자력계의 두 거물 알렉산드로프와 슬라브스키는 젊은 시절 러시아 내전에서는 서로 반대편에서 싸웠지만(슬라브스키는 적赤군 기병대의 정치지도원으로, 알렉산드로프는 백白군으로 싸웠다) 가까운 사이였고, 보드카와 코냑을 기울이며 옛 이야기를 나누곤 했다.[88] 하지만 냉전이 격화되면서 스레드마시의 군사산업적 요구가 쿠르차토프 연구소의 순수 과학자들이 주장하는 바를 훨씬 압도했다. 스레드마시가 생기고 처음 몇 년 동안 스레드마시는 핵무기 프로그램이 국가적 우선순위가 된 덕분에 거대한 원자력 제국에서 권력을 공고히 할 수 있었고, 자체의 과학자, 군대, 실험실, 공장, 병원, 대학, 핵 실험장을 가지고 있었다.[89] 스레드마시는 금광부터 발전소까지 거의 무제한의 자원을 동원할 수 있었고, 이 모든 것이 뚫을 수 없는 침묵의 벽 뒤에서 유지되었다.

스레드마시 산하 시설들의 이름까지도 기밀로 분류되었다. 심지어 그곳에서 일하는 사람들에게도 그 장소는 사서함으로만 알려졌고, 그곳을 언급할 때는 숫자로 된 암호로만 말할 수 있었다.[90] 스레드마시 산하 시설들의 규모는 모스크바와 레닌그라드에 있는 연구소들부터 외진 곳에 통째로 세워진 도시들에 이르기까지 다양했다. 고위층에 탄탄한 세력과 연줄을 가진 정치 수완가 슬라브스키의 지휘하에서, 중기계건설부는 비밀에 싸인, 그리고 거의 전적으로 자율성을 누리는 "국

가 내의 국가"같은 존재가 되었다.[91]

영속적인 전쟁 상태를 상정한 스레드마시의 편집광적인 비밀주의 체제 속에서, 사고는 아무리 사소한 것이라도 무조건 국가 기밀로 취급되었고 KGB가 수사했다. 1960년대 중반에 소비에트의 민간용 원자력산업이 도약을 맞이한 뒤에도 비밀주의 문화는 지속되었다.[92] 흐루쇼프 축출 이후 벌어진 관료 사회의 대격동 속에서 소비에트 전역의 신규 원전을 운영하는 책임이 1966년에 중기계건설부에서 비군사 부처인 에너지전기부로 넘어갔지만, 그 밖의 모든 것(그 발전소들에 들어가는 원자로의 설계와 감독, 원형 제조, 핵연료 사이클과 관련된 모든 것 등)은 계속해서 중기계건설부가 통제했다.

소련도 국제원자력기구 IAEA의 12개 창립 회원국 중 하나였기 때문에 1957년 이래로 국내에서 발생한 핵 사고를 IAEA에 보고할 의무가 있었다.[93] 하지만 수십 년간 소련의 핵시설들에서 수십 건의 위험한 사고가 일어났어도 IAEA에서 언급된 것은 한 건도 없었다.[94] 거의 30년 동안, 소비에트 국민들 사이에서뿐 아니라 전 세계적으로도 소비에트의 원자력산업이 세계에서 가장 안전하게 운영되고 있다고 믿게끔 만드는 분위기가 형성되었다.

이 환상을 유지하느라 치러야 했던 비용은 막대했다.

1957년 9월 29일 일요일 오후 4시 20분, 우랄 남부에 위치한 스레드마시의 핵시설 복합 단지 첼랴빈스크-40(Chlyabinsk-40) 경내에서 어마어마한 폭발이 일어났다.[95] 이곳은 극비리에 지어진 곳이라 일반인들이 볼 수 있는 어떤 지도에도 표시되어 있지 않았다. 이 비밀 시설은 플루토늄 생산용 원자로들과 강제 노역에 동원된 사람들이 벌판에 맨손으로 세운 방사화학 공장들로 구성된 복합 단지 "마야크 생산 협동

조합Mayak Production Association"과 그곳에서 일하는 특권층 기술자들이 거주하던 안락한 비밀 도시 "오제르스크Ozersk"를 포함하고 있었다. 그날은 맑고 따뜻한 일요일이었다. 폭발 소리를 들었을 때 오제르스크 주민 다수는 경기장에서 축구 시합을 보고 있었다. 그들은 인근 공사 지역에서 죄수들이 다이너마이트로 지반을 폭파하는 소린가 보다 하고 대수롭지 않게 생각해서, 경기에서 눈을 떼고 주위를 두리번거려 보지조차 않았다. 축구 시합은 계속되었다.

하지만 이 폭발은 지하의 핵폐기물 저장 탱크 안에서 발생한 것이었고 거기에는 플루토늄 제조 및 처리에서 나온 고준위 폐액이 가득 들어 있었다.[96] 냉각 및 온도 모니터링 계통이 고장 난 뒤 저절로 발생한 폭발로 인해 무게가 160톤이나 나가는 저장 탱크의 콘크리트 덮개가 공중으로 20미터나 날아갔다. 죄수들이 거주하는 인근 건물의 창문들이 다 깨져 나갔고, 근처 철조망의 금속제 문이 뜯겨져 나갔으며, 먼지와 연기 기둥이 1킬로미터나 치솟았다. 불과 한두 시간 사이에 회색의 방사능 재와 먼지, 부스러기 등이 복합 단지 전체에 몇 센티미터나 쌓였다. 그곳에서 일하던 군인들은 곧 피를 흘리고 구토를 하면서 병원에 실려 갔다.

핵 사고에 대비한 비상 대응 계획은 마련되어 있지 않았다. 처음에는 누구도 자신이 핵 사고에 맞닥뜨린 줄을 몰랐다. 시설의 경영자들은 다른 곳에 출장을 가 있었고 모스크바의 서커스 쇼에서 그들을 겨우 찾아낸 것은 몇 시간이 더 지나서였다. 그 무렵이면 고방사성 오염 물질(족히 200만 퀴리는 되었을 것이다)이 폭 6킬로미터, 길이 50킬로미터의 넓은 지대에 죽음의 흔적["동우랄 방사능 흔적"]을 남겼다. 다음 날, 인근 마을들에 약한 비와 찐득한 검은 눈이 내렸다.[97] 핵 시설 복합 단지 내부를 제염하고 철거하는 작업에 1년이 걸렸다.[98] "리퀴데이션

liquidation", 즉 폭발이 일으킨 영향을 소위 "해체"하는 작업은 군인들이 삽 한 자루씩을 들고 오염 지역을 돌아다니면서 폭발한 핵폐기물 탱크의 잔해를 늪에 던져 넣는 것에서 시작되었다. 비밀 도시 오제르스크의 지도자들은 주민들의 패닉을 방사선의 위험보다 더 우려해서 사고 소식을 은폐하려 했다. 하지만 젊은 엔지니어와 기술자들 사이에 소문이 퍼지면서 거의 3000명이 이곳을 떠났다. 안락하지만 오염된 집에 남느니 그들이 "큰 세상"이라고 부르던 철망 너머의 세상에서 새로운 기회를 찾는 편을 택한 것이다.

핵 시설 복합 단지 외부의 마을들에서는 맨발의 여성과 아이들이 감자와 순무를 수확하라는 지시를 받았다. 그런데 수확한 농작물을 [먹거나 판매하는 게 아니라] 불도저로 판 구덩이에 모두 쓸어 넣으라고 했다.[99] 안전 장비와 안전 마스크를 착용한 사람들이 그들의 작업을 감독했다. 또 군인들은 농민들이 키우던 소들을 구덩이에 몰아넣고 총으로 쏘아 살처분했다. 이후 2년에 걸쳐 총 1만 명이 영구적으로 소개되었다. 마을들이 통째로 갈아엎어졌고 23개의 마을이 지도에서 사라졌다. 이 사고로 많게는 50만 명이 위험한 수준의 방사선에 노출된 것으로 추산된다.[100]

마야크에서 벌어진 일에 대한 소문은 서구로도 퍼졌다. 하지만 첼랴빈스크-40은 소비에트에서 가장 엄격하게 관리되던 군사 지역이었다. 소비에트 정부는 첼랴빈스크-40에서 사고가 난 것은 고사하고 그곳의 존재 자체를 인정하지 않았다. 그래서 미국의 CIA는 U2 정찰기를 띄워서 정보를 수집하기로 했다. 1960년 5월, 2차로 이 임무에 나선 프랜시스 게리 파워스Francis Gary Powers의 정찰기가 소비에트의 SA-2 지대공 미사일에 의해 격추되었고, 이것은 냉전의 상징적인 사건 중 하나로 자리 잡게 된다.[101]

진실이 다 드러나려면 수십 년은 더 있어야 했지만, 어쨌든 마야크 참사는 그 이후로 한참 동안 "사상 최악의 핵 사고"의 지위를 차지했다.

3장

4월 25일 금요일 5:00 PM. 프리피야트

1986년 4월 25일 금요일 오후, 프리피야트는 화창하고 따뜻했다. 늦봄이라기보다는 여름 같았다. 다들 주말부터 메이데이[노동절, 5월 1일]로 이어지는 긴 연휴를 고대하며 들떠 있었다.[1] 기술자들은 프리피야트에 새로 들어선 놀이공원의 개장을 준비하고 있었고, 집집마다 연휴 때 먹을 것들을 냉장고에 채워 넣었다. 어떤 사람들은 새 벽지를 걸고 타일을 새로 까는 등 프리피야트에 유행하던 홈인테리어 개비 작업을 하기도 했다. 밖에는 사과꽃과 벚꽃이 활짝 피었고 꽃잎이 하늘에 흩날렸다. 레닌 대로에 있는 아파트의 발코니들에는 깨끗한 빨래가 널려 있었다. 창 아래 길가에는 빅토르 브류하노프의 장미나무가 만개해 붉은색, 흰색, 자홍색의 다채로운 꽃밭이 펼쳐져 있었다.

먼 하늘을 배경으로는 '블라디미르 일리치 레닌 원자력발전소'와 고압 케이블을 나르고 있는 전봇대들이 밝은 흰색으로 빛났다. 중앙광장이 내려다보이는 라자레프 하사 거리의 10층짜리 아파트 옥상에는 각이 진 커다란 글씨로 에너지전기부의 달콤한 프로파간다 메시지가 우크라이나어로 쓰여 있었다. "Hai bude atom robitnikim, a ne soldatom! 원자력이 군인이 아니라 일꾼이 되게 하자!"[2]

언제나처럼 할 일이 산더미인 브류하노프는 오전 8시에 쿠르차토프 거리가 내려다보이는 아파트를 나서서 업무용으로 사용하는 흰색 볼가 자동차를 타고 발전소로 향했다. 발렌티나도 같은 발전소의 건설팀에서 일하고 있었는데 오늘은 딸네 부부와 시간을 보내기 위해 오후에 반차를 내놓았다. 키예프에 사는 딸이 주말을 맞아 친정에 와 있었다. 딸 릴리아는 임신 5개월이었다. 날씨가 너무 좋아서 이들 세 명은 벨라루스 쪽으로 넘어가면 있는 강변 도시 나로프리아에 당일치기로 여행을 다녀오기로 했다.

체르노빌 발전소 4호기 야간 근무조인 선임 기계 엔지니어 알렉산더 유브첸코Alexander Yuvchenko는 그날 낮 시간을 두 살배기 아들 키릴을 돌보며 보냈다. 유브첸코가 이 발전소에서 일한 지는 3년밖에 되지 않았다.[3] 유브첸코는 키가 거의 2미터에 운동선수 같은 체격을 가지고 있었는데, 실제로 티라스폴Tiraspol에서 고등학교를 다닐 때 조정을 하면서 다져진 몸이었다. 티라스폴은 아주 작은 소비에트공화국 몰도바에 있는 도시였다. 티라스폴에 조정 클럽이 처음 생겼을 때 코치들은 드네스트르 강의 급류에서 테스트를 해서 가장 키가 크고 튼튼한 학생들을 골라 선수로 뽑았는데, 유브첸코는 열세 살의 나이로 여기에 뽑혔다. 열여섯 살에는 몰도바 주니어 리그 챔피언이 되었고 그의 팀은 소련 전역의 청소년이 참가하는 연방 청소년 체전에서 2위에 올랐다.

유브첸코는 조정만 뛰어난 게 아니라 물리학과 수학에도 소질이 있었기 때문에 열일곱 살이 되자 대학에 가느냐 운동선수의 길을 가느냐를 놓고 어려운 결정을 내려야 했다. 조정 코치들의 반대를 무릅쓰고 그는 대학에 가기로 했고,[4] 1978년에 오데사 국립 공과대학Odessa National Polytechnic University 핵물리학과에 입학했다. 우크라이나 경계를 넘으면 바로 있는 이 대학은 집에서 100킬로미터도 채 떨어져 있지 않았다. 유브첸코는 젊고 열정이 넘쳤으며 무언가 대단하고 미래적인 일이 하고 싶었다. 그는 원자력발전소에서 일하게 되기를 꿈꿨다.[5]

이제 스물네 살이 된 유브첸코는 체르노빌 발전소의 당 청년 조직 "콤소몰(Komsomol, 청년 공산주의자 연맹)"의 부서기였다. 일에 많은 시간을 쏟아야 했지만, 그래도 시간을 내어 해마다 겨울이면 프리피야트 곳곳에 마련된 아이스링크에서 발전소 친구들과 아이스하키를 즐겼다.[6] 또 봄에는 이웃의 작은 모터보트를 빌려서 아내 나탈리아와 프리피야트 강을 따라 소풍을 가곤 했다.[7] 번드르르한 갈색의 강을 천천히 따라 내려가다가 무성한 숲과 달콤한 향기가 나는 백합들이 있는 계곡을 지나 키 큰 소나무들로 둘러싸인 한적한 모래사장이 나오면 배를 세우고 소풍을 즐겼다.

알렉산더와 나탈리아는 어린 시절에 티라스폴에서 만났다. 같은 학교, 같은 반이었다. 알렉산더는 열두 살에 이미 다른 남자아이들보다 키가 훌쩍 크고 멀대같이 어색했고, 아담한 체구의 나탈리아는 좀 제멋대로에 응석받이였다. 나탈리아의 부모는 노멘클라투라였다. 부모 모두 충성스러운 당원으로, 지역 산업체의 고위 경영진으로 일하고 있었다. 나탈리아는 허리까지 오는 긴 머리카락을 두 갈래로 땋고 다녔고 푸른 회색빛 눈은 기분과 날씨에 따라 색이 달라지는 것 같았다. 알렉산더는 나탈리아에게 한눈에 반했다. 하지만 나탈리아는 마음이 있었더라도 티를 내지 않았다.

한두 해 뒤에 알렉산더네 가족이 소비에츠카야 거리의 아파트로 이사를 왔다. 나탈리아네가 사는 단독 주택의 바로 맞은편이었다. 그들은 만났다 헤어졌다 하며 데이트를 하기 시작했다. 자주 헤어지고 각각 다른 사람과 연애를 하기도 했지만 언제나 곧 다시 만났다. 드디어 1982년 8월, 1년이나 헤어져 있었던 뒤에 그들은 결혼했다. 나탈리아는 스물한 살, 알렉산더는 스무 살이었다. 그때 그들은 둘 다 오데사에 있는 대학에 다니고 있었다. 그리고 1년 뒤에 아들 키릴이 태어났다.

1983년에 졸업을 한 알렉산더는 갓 대학을 졸업한 소비에트의 모든 전문 인력처럼 정부가 정한 직장 목록 중에서 어디로 갈지 골라야 했다.[8] 하지만 그는 고민할 필요가 없었다. 체르노빌 원자력발전소가 소비에트연방 통틀어 가장 훌륭하고 권위 있는 곳이었기 때문이다. 우크라이나에 있는 체르노빌 발전소는 키예프에서 가까웠지만 고요한 전원 지역에 둘러싸여 있었다. 무엇보다, 결혼한 부부가 프리피야트로 이주하면 아파트를 할당해 준다고 했다. 알렉산더는 그의 새 가족이 1년 안에 그들만의 온전한 보금자리를 가질 수 있기를 바라고 있었는데, 소비에트의 다른 지역에서는 언감생심이었다.

러시아 철학을 전공하던 나탈리아는 아들이 태어났을 때 아직 졸업하려면 1년이 더 남아 있었다.[9] 그래서 알렉산더만 먼저 프리피야트로 오고 나탈리아는 오데사에 남아 공부를 계속했다. 알렉산더는 프리피야트의 독신 남성 기숙사에 살면서 발전소에서 일을 시작했다. 나탈리아가 처음으로 그를 만나러 프리피야트에 온 것은 1983년 12월 말이었는데, 너무 한겨울이라 프리피야트의 눈부시게 아름다운 모습을 하나도 보지 못했다. 칙칙한 겨울빛 속에서 프리피야트는 생기 없고 밋밋해 보였다. 휑한 풍경과 구정물 같은 색깔의 하늘 사이에 짓눌려 도시가 질식되고 있는 듯했다. 유일하게 인상적인 것은 도시 진입을 알리는 콘크리트 조형물이었는데 거기에는 거친 브루탈리즘 양식의 커다란 글씨로 "프리피야트 1970"이라고 쓰여 있었다.

그래도 이듬해에 이들 가족은 새로 지어진 큰 건물의 꼭대기층 아파트를 할당받았다. 이 아파트는 스트로이텔레이 대로에 있었는데, "건설 노동자들의 거리"라는 뜻이었다. 유브첸코 가족은 8월에 이곳으로 이사를 했다. 방 두 개짜리 아파트는 궁전처럼 넓어 보였다. 발코니에서는 프리피야트 강과 그 뒤로 펼쳐진 숲의 황홀한 경관을 볼 수 있었다. 부엌 창문으로는 상쾌한 바람이 들어왔다. 그들은 거실에 밝은 분홍색 꽃무늬 벽지를 걸었고 나탈리아의 엄마가 자신이 일하는 목재 콤비나트의 연줄을 이용해 변통해 준 가구들로 방을 꾸몄다.

테크놀로지 중심인 도시 아톰그라드에서 철학 전공자의 전문 지식이 쓰일 일은 별로 없었기 때문에 나탈리아는 학교 교사로 일하게 되었다. 제4학교는 학생이 2000명이나 되는 큰 학교였고 나탈리아는 4학년 국어[러시아어와 러시아 문학]를 가르쳤다. 종종 나탈리아는 정작 내 아들은 놀이방에서 힘들어하고 있는데 나는 왜 여기에서 남의 아이들을 돌보고 있는 건가, 하는 생각이 들었다. 1986년이면 알렉산더는 순환 펌프 운전원에서 4호기 선임 기계 엔지니어로 승진한 상태였다. 그런데 3월 말에 프리피야트 당이 그를 부르더니 프리피야트 시 콤소몰의 제1서기직을 제안했다. 발전소 내의 콤소몰에서 하던 파트타임 일과 달리 이것은 풀타임의 정치 직위였고, 따라서 그 일을 하려면 사랑하는 원자력발전소 일을 그만두어야 했다. 유브첸코는 당의 제안을 거절했다. 당은 다시 요구했고, 그는 다시 거절했다. 이번에는 엥겔스의 말을 몇 줄 인용했다. 당은 일단 수긍하고 돌려보내 주었지만, 알렉산더는 영원히 거절할 수는 없으리라는 것을 알고 있었다. 당의 요구를 거절할 수 있는 사람은 아무도 없었다. 어쨌든 유브첸코 가족은 부부 모두 봉급을 받고 아파트도 할당 받아서 부족한 것이 없었고, 둘째 낳는 것을 진지하게 생각하기 시작했다.

그래도 도움을 청할 만한 친지들이 근처에 살지 않아서 이들의 삶이 쉽지는 않았다.[10] 그해 4월의 후반부 내내 키릴은 심한 감기를 앓았다. 처음에는 나탈리아가 며칠간 휴가를 내고 아들을 돌봤다. 하지만 키릴의 병은 좀처럼 낫지 않았고, 나탈리아가 다시 출근해야 하는 날이 왔을 때 부부는 아이 돌보는 일을 분담하기로 했다. 알렉산더가 야간 근무조인 날에는 낮에 그가 아들을 돌봤다. 4월 25일 오후, 퇴근해서 집에 돌아온 나탈리아는 창문으로 아래쪽 거리를 내려다보았다. 남편이 자전거 가로대에 키릴을 태우고 놀아 주고 있었다. 알렉산더는 전날 자정부터 아침 8시까지 일했고 그 다음에도 잠을 자지 못하고 종일 아들과 놀아 주는 중이었다. 그리고 한두 시간 뒤면 다시 야간조 근무를 하러 출근해야 했다. 남편이 얼마나 녹초가 되어 있을지 생각하니 나탈리아는 마음이 아팠다. 밝은 햇빛 아래서 아들이 신이 나서 지르는 즐거운 소리에도 불구하고, 걱정스러운 예감이 나탈리아를 엄습했다.

저녁을 먹고 나탈리아는 키릴을 침대에 눕히고 텔레비전 미니시리즈의 가장 재미있는 회차 하나를 보았다. 소비에트에서 엄청나게 인기를 끈 번안작으로, 어윈 쇼Irwin Shaw의 인기 소설 『부자와 빈자Rich Man, Poor Man』를 각색한 것이었다.[11] 야간조일 때 알렉산더는 보통 밤 열 시 반에 집을 나섰다. 하지만 그날따라 불안해 보였고 여느 때 같지 않게 꼼꼼히 출근 준비를 했다.[12] 그는 한 시간이나 목욕을 하고 멋들어진 새 옷을 입었다. 통이 넓은 바지에 다들 갖고 싶어 하는 핀란드제 방풍 재킷을 걸친 그는 발전소가 아니라 파티장에라도 가는 듯했다. 알렉산더는 부엌에서 혼자 커피 한 잔을 따랐다. 하지만 누군가가 옆에 있었으면 싶어서 나탈리아에게 와서 같이 마시자고 했다.

나탈리아는 텔레비전 앞에서 일어나 그가 있는 쪽으로 갔고, 두 사람은 몇 분 동안 별다른 말은 하지 않았다.[13] 마침내 알렉산더가 집을 나서야 하는 시간이 되었다.

유브첸코의 집에서 몇백 미터 떨어진 아파트에서 사샤[알렉산더] 코롤Sasha Korol은 소파에 앉아 잡지를 읽고 있었다.[14] 스포르티프나야 거리의 커다란 수영장 맞은편에 있는 아파트였다. 그때 친구 레오니드 톱투노프Leonid Toptunov가 느긋하게 걸어 들어왔다. 둘은 비밀 원자력 도시 오브닌스크에 있는 모스크바 물리공과대학MEPhI 분교에 다니던 시절로 거슬러 올라가는 십 년지기로, 지금은 같은 아파트 건물의 위아래층에 살고 있었다. 이 골목에는 똑같이 생긴 아파트들이 여러 동 들어서 있었고 의사, 교사, 그리고 독신인 젊은 원자력 엔지니어들이 살았다. 사샤와 톱투노프는 서로의 열쇠를 가지고 있었고 서로의 집에 자유롭게 드나들었다.

물리학 교사의 아들인 코롤과 소비에트 우주 프로그램에 관여했던 고위 장교의 외동아들 톱투노프 모두 과학의 피가 흐르고 있었다. 그들은 소비에트 엔지니어들의 위업이 잇달아 서구를 창피하게 만들던 1950년대와 1960년대 말에 태어났다. 톱투노프의 아버지는 소비에트 테크놀로지의 그림자 세계를 이끈 인물이었다. 그는 카자흐스탄의 바이코누르 우주기지Baikonur Cosmodrome 로켓 시설들의 건설을 감독했다. 이곳은 1957년에 스푸트니크Sputnik를 쏘아 올림으로써, 형편없는 재주를 가진 감자 농부들의 제국보다 미국이 기술적으로 훨씬 우월하다고 여기던 미국인들의 안이한 생각을 처음으로 박살낸 곳이었다.

톱투노프는 3년 뒤에 우주 프로젝트를 위해 지어진 비밀 도시 레닌스크Leninsk에서 태어났다.[15] 바이코누르의 발사대가 보이는 이곳에서 그는, 머지않아 우주로 사람을 보내 이 우주 기지 아이들뿐 아니라 소련 전체 아이들에게 우상이 될 과학자들 틈에 둘러싸여 자랐다. 훗날

3장 4월 25일 금요일 5:00 PM, 프리피야트

톱투노프의 아버지는 곧 지구상에서 가장 유명한 사람이 되는 유리 가가린Yuri Gagarin이 그곳에서 아기 레오니드의 베이비시터를 해 주곤 했다고 자랑했다.[16] 1961년 4월의 어느 이른 아침에 가가린이 탑승한 거대 우주선 보스토크Vostok 1호가 굉음을 내며 발사되었을 때, 생후 7개월인 톱투노프도 성층권으로 사라지는 연기와 함께 소비에트 우주 비행사가 최초의 우주인이 되는 것을 지켜본 사람들의 무리 안에 있었다.

톱투노프가 열세 살이 되었을 때 아버지가 탈린의 드비가텔Dvigatel 로켓 엔진 공장의 군사 전문 부관으로 임명되면서, 이들은 에스토니아로 이사를 가게 되었다.[17] 그리고 3년 뒤 7월에 톱투노프는 모스크바로 가서 MEPhI 입학시험을 치렀다. 그는 내성적이고 신중한 성격에 수학을 잘하는 학생이었다. 하지만 소비에트 원자력의 아버지 쿠르차토프의 전폭적인 후원을 받았던 MEPhI은 핵물리학과 핵공학 분야에서 소비에트 최고의 명문 학교였다.[18] 입학시험은 악명 높게 어려웠고 경쟁률이 4 대 1도 넘었다.[19] 몇 차례나 재수를 하고서야 입학하는 학생들도 있었다. 톱투노프가 시험장에서 끙끙대는 동안 아버지는 시험장 밖 벤치에 앉아서 아들을 기다렸다. 드디어 시험을 마치고 나온 톱투노프는 녹초가 되어 떨고 있었다. 그래도 톱투노프는 한방에 합격했고 전화로 엄마에게 기쁜 소식을 알렸다. 그런데 뜻밖에도 엄마는 가지 말라고 말렸다. 레오니드가 외동아들이었던데다 핵이라는 분야가 엄마에게는 너무 공포스러웠기 때문이다. 엄마는 아들에게 탈린에 남아서 공부하라고 간청했다.

하지만 그는 발트해의 후미진 곳에서 사는 삶에 흥미가 없었다. 톱투노프는 열일곱 살에 집을 떠나 "아톰시키"의 대열에, 평화로운 원자력을 믿는 사도들의 대열에 동참했다.

***

1977년, 톱투노프와 코롤은 오브닌스크에 있는 MEPhI 분교에 원자력공학을 공부하러 온 30여 명의 동기생으로 만났다. 야심찬 십 대 공학도들에게 이곳은 새로움이 가득한 스릴 넘치는 곳이었다. 학교 외에 16개의 연구 시설이 들어서 있는 이 복합 단지에는 작은 연구용 원자로도 두 기가 있었다. 교과 과정은 매우 어려웠다.[20] 일반 과목들(수학, 기술 작도, 화학 등)뿐 아니라 정치사상도 배워야 했다. 좋은 점수를 받으려면 역사적 유물론, "과학적 공산주의", 소비에트 공산당사史, 그리고 마르크스가 제시하고 레닌과 브레즈네프가 발달시킨, "진정한 공산주의"로 이끌어 줄 사회 법칙들에 대해 공부해야 했다(당시 이야기되기로, "진정한 공산주의"는 2000년에 달성될 예정이었다).

여유 시간에 오브닌스크의 젊은 신입생들은 다른 모든 곳의 학생들과 다를 것이 없었다. 맥주를 마시고 카드 게임을 하고 영화를 보고 쇼를 구경했다. 특히 즉흥 코미디 대결이 인기였다. 이것은 KVN(Klub Vesyolykh I nakhodchivykh, "빠르고 즐거운 위트 클럽")이라는 텔레비전 프로그램의 구성을 본뜬 것이었는데, 프로그램 자체는 오래전에 당국의 검열로 방영이 중단되었지만 소비에트의 대학가에서 라이브 쇼의 형태로 살아남아 있었다.[21] 톱투노프는 안경잡이에 수줍음을 타고 젖살이 남아 있는 소년처럼 보이는 것이 불만이었고,[22] 더 어른스러워 보일까 싶어 콧수염을 길렀다. 매력적인 미소와 숱 많은 갈색 머리카락을 가진 그는 여자들에게 인기가 많았다.

MEPhI에서 톱투노프는 가라테[일본 무술]도 배우기 시작했다.[23] 가라테는 해외에서 유입된 금지 행위 및 금지 사상 목록(이 목록은 매우 길었고 이유를 알 수 없는 것들도 종종 있었다)에 올라와 있어서 공식적으로는 금지되어 있었다. 하지만 지하 출판물을 통해 정보를 구할 수 있었고 톱투노프는 누군가가 손으로 작성한, 불법으로 유통되는 매뉴얼로 발차기와 펀치를 배웠다. 교수들은 반대했지만 톱투노프는 복싱도 했다. 교원들은 학생들이 눈에 손상을 입어 시력이 약화될 경우 핵 산업의 미래에 차질을 빚는다고 생각해 복싱을 권하지 않았다.[24] 톱투노프의 눈은 무사했지만 코가 부러졌고, 그래서 그는 만성적으로 콧물을 흘리게 되었다. 어느 날 밤에는 술에 취해서 톱투노프가 고압적인 태도의 열역학 조교와 거세게 언쟁을 벌였다.[25] 싸움이 격화되어 급기야 두 사람은 욕실에서 치고받고 싸웠고 조교는 눈에 멍이 들었다. 톱투노프는 퇴학 위험에 처했지만 어찌어찌 퇴학 처분이 취소되어 다행히 학교를 계속 다닐 수 있었다.

MEPhI에서 4년간의 공부를 마치고 톱투노프와 코롤은 졸업 프로젝트를 시작했다.[26] 코롤은 오류가 있는 연료봉을 고립시키는 기술에 집중했고 톱투노프는 음향학을 이용해 원자로의 변칙적인 움직임을 포착하는 기술을 연구했다. 졸업 프로젝트를 하려면 6개월간 소비에트 내의 핵발전소 중 하나에서 인턴을 해야 했는데, 둘 다 체르노빌을 선택했다. 그리고 체르노빌에서의 인턴 경험이 너무 좋았던 그들은 MEPhI를 졸업하고 1983년에 정규 직원으로 체르노빌에 다시 돌아왔다. 마침 톱투노프와 코롤이 도착한 시기는 가장 신형의 RBMK 원자로인 4호기의 완공이 멀지 않은 때였다.

새로 온 모든 엔지니어가 그렇듯이, 이들도 바닥부터 시작해야 했다.[27] 기름통을 들고 발전소 곳곳을 돌아다니며 체크하고, 기계에 과열된 곳이 없는지 만져보고, 넘쳐흐른 것을 치우는 등 학력에 비하면 너무 단순 노동이었다. 하지만 그러면서 발전소와 장비의 구조와 세부 사항들을 파악해 나갈 수 있었다. 젊은 엔지니어들은 이론적으로 원자로가 어떻게 작동하는지 아는 것과 실제로 현실에서 어떻게 작동하는

지를 아는 것은 매우 다른 일이라는 것을 금세 깨닫게 되었다. 그들은 근무 시간이 끝난 뒤에도 퇴근하지 않고 늦도록 발전소에 남아서 껌껌한 곳을 손으로 더듬어 가며 수문 밸브의 위치를 알아냈고 거대한 증기 파이프와 케이블들의 경로를 파악했으며 방에서 방으로 층에서 층으로 연결되는 미로 같은 내부 통로에 익숙해졌다. 또 젊은 견습생들은 근무 시간이 아닐 때도 발전소로 다시 돌아와서 업무를 더 잘 익히기 위해 선배들의 일을 참관했다. 일상적인 업무를 배우기 위해서도 그랬고, [안전 테스트 등] 특별한 일이 있을 때 그것을 참관하는 경우도 많았다.

1983년 여름과 가을에 4호기는 완공을 앞두고 마지막 조립이 한창이었다. 새로 온 훈련생들은 품질 관리 업무에 투입되었다. 원자로의 "활성 구역"[핵분열 반응이 일어나는 구역]을 감쌀 거대한 원통형의 콘크리트 용기 안에 감속제가 될 네모난 흑연 벽돌 수천 톤 분량이 차곡차곡 채워지는 동안, 톱투노프, 코롤 등 견습 운전원들은 원자로 용기 안에서 이 작업이 잘 되고 있는지 지켜보았다. 그들은 조립 팀의 작업을 설계자가 만든 도면들과 비교하면서 흑연 벽돌이 쌓아 올려지는 도중에 틈이나 균열이 생기지 않았는지 살폈고, 노심을 통과해 냉각수를 공급하게 될 수많은 파이프들과 가느다란 스테인리스스틸 관들의 용접을 점검했다. 원자로 용기에 흑연 벽돌이 다 채워지고 연료관 작업도 마무리된 뒤, 그들은 원자로가 밀봉되고, 연료가 장전되고, 원자로가 최초로 임계에 도달하는 것을 지켜보았다. 이날은 1983년 12월 13일이었다.[28]

일이 바빠서 취미 생활을 할 시간이 많지는 않았지만 그래도 톱투노프는 어찌어찌 취미 생활에 쓸 시간을 만들어 냈다. 프리피야트에 도착하자마자 톱투노프는 기숙사 아래층에 체육관을 만들고 스웨덴식

늑목을 달아 모두가 사용할 수 있게 했다.[29] 나중에는 프리피야트의 고등학생들에게 수학과 물리학도 가르쳤다. 제126의료위생센터[프리피야트 병원] 간호사와 연애도 했다. 톱투노프는 낚시도 좋아했다. 발전소 주변의 복잡한 인공 수로들과 거대한 냉각 수조에는 물고기가 많았다. 물고기들은 원자로를 돌고 온 물에서, 그러니까 아직 방사능은 있지만 기분 좋게 따뜻한 물에서 번성했다.[30]

언젠가 자신이 직접 운전하게 될 4호기의 건설 과정에 참여하면서 견습 과정을 마치고 나서, 톱투노프는 선임 원자로 제어 엔지니어가 되는 길에 한층 더 가까워져 있었다. 이 일은 발전소 전체에서 가장 힘든 일에 속했다. 운전원(명목상으로는 평등주의적인 소비에트에서도 이 일을 하는 사람은 언제나 남성이었다)이 근무시간 8시간 내내 원자로의 출력을 분 단위로 관리해야 했기 때문이다. 선임 원자로 제어 엔지니어 자격을 획득하려면 엄정한 이론적 지식과 풍부한 실무 경험이 있어야 했다. 원자로 운전원들은 ZGIS, MOVTO, BShchU, SIUR, SIUT, SIUB와 같은 업계 은어를 써 가며 이야기했는데, 가뜩이나 생소한 용어를 발음도 어렵게 축약해 놓아서 외부인은 거의 알아들을 수가 없었다.[31] 두꺼운 매뉴얼집과 규제집을 열심히 공부해서 발전소의 원자력 안전 부서에서 주관하는 일련의 시험도 통과해야 했다.[32] 또 건강검진과 KGB의 신원 확인도 필요했다. 어느 날 원자력 안전 시험 중 하나를 치르고 나서 톱투노프는 코롤에게 굉장히 희한한 현상 하나에 대해 이야기했다. RBMK 매뉴얼의 어느 구석에 있는 내용이었는데, 원자로의 제어봉이 특정한 상황에서는 반응도를 늦추는 게 아니라 오히려 가속화시킬 수도 있다고 말하는 것 같았다.[33]

이 모든 이론 공부와 실무 훈련을 하고 나서야 톱투노프는 선임 원자로 제어 엔지니어의 뒤에 서 있는 것이 허락되었다.[34] 4호기 제어실의 원자로 제어 패널에서 선임이 어떻게 일하는지, 제어 장치가 어떻게 작동하는지 등을 지켜보면서 배울 수 있게 된 것이다. 그리고 점차로 (여전히 선임의 면밀한 지도를 받으면서이긴 했지만) 제어 패널의 버튼과 스위치들에 직접 손을 대는 것도 허락되었다.

1986년 4월 25일 밤에 레오니드 톱투노프가 같은 아파트 8층에 있는 알렉산더 코롤의 집에 들어섰을 때 그는 선임 원자로 제어 엔지니어로 승진한 지 두 달 정도 된 상태였다. 코롤은 조금 뒤쳐져서 아직 조수였지만 곧 선임 엔지니어가 될 수 있으리라 기대하고 있었다. 톱투노프가 들어섰을 때 오랜 친구 코롤은 소파에 편한 자세로 앉아 『사이언티픽 아메리칸*Scientific American*』 러시아어판 최근호를 들고서 미국에서 발견된 새로운 질병(에이즈)에 대한 흥미로운 기사를 읽고 있었다. 그날 야간 근무조인 톱투노프는 친구에게 오늘 밤 자신이 근무하는 동안에 4호기에서 터빈 테스트가 있을 예정이라고 말했다. 참관해 보면 좋을 것 같았다.

"같이 가자." 톱투노프가 말했다.[35]

"싫어, 나는 안 갈래. 재미있는 기사가 있어서 이걸 읽고 싶거든." 코롤이 대답했다.

11시가 되기 몇 분 전에 톱투노프는 집을 나서서 버스 정류장으로 향했다. 버스 정류장은 한두 블록 떨어진 쿠르차토프 거리에 있었고, 거기에서 발전소 직원용 셔틀버스를 탈 수 있었다. 톱투노프는 스포르티프나야 거리 끝까지 가서 "주빌리" 가정용품점의 불 꺼진 창문에서 우회전을 했다. 그리고 우체국과 기술학교를 지나 레닌 대로의 끝을 향해 광장을 가로질렀다. 따뜻하고 다소 후텁지근한 날씨였다. 짙은 남색 하늘에서는 별이 반짝였다.[36]

버스에서 톱투노프는 4호기 야간 근무조 동료들을 만났다.[37] 톱투 노프와 함께 일하는 4호기 제어실 직원들(선임 유닛 제어 엔지니어 보리 스 스톨랴추크Boris Stolyarchuk, 야간 근무조장 알렉산더 아키모프Alexander Akimov)과 4호기 원자로 부서 기계 엔지니어들 등이었다. 그 기계 엔지 니어 중 한 명이 멋진 옷을 입고 있는 알렉산더 유브첸코였다. 발전소 까지는 멀지 않아서 십 분 만에 그들은 행정동 계단에 도착했다.

발전소는 네 기의 원자로가 일렬로 죽 늘어선 구조로 되어 있었는데 (여덟 대의 터빈도 원자로 홀과 나란히 있는 터빈 홀에 일렬로 들어서 있었다) 전체 길이가 1킬로미터에 달했다. 4층짜리 사무동인 행정동은 이 기다 란 건물의 동쪽 끝에 있었다. 행정동에는 빅토르 브류하노프 등 고위 경영진의 사무실과 두 개의 주요 방사선 통제 지점 중 하나가 있었다. 발전소의 "청정clean" 구역과 "오염 위험dirty" 구역(방사선이 있을 가능성 이 있는 구역)의 경계가 되는 위생 문이었다.

톱투노프와 동료들은 윤이 나는 대리석 계단을 따라 2층으로 올라 가서 노랑, 주황, 파랑 등의 밝은 색으로 실물 크기의 인물상들이 그 려진 스테인드글라스 패널을 지나 이중으로 된 위생 문 앞에 도착했 다.[38] 안쪽에는 "신발을 벗으시오"라고 쓰여 있는 벤치가 가로로 놓여 있었다. 톱투노프는 벤치에 앉아서 신발을 벗고 다리를 훌쩍 들어 벤 치를 넘어가서 양말을 신은 채로 탈의실로 갔다. 그리고 좁고 긴 철제 로커에 옷을 넣고 팬티 차림으로 "오염 위험" 구역으로 가는 문을 통과 했다. 이 문을 지나고 뒤에서 문이 닫히면 알파 입자와 베타 입자 오염 을 감지하는 방사선 모니터링 장비를 통과해야만 다시 "청정" 구역으 로 돌아갈 수 있었다. 톱투노프는 새로 세탁된 흰색의 면 작업복을 입 고, 머리에는 수술실에서 쓰는 것 같은 흰색의 면 위생모를 쓰고, 질긴 천으로 된 흰색의 신을 신었다.

체르노빌 발전소는 고상한 건축 개념 따위는 실용주의적 원칙으로 일축해 버린 듯한 방식으로 지어졌다. "형태는 기능을 따른다"는 원칙에 충실하게, 그것도 설계자들이 상상할 수 있는 가장 경제적인 방식으로 충실하게 지어져 있었다. 여덟 개의 거대한 증기 터빈이 일렬로 죽 들어선 터빈 홀은 긴 동굴 같았다. 터빈 홀의 높이는 30미터 정도였고 지붕은 골판 철제 패널로 되어 있었다.[39) 네 기의 원자로도 지어진 순서대로 터빈 홀 길이를 따라 역시 일렬로 배열되어 있었다. 1호기와 2호기는 각각 별도의 구조물 안에 들어 있었지만 돈과 시간을 절약하기 위해 3호기와 4호기는 지붕을 공유하고 환기 계통 및 기타 부대 계통도 공유하도록 설계되었다. 터빈 홀과 원자로 홀 사이에 발전소의 척추격인 탈기기 통로가 있었다. 끝이 없어 보이는 이 긴 복도는 도중에 경로가 꺾이는 일도 없이, 또 중간에 방해하는 문도 하나 없이, 터빈 홀과 평행하게 일직선으로 쭉 뻗어 있었다. 이 통로의 한쪽 끝에는 행정동이, 다른 쪽 끝에는 4호기가 있었고, 이 둘 사이의 거리는 1킬로미터에 약간 못 미쳤다.

발전소 직원들은 탈기기 통로를 통해 원자로 제어실들(각 원자로당 하나씩, 총 네 개의 제어실이 있었다)을 포함해 발전소의 모든 곳에 접근할 수 있었다.[40) 또한 이 통로는 매우 복잡한 건물 내부에서 방향잡이 역할도 했다. 발전소 내부는 어두컴컴하고 기계기름의 싸한 냄새가 나는 것이, 건물이라기보다는 심연 속 거대한 잠수함의 그르렁거리는 공간과 더 비슷한 느낌이었고 안에서 방향을 가늠하기가 쉽지 않았다. 발전소 내의 각 공간들은 보행 통로와 철제 계단을 통해 접근이 가능했다. 그러한 통로와 계단들 주위로 수백 킬로미터 길이의 파이프들이 빽빽하게 들어서 있었고 각 실이나 구역으로 들어가는 육중한 철제 문이 있었다. 내부는 미로처럼 혼란스러웠지만 직원들은 알파벳과 숫자로 표시해 방향을 찾을 수 있었다. 한 축으로는 러시아어로 a부터 ya까지, 다른 축으로는 숫자로 1부터 68까지 표시되어 있었다. 높이는 일반적인 건물의 "층" 대신 지상 몇 미터인지를 나타내는 "마크"로 표시되었다. 마크는 복도와 층계참의 벽에 붉은 페인트로 커다랗게 쓰어 있었는데, 가장 낮은 지하는 마크 -5, 가장 높은 곳인 원자로 건물 옥상은 마크 +74.5였다. 마크 +74.5는 20층 건물 높이에 해당했다.

근무 위치인 4호기 제어실로 가기 위해 톱투노프, 스톨랴추크, 아키모프 등 4호기 야간조 사람들은 마크 +10(지상 10미터라는 뜻이다)까지 올라가서, 탈기기 통로를 끝에서 끝까지 이동했다. 빠른 걸음으로 십분 정도 걸렸다. 원자로가 있는 원자로 홀 층으로 가려면 여기에서 위로 더 올라가야 했다. 제어실이 있는 층에서 계단이나 엘리베이터로 마크 +35(10층 건물 높이가 넘는다)까지 올라가면, 방사선을 밀폐해 막을 수 있게 설계된 육중한 공기 밀폐문이 있었고 그 안에 반짝이는 4호기 원자로의 철제 뚜껑이 있었다.

한편, 발전소 옆으로 나 있는 접근로의 건너편에서는 제2소방대(소방대는 준군사조직이었다) 제3당직조 소방관들이 소방서 밖에서 어슬렁거리고 있었다.[41] 4호기 제어실에서 이곳까지는 500미터 정도 떨어져 있었다. 그들이 피우는 담뱃불이 그윽한 어둠 속에서 빛났다. 그날 낮은 별일 없이 조용히 지나갔다. 자정이 가까워오면서, 소방관 14명의 24시간 당직 근무 시간이 절반을 지나가고 있었고 소방관들은 번갈아가면서 대기실에서 눈을 붙였다. 퇴근은 다음날 아침 8시였다. 제2소방대는 체르노빌 발전소 근처에 있는 소방대 두 곳 중 하나였다. 프리피야트에도 소방대가 있었고 그곳은 제6소방대였다. 그곳 소방관들은 소방서 바로 옆인 레샤 우크라인카 거리 끝 쪽의 커다란 2층짜리 건물에 살았다. 제6소방대 대원들은 그날 이른 저녁에 버스 정류소 지붕에 불이 났다는 신고를 받고 출동했는데 큰 불이 아니어서 5분 만에 불을 끄고 금방 돌아왔다.[42]

제2소방대는 체르노빌 발전소 전담이었지만 실제로 할 일이 많지는 않았다.[43] 몇천 명이 밤낮으로 교대 근무를 하며 일하는 발전소 전역의 공사 현장에서는 작은 화재가 나곤 했다. 용접 불꽃이 튀어 쓰레기 더미에 불이 붙는다든지 뜨거운 비투멘이 담긴 통이 넘어진다든지 하는 사고였다. 소방서에는 사무실, 식당, 텔레비전이 있는 대기실, 탁구대가 있는 레크리에이션실이 있었고, 발전소에 쉽게 접근할 수 있었다. 소방서 전면의 커다란 유리문으로는 1호기와 2호기 사이의 빨갛고 흰색의 줄무늬가 있는 높다란 환풍 굴뚝이 커다랗게 보였다. 문 뒤쪽에는 네 대의 소방차가 있었다.[44] 작은 크기의 ZIL-130 차량과 여섯 개의 바퀴가 달린 커다란 ZIL-131 차량으로, 후자는 물 2400리터와 전기 화재를 진화할 때 쓰는 소화 포말 150리터를 실을 수 있었다. 건물 뒤에는 별도의 차고가 있어서 특수 차량을 보관했는데 그중 하나인 우랄 소방차는 초당 40리터의 물을 뿜어낼 수 있었다.[45]

제3당직조는 그리 규율이 잘 잡혀 있는 팀이라고는 보기 어려웠다.[46] 제3당직조에는 말을 잘 안 듣는 경륜 많은 대원들이 많았고, 이들은 명령에 따르는 것을 싫어했다. 많은 수가 근방의 농촌 출신으로, 근처에 가까운 친인척들이 있었다. 국경 바로 너머의 벨라루스 출신인 이반 샤브레이Ivan Shavrey와 레오니드 샤브레이Leonid Shavrey 형제도 그런 경우였다. 또 "할아버지"라는 별명으로 불리던 쉰 살의 그리고리 흐멜Grigori Khmel도 이 당직조 소속이었는데, 그의 두 아들도 소방관이었다. 이들 모두 이 소방서에서 10킬로미터도 떨어지지 않은 작은 마을에서 태어났다. 제3당직조 지휘관 블라디미르 프라비크Vladimir Pravik

중위는 불과 스물세 살로, 소방 학교를 졸업했고, 사진, 그림, 시 등에 조예가 있었으며, 콤소몰의 헌신적인 일원이었다. 아내는 프리피야트의 유치원에서 음악을 가르쳤고, 한두 주 전에 태어난 갓난아기 딸이 있었다.

그날 아침에 프라비크는 하루 휴가를 신청한 상태였다. 친구인 표트르 흐멜Pyotr Khmel이 대타를 뛰어 주기로 했다. 흐멜은 제1당직조 지휘관이었고 둘 다 체르카시Cherkasy에 있는 소방 학교를 졸업했다. 표트르는 "할아버지" 흐멜의 작은아들로, 건강한 체구에 사람 좋은 스물네 살의 중위였다. 흐멜은 프라비크의 딸이 태어났을 때도 당직을 바꿔 준 적이 있었다. 이날 아침에도 그는 유니폼을 입고 프라비크 대신 일하러 갈 준비를 했다. 그런데 소방서 부대장이 근무 바꾸는 것을 허락하지 않았다.

"텔랴트니코프 소령님이 월요일에 휴가를 마치고 오실 거야. 소령님이 허가를 내주실 거네."

그는 프라비크에게 이렇게 말했다.[47] 그래서 이날도 프라비크가 골칫덩어리 제3당직조를 지휘하게 되었고 흐멜은 집으로 가서 좀 쉬면서 토요일의 일을 준비했다. 흐멜은 그날 밤에 예기치 않게 일을 하지 않아도 되게 되어 갑자기 여유 시간이 생긴 것을 누리기로 했다. 그래서 소방서의 동료 장교 세 명과 새로 생긴 쇼핑센터의 레스토랑에 저녁을 먹으러 갔다. 고르바초프 서기장이 소련 전역에서 금주 캠페인을 벌이고 있었지만 이들이 보드카를 구하는 데는 아무 어려움이 없었다. 이어서 그들은 "소비에츠코예 샴파스코예"라고 불리는, 대량 생산되는 저렴한 가격의 "인민의 샴페인"으로 갈아탔다.[48] 이것은 원래 스탈린의 명령으로 개발된 술이었다. 11시경 그들은 흐멜이 사는 방 하나짜리 아파트로 와서 여자를 몇몇 불러 파티를 계속했다.[49] 프리피야트 소방서의 바로 길 건너편에 있는, 낡은 저층 건물이었다. 자정이 지났을 때 흐멜의 손님들은 떠났고 초콜릿 약간과 마시다 만 소비에트 샴페인이 부엌 식탁에 굴러다녔다.

지치고 술에 취한 흐멜은 씻고 잘 준비를 했다.

발전소에서는 선임 기계 엔지니어 알렉산더 유브첸코가 자기 자리에서 근무 준비를 하고 있었다.[50] 마크 +12.5의 메자닌 층, 3호기 홀과 4호기 홀 사이의 커다랗고 창문 없는 공간이었다. 거기에 서류 작업을 할 수 있는 책상 하나와 장비와 물품을 쌓아 둔 금속케이지 하나가 있었다. 거의 24시간 동안 잠을 못 잤지만, 그날 근무는 별일 없이 지나갈 것이라고 생각했다. 그날 낮에 4호기에서는 오래 미뤄져 왔던 터빈 테스트가 예정되어 있었고, 테스트 후에는 유지 보수를 위한 가동 정지에 들어가기로 되어 있었다. 그가 야간조 근무를 하러 도착했을 무렵이면 4호기의 모든 것은 전원이 꺼져 있어야 했다. 그를 포함한 야간조는 원자로의 냉각이 잘 되고 있는지만 지켜보면 될 터였고, 그건 쉬운 일이었다.

하지만 아래층 제어실에서는 계획이 변경되어 있었다. 테스트는 예정보다 12시간이나 늦어져서 이제야 막 시작된 상태였다. 부수석 엔지니어의 인내심은 바닥이 나고 있었다. 그리고 4호기 원자로의 상태에 대해 제어판들이 쏟아내는 이상스러운 데이터들에 어떻게 대응할지를 두고 의견 불일치가 심해지고 있었다.

4장

평화로운 원자력의 비밀

1966년 9월 29일 모스크바에서 열린 소비에트 각료회의는 흑연감속-경수냉각 모델의 거대한 새 세대 원자로 건설을 승인하는 칙령을 내렸다.[1] 이 모델은 "고출력 채널형 원자로"라는 뜻의 러시아어 reactor bolshoy moschnosti kanalnyy의 머리글자를 따서 RBMK 원자로라고 불리게 된다. 중기계건설부에서 군사적 목적으로 만들었던, 플루토늄과 전기를 동시에 생산하는 "이반 2세"에서 파생된 모델이자 "아톰 미르니 1호"의 직계 후손이라 볼 수 있는 모델이었다. 아톰 미르니 1호의 규모를 거대하게 키운 버전이라고도 말할 수 있을 것이다.[2]

높이가 7미터, 폭이 12미터에 달하는 RBMK 원자로의 코어는 2층짜리 집보다도 큰 거대 원통으로, 그 안에 1700톤이 넘는 분량의 흑연 벽돌이 들어 있었다.[3] 감속제인 흑연 벽돌들이 위로 차곡차곡 쌓여서 총 2488개의 기둥을 이루고 있었고, 각각의 흑연 벽돌 기둥에는 꼭대기부터 바닥까지 세로로 길게 압력관이 들어갈 동그란 구멍이 뚫려 있었다. 이중 1600여 개의 벽돌 기둥 구멍에 방염 지르코늄 합금 압력관이 자리를 잡았다. 각각에는 밀봉한 핵 연료봉이 담겨 있는 핵연료 집합체가 한 쌍씩 들어 있었다.[4] 핵 연료봉에는 직경이 사람 새끼손가락만 한 "펠릿"[알갱이]들로 압축된 농축 이산화우라늄 총 190톤이 들어 있었다. 원자로가 임계에 도달해 핵분열 에너지가 방출되어 열을 내기 시작하면 아래쪽에서 펌프로 올려진 냉각수가 노심으로 들어와 핵연료 집합체를 냉각했다. 69기압의 어마어마한 압력에서 물은 온도가 섭씨 280도까지 올라가서 물과 초고온 증기의 혼합이 되었다. 이 물-증기 혼합은 파이프를 타고 원자로의 위쪽으로 빠져나와서 거대한 분리 드럼으로 이동했다. 분리 드럼에서 증기는 터빈 쪽으로 가서 터빈을 돌려 전기를 일으키고 물은 냉각수의 순환 과정으로 돌아가 다시 한 번 노심으로 여행을 했다.

원자로의 출력은 탄화붕소가 들어 있는 211개의 제어봉으로 조절되었다.[5] 대개는 5미터 정도의 길이였으며, 노심 안으로 넣었다 뺐다 하면서 핵 연쇄반응의 속도를 조절했다. 노심 안에서 부글거리는 방사선으로부터 발전소와 직원들을 보호하기 위해 원자로 노심("활성 구역")은 물이 들어 있는 고리 모양의 거대한 탱크가 둘러싸고 있었다. 이 탱크는 다시 강철 케이스 안에 들어 있었고 그것을 다시 모래가 채워진 커다란 상자가 감싸고 있었으며 다시 이 전체가 8층 높이도 넘는 콘크리트 용기 안에 들어 있었다. 콘크리트 용기의 위쪽은 철과 사문석(중성자의 속도를 늦춰 탈출을 막는다)이 채워진 금속 상자가 왕관처럼 두르고 있었다.[6] 이 원자로 용기의 위에는 거대한 뚜껑인 "생물학적 차폐막"이 얹혀 있었다.[7] "구조물E", 더 애정 어린 표현으로는 "엘레나Elena"라고 불린 이 뚜껑은 두께 4미터에 폭 17미터 정도인 납작한 원통형 모양의 스테인리스스틸 드럼으로, 사문석 덩어리와 질소 기체가 들어 있었다. 엘레나의 무게는 2000톤이나 나갔는데, 이는 만석인 점보제트기

　　　　　　　　　4장 평화로운 원자력의 비밀

여섯 대 무게에 해당한다. 이 육중한 뚜껑은 거의 전적으로 중력에 의해 그 자리에 고정되어 있었다. 엘레나의 위아래를 관통해 연료관들이 지나가는 통로인 덕트들이 뚫려 있었고, 원자로 안에서 나오는 증기와 물을 실어 나르는 얇은 관들 수백 개가 얹혀 있었다. 그리고 2000개의 끼웠다 뺐다 할 수 있는, 철 도금이 된 콘크리트로 만들어진 네모난 뚜껑들이 엘레나를 수직으로 관통해 뚫려 있는 연료관 각각을 덮게 되어 있었다.[8] 위에서 보면, 전체적으로 커다란 동그라미 안에 네모난 금속 뚜껑들이 바둑판 모양으로 배열되어 있었는데, 이것이 원자로 홀의 바닥층을 형성하고 있었다. 이 커다란 동그라미와 그 안의 바둑판무늬가 원자로 전체 중에서 운전원들이 육안으로 볼 수 있는 부분이었다. 발전소 직원들은 이것을 5코펙짜리 동전 또는 돼지코라는 뜻을 가진 퍄타초크pyatachok라고 불렀다.[9]

RBMK는 거대함을 향한 소비에트의 집착이 이룬 승리이자 가차 없는 "규모의 경제" 추구의 헌신이었다. 부피가 서구 원자로의 스무 배나 되고,[10] 3200메가와트의 열에너지(1000메가와트의 전기에너지)를 생산할 수 있었는데 이것은 키예프 인구 절반에게 전력을 공급할 수 있는 양이었다. 소비에트 과학자들은 이것을 "조국의 원자로"라고 불렀다.[11] 소련에만 있는 모델일 뿐 아니라 세계에서 가장 커다란 원자로이기도 했다. 쿠르차토프 원자력 에너지 연구소의 대머리 소장 아나톨리 알렉산드로프가 RBMK 원자로의 설계자로 통한다.[12] 소비에트 특허청에 극비 발명품으로 이 원자로의 특허를 신청한 신청인이 알렉산드로프였기 때문이다. 소비에트에서 RBMK의 경쟁 모델이던 VVER 원자로는 공학적으로 복잡한 구조 때문에 이것을 배척하는 사람들 사이에서 "미국 원자로"라고 불렸다. 미국에서 더 널리 쓰이고 있던 가압수형 원자로와 비슷했기 때문이다. VVER과 달리 RBMK의 부품들은 기존의 공장들에서 원자로용의 특별한 도구나 장비가 없어도 만들 수 있었다.[13] 또 모듈식 건설 방식(가령 수백 개의 흑연 벽돌을 기둥으로 쌓아서 만드는 식)은 현장에서 구조물을 쉽게 조립할 수 있다는 의미였고 필요하다면 규모를 더 키울 수도 있다는 의미였다.

또한 알렉산드로프는 격납 건물을 없애서 비용을 절감했다.[14] 격납 건물은 중대 사고가 발생했을 때 방사능 오염 물질이 발전소 밖으로 나가는 것을 막기 위해 서구의 거의 모든 원자로가 가지고 있는 것으로, 건물 전체를 두꺼운 콘크리트 돔으로 덮어씌운 것이다. 하지만 RBMK는 규모가 너무 커서 전체를 둘러싸는 격납 건물을 짓다가는 비용이 원자로 하나당 두 배나 더 들 수 있었다. 그래서 비용을 절감할 수 있는 방법으로 원자로를 1600개의 압력관으로 분할하는 안이 도입되었다.[15] 핵연료 집합체를 한 쌍씩 금속으로 된 차폐 용기 안에 넣는다는 것이었다. 이것은 매우 섬세한 배관 기술의 승리였고, 설계한 사람들에 따르면, 중대 사고의 발생 가능성을 극히 희박한 수준으로 낮춰 주었다. 또한 RBMK 설계자들은 연료관 중 하나나 두 개가 교란되는 사고가 발생할 경우 거기에서 나오는 고압 방사성 증기를 일련의 밸브들을 통해 아래쪽의 저장 수조로 유도해서 안전하게 냉각, 격리하는 사고 억제 계통을 고안했다.

RBMK를 설계한 사람들은 최악의 사고들을 상정해 그에 대비했다(이러한 사고를 "최대 설계 기준 사고maximum design-basis accident"라고 부른다).[16] 최대 설계 기준 사고에는 압력관이 깨지는 것을 포함해, 지진, 발전소 위로 비행기 추락, 주 냉각수 순환 파이프 파손(이 경우 냉각수가 노심에서 빠져나가서 노심 용융이 일어날 수 있다) 등이 포함되어 있었다. 가령 마지막에 언급한 노심 용융 가능성을 차단하기 위해 RBMK

4장 평화로운 원자력의 비밀

설계자들은 압축 질소 기체를 이용한 비상 냉각 계통을 마련했고, 모든 원자로 운전원들은 비상시에 어떻게 해서라도 노심에 냉각수를 지속적으로 댈 수 있도록 훈련을 받았다.

물론 이론상으로는 이보다 더 심각한 재앙도 가능했다.[17] 공학적 계산상으로는 1600개의 압력관 중 두 개보다 더 많은 수가 (그러니까 세 개나 네 개 정도라도) 동시에 교란되어 갑자기 고압 증기가 누출되면 2000톤 무게의 엘레나와 퍄타초크를 날려 버릴 수 있는 것으로 나타났다. 그러면 나머지 증기관과 압력관도 모두 깨지게 되고 이는 재앙적인 폭발로 이어지게 될 터였다. 하지만 RBMK 설계자들은 이런 재앙에 대해서는 대비할 필요가 없다고 생각했다.[18] [한 개나 두 개는 몰라도 서너 개 이상의 압력관이 동시에 깨지는 것은] 합리적인 가능성의 영역 안에 존재하는 일이 아니라고 보았기 때문이다. 그럼에도, 어쨌든 이러한 시나리오에 이름을 붙이긴 했다. "설계 기준 **초과** 사고."

처음에 중기계건설부는 RBMK의 설계를 레닌그라드에 있는 한 중장비 공장에 지시했다.[19] 이곳은 탱크와 트랙터도 만드는 곳이었다. 하지만 그들이 보내온 도면을 본 스레드마시는 기술적 건전성이 떨어진다는 이유로 퇴짜를 놓았다. 쿠르차토프 연구소의 한 과학자는 그 설계안이 민간 용도로 사용되기에는 너무 위험하다고 경고했다.[20] 또 다른 과학자는 양의 보이드 계수 때문에 새 원자로가 내재적으로 폭발 위험이 크다고 지적했다.[21] 상관들이 그를 해고하려고 했지만 그는 서신으로 반대 의사를 적극 표명했고 그의 서신은 당 중앙위원회와 소비에트 각료회의에까지 올라갔다.

그러나 그때쯤이면 정부는, 경직적인 중앙계획경제의 요구에 따라, 이미 신규 원자로 네 기를 짓기로 칙령을 내려놓은 상태였다.[22] 그래서 NIKIET의 전문가들이 플루토늄과 전기를 둘 다 생산하게 되어 있던 RBMK 청사진을 민간 송전망에 들어갈 전기만 생산하는 것으로 개조했다. 이러한 수정 사항들을 적용하는 것은 매우 어렵고 복잡한 작업이었으며 예상보다 시간이 훨씬 오래 걸렸다. 소비에트의 컴퓨터 기술이 아직 원시적인 단계였던 터라 원자로의 예상 성능을 계산하는 일에 노력이 매우 많이 들었고 산출된 계산 결과들은 불안정했다. RBMK-1000라고 불리게 되는 새 디자인이 완성된 것은 1968년이 되어서였다.[23] 설계 일정이 너무 늦어졌기 때문에 스레드마시는 원형 제조 단계를 통째로 건너뛰기로 했다.[24] 신규 원자로가 산업용 전력 생산에서 실제로 어떻게 작동할지를 알아내는 가장 빠른 방법은 대규모 전력 생산에 실전으로 투입해 보는 것이 아니겠는가?

소비에트 최초의 RBMK 원전 건설 공사는 1970년에 레닌그라드 바로 외곽, 핀란드 만에 있는 스레드마시의 시설에서 시작되었다.[25] 한편, 키예프에서는 한 기술연구소와 경제연구소가 우크라이나 최초의 원자력발전소를 지을 부지를 물색하기 시작했다. 후보 지역은 빠르게 두 군데로 압축되었다. 그중 처음 제안된 곳이 화력발전소 부지로 용도가 지정되자 우크라이나 각료회의는 나머지 한 곳을 2000메가와트 규모의 신규 원자력발전소가 들어설 곳으로 지정했다.[26] 체르노빌에서 14킬로미터 떨어진, 키예프 주 코파치라는 마을 근처 강변의 넓은 땅이었다.

레닌그라드 발전소에 들어선 최초의 RBMK 원자로는 1973년 12월 21일에 가동이 개시되었다.[27] ["아톰시키"들에게 기념비적인 이 날은] "에네르게티키"들이 그들의 명절인 "전기 엔지니어의 날"을 축하하기 하루 전이었다. RBMK-1000의 자랑스러운 아버지인 쿠르차토프 연구소의 아나톨리 알렉산드로프와 NIKIET의 니콜라이 돌레잘 모두 RBKM

원자로의 시동을 지켜보기 위해 현장에 와 있었다. 그 무렵이면 레닌그라드에서 두 번째 원자로 건설이 진행되고 있었고, 체르노빌과 쿠르스크에서도 RBMK 원자로가 들어설 부지에서 건설 노동자들이 지반을 고르고 있었다. 하지만 완전한 출력에 도달하기도 전에, 최초의 레닌그라드 원자로는 설계자들이 아직 도면 상태이던 그들의 아이를 완전한 규모의 실제 발전소로 너무 빠르게 바꿔 내려 한 것이 초래한 엄청난 비용을 드러내기 시작했다.[28] 심각한 설계상의 결함이 처음부터 RBMK를 따라다녔다. 어떤 결함은 즉각적으로 명백하게 드러났고(상당히 많았다), 어떤 결함은 포착되고 알려지는 데 시간이 오래 걸렸다.

첫 번째 문제는 양의 보이드 계수와 관련된 문제였다.[29] 이 문제 때문에 소비에트의 흑연-경수 원자로는 냉각제가 상실되는 사건이 발생할 시 폭주 반응을 일으키기 쉬웠다. 특히 RBMK 원자로의 경우에는 운전 비용을 낮추기 위해 이뤄진 시도들 때문에 이 문제가 한층 더 악화되었다. 화력발전소보다 경쟁력을 갖도록 만들기 위해 의도적으로 RBMK는 우라늄 연료의 전력 산출량을 극대화하도록 고안되었다. 그런데 레닌그라드 1호기가 가동되고 나서 설계자들은 연료가 더 많이 탈수록 양의 보이드 계수로 인한 효과가 더 악화된다는 사실을 발견했다. 원자로가 더 오래 가동될수록 원자로 제어가 더 어려워졌다. 3년간의 가동 사이클이 끝날 때마다(3년간의 가동 사이클이 지나면 가동을 정지하고 예방 차원의 유지 보수에 들어가게 되어 있었다) 원자로는 극히 예측 불가능한 상태가 되어 있을 터였다. 설계자들이 수정을 했지만 불안정한 요소들은 여전히 남아 있었다. 하지만 알렉산드로프와 돌레잘 모두 이에 대해 더 이상 신경 쓰려 하지 않았고 문제의 내용을 완전히 파악하려고조차 하지 않았다. 그리고 원자로마다 배부되는 운전 매뉴얼에 보이드 계수와 관련한 안전성 분석 내용을 포함시키지도 않았다. 레닌그라드의 경험은 이론적으로 예측되었던 원자로의 행동 방식과 실제 상황에서 원자로가 행동하는 방식 사이에는 중대한 차이점들이 있다는 사실을 명백하게 드러냈다. 하지만 원자로 설계자들은 이 결과들을 자세히 파고들지 않기로 했다. 그래서 완전한 규모로 상업용 전력 생산에 투입된 뒤에도, 중대 사고 발생 시에 RBMK 원자로가 어떻게 행동할 것인지에 대해 아는 사람이 아무도 없었다.[30]

RBMK 원자로의 두 번째 설계 결함은 거대한 크기와 관련이 있었다. 원자로가 너무 커서 노심 내 어느 한 지점에서의 반응성이 다른 지점의 반응성과 크게 관련이 없는 경우가 많았다.[31] 운전자들은 노심 전체를 하나의 실체로 다루는 것이 아니라 여러 개의 미니 원자로가 한 통 안에 모여 있는 것처럼 다뤄야 했다. 한 과학자의 표현을 빌리면, 거대한 아파트 건물 하나 안에서 어느 집에서는 식구들이 시끌벅적하게 결혼 축하를 하고 있고 그 옆집에서는 장례식을 치르고 있는 것과 같은 상황이 충분히 있을 수 있었다.[32] 고반응 지점들이 노심 깊숙한 곳에 고립되어 있으면 발견하기가 어려웠고,[33] 이 문제는 시동을 걸 때와 가동을 정지할 때 더 두드러졌다. 시동과 정지 과정에서는 원자로가 낮은 출력에서 돌아가는데, 이때는 노심 내부의 반응성을 포착하는 시스템이 매우 불안정했기 때문이다. 이 결정적인 시기 동안 제어실 데스크 앞의 운전원들은 노심 내 "활성 지역" 안에서 무슨 일이 일어나는지에 대해 거의 깜깜이 상태에서 작업해야 했다. 그들은 제어판 계측 기계의 숫자를 읽는 대신 "경험과 직관"으로 노심 내부의 반응성을 짐작해야 했다.[34] 그래서 시동과 정지는 RBMK 운전에서 가장 어렵고 위험한 일이었다.

RBMK 원자로의 세 번째 설계 결함은 사고 시에 최후의 방어선 역할을 하도록 고안된 비상 안전 계통의 핵심에 자리 잡고 있었다. 냉각제

대량 상실이나 원자로 폭주 반응 등 긴급하게 원자로 가동을 정지해야
할 상황에 직면하면 운전자들은 "스크램[급속 정지]" 버튼을 누를 수 있
었다. 그러면 러시아어로 "AZ-5"라고 알려진 5단계의 급속 출력 감속
시스템이 작동하게 되어 있었다. 버튼을 누르면 187개의 일반 제어봉
중 인출되어 있던 것 전체에 더해 별도의 비상 제어봉 24개까지 한꺼
번에 노심에 삽입되어 원자로 내부 전역에서 핵분열 연쇄반응을 진압
할 수 있었다.[35]

　하지만 AZ-5 메커니즘은 "일거에" 가동 정지를 하게끔 설계되어 있
지 않았다.[36] 돌레잘 등 NIKIET 과학자들은 원자로에서 전기 생산이
일거에 뚝 중단되면 소비에트의 송전망에 교란을 일으키게 될 것이라
고 우려했다. 그들은 그렇게 즉각적인 가동 정지는 발전소의 외부 전
력이 완전히 상실되는, 전적으로 있을 법하지 않은 상황에서나 필요할
것이라고 생각했다. 그래서 그러한 상황을 상정하기보다는 원자로의
출력을 점진적으로 제로까지 줄이게끔 AZ-5를 설계했다. AZ-5 시스
템은 비상 상황에서 쓰도록 되어 있는 별도의 모터를 두지 않고 일상
적인 운전 과정에서 운전원들이 사용하는 동일한 제어 장치를 사용하
도록 되어 있었다. 비상 제어봉들이 원자로 위로 끝까지 다 인출된 상
태에서부터 노심 안으로 완전히 다 들어가는 데는 시간이 18~21초나
걸렸다.[37] 설계자들은 제어봉이 내려가는 속도가 느린 것을 제어봉의
개수로 상쇄할 수 있기를 바랐다. 하지만 18초는 중성자 물리학에서는
매우 긴 시간이고, 높은 수준의 양의 보이드 계수가 있는 원자로에서
는 영원과도 같이 긴 시간이었다.

　이렇게 우려스러운 주요 설계 결함들에 더해, 원자로 건설이라고 소
비에트 산업 전반에 만연해 있던 허술한 공사를 피해 갈 수 없었던 터
라 문제가 한층 더 심각해졌다. 레닌그라드 1호기는 핵연료 집합체가

장착된 뒤에도 시동까지 거의 1년이나 지연되었고 모스크바로 돌아가서 수차례 다시 테스트를 해야 했다.[38] 다른 RBMK 원자로들에서는 우라늄이 들어 있는 1600개 이상의 연료관 각각에 필수적인 급수를 조절하는 밸브와 유량 계량기들이 너무 불안정해서 제어실 운전원들이 원자로가 어느 정도나 냉각되고 있는지, 아니 냉각되고 있기는 한지를 알 수 없는 경우가 종종 발생했다.[39] 크고 작은 사고들이 발생하리라는 것은 거의 기정사실이었다.

1975년 11월 30일 밤, 완전한 출력에 도달한 지 1년이 약간 넘은 레닌그라드 원자력발전소 1호기가 예정된 유지 보수를 마치고 재가동에 들어갔는데, 갑자기 제어 불능이 되기 시작했다.[40] AZ-5 비상 보호 계통이 작동되었지만 연쇄반응이 멈추기 전에 부분적인 노심 용융이 일어났고 32개의 핵연료 집합체가 파괴 혹은 손상되면서 핀란드 만 상공으로 방사능이 유출되었다. 이것은 최초의 RBMK 원자로 중대 사고였고 중기계건설부는 사고 원인을 조사하기 위한 위원회를 구성했다. 공식적인 설명은 제조 결함으로 인해 연료관 하나가 파손되었기 때문이었던 것으로 정리되었다. 하지만 조사위원회는 그렇지 않다는 것을 알고 있었다.[41] 이 사고는 원자로 설계 자체에 내재해 있는 결함 때문에 발생한 것이었으며, 보이드 계수가 통제 불가능한 수준으로 증가한 것이 원인이었다.

스레드마시는 사고 원인에 대해 위원회가 알아낸 정보를 억눌렀고 사고를 은폐했으며,[42] 다른 RBMK 원자로의 운전자들은 이 사고의 진짜 원인에 대해 아무런 정보도 듣지 못했다. 어쨌든, 위원회는 모든 RBMK-1000 원자로에 적용되어야 할 몇 가지 중요한 수정 사항을 제안했다. 냉각제 상실에 대비해 원자로를 보호하기 위해 새로운 안전 지침들을 마련할 것, 노심 내에서 증기가 급격히 증가하는 경우 어떤 일이 벌어질지에 대해 분석할 것, 더 신속하게 작동하는 비상 보호 계통을 개발할 것 등등. 명백히 이것들은 "긴급하게" 시행되어야 할 조치들이었지만 원자로 설계자들은 이 중 어느 것에 대해서도 제대로 조치를 취하지 않았다. 오히려 모스크바 당국은 더 많은 원자로를 지으라고 지시했다. 레닌그라드 노심 용융 사건이 있은 다음 날 소비에트 각료회의는 체르노빌에 RBMK-1000 원자로 3호기와 4호기를 건설하는 계획을 최종 승인했다.[43] 이는 체르노빌 발전소의 전기 생산 역량을 4000메가와트라는 놀라운 규모로 끌어올리게 될 터였다.

1977년 8월 1일, 빅토르 브류하노프가 프리피야트 근처의 눈 덮인 벌판에서 첫 번째 말뚝이 땅에 박히는 것을 본 지 7년 뒤에, 그리고 예정보다 2년이나 지나서, 체르노빌 원자력발전소 1호기가 드디어 임계에 도달했다.[44] 젊은 엔지니어들은 자부심에 가슴이 벅차올랐다. 우크라이나공화국 최초의 원전 가동을 성공시켜 낸 것이다. 그들은 발전소 현장에 낮이고 밤이고 남아서 첫 핵연료 집합체들이 착착 장전되고 원자로가 서서히 달아올라 완전한 출력에 도달하면서 드디어 변압기에 연결되는 것을 지켜보았다. 9월 27일 오후 8시 10분, 쿠르차토프의 과학자들과 설계자들도 이곳에 와서 발전소 직원들과 함께 우크라이나 최초의 원자력 전기가 110킬로볼트와 330킬로볼트 송전선들을 타고 소비에트 전력망에 들어가는 것을 축하했다.[45] 그들은 소비에트 전역의 "아톰시키"들이 소비에트 원자로의 성공을 축하하며 부르던 2행시를 함께 노래했다. "오늘도, 오늘도, RBMK에서 전기가 흐르네!"(a poka a poka tok dayut RBMK!)[46]

하지만 체르노빌의 운전원들은 자신들이 그토록 지극정성을 쏟은 원자로가 매몰찬 애인이라는 것을 곧 깨닫게 되었다. 내재적인 불안정성 때문에 RBMK는 운전 작업이 너무 어려워서 선임 원자로 제어 엔지니어들의 일은 정신적으로만이 아니라 육체적으로도 고되기 짝이 없었다. 분 단위로 수십 차례 조정을 해야 했던 터라 잠시도 가만히 있을 수가 없었고 수로를 파는 노동자처럼 땀을 뻘뻘 흘리며 일했다.[47] 레닌그라드에서는 복잡하기 짝이 없는 제어 업무를 다루기 위해 스레드마시 엔지니어들까지 파견되어 "듀엣"으로 일하고 있다는 소문이 들려왔다.[48] 운전원들이 제어 패널을 얼마나 맹렬히 작동해야 했던지, 제어봉을 조절하는 스위치들이 금세 닳아서 계속 교체를 해야 했다. 한 전직 핵잠수함 장교가 체르노빌 1호기 엔지니어로 와서 제어 패널에 앉았을 때, 그는 원자로가 어마어마하게 큰 것과 그것을 다루는 장비들이 어마어마하게 낡은 것에 경악해서 이렇게 물었다. "아니, 당신들은 이 거대하고 흉한 괴물을 어떻게 제어할 수 있었단 말입니까? 그리고 민간 용도로 이것이 하는 일이 무엇입니까?"[49]

유지 보수를 위한 첫 번째 가동 정지 기간이 되었을 때 체르노빌 운전원들은 엄청나게 복잡한 원자로의 배관에 수많은 문제가 있는 것을 발견했다.[50] 물-증기 냉각관은 부식되었고 연료관의 지르코늄-철 접합부는 헐거워져 있었다. 그리고 모스크바의 설계자들이 급수가 실패할 때에 대비해 원자로를 보호하기 위한 안전 계통을 하나도 마련해 두지 않았기 때문에 체르노빌 발전소의 엔지니어들이 알아서 설계를 변경하고 원자로를 고쳐야 했다. 그러는 동안, 모스크바의 원자로 설계자들 또한 자신들이 만든 심각한 결함들을 속속 더 발견하고 있었다.

1980년에 NIKIET는 극비리에 진행된 연구에서 RBMK 원자로의 안정성을 훼손할 수 있는 9개의 주요 설계 결함과 열유체 불안정성을 보고했다.[51] 이 보고서에 따르면 사고는 매우 가능성이 희박한 조건에서만이 아니라 일상적인 운전 과정에서도 충분히 발생할 수 있었다.[52] 하지만 그들은 원자로를 재설계하지 않았고, 발전소 직원들에게 위험성을 알리는 조치조차 취하지 않았다. NIKIET는 새로운 안전 시스템을 만들지는 않고 단순히 RBMK-1000 운전 매뉴얼을 수정했다. 수십 년간 군용 원자로가 사고 없이 운영된 것을 생각하면서, 원자력 왕국의 영주인 NIKIET와 쿠르차토프 연구소는 잘 작성된 매뉴얼만 있으면 원전의 안전성을 확보하는 데 충분하다고 보는 듯했다. 이들 원자로 설계자들은 새로운 매뉴얼을 잘 따르기만 하면 인간 운전원들도 어떤 전자 기계적인 안전장치만큼이나 즉각적이고 실수 없이 행동할 수 있으리라 여겼다.

하지만 소비에트의 원전 종사자들은 자꾸만 늘어나는 목표치에 직면해서, 또 계속해서 멎거나 부적절하게 돌아가는 장비들을 가지고서, 그리고 복잡하고 종잡을 수 없고 역기능적인 관료제하에서 온갖 질문과 요구에 응답해야 하는 책무에 직면해서, 어떻게든 일이 되게 하기 위해 규칙을 무시하거나 주무르는 데 진작부터 익숙해져 있었다.[53] 게다가 NIKIET가 내려보낸 수정된 매뉴얼을 받긴 했지만 무엇이 어떻게 달라진 것인지가 명시적으로 표시되어 있지 않았고 그 이유에 대한 설명도 없었다. 가령, 적어도 일정 개수 이상의 제어봉이 언제나 노심 안에 있어야 한다는 지침이 새 매뉴얼에 포함되어 있었지만 NIKIET는 그것을 강조하지 않았다.[54] 이것은 "운전 반응 여유분(Operational Reactive Margin, ORM)"을 반드시 일정 수준 이상으로 두어야 한다는 지침이었는데, 운전원들은 이것이 중대 사고를 막는 안전장치로서 왜 중요한지를 충분히 숙지할 수 없었다. 이러저러한 새 규칙들이 내려오긴 했지만 그것이 왜 필요한지, 왜 도입된 것인지 설명을 듣지 못한 운전원들은 그러한 규칙들을 어겼을 때 발생할지 모를 재앙적인 가능성을

알지 못한 채 그저 하던 대로 원자로를 가동했다.[55]

그러는 동안, 소비에트 내에서 실제로 발생한 원자력 사고들은 계속 국가 기밀로 취급되어서 심지어 사고가 발생한 곳의 과학자들에게도 은폐되었다.

1982년 9월 9일 이른 저녁,[56] 니콜라이 스타인버그Nikolai Steinberg 는 체르노빌 1호기와 2호기 사이, 3층에 있는 사무실에서 두 원자로 가 공유하는 환풍 굴뚝을 바라보고 있었다.[57] 염소수염에 사람 좋아 보이는 매력적인 인상을 가진 서른다섯 살의 스타인버그는 1971년부 터 체르노빌에서 일하고 있었다. 모스크바 전력공과대학Moscow Power Engineering Institute에서 핵 열유체학을 전공하고 졸업하자마자 열정에 불타는 새 세대 "아톰시키"의 일원으로 이곳에 왔다. 그는 1호기가 지 어지기도 전에 대학에서 2년 동안 RBMK에 대해 공부했고, 체르노빌에 서 1, 2호기가 올라오는 것을 처음부터 지켜보았으며, 지금은 3, 4호기 의 터빈 부서를 책임지고 있었다. 그날 1, 2호기 환풍 굴뚝에서 증기가 올라오는 것을 본 스타인버그는 무언가가 잘못되었음을 직감했다. 적 어도 원자로 안에 하나 이상의 깨진 파이프가 있다는 뜻이었고 그렇다 면 방사능 누출이 일어나고 있을 것이 확실했다. 스타인버그는 전화기 를 들었다.

하지만 1호기 제어실에 전화해서 원자로 가동을 정지해야 한다고 했더니 1호기 근무조장은 그의 말을 일축했다. 스타인버그가 계속 이 야기하자 1호기 조장은 전화를 끊어 버렸다. 스타인버그는 자기 휘하 의 직원들을 불러 모으고 비상 호출에 대비했다. 하지만 아무런 호출 신호도 울리지 않았다. 거의 여섯 시간이 지나서 자정이 되었을 때, 그 와 그의 직원들은 퇴근해 집으로 돌아갔다.

다음날 아침에 출근한 스타인버그는 정말로 1호기에 문제가 있었다는 말을 들었다. 하지만 그의 지위와 경력에도 더 이상의 정보는 알 수 없었다. 처음에 소장 브류하노프와 수석 엔지니어는 방사능 누출을 일으킬 만한 일은 전혀 일어나지 않았다고 주장했고, 지역의 KGB 요원들은 "패닉을 일으키거나 선동적인 루머, 또는 기타 부정적인 묘사가 퍼지는 것을 막기 위한" 조치들을 취했다.[58] 하지만 바람에 실려 올라갔다가 빗물을 타고 내려온 방사능 오염 물질이 프리피야트에 내려와 있었고 멀게는 발전소에서 14킬로미터나 떨어진 곳까지도 도달해 있었다.[59] 그 오염 물질에는 아이오딘131, 이산화우라늄 연료 파편, 아연65와 지르코늄-니오븀95 등의 방사성 입자들이 포함되어 있었다. 이는 노심이 부분적으로 파손되었다는 것을 의미했다. 발전소에서 5킬로미터 떨어진 곳에 있는 치스토갈로프카Chistogalovka 마을에서는 방사선 수치가 정상보다 수백 배나 높게 나타났다. 하지만 소비에트의 원자력 에너지 당국인 소유즈아톰에네르고에서 온 팀은 이러한 관찰 결과들에 이견을 제기했다. 발전소에 바로 인접한 오염 지역들은 그저 물을 뿌린 뒤 흙과 나뭇잎을 덮는 조치만 취했다. 프리피야트에서는 제염 트럭이 도로에 포말을 뿌리고 레닌 대로에 새 아스팔트를 한 겹 더 깔았다.

이후의 조사에서 1호기 노심이 부분적으로 용용되었다는 사실이 밝혀졌다. 수리를 마치고 원자로가 다시 가동되었을 때, 실수로 냉각 밸브 중 하나가 닫힌 채로 가동에 들어갔다.[60] 그 바람에 그 밸브와 연결된 연료관에 있던 우라늄이 과열되어 연료관이 터졌다. 사망자는 없었지만 이것을 고치는 데 8개월이 걸렸다. 원자로의 흑연 벽돌들을 양동이로 퍼 날라야 했던 직원들은 심각한 수준의 방사선에 피폭되었다.[61] 수석 엔지니어가 이 사고에 대해 책임을 지고 강등되어 불가리아로 좌

천되었고 사고는 1급 기밀로 분류되었다.[62] 직접적으로 여기에 관여된 사람들은 함구령에 서명했다. 니콜라이 스타인버그가 이때 무슨 일이 일어났는지를 알게 된 것은 몇 년이나 지난 뒤였다.[63]

그 이후 몇 년 동안 소비에트의 원전들에서는 더 심각한 사고들도 있었지만 모두 은폐되었다. 1982년 10월에는 아르메니아의 메차모르 Metsamor 원자력발전소 1호기에서 발전기가 폭발했다.[64] 터빈 홀이 불타 무너졌고 노심 수호 작업을 지원하기 위해 비상 대응 팀이 3000킬로미터도 더 떨어진 북극권의 콜라 반도에서 항공기로 출동했다. 3년도 채 지나지 않아서 러시아 발라코포 발전소의 시동 단계에서 배출 밸브가 폭발해 섭씨 300도나 되는 초고온 증기가 원자로를 고리형으로 둘러싸고 있는 1차 용기 밖으로 누출되었다. 열네 명이 산 채로 끓는 증기에 익어 버렸다. 두 사고 모두 은폐되었고,[65] 다른 발전소들에 이 소식은 아톰시키들 사이의 루머로, 그리고 『프라우다』의 모호한 실마리들을 통해서만 알려졌다.

하지만 가장 위험한 정보 억압은 이번에도 RBMK-1000를 설계했던 모스크바의 원자력 설계 연구소 NIKIET에서 일어났다. RBMK-1000 원자로가 가동에 들어가고 나서 드러난 수많은 설계 결함들에 더해, 1983년에 원자로 설계자들은 엄청난 결함을 하나 더 발견했다. AZ-5 비상 보호 계통의 제어봉들이 가진 희한한 설계 결함이었다. 결정적인 증거가 처음 나타난 것은 그해 말 두 개의 최신형 RBMK 원자로에 시동을 거는 도중 발견되었다. 그 두 원자로는 리투아니아의 이그날리아 원전 1호기와 체르노빌 원전 4호기로, RBMK-1000 모델 중 가장 발달된 형태의 원자로였다.

정상 가동에 들어가기 전에 시행된 테스트에서 이그날리아와 체르노빌 시동팀의 원자력 엔지니어들은 작지만 우려스러운 기술상의 문제를 발견했다. 원자로를 정지시키기 위해 AZ-5 스크램 버튼을 눌렀는데, 제어봉이 노심으로 들어가기 시작할 때 원자로가 부드럽게 정지되기 시작하는 게 아니라 처음에는 정반대의 효과가 난 것이다. 처음의 아주 짧은 시간 동안 원자로의 출력이 내려가는 게 아니라 올라갔다. 엔지니어들은 이러한 "양의 스크램" 효과가 AZ-5 버튼을 누른 시점에 원자로 내부가 어떤 상태였는지에 따라 달라진다는 것을 알게 되었다. 특히 운전 반응 여유분(전체 211개의 제어봉 중 몇 개가, 그리고 얼마나 깊이 노심에 삽입되었는지를 측정하는 단위)이 어떠했는지가 핵심이었다.[66] 급속 정지가 시작되었을 때 30개 이상의 제어봉이 원자로에 삽입되어 있는 상태였으면 AZ-5는 설계대로 잘 작동해서 원자로가 빠르고 안전하게 정지되었다.[67] 하지만 삽입되어 있던 제어봉이 30개보다 적으면 AZ-5를 눌렀을 때 원자로의 행동이 더 예측 불가능해졌고 AZ-5로 원자로를 정지시키는 것이 원활하게 이뤄지지 않았다. 15개가 삽입되어 있었을 경우에는 AZ-5 버튼을 눌러 제어봉들이 삽입되기 시작했을 때 처음에는 원자로의 반응을 늦추는 효과가 거의 없었고 원자로의 반응이 감소하기 시작하기까지 6초나 소요되었다. 마지막으로, 7개 이하가 삽입되어 있었을 경우에는 AZ-5 버튼을 누르면 원자로가 정지되는 게 아니라 오히려 폭주 반응을 일으킬 수 있었다. 그러면 출력이 급상승해 원자로가 완전히 파괴되기 전에 연쇄반응을 멈추는 것이 불가능할 수 있었다.[68]

양의 스크램 효과의 원인은 제어봉의 설계 자체에 내재되어 있었다.[68] 이것은 "중성자를 절약해서" 원자로를 더 경제성 있게 가동하려 했던 NIKIET의 열망이 빚은 의도치 않은 결과였다. 정상적인 가동 중에 원자로를 조절하기 위해 사용되는 일반 제어봉과 마찬가지로 AZ-5 비상 제어봉에도 탄화붕소가 들어 있으며 이것이 느림보 중성자들을 잡아먹어서 연쇄반응을 늦춘다. 하지만 제어봉을 물이 채워진 제어관에서 끝까지 다 빼내더라도 제어봉 끄트머리는 원자로의 "활성 구역" 바로 안에서 계속 준비 태세를 갖추고 있도록 설계되어 있었다. 그런데 끄트머리에도 탄화붕소가 있다면 그것이 중성자를 잡아먹을 것이기 때문에 약하지만 안정적으로 출력을 끌어내리게 된다. 이것을 막기 위해 제어봉 끄트머리는 흑연으로 되어 있었다. 흑연은 핵분열을 가속화시키는 중성자 감속제다. 따라서 AZ-5로 급속 정지 시스템을 가동시켜 비상 제어봉들이 제어관을 따라 내려가기 시작하면 먼저 제어봉 끄트머리의 흑연이 중성자를 흡수하는 물을 흩뜨려 버려서 처음에는 반응이 증가한다. 제어봉이 더 깊이 들어가서 흑연 끄트머리에 이어 탄화붕소가 들어 있는 부분까지 삽입되어야만 원자로의 반응을 줄이는 효과가 나타나기 시작하는 것이다.

이것은 안전장치의 어처구니없으면서도 소름끼치는 역작용이었다. 자동차 페달이 거꾸로 연결되어서 브레이크를 밟았더니 속도가 줄기는커녕 액셀을 밟은 효과가 나는 것과 마찬가지인 셈이다. 실험을 더 해 본 결과 과학자들은 제어봉 끄트머리의 흑연이 일으키는 양의 스크램 효과가 원자로의 아래쪽 부분에서 국지적으로 임계를 일으킬 수 있음을 확인했다. 특히 원자로가 절반 이하의 출력으로 가동되고 있었을 경우에 AZ-5 시스템을 작동시키면 그런 일이 일어날 위험이 컸다.

깜짝 놀란 쿠르차토프 연구소의 원자로 부서 담당 부서장은 NIKIET에 서신을 보내서 AZ-5의 이상 현상을 상세하게 알리고 더 자세히 조사해야 한다고 제안했다.[69] 그는 "더 철저하게 분석을 하면 또 다른 위험한 상황들이 드러날 것으로 보인다"고 경고했다. 이에 대해 원자로를 설계한 곳인 NIKIET의 소장 니콜라이 돌레잘은 공허한 말로 안심시키는 답신을 보냈다. 자신들이 그 문제를 이미 알고 있으며 적절한 조치들이 취해지고 있다는 것이었다. 하지만 적절한 조치는 취해지고 있지 않았다.[70] AZ-5 시스템에 일부 수정을 가하도록 하는 방침이 승인되었지만 이것도 비용이 너무 많이 들고 번거로워서 전면 수정이 아니라 한 번에 RBMK 원자로 하나씩만 순차적으로 수정하기로 결정되었다.[71] 차차로 체르노빌 1호기, 2호기, 3호기는 이 수정 사항을 적용해 변경하는 것이 승인되었지만 4호기는 완공이 너무 가까웠기 때문에 첫 번째 유지 보수를 위해 가동 정지를 할 시점이 될 때가지 수정을 미루기로 했다. 첫 번째 유지 보수는 1986년 4월에 있을 예정이었다.

그러는 동안, NIKIET는 양의 스크램 효과에 대한 공지 사항을 모든 RBMK 발전소의 고위 관리자에게 전달했다. 하지만 비밀주의로 꽁꽁 싸인 복잡한 관료제 속에서 이 정보는 원자로 운전을 실제로 담당하는 사람들에게까지는 닿지 못했다.[72] 그럼에도 아나톨리 알렉산드로프 등 원자력발전의 주요 인사들은 조국의 원자로인 위용 넘치는 RBMK-1000 원자로가 아주 작은 일시적 결함 말고는 아무 문제도 드러내지 않았다고 믿고 있었다. 빅토르 브류하노프가 1983년 마지막 날 블라디미르 일리치 레닌 원자력발전소 4호기의 완공을 확인하는 서류에 서명을 하고 있었을 때까지도[73] 전 세계가 이야기하는 원자력발전소 사고는 하나뿐이었고 그 부끄러움은 미국의 것이었다.

1979년 3월 28일 이른 아침에 펜실베이니아 해리스버그 근처의 스리마일 아일랜드Three Mile Island 원자력발전소 2호기 2차 냉각계의 밸브 하나가 겨자씨보다도 작은 정수용 합성수지 알갱이 한 줌 때문에 막혀 버렸다.[74] 이후 24시간 동안 폭포처럼 이어진 사소한 장비 오작동과 인간 실수의 연쇄는 결국 냉각수가 심각하게 상실되는 결과로 이어졌고 노심이 부분적으로 노출되었다. 노심은 용융되기 시작했고 격납 건물이 수천 갤런의 방사능 오염수로 가득 찼으며 발전소 직원들은 결국 오염수를 증기로 대기 중에 방출해야 했다. 인명 피해는 없었지만(누출된 기체는 모두 불활성기체의 반감기가 짧은 동위원소들로만 이뤄져 있었고 대서양 쪽으로 흘러갔다) 사고 소식은 엄청난 패닉 상태를 불러 일으켰다. 펜실베이니아를 탈출하려는 사람들 13만 5000명이 몰리면서 세 개의 주가 겹치는 교차로가 대혼잡을 빚었다. 지미 카터Jimmy Carter 대통령(미 해군에서 원자력 공학자로 일한 바 있어서, 현장을 보면 재앙인지 아닌지 판단할 수 있었다)이 현장을 방문했다. 그때까지 약 십 년 동안 서서히 세를 키워 오고 있던 국제 반핵 운동 진영은 위험한 기술이 인간의 통제를 벗어나 세상에 풀려났을 때를 보여 주는 공포스러운 상징으로 삼기에 이보다 더 안성맞춤인 것을 가질 수 없었을 것이다. 건설 비용이 계속 증가하고 대중의 지지가 떨어지면서 이미 쇠락하고 있던 미국의 원전 업계는 거의 하룻밤 사이에 멈춰 버렸다.

스리마일 아일랜드 소식은 미국의 체면을 사정없이 훼손했지만 소비에트에서 이 소식은 신중하게 검열되었다.[75] "평화로운 원자력"의 (겉으로는) 흠결 없는 이미지가 손상될 것을 우려했기 때문이다. 공식적으로 소비에트 당국자들은 스리마일 아일랜드 사고를 자본주의의 실패로 설명했다.[76] 과학아카데미 회원인 발레리 레가소프는(쿠르차토프 연구소의 2인자이자 부소장으로, 알렉산드로프의 오른팔이었다) 스리마일 아일랜드 사고가 소비에트의 핵 산업과는 아무 관련이 없다는 내용의 논문을 발표했다. 소비에트의 원전 운전자들이 훨씬 더 지식이 많고 교육과 훈련도 더 많이 받았으며 소비에트의 안전 기준이 미국보다 높기 때문이라는 것이었다.[77] 공식 입장과 별개로, 소비에트의 물리학자들은 원전에서 중대 사고가 일어날 수 있는 가능성을 분석하기 시작했고 기존의 원자력 안전 규제 지침을 수정했다.[78] 하지만 스레드마

4장 평화로운 원자력의 비밀

시와 NIKIET 모두 RBMK 원자로를 새로운 규제 지침에 맞게 고치려는 시도는 하지 않았다.[79]

1986년 1월에 『소비에트 라이프*Soviet Life*』(영어로 출간되는 잡지로, 미국식 제목을 충실하게 닮았지만 주미 소련 대사관이 펴내는 잡지였다) 최신호는 체르노빌 원자력발전소를 주 아이템으로, 원자력 에너지의 경이로움을 보여 주는 특집을 열 쪽에 걸쳐 게재했다.[80] 특별 섹션에는 "원자력에서 탄생한 도시" 프리피야트 거주자들의 인터뷰, 발전소 곳곳을 담은 컬러 사진, 웃고 있는 발전소 직원들의 모습 등이 담겼다. 레가소프는 다른 사람과 함께 쓴 글에서 소비에트에서 원자력발전소가 가동되고 30년 동안 발전소 직원이나 인근 주민이 심각하게 위협에 처한 사례는 한 건도 없었으며 공기, 물, 토양을 오염시킬 수 있을 만큼 정상 작동이 교란된 사례 또한 한 건도 없었다"고 자랑했다.[81]

별도의 인터뷰에서 우크라이나 에너지전기부 장관 비탈리 스클랴로프Vitaly Sklyarov는 이 발전소에서 용융이 발생할 가능성은 "1만 년에 한 번 꼴 정도"라고 장담했다.[82]

5장

4월 25일 금요일 11:55 PM. 4호기 제어실

4호기 제어실의 창백한 형광등 불빛 아래 고약한 담배 연기가 자욱했다.[1] 자정에 업무가 시작되는 야간조 근무자들은 이제 막 도착하는 중이었지만, 제어실 분위기는 이미 심상치 않게 긴장이 고조되어 있었다. 오후에 끝났어야 할 터빈 발전기 테스트가 아직 시작도 되지 않은 것이다. 체르노빌 발전소 부수석 엔지니어 아나톨리 댜틀로프 Anatoly Dyatlov는 잠을 못 잔 채로 이틀째였다.[2] 그는 너무 지친데다 기분도 아주 좋지 않았다.[3]

터빈 테스트는 외부 전력이 차단되어 정전이 발생했을 경우에 원자로를 보호하도록 고안된 핵심 안전 계통 중 하나의 작동을 확인하기 위한 것이었다. 송전망에서 발전소로 들어오는 외부 전력이 완전히 끊겨서 노심으로 물을 순환시키는 주 냉각수 펌프가 멈추는 상황은 RBMK 설계자들이 고려했던 위기 상황, 즉 "설계 기준 사고" 시나리오에 포함되어 있었다.[4] 외부 전원 상실에 대비해 발전소에는 디젤 임시 발전기가 마련되어 있었다.[5] 그런데 임시 발전기에 시동이 걸려 냉각

수 펌프가 다시 돌아가는 데까지는 40초~3분 정도의 시간이 소요되었다. 이것은 매우 위험한 시간 간극이었다. 노심 용융이 시작되기에 충분한 시간이기 때문이다.

그래서 원자로 설계자들은 "런다운 유닛rundown unit"이라고 불리는 메커니즘을 고안했다. 정전이 되더라도 터빈이 갑자기 뚝 멎지는 않으므로, 완전히 멎기 전까지 터빈이 점점 느려지면서 돌아가는 동안 그 잔여 회전에서 생산되는 전기로 냉각수 펌프를 돌려 임시 발전기가 가동되기 시작할 때까지의 시간 간극을 메운다는 아이디어였다. 런다운 유닛은 4호기 안전 계통의 핵심 요소였고 원래는 1983년 12월에 완공이 승인되기 전에 테스트를 마치도록 되어 있었다. 하지만 그때 브류하노프 소장은 연말로 정해져 있는 완공 시한을 맞추기 위해 이 테스트를 건너뛰었다. 완공된 이후 비슷한 테스트가 몇 차례 시도되었지만 계속 실패했고, 1986년 초 무렵이면 이 테스트는 이미 2년이나 미뤄진 상태였다.[6] 그러다 드디어 4호기의 첫 번째 정기 유지 보수 일정이 되어서 가동 정지를 하게 된 덕분에, 이 테스트를 현실 조건에서 해 볼 수 있는 기회가 생겼다. 금요일 오후 2시, 4호기의 거대한 터빈 두 개 중 하나(8번 터빈)에 몇 가지 새로운 사항들이 적용되었고 드디어 테스트를 할 준비가 되었다.

그런데 그때 키예프 전력망의 송전 담당자가 다급히 연락을 해 왔다. 우크라이나 전역의 공장과 기업체들이 생산 할당량을 채워서 메이데이 휴일이 오기 전에 보너스를 받으려고 생산에 막판 피치를 올리고 있는 상황이라서 체르노빌 발전소에서 공급되는 전기가 꼭 필요하다는 것이었다.[7] 송전 담당자는 터빈 테스트를 공장들의 생산 피크 시간이 끝난 다음에 해 달라고 부탁했다. 빨라도 밤 아홉 시는 넘어야 될 터였다.[8]

금요일 자정까지도 테스트가 시작되지 않자, 테스트 모니터링을 위해 체르노빌에 와서 대기하고 있던 도네츠크의 전기 엔지니어팀이 테스트를 당장 시작하지 않으면 계약을 파기하고 도네츠크로 돌아가겠다고 으름장을 놓았다.[9] 4호기 제어실에서는 테스트에 대해 사전에 브리핑을 받았던 낮 근무조 운전원들이 근무 시간이 끝나서 퇴근할 채비를 차리고 있었다. 테스트 때 원자로 운전원을 돕기 위해 자리에 있어야 할 발전소 내 원자력 안전부 소속 물리학자는 테스트가 이미 끝났다는 보고를 받았고, 그래서 아예 테스트 현장에 오지 않았다.[10] 선임 원자로 제어 엔지니어의 데스크에는 선임 원자로 제어 엔지니어가 된 지 2개월밖에 안 된 스물다섯 살의 레오니드 톱투노프가 앉게 되었다.[11] 난생 처음으로 가동 정지 과정 중에 변덕스러운 원자로를 조절하는 일을 맡게 된 것이다.

이러한 상황이었지만 부수석 엔지니어 댜틀로프는 테스트를 강행할 작정이었다. 그날 테스트를 완료하지 못하면 적어도 1년을 또 기다려야 할 터였다.[12] 댜틀로프는 기다리는 것을 싫어했다. 쉰다섯 살의[13] 아나톨리 댜틀로프는 엄격하고 금욕적인 소비에트 기술 관료의 모든 전형적인 이미지를 드러내는 외모를 갖고 있었다. 키가 크고 마른 체형에 턱은 날카로웠고 듬성듬성한 머리카락은 높은 이마에서 뒤로 넘겨져 있었으며 미간이 좁은 눈은 사진으로 보아도 눈빛이 섬뜩했다. 댜틀로프는 소비에트 극동 지역의 해군에서 14년 동안 원자로와 관련된 일을 하다가 체르노빌에 온 노련한 핵물리학자로, 원자력에 대해 전문성을 가진 체르노빌 발전소의 최고위 경영진 세 명 중 하나였다.[14] 댜틀로프는 3호기와 4호기의 운전, 그리고 인력의 채용과 훈련을 담당했다.

크라스노야르스크Krasnoyarsk의 수형자 정착촌 근처의 예니세이 강에서 밤마다 부표에 불을 켜는 일을 했던 농민의 아들로 태어난 댜틀로프는 열네 살 때 집을 뛰쳐나왔다.[15] 직업학교를 졸업하고 전기 기술자로 일하다가 MEPhI에 입학했다. 1959년에 MEPhI을 졸업하고 소비에트 군산복합체의 좋은 자리에 발을 디디게 되었다. 아무르 강 근처의 아주 외진 곳에 있는 콤소몰스크나아무레Komsomolsk-on-Amur라는 도시의 레닌 콤소몰 조선소였다. 기밀로 분류된 "제23실험실"에서, 댜틀로프는 양키급 핵잠수함과 빅토르급 핵잠수함에 원자로를 설치하는 스무 명의 팀을 이끌었다.[16]

체르노빌에 도착한 1973년 무렵이면 댜틀로프는 40개가 넘는 VM형 원자로의 조립, 시험, 가동을 관장한 경험을 가지고 있었다.[17] VVER 모델의 일종이었던 작은 해군용 원자로들은 체르노빌에서 지어지고 있는 거대한 크기의 흑연 감속 원자로와는 완전히 달랐지만, 맹렬하고 열정적인 공학자 댜틀로프는 RBMK-1000 모델에 대해 배울 수 있는 모든 것을 닥치는 대로 배웠다.[18] 댜틀로프는 체르노빌 원자로 네 기 모두를 가동시키는 데 참여했고, 이제는 쉬는 날 없이 하루 10시간, 일주일에 6, 7일씩 일하고 있었다. 댜틀로프는 프리피야트의 집에서 발전소까지 매일 걸어서 출근했고(걸으면 어두운 생각을 몰아내는 데 도움이 되었다) 건강을 유지하기 위해 조깅을 했다. 책상에 앉아 있는 시간은 거의 없었고 낮이고 밤이고 발전소 구석구석의 통로와 복도, 계단을 돌아다니면서 장비를 점검하고 누수를 확인하고 변칙적인 진동을 확인하고 직원들을 격려했다. 아주 세부적인 사항에 대해서까지 매우 까다로웠던 그는 자신의 일을 철저히 파악하고 있었고 수학, 물리학, 기계공학, 열역학, 전기공학 등 원자로 및 관련 시스템들에 대해 자신이 알고 있는 방대한 지식을 자랑스러워했다.

하지만 일급 기밀인 군사 연구소에서 일하면서 몸에 배인 업무 스타일은 비군사 기관인 발전소 직원들을 관리하는 데는 잘 맞지 않았다.[19] 댜틀로프는 게으른 사람이나 자신의 지시를 정확하게 따르지 않는 사람에게 참을성이 없었다. 심지어 콤소몰스크에서 그가 직접 데려온 동료들도 그를 같이 일하기 힘든 사람이라고 생각했다.[20] 댜틀로프는 고압적이고 독단적이었으며 부하 직원들에게 말할 때 소비에트 해군의 비속어와 욕설을 아낌없이 섞어서 말했다.[21] 그리고 경험 없는 기술자들(그는 이들을 "빌어먹을 금붕어"라고 불렀다)에 대해 혼잣말로 욕을 했다. 댜틀로프는 자신이 발견한 문제점은 무조건 바로바로 고치라고 요구했고 공책을 가지고 다니면서 그의 기준에 맞지 않는 사람들을 죄다 기록했다.[22]

댜틀로프는 자신이 틀리는 일은 없다고 믿었고 기술적인 문제들에 대해 고집을 꺾지 않았다. 심지어 상부에서 기각해도 그랬다.[23] 비밀해군 조선소에서의 오랜 근무, 그리고 체르노빌에서의 비현실적인 건설 목표는 그에게 소비에트 관료제에서의 "절대적인" 명령과 소비에트 현실에서의 "회색" 지대가 매우 다른 것임을 깨닫게 하기에 충분했다.[24]

댜틀로프는 "소비에트 맨"이 가져야 할 덕목이라고 스스로 상정한 것들을 다 충족시켰다.[25] 일에 언제나 헌신했고 밤에는 문화적 소양을 높이는 데도 힘썼다. 시를 좋아해서 푸슈킨Pushkin의 『예브게니오네긴』 8개 장 전체를 외울 수 있었다. 친한 친구는 별로 없었지만, 업무 외적인 관계에서는 같이 어울리기에 유쾌한 사람이었다. 아주 나중에야 드러나게 되는 불행한 비밀도 하나 있었다.[26] 체르노빌에 오기 전에 댜틀로프는 제23실험실에서 원자로 사고를 당한 적이 있었다. 폭발 사고였고 그는 매우 높은 수치인 100렘의 방사선에 노출되었다. 당연히 이 사고는 은폐되었지만, 나중에 그의 두 아들 중 하나가 백혈병에 걸렸다. 그가 방사선에 피폭된 것과 아들이 백혈병에 걸린 것 사이의 관련성에 대해 확실한 근거는 없다. 하지만 어쨌든 아이는 아홉 살에 사망했고 댜틀로프는 아이를 콤소몰스크 강 옆에 묻었다.

댜틀로프 밑에서 일하는 체르노빌의 엔지니어들은 그가 직원을 대하는 방식을 싫어했지만 그래도 다들 그를 존경했고 그의 전문성을 의심하는 사람은 아무도 없었다.[27] 배우는 데 열정이 넘치는 이곳 엔지니어들은 댜틀로프가 원자로에 대해 알아야 할 모든 것을 알고 있는 사람이라고 생각했다.[28] 그리고 댜틀로프는, 마치 소비에트 국가 자체처럼, 자신과 다른 의견을 가차 없이 억누르고 자신의 판단에는 오류란 있을 수 없다는 "무오류성"의 아우라를 불러일으키면서 아랫사람들이 그의 명령에 무조건적으로 순응할 것을 요구했다. 직원들이 그보다 더 나은 판단을 했든 아니든 상관없이 말이다.

하지만 모르는 게 없는 댜틀로프도 그들 모두가 다루고 있는 대상인 이 원자로에는 희한하게도 미심쩍은 면이 있다는 것을 인정했다. 최근에 나온 기술적인 수정 사항들과 규제 지침들을 그토록 열심히 들여다보았고 그렇게 오래 물리학과 열역학을 공부했는데도 댜틀로프는 BMK-1000에는 여전히 알지 못할 무언가가 있다고 말했다.[29] 그러니까, 심지어 댜틀로프마저 완전하게 이해하지 못한 원자력의 수수께끼가 있었던 것이다.

4호기 제어실은 창문 없는 커다란 방으로, 폭이 20미터, 안으로 들어간 깊이가 10미터 정도 되었고 광이 나는 돌바닥으로 되어 있었으며 낮은 천정에는 드문드문 형광등과 환풍 덕트가 있었다. 한 근무조는 네 명으로 이뤄져 있었다. 기다란 세 개의 제어 패널이 각진 호 모양으로 제어실의 벽을 따라 옆으로 길게 배치되어 있었고, 각 패널에서 일하는 세 명의 운전원을 다 볼 수 있는 위치에 근무조장의 자리가 있었다. 왼쪽 패널은 러시아어 약어로 "SIUR"이라고 불리던 선임 원자로 제어 엔지니어, 오른쪽 패널은 선임 터빈 제어 엔지니어의 자리였고, 가운데 패널에서는 이 둘의 작업을 연결하는 선임 유닛 제어 엔지니어가 작업을 했다.[30] 선임 유닛 제어 엔지니어가 수천 세제곱미터의 물이 원자로의 주 순환 고리를 따라 계속해서 돌도록 급수를 유지하는 일을 했다. 펌프에서 나온 물은 원자로를 통과해 증기 분리 드럼으로 갔다가 터빈을 거쳐 다시 펌프로 돌아갔다. 이들 세 명이 다루는 회색의 철제 패널에는 수백 개의 스위치, 버튼, 계측기, 램프, 그리고 볼록하게 나온 동그란 모양의 경고등이 있었다. 핵분열에서 전기를 뽑아내는 주요 과정을 관리하는 데 꼭 필요한 것들이었다.

운전원들이 마주보고 있는 제어 패널 위의 벽에는 세 시스템의 상태를 보여 주는 장비 패널이 있었다.[31] 불이 들어오는 다이얼, CCTV 스크린, 흔들리는 펜으로 종이에 데이터를 계속해서 기록하는 자동기록기 등이 천정까지 벽 전체에 빼곡했다. 이 벽의 뒤, 그리고 왼쪽과 오른쪽의 보조실에는 수천 미터 길이의 케이블들이 있었고 이 케이블들은 커다란 메인프레임 컴퓨터 캐비닛들이 빌딩 숲처럼 들어서 있는 어두운 방으로 이어져 있었다. 메인프레임 컴퓨터 캐비닛들 안에는 번쩍이는 밸브와 딸깍거리는 계전기들이 가득했다. 제어실의 제어 패널을 원자로 자체와 연결시켜 주는 것으로, 매우 복잡하지만 다소 구식인 테크놀로지였다.

선임 원자로 제어 엔지니어 데스크에 앉게 된 젊은 레오니드 톱투노프는 원자로 내부의 상황을 보여 주는 거대한 디스플레이 두 개를 마주하고 앉았다. 하나는 우라늄이 들어 있는 1659개 연료관 하나하나의 상태를 보여 주고 있었고, 다른 하나에는 번쩍이는 211개의 다이얼이 3미터 직경의 원을 이루며 배열되어 있었다. 이것은 탄화붕소가 들어 있는 제어봉을 노심에 넣고 빼고 해 가며 연쇄반응을 조절할 때 제어봉의 위치를 표시해 주는 셀신Selsyn 모니터였다. 톱투노프의 한 손은 어떤 제어봉을 움직일지 지정하는 스위치 패널에, 다른 손은 그 제어봉을 위 아래로 움직이는 조이스틱에 놓여 있었다. 이 두 개의 디스플레이 옆에는 원자로가 내는 열에너지 출력이 몇 메가와트인지 보여 주는 원자로 반응 계측기의 디지털 숫자판이 있었다. 톱투노프의 바로 뒤에는 그날 야간조 조장인 알렉산더 아키모프가 서 있었다. 아키모프가 부수석 엔지니어 댜틀로프의 지휘 하에 이번 테스트를 관장하기로 되어 있었다. 발전소의 기술적인 위계에 따르면 아키모프가 현재 4호기 제어실에 있는 운전원 중 직급이 가장 높은 사람이었다.[32] 댜틀로프의 역할은 관리자였고, 항공사 경영진이 승객이 타고 있는 비행기의 조종간을 직접 통제할 수 없듯이 그가 원자력에 대해 얼마나 많이 알고 있든 간에 제어 엔지니어들의 제어 패널을 직접 통제할 수는 없었다.

호리호리한 체형에 두꺼운 안경을 낀 서른두 살의 아키모프는 머리가 벗겨지기 시작하고 있었고 작은 콧수염을 기르고 있었다.[33] 아키모프는 헌신적인 당원이었고 체르노빌 발전소에서 가장 지식이 많은 기술자였다. 아키모프는 아내 루바와의 사이에 어린 아들 둘을 두고 있었고[34] 여가 시간에는 역사 인물의 전기를 읽거나 윈체스터 소총으로 프리피야트 숲에서 토끼나 오리를 사냥했다. 능력 있고 똑똑하고 사람들에게 인기도 있었지만, 동료들의 공통된 평판에 따르면 그는 상부의 압박에 쉽게 굴복하는 편이었다.[35]

4호기 제어실은 분주해지고 있었다.[36] 톱투노프와 나머지 두 명의 운전원이 터빈 패널과 펌프 패널에 자리를 잡았고, 이전 근무조 사람들과 테스트를 구경하러 온 사람들도 있었다. 옆방에서는 도네츠크에서 온 터빈 기술자들이 8번 터빈의 런다운을 모니터링하기 위해 대기하고 있었다. 댜틀로프는 제어실 안을 계속 서성거리며 돌아다녔다.

키예프 송전 관리자가 테스트를 해도 된다고 알려오자마자 운전원들은 잘 제어된 상태에서 원자로 출력을 천천히 내리는 과정을 재개했고, 출력은 이제 안정적으로 720메가와트를 유지하고 있었다. 이것은 테스트가 요구하는 최소 출력을 약간 넘는 수준이었다. 하지만 댜틀로프는 아마도 낮은 출력이 더 안전하다고 생각해서 그랬는지[37] 200메가와트까지 출력을 낮춰야 한다고 주장했다. 아키모프는 테스트 설명서 한 부를 손에 들고 이의를 제기했다.[38] 옆의 기계 홀에서 터빈이 돌아가는 소음 때문에 시끄러웠는데도 당시 제어실에 있었던 사람들이 댜틀로프와 아키모프의 언쟁을 다 들을 수 있었을 만큼, 아키모프는 나름 매우 강하게 이의를 제기했다. 아키모프는 200메가와트에서는 원자로의 불안정성이 위험할 정도로 높아져서 평소보다도 관리하기가 더 어려워질 수 있다는 것을 알고 있었다. 그리고 테스트 설명서에도 700메가와트 이하의 출력에서는 이 테스트를 실시하면 안 된다고 나와 있었다. 하지만 댜틀로프는 자신이 더 잘 안다며 뜻을 꺾지 않았다. 아키모프는 버티지 못하고 댜틀로프의 말대로 시행하기로 했고 톱투노프에게 출력을 낮추라고 지시했다. 그런데 이때(0시 28분경) 젊은 엔지니어 톱투노프는 한 가지 실수를 저지르고 말았다.

톱투노프가 원자로 제어 데스크에 앉았을 때 4호기의 컴퓨터 조절 시스템은 "국지적인 자동 제어" 모드로 설정되어 있었다.[39] 운전원이 노심의 각 구역을 개별적으로 관리할 수 있게 해 주는 모드였는데, 낮은 출력에서 가동될 때는 일반적으로 사용하지 않는 모드였다. 그래서 톱투노프는 "전체 자동" 모드로 설정을 바꾸기 시작했다.[40] 이것은 항공기로 말하자면 "오토파일럿"과 비슷한 것으로, 그렇게 설정해 놓으면 다른 사람들이 테스트 시작을 준비하는 동안 그가 RBMK 원자로를 안정적인 경로로 유지하는 데 도움이 될 터였다. 모드 전환을 하려면 컴퓨터가 새 운전 모드에서 원자로 출력을 어느 수준으로 유지하게 할 것인지를 운전원이 입력해야 했다. 그런데 어쩐 일인지 톱투노프는 이 단계를 건너뛰었고, 언제나 그렇듯이 원자로는 사정을 봐주는 법이 없었다. 그가 출력 수준을 지정하지 않았기 때문에 컴퓨터는 가장 최근에 입력되었던 출력 수준을 디폴트로 선택했고, 하필 그것은 거의 제로였다.

원자로 반응 계측기의 숫자가 뚝뚝 떨어지기 시작했다.[41] 500… 400… 300… 200… 100… 톱투노프는 망연자실해 그것을 바라보았다. 원자로가 그의 제어 범위를 저만치 벗어나고 있었다.

경고음이 연달아 울렸다. "측량 회로 실패", "비상 출력 보호 가동", "급수 부족." 아키모프가 소리쳤다. "출력을 유지해! 출력을 유지해!"[42] 하지만 톱투노프는 계기판 숫자가 떨어지는 것을 막을 수 없었다. 2분 동안 4호기의 출력은 30메가와트까지 떨어졌다. 이 원자로의 에너지 생산 용량의 1퍼센트도 안 되는 것이었다. 12시 반이 되었을 무렵이면 원자로 반응 계측기는 거의 제로를 가리키고 있었다. 그런데 이후 적어도 4분 동안 톱투노프는 아무 행동도 취하지 않았다. 그동안 중성자를 잡아먹는 제논135 기체가 노심 안에 쌓이기 시작했고 그것이 그나마 남아 있던 약한 반응성마저 삼켜 버렸다. 원자로는 운전원들이 "제논 우물"이라고 부르는 것에 풍덩 빠지고 말았다. 이러한 상황, 즉 원자로의 출력이 계속 최저 수준에서 머물러 있고 제논이 계속 쌓이고 있는 상황에서 운전원들이 어떻게 해야 하는지에 대해 원자력 운전 안전 절차는 꽤 분명한 지침을 갖고 있었다. 이럴 때는 테스트를 중단하

고 원자로를 즉시 정지해야 했다.[43]

하지만 그들은 그렇게 하지 않았다.

그 다음에 정확히 무슨 일이 일어났는지에 대해서는 사람들마다 기억이 상충한다. 나중에 댜틀로프는 처음에 출력이 떨어지기 시작했을 때 자신이 제어실에 없었으며(왜 제어실에 없었는지를 늘 일관되게 설명하지는 못했다) 그 이후의 결정적인 몇 분 동안 제어실 엔지니어들에게 어떤 명령도 내리지 않았다고 주장했다.[44]

하지만 제어실에 있었던 다른 사람들의 기억은 상당히 다르다. 톱투노프에 따르면 댜틀로프는 출력이 떨어지는 것을 보았을 뿐 아니라 화를 내면서 제어봉을 더 많이 인출해서 출력을 높이라고 명령했다. 톱투노프는 그렇게 하면 반응성은 높아질 테지만 노심이 위험할 정도로 관리 불가능한 상태가 될지 모른다는 것을 알고 있었기 때문에 댜틀로프의 명령에 따르기를 거부했다.[45]

"출력을 높이지 않겠습니다."[46]

하지만 부수석 엔지니어 댜틀로프는 젊은 운전원을 겁박했다. 톱투노프가 명령에 따르지 않아도 다른 사람을 찾아서 그 일을 시키면 그만이었다. 낮 근무조 조장인 유리 트레구브Yuri Tregub가 그곳에 있었고 (테스트를 지켜보기 위해 퇴근하지 않고 남아 있었다) 그는 제어 패널을 다룰 자격이 충분했다. 또 톱투노프는 댜틀로프의 명령에 불복하면 소비에트의 가장 권위 있는 원자력 시설에서 이제 갓 시작된 그의 경력이 (그리고 프리피야트에서의 안락한 생활도) 끝장날 수 있다는 것을 잘 알고 있었다.

그러는 동안, 원자로는 계속해서 제논135로 오염되어서 점점 더 깊이, 그리고 점점 더 종잡을 수 없게 반응이 식어 버리는 "음의 반응성의 우물"로 빠져들어가고 있었다. 출력이 떨어지기 시작하고서 길고 긴 6분이 지났을 때, 결국 톱투노프는 댜틀로프의 명령에 따르기로 했다. 댜틀로프는 이마를 문질러 땀을 닦으면서 제어판 근처를 떠나 제어실 중앙의 자기 자리로 돌아갔다.[47]

하지만 우물에 빠진 원자로를 되살리는 것은 쉽지 않았다. 처음에 톱투노프는 빼내야 할 제어봉들의 균형을 맞추지 못해 고전했다. 뒤에서 지켜보던 트레구브는 톱투노프가 제어봉을 3-4분면과 4-4분면에서 과도하게 많이 인출하고 있다는 것을 알아차렸다. 출력은 계속해서 제로 근처에서 머물고 있었다. "왜 불균등하게 빼고 있는 건가?" 베테랑 엔지니어가 물었다. "여기에서 빼야지." 트레구브가 어떤 제어봉을 뺄지에 대해 지침을 주면서 톱투노프를 돕기 시작했다. 톱투노프의 오른손은 제어 패널의 버튼들 위에서, 왼손은 조이스틱에서 바삐 움직였다. 제어실은 다시 한 번 긴장이 고조되었다. 트레구브는 톱투노프의 옆에 서서 20분 동안 톱투노프를 도왔고 그들은 원자로 출력을 200메가와트까지 조심조심 올려놓는 데 성공했다. 하지만 더 이상 출력이 올라가지 않았다. 제논이 계속해서 노심 안에서 중성자를 잡아먹고 있었고 이제는 빼낼 제어봉도 별로 많이 남아 있지 않았다. 이미 100개 이상이 최대치까지 인출되어 있었다.[48]

새벽 한 시까지 톱투노프와 트레구브는 멎기 직전의 원자로를 어찌어찌 끌어다 살려 놓았다.[49] 하지만 그렇게 하기 위해 4호기 제어봉 211개 중 203개 상당량(rods-equivalent. 운전 반응 여유분과 관련해 제어봉의 총 삽입 정도, 혹은 인출 정도를 세는 단위. 4장 주석 66번 참고)만큼을 빼내야 했다. 이렇게 많은 제어봉을 수석 엔지니어의 승인 없이 빼는 것은 금지되어 있었다. 하지만 운전원들은 노심의 제어봉 삽입, 인출 정도를 모니터링하는 컴퓨터 시스템이 늘 정확하지는 않다는 것을 알고 있었고, 그것이 원자로를 안전하게 운영하는 데 얼마나 중요한지는 잘 모르고 있었다. 그리고 이렇게 많은 연료봉을 동시에 원자로에 다시 삽입할 때 폭주 반응이 촉발될 수 있다고는 꿈에도 생각하지 못하고 있었다.[50] 이 시점에 재앙의 경로를 돌릴 수 있는 유일한 길은 원자로를 아주 조심스럽게 안정시키면서 천천히 정지시키는 것뿐이었다.

그런데 그때 4호기에 연결된 주 순환 펌프 두 대가 더 돌아가기 시작했다. 이것은 원래의 테스트 프로그램에 있는 것이긴 했지만 이렇게 낮은 출력 수준에서 하기로 되어 있지는 않았다. 추가로 펌프가 가동되어 노심에 물이 더 많이 들어가면서 수압, 반응도, 증기량 사이의 미세한 균형이 한층 더 교란되었다. 중앙 패널에서 펌프 계통을 관리하고 있던 스물일곱 살의 선임 유닛 제어 엔지니어 보리스 스톨랴추크는 펌프가 최대 용량으로 가동되면서 초당 15세제곱미터의 고압수를 노심에 쏟아 붓는 동안 증기 분리 드럼의 수위를 정확하게 조절하느라 고전했다.[51] 쏟아져 들어온 물은 노심에서 중성자를 더 많이 잡아먹어서 반응도를 더 낮추었고 원자로의 자동 조절 시스템은 가뜩이나 적게 남은 제어봉을 더 빼내서 그것을 상쇄하고 있었다.[52] 물은 냉각 루프를 너무 빨리 돌아서 비등 온도에 거의 가까운 상태로 노심에 들어왔고, 이 때문에 원자로는 출력이 아주 약간만 올라가도 양의 보이드 계수를 일으키기 쉬운 상태가 되었다.[53]

그리고 터빈 런다운을 시작할 시간이 왔다. 몇몇 운전원들은 명백하게 안절부절 못하고 있었다.[54] 하지만 댜틀로프는 태연했다. 작은 글씨로 쓰여 있는 테스트 설명서의 지침도, 부하 직원들이 제기하는 우려도 모두 무시한 채, 그는 테스트를 강행할 예정이었다. 평소에는 네 명이 일하는 4호기 제어실에 이제는 열 명이 데스크와 제어 패널 근처에서 각자의 장비들을 지켜보고 있었다.[55] 댜틀로프가 아키모프 쪽을 돌아보면서 말했다.

"뭘 꾸물거리고 있나?"[56]

시각은 새벽 1시 22분이었다.

원자로 하나에 외부 전원이 완전히 끊기는 상황을 시뮬레이션하는 것은 거짓말처럼 쉬운 과정이었고, 원자로 제어실의 많은 엔지니어들이 터빈 런다운 테스트가 대체로는 [원자로 엔지니어가 아니라] 전기 엔지니어들의 일이라고 잘못 생각하고 있었다.[57] 이 실험에서 원자로의 역할은 미미한 것으로 보였다. 테스트 프로그램은 1984년에 3호기에서 수행되었던 것을 거의 그대로 따르도록 되어 있었다.[58] 그때 테스트 자체는 실패했지만(임시 발전기가 돌아갈 때까지의 시간 간극 동안 터빈을 돌리는 데 실패했다) 어쨌든 사고 없이 마무리되었다. 체르노빌 발전소 수석 엔지니어 니콜라이 포민은 당시에 상부의 승인을 따로 받지 않고 테스트를 자신이 직접 지시했기 때문에 이번이라고 그러지 말아야 할 이유가 없다고 생각했다.[59] 그래서 원자력안전 국가위원회, NIKIET, 쿠르차토프 연구소 등 모스크바의 주요 기관 어디에도 테스트 계획을 알리지 않았다. 발전소장인 브류하노프에게마저 테스트 일정을 보고하지 않았다.

이전의 경험으로 자신감이 충만했던 포민은 이번 테스트에서 두 가지의 변화를 시도해 보기로 했다.[60] 이번에는 4호기의 주 순환 펌프 여덟 대 모두를 원자로에 연결해 런다운 동안 주 순환계를 통해 돌아가는 물의 양을 증가시킬 것이었다. 그리고 포민은 이 테스트를 위해 제어 패널의 회로에 부착할 특별한 전자 장비 하나를 주문했다. 그것의 버튼을 누르면 설계 기준 사고가 발생한 것 같은 효과를 재생할 수 있었다. 새 테스트 프로그램(1개월 전에 도네츠크 전기 엔지니어팀의 팀장인 제나디 메틀렌코Gennadi Metlenko가 기안하고 4월에 포민과 댜틀로프가 승인한 프로그램이었다)은 아주 간단해 보였다.

먼저 운전원들이 원자로에서 터빈으로 가는 증기의 공급을 끊는다. 그러면 터빈의 회전 속도가 줄기 시작할 것이다. 그리고 동시에 설계 기준 사고 버튼을 누른다. 그러면 원자로의 안전 계통들에 외부 전원이 모두 끊겼다는 신호가 가게 되어 디젤 임시 발전기에 시동이 걸리기 시작하고 8번 터빈의 런다운 유닛이 주 순환 펌프와 연결될 것이다. 잘 될 경우, 서서히 느려지면서 돌아가는 터빈의 잔여 회전이 디젤 임시 발전기가 바통을 넘겨받을 때까지 몇십 초 동안 펌프의 작동을 유지할 수 있을 것이다. 기술자들은 이 테스트를 하는 데 1분도 안 걸릴 것이라고 예상했다. 테스트는 메틀렌코가 테스트 결과 값들을 기록할 오실로스코프를 켜면서 신호를 주는 것으로 시작되고, 운전원들이 AZ-5 급속 정지 시스템을 가동시켜 원자로가 정기 유지 보수를 위한 가동 정지 상태가 되게 하는 것으로 마무리될 것이었다.

새벽 1시 23분경, 톱투노프는 원자로의 출력을 2백 메가와트 수준에서 성공적으로 안정시켰다. 댜틀로프, 아키모프, 메틀렌코는 테스트 시작을 기다리면서 제어실 중앙에 서 있었다.[61] 위층의 마크 +12.5에서는 원자로 용기와 나란히 들어서 있는 3층 높이의 동굴 같은 펌프실에서 선임 펌프 기사 발레리 호뎀추크Valery Khodemchuk가 자기 위치에서 있었다.[62] 호뎀추크는 여덟 대의 주 펌프가 한꺼번에 돌아가면서 내는 굉음에 파묻혀 있었다. 노심 바닥 쪽에서는 고압력 상태의 물이 비등하기 직전의 온도에서 주입 밸브로 들어가고 있었다. 위에는 211개의 제어봉 중 164개가 맨 끝까지 뽑혀 있었다.[63]

원자로는 안전장치가 풀린 총이나 마찬가지였다. 남은 것은 누군가가 방아쇠를 당기는 것뿐이었다. 1, 2초 뒤에 메틀렌코가 신호를 보냈다.

"오실로스코프 가동!"[64]

터빈 패널에서 선임 터빈 제어 엔지니어 이고르 케르셴바움Igor Kershenbaum이 터빈으로 증기를 배출하는 밸브를 잠갔다. 6초 뒤, 한 운전원이 설계 기준 사고 버튼을 눌렀다. 알렉산더 아키모프는 8번 터빈의 회전 속도가 느려지고 있음을 보여 주는 회전 계측기 바늘을 지켜보았다. 주 순환 펌프들이 느려지기 시작했다. 제어실은 적막하고 조용했다. 하지만 이 고요는 곧 완전히 끝장나게 된다. 원자로 안에서는 연료관들을 지나가는 냉각수의 속도가 느려지면서 냉각수가 더 뜨거워지고 있었다. 노심의 아래쪽 깊은 부분에서는 증기로 바뀌는 물의 양이 증가하고 있었다.[65] 증기는 중성자를 덜 흡수해 반응성을 증가시켰고 더 많은 열을 냈다. 다시 더 많은 물이 증기로 변했고 더 적은 중성자가 흡수되었고 반응성이 더 증가되었고 더 많은 열을 냈다. 양의 보이드 계수가 발생하기 시작한 것이다. 죽음의 악순환 고리가 시작되었다.

그래도 톱투노프가 지켜보고 있는 제어 패널은 아직까지 아무런 이상 징후를 보이지 않았다.[66] 20초가 더 지날 때까지도 원자로 계측기의 수치들은 정상적인 범위 내에 있었다. 아키모프와 톱투노프는 조용하게 이야기를 나눴다. 펌프 패널의 [유닛 제어 엔지니어] 보리스 스톨랴추크는 자기 일에 몰두해 있느라 별다른 소리를 듣지 못했다. 이들 모두의 뒤에서 부수석 엔지니어 댜틀로프가 조용하고 침착하게 서 있었다. 8번 터빈의 속도가 분당 2300회전으로 느려졌다. 실험을 끝낼 시간이었다.

"SIUR, 원자로를 중지해!" 아키모프가 침착한 목소리로 말했다. 그리고 제어실 사람들에게 알리기 위해 허공에 손을 저으며 말했다. "AZ-5 가동."[67]

아키모프는 제어판의 투명한 플라스틱 뚜껑을 열었고 톱투노프가 종이로 된 덮개 사이로 손가락을 넣어 그 안에 있는 동그란 빨간색 버튼을 눌렀다.[68] 정확히 36초 뒤에 테스트는 끝났다.

톱투노프가 말했다. "원자로 정지되었습니다."[69] 그들이 있는 곳보다 한참 위층에 있는 원자로 홀에서 제어봉들을 움직이는 모터가 '윙' 소리를 냈다. 제어실 벽에서는 번쩍거리는 211개의 셀신 모니터가 제어봉들이 천천히 원자로 안으로 내려가고 있는 것을 보여 주고 있었다. 1미터, 2미터….

그 다음 순간에 노심 안에서 벌어진 일은 너무 순식간의, 또 너무나 어마어마한 일이라 원자로 계측 장비들에 기록될 수 있는 범위를 넘어섰다.[70]

1초 동안, 탄화붕소가 채워져 있는 제어봉의 위쪽 부분이 원자로의 윗부분에 닿으면서 전반적으로 반응성은 떨어졌다.[71] 이것은 설계에서 의도된 대로였다. 하지만 흑연으로 된 제어봉의 끄트머리가 원자로의 더 아래쪽에서 물을 흩어 없애기 시작했다.[72] 그래서 양의 보이드 계수를 증가시켰다. 증기가 더 많이 생성되었고 반응성이 더 높아졌다. 원자로 바닥 쪽에서 국지적인 임계가 형성되었다. 2초 뒤, 연쇄반응이 멈출 수 없는 속도로 증가하기 시작했고 반응이 일어나는 지점은 점점 더 노심의 위쪽으로 퍼졌다.[73]

제어실 직원들이 막 한숨을 돌리려는 찰나, SIUR의 신호 표시기 패널에 갑자기 불이 들어왔다. 이어 경고음이 두려울 정도로 연달아 울렸다.[74] "출력 급증 비상"을 알리는 경고등과 "비상 전력 보호 계통"을 알리는 경고등에 빨간 불이 들어왔다. 경보음이 신경질적으로 울려 댔다.[75] 톱투노프가 소리쳤다. "출력이 폭주합니다!"

"원자로를 중지해!" 아키모프가 이번에는 고함을 치며 말했다.[76]

20미터 떨어진 터빈 데스크에 서 있던 유리 트레구브는 자동차가 전속력으로 달리다가 속도를 줄이기 시작했을 때처럼 우우우-우우-우우-우우 하는 소리를 들었다.[77] 트레구브는 8번 터빈의 회전이 느려지는 소리라고 생각했다. 그런데 갑자기 소리가 굉음으로 바뀌었고 그의 주위에서 건물이 무섭게 흔들리기 시작했다. 그는 이것이 테스트의 부수 효과라고 생각했지만, 사실은 원자로가 스스로를 파괴하고 있는 중이었다.[78] 3초 만에 열에너지 출력이 최대치보다 백 배도 넘게 올라갔다. 노심의 아래쪽 남동 4분면 구역에서 몇 개의 연료관이 빠르게 과열되어 연료 펠렛들이 녹는점에 도달했다. 온도가 섭씨 3000도를 향해 올라가면서 지르코늄 합금으로 된 연료집합체 케이스가 녹다가 터졌고 그 다음에는 폭발했다. 금속 케이스와 이산화우라늄 조각들이 근처의 연료관들로 튀면서 튄 자리에서 연료관 주위의 물을 즉시 증기로 만들었고 연료관 자체가 부서지기 시작했다.[79] AZ-5 제어봉들은 들어가다 말고 중간쯤에서 멎어 버렸다.[80] 원자로 보호 계통에 있는 여덟 개의 비상 증기 배출 밸브가 모두 열렸지만 곧 이것으로는 감당할 수 없게 되었고 이것도 부서졌다.

제어실 밖 마크 +50의 높이에 있는 원자로 홀의 수평 통로에서 원자로실 근무 조장 발레리 페레보첸코Valery Perevozchenko는 퍄타초크의 바둑판무늬 부분에서 각각의 무게가 80킬로그램인 네모난 연료관 뚜껑들이 폭풍 치는 연못 위의 장난감 배처럼 위아래로 들썩거리는 것을 눈이 휘둥그레져서 바라보았다.[81] 톱투노프의 제어 패널에서는 "원자로 내부 압력 증가"를 알리는 경고가 울렸다.[82] 제어실 벽이 흔들리기 시작했고, 진동은 느렸지만 점점 세졌다.[83] 펌프 패널의 자기 위치에서 보리스 스톨랴추크는 그르렁대는 소리가 점점 커지는 것을 들었다.[84] 거대한 야수가 고통에 몸부림치는 소리 같았다. 이어서 커다란 폭발음이 들렸다.

도대체 어떻게 이런 일이 일어난 것인가?

연료관들이 망가지면서 노심을 통과하는 물의 순환이 완전히 멈추었다.[85] 주 펌프의 역류 방지 밸브들이 닫혔고 노심 안에 갇혀 있던 물은 즉각적으로 모조리 증기가 되었다. 죽어 가는 원자로 안에서 중성자의 움직임이 폭주했고 열에너지 출력이 120억 와트 이상으로 치솟았다. 밀봉된 원자로 공간 내부의 증기 압력이 기하급수적으로 치솟았고 (1초에 8기압씩), 원자로 용기를 덮고 있는 육중한 "엘레나"(2000톤 무게의 생물학적 차폐막)가 들어 올려지면서 엘레나 위아래를 지나던 파이프들과 압력관들이 끊어졌다. 원자로 안의 온도는 섭씨 4650도였다.[86] 태양 표면보다 조금 낮은 온도였다.

4호기 제어실 벽에 있는 셀신 모니터 다이얼에 일제히 불이 들어왔다.[87] 제어봉이 얼마만큼 내려왔는지를 나타내는 계기판의 바늘은 3미터까지 읽은 뒤에 멈춰 있었다. 아키모프는 AZ-5 제어봉들이 스스로의 무게로 원자로 안에 떨어지게 하려고 제어봉들을 잡고 있는 전자석 클러치 해제 스위치를 필사적으로 눌렀다.[88] 하지만 계기판의 바늘은 그대로였다. 너무 늦은 것이다.

새벽 1시 24분에 엄청난 굉음이 울렸다. 아마도 원자로 공간 내부에서 형성된 수소와 산소의 혼합물에 갑자기 불이 붙어서 폭발이 일어났을 것이다.[89] 4호기가 (높게 잡은 추산치에 따르면) TNT 폭약 60톤이 터진 것에 맞먹는 재앙적인 폭발로 갈가리 찢겨 나가면서 건물 전체가 흔들렸다.[90] 원자로 용기의 벽이 부서져 튕겨 나갔고, 증기와 물을 나르는 수백 개의 파이프가 뜯겨 나갔고, 상단의 육중한 생물학적 차폐막이 던져진 동전마냥 튕겨져 올라갔고, 350톤의 연료 재장전 기계가 날아갔고, 천정 레일에 매달려 있던 교형 크레인이 구부러졌고, 원자

로 홀의 위쪽 벽이 부서졌고, 콘크리트 지붕이 무너져서 위로 하늘이 드러났다.[91]

원자로 노심은 이 순간에 완전히 파괴되었다. 거의 7톤의 우라늄 연료와 수많은 제어봉, 지르코늄 관, 흑연 벽돌 등의 파편이 가루처럼 부서져 대기 위로 치솟으면서 방사능 기체와 미세먼지가 섞인 안개를 만들었다.[92] 여기에는 아이오딘131, 넵튜늄239, 세슘137, 스트론튬90, 플루토늄239 등 알려져 있는 가장 위험한 물질들이 포함되어 있었다. 이에 더해, 25~30톤에 이르는 우라늄 연료와 방사성이 매우 강한 흑연이 노심에서 튕겨져 나와 4호기 주변으로 떨어지기 시작했고, 떨어진 곳에서 흑연은 작은 화재를 일으켰다. 그리고 노심 안에 남아 있는 엄청나게 달궈진 상태의 1300톤가량의 흑연 벽돌이 공기에 노출되면서 여기에도 곧바로 불이 붙었다.[93]

제어실에서 몇십 미터 떨어진, 높이로는 마크 +12.5에 있는 자신의 작업 위치에서 알렉산더 유브첸코는 페인트 한 통을 가지러 온 동료와 이야기를 나누고 있었다.[94] 그런데 쿵 소리가 들리더니 발밑이 흔들렸다. 무언가 무거운 것, 아마도 연료 장전 크레인 같은 것이 원자로 홀 바닥에 떨어진 것 같았다. 이어서 폭발음이 들렸고 유브첸코는 두꺼운 콘크리트 벽과 기둥이 고무처럼 찌그러지는 것을 보았다. 충격파로 증기와 먼지 구름이 들이닥치면서 경첩이 뜯어지고 문짝이 날아갔다. 잔해가 천정에서 비처럼 쏟아졌고 전등이 나갔다. 유브첸코는 본능적으로 몸을 피할 곳을 찾았다. 그는 **미국하고 전쟁이 나고야 말았구나**, 하고 생각했다.

터빈 홀에서는 터빈 엔지니어 유리 코르네예프Yuri Korneyev가 8번 터빈 위 천정에서 골판 철제 패널들이 사정없이 주위로 떨어지는 가운데 공포에 질려 있었다.[95] 천정의 패널이 거대한 트럼프 카드처럼 날

장낱장 떨어져서 아래에 있는 장비들을 덮쳤다.

중앙 홀 쪽을 내다본 전직 핵잠수함 운전 장교 아나톨리 쿠르구츠 Anatoly Kurguz는 거대한 증기 커튼이 그를 향해 몰려오는 것을 보았다.[96] 맹렬한 온도의 방사능 구름에 압도된 채로, 쿠르구츠는 공기 밀폐문을 닫아 원자로 홀 쪽에 있는 동료들을 구하려고 고전했다. 이것이 쿠르구츠가 의식을 잃기 전에 마지막으로 한 일이었다.

주 순환 펌프의 그림자가 드리운 그의 근무 위치에서 발레리 호뎀추크가 최초의 사망자가 되었다. 아마 폭발 즉시 증기로 변했거나 무너지는 콘크리트와 기계 더미에 깔려 숨졌을 것이다.

4호기 제어실에서는 타일과 돌이 천정에서 우수수 떨어졌고[97] 아키모프, 톱투노프, 댜틀로프가 혼란에 빠져서 그것들을 바라보았다. 회색의 안개가 에어컨 환풍구로 뭉게뭉게 들어왔고[98] 전등이 깜빡깜빡하더니 나갔다. 그러다 전등이 다시 들어왔을 때 보리스 스톨랴추크는 싸아한 기계 냄새가 나는 것을 느꼈다. 전에 겪어 본 어느 것과도 달랐다. 그들 뒤쪽 벽에는 제어실 안의 방사능 수치를 표시하는 표지등이 있었는데 초록 불에서 빨간 불로 갑자기 바뀌었다.

발전소 밖 냉각수 저수조의 콘크리트 둑에서는 비번인 직원 두 명이 밤낚시를 하고 있었다.[99] 그들은 발전소에서 나오는 배수로의 어귀에 낚싯대를 드리운 채로 있다가 첫 번째 폭발음 소리를 듣고 뒤를 돌아 발전소를 바라보았다. 그리고 두 번째 소리를 들었다. 비행기가 음속 장벽을 깨고 나갈 때처럼 천둥 같은 소리가 들렸다. 땅이 흔들렸고 두 사람 모두 충격파를 느꼈다. 검은 연기가 4호기 위로 피어올랐고 불꽃과 뜨거운 잔해들이 밤하늘로 포물선을 그리며 날아올랐다. 연기가 흩어져 사라지고 난 뒤에, 그들은 150미터 길이의 환풍 굴뚝 전체가 아래

143   **5장 4월 25일 금요일 11:55 PM, 4호기 제어실**

에서 비추는 희한하고 차가운 빛으로 번쩍이는 것을 보았다.

제2행정동 7층의 29호실에서는 엔지니어 알렉산더 투마노프Alexander Tumanov가 밤늦도록 일을 하고 있었다. 투마노프의 사무실 창문에서는 발전소의 북쪽이 분명하게 보였다. 새벽 1시 25분경, 투마노프는 굉음을 들었고 건물이 흔들리는 것을 느꼈다. 이어서 갈라지는 소리와 두 번의 커다란 쿵 소리가 들렸다. 4호기 밖으로 불꽃이 폭포처럼 쏟아져 나왔다. 4호기에서 녹은 금속이나 탄 헝겊 조각들이 튀어나와 사방으로 날아가는 듯했다. 그것을 보고 있는 동안 불이 붙은 더 큰 조각들이 3호기 지붕과 부속 건물인 원자로 장비 건물에 떨어져 거기에서 불타기 시작했다.

3킬로미터 떨어진 프리피야트에서, 사람들은 자고 있었다. 그리고 레닌 대로에 있는 빅토르 브류하노프의 집에 전화가 울리기 시작했다.

6장

4월 26일 토요일 1:28 AM, 제2소방대

새벽 1시 25분이 막 지난 시각, 빨갛고 하얀 줄무늬 때문에 거대한 막대사탕처럼 보이는 발전소 환풍 굴뚝 주위로 번뜩이는 무지갯빛 화염이 150미터나 치솟는 가운데 제2소방대에 요란하게 출동 신호가 울렸다.[1] 배차실 상황판에서 발전소 단지 내의 각 실을 나타내는 수백 개의 경고등에 일제히 불이 들어왔다.[2]

열네 명의 당직 소방대원 상당수가 대기실에서 눈을 붙이고 있다가 쿵 소리와 함께 소방서의 창문과 바닥이 흔들리자 벌떡 일어났다.[3] 긴급 출동 사이렌이 울렸을 때는 이미 장화를 신고 소방서 앞의 차량 대기실로 뛰어나가고 있었다. 소방차 세 대가 시동을 걸고 대기하고 있었다. 배차실 담당자가 방송으로 발전소에 화재가 났다고 외치고 있었고, 500미터도 안 떨어진 3호기와 4호기 위로 버섯구름이 피어오르는 것이 보였다.

프라비크 중위가 출동 명령을 내리자 빨강과 흰색의 ZIL 소방차들이 차고 가림막을 헤치고 차례로 출발했다.[4] 4호기까지는 차로 2분 거리였다. 이 조의 대원 중 두 번째로 나이가 어린 스물네 살의 알렉산더 페트로프스키Alexander Petrovsky 하사는 소방모를 찾지 못해서 급한 대로 프라비크의 제복모를 대신 썼다. 1시 28분이었다. 선두에서 달리는 소방차를 모는 사람은 땅딸막한 체구의 사람 좋고 쾌활한 서른세 살 대원 아나톨리 자하로프Anatoly Zakharov였다. 자하로프는 이 소방서의 당 서기였고, 부업으로 프리피야트 강에서 수상 구조원으로도 활동했다(자신이 소유한 모터보트와 쌍안경으로, 술에 취해 강에 뛰어든 사람을 구조했다). 자하로프는 급우회전을 해서 발전소 주위를 둘러싼 담장을 따라 발전소 정문을 향해 전속력으로 달렸다. 그리고 정문에서 급좌회전을 해서 경내로 들어가 디젤 임시 발전기가 있는 곳을 쏜살같이 지나쳤다. 무전은 계속해서 질문을 내보내고 있었다. **무슨 일인가? 피해 상황은 어떤가?** 프리피야트 시의 소방대에서도 소방차 두 대가 출동해 그의 뒤를 따라오고 있었다.[5] 프라비크 중위는 3번 경보 발령을 요청했다.[6] 3번 경보는 가장 높은 수준의 경보로, 이것이 발령되면 키예프 전역의 소방대가 호출되도록 되어 있었다.

이제 자하로프가 몰고 있는 소방차의 앞 유리로 시야 가득 거대한 발전소 건물이 보였다.[7] 자하로프는 진입로에서 오른쪽으로 접어든 뒤 콘크리트로 된 고가식 둑길들 사이로 차를 몰면서 3호기의 북쪽 벽을 향해 속도를 냈다. 그리고 그곳에서 30미터 앞에 있는 4호기를, 아니 4호기 중 남아 있는 부분을 보았다.

4호기 제어실에서는 모두가 한꺼번에 말을 하고 있었다.[8] 터빈 데스크, 원자로 데스크, 펌프 데스크에서 노랗고 빨간 경고등이 일제히 깜빡거렸고 경고음이 계속 울려 댔다.[9] 부수석 엔지니어 아나톨리 댜틀로프는 계기판에 나타난 데이터들이 대체 무엇을 의미하는지 파악하려 애쓰고 있었다. 무언가 절망적인 일인 것 같았다. 선임 유닛 제어 엔지니어 보리스 스톨랴추크 앞의 계측기들이 보여 주는 바에 따르면 여덟 개의 메인 안전밸브가 모두 열려 있는데도 증기 분리기에 물이 하나도 남아 있지 않았다. 이것은 "최대 설계 기준 사고" 시나리오의 상황이었고 아톰시키들에게 최악의 악몽이었다. 원자로 내의 "활성구역"을 식히는 데 꼭 필요한 수천 갤런의 물이 동나서 노심의 갈증이 극에 달한 상태를 의미했고 이는 노심 용융으로 이어질 가능성이 크기 때문이었다.

그리고 선임 원자로 제어 엔지니어 톱투노프의 제어 패널에서는 셀신 모니터 계측기의 바늘들이 3미터에서 멈춰 있었다. 제어봉들이 반도 못 내려오고 멈췄다는 뜻이었다. 제어봉들을 붙잡고 있는 전자석 클러치를 풀어 제어봉들이 스스로의 무게로 원자로 안으로 떨어지도록 해 보았던 것도 소용이 없었는지, 제어봉들은 떨어지지 않고 거기에 멈춰 있었다. 원자로 내부의 핵분열 반응도를 보여 주는 계기판의 화면에서는 번쩍이는 회색 숫자들이 위아래로 마구 왔다 갔다 했다. 아직도 원자로 내부에서 무언가가 진행되고 있다는 뜻이었는데, 이제는 댜틀로프도, 주변에 있는 어떤 엔지니어도, 원자로 안에서 벌어지는 움직임을 제어할 수 있는 수단이 없었다.

댜틀로프는 테스트를 참관하러 와 있던 두 명의 견습 엔지니어 빅토르 프로스쿠랴코프Viktor Proskuryakov와 알렉산더 쿠드리야프츠예프Alexander Kudryavtsev에게 위층의 원자로 홀에 가서 급속 정지를 수동으로 완료하라고 다급하게 지시했다.[10] 손으로 제어봉을 떨어뜨리라는 것이었다.

두 사람은 지시를 따르기 위해 제어실을 나섰다. 하지만 그들이 문을 나서자마자 댜틀로프는 자신의 실수를 깨달았다. 제어봉이 스스로의 무게로도 떨어지지 않았다면 사람 손으로 떨어뜨리는 것도 불가능할 것이기 때문이었다. 댜틀로프는 급히 복도로 달려 나가서 견습생들을 불렀지만 그들은 4호기의 계단과 복도를 가득 채운 연기에 가려서 보이지 않았다.

제어실로 돌아온 댜틀로프는 상황 수습을 지휘하기 시작했다. 일단 근무조 조장 알렉산더 아키모프에게 필수 인력을 제외하고 모두 집으로 돌려보내라고 했다. AZ-5 버튼을 누른 레오니드 톱투노프도 돌려보내야 할 비필수 인력 중 하나였다. 댜틀로프는 아키모프에게 비상 냉각 펌프를 가동하고 연기를 빼내는 팬을 돌리라고 했다. 그리고 냉각 파이프 밸브의 수문을 열라고 지시했다. "동지들, 원자로에 냉각수를 대야 해."[11]

마크 +12.5의 창문 없는 선임 엔지니어실에서 알렉산더 유브첸코는 먼지, 증기, 어두움에 휩싸여 있었다.[12] 잔해로 난장판이 된 입구의 위쪽에서 소름끼치는 쉭쉭 소리가 났다.[13] 책상을 손으로 더듬어 전화기를 찾아 들고 4호기 제어실과 통화해 보려 했지만 전화는 먹통이었다. 그때 3호기 제어실에서 누군가가 그가 있는 엔지니어실로 전화를 해와서 다급히 말했다. **당장 들것을 가져와.**

유브첸코는 들것 하나를 찾아 들고 마크 +10을 향해 아래층으로 뛰어갔다. 가는 도중에 넋이 나가 보이는 누군가와 마주쳤다. 옷은 온통 검게 더럽혀져 있었고 얼굴은 피투성이라서 누구인지 알아볼 수가 없었다. 그가 말을 하는 걸 듣고서야 유브첸코는 친구인 펌프 운전원 빅토르 데그탸렌코Viktor Degtyarenko라는 것을 알 수 있었다. 데그탸렌코는 펌프실 근처에서 오는 길인데 그곳에 도움이 필요한 사람들이 더 있다고 했다. 손전등으로 습한 어둠 속을 헤치고 가던 유브첸코는 잔해 더미의 저쪽에서 또 한 명의 운전원을 보았다. 그는 아직 서 있을 수는 있었지만 흠뻑 젖고 더러워져 있었으며 뜨거운 증기에 피부가 공포스러울 정도로 데여 있었다. 그는 충격으로 덜덜 떨면서도 유브첸코에게 가까이 오지 말라고 손짓을 했다. "나는 괜찮아. 가서 호뎀추크를 도와줘. 펌프실에 호뎀추크가 있어."

그 다음에 유브첸코는 어둠 속에서 동료인 유리 트레구브를 보았다.[14] 트레구브는 수동으로 비상 냉각 계통을 돌려 노심에 물을 대라는 지시를 받고 막 4호기 제어실에서 나온 참이었다. 그 일을 하려면 적어도 두 사람이 필요하다는 것을 알고서, 유브첸코는 부상을 입은 펌프 운전원에게 어디로 가서 도움을 청할지 알려 주고 자신은 트레구브를 도우러 냉각수 탱크에 같이 가기로 했다. 가장 가까운 통로가 잔해로 막혀 있어서 그들은 계단으로 두 층을 내려갔다. 금세 무릎까지 물이 차올랐다. 냉각수 탱크가 있는 홀의 문은 무언가로 꽉 막혀서 열 수가 없었지만 작은 틈이 있어서 그 사이로 안을 들여다볼 수 있었다.

그 안은 온통 폐허였다. 거대한 철제 물탱크가 젖은 마분지처럼 찢어져 있었고, 벽과 천정이 있어야 할 위쪽은 뻥 뚫려서 별이 보였다. 그들은 망연자실해서 뚫린 하늘을 올려다보았다. 깜깜한 발전소 건물 깊이 달빛이 들어오고 있었다.

두 사람은 지상 층의 이송 통로 쪽으로 방향을 틀어서 건물 바깥으로 나왔다. 50미터도 채 안 떨어진 곳에 4호기가 있었다. 트레구브와 유브첸코는 4호기에서 무슨 일이 일어났는지를 가장 처음 깨달은 사람들일 것이다. 종말과도 같은 끔찍한 광경이었다. 원자로 홀의 지붕이 사라지고 없었고, 오른쪽 벽은 폭발로 거의 완전히 무너져 있었다. 냉각관은 절반이 날아가고 없었다. 왼쪽에는, 한때는 주 급수 펌프로 가는 물이 담겨 있던 물탱크와 파이프들이 공중에 대롱대롱 매달려 있었다. 그 순간 유브첸코는 발레리 호뎀추크가 틀림없이 사망했으리라는 것을 알았다. 호뎀추크가 있었을 곳, 그의 근무 위치는 지금 증기를 뿜어내고 있는 잔해들이 덮친 곳이었다. 그 잔해들 위로 남자 팔뚝만한 굵기의 6000볼트 케이블이 끊어져 불꽃이 튀기고 있었고, 끊어진 케이블 끝이 이리저리 그네를 타면서 불꽃을 폭포처럼 쏟아내고 근처에 닿는 모든 것을 할퀴고 있었다.

그리고 콘크리트 보강용 강철봉과 떨어져 나간 콘크리트가 마구 뒤엉킨 아수라장의 한복판에 무언가가 더 있었다. 4호기 건물의 깊은 내부에서, 그러니까 원자로의 노심이 있어야 할 곳에서 알렉산더 유브첸코는 방금 본 것보다 더 무서운 것을 보았다. 청백색의 빛기둥이 거기에서부터 하늘을 향해 직선으로 쭉 뻗어 올라 무한의 우주 속으로 사라지고 있었다. 초고온도로 과열된 금속과 기계 덩어리의 화염이 만들어 내는 오색 스펙트럼의 희한하면서도 아름다운 빛기둥이 몇 초 동안 유브첸코를 황홀경에 빠뜨렸다. 그때 트레구브가 그를 구석으로 홱 잡아끌어 즉각적인 위험에서 벗어나게 했다. 젊은 엔지니어를 황홀하게 한 인광은 대기 중의 공기가 방사선에 의해 전리되어 생긴 현상으로, 차폐되지 않은 원자로가 대기에 그대로 노출되어 있음을 말해 주는 거의 확실한 신호였다.[15]

제2소방대의 소방차 세 대가 4호기 옆에 도착하자 발전소의 방재 담당자가 그들을 맞으러 달려 나왔다. 그가 폭발을 목격하고 소방대에 신고한 사람이었다. 아나톨리 자하로프는 차에서 뛰어내려 주위를 둘러보았다. 바닥에는 맹렬한 열기로 불타고 있는 흑연 덩어리들이 사방에 떨어져 있었다. 자하로프는 원자로의 가장 깊숙한 내부가 지어질 때부터 원자로 건설을 지켜본 바 있었기 때문에 이것들이 무엇인지 정확하게 알 수 있었다.

"이게 뭐죠?" 한 대원이 물었다.[16]

"동지들, 이것은 원자로의 창자야. 우리가 아침까지 살아 있다면 아마 영원히 살 걸세."

프라비크는 자하로프에게 자신과 분대장 레오니드 샤브레이Leonid Shavrey가 들어가서 상황을 살펴보고 화재 원인을 알아볼 동안 무전 옆에서 대기하면서 지시를 기다리라고 했다. "그 다음에 들어가서 진압한다."

이 말을 남기고 젊은 중위 프라비크는 발전소 안으로 사라졌다.

4호기 터빈 홀 안으로 들어간 두 사람은 완전한 아수라장에 맞닥뜨렸다.[17] 온 사방이 깨진 유리, 콘크리트, 금속 조각 천지였다. 혼비백산한 운전원 몇 명이 잔해가 피워 내는 연기 사이로 이리 뛰고 저리 뛰고 있었다. 건물 벽이 흔들렸고 위쪽 어딘가에서 증기가 분출하며 그르렁대는 소리가 들렸다. A열을 따라 늘어선 창문은 죄다 부서졌고 7번 터빈 위의 전등은 모조리 파열되어 있었다. 급수 파이프의 접합부가 파열된 곳들에서는 증기와 뜨거운 물이 솟구치고 있었다. 연료 펌프들이 있는 공간에서는 증기 안개 사이로 섬광들이 보였다. 폭발로 천정이 건물 위로 튕겨져 나갔다가 다시 떨어지면서 지붕 일부가 함몰되었고 무거운 조각들이 위에서 계속 떨어지고 있었다. 원자로 연료관을 막고 있었던 납 마개가 추락해 터빈 운전원 한 명이 서 있는 곳에서 1미터도 안 되는 곳에 떨어지기도 했다.

소방관인 프라비크와 샤브레이는 방사선량 계측기를 가지고 있지 않았다.[18] 무전기도 작동하지 않았다. 전화기를 발견한 그들은 전력 송전 담당자에게 상세한 사고 상황을 물어보려 했지만 연결이 되지 않았다. 다음 15분 동안 프라비크와 샤브레이는 발전소 안 여기저기를 뛰어다녀 보았지만 아무것도 정확하게 알아낼 수 없었다. 터빈 홀 지붕 일부가 무너져 내렸고 불이 붙지는 않은 것으로 보이는 몇몇 곳들이 있다는 것 정도가 그들이 파악할 수 있는 전부였다.

프라비크와 샤브레이가 밖에서 대기 중이던 대원들에게 돌아왔을 때는 프리피야트 시 소방대의 소방관들도 도착해 있었다. 그리고 새벽 두 시에는 키예프 전역 17개 소방대의 소방관들과 수색 구조대, 특수 사다리차, 소방차들이 체르노빌 발전소로 달려오고 있었다.[19] 곧 키예프 내무부가 위기 대응 센터를 꾸렸고 40분에 한 번씩 상황을 보고하라고 지시했다.[20]

제2소방대 제1당직조 조장 표트르 흐멜은 프리피야트 경찰서 맞은편에 있는 아파트에서 늦도록 술을 마시고 놀다가 막 잠자리에 들려는 참이었는데, 그때 현관 벨이 울렸다. 발전소의 소방서에서 온 운전사 라드첸코였다.

"4호기에서 불이 났습니다."[21] 당장 모든 인력이 총동원되어야 한다고 했다. 흐멜은 잠시 기다리라고 말하고 유니폼을 입었다. 그리고 운전사를 따라 도로에 세워져 있는 UAZ 지프차로 가기 위해 집을 나서다가 부엌에 마시다 만 "소비에트 샴페인" 병이 있는 것을 보고 그것을 집어 들었다. UAZ 지프차가 레샤 우크라인카 거리를 급좌회전해 질주하는 동안 흐멜은 술병을 꼭 쥐고 마지막 한 방울까지 알뜰히 마셨다.

어떤 비상 상황이든 간에, 좋은 소비에트 샴페인을 낭비할 필요는 없지 않겠는가?

폭발이 있은 지 2분 뒤, 레닌 대로의 아파트에서 발전소장 빅토르 브류하노프는 전화 소리에 잠에서 깼다.[22] 옆에 있던 아내도 일어나서 불을 켰다. 한밤중에 발전소에서 호출이 오는 것은 흔한 일이어서 아내 발렌티나는 그리 걱정할 필요는 없을 것이라고 생각했다. 하지만 이번에는 수화기를 들고 말없이 이야기를 듣고 있는 남편의 얼굴색이 달라지고 있었다. 빅토르는 전화를 끊고 멍한 상태로 옷을 입고서 아무 말도 없이 집을 나섰다.

새벽 두 시가 조금 못 되어서 브류하노프는 발전소에 도착했다. 4호기 건물의 형체가 완전히 망가져 있었고 그 안에서 희미한 붉은 섬광이 나오고 있었다. 그는 최악의 일이 벌어졌음을 직감했다.

나는 감옥행일 거야.[23]

행정동으로 가면서 브류하노프는 발전소의 시민방호 책임자에게 지하의 비상 벙커를 열라고 지시했다. 핵 공격 발생 시 직원들을 대피시킬 목적으로 만들어진 벙커는 그 안에 비상 대책 본부를 꾸릴 수 있도록 되어 있었다.[24] 발전소 각 부서의 부서장에게 연결되는 전화 라인, 책상, 제염 샤워, 의무실, 공기 중의 핵종과 독가스를 거르는 필터, 디젤 발전기 한 대, 그리고 1500명이 최소 사흘간 버틸 수 있을 만한 물 등이 구비되어 있었고 이 모든 것이 들어 있는 벙커는 철제 기밀문으로 밀폐되었다. 브류하노프는 3층 사무실로 올라가서 근무조 총괄 팀장에게 전화를 하려고 시도했다. 하지만 응답이 없었다. 그는 자동 전화 경보 시스템을 작동시키라고 지시했다.[25] 고위 임직원 모두에게 최고 등급의 위기 상황이 발생했음을 알리기 위해 마련된 시스템이었다. 이러한 상황을 "포괄 방사선 사고General Radiation Accident"라고 불렀는데, 방사선이 발전소 경내만이 아니라 주변의 땅과 대기로도 누출되었다는 의미였다.

프리피야트 시장과 발전소에 상주하는 KGB 장교, 그리고 발전소의 당 서기와 프리피야트의 당 서기 등이 벙커에 도착했다.[26] 이들 기관원들은 발전소장에게 온갖 질문을 퍼부었다. 하지만 브류하노프가 답할 수 있는 것은 아무것도 없었다.

낮은 천정에 좁고 긴 공간인 벙커에는 탁자와 의자들이 있었고 전화 경보 시스템으로 긴급 상황을 전달받고 나온 각 부서 담당자들이 자리를 속속 채웠다. 브류하노프는 문 바로 오른쪽의 자리에 앉았다. 그의 앞에는 몇 대의 전화기와 작은 제어 패널이 있었다. 브류하노프는 상관들에게 사고를 보고하기 시작했다. 우선 모스크바에 전화를 해서 소비에트의 원자력 에너지 당국인 소유즈아톰에네르고의 상관에게 사고를 알렸다. 이어서 키예프의 당 제1서기와 제2서기에게 전화를 걸어 "붕괴 사고가 발생했지만 무슨 일이 일어난 것인지는 확실하지 않으며 댜틀로프가 알아보고 있다"고 보고했다.[27] 우크라이나 에너지부와 키예프 지역 송전 담당자에게도 연락해 사고를 알렸다.[28] 곧 브류하노프는 발전소의 방사능 안전 담당 책임자와 근무조 총괄 팀장으로부터 피해 상황에 대한 첫 보고를 받았다.[29] 4호기에서 폭발이 있었고 노심에 냉각수를 대기 위해 노력하고 있다고 했다. 하지만 제어실의 냉각수 계측기가 여전히 제로에 멈춰 있다고 했다. 최악의 상황으로 가고 있을지 모른다는 우려가 밀려왔다. 그런데 브류하노프가 여기에서 생각한 "최악의 상황"은 원자로에 냉각수가 말라 버리는 것이었다. 원자로 자체가 이미 파괴되어 없어졌을 수 있다는 가능성을 이야기한 사람은 아무도 없었던 것이다.

곧 벙커에는 3, 40명이 빼곡하게 모였다.[30] 환풍기가 웅웅 소리를 내며 돌아갔고, 일대 혼란이 펼쳐졌다. 수십 명이 동시에 전화를 붙들고 이야기를 하는 소리가 강화콘크리트 벽에 메아리를 일으켰다(발전소 각 부서장들이 각기 자신의 직원들에게 전화를 하고 있었는데, 모두가 펌프를 가동해 노심에 물을 대야 한다는 데 온 신경을 집중하고 있었다). 하지만 문 옆의 자리에 앉아 있는 브류하노프는 망연자실해 보였다. 늘 간결하고 분명하게 말하는 사람이던 그가 힘없이 더듬거리고 있었고 몸의 움직임도 충격으로 마비되어 느려진 듯했다.

건물 바깥으로 나가서 4호기 원자로가 아예 파괴된 것으로 보이는 공포의 현장을 목격한 알렉산더 유브첸코와 유리 트레구브는 본 것을 보고하기 위해 건물 안으로 다시 들어갔다.[31] 제어실로 가는 도중에 그들은 유브첸코의 직속 상사인 원자로실 근무조장 발레리 페레보첸코와 마주쳤다. 페레보첸코의 옆에는 댜틀로프에게 제어봉을 손으로 떨어뜨리라는 지시를 받은 훈련생 두 명이 있었다. 페레보첸코는 지시받은 내용을 설명했고, 유브첸코는 그 지시가 아예 불가능한 일이 되었다는 것을 설명하기 위해 노력했다. 제어봉들도, 그리고 그 제어봉들이 들어가야 할 원자로도, 더 이상 존재하지 않는다고 말이다. 하지만 페레보첸코는 수긍하지 않았다. 유브첸코와 트레구브가 본 것은 지상 층에서 본 것이고, 원자로 피해 상황을 제대로 가늠하려면 위에서 내려다봐야 한다는 것이었다.

그래서 트레구브만 제어실로 가서 보고하기로 하고 유브첸코는 페레보첸코 일행이 원자로 홀까지 가는 길을 찾는 것을 돕기로 했다. 어쨌거나 명령은 명령이었고 손전등을 가지고 있는 사람이 유브첸코밖에 없었다. 유브첸코가 맨 뒤에 선 채로 네 사람은 마크 +12에서 +35까지 함께 계단을 올라갔다. 무너진 벽과 잔해들의 미로를 뚫고서 원자로 홀로 이어지는 거대한 공기 밀폐문에 도달했다. 콘크리트를 철로 씌운 이 문은 무게가 몇 톤이나 나갔다. 그런데 그것을 열린 상태로 받쳐 두는 크랭크 시스템이 폭발로 고장 나 있었다. 만약 그들이 원자로 홀 안으로 들어갔는데 뒤에서 문이 닫히면 그들은 원자로 홀 안에 갇힐 수밖에 없었다. 그래서 유브첸코가 밖에서 문을 잡고 기다리기로 했다. 그는 문 사이로 어깨를 비집고서 온 힘을 다해 문이 닫히지 않게 버텼다. 그 사이로 세 명의 동료가 원자로 홀 안으로 들어갔다.

안에는 서 있을 만한 공간이 거의 없었다. 페레보첸코는 좁은 수평대에 서서 유브첸코의 손전등을 이리저리 휘저어 보았다. 노란 손전등 불빛에 기우뚱하게 누워 있는 거대한 엘레나의 윤곽이 드러났다. 원반의 한쪽은 비스듬히 위쪽으로 들려 있었고 다른 쪽은 원자로 용기의 모서리 위에 얹혀 있었다. 엘레나를 관통해 증기를 나르던 수백 개의 얇은 운송관들이 마구 헝클어진 채로 비어져 나와서, 목 잘린 인형의 머리카락처럼 보였다. 제어봉들은 사라진 지 오래였다. 아래쪽을 내려다보니 녹아 버린 거대한 구멍이 보였다. 이들은 지금 자신들이 "활성 구역"을, 그러니까 원자로의 불타는 목구멍을 아무런 차폐막 없이 맨몸으로 들여다보고 있다는 것을 깨닫고 공포에 질렸다.

이들 세 명이 원자로 홀 안의 수평대 위에 있었던 시간은 유브첸코가 문이 닫히지 않게 버티고 있었던 시간 정도에 불과했다. 기껏해야 1분이었을 것이다. 하지만 그것도 너무 긴 시간이었다. 불과 몇 초 사이에 세 명 모두 치명적인 수준의 방사선에 피폭되었다.

충격에 빠진 세 명의 동료가 휘청거리며 복도로 돌아오고 있는 것을 보면서도 유브첸코는 자기도 무슨 일인지 직접 보고 싶었다. 하지만 핵잠수함에서 잔뼈가 굵은 페레보첸코는 방금 자신에게 무슨 일이 일어난 것인지를 너무 잘 알고서 유브첸코를 옆으로 힘껏 밀쳤다. 그들 뒤로 문이 쾅 닫혔다.

페레보첸코가 말했다. "볼 것도 없어. 아무것도 없다고. 가자."

깜깜한 터빈 홀에서 터빈부 차장 라짐 다블레트바예프Razim Davletbayev는 터빈부를 덮친 대혼란을 진정시키느라 고전하고 있었다.

비상 상황 규정에 따르면 발전소 내의 자기 근무 구역에서 일어난 화재는 소방관이 아니라 발전소 운전원들이 진압해야 했다.[32] 그리고 지금 터빈 구역의 여러 층을 가로질러 불꽃이 활활 타오르고 있었고 더 큰 재앙이 올지도 몰랐다. 터빈 기계들에는 불이 아주 잘 붙는 수천 리터의 기름이 있었고 터빈 발전기에는 수소가 가득 들어 있었다(수소는 발전기 코일을 냉각하는 데 쓰이는 물질이었다). 기름과 수소, 어느 쪽이라도 불이 붙으면 1킬로미터 길이의 터빈 홀 전체에 화재가 퍼질 수 있었고, 그러면 화재가 나머지 세 기의 원자로를 집어삼키거나 4호기 안에서 또 한 차례의 큰 폭발이 일어날지도 몰랐다.

방사성 증기가 자욱하고, 깨진 파이프에서 흘러넘친 뜨거운 물이 여기저기 고여 있고, 끊어진 케이블들에서 불꽃이 마구 튀는 가운데, 다블레트바예프는 터빈 부서원들에게 7번 터빈 위의 스프링클러를 켜고, 긴급 탱크의 윤활유를 비우고, 마크 +5의 깨진 관에서 뿜어져 나오는 기름을 틀어막으라고 지시했다.[33] 마크 0에서는 바닥에 유막이 퍼지고 있었고 지하로 기름이 흘러들어가고 있었다. 급유 펌프 조절 장치가 있는 장치실 안에서는 뜨거운 물이 흘러넘친 가운데 세 명의 엔지니어가 불이 퍼지는 것을 막기 위해 급유 장치를 끄려고 고군분투하고 있었다. 두 명의 기계 엔지니어가 마크 +5에서 불길 하나를 잡았고, 다른 곳에서도 누군가 불길을 잡았다. 선임 기계 엔지니어는 깨진 파이프에서 흘러나오는 방사능 오염수가 터빈실로 들어가는 것을 막기 위해 펌프를 탈기기에서 차단했다.

터빈 홀 안은 숨을 쉬기가 어려웠고 증기로 가득한 공기에서는 오존 냄새가 났다. 하지만 운전원들은 방사능에 대해서는 생각할 겨를이 없었다. 급히 달려온 계측 전문가들도 공포에 질렸을 뿐 방사능에 대해 유용한 정보를 가지고 있지 못했다. 그들이 가진 선량계들 모두 바

　　　　　　　　　　　6장 4월 26일 토요일 1:28 AM, 제 2소방대

늘이 최대치까지 가 있었다. 더 높은 범위까지 잴 수 있는 선량계는 금고에 있었는데 상부의 명령이 없이는 꺼낼 수 없었다.[34] 라짐 다블레트바예프는 터빈 홀을 채우고 있는 독특한 냄새는 아마 천정에서 합선이 되어서 나는 것일 거라고 스스로에게 되뇌었다.[35] 나중에 어지럼증 등의 증상이 나타나기 시작했을 때도, 어지럼증이 방사선 피폭의 초기 증상이라는 것을 알고는 있었지만 아이오딘화칼륨 해독제를 마셔서 그런 것일 거라고 애써 생각했다.

이날 근무 조의 전기 기술자이던 아나톨리 바라노프Anatoly Baranov가 터빈실에 뛰어 들어왔을 때 터빈 엔지니어 유리 코르녜예프Yuri Korneyev는 8번 터빈을 정지시키느라 정신이 없었다.[36] 바라노프는 추가 폭발을 막기 위해 7번 터빈과 8번 터빈 모두에 질소를 주입해 수소를 빼내기 시작했다. 그들이 이 일을 마치자 그들과 멎은 기계들 위로 으스스한 침묵이 내려앉았다. 두 사람은 담배를 피우러 작은 발코니로 나왔다. 아주 한참 뒤에야 그들은 이 담배가 그들에게 얼마나 치명적인 비용을 치르게 만들었는지 알게 된다. 그들이 서 있는 바로 아래의 거리에는 원자로에서 튕겨져 나온 흑연 덩어리들이 흩어져 있었다. 담배를 피우는 내내 그들은 그 흑연 덩어리들이 내놓는 방사선에 피폭되고 있었다.

또 다른 곳에서는 엔지니어들이 숨지거나 다친 사람들을 눕히기 위해 자갈을 치우기 시작했다.[37] 터빈 홀 층의 기계 기사들은 최초 폭발 때 모두 무사히 빠져나간 것으로 보였지만 30분이 지나서도 604호(유량계가 있는 곳이었다)에서 터빈 테스트를 모니터링하던 블라디미르 샤셰노크Vladimir Shashenok가 여전히 실종 상태였다. 그래서 세 명이 잔해 더미를 헤치고 그를 찾으러 갔다.[38] 604호는 터빈 홀과는 반대편, 그리고 더 높은 층에 있었다.[39] 그들은 분출하는 증기를 막아가며 앞으로 나아갔다. 발목까지 물이 차올랐다. 드디어 604호 위치에 도착한 그들은 604호가 흔적도 없이 사라진 것을 발견했다. 벽의 콘크리트 패널들이 폭발 때문에 거리로 날아가 버린 것이었다. 어둠과 회오리치는 먼지가 손전등 불빛을 삼켜 버렸다. 그들은 어둠 속에서 샤셰노크를 불러 보았지만 대답이 없었다. 그러다 그들은 웬 사람이 옆으로 쓰러져 있는 것을 발견했다. 샤셰노크였다. 입에서 피가 섞인 거품이 나오고 있었다. 그들은 옆구리를 붙들고 샤셰노크를 일으켜 세워서 양옆에서 메다시피 데리고 나왔다.

한편 밖에서는, 제2소방대의 프라비크 중위가 3호기 북쪽 외벽에 지그재그로 나 있는 화재 대피용 계단을 뛰어올라갔다.[40] 장화의 금속 장식이 달그닥거렸다. 프리피야트의 제6소방대 대원 몇 명이 뒤를 따랐다.[41] 제6소방대 지휘관인 빅토르 키베노크 중위, 그리고 제6소방대의 운동선수로 통하는 단단한 체구의 스물다섯 살 대원 바실리 이그나텐코Vasily Ignatenko였다. 주변에서는 파손되지 않은 세 기의 원자로가 돌아가는 소리와 불꽃이 타닥타닥 타는 소리가 들렸다.
꼭대기까지는 한참을 올라가야 했다. 4호기 지붕이 내려앉는 바람에 3호기의 평평한 지붕과 그것의 망가진 쌍둥이[4호기]의 평평한 지붕은 거대한 계단처럼 층이 져 있었다. 원자로 건물의 8개 층은 거대한 하나의 콘크리트 신전을 이루고 있었고 끝까지 올라가면(20층 높이에 달했다) 빨갛고 흰 줄무늬의 환풍 굴뚝이 있었다. 옥상에서 소방관들은 4호기 원자로 홀의 폐허와 주변의 피해를 직접 내려다볼 수 있었다. 옥상에 올라가 보니 환풍 굴뚝의 발치 근처에도, 3호기 위에도, 어둠 속 저 멀리 터빈 홀 위에도, 수십 개의 작은 화재가 여기저기 발생해 있었다.[42] 폭발로 원자로 안에서 튕겨져 나온 엄청나게 뜨거운 잔해들이,

떨어진 자리에서 화재를 일으킨 것이었다. 어떤 화재는 화염이 공중으로 1미터 반이나 치솟았고,[43] 어떤 화재는 화염 규모는 작았지만 희한한 인광을 내면서 작은 폭죽처럼 지직지직 타 들어갔다. 대기에는 검은 연기가 자욱했다.[44] 하지만 소방관들이 무엇인지 알지 못한 무언가가 더 있었다. 안개 같아 보이지만 희한한 냄새가 나는 이상한 증기였다.

그들 주위에는 흑연 덩어리, 핵연료 집합체의 파편, 그리고 이산화우라늄 핵연료 자체 등 치명적인 강도의 방사선원이 어둠 속에 수백 개나 널려 있었다.[45] 감마선량은 시간당 수천 뢴트겐에 달하고 있었다.

하지만 소방대원들은 당장 눈앞에 보이는 위험부터 다뤄야 했다.[46] 3호기 지붕 위, 그러니까 원자로 바로 위 여기저기에 불길이 일고 있었다. 게다가 바람이 서쪽에서 불어오고 있어서, 아직 가동되고 있는 1호기와 2호기 쪽으로 불꽃이 날아갈 수 있었다. 여기에서 화재를 진압하지 못하면 발전소 전체가 순식간에 화염에 휩싸일지도 몰랐다. 프라비크는 신속하게 움직였다. 프리피야트 쪽 소방대를 이끄는 키베노크의 팀과 함께, 그들은 지붕으로 호스를 날랐다. 프라비크는 소방펌프 차량을 급수탑에 연결하도록 지시했다. 이 급수탑은 발전소의 화재 진압 계통을 통해 건물 전체 높이에 걸쳐 물줄기를 쏘아 올릴 수 있었다. 하지만 펌프 스위치를 켰을 때 호스에서는 바람만 나왔다.

"수압을 올려!" 프라비크가 무전으로 소리쳤다.[47] 하지만 소용없었다. 급수탑이 폭발에 날아가 버렸던 것이다.

늘 말 안 듣고 뻗대던 제3당직조 사람들도 이번만큼은 지체 없이 명령에 따랐다. 무거운 캔버스 유니폼과 고무로 된 소방복을 입고 땀을 뻘뻘 흘리면서 그들은 정확하게 훈련받은 대로 17초 만에 5개의 호스를 꺼내 어깨에 걸고 바닥에 끌면서 계단을 올라가 3호기 옥상에 소화 포말을 뿌렸다.[48] 한편 키베노크는 프리피야트 소방대[제6소방대]의 거대한 우랄 소방차와 연결된 별도의 호스를 들고 작업을 했다. 그것은 초당 40리터의 물을 뿌릴 수 있었다.[49] 그런데도 작은 불길을 잡는 것조차 쉽지 않았다.[50] 화염을 일으키는 이 희한한 물질은 물을 부으면 되레 더 맹렬히 타는 것 같았다. 아마도 그들이 본 것은 이산화우라늄 연료 펠렛이었을 것이다.[51] 폭발 전에 섭씨 4000도까지 과열되어 있다가 공기와 접촉하면서 불이 붙었고, 호스로 물을 뿌리자 그 물이 화학반응을 일으켜 산소와 폭발성 있는 수소, 그리고 방사능 증기를 내뿜게 된 것이다.

지상에서 스물네 살의 알렉산더 페트로프스키Alexander Petrovsky 하사는 두 명의 대원과 함께 환풍 굴뚝 쪽 옥상에 올라가서 그곳에 있는 소방대원들을 도우라는 명령을 받았다.[52] 페트로프스키는 아직 십 대이던 시절에 15명으로 구성된 3호기와 4호기의 용접팀에서 일한 적이 있었다. 3호기와 4호기 둘 다의 건설에 참여했던 그는 지하실부터 케이블 터널, 또 옥상까지 이 복합 단지의 모든 호실을 알고 있었다. 그때도 어느 정도의 방사선은 늘 있었고 전혀 문제가 없었다. 그는 방사선에 조금 더 노출된들 별 문제가 아닐 거라고 생각했다.

하지만 지붕의 첫 번째 층인 마크 +30까지밖에 못 올라갔을 때(중간 정도까지 올라간 것이다) 프라비크 중위와 프리피야트 소방대 쪽 대원들이 내려오는 것이 보였다. 그들에게 무언가 끔찍한 일이 일어난 것이 틀림없었다. 더듬더듬 횡설수설하고 구토를 하면서 여섯 명 정도의 사람들이 서로를 부축해 밀고 끌고 하며 계단을 내려오고 있었다. 페트로프스키는 자신과 함께 올라가던 대원 중 한 명에게 그들을 안전하게 지상까지 데려다 주라고 하고 자신은 이반 샤브레이(제3당직조에 있는 벨라루스 출신 형제 중 한 명)와 함께 위로 올라갔다. 마크 +71에서 화염과 싸우고 있을 동료들을 돕기 위해 서둘러 계단을 오르다가 샤브레이가 가파른 계단에서 발을 헛디뎠고 페트로프스키가 팔을 뻗어 그를 붙잡았다. 그러는 통에 페트로프스키가 빌려 쓰고 나온 제복모가 머리에서 미끄러졌다. 제복모는 손쓸 겨를도 없이 어둠 속으로 떨어졌고, 페트로프스키는 맨 머리로 달랑 셔츠와 방수 소방복으로만 몸을 보호한 채 계속 올라갔다.

꼭대기에 도착해 보니 지붕에는 아무도 없었다. 작동하는 호스는 하나뿐이었다. 그들은 보이는 대로 불을 껐다. 환풍 굴뚝 발치 부분에서 불타고 있는 흑연 덩어리에 호스를 대어 물을 뿌렸다. 그런데 화염이 사라진 뒤에도 흑연은 계속 백열광을 냈고 아무리 물을 부어도 사그라들지 않았다. 30분 뒤에 눈에 보이는 화염들을 다 잡은 뒤에도 한 가지 커다란 문제가 남아 있었다. 옥상에서 수직으로 나 있는 2미터 높이의 환풍 파이프 하나의 끝에서 불꽃이 널름거리고 있었다. 물길이 거기까지 닿기에는 수압이 부족했고, 직접 호스를 들고 파이프의 끝에 물을 뿌리기에는 페트로프스키의 키가 너무 작았다. 샤브레이가 페트로프스키보다 머리 하나만큼 키가 더 컸기 때문에 페트로프스키는 샤브레이에게 호스를 넘겼다. 그런데 샤브레이에게 무거운 알루미늄 합금 노즐을 넘겨주는 순간, 페트로프스키는 갑자기 앞이 보이지 않았다.

인체에 치명적인 수준의 방사선 피폭 양은 500렘 정도로 추산되는데, 이는 사람이 한 시간 동안 500뢴트겐의 방사선에 노출되었을 때 체내에 흡수되는 양을 말한다.[53] 3호기 지붕 위의 몇몇 지점에서는 우라늄 연료 펠렛과 흑연이 방출하는 감마 방사와 중성자 방사가 시간당 3000뢴트겐에 달했다.[54] 심지어 시간당 8000뢴트겐이 넘는 곳도 있었는데, 그런 곳에서는 4분 이내에 치명적인 수준의 방사선에 피폭될 수 있었다.

페트로프스키는 일시적으로 완전한 시력 상실을 겪었다. 시력이 상실된 시간은 겨우 30초 정도였지만 그에게는 영원과도 같았고 그는 공포에 휩싸였다. 시력이 상실되었을 때만큼이나 갑작스럽게 돌아왔을 때 그의 용기는 사라지고 없었다. 그는 샤브레이에게 소리쳤다. "이런 젠장! 이 빌어먹을 곳에서 빨리 나가자!"[55]

복합 단지의 다른 쪽에서는 이반 샤브레이의 형 레오니드가 터빈 홀 지붕에서 화재를 진압하고 있었다.[56] 마크 +31.5인 그곳에는 잔해가 날아와 떨어지면서 (그 건물의 천정이자 그들이 서 있는 옥상의 바닥인) 골판 철제 패널 여기저기에 구멍이 뚫려 있었다. 어떤 곳은 철제 패널이 완전히 떨어져 나갔고, 어떤 곳은 그들의 발아래에서 철제 패널이 위태위태하게 매달려 있었다. 그리고 너무 어두워서 어디가 패널이 떨어져 나가 구멍이 뚫려 있는지를 육안으로 식별하기가 쉽지 않았다. 강한 열기에 비투멘 표면이 녹아 장화에 들러붙는 바람에 걷기도 어려웠다. 처음 도착한 소방관들은 호스의 물이 화재 지점들에 다 닿지 못해서, 발밑의 뚫린 곳을 조심조심 피해 움직이면서 모래로 화재를 진압했다.[57]

호스를 하나 더 가지러 지상으로 내려온 레오니드 샤브레이는 소방대 지휘관 레오니드 P. 텔랴트니코프 소령이 도착해 있는 것을 보았다.[58] 소령은 샤브레이에게 터빈 홀 지붕으로 다시 가라고 지시했고 작은 불길들을 다 잡은 뒤에도 내려오지 말고 해산 명령이 있을 때까지 새로운 화재가 발생할 가능성에 대비해 경계 태세를 유지하고 있으라고 했다. 새벽 세 시가 조금 넘은 시각, 표트르 흐멜 중위도 (아직 "인민의 샴페인"에 취한 채로) 샤브레이에게 합류해 새로 불이 붙는 곳들이 없는지 조용히 살폈다.[59] 둘은 복잡하게 얽힌 호스와 방사선을 내뿜는 잔해들이 있는 곳에 새벽까지 서서 대기했다.

행정동 지하의 벙커에서 브류하노프 소장과 발전소의 고위 관리자들은 전화로 바삐 움직였다.[60] 하지만 그들은 위쪽의 세계에서 벌어지고 있는 일을 여전히 믿기 어려워하고 있었다. 그들은 고조되는 긴장에 펀치를 맞은 듯 휘청거리면서 기계적으로 일을 했다. 하지만 원자로는 절대로 폭발하지 않는다는 신념을 극복하지는 못했다. 이 무렵이면 이들 중 많은 사람들이 4호기 주변의 파괴 규모를 직접 보았는데도 여전히 자신이 직면한 진실을 이해할 수 없었거나 이해하려 하지 않았다. 브류하노프는 4호기에 가 보고서도 자신이 본 것이 의미하는 바에 직면하기를 거부했다. 그는 원자로는 무사하며 폭발은 어딘가 다른 곳, 가령 증기 분리 드럼이나 터빈 급유 탱크 같은 곳에서 일어난 것일 거라고 믿기로 한 듯했다. 직원들이 원자로에 냉각수를 계속 공급하는 한 노심 용융은 피할 수 있을 것이고 따라서 진짜 재앙은 막을 수 있을 것이라고 말이다.

하지만 모두가 이렇게 자기 기망에 가까운 소망에 굴복한 것은 아니었다.[61] 체르노빌 발전소의 시민방호 책임자 세라핌 보로비예프Serafim Vorobyev는 새벽 두 시에 벙커에 도착했다. 그가 가장 먼저 한 일은 창고에서 군사용 DP-5 선량계를 가져온 것이었다. 베이크라이트로 만들어진 커다란 상자의 긴 케이블 끝에 금속 탐지기가 달려 있는 이 장비는 핵 공격을 당했을 때 사용하도록 고안된 것으로, 발전소에서 통상적으로 직원들의 안전을 위해 선량을 모니터링할 때 사용하는 민감한 가이거 계수기와 달리 시간당 200뢴트겐까지의 강력한 감마선 방사능 장을 포착할 수 있었다. 발전소의 경내를 벗어난 곳까지 방사선 누출을 일으키는 모든 사고를 지역 당국에 보고할 의무가 있는 그는 지상 층으로 올라와 선량을 측정했다. 하지만 정문 밖의 버스 정류장까지 갔을 때 이미 그의 선량계는 시간당 150밀리뢴트겐을 가리키고 있었다. 정상보다 1만 배나 높은 수치였다. 그는 서둘러 돌아와 브류하노 프에게 발전소 직원과 프리피야트 주민들에게 안내 방송을 해야 한다고 말했다.

"빅토르 페트로비치 [브류하노프], 안내 방송을 내보내야 합니다."

하지만 발전소장 브류하노프는 생각할 시간이 더 필요하다며 기다리라고 했다. 그래서 보로비예프는 데이터를 더 얻기 위해 다시 밖으로 나가 자동차에 올랐다. 4호기를 향해 발전소 외곽 길로 차를 몰아가는데 그의 DP-5의 바늘이 시간당 20뢴트겐으로 확 올라갔다. 변전소를 지나갈 때는 시간당 100뢴트겐을 가리켰고 숫자는 계속 더 올라갔다. 120, 150, 175, 그러더니 200을 넘어서고 말았다. 바늘은 계측기의 최대치를 벗어났고 이제 보로비예프는 발전소 주변의 진짜 방사능 수치가 어느 정도인지 알 수 없었다. 다만 어마어마하다는 것만은 확실했다. 그는 원자로의 북쪽 벽이 무너져 잔해가 산더미처럼 쌓여 있는 곳을 오른쪽으로 지나면서 어둠 속에 검은 흑연 덩어리들이 있는 것을 보았다. 100미터도 안 떨어진 곳에서는 직원들이 구급차에 실리고 있었다.[62] 그들은 희한하게 흥분 상태로 보였고 두통과 메스꺼움을 호소하거나 벌써 구토를 하는 사람들도 있었다.

차를 몰고 벙커로 돌아온 보로비예프는 합리적으로 생각할 수 있는 가장 보수적인 추산치를 브류하노프에게 보고했다. 즉 지금 발전소는 적어도 시간당 200뢴트겐의 방사선을 내뿜는 방사선원이 되어 있었다. 그는 프리피야트 사람들에게 반드시 이를 알려야 한다고 주장했다. "사람들에게 방사능 사고가 있었다고 알리고 창문을 닫고 실내에 머무는 등의 보호 조치들을 취할 수 있게 해야 합니다." 그래도 브류하노프는 머뭇거렸다. 그는 발전소의 방사능 안전 담당 코로베이니코프가 와서 그가 추정한 수치를 말할 때까지 기다리자고 했다. 새벽 세 시에 브류하노프는 모스크바의 당 상관들과 키예프의 내무무에 전화로 상황을 보고했다.[63] 그는 폭발이 있었으며 터빈 홀 지붕이 일부 붕괴되었고 방사능 상황은 아직 확인 중이라고 말했다.

또 한 시간이 더 지나서 방사능 안전 담당 코로베이니코프가 도착했다. 그가 하는 말을 듣고 보로비예프는 귀를 의심했다.[64] 코로베이니코프는 방사선 수치가 오른 것은 맞지만 시간당 13**마이크로뢴트겐**이라고 말했다. 또 그는 자신이 이미 대략의 분석을 마쳤다며, 공기 중의 핵종이 대체로 무해한 기체이고 빠르게 흩어질 것이어서 주민들에게는 거의 영향을 미치지 않을 것이라고 주장했다. 그리 걱정할 일은 아니라는 것이었고, 이는 명백하게 브류하노프가 듣고 싶어한 말이었다. 브류하노프는 일어서서 벙커에 모인 사람들을 둘러보면서 어둡게 선언했다. "여기 있는 사람 중 일부는 아무것도 이해하지 못하면서 패닉만 부추기고 있습니다." 그가 누구를 지칭한 것인지는 분명했다.

하지만 보로비예프는 어느 방향으로부터 오더라도 발전소까지 오려면 코로베이니코프가 말한 수치의 수만 배가 되는 방사능 장을 거치지 않을 수 없다는 것을 잘 알고 있었다.[65] 따라서 방금 들은 말은 처음부터 끝까지 거짓이었다. 그래도 보로비예프는 자신의 전문성과 자신이 가진 장비에 대한 확신이 흔들리는 것을 느꼈다.

보로비예프는 DP-5를 들고 바깥으로 다시 나가서 방사선을 한 번 더 측정했다. 이번이 세 번째였다. 프리피야트를 향해 차를 몰고 가는 도중에 보니 호박색 불빛들이 하늘을 가로지르고 있었다. 경찰이 교통 저지선을 쳐 놓은 것이 보였고 사람들이 키예프로 가는 버스를 기다리며 차단막이 열리기를 기다리고 있었다. 아스팔트에는 낙진이 떨어져 급격하게 위험도가 높아진 지역들이 있었다. 불과 몇 미터 차이로 감마선 복사가 수천 배나 높아지고 있었다. 그가 프리피야트를 돌아보고 발전소에 돌아왔을 무렵이면 그의 자동차와 옷이 너무 많이 오염되어서 그가 가진 DP-5 선량계는 더 이상 정확한 숫자를 보여 줄 수 없었다. 벙커로 향하는 콘크리트 계단을 내려올 무렵이면 그는 거의 폭발 직전이었고 눈이 이글이글 불타고 있었다.

"확실합니다. 비상 계획이 정한 조치들을 시행해야 합니다."[66]

하지만 브류하노프 소장은 그의 제안을 일축했다. "나가게!" 소장은 이렇게 말하면서 그를 밀쳤다. "자네의 기기는 고장 났어. 여기서 꺼져!"

절망한 보로브예프는 우크라이나와 벨라루스의 시민방호 당국에 알리기 위해 전화기를 들었다. 하지만 교환수는 그에게 장거리 전화가 금지되었다고 말했다. 그러다가 어찌어찌 해서 직통 라인으로 키예프에 연결이 되었다. 브류하노프와 그 휘하의 사람들이 너무 서두르느라 이것마저 연결을 끊지는 못했던 것이다. 하지만 보로비예프가 보고를 했을 때 전화를 받은 시민방호 담당 장교는 그가 진지하게 말하는 것이라고 믿으려 하지 않았다.

원자로실 조장 발레리 페레보첸코는 4호기 제어실로 돌아와서 부수석 엔지니어 댜틀로프에게 원자로가 파괴되어 사라졌기 때문에 손으로 제어봉을 원자로 안으로 떨어뜨리라는 임무를 수행할 수 없었다고 보고했다. 하지만 댜틀로프는 원자로가 파괴되는 것은 있을 수 없는 일이라고 말했다.[67] 4호기 어딘가에서 폭발이 있었다는 것은 인정했지만 그것이 노심 자체일 것이라는 생각은 도저히 들지 않았던 것이다. 콤소몰스크아나무레에서의 핵잠수함 작업, 체르노빌의 3호기와 4호기 첫 가동 작업, 그리고 RBMK-1000의 업데이트된 최신 규제집에 대한 꼼꼼한 학습 등 그가 원자력 분야에서 그 오랜 세월을 일하면서 쌓은 경험 중 어느 것도 원자로 자체가 폭발할 수 있다는 가능성을 암시하지는 않았다. 직접 원자로를 보러 복도를 따라 내려갔을 때도 댜틀로프는 비상 노심 냉각 계통의 어딘가에서 기체가 폭발했다고 믿고서 그 증거를 찾으려 했다.

복도에서 그는 올레그 겐리흐Oleg Genrikh, 아나톨리 쿠르구츠Anatoly Kurguz와 마주쳤다.[68] 그들은 끔찍한 화상을 입은 상태였다. 얼굴과 손의 피부가 진홍색으로 변해서 떨어져 나가고 있었다. 댜틀로프는 그들에게 즉시 발전소 의무실로 가라고 지시하고 계속해서 복도를 따라 내려가 어느 창문에 도달했다. 4호기 벽 중 마크 +12부터 +70까지, 즉 17개 층도 넘는 층이 완전히 붕괴되어 있는 것을 보고 그는 경악했다. 댜틀로프는 복도 끝으로 가서 계단을 내려가 3호기와 4호기 건물 밖으로 나왔다. 소방차들이 모여 있었고 건물 지붕 위에서 화염이 낼름거리고 있었으며 잔해가 그의 주위로 떨어져 내리고 있었다.

다시 위층으로 뛰어올라와 제어실에 돌아온 댜틀로프는 퇴실하라는 명령에도 레오니드 톱투노프가 돌아와 있는 것을 보았다.[69] 댜틀로프는 왜 명령을 따르지 않느냐고 화를 냈고 젊은 운전원은 발전소를 떠났다가 동료들에 대한 책임감에 도우러 돌아왔다고 했다. 댜틀로프는 다시 한 번 그에게 제어실에서 나가라고 했다. 하지만 몇 분 뒤에 댜틀로프가 다시 제어실을 나갔을 때도 톱투노프는 고집스럽게 남아 있었다. 그리고 4호기의 다음 근무조 조장이 알렉산더 아키모프와 교대를 하러 들어왔을 때 아키모프도 가지 않고 남았다. 톱투노프와 아키모프는 어떻게든 급수 장치의 거대한 수문 밸브를 열어서 원자로에 냉각수를 대라는 지시를 완수하기로 결연하게 다짐했다. 필요하다면 손으로 밸브를 돌려서라도 말이다.

이제 제어실도 방사선 수치가 위험할 정도로 높아져 있었다.[70] 댜틀로프의 활력도 4호기 안과 주변의 방사능 잔해들을 여러 차례 헤치고 왔다 갔다 하느라, 그리고 계속 구토를 하느라 수그러들어 있었다. 해가 뜨기 조금 전, 그는 원자로 운전 일지와 원자로가 존재했던 마지막 순간의 데이터들을 담고 있는 스칼라SKALA 컴퓨터 시스템의 데이터 기록지들을 챙겨서 4호기 제어실에서 나왔다. 이것이 그가 4호기 제어실을 들락날락할 수 있었던 마지막이었다.

새벽 5시 15분에 지친 댜틀로프는 방사능 오염수에 젖어 질척거리는 신발을 신은 채 구토를 하면서 브류하노프 소장에게 보고를 하기 위해 벙커로 향하는 계단을 휘청휘청 내려갔다.[71] 그는 스칼라 데이터 기록 세 개를 올려놓았다. 두 개는 원자로 출력 수치를 보여 주고 있었고 다른 하나는 주 냉각 계통의 압력을 보여 주고 있었다. 브류하노프와 세르히 파라신(발전소의 당 서기)은 4호기 안에서 무슨 일이 일어난 것인지 설명하라고 했지만 댜틀로프는 도무지 알지 못하겠다는 듯 손을 내저었다.

"모르겠습니다. 하나도 모르겠어요."

오전 5시 30분 무렵, 이제 발전소에는 점점 더 커지는 재앙을 어떻게든 막아 보려고 프리피야트에서 자다 말고 뛰어나온 기술자들과 전문가들이 속속 나와 분주히 돌아다니고 있었다. 3호기 근무조 조장 한 명은 상부의 지시를 무시하고 3호기에 비상 정지를 실시했고 3호기 제어실을 발전소의 환풍 시스템과 격리했다.[72] 발전소의 다른 쪽 끝에서는 1호기와 2호기가 계속 가동되고 있었기 때문에 운전원들이 자신의 자리를 지키고 있었다.[73] 하지만 모든 경고음이 일제히 울리고 있었고 복도마다 차폐용 공기 밀폐문들이 닫히고 있었다.

4호기 제어실 밖 복도에는 알루미늄 천정 패널이 떨어져 나와 바닥에 흩어져 있었고, 오염수(물의 대부분이 위에 있는 원자로의 잔해들을 거쳐 왔기 때문에 핵연료를 가득 담고 있었다)가 위에서 떨어지고 있었다.

그런데도 벙커에서 브류하노프가 절박하게 보내는 지시는 여전히 동일했다.

"노심에 물을 대!"[74]

마크 +27에 있는 좁고 깜깜한 파이프실에서 알렉산더 아키모프와 레오니트 톱투노프는 분리 드럼으로 물을 보내는 수문 밸브를 여느라 고전하고 있었다.[75] 원래 이 밸브들은 원격 전기 장치로 열리게 되어 있었지만 케이블은 끊어졌고 전기는 나간 지 오래였다. 두 사람은 점점 기운이 떨어지는 가운데서도 있는 힘 없는 힘을 다 그러모아 한 번에 1센티미터씩, 폭이 성인 남성의 상체만 한 거대한 바퀴식 손잡이를 고통스럽게 돌렸다. 오전 7시 30분이 되자 천정에서 떨어지는 방사능 물이 발목까지 차올라 피부에 깊이 스며들었다. 두 사람은 냉각수 파이프 밸브 하나를 여는 데 가까스로 성공했다. 하지만 이제 둘 다 비정상적인 수준의 감마선에 여섯 시간도 넘게 피폭된 상태였고 급성방사선증후군의 초기 증상을 드러내기 시작했다. 흰 작업복은 회색이 되었고 흠뻑 젖었으며 베타 입자 등 방사성 입자들에 푹 담긴 상태가 되었다.[76] 그래서 그들의 피부는 시간당 수백 뢴트겐의 방사능에 피폭되고 있었다. 톱투노프는 계속 구토를 했다. 아키모프는 움직일 힘조차 없었다.[77] 그들이 얼마나 애를 쓰든 간에 마지막 밸브는 열리지 않을 터였다. 결국 아키모프는 동료들의 도움으로 그곳에서 나왔다.[78] 그리고 광부들이 쓰는 휴대용 전등 하나에 달랑 의지해 이동하다가 4호기 제어실로 가는 계단에서 발을 헛디뎠다.

다행히 톱투노프와 아키모프는 발전소 의무실로 갈 수 있었다. 하지만 그들이 사력을 다해 수문을 열어 내보낸 물은 망가진 원자로 주위의 깨진 파이프들에서 헛되게 분출했다.[79] 그 물은 4호기의 잔해를 거쳐 맹렬히 다음 층에까지 넘쳐흘렀다. 그리고 복도와 계단으로도 계속 넘쳐서 3호기를 냉각하는 데 필요한 물마저 고갈시켰다. 냉각 저수조를 3, 4호기가 공유하고 있었기 때문이다. 지하층에는 홍수라도 난 듯 물이 찼고 둘을 연결하고 있는 케이블 통로도 마찬가지였다. 더 큰 피해가 벌어질 위험이 있었다. 하지만 브류하노프 등 벙커 안에 있는 사람들이 4호기가 살아 있다는 환상을 깨고 자신들의 끔찍한 실수를 인정하기까지는 더 많은 시간과 더 많은 사람들의 희생이 있어야 했다.

토요일 오전 6시 35분이면 37개 소방팀(소방관 186명과 81대의 차량)이 키예프 전역에서 체르노빌에 출동해 있었다.[80] 이들은 4호기 근처에서 눈에 보이는 불은 모두 진화했다. 키예프 지구 소방차장은 긴급 상황은 종료되었다고 선언했다. 그러나 원자로 건물에 남아 있는 잔해들에서는 검은 연기가 피어올랐고 증기처럼 보이는 것이 계속해서 나선형으로 대기 중에 올라와 밝은 봄 하늘로 사라졌다.

떨어지는 잔해들을 피해 가며 탈기기 통로의 끝을 향해 가던 선임 유닛 엔지니어 보리스 스톨랴추크는 비상용 임시 제어실의 부서진 창문 중 하나로 몸을 기울여 목을 빼고 아래를 내려다보았다. 이미 동이 터서, 밝은 햇빛에 시야가 분명하게 보였다. 눈앞의 광경이 스톨랴추크를 공포에 질리게 만들지는 않았다. 하지만 한 가지 생각이 엄습해 왔다.

나는 아직 너무 젊은데 이제 다 끝났어.[81]

4호기는 날아갔다. 그 자리에는 우라늄 연료와 흑연의 끓는 용암만이 있을 뿐이었다. 그리고 앞으로 알게 되겠지만, 이 방사능 불꽃은 인간의 힘으로 끄는 것이 거의 불가능한 불꽃이었다.

7장

토요일 1:30 AM. 키예프

키예프 남부 교외의 향기로운 소나무 숲속, 고위 인사들의 집이 있는 콘차-자스파의 국영 다차는 안락했지만 비탈리 스클랴로프 Vitali Sklyarov는 잠을 이루지 못하고 있었다.[1] 우크라이나공화국 에너지전기부 장관인 그는 금요일 밤에서 토요일 새벽으로 넘어가는 내내 침대에서 뒤척였다. 결국 잠 들기를 포기하고 천정을 바라보고 있었는데 1시 반경에 전화가 울렸다.

우크라이나공화국 전역에 전기가 잘 보내지고 있는지 모니터링하는 송전 담당자였다. 한밤중에 키예프에서 송전 담당자가 전화를 한다는 것은 거대한 발전소들과 고압선들로 이뤄진 우크라이나의 전력망 어딘가에서 심각한 문제가 생겼다는 뜻이었다. 스클랴로프는 문제가 무엇이건 사망자만은 없기를 바랐다.

쉰 살인 스클랴로프는 평생 전력 분야에서 잔뼈가 굵은 "에네르게티키(전력 맨)"였다.[2] 루간스크Lugansk에 있는 석탄 화력발전소의 초보 기술자부터 시작해 발전소장이 되기까지 16년이 걸렸다. 그 다음에도 계속 승승장구해서 키예프 전력 이사회의 수석 엔지니어가 되었고 그 다음에는 에너지 장관이 되었다. 그는 평생 동안 당원이었고 소비에트 국경을 넘어 해외로 출장을 다닐 일도 많았다. 하지만 그 때문에 두려운 "특수 서비스", 즉 KGB와 자주 접촉해야 하기도 했다. "철의 장막"을 넘어 외국의 현실을 볼 수 있었던 것은 그의 냉소주의를 강화했고, 노멘클라투라의 계급 사다리를 오르면서 당 정치의 지뢰밭을 헤쳐 나가는 감도 생겼다.

우크라이나의 원자력발전소들은 모스크바에 직접 보고했지만, 그곳들에서 생산되는 전기는 우크라이나 에너지 장관인 스클랴로프의 책임이었다. 그는 에너지부 차관이던 시절에 체르노빌 원자력발전소 1호기 공사를 도운 바 있었고 이제는 소비에트의 비밀스러운 원자력 분야의 최고위 인사인 알렉산드로프와 슬라브스키를 직접 상대하고 있었다. 그는 우크라이나의 발전소에서 일어나는 모든 문제에 대해 보고를 받았다. 1982년에 체르노빌 1호기에서 일어난 용융 사고도 [체르노빌 엔지니어들에게는 은폐되었지만] 그에게 보고되었다.[3] 전력 분야에서 잔뼈가 굵은 스클랴로프는 원전이 아닌 다른 종류의 발전소에서도 무수한 사고를 접한 바 있었다.[4] 라인이 떨어져 내리거나, 전면적인 정전 사태가 발생하거나, 케이블이나 연료가 불에 타거나……. 그럴 때 직원들은 수족이 절단되거나 목숨을 잃곤 했다. 하지만 오늘 갑작스럽게 송전 담당자가 전화로 폭포처럼 쏟아내는 체르노빌의 상황은 스클랴로프가 전에 경험했던 어느 것보다도 심각한 상황으로 들렸다.

"체르노빌 원자력발전소에서 일련의 운전 교란이 발생했습니다. 4호기가 1시 20분에 중단되었습니다. 발전소에 화재가 났다는 연락이 들어왔습니다. 4호기 메인 홀과 터빈 홀에서 화재가 발생했다고 합니다. 발전소와는 연락두절 상태입니다."[5]

스클랴로프는 즉시 우크라이나 총리 알렉산더 랴슈코Alexander Lyashko에게 전화했다.[6] 랴슈코는 스클랴로프에게 우크라이나 최고 실권자인 당 제1서기에게도 이 사실을 알리라고 했다. 우크라이나공화국의 최고 통치권자이자 소비에트 중앙당 정치국의 오랜 일원이며 [전 서기장] 브레즈네프의 측근이었던 예순여덟 살의 블라디미르 셰르비츠키Vladimir Scherbitsky는 강경보수파 당원이었고 고르바초프가 추진하려는 개혁에는 관심이 없었다. 셰르비츠키는 주말 동안 방해하지 말라는 지시를 내려 놓고 시골 별장에 가 있었다(그는 그곳에서 비둘기 떼를 애지중지 키웠다). 스클랴로프의 전화를 받은 경비원은 그를 깨우지 않으려고 했다. 스클랴로프는 다시 랴슈코에게 전화를 해서 상황을 설명했다. 5분 뒤, 셰르비츠키가 전화로 연결되었다. 여전히 잠이 덜 깬 목소리로 그가 물었다. "무슨 일인가?"

모스크바의 중앙 각료들이 긴급 전화를 받기 시작한 것은 폭발이 있고서 30분이 채 안 되었을 때였다. 소비에트연방의 에너지부 장관, 보건부 제3주요국, 국방부 중앙사령부에 고주파 비상 보안 전화가 울렸고, 중앙집권적 국가의 수많은 촉수가 서서히 고개를 들고 촉각을 곤두세우기 시작했다. 한편 키예프에서는 우크라이나 내무장관이 우크라이나의 KGB 장교, 시민방호군 장교, 검찰, 그리고 모스크바에 있는 자신의 상관에게 사고 소식을 알렸다.[7]

모스크바 에너지부 관할의 원자력발전 담당 당국 소유즈아톰에네르고의 수석 엔지니어 보리스 프류신스키Boris Prushinsky는 원전 사고에 대응하기 위해 최근 에너지부에 만들어진 긴급대응팀 OPAS의 책임자이기도 했다. 그는 자다가 당직 교환수의 전화를 받고 일어났다. 교환수는 체르노빌 원자력발전소 4호기에서 사고가 있었다고 말했다. 그리고 사태의 심각성을 나타내기 위해 쓰이던 암호를 읽었다. **오딘, 드바, 트리, 체티레**(1, 2, 3, 4).[8] 프류신스키는 비몽사몽인 채로 이 숫자가 의미하는 바가 무엇인지 기억해 내려고 애썼다. 국지적인 사고인가? 광범위한 사고인가? 화재인가? 방사능인가? 사망자가 있는가? 없는가? 소용이 없었다. 답답해진 그가 말했다.

"암호로 말고 그냥 말해 봐. 무슨 일이야?" 시각은 새벽 1시 50분이었다.

새벽 2시 20분, 소비에트 군 참모장인 육군 원수Marhall 세르게이 아흐로메예프Sergei Akhromeyev는 국방부 중앙사령부로부터 온 전화 소리에 잠에서 깼다.[9] 내용은 다음과 같았다. '체르노빌 원자력발전소에서 사고가 났다. 핵종이 대기 중에 방출되었을 가능성이 있다. 정확한 것은 아직 아무도 모르는 것 같아 보인다.' 아흐로메예프는 더 알아보라고 하고 참모 회의를 소집했다. 한 시간 뒤 그가 본부에 도착했을 때도 새로운 소식은 없었다. 어쨌거나 아흐로메예프는 필요한 명령들을 내리기 시작했다.

아흐로메예프 원수는 콘퍼런스 참석차 우크라이나 서부의 르보프Lvov라는 곳에 가 있는 소비에트 시민방호군(자연재해, 핵전쟁, 화학무기 공격 등이 발생했을 경우 민간인을 보호하는 역할을 맡은 소비에트 군 병력) 최고 사령관을 전화로 찾아서 키예프에 주둔하고 있는 시민방호군의 방사능 정찰 부대를 현장에 파견하라고 지시했다.[10] 이어서 볼가 강 동쪽에 기지를 둔 방사능 제염 특수 부대에도 대비를 하라고 지시하고, 체르노빌로 긴급히 공수할 수 있게 인력과 장비를 준비시켰다. 명령을 받고 현장에서 작전을 지휘하기 위해 모스크바를 출발한 소비에트 시민방호군 총부사령관 보리스 이바노프Boris Ivanov 상장Colonel

General은 그때까지도 자신이 처리해야 할 일이 체르노빌 발전소의 "가스 저장 계통 폭발과 4호기 화재"라고만 알고 있었다.[11] 그는 발전소 사고 시 직원들과 인근 지역 주민들을 보호하기 위해 마련되어 있는 매뉴얼대로 병력을 보낼 채비를 했다. 이것은 그와 그의 병력이 아주 잘 훈련되어 있는 종류의 시나리오였다.

보리스 프류신스키는 당직 교환수가 암호를 풀어서 사고 설명을 다시 읽는 것을 들었다. 발생 가능한 최대의 비상 상황이고, 화재와 폭발이 있었으며, "포괄 방사능 사고"일 가능성이 있다고 했다. 그는 교환수에게 발전소에 직접 전화를 연결해 달라고 했다. 10분 후, 근무조 조장 중 한 명이 체르노빌에서 전화를 해 왔다. 하지만 그도 별다른 사항을 알려 주지 못했다. 그는 원자로 가동이 중지되었고 노심에 냉각수를 공급하고 있다고 했다. 사상자에 대해서는 아직 아무 정보가 없었다. 수화기를 계속 든 채로, 인터콤으로도 4호기에 연락을 시도해 보았지만 응답이 없었다.

프류신스키는 전화를 끊고 곧바로 18명으로 구성된 원전 위기 대응팀 OPAS를 전원 소집했다. 이 팀이 생기고 나서 처음이었다.[12] 이어서 프류신스키는 친구인 게오르기 콥친스키Georgi Kopchinsky에게 전화를 걸었다. 모스크바의 당 중앙위원회에서 원자력발전에 대한 선임 자문으로 일하고 있는 콥친스키는 3년간 체르노빌에서 부수석 엔지니어로 일한 적이 있었기 때문에 체르노빌 발전소와 그곳 직원들을 잘 알았다.[13] 프류신스키는 콥친스키에게 체르노빌 발전소에서 사고가 났는데 정확한 내용을 모르겠다고 말했다.

"무슨 폭발이 있었다는군. 4호기가 불타고 있대."

콥친스키는 그의 당 상관인 블라디미르 마린Vladimir Marin에게 전화를 했다. 마린은 당의 원자력발전 분야 책임자였다. 되도록 빨리 당이 중앙위원회에 사고 대응팀을 꾸려야 한다는 데 둘의 의견이 일치했다. 그 일은 마린에게 맡기고 콥친스키는 서둘러 차를 부르고 작은 서류가방을 꾸려서 키타이스키 가에 있는 소유즈아톰에네르고 사무실로 갔다.[14] 소유즈아톰에네르고 국장이 이미 나와 있었고 KGB 장교 한 명도 구석에 조용하게 앉아 있었다. OPAS 팀원들이 각자의 집을 출발해 속속 도착했고 이들은 다른 부처와 공조하기 위한 계획을 세웠다.[15] 원전 사고에 대응하려면 이들의 부서인 에너지부 외에도 중기계건설부, 보건부, 수문기상과학 모니터링 위원회(소비에트 전역의 날씨와 환경을 모니터링하는 곳이다) 등과의 공조가 꼭 필요할 것이기 때문이었다.

동시에 그들은 체르노빌 원자력발전소에 계속 연락을 시도했다. 하지만 누구하고도 연락이 닿지 않았다.

새벽 3시, 두 번째로 전화가 울렸을 때 블라디미르 마린은 아직 집이었다. 체르노빌 발전소장 브류하노프가 벙커에서 직접 전화를 걸어왔다.[16] 브류하노프는 발전소에서 끔찍한 사고가 발생했다고 고백했지만 다행히 원자로 자체는 무사하다고 안심시켰다. 마린은 아내에게이 소식을 알리고 서둘러 옷을 입고 운전사에게 중앙위원회 사무실로가자고 했다. 출발하기 전에 마린은 자신의 직속상관에게 전화를 걸었고, 이 소식은 당의 위계를 따라 위로 전달되었다.

크렘린에 동이 트고 모스크바, 키예프, 체르노빌 사이를 연결하는 고주파 보안 전화가 점점 더 바쁘게 움직이면서, 브류하노프가 묘사한 다행스러운 버전의 사고 경위가 점점 더 위쪽으로 보고되어 올라가기 시작했다.[17]

오전 6시경에는 소비에트 에너지부 장관 아나톨리 마요레츠Anatoly

Mayorets에게 사고 소식이 전해졌다. 다시 그는 소비에트 총리 니콜라이 리지코프의 집으로 전화를 걸어서 체르노빌 발전소에 화재가 났다고 알렸다. 그는 원자로 하나가 작동되지 않고 있지만 상황은 통제되고 있으며 전문가로 구성된 조사팀이 더 상세히 알아보기 위해 현장으로 가고 있다고 보고했다. 또한 크리미아에서 휴가 중이던 에너지부의 원자력 담당 차관 한 명을 현장에 파견하기 위해 이미 소환했다며 그가 매우 경험이 많은 원자력 전문가라고 보고했다.[18] 리지코프는 마요레츠에게 그의 팀에 연락하고 정보를 더 알게 되는 즉시 다시 전화하라고 했다.[19]

하지만 소유즈아톰에네르고에서 게오르기 콥친스키 등 원자력 전문가들은 상황이 생각했던 것보다도 훨씬 더 나쁠 수 있다는 것을 이미 감지하고 있었다. 발전소의 근무조 조장 한 명과 겨우 연결이 닿았을 때 그 조장은 횡설수설했고 공포에 질려 있는 것 같았다. 콥친스키는 그에게 발전소의 고위 경영진 아무나라도 찾아서 즉시 소유즈아톰에네르고로 전화하게 하라고 지시했다.

곧 체르노빌의 과학 부수석 엔지니어가 소유즈아톰에네르고로 전화를 걸어 왔다. 그는 자신이 알고 있는 것을 침착하게 설명했다. 내용은 다음과 같다. '4호기에서 일상적인 유지 보수를 위해 전원을 끊었다. 그 다음에 어떤 전기 테스트를 하고 있었다고 한다. 정확히 어떤 테스트였는지는 모르겠다. 어쨌든 그 테스트를 하는 도중에 사고가 발생했다.'

하지만 노심을 냉각하는 작업(이것은 4호기를 수리해서 재가동하려면 꼭 필요한 작업이었다)은 어떻게 되고 있느냐고 물었더니 전화선 저쪽의 침착함은 갑자기 사라졌다.

"냉각할 노심이 더 이상 존재하지 않습니다!" 그때 전화가 갑자기

먹통이 되었다.[20]

키예프의 사무실에서 우크라이나 에너지부 장관 비탈리 스클랴로프는 손상된 발전소에 무슨 일이 일어나고 있는지 파악하라는 지시를 받았지만 그도 전화로는 정확한 정보를 알 수 없었기 때문에 차관 한 명을 자동차로 직접 현장에 보내기로 했다.[21] 차로 두 시간 거리인 체르노빌에 차관이 도착할 때까지 스클랴로프는 계속해서 발전소에 전화 연락을 시도하는 한편 모스크바의 상관들과 통화를 했다. 엄청난 재앙인 것 같다는 느낌이 들었다. 하지만 아무도 그에게 구체적이고 분명한 이야기를 해 주지 못하고 있었다.

새벽 5시 15분에 그가 파견한 차관이 현장에서 전화를 걸어 왔다. 발전소는 아직도 불타고 있고 소방관들이 진화에 어려움을 겪고 있다고 했다. 원자로 홀의 지붕과 두 벽이 함몰되었으며 장비들은 멎었고 원자로를 냉각하기 위해 화학 처리된 물을 보내고 있지만 이제 물도 바닥났다고 했다. 하지만 스클랴로프가 이제까지 아무도 그에게 제대로 알려 주지 못했던 질문들(방사능 수치는 어떤가? 원자로 상태는 어떤가?)을 하자 스클랴로프 본인이 파견한 전문가조차 명확하게 대답을 하지 못했다.

"상황은 매우, 매우, 안 좋습니다."

이것이 그가 할 수 있는 말의 전부였다.

대체 어떤 종류의 사고이기에 상황 파악이 이렇게 어려운 것인가?

스클랴로프는 우크라이나 당 제1서기 셰르비츠키에게 다시 전화를 해서 이제까지 파악한 바를 보고했다.

셰르비츠키가 대답했다. "비탈리 페도로비치." 여기까지 듣고 스클랴로프는 긴장했다. 제1서기가 그의 이름을 이렇게 부를 때는 안 좋은 징조였다. "자네가 직접 가 보는 게 좋겠어."

스클랴로프는 불타는 핵발전소를 근거리에서 볼 생각이 전혀 없었기 때문에 반대하려고 해 보았다.

"그 발전소는 모스크바 관할입니다. 우리에게 속해 있지 않습니다."

하지만 셰르비츠키는 이렇게 말했다. "발전소는 우크라이나 것이 아닌지도 모르지만 그 땅과 사람들은 우크라이나 땅과 사람들 아닌가."[22]

발전소 지하 벙커에서는 브류하노프 소장이 아직도 혼란스러워하면서 자리에 앉아 있었다. 재앙의 진정한 규모를 여전히 인지하지 못한 것이 분명했다. 그는 자신의 직원인 시민방호 책임자가 보고하는 방사선량 수치도 받아들이려 하지 않고 있었다. 한편, 발전소장에게 보고도 하지 않고 터빈 테스트를 진행했던 수석 엔지니어 포민은 충격으로 거의 넋이 나간 듯했다. 평소의 고압적이고 자신만만하던 태도는 썩은 나뭇가지 꺾이듯 완전히 꺾여 사라졌고, 길 잃은 아이마냥 작은 목소리로 같은 질문을 반복해서 중얼거리면서 멍하니 자리에 앉아 있었다. "무슨 일이 일어난 거지? 무슨 일이 일어난 거지?"[23]

오전 8시경, 발전소의 원자력 안전부 기술자들이 발전소 주변 토양과 물에서 샘플을 채취해 분석한 결과 핵분열 생성물과 핵연료 입자들이 검출되었다.[24] 이는 원자로가 파괴되어 노심이 외부에 노출되었으며 방사능 물질이 대기 중으로 방출되었다는 결정적인 증거였다. 오전 9시경, 내무부 경찰들이 초록색의 고무 화생방복과 방독면을 장착하고 발전소로 진입하는 길을 차단했다. 키예프 주의 당 제2서기 블라디미르 말로무츠가 전반적인 사고 수습을 지휘하기 위해 체르노빌에 도착해 있었다.[25] 행정동 3층에 있는 브류하노프의 사무실에서 발전소의 각 부서장이 브류하노프에게 보고를 하는 동안 말로무츠도 옆에서 함께 들었다.[26] 발전소 의무실 의사가 현재까지의 사상자에 대해 보고했다. 그는 한 명이 사망했고 수십 명이 부상했으며 이들이 막대한 양의 방사능에 노출된 것이 분명하고 확실한 방사선증후군 증상을 보이고 있다고 말했다. 하지만 발전소의 외부 누출 모니터링 책임자(발전소 경내를 넘어선 곳의 방사선량을 측정하는 임무를 맡고 있었다)는 프리피야트에서 주민들을 소개시킬 필요는 없다고 주장했다. 발전소의 시민방호 담당자인 보로비예프가 다시 한번 끼어들어 주민들에게 사고 사실을 알려야만 한다고 반박해 보려 했지만 이번에는 말로무츠가 그의 말을 잘랐다.

"앉게. 자네가 결정할 일이 아니야."[27]

말로무츠는 브류하노프에게 상황 보고서를 문서로 제출하라고 했다.[28] 발전소 당 서기의 지휘 하에 몇몇 직원들이 초안을 작성했고 그것이 오전 10시경에 발전소장의 책상에 올라왔다. 타자로 친 한 페이지짜리 짧은 보고서였다. 폭발에 대한 묘사가 있었고 원자로 홀 지붕이 붕괴하고 화재가 발생했으나 화재는 이미 거의 완전히 진압되었다고 적혀 있었다. 또 화재 진압에 관여한 34명이 병원에서 진찰을 받고 있으며 9명은 크고 작은 열화상을 입었고 3명이 위독한 상황이라는 내용과, 실종자 1명, 사망자 1명이 있다는 내용도 포함되었다. 하지만 방사선 피폭으로 인한 부상은 언급되지 않았다. 또한 이 문서는 4호기 근처의 방사능 수치가 초당 1000마이크로뢴트겐, 시간당 3.6뢴트겐으로, 용인 가능한 수준이라고 적혀 있었다.[29] 하지만 여기 설명되지 않은 것은 이 숫자가 그저 그들이 가진 장비가 계측할 수 있는 최대 숫자일 뿐이었다는 사실이었다.[30] 보고서는 프리피야트의 상황은 정상적이며 방사능 상황은 계속 조사 중이라고 끝을 맺었다. 브류하노프는 아래쪽의 빈 공간에 파란 볼펜으로 서명했다.

토요일 오전 9시경 군 수송기가 보리스 프류신스키와 그가 이끄는 원전 사고 대응팀을 싣고 모스크바의 치칼로프스키 군사 공항에서 막 이륙했을 때, 리지코프 총리는 크렘린에 출근했다.[31] 석탄 광부의 아들인 리지코프 총리는 물류 전문가였고 소비에트의 경제를 열심히 관리한 덕분에 정부 관료제의 사다리를 빠르게 올라갔다. 쉰여섯 살인 그는 단정하고 활력 있는 사람이었고 고르바초프의 개혁 운동에서 온건파 동지였다. 대개 주말에는 사무실에 조금 늦게 나왔는데 오늘도 그랬다. 그는 도착하자마자 에너지 장관 아나톨리 마요레츠를 불러 우크라이나 발전소 화재와 관련해 더 들어온 정보는 없는지 물어보았다.

마요레츠의 보고는 암울했다. 이제 그는 상황이 처음에 생각했던 것보다 훨씬 나쁘다고 보고 있었다. 이것은 통상적인 사고가 전혀 아니었다. 원자로 하나가 폭발했다. 피해는 방대했다. 결과는 예상하기도 어려웠다. 긴급 조치가 필요했다. 리지코프 총리는 마요레츠에게 더 고위직으로 구성된 두 번째 전문가 팀을 꾸려 즉시 키예프로 파견하라고 지시했다.[32] 그리고 러시아 국제 항공사 아에로플로트Aeroflot에 연락해 비행기를 준비시키라고 지시했다. 이어서 중대 사고에 대한 일반적인 절차에 따라 리지코프는 한층 더 고위직으로 구성된 또 하나의 정부위원회를 꾸리기 시작했다. 여기에 포함될 위원들은 그가 직접 골랐다. 전반적인 사고 처리 및 피해 수습을 지휘할 이 정부위원회의 위원장은 보리스 셰르비나Boris Scherbina로 정해졌다. 머리가 벗겨지고 불독 같은 얼굴을 한 소비에트 부총리 셰르비나는 소비에트연방 전역의 연료와 에너지 문제를 총괄하고 있었다.[33] 리지코프 총리는 천 킬로미터도 넘게 떨어진 카자흐스탄 국경 지역의 오렌버그Orenburg라는 곳에

가 있던 셰르비나를 찾아내(셰르비나는 석유 노동자들에게 연설을 하기 위해 그곳을 방문한 차였다) 당장 그곳 일을 접고 모스크바로 오라고 했다.[34] 그리고 그를 태우고 우크라이나로 갈 비행기를 모스크바에 대기시켰다.

오전 11시, 마요레츠가 이끄는 두 번째 팀이 이륙했고, 이어 리지코프는 최고위 정부위원회를 구성하는 공식 법령에 서명하고 이들을 최대한 빠르게 소집하라고 지시했다. 여기에는 소비에트 과학아카데미, 쿠르차토프 연구소, 검찰, KGB, 보건부, 우크라이나 각료회의 등의 고위 인사들이 포함되어 있었다.

발레리 레가소프Valery Legasov는 쿠르차토프 원자력 에너지 연구소의 제1부소장이었다.[35] 토요일 아침에 그는 우크라이나에서 무슨 일이 일어났는지 까맣게 모르는 채로 일어났다. 날씨가 아주 좋았고, 그는 그날을 아내 마가리타와 함께 보낼지, 그가 학과장으로 있는 모스크바 국립대학에 가서 일을 할지, 중기계건설부 본부에 있는 당 회의 "악티프aktiv"에 참석할지 아직 결정을 못 하고 있었다.

언제나 건실한 당원인 레가소프는 당 회의에 가기로 했다. 그는 오전 10시가 되기 직전에 중기계건설부 본부에 도착했다. 한 동료가 그에게 체르노빌에서 사고가 난 모양이라고 말했다. 이날의 회의는 스레드마시를 이끌고 있는 에핌 슬라브스키가 진행했다. 여느 때처럼 과장된 이야기들이 나왔다. 노년의 슬라브스키는 중기계건설부가 한 수많은 성공과 승리에 대해 일장연설을 했고 실패한 소수의 개인들을 꾸짖었다. 그는 대체로 모든 것이 어느 때보다 잘 굴러가고 있다고 말했다. 그들의 계획은 모두 완수되었고 목표량도 모두 달성되었다. 늘 하던 대로 원자력산업의 영광에 대해 찬가를 읊다가 슬라브스키는 잠시 멈추고 우크라이나의 한 원자력발전소에서 어떤 실수가 있었던 것 같다고 언급했다. 하지만 곧바로 덧붙이길, 체르노빌 발전소는 중기계건설부가 아니라 이웃 부서인 에너지부 담당이라고 했다. 그 사고가 무엇이든 소비에트 원자력발전의 행진을 멈추지는 못할 것이었다.

정오에 쉬는 시간이 되자 레가소프는 동료와 한담을 나누러 2층으로 올라갔다. 거기에서 중기계건설부 차관 알렉산더 메슈코프가 레가소프에게 긴급한 소식을 전했다. 레가소프가 체르노빌 사고 수습을 위한 정부위원회의 일원으로 지명되었다는 것이었다. 그는 오후 4시까지 모스크바의 브누코보 공항에 도착해야 했다. 레가소프는 즉시 쿠르차토프 연구소로 가는 차를 불렀다. 최고의 원자력 연구 기관에서 부소장으로 일하고 있긴 했지만 그는 화학자였지 원자로 전문가가 아니었으므로, 체르노빌로 가기 전에 전문가의 조언이 필요했다.

당의 고위 이념가의 아들로 태어난 발레리 레가소프는 쿠르차토프 연구소 당 위원회 위원장이었다.[36] 대학생이던 1950년대에 그와 아내 마가리타는 콤소몰 전위대에 들어가 시베리아 남부 평원에서 밀을 키웠다. 대학을 졸업한 뒤에도 모스크바에서의 안락한 직위를 받아들이기보다 먼 외지의 톰스크-7 화학 콤바인의 방사화학 연구 시설에서 일하기를 선택했다. 지식인이자 과학자로서, 그는 사회주의의 원칙을 믿었고 교육받은 엘리트가 이끄는 평등한 사회를 믿었다. 레가소프는 위트 있고 견해가 분명했으며, 좋은 집안 출신이라는 데서 나오는 자신감에 힘입어 겁쟁이 당 관료들의 세계에서 자신의 생각을 거침없이 말하는 사람이 되었다. 여가 시간에는 시도 썼다. 자기 의견을 솔직하게 말하는 스타일이었는데도 당의 상관들에게 총애를 받았고 매우 빠르게 권력의 상층으로 올라갔다. 그는 연구 활동으로 국가 훈장을 비롯해 소비에트 과학자에게 주어지는 모든 영예를 받았다. 아직 받지 못한 것은 최고 영예인 사회주의노력영웅 칭호뿐이었다.

땅딸막하지만 건장한 체격에 검은 머리와 두꺼운 안경을 긴 레가소프는 경력의 정점을 향해 가고 있었고 소비에트 과학계의 스타에게 주어지는 특권층의 삶을 즐기고 있었다. 테니스를 치고, 스키를 타고, 수영을 하고, 여행도 많이 했다. 그와 아내 마가리타는 가로수가 멋지게 늘어선 페호트나야 거리 26번지에 있는 큰 빌라에 살았다. 사무실까지 걸어갈 수 있는 거리였고, 그들은 친구와 동료들을 집에 자주 초대했다. 그의 상관인 아나톨리 알렉산드로프도 그의 집에 단골로 오는 손님이었다. 과학아카데미 원장이자 쿠르차토프 연구소 소장인 여든세 살의 알렉산드로프는 레가소프의 집에서 가까운 곳에 살았고 레가소프의 집에 들러 저녁을 먹고 함께 체스 두는 것을 좋아했다.[37] 그는 부소장 레가소프가 늘 몇 수 앞을 내다본다고 말하곤 했다. 아직 마흔아홉 살인 레가소프는 노년인 알렉산드로프가 퇴임하고 나면 쿠르차토프 연구소의 소장이 될 것이 확실해 보였다.

이 전망에 방해가 되는 사람이 딱 한 명 있었다.[38] 역시 이웃에 사는 예브게니 벨리호프Evgeny Velikhov로, 뚱뚱하고 쾌활한 플라스마 물리학자였다. 그는 자유로운 사상가들과 발명가들을 배출한 집안 출신이었다. 고르바초프의 개인적인 과학 자문이고 모스크바 외곽에 그 자신의 이론물리학 실험실을 가지고 있기도 했던 벨리호프도 쿠르차토프 연구소의 고위직이었고 레가소프와 막상막하의 라이벌이었다. 그는 해외를 많이 다녔고 서구 과학자들도 꽤 많이 알고 있었으며 영어도 수준급이었고 프린스턴 넥타이를 즐겨 맸다.[39] 하지만 그는 페호트나야 거리 26번지의 저녁 식탁에는 거의 오지 않았다. 벨리호프가 대놓고 냉랭한 태도를 보이는 것에 레가소프가 어리둥절해하자 아내가 간단한 해답을 제시했다. "당신이 성공한 것에 대해 그에게 말하는 걸 좀 줄여 봐."[40]

　토요일 점심 무렵에 연구소에 도착한 레가소프는 만나려던 사람을 찾기까지 시간이 좀 걸렸다.[41] 그가 기다리는 사람은 알렉산더 칼루긴 Alexander Kalugin으로, 이 연구소의 RBMK 전문가였다. 칼루긴은 그날 쉬는 날이었지만 레가소프가 무슨 일로 찾는지를 듣고 체르노빌 발전소와 원자로에 대해 그가 찾을 수 있는 모든 기술적인 문서들을 가지고 왔다. 그를 만나고 나서 레가소프는 급히 집으로 돌아와 아내에게 출장을 가야 한다고 알리고(가서 무엇을 하게 될지, 얼마나 오래 걸릴지는 그도 몰랐다), 공항으로 갔다. 날씨는 좋았지만 그는 아침에 입었던 비싼 가죽 코트와 정장을 여전히 입고 있었다.[42]

　사고가 시작된 지 아홉 시간이 조금 지난 오전 11시경, 모스크바의 첫 번째 대응팀을 태운 비행기가 키예프에 도착했다.[43] 보리스 프류신스키가 이끄는 에너지부의 원자력 사고 긴급 대응팀이었고, 여기에는 소유즈아톰에네르고 과학자들과 체르노빌 발전소의 원자로를 설계한 연구소의 과학자들, KGB 요원들, 그리고 모스크바 제6병원 전문가 네 명도 포함되어 있었다. 모스크바 제6병원은 국영 생물리학 연구소State Institute of Biophysics 산하의, 방사선 질환을 치료하는 전문 병원이었다. 키예프에 도착한 프류신스키는 사고 수습을 위해 더 고위층의 정부위원회가 구성되어 이쪽으로 오고 있다는 것을 알게 되었다.[44] 하지만 사고의 진정한 규모에 대해 모스크바의 정치국이 어떤 추가적인 정보를 들었든지 간에, 프류신스키 일행에게는 아직 알려지지 않은 상태였다. 경찰차의 호위를 받으면서 프리피야트까지 버스로 140킬로미터를 이동하는 동안 분위기는 낮게 가라앉아 있었다. 사망자가 두 명 있다는 것을 알고 있었기 때문이다. 하지만 무슨 일이 일어난 것인지는 알지 못했다. 그들은 원자로 홀 지붕이 무너졌거나 어떤 기계에 불이 났거나 했을 거라고 추측했다. 그리고 원자로 자체는 안전하게 가동이 정지되어서 냉각되고 있을 것이라고 생각했다. 그러니 더 이상의 사상자는 없을 터였다.

그렇게 생각하고 있었기 때문에, 버스가 프리피야트와 발전소 사이의 교차로에 접근했을 때 밀리치야[경찰]가 "레페스토크" 마스크를 착용하고 있는 것을 보고 프류신스키는 어리둥절했다. [꽃잎이라는 뜻의] "페탈"이라고도 불린 이 마스크는 헝겊으로 된 방독면으로, 방사능 미세먼지를 거르기 위한 것이었다. 프류신스키는 지금 방독면이 왜 필요한지 알 수가 없었다. 어쨌든 그의 팀이 프리피야트로 들어갔을 때 그들을 맞으러 나온 발전소의 누군가가 모든 것이 잘 통제되고 있다고 말해 주어서 프류신스키는 안심하고 폴레시아 호텔에 체크인을 했다. 중앙광장이 내려다보이는 8층짜리 콘크리트 건물이었다. 프류신스키는 아래층의 식당에서 점심을 먹고서 해가 빛나는 호텔 테라스로 갔다. 내려다보니 브류하노프 소장이 광장을 가로질러 오는 것이 보였다.

"4호기에 무슨 문제가 있습니까?" 프류신스키가 물었다.

브류하노프는 이후에 몇 시간이나 계속해서 원자로 자체는 무사하다고 주장하고 상관들에게도 그렇게 보고하지만,[45] 적어도 이 순간에는 사실을 인정했다.

"4호기는 더 이상 존재하지 않습니다."

프류신스키는 경악했다. 그는 이 사람이 원자력 전문가가 아니라는 것을 알고 있었다. 하지만 아무리 그래도 그렇지 그가 말하고 있는 것은 아예 상상 불가의 것이었다.

브류하노프는 절망적인 얼굴로 말했다. "직접 보십시오. 증기 분리기들이 길에서 보입니다."

***

모스크바에서는 브류하노프가 아침에 서명한 상황 보고서가 당의 관료제 채널을 따라 천천히 위로 올라가고 있었다. 정오에 에너지부 차관 알렉세이 마쿠힌Aleksei Makukhin은 중앙위원회에 17줄의 전보를 보내서 브류하노프 소장이 말한 버전(원자로 자체는 무사하다는 버전)의 사고 소식을 전했다. "긴급"이라고 표시되어 있긴 했지만 이 소식은 "일반 관리 부서"와 "원자력 에너지 부서"를 거쳐서 늦은 오후가 되어서야 고르바초프에게 보고되었다.[46]

전신의 내용은 다음과 같았다. "원자로실 위쪽에서 폭발 발생. 원자로 공간의 지붕 및 벽의 패널 일부와 기계실의 몇몇 지붕 패널이 (…) 폭발 중에 붕괴되었음. 지붕에 화재가 발생했음. 화재는 03:30에 진압됨."[47]

산업재해 소식을 듣는 데 무척 잘 단련되어 있는 정부에게 이것은 익숙한 영역이었다. 무언가 폭발이 일어났다. 오케이. 화재는 이미 진압되었다. 오케이. 심각한 사고이기는 하지만 통제할 수 없는 것은 아니다. 중요한 사실은 원자로 자체는 손상되지 않았다는 것이다. 핵 재앙의 가능성은 면했다.

전신에는 "발전소 인력이 노심을 냉각시키는 조치를 취하는 중이며, 소비에트 보건부 제3주요국 견해로 프리피야트 주민 소개령 등 특별한 조치를 취할 필요는 없어 보임"이라고 되어 있었다.

오후 2시, 모스크바를 출발한 두 번째 사고 대응팀이 특별기를 타고 키예프에 도착했다.[48] 연방 에너지부 장관 아나톨리 마요레츠가 이끄는 팀이었다. 마요레츠의 우크라이나 측 상대방인 비탈리 스클랴로프[우크라이나 에너지부 장관]가 활주로에 그들을 맞으러 나왔고 그들은 낡아 보이는 An-2 복엽기 두 대를 타고 이동했다. 소비에트 에너지부

장관이 된 지 얼마 되지 않았고 핵 전문가도 아닌 마요레츠는 자신만만했다. "우리가 프리피야트에 그리 오래 있지는 않아도 될 거라고 생각합니다." 그는 48시간 이내에 집으로 돌아갈 수 있을 것이라고 생각했다.

하지만 스클랴로프가 말했다. "아나톨리 이바노비치[마요레츠], 이틀로는 안 될 것 같습니다."

"겁주지 말아요, 스클랴로프 동지. 우리의 주요 임무는 손상된 원자로를 최대한 빠르게 복구해서 다시 송전망에 연결하는 겁니다."[49]

체르노빌 밖의 간이 활주로에 착륙한 그들은 포플러 가로수의 그늘이 진 레닌 대로를 통과해 프리피야트 안으로 들어갔다.[50] 프리피야트 사람들은 따뜻한 주말 오후에 할 법한 일들을 하고 있었다. 아이들은 축구를 하고 있었다. 발코니에는 갓 빨아 넌 빨래가 흔들리고 있었다. 새로 문을 연 쇼핑센터 앞의 중앙광장에서는 부부와 연인들이 느긋하게 시간을 보내고 있었다. 스클랴로프는 옆의 누군가에게 방사선 수치를 물어보았고 정상적인 자연방사의 열 배 정도라는 대답을 들었다. 그렇다면 명백히 허용 가능한 수준이었다. 스클랴로프도 조금 더 낙관적이 되었다.

정부 관료들은 프리피야트의 당과 이스폴콤(프리피야트 시 위원회) 사무실이 있는 건물에 모였다. 폴레시아 호텔 옆의 5층짜리 콘크리트 건물로, 그곳 사람들 사이에서는 "벨리 돔", 또는 "화이트하우스"라고 불렸다. 키예프 주의 당 서기 말로무츠는 여기에 본부를 꾸렸다. 모스크바에서 도착한 소비에트 시민방호군 총부사령관 이바노프 장군은 당이 프리피야트 시민들에게 사고 사실을 알려야 하지 않겠냐고 제안했다. 그러는 동안 그의 부대는 발전소와 프리피야트의 방사능 정찰을 수행하고 있었다.[51]

이어서 각료와 전문가들은 노심을 어떻게 하면 가장 잘 냉각할 수 있을지, 그리고 어떻게 사고의 잔해들을 치울지에 대해 맹렬히 논의하기 시작했다. 하지만 위원장 보리스 셰르비나가 도착하기 전에는 어떤 결정적인 행동도 취할 수 없었다. 셰르비나는 모스크바를 출발했지만 아직 도착하기 전이었다. 밖의 날씨는 맑고 따뜻했고 호텔의 옆 홀에서는 우크라이나 전통 결혼식이 막 시작되고 있었다.

헬기를 타고 원자로 주위를 낮게 돌면서, OPAS의 보리스 프류신스키는 브류하노프 소장의 말이 맞았다는 것을 깨달았다.[52] 하지만 눈으로 보면서도 자신이 보고 있는 것을 믿기가 어려웠다.

중앙 홀의 지붕은 사라지고 없었고 그 안에서 검은 분화구가 입을 쩍 벌리고 있었다. 거대한 국자로 퍼낸 것처럼 10층 이상의 벽과 바닥이 움푹 꺼져 있었다. 건물의 북쪽 벽은 완전히 무너져서 잔해가 옆 건물의 평평한 옥상과 발전소의 경내를 벗어난 곳까지 떨어져 있었다. 원자로 홀의 폐허 안에는 120톤의 교형 크레인, 연료 장전 기계, 메인 펌프, 비상 노심 냉각 탱크들이 부서져 있었다. 발전소 소속 사진사가 사진을 찍을 수 있도록 조종사가 헬리콥터를 기울였다. 프류신스키는 원자로의 뚜껑, 그러니까 원자로를 외부로부터 보호하도록 고안된, 2000톤짜리 원반 모양의 콘크리트와 철제 덮개 "엘레나"의 한쪽이 들려 비스듬히 기울어져 있는 것을 보았다. 그 아래로 원자로 용기의 깊은 내부에서, 밝은 햇빛이 드는 와중에도 뚜렷하게 빛나는 격자무늬가 보였다. 남아 있는 연료 셀들에서 나오는 것이었다. 그리고 노랗고 빨간 빛을 내며 맹렬히 타고 있는 듯한 지점도 하나 보였다. 헬기가 현장에서 멀어져 가면서 프류신스키는 그의 마음이 여전히 받아들이기를 거부하고 있는 사실에 억지로 스스로를 직면시켰다. **4호기는 이제 존**

재하지 않는다.

오후 4시에 화이트하우스의 당 회의실에서 열린 회의에서 수석 엔지니어 니콜라이 포민은 직원들이 지난 열두 시간 동안 4호기에 냉각수를 대기 위해 노력한 것이 완전히 헛된 일이었다는 것을 드디어 인정했다.[53] 그는 원자로가 파손되었고 고도로 높은 방사선을 내뿜는 흑연이 온갖 곳에 떨어져 있다는 것을 인정했다. 더 안 좋은 소식도 있었다.[54] 그날 아침에 발전소 물리학자들은 오염된 4호기 제어실에 들어가서 폭발 전에 원자로에 제어봉이 완전하게 내려가지 않았다는 사실을 확인했다. 그래서 그들은 원자로에 남아 있는 핵연료가 새로운 임계에 도달해 핵분열 연쇄반응을 다시 일으킬 수 있다고 우려했다. 그것도 이번에는 대기 중에 노출된 상태로, 그리고 제어할 방법이 전혀 없는 상태로 일어나게 될 것이었다. 그러면 화재와 폭발이 또 일어나고, 죽음의 감마선과 방사성 입자들을 프리피야트에서 반경 2500미터에 달하는 곳의 대기 중에 내뿜게 될 것이었다. 그들의 계산상으로는 새로운 임계가 시작되기 전에 개입할 시간이 세 시간 정도밖에 없었다. 그들이 계산한 재앙의 시간은 저녁 7시경이었다.

오후 5시가 조금 못 되어서, 키예프 군구 시민방호군의 알렉산더 로가쵸프 상위가 발전소의 방사선 측정 결과를 들고 화이트하우스에 헐레벌떡 뛰어 들어왔다. 그의 장갑차는 시속 100킬로미터로 레닌 대로를 달려 들어와(너무 빨리 달리는 바람에 철도교를 올라갈 때는 7톤이나 나가는 이 무거운 차량이 붕 뜨기까지 했다)[55] 그대로 차를 몰고 계단을 올라 보행자용인 광장을 가로질러 정문 앞까지 내달렸다. 로가쵸프가 숨을 고를 겨를도 없이 말로무츠에게 보여 준 지도에는 발전소 구내식당 바로 옆에서 측정한 방사선 수치가 적혀 있었다. 그가 급히 휘갈겨 쓴 그 숫자는 시간당 2080뢴트겐이었다.

"밀리뢴트겐이겠지, 애송이." 말로무츠가 말했다.[56]

"뢴트겐입니다." 로가쵸프가 대답했다.

말로무츠는 지도를 찬찬히 살펴보았다. 그는 담배 한 대를 다 태우고 다시 하나에 불을 붙였다.

"프리피야트에서 주민들을 소개해야 해." 그가 말했다.

보리스 셰르비나와 발레리 레가소프가 탄 비행기가 토요일 저녁 7시 20분 키예프의 줄리아니 공항에 착륙했다.[57] 긴장한 우크라이나 각료들이 그들을 맞았다.[58] 그들을 프리피야트 이스폴콤으로 데려갈 커다란 검정 리무진들이 줄지어 서 있었다. 황혼이 깔리는 무렵이었다. 북쪽으로 차가 달리는 동안 레가소프는 집단농장에서 목초지로, 끝없는 습지로, 무성한 강가의 초원으로, 그리고 울창한 소나무 숲으로 경관이 달라지는 것을 보았다.[59] 그들은 앞에 놓여 있을 일을 생각하며 긴장된 몸을 다잡았다. 대화가 드문드문해지다가 멈췄다. 레가소프가 목적지가 보인다고 말할 때까지 침묵이 길게 이어졌다. 하지만 프리피야트에 도착했을 때 셰르비나는 자신감 있는 미소를 짓고 차에서 내렸다.[60] 그는 가스 파이프 폭발 등 산업재해에 대해 전문가였다. 자, 이제 명령경제의 구원자가 직위가 낮은 사람들이 내리기에는 위험할 수 있는 모든 의사 결정을 도맡음으로써 그들을 구원해 주기 위해 여기에 왔다.

우크라이나 에너지 장관 스클랴로프는 지난 몇 년 동안 우크라이나에서 건설 중이던 원자력발전소들을 시찰하러 온 셰르비나를 몇 차례 본 적이 있었다. 예순여섯 살인 셰르비나는 지적이고 에너지가 넘치고 근면하고 엄격하고 자신감 있는 사람이었지만, 감정적이고 즉흥적인 면모도 있었고 자신이 다른 누구보다도, 심지어 전문가들보다도 잘 알고 있음을 드러내고 싶어 했다.[61] 작고 마른 체구를 가진 그는 몸집이 주는 단점을 고압적인 태도로 보충했다. 그를 존경하는 사람도 있었지만,[62] 스클랴로프는 그가 함께 일하는 게 거의 불가능한 사람이라고 생각하고 있었다.

셰르비나는 모인 전문가들 각각에게 조용히 자신을 소개했다. 그리고 스클랴로프의 차례가 되었다. 스클랴로프는 발전소로 차를 몰고 들어가서 원자로의 파괴를 직접 보고 온 터였다. 셰르비나가 물었다.

"겁나서 벌벌 떨고 있는 겁니까?"[63]

스클랴로프가 대답했다. "아직은 아닙니다. 하지만 상황이 그 방향으로 가고 있는 것 같습니다."

위층 복도에는 보리스 프류신스키가 막 발전소 정찰을 마치고 돌아와 있었다. 셰르비나가 말소리가 들릴 만한 거리에 왔을 때, 프류신스키는 그가 발견한 경악스러운 사실들을 소비에트 에너지 장관[마요레츠]에게 보고하고 있었다. 원자로 위를 헬기로 보고 온 뒤에도 프류신스키는 망원경으로 4호기를 계속 살펴보았는데, 발전소 전체에 흑연 덩어리들이 흩어져 있었다. 그가 보기에 이것은 원자로 **안에서** 폭발이 일어났음을 보여 주는 명백한 증거였고 핵연료 조각들이 그 잔해들 사이에 계속 남아 있다는 뜻이었다.

"사람들을 소개시켜야 합니다." 프류신스키가 말했다.

"자네는 왜 그렇게 불필요하게 겁을 주는가?" 셰르비나가 물었다.[64]

정부위원회의 첫 회의는 3층에 있는 프리피야트 당 비서 사무실에서 밤 10시에서 시작되었다. 많게는 30명의 정부 관리, 군 장교, 산업 전문가들이 문 옆에 세 줄로 늘어선 자리에 앉았다. 셰르비나는 지도,

문서, 꽁초가 가득한 재떨이 등이 어지럽게 놓여 있는 탁자 앞에 서 있었다. 더웠고 담배 연기가 자욱했다. 분위기는 긴장으로 숨이 막힐 듯했다.[65]

과학아카데미 회원인 쿠르차토프 연구소의 레가소프는 셰르비나가 말로무츠(키예프 주 당 서기)와 마요레츠(소비에트 에너지 장관)에게 보고받는 것을 들었다.[66] 하지만 그들은 발전소나 프리피야트의 상황에 대해 상세한 정보를 전혀 제공하지 못하고 있었고 이 사고가 유발할 결과를 어떻게 다룰지에 대해서도 아무 계획이 세워져 있지 않았다. 그들은 단지 터빈 런다운 테스트 중에 4호기에서 연달아 두 차례의 폭발이 일어나 원자로 홀이 파괴되었다고만 말하고 있었다. 그들의 보고에 따르면, 직원들 중에 부상자가 수백 명이고 두 명은 숨졌으며 나머지는 프리피야트 병원에 있었다. 또한 그들은 4호기의 방사능 상황은 복잡하며, 프리피야트의 수치는 정상에서 상당히 이탈했지만 인체에는 위협이 되지 않을 것이라고 했다.[67]

셰르비나는 팀을 나누고 작업을 할당했다.[68] 중기계건설부 차관인 메슈코프가 이끄는 팀은 사고 원인에 대한 조사를 시작할 것이었다. 두 번째 팀은 선량 측정을 계속할 것이었다. 시민방호군의 이바노프 장군과 우크라이나 내무부의 제나디 베르도프Gennadi Berdov 장군은 있을지 모를 소개령을 준비할 것이었다. 소비에트 보건부 차관 예브게니 보로비예프Evgeny Vorobyev는 건강 및 의료와 관련한 일을 총괄할 것이었다. 마지막으로 발레리 레가소프는 [추가 사고를 막아] 재앙의 여파를 최소화하는 일을 담당할 것이었다.

발전소 소속 물리학자들과 마찬가지로 레가소프도 4호기에 아직 남아 있는 핵연료에서 연쇄반응이 다시 시작될 가능성을 가장 크게 우려했다.[69] 발전소 운전원들은 이미 붕산 가루를 냉각계의 물탱크에 넣어서 핵연료의 비활성화를 시도해 보았다(붕산에는 중성자를 흡수하는 붕소가 들어 있다). 하지만 붕산 처리한 물은 깨진 파이프들의 미로를 지나가면서 원자로에 닿기 전에 다 새어 나갔다. 그 물이 어디로 갔는지는 알 수 없었고 이제는 공급할 물이 거의 바닥나 있었다. 스클랴로프는 서쪽으로 300킬로미터 넘게 떨어진 로브노 원자력발전소에 추가로 10톤의 붕산 가루를 체르노빌에 공급하라고 명령했다. 하지만 로브노 발전소장은 이행을 꺼렸다.[70] 로브노에 비상 상황이 발생하면 어떡하는가? 결국 공급하기로 결정이 되기는 했는데, 이번에는 그것들을 싣고 가야 할 트럭이 고장 났다. 붕산은 빨라도 다음 날은 되어야 체르노빌에 도착할 수 있을 터였다.

또한 레가소프는 발전소 운전원들이 망가진 노심에 물을 대려 했던 영웅적이지만 헛된 노력이 3호기와 4호기의 지하에 오염수가 넘쳐흐르게 하고 방사능 증기를 대기 중으로 내뿜는 결과만 초래했음을 깨달았다.[71] 게다가 4호기 분화구의 깊숙한 내부에서 유독한 방사능 미세먼지 회오리가 계속해서 솟아오르고 있었다. 이 먼지 회오리는 프류신스키가 헬기에서 보았던, 번쩍이던 연료 셀의 격자무늬와 노랗고 빨갛게 맹렬히 빛을 내던 지점에서 나오고 있었고, 이는 그곳에서 무언가가 불에 타고 있다는 것을 강하게 시사했다. 어떻게든 이 불길을 잡은 뒤 원자로를 밀봉해야 했다.

하지만 폭발 때 원자로 안에서 튀어나와 사방에 떨어진 잔해들 때문에 발전소와 주변 땅은 온통 방사능 지뢰밭이 되어 있었다. 이제 4호기는 아주 짧은 시간 이상 머물기에는 치명적으로 위험했다. 4호기를 밀봉하기 위해 접근하는 것도, 소화 포말이나 물 같은 일반적인 방법으로(30년 전 영국은 윈드스케일 사고가 났을 때 물을 뿌렸다) 불길을 잡는 것도, 아예 불가능했다. 정부위원회 위원 누구도 불타는 원자로를 구체적으로 어떻게 진화할지에 대해 안을 내놓지 못하고 있었다. 레가소프는 실망해서 주위를 둘러보았다. 정치인들은 핵물리학을 몰랐고, 과학자와 기술자들은 너무 우유부단해서 어떤 것도 착수하지 못하고 있었다. **무언가**를 해야 한다는 것은 모두가 알고 있었다.[72] 그런데 그 무언가가 대체 무언가?

또한 정부위원회는 프리피야트에서 주민을 소개할지 말지에 대해서도 합의하지 못하고 있었다. 그동안 4호기에서는 계속 짙은 방사능 구름이 하늘로 올라가고 있었다. 시민방호군의 방사능 정찰대원들은 정오부터 시간 단위로 프리피야트 거리의 방사능을 측정하고 있었는데 숫자는 경악스러웠다.[73] 원자로에서 3킬로미터도 안 떨어진 레샤 우크라인카 거리는 오후 중반쯤에 시간당 0.5뢴트겐이었다가 밤이 오기 시작하자 1.8뢴트겐으로 뛰었다. 정상적인 자연방사보다 수만 배 이상 많은 것이었다. 하지만 소비에트 보건부 차관은 이것이 사람들에게 즉각적인 건강상의 위험을 일으키지는 않는다고 주장했다. 그는 (아직도 기밀인) 1957년의 마야크 재앙 이후에도 그곳 비밀 도시에는 소개령이 내려지지 않았었다고 분연히 주장했다. "그들은 거기에서 결코 사람들을 소개시키지 않았습니다. 왜 여기에서는 소개를 시켜야 한다는 겁니까?"[74]

그 말도 맞는 것이, 공식적으로 소비에트 당국이 핵 사고 시 주민 소개 결정을 내리도록 되어 있는 기준은 훨씬 높았다. "원자로 사고 시 주민 보호 결정을 내리는 기준Criteria for Making a Decision on Protection of the Population in the Event of an Atomic Reactor Accident"이라는 문서를 보면 평생에 걸쳐 75렘의 피폭이 있을 것으로 예상되는 경우에만(이것은 원자력발전소 안에서 일하는 노동자들에게 안전하다고 여겨지는 연간 허용 수치의 15배다) 의무적인 주민 소개가 이뤄지게 되어 있었다.[75] 사람들에게 방사선 누출 사실을 알려야 하는 기준이 무엇인지조차 정확하지 않았고 소개 명령을 최종적으로 승인하는 사람이 누구여야 하는지도 불확실했다.[76] 셰르비나가 프리피야트에서 사람들 사이에 패닉이 일어날 가능성을 두려워했을지도 모르지만, 적어도 이때는 소비에트 시민들이 무언가 사고가 났다는 방송을 듣는다고 해서 분별력을 잃고 허둥댈 것이라고 예상할 만한 이유는 별로 없었다(소비에트 사람들은 공식적인 정보를 믿지 않았고, 안 좋은 소식을 듣는 데 매우 잘 단련되어 있었다).[77] 그에게 더 긴요했던 것은 이 사고를 기밀로 유지하는 것이었다. 토요일에 동이 틀 무렵이면 밀리치야들이 전 지역의 도로를 통제했고 KGB는 프리피야트의 장거리 전화선을 끊었다.[78] 밤이 되었을 무렵이면 지역 전화선도 끊겼다. 그러나 여전히 프리피야트 사람들에게 발전소 사고를 알리는 안내 방송은 나가지 않았다. 창문을 닫고 실내에 있으라는 안전 지침도 알려지지 않았다. 하지만 셰르비나는 아무리 정보를 통제해도 만약 주민 소개가 실시되어서 아톰그라드에서 5만 명이 빠져나가게 될 경우에는 그것을 외부에 숨기기란 불가능하리라는 것을 잘 알고 있었다.

한편, 시민방호군 장교들과 물리학자들은 보건부의 낙관적인 전망에 동의하지 않았다. 설령 프리피야트의 방사능 상황이 당장은 용인할 수 있는 정도라 해도 나아질 가능성은 적어 보였다. 이제까지는 원자로에서 나온 연기 기둥이 북북서 방향으로 계속 이동하면서 프리피야트와 키예프를 벗어나 벨라루스를 향하고 있었다.[79] 토요일 정오 무렵에는 화학부대원들이 멀게는 50킬로미터 떨어진 곳에서 시간당 30뢴트겐(치명적일 수 있는 수준이다)의 수치를 보고했다. 하지만 바람은 언제라도 방향을 바꿀 수 있었고 남동쪽에서는 이미 천둥번개가 치고 있었다. 적은 양의 비라도 프리피야트에 내린다면 방사능 낙진이 땅으로 내려와서 사람들에게 끔찍한 결과를 가져올 수 있었다.[80] 키예프에서 우크라이나 총리는 이미 소개 시에 필요한 차량(1000대가 넘는 버스와 트럭)을 준비하도록 독자적으로 명령을 내려 놓은 상태였다. 하지만 셰르비나의 허가가 떨어지지 않으면 어느 것도 이동할 수 없었는데, 셰르비나는 결정을 내리기 전에 더 확실한 정보를 원했다. 그는 아침까지 기다리기로 했다.[81]

그러는 동안, 입을 쩍 벌린 4호기 홀 안에서 무언가가 소용돌이치기 시작했다. 토요일 저녁 8시경 발전소의 과학 담당 부수석 엔지니어는 4호기 폐허에서 루비색의 섬광이 번득이는 것을 보았다.[82] 이어서 작은 폭발이 연달아 일어났고 밝은 흰색 섬광이 중앙 홀의 잔해 속에서 간헐 온천처럼 분출되어 나왔다. 거기에서 나온 빛이 150미터 높이의 환풍 굴뚝 전체를 밝게 비췄다. 두 시간 뒤, 에너지부의 원자력 연구소 VNIIAES 소속 연구자가 이끄는 팀이 냉각수 저수로에서 샘플을 채취하고 있는데 4호기의 벽이 천둥 같은 소리를 내며 흔들렸다.[83] 기술자들은 박스형 거더고 아래로 몸을 피했다. 백열광을 내는 파편들이 하늘에서 샤워처럼 쏟아졌고 그들이 가지고 있던 선량계의 바늘이 끝까지 휙 돌아갔다.

프리피야트에서는 정부위원회 회의가 계속되고 있었다. 실감을 못하는 분위기가 아직도 팽배했다. 어느 시점에는 4호기를 수리해 송전망에 다시 연결시키기 위한 안을 논의하기도 했다. 그런 일은 가능하지 않다는 것이 이미 명확했는데도 말이다. 그러던 중, 비탈리 스클랴로프의 회상에 따르면, 자정 조금 전에 한 공무원이 회의실에 들어와서 고르바초프 서기장이 상황 보고를 듣기 위해 곧 셰르비나에게 전화를 할 예정이라고 알렸다. 셰르비나는 사람들더러 자리를 피해 달라고 했다. 스클랴로프가 나가려고 일어서자 셰르비나가 그를 붙잡았다.

"아냐, 아냐, 앉아 봐. 내가 말하려고 하는 것을 잘 듣고, 그 다음에 자네는 자네 상관에게 정확하게 똑같이 말하는 거야."

모스크바와 연결되는 고주파 비상 전화벨이 울렸고 셰르비나가 받았다. 그는 고르바초프에게 말했다. "사고가 있었습니다. 완전한 패닉입니다. 지금은 중앙당, 오블라스트[주州] 당 서기, 라욘[지구] 당 위원회 사람들 모두 이 방에 없습니다. 에너지부에 원자로 네 기 모두를 재시동하라고 지시하려고 합니다. 사고의 영향을 해체하기 위해 모든 조치를 다할 것입니다."

이어서 고르바초프가 말하는 동안 셰르비나는 잠시 침묵했다.

그리고 셰르비나가 대답했다. "알겠습니다." 수화기를 내려놓고 셰르비나는 스클랴로프를 돌아보았다.

"다 들었나?"

스클랴로프는 다 들었고, 경악했다. "4호기는 복구할 수 없습니다. 존재하지 않으니까요. 그것은 이제 존재하지 않는단 말입니다." 그가 말했다.

"자네는 패닉을 일으키고 있어."

"제 눈으로 보았습니다."

몇 분 뒤에 비상 전화가 또 울렸다. 이번에는 우크라이나 당 제1서기인 셰르비츠키였다.

셰르비나는 셰르비츠키에게 고르바초프에게 한 말(모든 일이 곧바로 다 처리될 것이고 아무 문제도 없을 거라는, 환상에 가까운 계획과 상황 부인의 말)을 그대로 말하고 수화기를 스클랴로프에게 넘겼다.

"자네와 이야기하기를 원하는군. 내가 말한 대로 말하게."

하지만 스클랴로프는 이렇게 말했다. "저는 보리스 예브도키모비치 [셰르비나] 동지가 말한 것에 동의하지 않습니다. 모든 사람을 소개시켜야 합니다."

셰르비나는 스클랴로프의 손에서 수화기를 낚아챘다.

"그는 쓸데없이 공포를 조장하고 있습니다!" 셰르비나가 소리쳤다. "이 사람들을 어떻게 다 소개시킨다는 말입니까? 우리는 전 세계적인 망신거리가 될 겁니다!"[84]

8장

토요일 6:15 AM. 프리피야트

알렉산더 에사울로프가 전화 소리에 화들짝 잠에서 깬 것은 새벽 세 시경이었다.[1] 그는 손으로 더듬어 전화기를 찾으면서 생각했다. **젠장! 이번 주말도 망쳤군.**

아내와 아이들이 몇 주간 처가에 가 있었기 때문에 그는 낚시라도 하면서 간만에 혼자 있는 주말을 즐길 수 있겠다고 기대하고 있었다. 두 아이(다섯 살 딸과 이제 막 6개월이 된 아들)가 집에 있으면 직장 일이 아니어도 할 일이 너무 많았다. 그리고 프리피야트 시 이스폴콤의 부위원장(부시장)인 에사울로프는 끝도 없이 생겨나는 골치 아픈 문제들을 처리해야 했다.

프리피야트에 오기 전에 에사울로프는 키예프 시 재정계획부에서 일했다. 프리피야트로 오기로 한 것은 서른세 살의 회계사와 식구들에게 좋은 결정이었다. 아침마다 화장실 앞에 줄을 서야 하는 낡아빠진 공동 아파트를 벗어나 공기 맑은 한적한 곳에서 개인 비서와 업무용 자동차(낡은 자동차이긴 했지만 잘 굴러갔다)도 쓸 수 있는 좋은 직위였다. 하지만 곧 그는 새 직장에도 골치 아픈 일이 만만치 않게 많다는 것을 깨달았다. 그는 프리피야트의 예산, 지출, 수입 관리 담당이었는데, 그게 다가 아니라 계획위원회도 이끌어야 했고 교통, 의료, 통신, 도로 청소, 고용, 건설 자재 분배도 관리해야 했다. 늘 어디선가 무언가가 잘못되었고, 프리피야트 시민들은 잘못된 것이 있을 때마다 거침없이 불만을 제기했다.[2]

전화를 건 사람은 이스폴콤의 비서 마리아 보야르추크Maria Boyarchuk였다.[3] 마리아는 발전소에서 막 집에 돌아온 이웃이 깨워서 방금 일어났다며 사고가 났다고 했다. 화재, 어쩌면 폭발일지도 몰랐다.

새벽 3시 50분경이면 에사울로프는 화이트하우스 2층에 있는 이스폴콤 사무실의 책상 앞에 앉아 있었다. 이스폴콤 위원장(시장)은 직접 알아보기 위해 발전소에 가 있었다. 에사울로프는 프리피야트 시민방호군 지휘관에게 전화를 했고 그도 자다 말고 벌떡 일어나 사무실로 달려 나왔다. 하지만 다들 무엇을 해야 할지 알 수가 없었다. 발전소에는 자체의 시민방호군이 있었고 프리피야트 시는 그들의 일에 관여한 적이 없었다. 전에도 발전소에서 사고는 있었지만 늘 소동을 최소화하면서 신속하게 정리되곤 했었다.

그들은 발전소의 모든 번호로 전화를 걸어 보았다. 하지만 누구도, 무엇도, 알려주지 못했다. 차를 몰고 가 볼까 했지만 차가 없었다. 할 수 있는 일이라곤 앉아서 기다리는 것뿐이었다. 창밖에는 가로등의 호박색 불빛이 광장에 드리워 있었고, 쿠르차토프 거리의 아파트들은 불이 꺼진 채 조용했다.

그런데 동이 트기 시작할 무렵 에사울로프는 구급차 한 대가 발전소 방향으로부터 레닌 대로를 가로질러 가는 것을 보았다. 경광등의 불은

켰지만 사이렌은 울리지 않은 채였다. 운전사는 라두가 백화점에서 급히 우회전을 했고 광장의 남쪽으로 그대로 진입해 병원 쪽으로 내달렸다. 몇 분 뒤에 두 번째 구급차가 나타나더니 역시 코너를 돌아 빠르게 사라졌다.

구급차의 푸른 불빛은 멀리 사라졌고 도시의 거리는 다시 조용해졌다. 그런데 그때 또 한 대가 빠르게 지나갔다. 그리고 한 대 더.[4] 에사울로프는 여느 사고와는 다른 사고라는 것을 직감했다.[5]

동이 트면서 발전소 야간 근무조 사람들을 통해 사고 소문이 프리피야트에도 퍼지기 시작했지만, 정확히 어떤 사고인지는 아무도 몰랐다.

오전 7시경, 발전소의 원자로 물리학 실험실에서 일하던 안드레이 글루호프Andrei Glukhov는 스트로이텔레이 대로의 집에 있다가 전화를 받았다. 전화를 건 사람은 장비 및 제어 부서의 친구였다. 그도 집에 있다가 발전소에 무슨 일이 일어났다는 말을 들었다고 했다. 하지만 더 자세한 이야기는 듣지 못했다며 글루호프에게 뭐라도 좀 알아봐 달라고 했다. 원자력 안전 부서에 소속된 글루호프는 네 기의 제어실 모두에 직통으로 전화를 걸 수 있었다.

글루호프는 그와 전화를 끊고서 친한 친구인 4호기 선임 원자로 제어 엔지니어 레오니드 톱투노프와 통화를 하려고 4호기 제어실로 전화를 걸어 보았다. 그런데 아무도 받지 않았다. **이상하네. 바쁜가 보지?** 이어서 그는 2호기 제어실로 전화를 걸었다. 거기에서는 선임 원자로 제어 엔지니어가 즉각 전화를 받았다.

"안녕, 보리스?" 글루호프가 말했다. "거긴 좀 어때?"[6]

"좋아요." 엔지니어가 대답했다. "2호기 출력을 올리고 있어요. 파라미터들은 정상이고요. 보고 드릴 만한 특이 사항은 없습니다."

"좋아. 4호기는?"

긴 침묵이 흘렀다.

"그것에 대해서는 말하지 말라는 지침을 받았어요. 창밖을 보시는 게 좋을 거예요."

글루호프는 발코니로 나갔다. 5층인 그의 집 발코니에서는 새로 들어선 회전 관람차 너머로 발전소가 잘 보였다. 하지만 4호기 위에 연기 같은 것이 있는 것 외에는 딱히 별다른 것을 볼 수 없었다. 글루호프는 커피를 한 잔 마시고 아내에게 셔틀버스 정류장에 가 보겠다고 했다. 발전소에서 야간조 근무를 마치고 오는 사람들에게 무슨 일이 일어났는지 물어보려는 것이었다.

그는 쿠르차토프 거리의 정류장에 가서 버스를 기다렸다. 하지만 야간조 사람들을 태운 버스는 오지 않고 경찰이 가득 탄 트럭이 도착했다. 글루호프는 그중 한 명에게 무슨 일이냐고 물어보았다. "확실하지 않아요. 원자로 홀 벽이 무너졌어요."

"뭐라고요?"

"원자로 홀 벽이 무너졌다고요."

믿을 수 없는 개념이었다. 그는 레오니드 톱투노프라면 분명히 잘 설명해 줄 수 있을 것이라고 생각했다.

'내가 버스가 왔다 간 것을 막 놓친 모양이야. 레오니드는 벌써 집에 가 있을 거야.'

버스 정류장에서 톱투노프의 집까지는 걸어서 15분 거리였다. 글루호프는 꼭대기 층까지 걸어 올라가서 계단참에서 오른쪽으로 방향을 틀었다.[7] 그리고 복도 끝 집인 88호로 갔다. 붉은 가짜 가죽으로 멋있게 장식되어 있었다. 그는 초인종을 눌렀다. 한 번 더 눌렀다. 대답이 없었다.

***

제126의료위생센터(프리피야트 병원)는 프리피야트 동쪽 끝, 낮은 철망 담장 경내에 비스킷 색의 건물들이 모여 있는 작은 복합 단지였다.[8] 젊은 인구가 많다는 프리피야트의 특성에 맞게, 또 프리피야트의 인구가 점점 늘어나는 것에 대비해서, 필요한 시설과 장비가 잘 갖추어져 있었다. 병상은 400개가 넘었고 직원 1200명이 일하고 있었으며 커다란 산부인과 병동이 있었다. 하지만 재앙적인 방사능 사고에 잘 대처하도록 준비되어 있지는 않았다. 토요일 새벽에 첫 구급차가 도착하자마자 직원들은 곧바로 압도되었다. 주말이어서 의사들을 찾기가 어려웠고, 처음에는 아무도 자신이 다루고 있는 것이 무엇인지를 알지 못했다. 유니폼을 입은 젊은 남자들이 발전소에서 병원으로 실려 왔는데 그들은 화재를 진압하다가 왔다고 했다. 이들은 두통, 칼칼한 목, 어지럼증을 호소했고, 어떤 이들의 얼굴은 끔찍한 보라색으로, 어떤 이들의 얼굴은 새하얗게 변해 있었다. 곧 모두가 구역질을 하고 토하기 시작했다. 위장에 있는 것을 다 쏟아낼 때까지 대야와 양동이에 토를 했는데도 구역질은 멈추지 않았다. 환자 분류를 담당하는 간호사가 울기 시작했다.

오전 6시, 병원장은 방사선증후군이라고 공식 진단하고 모스크바에 있는 생물리학 연구소에 이 사실을 알렸다.[9] 발전소에서 실려 온 사람들은 옷을 벗고 개인 소지품도 다 버려야 했다.[10] 시계, 돈, 당원증 다 오염되었기 때문이다. 기존에 입원해 있던 환자들은 집으로 보냈다. 급히 퇴원하느라 환자복을 입은 채로 퇴원하는 사람들도 있었다. 간호사들은 방사능 사고 시에 사용하도록 되어 있는 응급 패키지를 깨뜨려 열었다. 여기에는 약과 1회용 정맥주사 도구 등이 들어 있었다. 아침이 되자 벌써 90명의 환자가 병원에 실려 와 있었다. 4호기 선임 원자로 제어 엔지니어 레오니드 톱투노프, 야간조 조장 알렉산더 아키모 프, 그리고 그들의 독재적인 상사인 부수석 엔지니어 아나톨리 댜틀로 프 등 사고 당시 4호기 제어실에 있던 사람들도 있었다.

처음에 댜틀로프는 치료를 거부하면서 잠을 자고 싶을 뿐이라고 말했다.[11] 하지만 간호사가 억지로 정맥주사를 놓았고 상태가 좀 나아졌다. 다른 이들도 아주 심하게 부상을 입은 것 같아 보이지는 않았다. 알렉산더 유브첸코는 졸리고 흥분된 상태를 느끼다가 곧 잠이 들었고 간호사가 수액을 달러 왔을 때 잠에서 깼다. 그는 그 간호사가 같은 아파트 건물에 사는 이웃이라는 것을 알아보고서 간호사에게 일을 마치고 퇴근하면 아내에게 가서 자신이 곧 집에 갈 것이니 안심하라고 전해 달라고 부탁했다. 한편, 유브첸코와 동료들은 자신들이 얼마나 많은 방사능에 노출된 것일까 예상해 보았다. 20렘? 어쩌면 50렘? 하지만 핵잠수함 사고를 당한 적이 있었던 한 해군 베테랑 출신 엔지니어는 경험으로 그들보다 잘 알고 있었다. **"50렘이면 토는 안 해."**[12]

무너진 604호에서 동료들에게 구조된 블라디미르 샤셰노크는 가장 먼저 병원에 실려 온 사람 중 하나였다. 화상과 물집이 가득했고 흉곽이 함몰되었으며 등이 부러진 것 같았다.[13] 간호사는 그가 실려 들어올 때 입술이 움직이는 것을 보았다. 몸이 그런 상태인데도 무언가를 말하려는 듯했다. 간호사가 귀를 가까이 대자 그가 말했다. "나한테서 멀리 떨어지세요. 나는 그 원자로실에 있었어요."[14]

간호사들은 그의 오염된 옷을 찢어서 피부에서 제거하고 그를 중환자실로 옮겼다. 하지만 더 이상은 할 수 있는 일이 없었다. 오전 6시를 넘기지 못하고 샤셰노크는 사망했다.

오전 8시도 안 되었는데 나탈리아 유브첸코의 집 초인종이 울렸다.[15] 나탈리아는 그날 일찍 일어났다. 피곤하고 불안했다. 아들은 감기 때문에 좀처럼 잠이 들지 못해 밤새 울며 보챘고, 전날 저녁에 들었던 걱정은 한층 더 심해졌다. 하지만 프리피야트의 학교들은 토요일 오전에도 수업이 있었기 때문에(당시 소비에트의 모든 학교가 그랬다), 8시 반까지는 출근해서 수업할 준비를 마쳐야 했다. 나탈리아는 씻고 옷을 입고 알렉산더가 퇴근해 돌아오기를 기다렸다. 야간조 근무는 아침 8시에 끝나니까 알렉산더가 서둘러 버스를 타면 나탈리아가 출근하기 전에 도착해서 아들 키릴 돌보는 일을 교대해 줄 수 있었다.

그런데 현관에는 남편이 아니라 낯선 사람이 서 있었다. 익숙한 얼굴이기는 했는데 누구인지 바로 떠오르지가 않았다. 알고 보니 병원에서 간호사로 일하는 이웃이었다.

"나탈리아, 당신 남편이 나더러 당신에게 오늘 출근하면 안 된다고 전하라고 했어요. 그는 지금 병원에 있어요. 발전소에 사고가 있었대요."

[프리피야트 시 수석 건축가] 마리아 프로첸코는 나탈리아의 집에서 골목을 돌아가면 나오는 스탈린그라드 영웅 거리에 있는 아파트에 살았다. 토요일 아침에 아파트 아래층에서 웅성대는 소리가 들렸다.[16] 아래층 이웃들에게 무언가를 알리고 싶거나 나눠 먹고 싶은 맛있는 음식을 했을 때면 늘 그랬듯이 프로첸코는 숟가락으로 부엌 라디에이터를 두드렸다. 곧바로 라디에이터를 두드리는 응답이 왔다. **내려오세요!**

짙은 색의 짧은 곱슬머리를 한 프로첸코는 체구는 작지만 엄청난 활력을 가진 마흔 살의 여성으로, 중국에서 중국-러시아 부모 슬하에 태어났지만 소비에트 사회의 혹독한 도가니에서 단단하게 단련되었다. 할아버지는 스탈린 시절에 숙청되어 굴락으로 사라졌다. 오빠 둘은 아기였을 때 디프테리아로 숨졌다. 중국과의 국경 지역에 강제되었던 통금 때문에 적시에 의료소에 가지 못해 사망한 것이었다. 슬픔으로 만신창이가 된 아버지는 마약에 빠졌고 어머니는 마리아를 데리고 도망쳐서 소비에트연방인 카자스흐탄에서 혼자 마리아를 키웠다. 마리아는 우스티카메노고르스크(Ust-Kamenogorsk, 카자흐어로는 외스케멘 Öskemen이라고 불린다)에 있는 교통 대학에서 건축을 전공한 뒤 프리피야트의 수석 건축가로 7년 동안 일했다. 이스폴콤 건물 2층에 있는 단독 사무실에서 프로첸코는 프리피야트에 새로운 건설 프로젝트가 있을 때마다 소비에트적이지 않은 치밀함과 섬세함을 가지고 꼼꼼히 감독했다. 중국계여서 당원이 되지 못한 프로첸코는 외부인으로서의 열정을 일에 쏟았다. 자를 들고 거리를 돌아다니면서 새로 들어선 아파트의 콘크리트 패널을 체크했고 엉성하게 지어진 보도를 보면 건설 노동자들을 질책했다. "이러다 아이들 다리라도 부러지면 어떡하실 거예요?" 설득이 안 되면 욕을 퍼부었다. 꽤 많은 남성이 프로첸코를 무서워했다.[17]

프리피야트의 아파트와 주요 건물(문화의 전당, 호텔, 이스폴콤 자체 등)이 모스크바에서 만들어진 표준 도면대로, 즉 소비에트 전역에 동일한 건물들을 복제하도록 고안된 칙칙한 디자인으로 되어 있긴 했지만,[18] 프로첸코는 자신의 손이 닿는 건물들이 고유한 멋을 가질 수 있게 하려고 최대한 신경을 썼다. 소비에트의 건축 원칙은 음울한 "프롤레타리아 미학"("개성"이라는 서구의 타락한 취향을 거부하고 경제성에 입각해 건물을 짓는 것)을 실천하는 것이었지만 프로첸코는 아름다운 건물을 만들고 싶었다. 그래서 목재, 타일, 화강암 등 얼마 안 되는 자재 공급량을 알뜰하게 사용해서 공공건물들을 장식하는 데 사용했다. 마루에 나무를 깔고, 식당에는 연철로 식물 모양의 스크린을 만들었으며,

문화의 전당 벽은 일부를 화강암으로 장식했다. 프로첸코는 프리피야트에 소小거주구가 두 개뿐이던 데서 세 개, 네 개로 확장되는 것을 모두 지켜보았고 새로운 거리가 만들어질 때면 거리 이름을 짓는 데도 관여했다. 또 도서관, 수영장, 쇼핑센터, 스포츠 스타디움 등 프리피야트에 들어서는 새로운 시설들도 세세한 부분까지 모두 프로첸코의 손을 거쳤다.

토요일 아침, 간밤에 벌어진 일을 모르는 채로 집을 나서면서 프로첸코는 오늘도 바쁜 하루가 될 거라고 생각했다. 요즘 프로첸코는 프리피야트의 주거지 확장을 준비하느라 바빴다. 바로 어제서야 여섯 번째 소거주구를 짓기 위해 인프라 설계를 함께 논의할 키예프의 도시 디자인 연구소 쪽 사람이 프리피야트에 도착했다. 그와 함께 프로첸코는 제2 체르노빌 발전소가 신축되면 그곳에서 일하게 될 사람들과 그들의 가족이 거주할 곳을 계획하고 있었다. 거주지 부지는 강 옆을 개간해 마련될 것이었고, 강바닥의 모래를 퍼서 지반을 다지는 일이 벌써 시작되어 있었다. 새 거주구가 완성되면 프리피야트는 많게는 20만 명이 살 수 있는 도시로 확장될 터였다.[19]

오전 8시가 막 지난 시각, 프로첸코는 출근을 하려고 아래층으로 내려갔다. 열다섯 살인 딸은 이미 학교에 갔고 프리피야트 시 기계공으로 일하는 남편은 자고 있었다. 프로첸코는 친하게 지내는 이웃 스베틀라나와 남편 빅토르가 이른 아침인데도 그들의 부엌 식탁에서 "사모곤samogon"이라는 밀주 보드카를 마시고 있는 것을 보았다. 스베틀라나는 남동생이 발전소에서 전화를 해 왔는데 폭발이 있었던 모양이라고 했다.

"시티키를 썻어서 내려보내려고요." 빅토르가 잔을 들어 보이면서 말했다. 발전소의 건설 노동자와 전력 노동자들은 방사능이 몸 안에서 오염 입자(그것을 "시티키shitiki"라고 불렀다)를 형성하는 것을 막는 데 보드카가 효과가 있다고 생각했다.[20] 프로첸코는 아무리 필요하더라도 자신은 사모곤은 독해서 못 마신다고 말했다. 그때 프로첸코의 남편이 문간에 나타났다. "당신, 전화 왔어."[21]

이스폴콤의 비서였다. 전화를 받은 프로첸코가 말했다. "지금 바로 갈게요."

오전 9시, 밀리치야 수백 명이 프리피야트로 연결되는 모든 도로를 봉쇄했다.[22] 프리피야트의 주요 인사들(수석 건축가 프로첸코, 부시장 에사울로프, 프리피야트 시민방호군 지휘관, 학교 교장, 기업체 경영진 등)이 화이트하우스에 긴급회의를 하러 모여 있었다.[23] 하지만 프리피야트의 다른 곳들은 날씨 좋은 여느 토요일과 다름없는 모습이었다.

프리피야트에 있는 5개 학교와 골드피시 유치원, 리틀선샤인 유치원에서는 수천 명의 아이들이 1교시 수업을 시작했다. 나무 그늘이 드리운 옥외에서는 엄마들이 유모차에 아기를 태우고 산책을 했다. 강변에서는 사람들이 일광욕, 낚시, 수영을 즐겼다. 식품점은 메이데이 연휴에 먹을 보드카, 소시지, 맥주, 신선 식품 등을 장만하려는 사람들로 북적거렸다. 강둑 근처에 있는 카페 밖에서는 결혼식의 야외 피로연 준비가 한창이었다. 스타디움에서는 프리피야트 축구팀이 오후에 있을 경기를 준비하며 몸을 풀고 있었다.[24]

화이트하우스 4층의 콘퍼런스 홀에서 블라디미르 말로무츠가 앞으로 나섰다. 키예프 주 당 제2서기인 그는 한두 시간 전에 프리피야트에 도착한 참이었다.[25] 비상 상황에서는 정부보다 당이 우선이었으므로 그가 총책임자였다. 그의 옆에는 프리피야트에서 가장 강력한 두 사람이 서 있었다. 빅토르 브류하노프 발전소장과 발전소 공사 담당 총책임자 바실리 키지마였다.

말로무츠는 모여 있는 프리피야트 시의 주요 인사들에게 말했다. "사고가 있었습니다." 하지만 더 이상의 세부 사항은 말하지 않았다. "현재 피해 상황을 조사 중이며 더 상세한 정보가 나오면 알려 드리겠습니다."[26]

이어 말로무츠는 피해 상황이 자세히 밝혀질 때까지 프리피야트가 평소와 다름없이 굴러가야 한다고 했다.[27] 아이들은 학교에 있어야 했고, 가게들은 평소처럼 영업을 해야 했고, 결혼식도 예정대로 치러져야 했다.

물론 질문들이 나왔다.[28] 제3학교 "영 파이오니어"(소비에트판 보이스카우트) 1500명이 그날 문화의 전당에서 집회를 갖기로 되어 있는데 강행해도 되는가? 다음 날에는 거리에서 아이들의 달리기가 예정되어 있는데 강행해도 되는가? 말로무츠는 교장에게 계획을 변경할 필요가 없다고 말했다. 모든 것은 정상적으로 진행되어야 했다.

"그리고 제발 패닉에 빠지지 마십시오. 어떤 상황에서도 패닉에 빠져서는 안 됩니다." 말로무츠가 말했다.[29]

오전 10시 15분, 장갑차 한 대가 키예프에서 왼쪽 길로 빠져 프리피야트로 향했다. 소비에트 시민방호군 제427 적기군 기계화 연대 방사능 정찰대의 선두 차량이었다.[30] 차량 문은 밀폐되었고 선량계가 켜져 있었다. 무거운 차체가 철로를 건널 때 엔진이 윙윙 소리를 냈다. 방탄 유리 시야에 프리피야트가 들어왔다. 모든 것이 정상적으로 보였다.

전투 프로토콜에 따라 800미터의 거리를 둔 채로 나머지 정찰 차량들도 뒤를 따랐고 화이트하우스 밖의 광장에 차례로 도착했다. 이들은 프리피야트 및 인근 지역의 방사능을 정찰하라는 지시를 받았지만 발전소와 프리피야트의 상세 지도를 가지고 있지 않았다. 화이트하우스 2층으로 한 무리의 군인이 마리아 프로첸코를 찾아왔다. 프로첸코는 프리피야트 지도를 가지고 있었지만 복사할 방법이 없었다. 지하 출판물을 만드는 데 복사기가 사용되기는 했지만 소비에트에서 몇 안 되는 복사기를 쓰는 것은 엄격하게 KGB의 통제를 받고 있었다.[31] 프로첸코는 제도판 앞에 앉아서 최대한 빠르게 도시의 윤곽을 손으로 그리기 시작했다.[32]

시민방호군 정찰 부대는 정오에 몇 개의 조로 흩어져서 프리피야트 전역에서 선량 측정에 착수했다. 한편, 소비에트 군 제225 혼성비행대대Soviet Armed Forces 225th Composite Air Squadron 소속의 Mi-8 헬기 한 대가 남쪽에서부터 프리피야트를 향해 날아오고 있었다.[33] 조종석에는 세르게이 볼로딘Sergei Volodin 대위가 타고 있었다.[34] 그날 오전에 그는 두 명의 대원과 함께 보리스폴 군사 공항에서 대기하고 있었다. 일반적인 순환 근무의 일환이었다. 키예프 군구 어느 곳에든 적어도 한 대의 헬기가 긴급 상황에 대비해 대기하고 있어야 했는데 그날이 그의 차례였던 것이다. 이 일이 아니면, 볼로딘 대위와 대원들은 주로 소비에트의 고위 인사들을 우크라이나공화국 이곳저곳으로 모시고 다니는, 더 편한 일을 했다. 이 헬기는 그 목적을 위해 개조되어 있었다. 객실에는 편안한 안락의자가 있었고 카펫이 깔려 있었으며 화장실, 심지어는 음료가 준비된 바까지 있었다. 아프가니스탄 산악 지역의 전투에 투입될 수 있도록 의무적인 훈련은 받았지만, 아직까지 그가 아프가니스탄에 소집된 일은 없었다.

그날 오전 9시경, 볼로딘은 체르노빌 발전소 주변에서 공중 방사능 정찰을 하라는 명령을 받았다.[35] 가는 길에 세부 사항을 알려 줄 시민방호군의 장교 한 명을 태우고 가기로 되어 있었다.[36] 비행 계획을 등

213   **8장 토요일 6:15 AM, 프리피야트**

록하고서 볼로딘은 당직 장교에게 그와 대원들이 쓸 개인별 선량계를 달라고 했다. 하지만 선량계의 배터리가 부식되어 있었다. 그 대대의 화학 담당 장교만 그것을 교체할 수 있었는데 그는 공항 반대편에서 기지 사령관을 위한 차고를 짓고 있었다. 볼로딘은 개인별 선량계는 없어도 될 거라고 생각했다. 그리고 화생방복과 방독면을 지급받았지만 그것을 입고 비행을 하기는 불가능해 보였다.[37] 날은 따뜻했고 조종석 안은 여름 군복을 입고도 더웠다. 오전 10시, 항공기관사가 시동을 걸었고 볼로딘은 셔츠 바람으로 올라탔다. 가는 길에 시민방호군 장교(그는 군용 선량계를 가지고 있었다)를 태우고, 이후에 할 일에 대한 세부 지시를 받으러 프리퍄트로 향했다.

볼로딘은 체르노빌을 잘 알고 있었다.[38] 그는 매년 실시해야 하는 유지 보수를 위해 헬기를 리투아니아 카우나스Kaunas에 있는 커다란 군용기 제조 공장에 몰고 가는 일을 담당하곤 했는데, 가는 길에 발전소의 네모낳고 흰 건물들이 내려다보였다. 순전히 호기심에서, 가끔씩 그는 조종석 뒤에 장착된 DP-3 전투용 선량계를 켜 보곤 했다. 이 선량계는 핵 공격 발생 시에 사용하도록 고안된 것으로, 필요에 따라 측정범위를 시간당 10뢴트겐까지, 100뢴트겐까지, 250뢴트겐까지, 또는 500뢴트겐까지로 조정할 수 있었다. 하지만 바늘이 움직이는 것을 그가 본 적은 아직 없었다.

그런데 이날은 발전소 건물 위로 연기가 올라오는 것이 보였다. 헬기는 200미터 상공을 날고 있었다. 볼로딘 대위는 항공기관사에게 조종석의 선량계를 켜라고 했다. 그리고 공중에서 잰 것을 지상에서의 양으로 변환하기 위해 항법사가 계산할 준비를 했다. 볼로딘은 노란 이카루스 버스가 건설 중인 5호기와 6호기 사이를 달리고 있는 것을 보았다. **사람들이 저기에서 계속 일하고 있는 걸 보니 괜찮은 모양이네.**

하지만 잠시 후에는 발전소의 서쪽 끝이 붕괴된 것이 보였고 그 안에서 무언가가 타고 있는 듯했다.

항공기관사가 보고했다. "시간당 18뢴트겐입니다. 그리고 빠르게 올라가고 있습니다."

객실에 있던 시민방호군 장교도 조종석으로 난 문을 열고 방금 잰 방사선량을 이야기했다. 방금 객실 창문을 열고 잰 수치가 시간당 20뢴트겐이라는 것이었다.

볼로딘은 발전소를 지나서 프리피야트에 착륙할 준비를 했다. 동승한 시민방호군 장교가 프리피야트에서 정찰에 대한 상세 지침을 받아야 했기 때문이다. 볼로딘은 바람을 등지고 착륙하기 위해 도시를 한 바퀴 돌았다. 거리에, 강둑 낚시터에, 감자 텃밭에, 사람들이 많이 나와 있었다. 하늘은 맑았고 숲은 초록으로 무성했다. 흰 갈매기 떼가 날아올랐다.

볼로딘은 Mi-8기를 프리피야트 남서쪽 가장자리에 있는 한 운동장 근처에 착륙시키면서, 헬기가 사람들 사이에 너무 소동을 일으키지 않기를 바랐다. 하지만 헬기는 어디에 내리든 늘 사람들의 관심을 끌었다. 어른 아이 할 것 없이 금세 군중이 몰려들었다. 어른들은 발전소에서 무슨 일이 일어난 것인지, 언제 일하러 발전소에 돌아갈 수 있을지 등을 물었고, 아이들은 헬기 안을 구경하고 싶어 했다. 동승했던 시민방호군 장교가 프리피야트 안으로 들어간 동안 볼로딘은 한 번에 예닐곱 명씩 아이들에게 헬기를 구경시켜 주었다.

한편, 아침이 되면서 발전소에는 지난밤 사이에 비상 연락을 받고 소집된 사람들 외에 토요일 오전 근무조 사람들이 도착하기 시작했다. 이들은 통상적인 업무 시작 시간인 오전 8시에 맞춰 발전소에 도착했다. 4호기에서 불과 400미터 떨어진 건설 공사 본부에서는 여느 때와 같이 일일 브리핑이 시작되었다.[39] 하지만 사고 소식이 전해지면서 여느 때와 같던 일상은 깨어졌고 모두 집으로 돌아가라는 지시를 받았다. 하지만 다들 긴장하거나 크게 걱정하는 분위기는 아니었다. 몇몇 건설 노동자는 예기치 않게 하루를 쉬게 된 것을 강에서 수영을 하거나 다차로 가서 쉬거나 하면서 즐기기로 했다. 발전소에서 문제가 일어나는 일은 흔했고, 이제까지 방사선이 사람들에게 문제를 일으켰던 것 같지는 않았기 때문이다. 가장 최근에 이와 비슷한 일이 있었을 때도 트럭들이 프리피야트에 나타나 제염 포말을 뿌렸고 아이들은 트럭이 지나가면 맨발로 포말 위에서 놀았다.

화이트하우스의 사무실에 나온 마리아 프로첸코는 집에 있는 남편에게 전화를 해서 청소기로 바닥을 청소하고 딸이 학교에서 돌아오면 반드시 옷을 갈아입고 샤워를 하게 하라고 신신당부했다.[40] 하지만 두 시간 뒤에 다시 전화를 걸어보니 남편과 딸 모두 자신의 신신당부에 신경도 쓰지 않고 태평하게 텔레비전에 나오는 영화를 보고 있었다. 딸은 심지어 씻지도 않고 있었다. "영화 끝나면 씻을게."

발전소에서 재앙을 직접 목격한 사람들조차도 발전소 안에서 벌어진 파괴의 규모를 프리피야트 거리의 태평한 분위기에 합치시키기가 어려웠다. 5호기와 6호기 건설 관리자 한 명은 지난밤 폭발이 일어난 지 1시간 정도 지났을 때 민스크에 갔다가 돌아오면서 화염을 보았다.[41] 그는 부서진 4호기에서 100미터도 안 떨어진 곳에서 깜짝 놀라 차를 세우고 옥상에서 소방관들이 불길을 잡느라 고전하는 것을 얼이 빠진 채 바라보았다. 하지만 다음날 아침 10시에 프리피야트의 집에서 일어났을 때는 모든 것이 너무나 정상으로 보였다. 그는 그날을 가족과 함께 즐기기로 했다.

하지만 도시의 모든 것이 다 그렇게 고요하지는 않다는 것을 보여주는 징후들이 있었다. 그의 이웃인 전기 어셈블리 담당자는 아침에 강변보다는 옥상에서 일광욕을 하기로 했다.[42] 옥상에 매트를 깔고 햇볕을 쬐고 있었는데 금세 피부가 그을리기 시작했다. 거의 곧바로 피부에서 타는 냄새가 났다. 중간에 그가 잠시 쉬러 내려왔을 때, 이웃은 그가 희한하게 흥분한 것처럼 보이고 실없는 농담을 하는 것을 보았다. 술에 취하기라도 한 것 같았다. 같이 올라가 일광욕을 즐기려는 사람이 없는 것 같자 그는 다시 혼자 올라가 초고속 선탠을 계속했다.

하지만 발전소에 온 오전 근무조의 원자력 엔지니어들은 프리피야트가 처한 위험을 너무나 명백하게 알게 되었고 이를 가족에게 알리려고 노력했다. 어떤 이들은 다행히 전화로 가족과 연결이 되어 실내에 있으라고 전할 수 있었다. 어떤 사람은 KGB가 통화 내용을 감시한다는 것을 알고 있었기 때문에 암호 비슷한 말로 아내에게 프리피야트를 떠날 준비를 하라고 은밀히 말하는 것을 시도했다.[43] 또 어떤 사람은 브류하노프 소장에게 점심을 먹으러 집에 들르게 해 달라고 요청한 뒤 가족을 차에 태우고 안전한 곳으로 피신을 시도했지만 레닌 대로 끝에서 돌아와야 했다.[44] 무장한 밀리치야가 길을 통제하고 있었기 때문이다. 프리피야트는 봉쇄되었고 아무도 공식적인 허가 없이는 도시에서 나갈 수 없었다.

오전 11시 무렵, 체르노빌 발전소의 기술 교육 책임자인 베니아민 프리아니치니코프가 열두 시간 전에 일어난 극적인 사건을 까맣게 모르는 채 야노프 기차역에 도착했다.[45] 르보프에 출장을 갔다 오는 길이었다. 그날 아침에 그는 프리피야트로 오는 기차에서 다른 승객들이 중대 사고에 대한 소문을 이야기하는 것을 들었다. 프리아니치니코프는 크라스노야르스크-26Krasnoyarsk-26의 플루토늄 공장에서부터 카자흐스탄의 핵 실험장까지 다녀 본 적이 있는 경험 많은 핵물리학자였다. 체르노빌 발전소에서도 발전소가 맨 처음 기안되던 단계에서부터 프로젝트에 관여했고 발전소에서 자신이 하고 있는 일을 자랑스러워했다. 그는 이곳의 원자로들을 잘 알았고, 따라서 중대 사고가 났다는 소문을 믿을 수 없었다. 원자로에서 노심이 폭발한다는 것은 그가 상상할 수 있는 어떤 상황에서도 단순히 불가능한 일이었다. 그는 중대 사고를 이야기하는 승객들과 맹렬하게 언쟁을 벌이다가 주먹다짐까지 할 뻔했다.

하지만 프리피야트에 도착해 보니 시민방호군 제427 기계화 연대의 탱크트럭들이 도로에 세제액을 뿌리고 있었고 하수구에는 세제액의 흰 거품이 가득했다. 핵물리학자인 그는 이것이 바닥에 내려앉은 핵종을 흡수해 격리하기 위한 제염 용액이라는 것을 금방 알 수 있었다. 그리고 곳곳에 밀리치야들이 있었다.[46] 프리아니치니코프는 아내와 딸에게 위험을 알리러 서둘러 집으로 향했다. 그런데 집에 와 보니 아무도 없었다.

집 전화로 발전소에 연락을 시도했지만 먹통이었다. 그는 자전거를 타고 마을에서 몇 킬로미터 떨어진 다차로 내달렸다. 거기에서 꽃밭을 가꾸고 있던 아내는 무언가가 잘못되었다는 것을 믿으려 하지 않았다. 딸기나무 잎에 흑연의 검은 얼룩이 있는 것을 보여 주고 나서야 아내는 집으로 가야 한다는 데 동의했다.

프리아니치니코프는 원자로에 끔찍한 문제가 있는 것일지 모른다는 생각이 들었다.[47] 하지만 선량계가 없어서 그 해괴한 생각을 이웃들에게 설득시키기가 어려웠다. 사람들은 귀담아듣지 않았고, 그는 아버지와 할아버지 모두 당에 의해 목숨을 잃은 터였기 때문에 상황을 알리려고 너무 열심히 노력하면 위험해질 수 있다는 것을 잘 알고 있었다.

***

상세 지침을 받으러 안으로 들어갔던 시민방호군 장교가 볼로딘 대위의 헬기로 돌아와서 그들이 오면서 보았던 발전소의 손상이 폭발 때문이었다고 알려 주었다. 또 그는 정부위원회가 모스크바를 출발해 이리로 오고 있다고 했다. 정부위원회가 도착했을 때는 현 상황에 대한 완전한 보고서가 있어야 할 터였다. 시민방호군 장교는 볼로딘과 함께 헬기를 타고 삼각형 경로로 도시 주변을 정찰하면서 방사선 수치가 높은 지역들을 포착하기로 했다. 다시 이륙하기 전에 볼로딘은 헬기 근처에 모여든 사람들에게 집의 창문을 모두 닫고 아이들을 실내에 있게 하라고 말했다.[48]

오후 1시 30분경, 헬기는 100미터 상공에서 프리피야트에서 가장 가까운 마을 세 곳을 지나 북쪽으로 날아가다가 서쪽으로 방향을 돌렸다. 조종석의 선량계 바늘은 여전히 0을 가리키고 있었다. 볼로딘은 50미터 상공으로 헬기를 낮춰서 다음 마을을 향해 계속 이동했다. 여전히 아무 징후도 없었다. 그는 고도를 25미터로 더 낮췄다. 선량계 바늘은 움직이지 않았다. 볼로딘은 선량계가 충분히 민감하지 않은 모양이라고 생각했다. 정찰 대상 지역의 마지막 반환점을 지나서 볼로딘은 기찻길을 따라 이동하기 시작했다. 체르노빌 발전소 쪽 방향이었다.

오른쪽으로 치스토갈로브카Chistogalovka 마을이 보였다.[49] 여기에서는 다른 데보다 더 많은 사람들이 밖에 나와서 텃밭을 가꾸고 있었다. 바람은 이제 남서쪽으로 불면서 발전소와 기차역 쪽에서부터 흰색의 연기인지 증기인지 모를 것을 그 마을 쪽으로 실어 나르고 있었다.

치스토갈로브카 마을은 정찰 대상 지역에 포함되어 있지 않았지만 볼로딘은 그래도 정찰을 해 보기로 했다. 이 연기에 방사성이 있으면 어떡하는가? 연기에 들어 있는 물질이 아래에 있는 사람들 머리 위로 직접 떨어질 수도 있었다. 기차역 위를 지나가면서 볼로딘은 조종간을 당겼고 헬기가 오른쪽으로 비스듬히 선회했다.

앞 창문에 커다란 액체 방울이 맺히기 시작했다. 처음에 볼로딘은 비가 오는 줄 알았다. 하지만 곧 그것이 일반적인 물방울처럼 흩어져 사라지지 않는다는 것을 깨달았다. 무겁고 점성이 있어 보이는 희한한 액체는 젤리처럼 천천히 흐르다가 증발해 사라지면서 소금기 같은 흔적을 남겼다. 그리고 하늘도 맑았다. 그는 앞쪽으로 몸을 기울여 위를 올려다보았다. 헬기의 바로 위에 똑같은 희끄무레한 연기가 있었다. 어떤 곳은 엷었고 어떤 곳은 밀도가 더 높아 보였다. 겉보기에는 구름 같았다.

"대위님, 최대치를 넘어섰습니다." 항공기관사가 소리쳤다.

"뭐가 말인가?"

"DP-3 말입니다. 바늘이 멎어 있습니다."

"계측 범위를 상향 조정하게." 볼로딘은 이렇게 말하면서 숫자를 직접 보기 위해 몸을 돌렸다. 하지만 선량계는 이미 가장 높은 범위로 설정되어 있었다. 바늘은 맨 끝의 500뢴트겐에서 멎어 있었다. 그 선량계는 그가 앉아 있는 조종석 뒤에 장착되어 있었고, 따라서 그것은 불가능한 숫자로 보였다. 헬기 "내부의" 방사능 수치가 핵전쟁에서 예상할 수 있는 최악의 상황보다도 높다는 말이었기 때문이다. 이 연기구름의 정체가 무엇이건 간에 당장 여기에서 멀어져야 했다.

볼로딘은 조종간을 홱 당겼다. 헬기의 앞 코가 아래로 깊이 내려갔다가 왼쪽으로 방향을 틀었다. 헬기 아래로 나무들의 꼭대기가 스치면서 헬기 몸체에 초록색 물이 잔뜩 들었다. 그는 전속력으로 기차역에서 멀어져서 프리피야트로 향했다. 그때 객실과 조종석을 연결하는 문이 홀렁 열리더니 개인 선량계를 손에 든 채 공포에 질린 시민방호군 장교가 시끄러운 엔진 소리를 뚫고 고함을 쳤다.

"대체 무슨 짓을 한 겁니까? 당신, 지금 우리 모두를 죽인 겁니다!"

나탈리아 유브첸코는 토요일 오전 내내 남편에게 무슨 일이 일어났는지 알아보러 사방을 돌아다녔다.[50] 먼저 아래층의 공중전화로 가서 병원에 전화를 했다. 하지만 그들은 아무것도 말해 주려 하지 않았다. 그 다음에는 병원에 KGB 요원이 있으며 병원 안으로 아무도 들어갈 수 없다는 말을 들었다. 하지만 아무것도 모르는 채로 그냥 집에 있을 수는 없었다. 그리고 출근했다가 못 돌아오고 있는 사람은 알렉산더만이 아니었다. 위층에 사는 나탈리아의 친한 친구 마샤가 아래층으로 내려와서 3호기에서 일하는 자신의 남편도 아직 오지 않았다고 말했다.

그래서 나탈리아는 아들 키릴을 이웃에게 잠시 맡기고 마샤와 함께 집집마다, 아파트마다, 건물마다 다니면서 거리 아래까지 내려가 보았다. 메아리가 울리는 콘크리트 계단을 수도 없이 오르내리면서 초인종을 눌러 발전소에서 무슨 일이 생긴 건지 말해 줄 수 있을 만한 사람이 없는지 물어보았다. 나탈리아는 부모에게 전보를 치려 했지만 우체국이 문을 열지 않았다. 마샤는 전화로 오데사의 부모에게 연락을 하려 했지만 전화선이 끊겨 있었다.

이윽고 마샤의 남편이 집에 돌아왔다. 다친 곳은 없어 보였지만 사고가 났다는 것은 그의 이야기로 이제 확실해졌다. 그는 새벽에 자신이 알렉산더를 병원으로 옮기는 것을 도왔다고 했다. 그리고 또 다른 이웃이 알렉산더를 병원에서 봤다고 했다. 그 이웃은 알렉산더가 무사히 병원에 도착했고 병원 뒤쪽 2층이나 3층에 있을 거라며, 병원 안으로 들어갈 수는 없겠지만 건물 밖에서 창문으로 그를 불러 이야기를 나눌 수는 있을 거라고 귀띔해 주었다.

나탈리아가 제126병원에 갔을 때는 꽤 늦은 오후였다. 창문으로 알렉산더가 보였다. 웃통은 벗고 환자복 바지만 입고 있었다. 알렉산더는 창문 밖으로 몸을 길게 빼고서 아내에게 지난밤 사이에 집 창문을 열어 두었냐고 물어보았다.

나탈리아는 안심했다. 그는 정상으로 보였고 다치지도 않은 것 같았다. 다만 그의 팔과 어깨가 성난 햇빛에 덴 것처럼 빨갛게 되어 있었고, 더 걱정스럽게도, 관자놀이 쪽 머리카락이 완전하게 하얗게 되어 있었다.

"당연히 열어 놨지. 얼마나 후텁지근했는데."

남편 뒤로 병원 안에 다른 사람들이 왔다 갔다 하는 것이 보였다. **환자들이 더 있나 봐.** 그들 중 창문 쪽으로 가까이 온 사람은 없었기 때문에 정확하게는 알 수 없었다. 나탈리아는 자신이 여기에 와 있는 것을 누가 보면 나가라고 할까 봐 걱정이 되었다.

알렉산더가 말했다. "나타샤, 창문을 모두 닫아. 꺼내 놨던 음식은 다 버리고. 집에 있는 모든 것을 씻어야 해."

KGB가 병원에 있었기 때문에 이것보다 많은 것을 말할 수는 없었다 (KGB는 병원에서 모든 사람을 조사하고 있었다). 어쨌든 부부는 다음 날에도 같은 방식으로 만나기로 약속했다. 이제는 다른 여성들도 보드카와 담배, 그리고 민간요법에서 말하는 좋다는 것들을 가지고 남편을 만나러 와 있었다.[51] 어떤 이들은 가져온 물건들을 밧줄로 묶어서 병원 창문으로 들여보냈다. 알렉산더도 다음 날 몇 가지를 가져다 달라고 했다.[52] 수건, 칫솔, 치약, 그리고 무언가 읽을 것. 입원한 사람들이 으레 할 만한 평범한 부탁이었다. 패닉은 지나간 것 같았다. 나탈리아는 발전소에서 벌어진 나쁜 일이 무엇이었건 간에 그것만 해결되면 이제 다 괜찮아질 거라고 안심했다. 나탈리아는 집으로 돌아와서 남편이 시킨

대로 했다.

오후 4시, OPAS 의료팀이 환자 분류를 시작했다.[53] 프리피야트 부시장 에사울로프는 담당 의사가 낡은 공책을 들고 모스크바의 생물리학 연구소의 누군가에게 전화로 증상 목록을 읽는 동안 그 옆에 서 있었다. 의사가 건조한 목소리로 말했다. "많은 사람이 심각한 상태입니다. 화상이 매우 심합니다. 몇몇은 심하게 구토를 하고 여러 군데 극심한 화상을 입었습니다. 이들의 상태는 열화상으로 더 악화되었습니다. 그들을 긴급하게 모스크바로 호송해야 합니다."[54] 하지만 헬기로 긴급호송을 해야 할 사람이 25명 가까이 된다고 말하자 전화기 저쪽에서 이의를 제기했고, 이쪽의 목소리가 높아졌다.

"준비가 안 되어 있으면 준비를 하세요."

방사선증후군의 증상을 보이는 환자들이 계속해서 더 들어왔다. 약간의 논의가 있은 뒤에 병원장은 프리피야트의 모든 사람에게 "안정적인 아이오딘" 알약을 분배하기로 했다.[55] 이것은 아이들에게 특히 위험한 방사성 동위원소인 [불안정한] 아이오딘131에 대한 예방약이었다. 하지만 아이오딘 알약은 충분하지 않았고, 이 사고는 여전히 기밀이었다. 그래서 에사울로프는 자신이 당에 가지고 있는 인맥으로 체르노빌 지구와 폴레시아 지구에 조용히 연락을 취해 도움을 요청했다. 밤이 될 무렵까지 총 2만 3000정의 아이오딘화칼륨이 도착했고 프리피야트 전체의 아파트를 집집마다 다니면서 알약을 분배하기 위한 계획이 마련되었다.

오후 8시, 키예프 당 제2서기 말로무츠는 프리피야트 부시장 에사울로프를 화이트하우스로 다시 불렀다.[56] 에사울로프가 들어가면서 보니 건물 주변에 볼가, 모스크비치, 밀리치야 순찰차, 경찰차, 군용 지프 등등 온갖 종류의 차량들이 와 있었고 제복을 입은 장교와 장군들이 정부위원회 회의가 열리고 있는 사무실 밖에서 기다리고 있었다. 말로무츠는 에사울로프에게 프리피야트 병원에 있는 환자 중 부상 정도가 가장 심한 사람들을 키예프 외곽의 보리스폴 공항으로 호송하라고 지시했다. 거기에서 시민방호군 총부사령관 이바노프 장군이 제공한 군용기가 그들을 모스크바로 호송할 것이라고 했다.

에사울로프는 창밖으로 사람들이 "프로메테우스 시네마"에서 저녁 시간대 영화를 보고 우르르 나오는 것을 보았다. 엄마들은 어린 아이들을 유모차에 태우고 둑에 있는 카페로 걸어가고 있었다. 아래층 식당에서는 결혼식 피로연에서 사람들이 잔을 부딪치는 소리가 들렸다. "키스해!"라고 외치는 소리에 이어 다 같이 느리게 "하나아, 두우울, 세에엣!"이라고 외치는 소리가 들렸다.

토요일 밤이 되자 전화선과 프리피야트의 모든 아파트 벽에 내장된 라디오 스피커 박스가 조용해졌다.[57] 이 박스는 "라디오 토치키Radio-tochiki"(라디오 포인트)라고 불리는 것으로, 가스나 전기처럼 소비에트 연방 전역의 집집마다 프로파간다를 실어 나르는 인프라였다. 연방 채널, 각 구성공화국 채널, 그리고 해당 도시 채널, 이렇게 세 개의 채널이 있었다. 방송은 매일 아침 6시에 소비에트 국가가 울려 퍼지면서 쾌활한 목소리가 "고보리트 모스크바"(여기는 모스크바입니다)라고 말하는 것으로 시작되었다. 많은 이들이 이것을 내내 켠 채로 두었다(한때는 그것을 끄면 의심스럽게 여겨졌다). 그런데 모든 가정의 부엌으로 당이 전하는 계몽의 목소리를 속삭이던 라디오 토치키가 조용해지고 전화가 먹통이 되면서, 오후의 햇빛 속에서 느긋한 시간을 보냈던 프리피야트 사람들도 무언가 심상치 않은 일이 일어나고 있다는 것을 깨닫기

시작했다.[58]

그리고 지역 주택국인 "제크"의 당국자들이 돌아다니면서 사람들에게 계단을 쓸라고 말하기 시작했고, 콤소몰의 젊은 여성들이 집집마다 다니면서 아이오딘 알약을 나눠 주기 시작했다.[59] 발전소의 모든 원자로가 정지되었다는 소문이 돌았다. 도시 전체가 소개된다는 소문도 있었다. 어떤 사람들은 언제라도 버스가 오면 타고 나가려고 짐을 꾸려서 거리에 나갔다. 하지만 공식적인 발표는 아무 것도 나온 게 없었다.

알렉산더 코롤은 그날 오전의 상당 시간을 톱투노프의 집에서 그를 기다리면서 보냈다.[60] 최대 설계 기준 사고가 있었다는 이야기를 들었지만 믿어지지 않았고, 얼른 옛 친구가 돌아와서 4호기에서 무슨 일이 일어났는지 알려 주기만을 바랐다. 이윽고 톱투노프의 여자 친구인 간호사가 와서 자정 근무조 전원이 제126병원에 있으며 일부는 저녁에 헬기로 모스크바에 있는 특별 병원으로 옮겨질 것이라고 알려 주었다.

밤 9시가 조금 넘어서 코롤은 톱투노프의 칫솔과 치약, 수건을 챙겨서 병원으로 갔다.[61] 도착해 보니 빨간색 이카루스 버스 두 대가 정문 계단 앞에 서 있었고[62] 그 중 한 대에 부상당한 소방관들과 4호기 야간조였던 코롤의 친구들이 실리고 있었다. 다들 환자복을 입고 있었고, 상당수는 겉보기에는 멀쩡해 보였다. 버스로 올라간 코롤은 톱투노프를 발견했다. 톱투노프도 평소와 별로 다르지 않아 보였다. 하지만 코롤은 버스의 좌석과 내벽에 비닐로 차단막이 쳐져 있는 것을 보았다.[63] 그리고 톱투노프가 말을 하기 시작했을 때 그는 정신이 없는 것처럼 보였고 횡설수설했다.

코롤은 무슨 일이 일어난 것이냐고 물어보았다. "나도 몰라. 제어봉들이 반쯤 가다가 멈췄어."[64]

코롤은 더 이상의 질문을 하지 않았다. 그리고 그는 프리피야트 사람들 거의 모두가 이들이 프리피야트 밖으로 호송되고 있는 줄을 모르고 있다는 데 생각이 미쳤다. 그는 펜과 종이를 들고 버스 안을 헤집고 다니면서 버스에 실린 친구들의 가족들 이름과 주소를 적기 시작했다. 가족들에게 적어도 이들이 모스크바로 이송되었다는 것을 알려 주어야겠다고 생각한 것이다. 코롤이 이름을 적고 있는 동안 두 명이 더 들것에 실려 버스에 올라왔다.

그중 한 명이 코롤을 올려다보고 밝게 했다. "어이, 코롤!"

하지만 코롤은 이 부상당한 직원이 누구인지 알 수가 없었다. 얼굴이 빨갛게 변하고 너무 부어서 전혀 알아볼 수가 없었다. 그리고 두 번째 사람은 몸의 족히 30퍼센트가 화상을 입은 상태였다.[65] 코롤은 제어봉들이 뭐 어떻게 되었던 것이든 간에 이것은 작은 사고가 아니라는 것을 깨달았다. 그때쯤 그가 버스에서 보낼 수 있는 시간도 끝났다. 버스가 출발하려 하고 있었다. 코롤은 버스에서 내려서 친구들을 태운 차량들이 제126병원에서 멀어지는 것을 보았다.

그날 밤 코롤과 다른 엔지니어들은 이 집 저 집에 삼삼오오 모여 맥주를 마시면서 사고 원인을 추측해 보았다. 온갖 가설이 난무했지만 정확한 것은 아무도 몰랐다. 무슨 소식이라도 있을까 해서 텔레비전을 켜 보았지만 발전소 이야기나 사고 이야기는 없었다.

한편 레닌 대로 끝의 커다란 아파트에서 발렌티나 브류하노프는 하루 종일 남편 소식을 기다리고 있었다.[66] 새벽에 조용히 출근하는 것을 본 게 마지막이었는데 지금은 자정이 한참 지나 있었다. 그때 남편이 돌아왔다. 발전소장 빅토르 브류하노프는 임신한 딸과 사위가 이들 가족의 자동차를 타고 밀리치야의 저지선을 통과해 도시를 빠져나갈 수 있는 허가증을 가지고 있었다. 그는 겨우 몇 분밖에 집에 머물 수 없었다. 발전소로 돌아가야 한다며 그는 아내에게 말했다. "알잖아.

선장은 가장 나중에 배에서 나와야지. 지금부터 식구들은 당신이 챙겨야 해."

베니아민 프리아니치니코프는 드디어 발전소에 있는 그의 상관과 전화 연락이 닿았다. 상관은 그들이 무슨 테스트를 하고 있다고 했고 그가 상관할 일이 아니라는 말을 들었다고 했다. 그날 밤에 프리아니치니코프는 아내와 딸더러 집밖으로 나가지 말고 가방을 꾸려서 다음날 첫 기차로 떠날 수 있게 준비하라고 했다.[67] 이들이 막 잠자리에 들려는데 발전소 쪽에서 이상한 소리가 들렸다. 6층의 발코니에서 내다보니 망가진 4호기의 위쪽 하늘로 노란색과 초록색의 불꽃이 수백 미터나 치솟는 것이 보였다.

일요일로 넘어가는 새벽에 이바노프 장군이 마련한 비행기가 보리스폴 공항에서 이륙했다.[68] 급성방사선증후군의 초기 증상을 보이는 26명을 모스크바로 이송하려는 것이었다. 여기에는 레오니드 톱투노프, 그의 근무조 조장 알렉산더 아키모프, 부수석 엔지니어 아나톨리 댜틀로프, 알렉산더 유브첸코, 그리고 원자로 홀 옥상에서 진화 작업을 한 소방관들이 포함되어 있었다. 대부분은 자신이 어디로 가는 건지, 왜 가는 건지 알지 못했다. 가족들은 어쩌고 있을지, 발전소에서는 무슨 일이 일어난 건지 걱정이 되었다. 모스크바까지 비행시간은 두 시간이 채 안 걸렸다. 아직 의식이 있는 사람들은 내내 구토를 했다.

새로운 하루가 시작되었을 때, 내무부 긴급상황실이 꾸려진 프리피야트 밀리치야 경찰서의 당직자는 일지에 다음과 같이 기록했다. "오전 07시 07분, 사람들 휴식 중. 오전 08시, 직원 사무실 업무 시작. 상황은 정상적임. 방사능 수치는 상승 중."[69]

9장

4월 27일 일요일. 프리피야트

동이 트고 얼마 되지 않아서 첫 번째 대형 수송 헬기가 중앙광장 위를 날아 프리피야트에 도착했다.[1] 화이트하우스 콘크리트 전면부와 쿠르차토프 거리 아파트 건물들이 헬기의 쌍류 터빈이 돌아가는 소리에 진동했고, 대기에는 먼지가 피어올랐으며, 헬기의 회전 날개가 꽃밭의 꽃잎들을 사정없이 떨궜다. 아이 같은 얼굴을 한 마흔세 살의 소비에트 공중방위군 제17공수부대 니콜라이 안토슈킨Nikolai Antoshkin 소장이 아래에 서서 제복 모자를 들고 헬기 조종사들에게 수신호로 착륙을 지시하고 있었다. 그의 신호에 따라 헬기들은 폴레시아 호텔 밖의 거리에 착륙했다.

전날 밤, 키예프 군구의 중앙사령부에 있던 안토슈킨은 파견 명령을 받고서 공군의 화생방 전문가 한 명을 대동하고 자동차로 토요일 자정이 조금 지나 프리피야트에 도착했다.[2] 안토슈킨 소장은 발전소에서 무슨 일이 벌어졌는지에 대해 아주 대략적인 정보밖에 전달받지 못했고, 별다른 지시 사항도 듣지 못했으며, 인력과 장비도 없었다. 심지어 헬기 조종사들과 교신할 무전기조차 없었다. 프리피야트에 도착하자마자 화이트하우스로 가서 보리스 셰르비나에게 도착 신고를 했다.[3] 정부위원회 위원장 셰르비나는 거두절미하고 말했다. "헬기가 필요하네."[4]

군 장교들, 해군의 핵 전문가들, 시민방호군 장교들 등으로 북적대는 사무실 중 하나에 있는 전화로, 안토슈킨은 키예프에 있는 부관 중 한 명에게 연락해 중대형 헬기 부대를 준비시키라고 지시했다.[5] 그날 밤, 낮게 깔린 구름 사이로 천둥이 치는 악천후를 뚫고 우크라이나와 벨라루스 전역에서 소집된 헬기들이 인근 체르니고프Chernigov 공군 기지에 도착했다. 안토슈킨은 정부위원회가 부여한 긴급 권한을 사용해서 모스크바 북쪽에 있는 토르조크Torzhok 공군 사관학교의 조종사 훈련 생도들도 소집했다. 천 킬로미터 떨어진 카자흐스탄 국경 지역의 공군 기지에서도 헬기가 추가로 동원될 예정이었다.

일요일 동이 틀 무렵이면 안토슈킨은 체르노빌 발전소 주변 네 곳의 이착륙장에서 명령 대기 중인 80대의 재난 긴급 대응 항공 태스크포스 팀을 지휘하고 있었다. 이에 더해 소비에트연방 전역에서 추가로 헬기들이 동원되어 체르노빌에 올 예정이었다. 그리고 그는 스물네 시간째 잠을 못 자고 있었다.

보리스 셰르비나, 발레리 레가소프 등 정부위원회 위원들은 호텔에서 잠시 눈을 붙이고 있다가 헬기 소리에 잠에서 깼다.[6] 전날 그들은 4호기의 잔해를 둘러싼 복잡한 문제들을 풀려고 고전하면서 늦도록 회의를 했다. 문제는 한두 가지가 아니었다. 원자로에 아직 남아 있는 연료에서 새로운 연쇄반응이 시작될 가능성을 차단하는 것, 화재를 일으키고 핵종을 대기 중에 뿜어내는 눈에 보이지 않는 화염을 진압하는

9장 4월 27일 일요일, 프리피야트

것에 더해, 프리퍄트 주민을 소개시켜야 하는가, 또 사고 원인의 미스터리를 어떻게 알아낼 것인가도 문제였다.

레가소프는 원자로 안에 2500톤의 흑연 벽돌이 있었을 것으로 추산했는데[7] 여기에 불이 붙어서 이미 온도가 섭씨 1000도 이상에 도달해 있을 것이었다. 이 강렬한 열이 노심 안에 남아 있는 지르코늄 합금 연료 케이스와 그 안의 이산화우라늄 연료 펠렛을 녹이면 더 많은 방사능구름이 대기 중으로 방출될 수 있었다.[8] 레가소프는 노심 안의 흑연 벽돌이 한 시간에 1톤 정도의 속도로 탈 것이라고 보았다.[9] 폭발 때 원자로 밖으로 튕겨져 나간 만큼을 제하더라도, 그의 계산이 맞는다면, 그리고 안에 남아 있는 흑연을 아무 조치 없이 그대로 둔다면, 2개월 이상 흑연이 더 타면서 방사능구름을 대기에 방출해 소비에트 전역에, 그리고 몇 년 안에는 전 지구에 방사능오염을 일으키게 될 터였다.[10]

하지만 이 문제는 해결책을 찾기가 이를 데 없이 난망했다. 일반적인 화재 진압 방법은 소용이 없었다.[11] 흑연과 핵연료는 너무 높은 온도에서 타고 있어서 물로도 포말로도 진압이 불가능했다.[12] 물은 즉시 증발해서 유독한 안개로 방사능 미세먼지를 더 널리 퍼뜨릴 뿐 아니라 수소와 산소로 분해되어서 추가적인 폭발을 일으킬 수 있었다. 게다가 원자로 주위의 넓은 영역에 걸쳐 막강한 감마선이 방출되고 있어서 육로로든 수로로든 현장에 충분히 오랜 시간 동안 접근하는 것이 불가능했다.[13]

레가소프를 포함한 원자력 전문가들은 생각해 낼 수 있는 모든 아이디어를 짜냈다. 그들은 책에서, 매뉴얼에서, 모스크바에 있는 과학자들과의 전화 통화에서, 텔레타이프 교신에서, 온갖 곳에서 자료를 긁어모았다. 내무부에서 온 소방 담당자들과 에너지부에서 온 과학자들은 각기 모스크바에 있는 자신의 부서 사람들에게 연락해 도움을 청했다.

한 물리학자는 기술적인 문제 하나에 대해 발전소에 있는 매뉴얼에서 답을 찾지 못해서 집에 있는 아내에게 전화를 걸어 찾아봐 달라고 했다.[14] 쿠르차토프 연구소에서도 소장인 여든세 살의 아나톨리 알렉산드로프(소비에트 과학아카데미의 원장이자 RBMK의 특허를 가지고 있는 사람이자 레가소프의 직속 상사)가 도청 방지 장치가 되어 있는 전화기 옆에 붙어 앉아서 프리피야트에 있는 과학자들에게 어떻게 하면 4호기를 다시 제어할 수 있을지에 대해 조언했다.[15] 레가소프는 방사능 저항성이 있는 "중량 콘크리트heavy concrete" 제조 목적으로 건설 공사 현장에서 보관 중이던 철 덩어리로 4호기를 덮자고 했다. 셰르비나는 소방 보트를 프리피야트에 집결시킨 뒤 고압 호스로 원자로 홀에 물을 뿌리자고 했다. 하지만 철 덩어리가 있는 창고는 낙진으로 접근 경로가 오염되어서 꺼내 올 수가 없었고, 물을 더 뿌리는 것은 위험할 뿐 아니라 무의미했다.

논의는 밤 내내 계속되었다. 그러는 동안, 에너지부 산하 원자력 연구소인 VNIIAES의 팀이 발전소 정찰을 마치고 돌아왔다.[16] 4호기의 폐허에서 엄청난 불꽃이 터져 나오는 것을 본 그들은 셰르비나에게 방사능 상황이 매우 위험하다고 보고했다.

새벽 2시에 셰르비나는 중앙당의 상관인 블라디미르 돌기흐에게 전화를 걸었다.[17] 돌기흐는 중앙위원회의 서기로, 중공업과 에너지 산업을 담당하고 있었다. 셰르비나는 프리피야트를 포기하고 주민들을 소개하도록 허락해 달라고 요청했다. 동이 트기 한두 시간 전, 녹초가 된 과학자들이 겨우 호텔 침대로 들어갔을 무렵에 셰르비나는 불타고 있는 원자로에 대해 또 하나의 결정을 내렸다.[18] 안토슈킨의 헬기들을 이용해 진화용 물질을 공중에서 떨어뜨려 불길을 잡는다는 것이었다.

하지만 정부위원회 사람들은 떨어뜨려야 하는 그 진화용 물질이 무

엇이어야 하는지, 그리고 그 작전을 정확히 어떻게 수행할 것인지에
대해서는 결론에 도달하지 못하고 있었다.

일요일 오전 7시경, 보리스 셰르비나는 화이트하우스의 사무실 중
소비에트연방의 방사능 관련 고위 군 장성들이 쓰고 있는 곳으로 들어
왔다. 보리스 이바노프 장군(소비에트 시민방호군 총부사령관)과 블라디
미르 피칼로프 상장(소비에트 화학전 부대 지휘관)이 있었다. 셰르비나는
주민 소개 사안에 대해 이야기할 준비가 되었다고 했다.

"나는 결정했네. 자네들 의견은?"[19]

시민방호군의 이바노프가 그에게 방사능 보고서를 건넸다. 보건부
의 희망사항과는 달리, 프리피야트 거리의 오염 수치는 떨어지기는커
녕 높아지고 있었다. 시민방호군의 견해는, 프리피야트 주민들이 계속
해서 4호기에서 피어오르고 있는 핵종만이 아니라 이미 땅에 내려앉
아 축적되고 있는 낙진에 의해서도 위험에 처해 있는 것이 분명하며
따라서 주민들을 반드시 소개시켜야 한다는 것이었다.

제126병원 병원장이 알려 온 별도의 보고 내용도 이들의 견해를 뒷
받침했다. 화학전 부대의 피칼로프(짙은 눈썹을 가진 고압적인 장군인 그
는 수훈을 가진 대조국전쟁 참전 용사이기도 했다)만이 프리피야트 주민들
의 안전을 위해 서두를 필요가 아직 없다고 고집했다.[20]

셰르비나는 마음의 결정을 내렸다며 그날 오후에 프리피야트에서
주민 소개가 시작되어야 한다고 했다. 하지만 그는 아직 명령을 내리
지는 않고 있었다. 그는 먼저 4호기를 직접 보고 싶었다.[21]

오전 8시가 조금 지나서, 셰르비나와 발레리 레가소프가 프리피야
트 축구장 한복판에 세워져 있던 MI-8 헬리콥터에 올랐다.[22] 전날 모
스크바를 떠날 때 입었던 양복을 아직 그대로 입은 채였다. 피칼로프

와 안토슈킨, 키예프 검찰청에서 온 촬영 기사 두 명도 최신형 비디오 카메라를 들고 현장을 촬영하기 위해 동행했다.[23] 프리피야트에서 발전소까지는 헬기로 2분도 안 되는 거리였다. 헬기가 긴 터빈 홀의 서쪽 끝으로 방향을 잡고 몸체를 기울여 날아가는 동안 여섯 명은 선실의 동그란 창을 통해 아래쪽의 끔찍한 광경을 볼 수 있었다.

가장 완고하게 소비에트적인 시각에서 보더라도 체르노빌 4호기가 앞으로 단 1와트의 전기도 생산할 수 없으리라는 것은 명백했다.[24] 날이 밝아오면서 원자로가 완전하게 파괴된 것이 명확하게 보였다. 지붕과 위쪽 벽은 날아가고 없었고, 레가소프는 그 안에서 원자로의 위쪽 뚜껑이 들려 올라가서 원자로 위에 비스듬하게 걸쳐져 있는 것을 보았다. 그것을 밀어 올릴 만큼 엄청난 폭발이 있었던 것이 틀림없었다. 또한 레가소프는 기계 홀의 옥상과 근처 바닥 여기저기에 흑연 벽돌과 핵연료 집합체 조각들이 떨어져 있는 것도 보았다. 분화구에서는 흰 연기 기둥이 나와 하늘로 수백 미터나 높이 올라가고 있었다. 레가소프는 이것이 아마도 흑연 화재에서 나오는 연기일 것이라고 생각했다. 그리고 너무나 섬뜩하게도, 4호기 폐허의 깊은 어둠 속에서 밝은 백열광이 이는 것이 보였다. 무엇인지는 모르겠지만 어쨌든 무언가가 맹렬하게 타고 있는 것 같았다.

헬리콥터가 프리피야트로 돌아왔을 무렵이면 레가소프는 자신이 그저 또 하나의 유감스러운 소비에트 공학의 실패를 다루고 있는 것이 아니라 전 지구적 규모의, 그리고 수세대나 영향을 미칠 어마어마한 재앙을 다루고 있는 것이라는 사실을 깨달았다.[25] 그리고 이제 그 피해를 최소화하는 것이 그의 손에 달려 있었다.

일요일 오전 10시, 재앙이 시작된 지 32시간이 지나서 보리스 셰르비나는 소비에트 중앙당에서 온 사람들과 현지의 당 인사들을 화이트 하우스의 고르콤 사무실로 소집하고서, 마침내 프리피야트 소개 명령을 내렸다.[26]

오후 1시 10분에 프리피야트 각 가정의 부엌에 있는 라디오 토치키가 오랜 침묵을 깼다.[27] 단호한 여성의 목소리로[28] 그날 아침에 고위 관료들이 작성하고 셰르비나가 승인한 메시지가 방송되었다.[29]

알려 드립니다. 알려 드립니다. 동지 여러분. 프리피야트 시 인민 대의원 회에서 알려 드립니다. 체르노빌 원자력발전소에서 발생한 사고로 인해 프리피야트 시에 양호하지 않은 방사능 조건이 형성되고 있습니다. 당과 군, 그리고 소비에트의 기관들이 필요한 조치들을 취하고 있습니다. 하지만 인민들과 가장 중요하게는 아이들의 완전한 안전을 확보하기 위해 프리피야트 주민들을 키예프의 인근 지역으로 임시 소개하는 조치가 필요하게 되었습니다. (…) 임시 소개가 이뤄질 동안 침착하게 질서를 유지해 주시기 바랍니다.

이것은 매우 신중하게 작성된 메시지였다.[30] 강제로 집을 떠나 있어야 하는 것이 언제까지일지를 명시적으로 언급하지는 않았지만 의도적으로 그것이 짧은 기간일 것이라는 인상을 주고 있었다. 사람들은 중요한 서류와 신분증, 그리고 2, 3일 정도 동안 필요할 옷가지 및 먹을거리만 챙기라는 말을 들었다. 또 창문을 닫고 가스와 전기를 꺼야 한다고 했다.[31] 시 직원들이 남아서 유틸리티와 인프라를 관리할 것이며 집이 비어 있는 동안 경찰이 순찰을 돌 것이라고 했다. 어떤 사람들은 집을 비우는 동안 무슨 일이 있을지 걱정하면서 드레스, 보석, 식기 등 가장 귀중한 것들만 챙겼고, 어떤 사람들은 최악을 예상하면서 겨울옷까지 챙겼다.

아직 소개 방송이 나오기 전이던 그날 오전, 나탈리아 유브첸코는 남편이 가져다 달라고 했던 수건, 칫솔 등을 챙겨서 기대를 품고 제126의료위생센터로 다시 갔다.[32] 그런데 어제 알렉산더와 이야기를 나눴던 창문 아래에 도착해 보니 알렉산더도, 발전소에서 온 다른 사람들도 보이지 않았다. 창문들은 열려 있었지만 몇 시간 전만 해도 환자들이 가득하던 병동이 완전히 비어 있었다. 나탈리아는 물어볼 만한 사람을 찾아 주위를 둘러보았지만 아무도 보이지 않았다.

나탈리아가 스트로이텔레이 대로에 있는 집으로 돌아오자 이웃들이 도시 소개 방송이 나왔다고 알려 주었다. 그들이 전하길, 3일 동안 어디론가 가 있어야 한다고 했다. 버스가 모든 사람을 태우러 올 것이었고 그때까지 아이들은 실내에 있게 해야 했다. 두려워하고 패닉에 빠져 있을 시간이 없었다. 궁금한 것이 너무 많았다. 친구들은 어디 갔지? 어디로 가는 거지? 언제 돌아오는 거지?

나탈리아는 당장 해결해야 할 일에 일단 집중하기로 했다. 우선, 가족들의 서류와 신분증을 빠짐없이 챙겼다. 내부 여권, 대학 졸업장, 백신 접종 확인증, 아파트 관련 서류들 등이었다. 자, 다음. 가게가 다 문을 닫았는데 키릴에게 3일 동안 줄 우유를 어디서 구할 것인가? 그리고 무엇보다, 남편을 어떻게 찾을 것인가?

곧 나탈리아는 알렉산더가 왜 그렇게 갑자기 사라졌는지 알게 되었다. 오후에 사샤 코롤(전날 저녁에 병원 앞 버스에서 이송될 사람들의 가족들 목록과 주소를 적으며 돌아다녔던 사람)이 와서 알렉산더가 모스크바로 이송되는 환자 중에 있었다고 말해 주었다. 그리고 뜻밖에도 그는 나탈리아에게 100루블(한 달치 급여에 맞먹는 액수였다)[33]과 아기를 위한 우유 한 통을 가져다주었다.

우유를 복도에 세워진 알렉산더의 자전거 의자에 올려놓고서 나탈리아는 방으로 들어와 짐을 꾸렸다. 작은 가방 하나에 아이 옷과 자신의 옷, 신발을 넣고서 버스를 기다리기 위해 아래층으로 내려왔다.

화이트하우스 2층에서는, 군 사령관, 과학자, 정부위원회 사람들이 쉴 새 없이 오가는 가운데 마리아 프로첸코가 토요일 밤 내내 책상을 떠나지 못하고 있었다.[34] 할 일이 너무 많은데 일할 사람이 없었다. 이스폴콤의 기술 인력들은 대부분 집으로 귀가 조치된 상태였다.

발전소 사고와 상관없이 프로첸코는 프리피야트 도시 확장 계획의 어마어마한 문서 작업을 마무리할 생각이었다. 그는 계획대로 도시 거주지 확장 공사가 진행될 것이라고 여전히 믿고 있었다.

그런데 시간마다 시민방호군의 화학전 부대 사람들이 들어와서 마리아에게 지도를 또 그려 달라고 했다. 이들은 프리피야트 및 인근 지역의 (올라가고 있는) 방사능 수치를 계속 기록하는 중이었다. 그리고 토요일 저녁 8시 무렵에는 시장이 도시가 소개될지도 모르니 준비를 하라고 했다. 아직 확정된 것은 아니지만, 명령이 떨어지면 프리피야트 전체 주민을 매우 짧은 시간 안에 버스나 기차 편으로 이동시킬 준비가 되어 있어야 했다.

프로첸코는 복도 건너편에 있는 회의실에서 스무 명의 도시 당국자들과 소개 계획을 세우기 시작했다. 프로첸코가 지도를 펼쳐서 도시 안의 모든 아파트 건물의 수를 셌고, 내부 여권 발급 담당자와 지역 주택국 "제크"의 담당자가 각 아파트 건물에 사는 가구 수, 그리고 각 가구의 아이와 노인 수를 세어 모두 더했다. 그리고 프리피야트 시민방호군과 함께 프로첸코는 프리피야트에 있는 6개 소거주지에서 사람들 전체를 소개하기 위해 필요한 버스 숫자를 계산했다.

남녀노소 모두 합해서 프리피야트에는 총 5만 1300명의 주민이 있었다.[35] 그중 4000명은 도시의 필수적인 일들을 처리해야 할 도시 직원들, 그리고 발전소에서 필요한 작업을 해야 할 발전소 직원 및 건설노동자들이라서 도시에 남아야 했다. 가족 단위의 프리피야트 사람들을 모두 안전하게 이동시키는 데는 천 대도 넘는 버스가 필요했다.[36] 이에 더해, 기숙사동에 사는 독신 남성들은 배와 기차로 빠져나갈 예정이었기 때문에 이들을 위해 프리피야트 강을 운행할 두 대의 선박과 석 대의 디젤 기관차가 필요했다.

키예프에서는 우크라이나 교통 장관이 키예프와 인근 교외 지역의 모든 운수회사에서 버스들을 동원하기 시작했다.[37] 운전사들의 일정을 조정해 이들이 토요일 밤에 버스를 몰고 프리피야트로 올 수 있게 했다. 길은 경찰차가 안내할 예정이었다. 밤 11시 25분, 우크라이나 각료회의가 차량 이동 명령을 내렸다. 새벽 3시 50분에 500대의 차량이 프리피야트 도시 입구에 도착했고 30분 안에 추가로 500대가 체르노빌에 도착할 예정이었다.[38] 프리피야트로 진입하는 길에 줄줄이 늘어선 차량의 길이가 12킬로미터나 되었다. 운전사들은 다음 지시를 기다리며 간이식당에서 식사를 했다. 작전 전체가 엄격하게 비밀리에 시행되었기 때문에, 일요일 오전에 키예프의 버스 정류장들에서는 사람들이 영문을 몰라 하며 아무리 기다려도 오지 않는 버스를 기다리고 있었다.[39]

일요일 점심시간 무렵, 프리피야트 시민들은 소지품, 먹을 것(찐 감자, 빵, 라드 등), 그리고 서류와 신분증 등을 담은 작은 가방들을 손에 들고 아파트 건물 밖에 모여 도시를 벗어나기 위한 출발을 기다리고 있었다.[40] 패닉이 일거나 하지는 않았다. 실내에서 기다리라는 경고가 있었지만 어린아이들을 통제하기는 쉽지 않아서 아이들은 주위의 먼지 날리는 도로에서 뛰어 놀았다.[41] 어떤 사람들은 걸어서 출발했다.[42]

한편, 그 시각에 제51 헬리콥터 경비연대Fifty-First Guards Helicopter Regiment의 헬기 두 대가 공중에서 4호기에 물질을 투하하기 시작할 준비를 마쳤다.[43] 보리스 셰르비나가 그날 오전 8시에 승인한 이 작전은[44] 모든 게 어이없을 만큼 주먹구구와 임시방편으로 시작되었다. 이착륙 장소는 물론이고, 비행 계획, 속도, 탄도, 방사능 조건 등 어느 것도 알려져 있거나 마련되어 있지 않아서 안토슈킨과 헬기 대원들은 일단 작전에 착수하고서 이것들을 다 알아내야 했다. 그리고 이 모든 일을 성질 급한 정부위원회 위원장[셰르비나]의 요구에 맞게 수행해야 했다. 조종사들이 원자로 위를 오고 갈 비행경로를 잡아 나가는 동안, 셰르비나는 그곳에 떨어뜨릴 수천 톤의 물질을 어떻게 조달할 것인가로 관심을 돌렸다.

발레리 레가소프 등 과학자들은 4호기의 폐허 안에 떨어뜨려 노심 내의 흑연 불길을 잡고 백열광을 내는 핵연료를 식히고 핵종이 더 이상 대기 중에 나오지 못하게 틀어막을 수 있을 법한 물질들의 복잡한 조합을 차차로 만들어 냈다.[45] 알렉산드로프 등 쿠르차토프의 핵물리학자들은 납과 돌로마이트를 제안했다. 납은 녹는점이 낮아서 원자로 안에서 녹아 액체가 되면서 핵연료의 온도를 낮추고 노심에서 핵종이 나오는 것을 붙잡아 둘 수 있을 것이라고 기대되었다. 그리고 납 용액이 원자로 용기 바닥으로 흘러가서 굳으면 감마선에 대해 방어막을 형성할 수도 있을 터였다. 돌로마이트는 자연에 존재하는 광물로, 칼슘과 탄산마그네슘을 담고 있었다. 이것은 연료를 식힐 뿐 아니라 열기에 의해 화학적으로 분해되어 이산화탄소를 방출하면 불타는 흑연에 산소를 차단할 수 있을 것으로 기대되었다. 또한 알렉산드로프는 진흙도 제안했다. 원자로를 밀봉하고 핵종을 흡수하는 데 진흙이 도움이 되리라는 것이었다.

하지만 이 물질 중 어느 것도 체르노빌 발전소에 구비되어 있지 않았다. 특히 납은 소비에트 전역에서 공급 부족인 귀한 물자였다.[46] 그리고 투하 작업이 "당장" 시작되어야 한다는 문제도 있었다. 셰르비나는 조종사들에게 우선 붕소 가루를 떨어뜨리라고 지시했다. 이것은 중성자를 흡수하는 기능이 있어서 원자로에 남아 있는 우라늄이 추가 연쇄반응을 일으키는 것을 막을 수 있을 터였다. 그리고 로브노 발전소에 요청했던 붕소 가루가 곡절 끝에 드디어 트럭에 실려 체르노빌에 도착해 있었다. 그전에 과학아카데미 회원인 쿠르차토프 연구소 부소장 발레리 레가소프가 장갑차를 타고 직접 원자로 가까이에 가서 중성자 방사 수치를 조사했는데 그가 확인한 데이터는 잔해 속에서 연쇄반응이 멎었음을 말해 주는 것 같았다. 그렇더라도 과학자들은 연쇄반응이 혹시라도 다시 시작될 수 있는 가능성을 확실하게 차단하기를 원했다.

그러는 동안 셰르비나와 안토슈킨, 그리고 소비에트에서 온 두 명의 차관(둘 다 핵 전문가였다)은 프리피야트의 둑으로 내려가서 몸소 자루에 모래를 채우기 시작했다. 레가소프는 모래가 불길을 잡고 불타고 있는 원자로의 표면에 막을 형성해서 방사능 입자와 방사능 기체가 나가는 것을 걸러 줄 것으로 기대했다. 그리고 모래라면 값도 싸고 양도 많았다. 마리아 프로첸코가 준비하던 도시 거주지 확장 계획에 따라 강에서 퍼낸 수 톤의 모래가 지금 프리피야트의 강변 카페 옆 둑에 쌓여 있었다. 헬기들이 서 있는 폴레시아 호텔 앞 광장에서 두 블록밖에 떨어지지 않은 곳이었다. 쌓여 있는 위치도 위치지만, 막대한 양이 있는 것도 정말 다행이었다. 과학자들은 원자로에 흡수제를 적어도 1미터 두께로는 채워야 한다고 보았는데 그들의 계산에 따르면 여기에는 5만 개의 모래주머니가 필요했기 때문이다.

강둑은 더웠다. 아직 정장에 구두 차림이던 안토슈킨과 두 명의 차관은 금세 땀에 흠뻑 젖었다.[47] 그리고 뜨거운 태양도 문제였지만 방사능은 훨씬 더 문제였다. 그들은 방독면도, 선량계도 없었다. 차관 중 한 명이 핵연료 다발 전문가 팀의 관리자에게 모래 채우는 일을 도와달라고 요청했다. 그 관리자는 자신의 직원들이 오염된 지역에서 일해야 하는 것에 대해 보너스를 요구했다. 하지만 그들의 도움이 있어도 일의 규모 자체가 워낙 어마어마했다.[48] 그 전문가들 중 두 명이 근처의 집단농장(이름이 "우정"이라는 뜻의 드루즈바Druzhba였다)으로 차를 몰고 가서 밭에 파종 중이던 콜호츠 노동자들을 발견했다. 햇빛 아래서 느긋하고 유쾌하게 일하고 있던 콜호츠 농민들은 발전소에 사고가 나서 불타고 있는 원자로를 꺼야 한다는 이야기나 유독한 방사성물질이 그들이 씨를 뿌린 밭을 이미 오염시켰다는 이야기를 믿으려 하지 않았다. 농장 관리인과 당의 서기가 와서 여러 차례 위기를 설명하고 나서야 그들은 모래 채우는 일을 돕기로 했다. 곧 이 콜호츠에서 100~150명의 노동자가 자원했다. 이들에 더해, 키예프 시민방호군 군인들도 모래주머니 작업에 합류했다.[49]

하지만 보리스 셰르비나는 계속해서 가차 없이 몰아붙였다.[50] 화이트하우스로 돌아와서 그는 차관들과 장교들에게 모래주머니 일을 더 열심히, 더 빨리 하라고 다그쳤다. 그리고 불같이 화를 내며 원자력 분야 관료들을 비난했다. 원자로를 날려 먹는 데만 재주가 있고 모래주머니 채우는 데는 한심하기 짝이 없다고 말이다.

셰르비나는 그들 주위의 대기에 방사능오염 수준이 높아지고 있다는 것을 머리로는 알고 있었지만 행동으로는 그것을 드러내지 않았다.[51] 그는 방사능의 위험을 포탄이 떨어지는 전투장을 누비는 기마 장교와 같은 고고한 경멸의 태도로 바라보는 것 같았다. 그리고 위원회 사람들 거의 모두가 그의 본을 따랐다. 그들 주위의 방사선 위험에 대해 언급하는 것은 영 눈치 없는 짓으로 보였다. 소비에트 특유의 허세가 이들 사이에서 지배적인 분위기가 되었다.

드디어 일요일 오후 이른 시간에 첫 열 개의 모래주머니(각각은 무게가 60킬로그램이 넘었다)가 광장으로 옮겨져서 안토슈킨의 헬리콥터 중 한 대에 실렸다.[52]

버스는 총 1225대였다.[53] 십여 개의 운수회사에서 동원된 터라 색상도 제각각이었다. 어떤 것은 빨갛고 어떤 것은 노랗고 어떤 것은 초록이고 어떤 것은 파랬으며, 또 어떤 것은 반만 하얗고 반은 빨갛고, 어떤 것은 줄무늬가 있었다. 그리고 250대의 트럭과 구급차, 수리 차량과 연료 탱크 차량 등 지원 차량도 대기했다. 오후 2시, 대기 중으로 핵종이 처음 방출된 지 하루하고 한나절이 지나서, 프리피야트 시 외곽에서 대기하던 색색가지의 차량들이 드디어 움직이기 시작했다.[54]

마리아 프로첸코가 도시 입구의 철교에서 버스들을 기다렸다.[55] 프리피야트 지도를 팔에 끼고, 더운 날씨에 맞게 얇은 블라우스, 치마, 여름 샌들 차림이었다. 군에서 나온 장교 한 명, 경찰에서 나온 장교 한 명이 합류했고, 이들은 서로 악수를 했다. 그들 모두 무엇을 해야 하는지 알고 있었고, 많은 말은 필요 없었다.

첫 번째 버스가 도착하자 경찰 장교가 멈추라고 손짓을 했다. 그리고 프로첸코가 차에 올랐다. 프로첸코는 운전사에게 지도를 보여 주면서 지시를 내렸다. 버스들이 다섯 대씩 들어오면, 프로첸코는 운전사에게 어느 소거주지로 가야 하는지, 거기까지 어떻게 가는지, 버스를 세워야 할 건물이 정확히 어디인지, 그 다음에 도시에서 빠져나가는 길이 어디인지를 안내했다. 프로첸코가 차에서 내리면 경찰 장교가 그 다음 다섯 대의 버스에 오라는 신호를 보냈고, 프로첸코가 다시 버스로 올라가 운전사에게 지도를 보여 주면서 설명을 했다.

그렇게 프로첸코는 천여 대의 차량이 완만하게 경사가 진 아름다운 레닌 대로를 지나 도시 안으로 각기 좌회전, 우회전을 해 들어가는 것을 보았다. 저옥탄 배기가스가 뿜어져 나왔다가 서서히 사라졌다.

160개동 아파트의 총 540개 입구 밖에서 프리피야트 시민들이 버스에 올랐고 버스 문이 닫혔다.[56]

오후 3시, 키예프 군구 공군 부지휘관 보리스 네르테로프Boris Nesterov 대령의 시야에 목표물이 들어왔다.[57] 20년 경력의 헬기 조종사인 그는 시리아, 아프간 등지에서 복무한 적이 있는 베테랑이었다. 오늘 그는 Mi-8 헬기를 몰고 200미터 고도로 동쪽을 향해 날고 있었다. 흰색과 빨간색의 줄무늬가 있는 커다란 굴뚝이 가까워 오자 그는 속도를 줄일 준비를 했다. 헬기 뒤의 화물칸에서는 항공기관사가 자신의 몸을 헬기 몸체에 벨트로 고정하고서 옆문을 열고 대기 중이었다. 그의 발치에 열 개의 모래주머니가 있었다.

네스테로프는 시속 100킬로미터로 속도를 낮추고 명령을 내렸다. "투하 준비!"

4호기의 폐허가 금세 모습을 드러냈다. 대령의 헤드폰에는 직직거리는 잡음이 가득했고 조종석 온도계의 숫자는 섭씨 10도에서 65도로 급격하게 뛰어올랐다. 방사선 수치는 뒷자리에 있는 선량계의 측정 범위를 벗어났다. 조종석의 두 발 페달 사이로 난 유리 구멍을 통해 네스테로프는 흰 연기 기둥이 올라오는 것과 원자로의 가장자리에서 붉은 빛이 나는 것을 보았다. 제련소의 용광로를 들여다보는 것 같았다.

이 헬기에는 목표물을 조준하는 장치가 없었다. 그래서 항공기관사는 모래주머니를 목표물[원자로]에 투하하기 위해 눈대중으로 조준하고 탄도를 어림해서 한 번에 하나씩 모래주머니를 문 밖으로 던져야 했다. 모래주머니를 던지기 위해 헬기 밖으로 몸을 빼자 원자로 위의 유독한 구름에 금세 휩싸였고, 비행복 이외에는 보호 장구를 하지 않고 있어서 감마선과 중성자 방사에 그대로 노출되었다. 아래에서 맹렬한 열기가 올라오고 있었기 때문에 조종석의 네스테로프는 헬기가 원자로 상공에 가만히 떠 있게 하는 것이 거의 불가능했다. 헬기가 앞으로 움직이는 추진력을 잃으면 과열된 공기 기둥에 갇혀 회전날개의 회전이 뚝 떨어지면서 헬기 자체가 추락하고 말 것이었다.

네스테로프 대령은 속도를 시속 60킬로미터로 줄였다. 그는 항공기관사가 발을 잘 딛고 설 수 있도록 헬기 위치를 안정적으로 유지하기 위해 고전했다. "투하!" 그의 명령에 따라 항공기관사가 첫 번째 모래주머니를 4호기 위로 떨어뜨렸다. 하나 더. 다시 하나 더. "화물 투하 완료했습니다!"

네스테로프는 오른쪽으로 헬기를 돌려 나오면서 다음번의 투하를 준비하러 갔다.

오후 5시에 마리아 프로첸코는 지도를 접어 넣고 손을 흔들어 마지막 버스를 세운 뒤 그것을 타고 레닌 대로를 지나갔다.[58] 이제 버려진 도시로 들어가는 승객은 프로첸코 한 명뿐이었다. 프로첸코는 운전사에게 프리피야트의 길을 이리저리 안내하면서, 구역마다 소개가 완료되었는지 확인했다. 프로첸코는 6시 30분에 이스폴콤으로 돌아와서 시장에게 임무가 완료되었다고 보고했다.

"블라디미르 파블로비치, 완료했습니다. 모두 소개되었습니다."

유지 보수 인력과 나머지 세 기의 원자로를 관리하기 위해 남아 있는 인력을 제외하고 도시는 텅 비었다.

프로첸코의 보고가 위계의 사슬을 따라 정부위원회로 들어가는 동안 프로첸코는 슬픔이 느껴지지는 않았다. 그저 중요한 일을 무사히 마쳤다는 안도감만 들었다. 이것이야말로 그들이 늘 "영 파이오니어"들에게 말한 바가 아니었는가? "당이 지시하면 콤소몰은 대답한다. 즉시 수행하겠습니다!"

그날 밤이 되어서야 마리아는 몸이 아픈 것이 느껴지기 시작했다. 목이 칼칼해지고 두통이 왔다. 발과 발목이 부어오르고 아프기 시작했다. 마리아는 방사선 때문이라는 생각은 하지 않았다. 어느 정도는 철교를 돌아다니던 내내 맨 다리에 닿았던 먼지 속의 알파 입자와 베타 입자들이 어떤 신체적 효과를 일으키는지를 잘 몰라서 그랬을 것이다. 하지만 방사능에 대해 아예 생각하고 싶지 않았기 때문이기도 했다. 설사가 시작되자 프로첸코는 상한 오이를 먹어서 그럴 거라고 생각했다. 목이 아프고 두통이 나는 것은 이틀이나 잠을 못 자서 그럴 거라고 생각했다. 프로첸코는 화장실 세면대에 발을 올리고 찬물에 담가 따끔거리는 것을 진정시켰다. 하지만 통증은 곧 다시 돌아왔다.

프로첸코는 자리로 돌아와서 화학전 부대를 위해 또 지도를 그렸다. 그들은 매 60분마다 방사능 정찰을 하고 있었다. 그들은 이스폴콤 건물 내부에서도 방사능을 측정했는데, 프로첸코에게 복도가 다 오염되었다고 알려 주었다. 청소부와 경비원은 이미 오래전에 귀가하고 없었기 때문에 프로첸코는 젖은 걸레를 들고 바닥 타일을 직접 닦았다. 장갑도 없어서 맨손으로 청소를 했다.

각색의 버스가 도시를 둘러싼 좁은 도로들로 줄지어 빠져나갔다.[59] 떠나는 주민 중 자신이 어디로 가는지 아는 사람은 없었다. 아무도 그들에게 말해 주지 않았다. 하지만 그들은 곧 돌아오게 될 것이라고 확신했다. 어떤 버스들은 도시 경계를 한참 지나서까지 간 다음에 누군가가 차바퀴에 위험한 수준의 방사능 먼지가 있다는 것을 발견해서 다시 프리피야트로 돌아와 제염을 해야 했다.[60] 한 발전소 직원은 아내와 아이를 데리고 함께 버스에 올라 도시 밖으로 50킬로미터나 가서 그들에게 먼저 가라고 인사를 하고 버스에서 내려 동료들을 돕기 위해 프리피야트로 돌아왔다.[61] 운전사는 그를 이반코프Ivankov 시에 내려 주었고, 그는 그곳의 밀리치야 사무실로 가서 프리피야트에 돌아가게 허락해 달라고 했다. 소개 차량을 타고 이동하던 몇몇 사람들은 운전사에게 키예프까지 가자고 말해 보았다. 하지만 내무부의 계획에 따르면 프리피야트에서 소개된 모든 사람을 폴레시아 인근의 작은 농촌 마을들로 배치하도록 되어 있었다. (버스에 탄 사람들 전체를 한꺼번에 대규모로 수용하는 것이 아니라) 거기에서 농민들과 콜호츠 조합원들이 가족 단위로 그들을 받아서 묵게 해 줄 것이었다.

빅토르 브류하노프의 아내 발렌티나는 도시를 떠나면서 흐느껴 울었다.[62] 나탈리아 유브첸코가 탄 버스에서는 승객들이 걱정스럽게 어디로 가게 될까 이야기를 나누었다.[63] 하나씩 마을들을 지나가면서 그들은 열심히 창밖으로 길 이름을 살폈다. 이들이 지나가는 것을 보는 농민들의 거친 얼굴에는 안쓰러워하는 표정이 역력했다.

화이트하우스 3층에서는 정부위원회 회의가 계속되고 있었다.[64] 마리아 프로첸코도 퇴근하지 않고 아래층의 자기 자리를 지키고 있었다. 오후 8시, 창밖을 본 프로첸코는 한 여성이 광장을 걸어서 가로질러 도시로 들어오는 것을 보았다. 혼자였고, 짐 가방을 가지고 있었다. 프로첸코는 어리둥절했다. 모든 여성과 아이들이 몇 시간 전에 이곳을 빠져나갔어야 했기 때문이다. 프로첸코는 당직 장교를 보내 알아보게 하고서, 당직 장교가 그 여성을 세워 질문을 하는 것을 창문으로 지켜보았다. 그들은 이야기를 나누었고 여성은 고개를 끄떡이더니 가방을 들고 가던 길을 계속 갔다. 사무실로 돌아온 당직 장교에게 자초지종을 듣고서 프로첸코는 프리피야트의 긴급 상황에 대한 정보가 아직 기차역에 전달이 되지 않아서 야노프 역을 지나가는 기차들이 여전히 정상적인 시간표대로 야노프 역에 정차를 하고 있다는 것을 알게 되었다. 그 여성은 남서쪽으로 300킬로미터 떨어진 흐멜니츠키 Khemlnitsky에서 기차를 타고 온 참이었다. 주말 동안 프리피야트에 없었던 그 여성은 그 사이에 무언가가 달라졌으리라고는 꿈에도 생각하지 못하고 있었다.

당직 장교에게 설명을 듣는 동안 그 여성은 두려워하거나 패닉에 빠진 것 같아 보이지는 않았다. 그 여성은 물론 자신도 소개령에 따르겠지만 "먼저 집에 들러야 한다"고 했다.

하지만 짐 가방을 들고 아파트 건물에 들어선 그 여성은 프리피야트가 소름끼치게 달라져 있는 것을 발견했다. 불과 몇 시간 만에, 빅토르 브류하노프가 사랑한 미래 도시는 유령 도시가 되었다. 버려진 빨래가 레닌 대로 발코니에서 바람에 펄럭거리고 있었고, 강변은 버려졌으며, 레스토랑들은 텅 비었고, 놀이터는 조용했다.

이제 거리에는 전에 없던 새로운 소리들이 메아리를 울렸다. 영문을 모르고 혼란에 빠진 강아지들이 짖는 소리(털이 너무 오염되어서 주인들이 두고 갈 수밖에 없었다), 시민방호군 정찰 차량의 엔진 소리, 그리고 계속해서 발전소를 오가며 방사능 화산의 입구에 모래와 붕소를 떨어뜨리는 제51 헬리콥터 경비연대의 헬기가 내는 엔진 소리.

사진1 1980년대 초의 프리피야트. 멀리 수평선에 체르노빌 원자력 발전소가 보인다. 4호기는 프리피야트의 남쪽 경계에서 불과 3킬로미터밖에 떨어져 있지 않았다.

사진2 레닌 대로 전체가 보이는 프리피야트 전경. 포플러 나무 가로수가 늘어서 있다.

사진3 레닌 대로의 끝, 쿠르차토프 거리 모퉁이에 있는 라두가(무지개) 백화점. 발전소장 빅토르 브류하노프는 발전소의 다른 고위 임원들과 마찬가지로 이 백화점 위의 아파트에 살았다. 지붕에 있는 글자는 "레닌에게 영광을"과 "당에 영광을"이라는 뜻이다.

사진4 프리피야트는 숲과 흰 모래사장이 있는 강변에 둘러싸여 있었다. 날마다 운행하는 "라케타Raketa" 수중익선이 키예프까지 빠르고 저렴한 교통편을 제공했다. 키예프는 드네프르 강을 따라 남쪽으로 두 시간 거리에 있었다.

사진5,6 빅토르 브류하노프, 아내 발렌티나, 아들 올레그가 프리피야트 인근의 숲에서 버섯을 따고 있다. 1980년.

사진7 알렉산더 유브첸코(4호기 제5근무조 선임 기계 엔지니어)와 아내 나탈리아가 알렉산더의 24세 생일 밤에 빌린 모자를 쓰고 포즈를 취하고 있다. 1985년 10월 25일.

사진8 1985년 새해에 프리피야트에서 찍은 나탈리아와 아들 키릴의 사진. 사진 속의 키릴은 두 살이다.

사진9 빅토르 브류하노프(중앙, 선글라스 착용)와 체르노빌 발전소 당 서기 세르히 파라신(브류하노프의 왼쪽), 그리고 그 밖의 발전소와 프리피야트의 당 간부들이 1985년 5월 9일 전승일 기념 퍼레이드 행렬의 선두에서 행진하고 있다. 소비에트가 '대조국전쟁'에서 독일군을 물리친 지 40주년 되는 날을 기념하는 행사였다.

사진10 아나톨리 알렉산드로프(쿠르차토프 연구소의 소장이자 소비에트 과학아카데미 원장인 80세 노장)가 자신이 개척한 핵추진 쇄빙선 사진을 보여 주면서 강의를 하고 있다. 알렉산드로프는 소비에트가 핵 발전을 맹렬한 속도로 팽창시켜야 한다는 입장을 가지고 있었다. 그는 RBMK 원자로의 특허 보유자이기도 하다.

사진11 RBMK-1000 원자로인 체르노빌 발전소 3호기의 중앙홀. 약 1600개 핵 연료관의 꼭대기 부분이 보인다. 각각의 덮개가 덮이지 않은 상태. 3호기와 4호기는 거의 동일한 구조였으며 두 원자로는 나란히 붙어 있었다.

사진12 당시 체르노빌 발전소 중 가장 신규 모델이자 가장 발달된 모델이었던 4호기. 사진은 1983년에 완공된 지 얼마 안 되어서 찍은 것이다.

사진13 레오니드 톱투노프(왼쪽, 4월 25일 당시 야간 근무조의 선임 원자로 제어 엔지니어)와 그의 친구인 알렉산더 코롤(중앙)이 1981년에 찍은 사진. 나머지 한 명이 누구인지는 알려져 있지 않다. 이 세 친구는 MePhI을 졸업하기 2년 전에 함께 여행을 가서 이 사진을 찍었다.

사진14 4월 25일 밤에 체르노빌 발전소 소방대 제3당직조를 지휘했던 23세의 블라디미르 프라비크 중위.

사진15 4월 25-26일에 4호기 제어실 야간 근무조 조장이었던 알렉산더 아키모프.

사진16 사고 이후 4호기를 찍은 최초의 사진. 체르노빌 발전소 소속 사진사 아나톨리 라스카조프Anatoly Rasskazov가 1986년 4월 26일 오후 3시경에 헬기에서 찍은 것이다.

사진17 4월 26일 새벽에 망가진 원자로에 냉각수를 대기 위해 밸브를 수동으로 열러 갔던 직원 중 한 명이 그린 스케치. 알렉산더 아키모프(왼쪽 아래)와 레오니드 톱투노프(오른쪽 아래)가 발목까지 방사능 오염수에 잠긴 채 서 있는 것이 보인다. 아키모프는 벽에 기대지 않고 혼자서는 설 수 없는 상태이며 톱투노프는 구토를 하고 있다.

사진18 키예프 군구 시민방호군 제427 적기군 기계화 연대 방사능 정찰 부대를 이끌었던 알렉산더 로가쵸프 상위와 딸. 1984년.

사진19 4월 26일 사고 후 최초로 현장 상공을 비행한 세르게이 볼로딘 대령이 조종석 안에 있는 모습.

사진20 키예프 군구 소비에트 공수부대 지휘관 니콜라이 안토슈킨 소장이 자신이 지휘하던 헬기 중 하나의 객실에 앉아 있다.

사진21 힘이 세서 "큰사슴"이라는 별명을 가진 표트르 즈보로브스키 대위. 1986년. 그는 4호기 아래층의 저수조에서 물을 퍼내는 작업을 지휘했다. 2차 폭발을 막기 위한 것이었는데, 그때 과학자들은 만약 2차 폭발이 일어나면 첫 번째 폭발보다 몇 배나 강력할 것이라고 우려했다.

사진22 폴리시에 호텔(왼쪽)과 프리피야트 이스폴콤 건물(오른쪽. "화이트하우스"). 안토슈킨이 헬기 조종사들에게 4호기의 불길을 잡을 물질을 투하할 위치를 지시하면서 적어 넣은 설명이 보인다.

사진23 프리피야트 시 도시 설계 책임을 맡았던 건축가 마리아 프로첸코. 사고 이후 체르노빌 시에 임시로 세워진 사무실에 있는 모습. 프로첸코의 뒤로 소개된 프리피야트의 지도가 보인다.

사진24 5월 초에 부상자 치료를 돕기 위해 모스크바로 간 두 명의 미국 혈액학 전문의와 제6병원의 소비에트 의사들이 함께 찍은 사진. 왼쪽부터 리처드 챔플린, 로버트 게일, 알렉산더 바라노프, 안겔리나 구스코바.

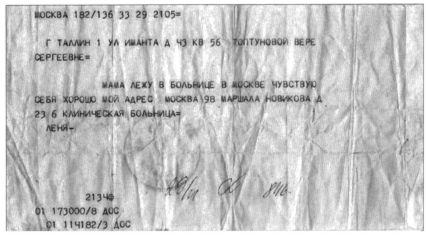

사진25 레오니드 톱투노프가 제6병원 병상에서 4월 29일에 에스토니아에 있는 부모에게 보낸 전보. "엄마, 저는 병원에 있어요. 저는 괜찮아요."라는 메시지와 모스크바에서 그를 찾을 수 있는 주소가 적혀 있다.

사진26 1986년 여름에 3호기 옥상에서 방사능을 방출하는 잔해를 치우기 위해 동원된 소비에트 로봇 중 하나인 STR1. 원자로 노심에서 튕겨져 나왔던 흑연을 옥상 가장자리로 보내 아래로 떨어뜨리고 있다. 하지만 로봇이 견디기에는 방사능이 너무 강해서 결국 이 일에는 3000명 이상의 사람이 투입되었다.

사진27 이반 실라예프 부총리(왼쪽)는 체르노빌 위기 대응을 위해 모스크바에서 파견된 정부 위원회의 제2기 위원장이었다. 1986년 5월에 실라예프가 4호기를 찍은 항공 사진들을 보고 있다. 옆에 있는 사람들은 과학자 유리 이즈라엘(중앙)과 예브게니 벨리호프(오른쪽)다.

사진28 보리스 셰르비나 부총리(왼쪽에서 두 번째)는 사고 현장에 파견된 정부위원회의 제1기 위원장이었다. 그와 과학자 발레리 레가소프(왼쪽에서 네 번째)가 1986년 9월에 여전히 계속되고 있는 리퀴데이션 작업을 관리하기 위해 체르노빌에 갔다가 돌아오고 있다.

사진29 "빅 에핌", 또는 "아야톨라"라는 별명으로 불리던 중기계건설부 장관 에핌 슬라브스키(왼쪽)와 엔지니어 블라디미르 쿠르노소프(중앙), 일리야 두도로프(오른쪽)가 1986년 9월에 사고 현장을 방문했다. 슬라브스키는 석관 건설을 위해 중기계건설부에 특별 건설팀 "US-605"를 꾸렸다.

사진30 1986년 10월 중순에 건설 중인 석관의 모습. "폭포의 벽"의 위쪽 층들의 뒤쪽에서 펌프 트럭과 파이프로 액체 콘크리트를 부어 메워 넣고 있다. 오른쪽에는 무한궤도 바퀴가 달린 대형 크레인이 건물의 서쪽 끝을 지지하기 위한 작업을 하고 있다.

사진31 1986년 11월, 완성된 석관의 모습.

사진32 1987년 7월, 체르노빌 시 "문화의 전당"에서 체르노빌 사고와 관련해 기소된 사람들에 대한 재판이 열렸다. 두 명의 내부무 경찰 사이에 왼쪽부터 오른쪽으로 발전소장 빅토르 브류하노프, 부수석 엔지니어 아나톨리 댜틀로프, 수석 엔지니어 니콜라이 포민이 피고석에 앉아 있다.

사진33 출입금지구역에서 이런 저런 일에 동원되었다가 너무 심하게 오염되어 버려진 버스, 소방차, 헬기, 장갑차, 건설 장비 등의 묘지. 1997년이면 사고가 야기한 전체 비용이 1280억 달러로 추산되었다.

사진34 녹았던 모래, 우라늄 연료, 철, 콘크리트 등이 뭉쳐 거대한 덩어리를 형성한 "코끼리 발." 1986년 가을에 체르노빌 복합단지 탐사단 과학자들이 발견했다. "코끼리 발"은 방사성이 매우 강해서 그 옆에 5분만 서 있으면 목숨을 잃을 수 있다.

사진35 2016년 4월 프리피야트. 체르노빌 발전소와 "신 안전 격납고"의 지붕이 보인다. 사고가 나고 30년이 지난 뒤, 아톰그라드는 자연에 거의 완전하게 재정복되었다.

Midnight

2부

어느 제국의 죽음

in
Chernobyl

10장

핵 구름

폭발한 노심에서 열 기둥에 밀려 분출한 뒤 상공에서 바람에 실려서, 방사능 핵 구름은 4호기의 시체를 벗어난 이래로 이미 수천 킬로미터를 이동한 상태였다.[1]

맹렬한 폭발로 터져 나온 방사성물질들은 밤하늘의 정적 속으로 치솟았다가 약 1500미터 고도에서 강풍에 낚아 채여서 시속 50~100킬로미터의 속력으로 소련 국경을 넘어 북서쪽으로 발트 해까지 날아갔다. 이 핵 구름에는 제논133 기체, 방사성이 있는 흑연 가루, 그리고 아이오딘131과 세슘137 같은 순수 방사성 동위원소들이 있었다.[2] 이것의 강한 열기가 근처의 공기를 데우면서 각각의 입자가 수십만 개의 미니 열기구가 되어 점점 더 멀리 날아갔다. 핵 구름의 중심부는 약 2000만 퀴리에 달하는 방사선으로 들썩였다.[3] 사고가 나고 꼬박 하루가 지난 뒤인 4월 27일 일요일에 소비에트의 과학자들이 발전소 인근에서 정기적으로 대기 중 방사능을 측정하기 시작했을 무렵이면, 눈에 보이지 않는 이 유령은 이미 훨씬 멀리까지 가 있었고 소비에트 과학자들로서

267   **10장 핵 구름**

는 그 규모와 강도를 알 수 없었다.[4] 소비에트의 정찰 팀이 측정하는 것으로는 꼬리만 파악할 수 있을 뿐이었다. 지난 24시간 사이에 핵 구름이 이미 스칸디나비아까지 도달했기 때문이다.[5]

일요일 낮, 덴마크의 도시 로스킬데Roskilde 북부에 있는 "리소 국립 연구소Riso National Laboratory"의 자동 모니터링 장비가 핵 구름이 덴마크에 도착했음을 조용히 기록했다.[6] 하지만 일요일이었기 때문에 아무도 이 기록을 보지 못했다. 그날 저녁, 핀란드 북부 도시 카야니 Kajaani에 있는 핀란드 군 측정소의 한 군인이 자연방사선량이 비정상적으로 증가한 것을 포착하고 헬싱키에 있는 작전 본부에 보고했다. 하지만 추가 조치는 취해지지 않았다. 그날 밤, 스웨덴 상공에서 핵 구름이 비구름과 만났고 비구름의 습기가 핵 구름의 방사능 물질들을 응결시켰다.[7] 이윽고 스톡홀름에서 북쪽으로 차로 두 시간 정도 떨어진 도시 예블레Gavle에 고농도의 방사능비가 내리기 시작했다.

4월 28일 월요일 오전 7시가 약간 못 된 시각에 예블레에서 남동쪽으로 65킬로미터 떨어진 보트니아 만의 포스마크Forsmark 원전 탕비실에서 클리프 로빈슨Cliff Robinson이 아침을 먹고 있었다.[8] 스물아홉 살의 영국계 스웨덴인인 로빈슨은 포스마크 발전소의 방사화학 실험실 기술자였고, 포스마크에 지하 핵폐기물 처분장을 짓고 있는 건설 노동자들과 함께 셔틀버스를 타고 출근했다.[9]

커피를 다 마신 로빈슨은 이를 닦으러 라커룸으로 들어갔다. 라커룸에서 나올 때는 방사능 모니터링 장비를 거쳐야 했는데 그가 지나가자 모니터링 장비에서 경고음이 울렸다. 아직 잠이 덜 깬 그는 의아했다. **이상하다? 나는 이제 막 도착했고 원자로 구역에는 아직 들어가지도 않았는데?** 그가 방사능에 오염되어 있을 가능성은 없었다. 하지만 어쨌든 경보음이 울렸기 때문에 발전소의 방사선 보호 담당 직원이 나왔다. 로빈슨은 그에게 방금 일어난 일을 설명하고 다시 한 번 모니터링 장치를 통과했다. 또 경고음이 울렸다. 세 번째 시도에서 기계는 조용해졌다. 어리둥절한 채로, 두 사람은 장비가 오작동을 일으킨 모양이라고 생각했다. 경고음 기준이 잘못 설정되어 있었거나 뭐 그와 비슷한 일일 거라고 말이다. 방사선 안전 담당자는 로빈슨에게 일하러 들어가도 좋다고 했다. 기계는 나중에 고치면 될 터였다.

마침 로빈슨이 하는 일은 포스마크 1호기 건물 내의 방사선 수치와 발전소에서 외부 환경으로 방출되는 방사선 수치를 측정하는 일이었다. 이 원자로는 지어진 지 6년밖에 안 되었는데도 작은 기술적 오류들이 많았다.[10] 지난 겨울에만 해도 연료봉에서 방사능 물질이 누출되는 소규모의 사고가 몇 차례 있었다. 매주 월요일이면 로빈슨은 제일 먼저 위층 환풍구에서 공기 샘플을 채취해 실험실로 가지고 와서 분석했다. 분석이 완료되는 데는 시간이 어느 정도 걸렸다. 9시경에 그는 커피를 한 잔 더 마시러 아래층으로 내려갔다. 그런데 방사선 모니터링 장치 앞에 줄이 기다랗게 늘어서 있었고 모든 발전소 직원이 들어올 때마다 경보음이 울렸다. 아까보다 더 어리둥절해진 로빈슨은 줄서 있는 사람 중 한 명의 신발을 벗겨서 교차 오염을 막기 위해 비닐봉지에 넣은 후 실험실로 가지고 돌아왔다. 그리고 그 신발을 저마늄 탐지기에 올려놓았다. 이것은 감마선을 측정하는 매우 민감한 장치였다. 시간이 좀 걸릴 것이라고 생각해서 그는 기다릴 준비를 했다.

하지만 결과는 섬찟하도록 빠르게 나왔다. 컴퓨터 스크린에서 초록색 선이 가파르게 치솟았다. 로빈슨은 가슴이 철렁했다. 이런 것은 전에 본 적이 없었다. 이 신발은 방사성물질로 강하게 오염되어 있었다. 포시마크 1호기의 노심 내부에서 일반적으로 발견되는 핵분열 생성물들(세슘137, 세슘134, 그리고 반감기가 짧은 아이오딘 동위원소들 등)도 모두 포함되어 있었지만, 이곳 원자로 내부에서 절대로 나올 수 없는 물질들도 있었다. 코발트60, 넵투늄238 등이 그런 것들이었는데, 로빈슨은 이것들이 대기 중에 노출되었던 핵연료에서만 나올 수 있는 물질이라는 것을 깨달았다. 로빈슨은 즉시 상관에게 전화를 걸었다. 상관은 최악의 상황을 우려하면서 환풍구로 가서 샘플을 다시 채취하라고 지시했다.

오전 9시 30분에 발전소 경영진인 카를 에릭 산드스테트Karl Erik Sandstedt가 오염에 대한 보고를 받았다.[11] 하지만 포스마크의 선임 직원들도 로빈슨만큼 어리둥절했다. 발전소 내부에서는 원인이 될 만한 것을 딱히 추적할 수가 없었는데도, 기상 조건을 감안할 때 인근의 토양에서 검출되는 방사능 수치는 포스마크의 원자로에서 중대한 누출이 발생했을 때나 가능할 만큼의 높은 수치를 보이고 있었다. 10시 30분에 산드스테트는 발전소로 오는 길을 봉쇄하도록 지시했고, 지역 당국은 예방적 경고를 발령했다. 인근 주민들은 되도록 포스마크 발전소에서 멀리 있으라는 안내 방송이 나갔고 경찰은 도로에 저지선을 설치했다. 30분 뒤, 로빈슨이 여전히 실험실에서 새로 채취한 샘플들을 분석하고 있었을 때 건물 전체에 대피 사이렌이 울렸다.[12]

하지만 그때쯤이면 스톡홀름의 원자력 당국 및 군 당국에는 비슷하게 높은 수준의 방사능 오염이 포스마크에서 200킬로미터 떨어진 스투드스빅Studsvik 연구 시설에서도 감지되었다는 보고가 들어와 있었다.[13] 그뿐 아니라 스톡홀름의 대기에서도 상당한 방사선량과 흑연 입자를 함유한 동위원소들이 검출되었다. 이것은 민간 용도의 원자로에서, 하지만 포스마크에서 사용하는 것과는 매우 다른 모델의 원자로에서 재앙적인 사고가 있었으리라는 점을 시사했다. 스웨덴 국방연구소

Swedish National Defense Research Institute는 오후 1시경 "부분적 핵 실험 금지 조약Partial Test Ban Treaty"의 이행을 점검하기 위해 개발되었던 기상학 모델을 이용해 발트 해 전역의 주요 기상 패턴을 도출했다. 방사능 오염원이 포스마크가 아닌 것이 분명했다. 오염은 스웨덴 외부에서 온 것이었고 바람은 남동쪽에서 불어오고 있었다.

모스크바 시간으로 오전 11시경, 헤이다르 알리예프Heydar Aliyev는 크렘린의 집무실에 있다가 정치국 긴급회의가 소집되었다는 연락을 받았다.[14] 소비에트연방 부총리인 알리예프는 소비에트에서 가장 막강한 권력을 가진 사람 중 하나였다. 아제르바이잔 KGB 국장 출신인 그는 정치국에 12명뿐인 투표권을 갖는 위원 중 한 명으로, 소비에트연방 전체에 영향을 미치는 가장 중요한 의사 결정들에 공동 책임을 지고 있었다.[15] 하지만 월요일 아침까지 알리예프도 우크라이나에서 일어난 사고에 대해 아주 모호한 정보밖에 모르고 있었다. 소비에트의 신문, 라디오, 텔레비전에서는 체르노빌에 대한 이야기가 한마디도 나오지 않았다. 키예프의 당국자들은 모스크바의 지시가 있기도 전에 과학자들이 파악한 정보가 확산되지 않도록 알아서 조치를 취하기 시작했다.[16] 이를테면, 토요일에 키예프 식물연구소Kiev Institute of Botany의 장비들에 방사선 수치가 급등한 것이 기록되자 KGB의 요원들이 와서 "패닉과 선동적인 루머의 확산을 막기 위해" 그 장비들을 밀봉했다. 그렇긴 했어도, 고르바초프가 정치국 긴급회의를 소집한 월요일 오전 11시경이면 알리예프도 방사능 물질이 곧 소련 국경을 한참 넘어선 곳에서도 발견되리라는 것을 깨닫고 있었다.[17]

알리예프, 총리 리지코프, 선전선동 담당 알렉산더 야코블레프 Alexander Yakovlev, 고르바초프의 적으로 떠오르고 있는 보수파 예고르

리가초프, KGB 수장 빅토르 체브리코프Viktor Chebrikov 등 십여 명이 평소와 달리 정치국 회의실이 아니라 크렘린 3층에 있는 고르바초프의 집무실에 모였다.[18] 최근에 인테리어를 개비해 화려한 카펫이 깔리고 돔형 천정에 크리스털 샹들리에도 달려 있었지만, 동굴 같은 칙칙한 분위기였다.[19] 모두가 긴장해 있었다.

고르바초프가 거두절미하고 물었다. "무슨 일이 일어난 겁니까?"[20]

에너지 분야를 담당하는 블라디미르 돌기흐 중앙위원회 서기는 셰르비나와 프리피야트의 전문가들로부터 전화로 들은 내용을 보고했다.[21] 폭발과 원자로의 파손, 프리피야트 주민 소개 등의 내용에 이어, 공군이 헬기로 파손된 원자로에 모래, 진흙, 납을 투하하고 있다는 것, 방사능구름이 남쪽과 서쪽으로 움직이고 있으며 이미 리투아니아에서 감지가 되었다는 것 등이 보고되었다.[22] 아직 정보가 많지 않았고 서로 상충하는 정보들도 있었다.[23] 군이 하는 말이 다르고 과학자가 하는 말이 달랐다. 이런 상황에서, 오늘 이들은 소비에트 국민들에게 이 사고를 알려야 할지, 알린다면 어떤 내용을 알려야 할지를 결정해야 했다.

이 사고로 고르바초프가 천명했던 '개방적이고 투명한 정부'를 지향한다는 원칙이 갑작스럽게 시험대에 올랐다. 불과 1개월 전에 있었던 당 대회에서 고르바초프는 이러한 글라스노스트 원칙을 천명했는데, 그 이후로도 글라스노스트는 아직 슬로건에 불과했다.[24] "우리는 되도록 빨리 대對국민 성명을 발표해야 합니다. 지체해서는 안 됩니다."[25]

하지만 비밀주의와 정보 통제에의 집착은 뿌리가 아주 깊었다. 소비에트에서 일어난 사고 중 소비에트의 자부심을 훼손하고 대중의 패닉을 일으킬 수 있는 것은 종류를 불문하고 늘 은폐되어 왔다. 1957년의 마야크 폭발 사고는 30년이 지나서도 여전히 공식적으로는 발생하지 않은 일로 취급되고 있었다. 1983년에 소비에트의 공군 조종사가 실수로 한국의 비행기를 격추시켜 269명이 사망했을 때도 소비에트는 처음에 사고에 대해 아무것도 알지 못한다고 주장했다. 그리고 고르바초프의 권력은 아직 강고하지 않았기 때문에 반동적인 저항이 일어날 소지가 있었다.[26] 흐루쇼프와 그의 자유화 정책이 무너졌던 전례가 있지 않았는가? 고르바초프는 조심해야 했다.

이날 회의를 기록한 공식 회의록을 보면, 사고 사실을 국민에게 널리 알려야 한다는 데 광범위하게 동의가 이뤄졌던 것처럼 기록되어 있지만, 훗날 헤이다르 알리예프 부총리는 회의록 내용에 오도의 소지가 있다고 말했다.[27] 알리예프의 회상에 따르면, 그는 사고 내용을 당장 숨김없이 알려야 한다는 입장이었고 이 재앙은 너무 규모가 커서 숨기는 것이 불가능하다고 주장했다. 곧 유럽 전역이 끔찍한 일이 일어났다는 것을 알게 될 텐데 다 알려진 일을 숨기려 하는 것이 무슨 의미가 있는가? 하지만 알리예프는 자신이 말을 마치기 전에 크렘린의 2인자로 여겨지고 있던 예고르 리가초프가 말을 잘랐다고 회상했다.[28] "그래서 어쩌자는 겁니까? 어떤 정보를 공개하기를 원하는 거요?" 이에 알리예프는 이렇게 대답했다고 한다. "어리석은 말씀 마십시오. 우리는 이것을 숨길 수 없습니다!"[29]

또 어떤 이들은 대중에게 알릴 만한 정보가 아직 너무 부족하다고 주장했고 패닉이 일어날 가능성을 우려했다.[30] 만약 무언가를 알려야 한다면 아주 제한적으로만 알려야 한다는 것이 그들의 입장이었다. 최고소비에트 간부회 의장 안드레이 그로미코Andrei Gromyko는 "과도한 걱정과 패닉이 일지 않도록 신중하게 문구를 작성해야 한다"고 말했다.[31] 이어 투표로 최종 결정이 내려졌는데, 투표 결과는 리가초프의 승리였다. 즉 정치국은 전통적인 접근 방식을 따르기로 했다. 이들은 별다른 정보를 담지 않은 23단어짜리 발표문을 작성해 TASS 통신을 통해 내보내기로 했다. 또한 이 발표문은 "부르주아지가 날조한 거짓 프로파간다 기사"(중앙위원회 공식 대변인이 훗날 쓴 표현이다)를 불식시키기 위한 것이기도 했다.[32)

고르바초프의 뜻이 무엇이었건 간에, 결국에는 하던 대로 하는 게 역시 최선인 것 같았다.

오후 2시, 스웨덴의 주요 당국은 해외에서 벌어진 중대 핵 사고로 스웨덴이 오염되었다는 데 견해가 일치했다.[33) 한 시간 뒤에 스웨덴 외무부는 동독, 폴란드, 소련 정부에 접촉해 그 나라들에서 그런 사고가 있었는지 질의를 보냈고, 이어서 국제원자력기구IAEA에도 질의를 보냈다. 그 무렵이면 핀란드와 덴마크 정부도 자신의 영토에서 방사능 오염이 감지되었다고 밝혔다.

한편 체르노빌에서는, 그 옛날 빅토르 브류하노프가 침대에 앉아 허허벌판에 세울 발전소를 그려 보던 이 도시의 유일한 호텔에 이제 모스크바에서 파견된, 녹초가 된 당국자들이 가득했다.[34) 제17공수부대 헬기 조종사들이 원자로를 덮어서 내부의 흑연 화재를 잡기 위해 고전하는 동안에도 4호기의 폐허에서 핵종은 계속 올라오고 있었다. 하지만 소비에트 당국은 스웨덴의 질의에 대해 소비에트 영내에서 벌어진 어떤 종류의 핵 사고에 대한 정보도 아는 바가 없다고 답했다.

그날 오후에 모스크바 주재 스웨덴 대사관의 과학 담당관이 스레드마시의 대외용 기관인 "원자력 에너지 사용 국가위원회"에 질의를 했지만[35) 이곳은 소비에트의 원자로에 문제가 있다는 것을 긍정도 부정도 하지 않았다. 그날 이른 저녁에는 스웨덴 대사관에서 열린 칵테일 파티에서 대사 토르스텐 외른Torsten Orn이 소비에트 외무장관을 붙들고 소비에트 내에서 최근에 핵 사고가 벌어졌는지에 대해 아는 바가 있느냐고 단도직입적으로 물어보았는데, 소비에트 외무장관은 질의하신 바를 잘 알겠다고만 말하고 더 이상은 말하지 않았다.[36]

핵 구름이 4호기 상공으로 날아가기 시작한 지 3일 뒤인 4월 28일 월요일 오후 8시, 드디어 "모스크바 라디오"가 TASS 통신을 통해 발표된 공식적인 사고 내용을 내보냈다. 아나운서는 이렇게 말했다. "체르노빌의 원자력발전소에서 사고가 발생해 원자로 하나가 손상되었습니다. 사고로 인한 영향들을 제거하기 위한 조치들이 취해지고 있으며 피해자들에 대한 지원이 이뤄지고 있습니다. 정부위원회가 구성되었습니다."[37] 정보를 주는 데 매우 인색한 이 간결한 보도는 소비에트의 전형적인 뉴스 보도와 비슷했다. 즉 수십 년 동안 소비에트가 산업재해 사건들을 은폐, 축소해 다뤘던 방식의 연속선에 있었다. 한 시간 뒤에는 "모스크바 라디오 월드 서비스"가 해외 청취자들을 위해 동일한 내용을 영어로 다시 발표하면서, [서방에서도 사고가 많았음을 상기시키기 위해] 서구에서 벌어졌던 핵 사고의 긴 목록을 덧붙여 이야기했다. 두 발표 모두에서 체르노빌의 사고가 정확히 언제 일어났는지는 언급되지 않았다.

모스크바 시간으로 밤 9시 25분, 소비에트 전역에서 방영되는 대표적인 저녁 뉴스 프로그램 "브레미야"도 23단어로 된 동일한 발표문을 내보냈다.[38] 이것은 "소비에트 각료회의" 명의로 발표되었고 그날 뉴스 중 21번째 꼭지였다. 배경 화면도 없었다. 앵커의 침울한 표정과 "각료회의"가 언급되었다는 것만이 무언가 커다란 일이 일어났을지도 모른다는 암시를 줄 뿐이었다.

다음 날인 4월 29일 화요일에 모스크바의 조간신문은 이 사고에 대해 전적으로 침묵했다. 우크라이나에서는 보도가 되긴 했지만, 최대한 눈에 띄지 않게 배치하려 한 흔적이 역력했다.[39] 『프라우다 우크레이니*Pravda Ukrainy*』는 3면 아래쪽에 작은 기사로 사고 소식을 게재했다. 집에 전화를 설치하는 것과 관련해 문제를 겪고 있는 두 명의 연금 수급자에 대한 기사 아래에 배치되어 있었다. 또 『로비츠니차 하제타*Robitnycha Hazeta*』(우크라이나 노동자 신문)는 소비에트 축구 리그 대진표와 체스 시합 기사 아래에 체르노빌 기사가 파묻히게 하려고 애썼다.

고르바초프는 첫 회의가 있은 지 이틀 뒤에 두 번째 정치국 긴급회의를 소집했다.[40] 시간은 이번에도 오전 10시 30분이었다. 이제 그는 눈덩이처럼 커지고 있는 재난에 대해 초기 대응이 실패한 게 아닌지 우려하고 있었다. 방사능 물질은 여전히 퍼지고 있었고, 이미 스칸디나비아에서 높은 수치가 포착되었으며, 폴란드는 난처한 질문들을 하고 있었다. 오염이 레닌그라드에, 혹은 모스크바에 도달할 수도 있을까?

블라디미르 돌기흐는 그 사이에 새로 들어온 소식을 전했다. 그는 체르노빌에서 나온 핵 구름이 세 갈래로 갈라져서 북, 남, 서쪽으로 이동했으며, 내무부는 사고 지점에서 적어도 10킬로미터 이내 지역을 차단했다고 보고했다. 하지만 방사능 수치는 떨어지고 있다고 말했다.[41] 이에 대해 KGB 수장인 체브리코프는 동의하지 않았다. 그의 정보원에 따르면 방사능 상황은 나아지는 징후를 보이고 있지 않았으며 사실 그들은 재앙에 직면해 있었다.[42] 추가로 주민 소개가 진행되고 있었고, 거의 200명의 부상자가 모스크바의 병원에 입원해 있었다. 또 블라디미르 셰르비츠키(우크라이나 당 제1서기)는 우크라이나에서 패닉이 일고 있다고 보고한 바 있었다.

어쨌든 되도록 빨리 원자로를 완전하게 봉쇄해야 한다는 데는 모두의 의견이 일치했고, 사고 대응을 총 지휘하기 위해 7명으로 구성된 특별 작전팀을 꾸리기로 했다. 리지코프 총리가 팀장을 맡고 돌기호, 체브리코프, 내무장관, 국방장관 등이 포함될 이 팀은 모든 곳의 당 조직과 정부 조직에 대해 행사할 수 있는 긴급 권한을 위임받아서 국가의 모든 자원을 체르노빌의 정부위원회가 쓸 수 있게 전폭적으로 지원할 것이었다.

이어서, 논의는 다시 한 번 세계에 현재의 상황을 어떻게 알릴 것인지로 넘어갔다. 고르바초프는 적어도 소비에트의 위성국가들, 워싱턴 DC, 그리고 런던에는 더 자세한 정보를 제공하자고 제안하면서 "더 정직한 것이 더 좋을 것 같다"고 말했다.[43] 미국 주재 소련 대사를 20년이나 지내고 최근에 중앙위원회 위원이 된 아나톨리 도브리닌Anatoly Dobrynin도 동의했다. "맞습니다." 그는 "어차피 레이건의 책상에는 이미 위성사진들이 놓여 있을 것"이라고 말했다. 참석자들은 아바나[쿠바], 바르샤바[폴란드], 본[서독], 로마[이탈리아] 등 세계 각국 수도에 나가 있는 소비에트의 대사들에게 외교 전문을 보내 소식을 알려야 한다는 데 동의했다.[44]

"우리 국민들에게는 정보를 알려야 하겠습니까?" 알리예프가 물었다.[45]

"그런 것 같소." 리가초프가 대답했다.

화요일 저녁에 "브레미야" 방송은 소비에트 각료회의 명의로 나온 새로운 발표를 내보냈다.[46] 이 발표는 두 명이 체르노빌 사고로 사망했다는 것을 인정했고, 원자로 건물의 일부가 파손되었으며 프리피야트가 소개되었다고 언급했다. 방사능 누출에 대해서는 언급하지 않았다. 강력한 소련 경제에 대한 기운 나는 최근 소식들에 이어, 이번에는 사고 소식이 여섯 번째 꼭지로 보도되었다.

그때쯤이면 전 세계 언론들이 "철의 장막" 뒤에서 어마어마한 재앙이 있었음을 감지하고 있었고 체르노빌이 서구 언론에 머리기사로 나오기 시작했다. 서구의 신문사와 방송사들은 그들의 현지 취재원 풀이 얼마나 희박하든 간에 앞다투어 기자들을 파견했다. 우크라이나로 가는 허가를 얻지 못하고 관료제의 침묵의 벽에 막혀서, 모스크바의 외신 기자들은 한 조각의 정보라도 얻으려고 갖은 노력을 다했다. 아주 최근에야 소비에트에 온 UPI통신의 루터 휘팅턴Luther Whittington은 한두 주 전에 붉은광장에서 우크라이나 여성 한 명을 우연히 만난 적이 있었다. 휘팅턴은 이 여성이 긴급 대응 당국에 아는 사람이 있다고 생각해서 그 여성의 키예프 집으로 전화를 했고, 폭발로 80명이 즉시 사망했고 추가적으로 2000명이 병원에 오는 길에 사망했다는 류의 이야기를 들었다. 그가 이해한 바로는 대충 그런 이야기인 것 같았다. 이 여성 외에 다른 누구에게 물어봐도 이런 내용은 확인되지 않았지만(나중에 "US 뉴스 앤 월드 리포트" 모스크바 주재 기재이던 니콜라스 다닐로프 Nicholas Daniloff는 휘팅턴이 러시아어를 잘 몰라서 우크라이나 여성이 한 말을 잘못 알아들은 것이 틀림없다고 추측했다), 어쨌거나 이 센세이셔널한 이야기는 국제 통신망을 타고 퍼져 나갔고 예상 가능한 결과들을 초래했다.[47]

화요일, 키예프의 조간신문에는 축구 대진표 아래 사고 소식이 자그마하게 들어가 있었던 데 반해 『뉴욕포스트』의 1면에는 "핵 재앙으로 2000명 사망: 원자력발전소가 통제 불능의 화재에 휩싸여 소비에트 사람들 도움 요청"이라는 기사가 실렸다.[48] 다음날에는 영국의 『데일리메일』에 "공포의 원자력으로 2000명 사망"이라는 기사가 실렸다. 그날 밤에는 이 충격적인 사망자 숫자가 미국 전역의 텔레비전에서 보도되었다.[49] NBC에 나온 미 국방부의 한 인사는 파괴된 모습이 담긴 위성 사진을 보여 주면서 이 정도의 사고라면 수천 명이 사망하는 것이 불가피하다며 "그 발전소에 4000명이 일하고 있었으므로 2000명이라는 숫자가 대략 맞는 것으로 보인다"고 말했다. 곧 미 국무장관 조지 슐츠George Shultz는 미국의 정보기관이 소비에트 측 주장을 비밀리에 평가한 것을 보고받았는데 사망자가 두 명뿐이라는 [소비에트의] 주장은 "어처구니없는" 이야기라고 되어 있었다.[50]

그러는 동안, 방사능구름은 계속 북쪽과 서쪽으로 퍼져서 스칸디나비아 전체를 뒤덮었다.[51] 이어서 대기가 정체되면서 오염은 남쪽으로 내려와 폴란드 상공을 덮쳤고 쐐기 모양을 형성하며 독일로도 이동했다. 그리고 폭우가 와서 체코슬로바키아부터 남동부 프랑스까지가 짙은 방사능 지대가 되었다. 서독과 스웨덴 정부는 사고 사실을 즉시 알리지 않은 것에 대해 모스크바에 맹렬하게 항의하면서 더 상세한 정보를 요청했다.[52] 하지만 소용없었다. 오히려 소비에트 대사들이 서독과 스웨덴의 과학자들에게 핵 화재를 진압하는 법에 대해, 특히 불타는 흑연을 진화하는 법에 대해 조언을 구했다. 루머가 퍼지고, 노심 용융 가능성을 언급하는 전문가들의 추측이 난무하고, 더 두렵게도 방사능 화재가 진압이 아예 불가능할 수도 있다는 이야기가 돌면서, 유럽 전체가 패닉에 빠졌다.

덴마크에서는 약국마다 아이오딘화칼륨 알약이 동났다.[53] 스웨덴에서는 소비에트 및 4개 동유럽 국가에서 오는 식품 수입이 금지되었다. 핵종 입자가 모유 수유를 하는 엄마의 모유에서 발견되었다는 보도가 나왔고 정부 당국에는 물을 마셔도 안전한지, 심지어는 밖에 나가도 되는지 등을 묻는 사람들의 전화가 빗발쳤다. 공산 국가인 폴란드에서는 국영 텔레비전이 사람들에게 위험하지 않다고 방송했지만, 그러면서도 당국은 아이들에게 아이오딘 알약을 배부했고 낙농 제품 생산을 제한했다.[54] 네덜란드의 한 아마추어 라디오 통신은 단파파장 교환을 통해 키예프 지역의 누군가와 연결이 되었다며 체르노빌에서 하나가 아니라 두 개의 원자로가 용융되고 있다는 그 사람의 주장을 방송했다. 그 우크라이나 사람은 "세계는 이 재앙에 대해 아무 것도 모른다"며 "제발 우리를 도와 달라"고 호소했다.[55]

소비에트의 대변인은 이러한 이야기들을 서구의 기회주의적인 프로파간다라고 일축했지만,[56] 비밀주의와 정보 통제 때문에 그런 "프로파간다"들을 명쾌하게 반박할 만한 사실관계 자료를 거의 가지고 있지 못했다. 수요일 저녁에 "모스크바 라디오"는 두 명의 사망자 이외에 197명의 부상자가 병원에 입원했다고 인정하면서 그중 49명은 이미 퇴원했다고 보도했다. 그리고 아나운서는 "방사능 상황이 개선되고 있다"고 모호하게 덧붙였다. 또한 이 방송은 폭발이 있은 뒤 얼마 지나지 않아 촬영된 것이라고 하는 사진 한 장도 텔레비전에 내보냈다. 그 사진은 원자로가 완전히 부서지지는 않은 모습을 보여 주고 있었다. 동시에 "키예프 라디오"는 사망자가 수천 명이라는 "서구의 루머"에 단호히 대처하겠다고 발표했다.

한편 KGB는 "부르주아지의 음모론을 그 원천에서 분쇄하는 일"에 나섰다.[57] KGB의 수장 체브리코프는 KGB가 "모스크바 주재 외국 공관들과 외신 기자들의 활동을 통제하고, 체르노빌 사고에 대해 그들이 정보를 얻는 것을 제약하며, 그들이 서구에서 반反소비에트적 프로파간다에 불을 지피는 데 체르노빌 사고를 이용하지 못하게 할 조치들"을 취하고 있다고 당 중앙위원회에 보고했다.

그날 모스크바 주재 『US 뉴스 앤 월드 리포트』 기자인 니콜라스 다닐로프는 텔렉스 기계가 먹통이 되어 워싱턴의 본사로 기사를 송고할 수 없었다. 그래서 차로 20분 떨어진 UPI 통신 사무실로 가서 그곳의 텔렉스를 빌려 쓰기로 했다. 출발할 준비를 마치고 창밖을 내다본 다닐로프는 몇몇 남성이 맨홀을 열고 케이블을 끄집어내고 있는 것을 보았다. 아직 남아 있는 외부 통신 수단을 마저 끊으려는 것이 분명했다.[58] 하지만 이러한 정보 은폐 노력도 소용없었다. 소비에트가 서구 기자들을 억누르려는 시도는 루머를 더 악화시킬 뿐이었다. 그 주 말경이면 『뉴욕 포스트』는 1만 5000명이 사망했고 그들의 시신이 거대한 핵폐기물 처리소에 매장되었다는 기사를 "공식 확인되지는 않은 소식"이라는 단서를 붙인 채 우크라이나발로 전하고 있었다.[59]

프리피야트 정부위원회의 상황은 더 긴박해져 있었다. 일요일 저녁에 젊은 공수부대 지휘관 안토슈킨 소장은 화이트하우스로 와서 휘하의 조종사들이 투하 작전에서 거둔 성과를 보리스 셰르비나에게 보고했다. 단 세 대의 헬기만으로 그들은 밤이 오기 전까지 4호기 안에 무려 10톤의 붕소와 80톤의 모래를 투하하는 개가를 올렸다.[60] 끔찍한 악조건에서 달성한 영웅적인 성취였다. 하지만 셰르비나에게는 전혀 인상적이지 않은 듯했다. 전 지구적인 재앙의 규모에 비추어 보면 그 정도는 처량할 정도로 미미한 것이었기 때문이다. 셰르비나가 말했다. "이러한 규모의 원자로에 모래 80톤 정도 붓는 것은 딱총으로 코끼리를 죽이려는 것과 마찬가지란 말이네!"[61] 안토슈킨의 부대는 훨씬 더 분발해야 했다.

안토슈킨은 고성능 헬기들을 동원하라고 지시했다.[62] 세상에서 가장 강력한 헬기인 Mi-26도 포함이었는데, 별명이 "하늘을 나는 소"인 이 거대한 헬기는 한 번에 20톤까지 화물을 실을 수 있었다. 그는 작전의 효과성을 높일 방법을 고안하느라 밤을 꼴딱 새웠다. 다음 날 정부위원회는 인근의 몇몇 도시와 마을에서 모래주머니를 채울 인력을 모집했다. 안토슈킨은 투하 속도를 높이기 위해 임시 관제 시스템을 고안했고, 모래주머니를 담을 대형 포대로 쓰기 위해 MiG-23 전투기의 용도 폐기된 낙하산을 요청했다. 그러는 동안, 감마선에 완전히 무방비로 노출된 상태로 항공기관사들은 손으로 모래주머니를 들어서 4호기 위에 던지는 일을 계속했다.

헬기 부대원들은 날마다 새벽부터 황혼까지 출격했고, 밤에는 체르니고프의 이착륙장으로 들어와 헬기를 제염하고, 유니폼을 벗어서 폐기하고, 샤워장에서 몸에 묻은 방사능 먼지를 씻어 냈다. 하지만 헬기에서 방사능 물질을 완전히 제거하기란 거의 불가능해서, 다음 날 아침에 대원들이 출격을 하기 위해 와 보면 헬기가 세워져 있던 자리 아래의 풀이 밤사이에 노랗게 변해 있었다.[63] 대부분의 헬기 부대원들은 4호기 위로 총 10~15회 출격했고 출격 때마다 2~3회를 왕복했다.[64] 하지만 초창기에는 이보다 더 많이 출격한 조종사들도 있었다. 어떤 사람은 첫 3일간 4호기 위를 76회나 비행했다. 안토슈킨에 회상에 따르면, 2회나 3회의 출격을 마치고 이착륙장에 도착하면 몇몇 항공기관사들은 구토를 하면서 헬기에서 뛰어나와 강둑의 수풀로 달려가 심하게 토하곤 했다.

4월 29일 화요일 오전이면 안토슈킨 부대의 작업이 효과를 나타내기 시작하는 것으로 보였다. 원자로에서 나오는 방사능 수치가 떨어지기 시작했고 온도도 섭씨 1000도 이상이던 데서 500도 정도로 내려갔다.[65] 하지만 버려진 도시 프리피야트의 거리에서 측정되는 방사능 수치가 이제 너무 위험해져서 정부위원회는 19킬로미터 떨어진 체르노빌 시로 본부를 옮겨야 했다.[66] 발전소 바로 주변의 직경 약 1.5킬로미터 구역은 잔해와 낙진 모두에 의해 극심하게 오염되었다. 이곳은 곧 "특별 구역osobaya zona"이라고 불리게 된다.[67] 과학자, 전문가, 그리고 나머지 세 기의 원자로를 관리하기 위해 프리피야트에 남아 있는 엔지니어들은 장갑차를 타고서만 거기에 접근할 수 있었다.

그날 오후 모스크바에서는 리지코프 총리가 모스크바 "정치국 작전 그룹Politburo Operations Group"의 첫 회의를 주재했고 중앙계획경제의 망치가 휘둘러지기 시작했다.[68] 레가소프 등 과학자들은 흑연의 화염을 잡으려면 총 2000톤의 납이 필요할 것이라고 추정했지만 레가소프는 그렇게 어마어마한 양을 요청할 엄두를 감히 내지 못하고 있었다.[69] 가뜩이나 희소한 자원을 이렇게 촉박하게 요구할 수는 없으리라 생각한 것이었다. 하지만 소비에트 시스템의 작동 방식을 잘 아는 노련한 셰르비나는 만약을 위한 분량까지 더해 아예 6000톤의 납을 요청했고 리지코프는 이에 응답해 소비에트에서 납을 싣고 가는 모든 열차가 체르노빌을 향해 방향을 돌리도록 했다. 다음날 아침에 첫 2500톤이 도착했다.[70]

화요일 밤까지 안토슈킨의 헬기 부대는 추가로 190톤의 모래와 진흙을 투하했다.[71] 하지만 불길은 계속되고 있었고 핵종도 계속 나오고 있었다. 과학자들이 작성해 우크라이나 당에 보고한 내용에 따르면, 발전소에서 각각 서쪽과 남서쪽으로 100킬로미터도 넘게 떨어져 있는 우크라이나 도시 로브노와 지토미르의 방사능 수치가 이미 20배나 높아져 있었다.[72] 지역의 시민방호 책임자들은 발전소 반경 10킬로미터 이내의 마을에서 총 1만 명가량의 주민을 소개시킬 준비를 하기 시작했다.[73] 그리고 셰르비나에게 소개를 진행하도록 허락해 달라고 요청했다. 하지만 경악스럽게도 셰르비나는 허락하지 않았다.

다음날 아침 낙하산이 공수되어 왔다.[74] 안토슈킨이 요청한 것은 용도 폐기되어 못 쓰는 낙하산이었지만 도착한 것은 소비에트 전역의 공군 기지에서 징발한 새 낙하산 1400장이었다. 안토슈킨이 시험해 보니 낙하산 하나당 최대 1.5톤을 나를 수 있었다.[75] 해가 질 무렵까지 그의 부대원들은 추가로 1000톤의 흡수제를 원자로에 투하했다. 안토슈킨이 그날 밤 이 소식을 보고했을 때, 그는 투하 작전이 시작되고 처음으로 셰르비나의 얼굴이 밝아지는 것을 보았다.[76]

소비에트 전역에서 대대적인 퍼레이드가 벌어지는 메이데이를 하루 앞둔 4월 30일에 체르노빌 위를 지나가는 바람이 방향을 한 번 더 바꾸었다. 이번에는 거의 정남쪽으로 내려가면서 정통으로 키예프를 향해 알파 입자와 베타 입자 오염 물질들과 위험하게 높은 수준의 감마선을 내뿜는 아이오딘131을 몰고 가고 있었다.[77] 아이오딘131은 갑상선에 집중되어 갑상선암을 잘 일으키며, 특히 아이들에게 위험이 크다. 오후 1시 정각에 키예프의 방사선 수치가 갑자기 치솟기 시작했다.[78] 밤이 올 무렵이면 드네프르 강 동쪽에 있는 키예프 중심부 "나우키 대로"에서 높게는 시간당 2.2밀리뢴트겐(시간당 22마이크로시버트)의 방사능이 검출되었다. 정상보다 수백 배나 높은 것이었다. 소비에트 수문기상과학 모니터링 위원회는 기후 모니터링 장비가 추적한 방사능구름의 이동 경로를 모스크바의 리지코프 총리에게 극비리에 보고하고,[79] 셰르비츠키 우크라이나 당 제1서기를 포함해 우크라이나 당 고위층에게도 이 사실을 알렸다.

우크라이나 보건부에서는 평상시에는 침착하던 우크라이나의 고위 의료 당국자들[의사들]이 패닉에 빠지기 시작했다.[80] 그들은 방사능 미세먼지에 대한 예방 조치의 필요성과 시민들에게 위험을 알리는 방송을 해야 할 필요성에 대해 논의했지만, 아직 아무 조치도 취하지 않고 있었다. 키예프 시 위원회 위원장(시장)인 발렌틴 즈구르스키(Valentin Zgursky, 그가 키예프 시의 시민방호도 담당하고 있었다)는 감마선 계측 장비를 제조하는 공장에서 일을 한 적이 있어서 방사능의 위험을 잘 알고 있었다.[81] 그는 셰르비츠키에게 다음 날 키예프의 한복판을 지나가게 될 메이데이 퍼레이드를 취소하자고 설득해 보려 했다.[82] 하지만 제1서기 셰르비츠키는 퍼레이드를 강행해야 할 뿐 아니라 당직자들은 가족들을 모두 데리고 참석해야 한다는 명령이 모스크바에서 내려왔다고 말했다. 패닉에 빠져야 할 이유가 없다는 것을 키예프 사람들에게 보여 주어야 한다는 것이었다.

다음날 아침, 여느 때와 다름없이 퍼레이드 준비가 시작되었다. 당원들은 배너를 걸었고 구경꾼들이 도로에 가득 찼다. 10시에 제1서기가 "10월 혁명 광장"을 굽어보는 전망대 중앙 자리에서 퍼레이드의 시작을 선포하기로 되어 있었다. 그런데 시작 10분 전까지도 그가 모습을 드러내지 않았다.[83] 중앙에 있는 그의 자리가 계속 비어 있자 우크라이나 정치국 사람들, 시장, 그 밖의 고위 인사들이 술렁거렸다. 퍼레이드 시작은 제1서기만이 선포할 수 있었고 셰르비츠키는 제1서기가 된 이래 메이데이 퍼레이드에 늦은 적이 한 번도 없었다. 드디어 그의 자동차가 달려와 연단 앞에 급정거를 했다. 차에서 내리는 셰르비츠키는 울그락불그락한 얼굴로 노발대발하고 있었다.

모여 있는 고위 인사들에게 그가 말했다. "흐레샤티크[키예프의 메인 거리]에서는 퍼레이드를 할 수 없다고 그에게 말했소. '여기는 붉은광장이 아닙니다. 이것은 미친 짓입니다. 여기에는 방사능이 있단 말입니다!'라고 말이오. 그랬더니 그가 이렇게 대답하더군. 퍼레이드를 망칠 작정이라면 당원증을 여기 놓고 나가시오."[84]

제1서기가 누구와 이야기하고 온 것인지는 모두에게 분명했다. 소비에트연방에서 셰르비츠키에게 당에서 쫓아내겠다고 협박할 수 있는 사람은 고르바초프밖에 없었다.

"제기랄, 될 대로 되라지. 퍼레이드를 시작합시다."[85]

10시가 조금 넘어서 흥겨운 군중이 흐레샤티크 대로에서 행진을 시작했다. 따뜻하고 맑은, 축제하기 좋은 날이었다. 붉은 배너와 오색의 화환 대열이 지나갔고, 오랜 당원들이 회색 옷에 진홍색 스카프를 두르고 지나갔다. 영 파이오니어 여학생들(소련판 걸 스카우트)이 흰 유니폼에 붉은 손수건을 목에 걸고 벚꽃 가지를 흔들었다. 자수 블라우스와 우크라이나 전통 복식인 샤로바리 바지를 입은 댄서들이 팔과 팔을 이어 긴 줄을 만들었다가 촘촘히 모여 원을 만들어 돌다가 하면서 춤을 추었다.[86]

키예프 시민들도 아이들 손을 잡고 풍선과 소비에트와 우크라이나 당 지도자들이 그려진 플래카드를 들고 흐레샤티크 대로의 유명한 밤나무 아래를 지나 "10월 혁명 광장"의 분수대를 지나갔다. 마르크스, 엥겔스, 레닌을 그린 6층 높이의 초상화가 근처 아파트 건물들의 정면에서 무표정하게 광장을 내려다보고 있었다.

시민들이 행진을 하는 동안 셰르비츠키는 인자한 미소를 띄고 연단에서 손을 흔들었다. 그는 바람에 실려 오는 낙진의 위험을 고려해 행사를 약간 조정했다.[87] 원래 예정되었던 네 시간 대신 두 시간만 진행했고 각지에서 4000~5000명이 오는 대신 2000명만 오도록 했다. 하지만 제1서기는 자신의 손주 블라디미르가 행진에 참여하게 했다. 키예프 시장 즈구르스키도 세 아들과 두 손주를 데리고 왔다. 연단에 앉은 고위 인사 중 일부는 선량계를 가지고 와서 가끔씩, 그러나 계속해서 그것을 확인했다.[88] 다른 이들은 하늘을 흘끔흘끔 쳐다보았다.

나중에 바람이 다시 방향을 바꾸어 핵종 구름을 모스크바를 향해 북쪽으로 몰고 가자, 소비에트 조종사들이 계속해서 날아올라 아이오딘화 은을 구름에 살포했다. 인공 강우를 일으키기 위해서였다.[89] 모스크바는 무사했지만 그보다 300킬로미터 남쪽에서는 농민들이 수천 평방킬로미터의 비옥한 벨라루스의 농토에 검은 비가 내리는 것을 보아야 했다.

모스크바에서도 여느 해와 마찬가지로 메이데이 행진 인파가 붉은 광장을 가로질렀고 도시 전체가 축제 분위기였다.[90] 소비에트연방 각지에서 온 노동자들이 종이로 만든 카네이션과 진홍색 배너를 흔들며 9열로 나란히 레닌 동상 앞을 행진했다. 고르바초프 등 정치국 고위 인사들이 참석해 퍼레이드를 지켜보았다. 하지만 곧바로 리지코프 총리는 작전 그룹 긴급회의를 또 소집했다.[91] 이제 이 팀은 소비에트연방의 이념 담당 서기 리가초프, KGB 수장 체브리코프와 보건, 국방, 외교 등을 담당하는 고위 각료들까지 포함해 십여 명의 고위 인사로 구성되어 있었다. 원자력 과학자들을 대표해 쿠르차토프 연구소 소장인 아나톨리 알렉산드로프도 참석했다.

거리에서 축제가 계속되는 가운데 정치국 작전 그룹 긴급회의는 점점 더 커져 가는 체르노빌의 위기 상황에 대해 보고를 받았다.[92] 우선, 의료와 관련해 위기의 규모가 소비에트 보건부를 압도할 정도로 크다는 보고를 받았다. 리지코프는 보건부 장관이 담당하고 있던 연방 차원의 의료 대응 책임을 보건부 차관 올레그 셰핀Oleg Schepin이 이어서 담당하도록 했다. 리지코프는 셰핀에게 사망자와 사고와 관련해 각지에 입원해 있는 부상자 수, 그리고 그들 중 몇 명이 방사선증후군으로 진단받았는지를 날마다 정치국 작전 그룹에 보고하라고 지시했다. 둘째, 프리피야트에서 체르노빌로 본부를 옮겼지만 셰르비나, 레가소프 등 정부위원회 사람들이 이미 위험한 수준의 방사능에 피폭되었기 때문에 서둘러 교대해 주어야 했다. 셋째, 귀중한 외환을 쓰는 한이 있더라도 서구에 의료 장비와 의료 용품을 요청해야 할지 몰랐다. 긴급회의 참석자들은 외국 의사들을 모스크바로 부르는 것도 진지하게 고려하기 시작했다.

또한 소비에트의 군 참모장 아흐로메예프 육군 원수는 소비에트 군이 체르노빌 발전소 인접 지역에서 제염 작업을 시작했지만 오염이 퍼지고 있기 때문에 더 많은 인력이 절실하게 필요하다고 했다.

정보 공개와 관련해서는, 국제사회에 사실을 숨기려 했던 것은 상황을 악화시킨 것 같았다. 서구의 외교관과 기자들이 사고의 규모와 속성에 대해 모스크바로 질문과 항의를 쏟아내고 있었다. 리지코프는 외신 기자회견을 열기로 하고 셰르비나, 알렉산드로프, 안드라니크 페트로샨츠(Abdranik Petrosyants, 스레드마시의 대외용 기관인 "원자력 에너지 사용 국가위원회" 위원장)에게 세부 사항을 준비하도록 했다.

이어 리지코프는 1기 정부위원회를 교대할 팀을 꾸리고 다음 날 바로 체르노빌로 날아가도록 지시했다. 새 팀의 위원장은 55세의 전직 항공산업부 장관 이반 실라예프Ivan Silayev 부총리였다.[93] 발레리 레가소프와 교대할 수석 과학자는 레가소프의 이웃이자 알렉산드로프 퇴임 이후에 누가 쿠르차토프 연구소의 소장이 될 것인지를 놓고 레가소프와 경쟁하고 있는 라이벌 예브게니 벨리호프로 정해졌다.

회의가 끝나고 리지코프는 고르바초프를 만나러 갔다.[94] 리지코프 총리와 리가초프(보수적인 당 지도자)는 그들이 직접 현장에 가야 할 때인 것 같다고 말했다. 리지코프는 서기장 고르바초프가 자신도 함께 가겠노라고 말하기를 기다렸다. 하지만 고르바초프는 그럴 생각이 없었다. 다음 날, 고르바초프는 동행하지 않은 채로, 리지코프와 리가초프, 그리고 KGB 국장이 키예프로 날아갔다.[95]

이들은 마중 나온 우크라이나 당 제1비서 셰르비츠키, 우크라이나 총리와 함께 헬기를 타고 체르노빌로 갔다.[96] 그들은 프리피야트에서 소개된 사람들이 임시로 머무는 마을 중 하나에 잠시 들렀다. 리지코프는 그 사람들이 이상하게도 침착한 것을 보고 그들이 재앙의 규모를 아직 모르고 있는 것 같다는 의심이 들었다. 그들이 집에 언제 돌아갈 수 있겠느냐고 물었지만 인내심을 가지고 기다리라는 말밖에는 할 수 없었다.

오후 2시에 리지코프와 리가초프는 체르노빌의 지역 공산당 본부에서 브리핑을 받았다.[97] 논의는 발전소 주변의 마을들을 소개시킬 것인가로 이어졌다. 셰르비나는 리지코프에게 10킬로미터 지역에서는 소개가 막 시작되었다고 말했다.

탁자에는 발전소 주변에 대한 정찰 지도가 있었다. 군사, 기상학, 지리학 조사들의 결과였다. 모두 일급 기밀로,[98] 발전소에서 나온 방사성 낙진이 얼마나 퍼졌는지를 보여 주고 있었다. 점점이 잉크 자국들이 겹치면서, 프리피야트를 중심으로 낙진이 남동쪽으로 체르노빌 전체를 덮고 있었다. 북쪽으로는 국경을 넘어 벨라루스로 퍼져 있었다. 또 서쪽으로도 짙은 낙진의 흔적이 길게 이어져 빌차Vil'cha와 폴레스코예Polesskoye를 향해 뱀의 혀처럼 갈라져 나갔다. 오염은 10킬로미터 지역을 훨씬 넘어서 광대하게 퍼져 있었고 수만 명이 위험에 처해 있었다. 멀게는 발전소에서 30킬로미터나 떨어진 곳까지도 오염된 곳이 있었다.

리지코프는 지도를 자세히 살펴보았다. 어떤 곳은 당장은 안전해 보였고, 어떤 곳은 명백하게 그렇지 않았으며, 어떤 곳은 낙진이 드문드문 내려서 거리마다 위험한 정도가 달랐다. 무언가 조치가 필요한 것은 확실했는데 그 조치가 정확히 무엇이어야 하는지를 판단하기가 어려웠다. 회의실의 모두가 그의 결정을 기다리고 있었다.

리지코프가 말했다. "30킬로미터 이내 지역에서 인구를 소개한다."

"30킬로미터 전체에서 말입니까?" 누군가가 물었다.

"그렇네." 총리는 지도에 동그라미로 해당 지역을 표시하며 말했다. "당장 시작해."

11장

차이나신드롬

폴레시아 호텔 옥상은 루보미르 밈카 대령이 멀리까지 시야를 확보하기에 안성맞춤이었다.[1) 왼쪽으로는 도시 입구의 번쩍이는 구성주의 양식의 조각상과 음악 학교부터 오른쪽으로는 광장에 줄지어 펄럭거리는 오색의 삼각 깃발들까지, 프리피야트 중심지가 눈앞에 밝은 파노라마처럼 펼쳐졌다. 이 도시에는 이제 그와 무전 통신병뿐이었다. 호텔은 텅 비어 있었고 새들마저 떠나고 없었다. 한때는 포플러와 아카시아 나뭇가지 사이에서 춤추는 제비를 많이 볼 수 있었지만 그런 광경은 사라진 지 오래였다. 아래층의 연회 홀을 돌아보던 두 사람은 바닥 전체에 희한한 검은 것이 깔려 있는 것을 보았다. 화생방복 차림의 무전 통신병이 그 위로 지나가려고 했을 때 군홧발 밑에서 그것들이 으스러지는 것을 보고서야 그것이 수천 마리의 정신 잃은 파리라는 것을 깨달았다. 방사능 때문에 기절한 것이 분명했다. 그들은 벽에서 화재 진압 호스를 꺼내 물을 뿌려서 바닥을 치웠고, 옥상에서 일을 하다가 태양과 방사능이 견디기 어려워질 때면 이곳으로 쉬러 내려왔다. 원래는 옥외 테라스가 있었던, 강화콘크리트로 된 낮은 담이 안전하게 둘러쳐진 8층 옥상에서, 밈카 대령은 4호기의 위치를 아주 잘 볼 수 있었다. 3킬로미터 정도 떨어져 있었지만 육안으로 분명하게 보였다.

공중 투하 작전이 시작되었을 초기부터도 공군은 이 호텔을 임시 관제탑으로 사용했다. 하지만 이제 안토슈킨은 조종사들이 날마다 수백 톤의 물질을 체계적으로 투하할 수 있도록 더 정교한 시스템을 고안해 활용하고 있었다. 헬기가 한 대씩 4호기로 접근하면 밈카가 이곳 옥상에서 육안으로 거리와 탄도를 가늠하면서 조종사에게 무전으로 최종 지시를 내리는 것이었다.[2] 이제 중형 Mi-8, 대형 Mi-6, 그리고 초대형 Mi-26 등 수십 대의 헬기가 세 개의 이착륙장에서 계속해서 날아오르고 있었다. 각 헬기에는 하나 이상의 뒤집힌 낙하산이 실려 있었고 그 안에는 시민방호군과 지역 주민들이 채운 모래주머니들이 담겨 있었다. 헬기는 먼지 소용돌이를 일으키며 이륙해 시속 100킬로미터로 원자로를 향해 날아갔다.

밈카는 발전소 주위의 스위치야드에 솟아 있는 고압 송전탑들로 위치를 가늠하면서 헬기가 목표물에서 300미터 지점에 접근할 때까지 기다렸다가 명령을 내렸다. "준비!" 그러면 조종사는 손가락을 발사 버튼에 올렸다. 2, 3초 뒤 밈카가 "투하!"라고 외치면 조종사는 물질을 투하했고 헬리콥터는 갑자기 무게를 잃고서 빠르게 방향을 돌렸다. 그리고 이착륙장으로 돌아와서 다음번에 투하할 모래주머니를 실었다.

밈카는 매일 4시에 일어나 아침을 먹으면서 방사선 피폭을 확인하기 위한 혈액 검사를 했다. 그리고 6시에 4호기 위로 정찰 비행을 나가서 방사능 수치와 온도를 측정했다. 호텔로 돌아와서는 어두워질 때까지(대략 밤 9시 정도까지) 옥상에 있었다. 그리고 첫 비행처럼 하루의 마지막 비행도 그가 직접 하면서 원자로 위의 방사선 수치와 온도를 다시 측정했다. 돌아와서 제염을 하고 10시에 저녁을 먹은 뒤에 하루의 일과를 정리하는 회의를 한 후 자정에 겨우 잠자리에 들 수 있었다. 그리고 4시간 뒤면 다시 부관이 그를 흔들어 깨웠다.

안토슈킨은 부하들의 피폭 한계를 22렘으로 지정했다.[3] 하지만 많은 대원들이 비행을 더 오래 하기 위해 일상적으로 숫자를 낮춰 보고했다. 그들은 쓴 맛이 나는 아이오딘화칼륨 알약과 단 맛이 나는 의료용 페이스트를 분배 받았다.[4] 그 페이스트는 레닌그라드의 제약 공장에서 방사능 피해를 막을 목적으로 조달된 것으로, 군인들은 그것을 러시아 과자 이름을 따서 "파스틸라"라고 불렀다. 납 1차분(아직 가격표가 붙어 있는 채로 온 사냥용 총알 십 킬로그램들이 자루들과 납 덩어리, 납판 등)이 공급되어 왔을 때, 조종사들은 알아서 자신들의 차폐 장치를 만들었다. 기내에 4~5밀리미터 두께로 납 판을 대고, 낙하산 보관용인 좌석 아래의 구멍도 납 탄약으로 메웠다. 그들은 노랫말까지 지어 불렀다. "아빠가 되고 싶다면 불알을 납으로 감싸라!"[5]

공중 투하가 계속되고 있긴 했지만, 레가소프 등 쿠르차토프 연구소와 중기계건설부에서 온 과학자들은 원자로 안에서 무슨 일이 벌어지고 있는지를 여전히 모르고 있었다. 조종사들은 원자로 안에 육안으로 보이는 붉은 빛을 목표로 투하물을 조준하고 있었지만 무엇이 그 불을 일으키고 있는지는 아무도 확실히 알지 못했다. 모스크바에서는 물리학자들이 4호기 안에 우라늄 핵연료가 얼마나 남아 있을지 추산하는 것을 돕기 위해 밤늦도록 쿠르차토프 연구소에 남아 있었다.[6] 체르노빌에서는 과학자들이 하루에도 대여섯 번씩 헬기에 동승해 현장으로 가서 대기의 방사능 수치를 측정하고 대기 중의 방사성 동위원소를 분석해 불타고 있는 노심의 온도를 추산했다.[7] 또 스웨덴제 열화상 카메라를 사용해 원자로 표면 온도를 측정했다. 조종사들의 투하 작업도 지켜보았다. 투하한 물질이 목표 지점에 떨어질 때면 검은 방사능 연기가 버섯구름을 일으키며 피어올라 공기 중으로 100미터나 솟아올랐다가 바람에 낚아 채여서 시골 풍경을 가로질러 날아갔다.[8] 황혼이 오면 건물 위로 아름다운 크림색의 후광이 올라왔다.[9] 날마다 해가 진 뒤 헬기를 타고 방사능을 측정하는 밈카 대령은, 해진 뒤의 으스름 속에서 정찰 헬기를 몰며 백열광을 내는 물질을 내려다볼 때마다 소비에트 극동 지역 캄차카 반도에서 보았던 화산이 떠올랐다.[10]

투하 작전이 처음 시작되었을 때부터도 체르노빌에 파견된 쿠르차토프 연구원 중 한 명(RBMK 원자로 전문가인 콘스탄틴 페둘렌코Konstantin Fedulenko였다)은 레가소프에게 이것이 완전히 잘못된 작전일지 모른다고 이견을 제기했다.[11] 그는 투하물이 떨어질 때마다 무거운 방사능 입자들이 공중으로 피어오르는 것을 직접 보았다. 또 목표 지점이 너무 좁은데다가(기우뚱하게 놓여 있는 콘크리트 뚜껑 "엘레나"가 일부를 막고 있었다) 헬기의 속도까지 고려하면 투하하는 모래와 납 중 실제로 노심 안으로 들어가는 양은 매우 적어 보였다.

하지만 레가소프는 동의하지 않았다. 그는 페둘렌코에게 조치를 바꾸기에는 너무 늦었다고 말했다. "결정은 이미 났습니다." 두 과학자는 몇 분 더 언쟁을 했다. 하지만 페둘렌코가 정말로 우려하는 바가 무엇인지가 분명해지면서 논쟁은 끝났다. 페둘렌코는 단지 이 작전만이 아니라 노심 내의 화염을 진화하기 위한 어떤 노력도 완전한 시간 낭비일 것이라고 보고 있었다. 따라서 그는 아무것도 하지 말고 방사능 불꽃이 저절로 소멸되도록 둬야 한다고 말했다.

하지만 레가소프는 이를 일축했다. 그는 효과가 있든 없든 어떤 조치라도 당장 취해야 한다고 주장했다.

"사람들은 우리가 아무것도 안 하고 있는 것을 이해하지 못할 겁니다. 우리는 무언가를 하고 있는 것으로 보여야만 해요."

날마다 점점 더 많은 양의 물질이 원자로에 투하되었다.[12] 4월 28일 월요일에 헬기 부대는 93회를 출격해 총 300톤을 투하했다. 다음 날에는 186회를 출격해 750톤을 투하했다. 4월 30일 수요일 오전에는 납을 투하하기 시작했고[13] 그날 모래, 진흙, 돌로마이트 등이 포함된 흡수제를 1000톤 이상 퍼부었다. 이착륙장에서는 제731특별부대(키예프 지역에서 하룻밤 사이에 급히 소집된 예비군들이었다)[14]가 하루에 열여섯 시간씩 일하면서 낙하산에 모래주머니를 담아 헬기의 화물 적하 지점까지 날랐다. 날은 더웠고 헬기의 회전날개가 돌아가면서 방사능 먼지의 회오리가 쉬지 않고 공중으로 30미터나 피어올랐다.[15] 제731특별부대 작업자들은 안전복을 지급받지 못했고 헝겊 방독면조차 없었다. 먼지가 눈과 입을 채우고 옷 사이로 비집고 들어갔다. 밤에는 프리피야트 옆에 마련된 천막에서 방사능에 오염된 옷을 그대로 입고 잤고 새벽이면 다시 일어나 일을 시작했다.

공중 투하 작전이 시작되면서 원자로에서 나오는 방사능 핵종의 수치는 계속 하락했다. 일요일에는 600만 퀴리였다가 월요일에는 500만, 화요일에는 400만, 수요일에는 300만이 되었다. 그날이 저물 무렵이면 조종사들이 목표 지점으로 삼았던 백열광이 다 진화된 것으로 보였다. 다음날인 5월 1일 목요일 저녁, 안토슈킨은 헬기 부대가 4호기에 1200톤 이상의 납, 모래 등을 투하했다고 정부위원회에 보고했다.[16] 몇몇 위원은 일어나서 박수를 쳤다.[17] 드물게도 셰르비나 또한 안토슈킨에게 미소를 보였다. 그리고 다음날에 달성해야 할 한층 더 높아진 새로운 목표량을 할당했다. 1500톤이었다.

그런데 다음날 저녁에 발레리 레가소프와 4호기의 최근 데이터를 분석하던 과학자 팀은 무시무시한, 그리고 도무지 설명이 불가능한 현상을 발견했다. 원자로에서 나오는 방사능 물질이 줄어들다 말고 갑자기 다시 증가하기 시작한 것이다.[18] 하룻밤 사이에 300만 퀴리에서 600만 퀴리로 수치가 두 배가 되었다. 불타고 있는 노심의 온도도 빠르게 상승하고 있었다. 목요일 밤이면 레가소프의 추산치로 이미 온도가 섭씨 1700도에 육박해 있었다.[19]

과학자들은 4호기 안에 남아 있던 이산화우라늄 연료와 지르코늄 합금 케이스가 극도로 뜨거운 열기에 녹아 방사능 용암을 형성하기 시작한 것일지 모른다고 우려했다.[20] 이는 노심이 완전하게 용융되는 것을 의미했다. 설상가상으로 200미터 상공에서 투하한 4600톤의 모래, 납, 돌로마이트가 최초의 폭발 때 가뜩이나 약해진 원자로 건물의 기반을 치명적으로 손상시켰을 가능성이 있었다. 과학자들은 녹은 연료의 온도가 섭씨 2800도에 도달할 경우 방사능 용암이 원자로 용기의 강화콘크리트 바닥을 녹이면서 뚫고 내려가기 시작할지 모른다고 우려했다.[21] 무게 때문에 아래로 눌리면서, 핵 용암은 원자로 용기 바닥을 다 녹이고 건물 지하로까지, 그리고 건물 지하의 바닥을 뚫고 땅 속으로까지 내려갈 수 있었다. 이것은 "차이나신드롬"이라고 불리는, 원자로 사고의 종말 시나리오였다.

차이나신드롬은 원래 미국 원자력 과학자들이 제시한 과학적 개념이었지만, 스리마일 아일랜드 사고가 나기 한 달쯤 전에 〈차이나신드롬〉이라는 할리우드 영화가 나오면서 이 개념은 대중적인 공포의 시나리오가 되었다. 영화에서 제인 폰다Jane Ponda가 분한 용맹한 방송 기자는 용융된 우라늄 연료가 캘리포니아의 망가진 원자로 바닥을 녹이면서 지하로 뚫고 들어가면 어떤 일이 벌어질지를 알게 되고 경악한다. 방사능 용암이 막무가내로 뚫고 내려가 중국까지 닿을 수 있다는 것이었다. 물론 방사능 용암이 지구의 핵을 뚫고 반대편의 중국까지 닿는다는 가설적인 악몽은 물리학, 지질학, 지리학의 법칙들을 모두 무시한 것이었지만, 노심 용융이 일어났을 경우 차이나신드롬은 체르노빌에서 매우 현실적인 두 가지 위험을 의미할 수 있었다. 하나는 주변 환경에 미칠 명백한 악영향이었다. 체르노빌 발전소는 프리피야트 강의 지하수면과 불과 몇 미터밖에 떨어져 있지 않았다. 따라서 녹은 핵연료가 땅 속으로 깊이 파고 들어가면 그 결과는 재앙적일 수 있었다. 온갖 종류의 유독한 핵종이 강으로 들어가 키예프 사람들뿐 아니라 드네프르 강 유역의 물을 담수원으로 사용하는 우크라이나 인구 모두(약 3천만 명에 달했다)가 오염된 물을 마시게 될 수 있었고 바다로도 흘러 발트 해도 오염시킬 것이었다.[22]

그런데 지하수면 오염보다 더 임박하고 더 끔찍한 위험이 있었다.[23] 녹은 핵연료가 프리피야트 강이나 드네프르 강 지표수에 닿는 것은 원자로 건물의 지하 기반을 빠져나온 다음의 이야기이고, 그전에 그것은 건물의 지하층들을 뚫고 내려가야 하는데 내려가는 도중에 4호기 아래에 있는 감압수조를 지나가게 될 터였다. 그리고 그 수조 안에는 물이 가득 차 있었다. 과학자들은 극도로 뜨거운 핵연료 용암이 감압수조에 있는 수천 세제곱미터의 물에 닿으면 첫 번째 폭발보다 훨씬 강력한 증기 폭발을 일으킬지 모른다고 우려했다. 그러면 4호기의 남아 있는 부분뿐 아니라 나머지 세 기의 원자로까지 파괴되고 말 것이었다.

500톤의 핵연료와 강한 방사성을 가진 5000톤 이상의 흑연이 무시무시하게 거대한 핵폭탄을 만들고 있는 셈이었다. 이것이 터지면 "특별 구역" 안에 아직 죽지 않고 살아 있는 모든 것이 절멸할 것이고, 유럽의 상당 지역을 족히 백 년은 거주 불가능하게 만들고도 남을 어마어마한 낙진이 대기 중에 방출될 수 있었다.

5월 2일 금요일, 보리스 셰르비나의 팀과 교대할 2기 정부위원회 위원들이 모스크바를 출발해 체르노빌에 도착했다.[24] 위원장은 이반 실라예프였고 레가소프의 라이벌 예브게니 벨리호프도 위원회에 포함되어 있었다.

셰르비나 등 1기 위원들은 기진맥진해 있었고 닷새 동안 눈에 보이지 않는 위험들을 무모하리만큼 무시하면서 일하느라 방사능 물질에 완전하게 피폭되어 있었다.[25] 이들은 사고 지역에 있은 지 24시간이 될 때까지도 아이오딘 알약과 선량계를 지급받지 못했고 지급받은 다음에도 사용하지 않는 사람이 많았다.[26] 이제 그들은 방사능 먼지 때문에 눈이 충혈되고 목이 칼칼하게 갈라졌다.[27] 어떤 이들은 목소리가 높아지고 끽끽거리는 것을 느꼈는데, 이것은 알파 오염이 일으키는 희한한 효과였다. 또 어떤 이들은 몸이 아팠고 머리가 빙빙 돌았고 기분이 너무 들떠서 집중을 할 수가 없었다.[28] 일요일인 5월 4일, 모스크바로 돌아온 이들은 병원에 입원해서 방사선증후군 여부에 대해 진찰을 받았다. 그들은 옷과 비싼 외제 시계 등을 모두 버려야 했다. 오염이 심해서 파묻어야 했기 때문이다. 한 위원은 피부에서 방사능 입자를 없애기 위해 샤워를 열여덟 번이나 했다. 간호사들이 모두의 머리를 밀었다. 셰르비나만은 예외였는데, 자신의 머리를 미는 것은 소비에트 각료회의 일원의 위엄을 손상하는 것이라고 주장하며 단호히 거부했기 때문이다. 그래서 그는 밀지는 않고 짧게 자르기만 했다.[29]

발레리 레가소프는 엄청난 양에 피폭되었고 교대해 줄 동료가 오기로 되어 있는데도 체르노빌에 더 남아 있기로 했다.[30] 일요일이 저물 무렵이면 원자로에서 나오는 방출량은 700만 퀴리나 되었다. 헬기가 투하 작업을 시작한 날보다도 높은 것이었다. 그리고 레가소프는 어떻게 여기에 대응할 것인가에 대해 예브게니 벨리호프와 의견이 일치하지 않았다.

레가소프와 마찬가지로 벨리호프도 핵 분야에 직접적인 경험이 있지는 않았고 현장에서 터득해 가기로 하고 온 터였다.[31] 그는 장군들에게 그리 좋은 인상을 주지 못했다.[32] 장군들은 요란한 체크무늬 셔츠를 입고 서구에 친구들을 많이 가진 뚱뚱한 학자 벨리호프보다는 운동선수 같은 체격에 결단력 있는 성격인 레가소프를 더 좋아했다(레가소프는 헌신적인 사회주의자였고 전통적인 소비에트적 의미에서의 지도자상에 더 잘 부합했다). 하지만 벨리호프는 고르바초프와의 오랜 관계 덕분에 그와 직통으로 연결되는 라인을 가지고 있었다. 게다가 고르바초프는 개인적으로 레가소프를 마뜩치 않아 하고 있었고, 자신이 이번 사고에 대해 진실을 다 보고받고 있지 않은 것 같다고 의심하고 있었기 때문에 체르노빌에 자신이 믿을 수 있는 사람을 두고 싶어 했다.[33]

이제 레가소프와 벨리호프는 성격이나 성향 차이 외에 4호기의 용융 가능성에 어떻게 대응할 것인가를 두고도 의견이 갈렸다. 하필 최근에 영화 〈차이나신드롬〉을 본 벨리호프는(1년쯤 전에 모스크바 국립대학 물리학과에서 제한적인 청중만을 대상으로 틀어 주었을 때 그것을 보았다)[34] 최악의 시나리오를 우려했다. 하지만 레가소프 및 현장의 다른 과학자들은 할리우드 버전의 이야기에는 별로 신경을 쓰지 않았다. 그들은 그렇게 완전한 용융 가능성은 매우 낮다고 보았다.[35]

문제는, 이들이 4호기의 깊은 내부에서 정말로 무슨 일이 일어나고 있는지를 여전히 모르고 있다는 점이었다. 타고 있는 원자로 내부에서는 직접 데이터를 얻을 수 없었고, 대기 중으로 방출된 핵종에 대한 측정치도 오차가 50퍼센트나 되었다.[36] 흑연의 상태가 어떤지도 알 수 없었고 연료에서 방출되는 핵분열 생성물들의 완전한 목록도 파악되지 않고 있었다.[37] 지르코늄이 타고 있는지, 원자로 안에 있던 물질들이 헬기가 떨어뜨린 수천 톤의 다른 물질과 어떻게 상호작용을 할지도 알지 못했고, 핵연료가 얼마나 뜨거운지, 그것이 감압수조에 갇혀 있는 물과 어떻게 상호작용을 할지도 알지 못했다.[38] 게다가 그런 것들을 예측하는 데 도움이 될 어떤 이론이나 모델도 가지고 있지 못했다.

서구에서는 지난 15년 동안 과학자들이 최악의 노심 용융 시나리오에 대해 시뮬레이션을 해 오고 있었다.[39] 스리마일 아일랜드 사고 이전부터도 이런 연구가 이뤄졌고 스리마일 아일랜드 사고 이후로는 한층 더 활발히 진척되고 있었다. 하지만 소비에트의 물리학자들은 조국의 원자로가 안전하다고 너무 확신한 나머지 "설계 기준 '초과' 사고"라는 희한한 개념을 이론화하고 시뮬레이션 하는 데는 관심을 두지 않고 있었다. 그리고 지금 단계에서 서구 과학자들에게 직접 도움을 호소한다는 것은 생각할 수 없는 일로 보였다. 현장의 과학자들 사이에서는 불타는 원자로에 대한 우려가 매우 높아지고 있었지만, 정부위원회와 정치국은 발전소 반경 30킬로미터 이외의 외부 세계에는 노심 용융 가능성을 계속해서 은폐하려 했다.

벨리호프는 모스크바에 그가 별도로 가지고 있는 실험실의 실장에게 연락해서 메이데이 연휴 주말에 나와서 일할 팀을 소집하게 했다.[40] 십여 명의 과학자들이 아무런 상세 설명을 듣지 못한 채로 일단 실험실에 나왔고, 나와서도 일반론적인 설명만을 들었다. 그들은 얼마나 빨리 노심 용융이 일어날지에 대해 찾을 수 있는 모든 자료를 찾으라는 지시를 받았다. 하지만 이곳 연구원들은 모두 이론물리학자여서, 레이저와 고체의 상호작용이라든가 "플라즈마 물리학", "관성 핵융합" 같은 생소한 것들에는 전문가들이었지만 원자로에 대해서는 아는 것이 없었다. 그래서 먼저 RBMK-1000 원자로에 대한 지식을 닥치는 대로 습득해야 했다. 그들은 도서관의 자료들을 뒤져 가며 다양한 동위원소들 각각의 특성, 붕괴열, 열전도도 등을 공부했고 연구실에 있는 소비에트제 메인프레임 컴퓨터로 계산을 돌렸다.

그러는 동안, 흑연은 계속 타고 있었고, 4호기 내부의 온도는 계속 올라가고 있었으며, 벨리호프와 레가소프는 노심 용융 위험에 대해 계속 의견이 일치하지 않았다.[41] 벨리호프는 모스크바의 고르바초프에게 전화를 했다.[42] 체르노빌에서 일어나고 있는 일은 모두 기밀이어서 그는 6주 동안이나 아내에게 전화하는 것도 허용되지 않았지만 고르바초프에게 할 이야기가 있을 때는 곧바로 연락이 가능했다. 리무진에서 카폰으로 전화를 받은 고르바초프가 물었다. "그래서, 키예프에서 주민을 소개해야 하는가?"

벨리호프는 확실하게는 알 수 없다고 인정했다.

사회주의노력영웅이며 레닌 훈장도 두 개나 가지고 있는 은발의 새 위원장 이반 실라예프는 오랜 기술 관료로, 직설적인 태도를 가지고 있었다. 보리스 셰르비나보다는 덜 다혈질이었지만[43] 셰르비나가 직면했던 것보다도 더 끔찍한 상황을 다뤄야 했다.[44] 화재, 방사능 누출, 노심 용융, 그리고 이제는 폭발 가능성까지 있었다. 그는 현장 상황을 30분마다 보고하라고 지시했다. 위원들은 오전 8시에 일을 시작해서 새벽 1시까지 일했고 하루에 두세 시간밖에 못 잤다.[45]

실라예프는 위기에 대해 전형적인 소비에트식 접근법을 취했다. 하나의 일관된 조치를 선택하기보다는 여러 조치들을 동시다발로 명령했고 모든 전선에서 영웅적인 희생을 요구했다. 발전소 직원들에게는 원자로 건물에 질소 기체를 파이프로 주입할 방법을 알아내도록 지시했다. 녹고 있는 노심 위로 질소를 덮어 씌워서 흑연 화염에 산소를 차단하려는 것이었다. 또 키예프의 지하철 건설 엔지니어들을 소집해 4호기 아래로 굴을 파들어 가라고 지시했다.[46] 액체 질소나 암모니아를 주입해 땅을 얼려서 용융된 연료가 지표수로 흘러 들어가는 것을 막기 위해서였다. 그리고 원자로 아래의 지하로 직접 들어가 감압수조의 밸브를 열 용감한 자원자를 모집하라고 지시했다. 감압수조 안에 있을 5000세제곱미터의 오염수를 밖으로 빼내려는 것이었다.[47] 이 모두와 동시에, 안토슈킨이 지휘하는 헬기 부대의 공중 투하 작업도 계속 진행되었다.[48]

5월 3일 새벽 1시, 시민방호군 제427 적기군 기계화 연대 표트르 즈브로프스키Piotr Zborovsky 대위Captain는 발전소에서 남쪽으로 30킬로미터 떨어진 곳에 차려진 야전 캠프의 샤워장에서 막 샤워를 마쳤다.[49] 수건으로 몸을 닦고 있는데 누군가가 그를 찾고 있다고 했다. 전에 본 적이 없는 대령 한 명과 소령 한 명이 그에게 다가왔다.

"채비를 하게. 정부위원회 위원장이 찾으시네." 장군이 말했다.

서른여섯 살의 즈브로프스키는 16년 경력의 재난 후 복구 전문가로, 체구가 크고 힘이 세서 "무스"(큰사슴)라는 별명을 가지고 있었다. 그는 꼬박 사흘을 휘몰아치는 헬기의 하강기류와 먼지 구름 속에서 부대원들과 함께 안토슈킨의 헬기 아래에 놓인 낙하산에 모래주머니를 나르고 쌓으면서 보낸 터였다. 전날 아침을 먹은 이후로 아직 아무것도 먹지 못했고 (의료적 목적으로 지급되는) 보드카 100그램을 간절히 고대하고 있던 참이었다.

"저녁 먹기 전까지는 아무 데도 못 갑니다." 즈브로프스키가 말했다.

"기다리겠네."

감압수조는 4호기 아래, 폐쇄 공포증을 일으키기에 딱 좋게 생긴 깊숙한 곳에 있었다.[50] 수조들은 부피가 7000세제곱미터나 되는 거대한 콘크리트 탱크 하나에 모두 들어 있었다. 이 탱크는 이층으로 되어 있었고 두꺼운 파이프들이 빽빽하게 들어차 있었으며 복도와 칸들로 복잡하게 나뉘어져 있었고 절반 정도 물이 차 있었다. 감압수조는 노심 안에서 압력관이 터지는 사고가 일어날 경우 증기 폭발이 발생하는 것을 막기 위한 것으로, 원자로의 핵심 안전 계통의 일부였다. 그러한 비상 상황이 발생하면 분출하는 증기가 안전밸브들을 통해 아래로 이동해 이 수조들로 가도록 되어 있었다. 그러면 증기가 수조의 물로 보글거리면서 들어가서 다시 안전하게 액체가 될 터였다.

하지만 사고가 났던 4월 26일에는 증기를 식혀 다시 물로 응결하는 이 시스템이 너무 빠르게 용량을 초과하는 바람에 4호기가 파괴되던 마지막 순간 동안 작동을 하지 못했다.[51] 이제 발전소 직원들과 과학자들 모두 얼마나 많은 물이 탱크에 남아 있는지, 아니 탱크가 손상되지 않고 있기는 한지, 전혀 알지 못했다. 발전소 기술자들이 밸브 하나를 열어 보았지만 쉭쉭거리는 공기 소리만 들릴 뿐이었다. 그래도 과학자들은 탱크 안에 여전히 물이 남아 있을 거라고 생각했다. 벽에 발파로 구멍을 뚫을 만한 지점을 알아내라는 명령이 내려왔다(벽은 거의 2미터 두께였고 스테인리스스틸로 단단하게 감싸져 있었다). 이 명령을 들은 3호기의 한 근무조 조장이 발파보다 덜 위험하게 탱크의 물을 뺄 수 있는 방법이 있다고 제안했다. 그는 발전소 도면에서 유지 보수를 위해 탱크를 비울 때 사용하도록 되어 있는 밸브 한 쌍을 찾아냈고(그것은 원자로 아래 지하의 깊은 미로 속에 있었다), DP-5 군사용 선량계와 손전등을 들고 그곳에 가는 경로를 정찰했다.

사고가 나기 전에는 그 밸브를 여는 것이 아주 쉬운 일이었다. 지하

3미터인 마크 -3까지 계단으로 내려가 3호기와 4호기를 연결하는 긴 콘크리트 통로인 복도001을 통해 밸브실로 가서 4GT-21과 4GT-22번 밸브를 찾아 바퀴를 돌리면 되었다. 하지만 지금은 복도001에 방사능 오염수가 온통 흘러 넘쳐 있었다. 밸브실 안은 물의 깊이가 적어도 1.5미터는 되었다. 그가 그곳에 도달했을 때 DP-5 선량계가 범위를 벗어났고 그 안의 방사능 상황은 알 수 없었다. 복도의 물을 치우지 않는다면 밸브를 여는 것은 불가능했다.

'큰사슴' 즈보로프스키가 체르노빌에 꾸려진 정부위원회 본부의 2층 회의실에 도착했을 때는 아직 한밤중이었다.[52] 책상 뒤에 있던 실라예프가 일어나서 나와 엄지를 바지 솔기에 붙이고서 차려 자세로 엄중히 지시했다.

"대위 동지, 정부로부터 명령이 있소. 4호기의 아래층에서 물을 빼내라는 지시요."

즈보로프스키는 생각하고 말고 할 틈이 없었다.

"예, 알겠습니다!"

"군 상황실에서 지침을 줄 거요. 오전 9시까지 준비하시오."

회의실을 나와 계단에 왔을 때쯤에서야 그는 4호기가 지금 어떤 상황인지에 생각이 미쳤다. 원자로 외벽에서 잰 수치가 시간당 2800뢴트겐이었다. 그는 군사 기술 학교에서 700렘이면 치사량이라고 배웠다. 원자로 외벽에 15분만 서 있으면 피폭될 수 있는 양이었다. 그러면 원자로 아래의 방사능은 대체 얼마란 말인가! 즈보로프스키는 인력과 장비를 모으기 위해 시속 120킬로미터로 차를 달려 키예프의 시민방호군 기지로 돌아왔다. 그는 가는 길에 잠시 집에 들렀다. 옷이 매우 오염되었다는 것을 알고 있었기 때문에 집 안으로 들어가기 전에 복도에서 옷을 벗었다. 그리고 자고 있는 열두 살 아들에게 뽀뽀를 하고 아내에게 작별 인사를 했다. 그는 자신이 어디에 가고 있는지 아내에게 말하지 않았다.

즈보로프스키는 토요일 오전 9시에 체르노빌로 돌아와 실라예프에게 복귀 보고를 했다. 그는 이 작전의 세부 계획을 아예 처음부터 자신이 다 세워야 한다는 것을 깨달았다. 4호기 아래에 어떻게 들어갈 것인지, 물을 어떻게 뺄 것인지와 같은 가장 기본적인 문제에 대해서조차 답을 아는 사람이 없었다. 거기에서 빼낸 물을 어디로 보낼 것인가도 마찬가지였다. 그날 아침 정부위원회 회의에서 전문가들은 5000세제곱미터(올림픽 수영 경기장 두 개를 채울 만한 양이다)의 오염수를 안전하게 보관할 만한 장소가 어디일지에 대해 결론을 내리지 못했다. 결정을 기다리는 동안, 즈보로프스키는 직접 장갑차를 타고 정찰에 나섰다. 그는 지하의 터널로 들어갈 수 있게 벽을 뚫을 만한 곳을 찾아냈다. 손상된 원자로와 이렇게 가까운 곳에서 폭발물을 사용하는 것이 우려되어서 즈보로프스키는 망치로 벽을 뚫을 자원자를 모집했다. 다섯 명이 앞으로 나섰다. 방사능 수치가 높아서 즈보로프스키는 각자 최대 12분까지만 일할 수 있을 것이라고 추산했다. 그들이 드디어 벽을 뚫자 즈보로프스키는 심해 잠수부처럼 허리에 밧줄을 묶고 지하로 들어가 어둠 속을 헤치고 걸어갔다. 가다 보니 발에 물이 차기 시작했다. 점차 수위는 4미터도 넘게 올라왔다. 물은 따뜻했다. 섭씨 45도, 목욕물 정도의 온도였다. 그리고 황화수소의 악취가 났다.[53]

모스크바에서는 예브게니 벨리호프가 소집한 이론물리학자 팀이 용융되고 있는 핵연료가 어떻게 행동할 것인지를 알아내기 위한 실험을 시작했다.[54] 4호기에서 직접 얻을 수 있는 데이터가 없었기 때문에서 벨리호프는 개인적으로 아는 서구의 과학자들에게 연락해 노심 용

11장 차이나신드롬

융에 대한 여러 박스 분량의 논문을 부탁해 놓은 상태였다. 하지만 모스크바의 과학자들은 시간이 너무 부족해서 그것들을 다 읽고 종합하기보다 직접 실험을 해서 알아내는 편이 더 빠르겠다는 결론에 도달했다. 그들은 연구실 의자에서 쪽잠을 자면서 쉬지 않고 일했다. 금속 실린더와 우라늄 연료 펠렛을 탄산가스레이저로 가열하고 그것을 콘크리트 덩어리에 얹은 뒤 결과를 기록했다. 그들은 샘플을 키예프로 보냈고 키예프의 전문가가 이산화우라늄, 용융된 강화콘크리트, 모래의 상호작용을 조사했다.[55] 실험 결과, 벨리호프가 우려한 최악의 상황이 실제로 발생할 가능성이 매우 큰 것으로 나타났다.[56] 10킬로그램의 핵연료만으로도 원자로 용기의 강화콘크리트 바닥이 녹을 수 있었고 빠르게는 하루에 2.5미터의 속도로 핵연료 용암이 아래로 내려갈 수 있었다. 게다가 용암이 내려가는 도중에 잔해, 금속, 모래 등 다른 물질들을 흡수할 수 있어서, 단지 방사성만이 아니라 아직 알려지지 않은 성질까지 가진 더 위험한 무언가가 될 수도 있었다.[57]

한편, 체르노빌의 정부위원회는 감압수조의 오염수를 어디로 보낼지에 대해 아직도 결정을 못하고 있었다.[58] 그러는 동안 원자로 위의 온도는 계속해서 오르고 있었다. 실라예프는 계속해서 회의를 열었다. 밤늦도록 회의가 지속되는 동안 '큰사슴' 즈보로프스키는 몇 분씩 쪽잠을 잤다. 과학자, 장교, 정치인들이 너나없이 소리를 질렀다. 그런 와중에 모스크바에서 고르바초프가 전화를 해서 모두에게 들릴 만큼 큰 목소리로 재촉했다. "자, 결정했나?"

한편 발전소의 물리학자들은 공포에 휩싸여서 좀비처럼 왔다 갔다 하고 있었다.[59] 방사능의 장기적인 영향 때문이 아니라 그들을 당장 죽일지도 모르는 임박한 폭발의 위험 때문이었다. 폭발은 언제라도 일어날 수 있었고, 그러면 그들만이 아니라 사방 수백 미터 내에 있는 모두를 죽이게 될 터였다.

　이틀 동안 결론 없이 논의만 계속되는 가운데, 즈보로프스키는 오염수를 어디로 보낼지를 직접 알아보기로 했다. 즈보로프스키는 발전소의 선임 엔지니어 중 한 명에게 조언을 구했고 그가 오염수를 보내기에 안성맞춤으로 보이는 두 개의 옥외 저수지가 프리피야트 바로 외곽에 있다고 알려 주었다. 4호기의 아래층에서 거기까지 닿으려면 무려 1.5킬로미터의 호스가 필요하기는 했지만, 두 저수지 중 하나에만도 족히 2만 세제곱미터의 물을 담을 수 있었다. 불길하게도 지하의 물은 온도가 계속 오르고 있었고 이제 80도에 달해 있었다. 그리고 일요일 저녁 6시 무렵에는 레가소프가 추산한 원자로 온도가 무려 섭씨 2000도에 도달했다.[60] 그 안에서 무언가가 벌어지고 있었다. 빨리 행동해야 했다.

　　　　　　　　　　　　　　　　　　　　　　　11장 차이나신드롬

체르노빌의 전투

5월 2일 금요일 저녁 8시가 조금 지나서 로널드 레이건 미국 대통령의 전용기가 도쿄 하네다 공항에 착륙했다.[1] 이번 방일은 열흘간의 아시아-태평양 순방 일정의 클라이맥스였다. 레이건은 영국, 프랑스, 독일, 캐나다 등의 지도자들과 함께 최초의 G7 회의를 하러 일본에 온 참이었다. 하지만 처음부터도 이 출장에는 저쪽 편에서 벌어지고 있는 핵 재앙의 그늘이 드리워져 있었다.

스웨덴에서 탐지된 첫 방사능 소식은 레이건이 하와이를 출발한 월요일에 그의 전용기로 전해졌다.[2] 그리고 수요일에 발리에서 하루 쉬려던 계획은 미국 정보기관들이 체르노빌 사고에 대해 이제까지 파악한 바를 보고받느라 취소되었다. 그때 이후로 소비에트의 사고 은폐는 매우 첨예한 외교적, 환경적 재앙으로 발달했다. CIA 분석가들은 우크라이나 상공을 찍은 고해상도 정찰위성 사진을 보면서 재앙의 규모가 모스크바 당국이 인정한 것보다 훨씬 크다는 것을 파악했다.[3] 이 위성 사진은 발전소 주변에 냉각 수로 쪽으로 놓여 있는 화재 진압용 호스까지 하나하나 다 보일 만큼 정밀했다. 또한 미국의 원자력규제위원회 Nuclear Regulatory Commission는 부서진 4호기에서 계속되고 있는 위기 때문에 체르노빌의 나머지 원자로 중 하나 이상이 위험에 처해 있을지 모른다고 의심하기 시작했다.[4] 하지만 모스크바 당국은 레이건이 공개적으로 제안한 의료 지원과 기술 지원을 거부했고, 그래서 미국의 핵 전문가들은 망가진 발전소에서 정말로 무슨 일이 벌어지고 있는지에 대해 추측만 해 볼 수 있을 뿐이었다.[5]

그와 동시에, 더 이상의 정보가 유통되는 것을 막으려 한 소비에트의 은폐 시도가 흔들리고 있었다. 5월 3일에 고르바초프에게 보고된 기밀문서에서 외무장관 에두아르드 셰바르드나제Eduard Shevardnadze는 비밀주의 방침을 지속하면 역효과가 날 거라며 서구 유럽뿐 아니라 인도나 쿠바처럼 소비에트의 핵 기술을 받아들이려던 호의적인 국가들에서도 이미 불신이 커지고 있다고 언급했다.[6] 또한 셰바르드나제는 이 사고에 대해 전통적인 접근 방식을 취한다면 핵 군비 감축을 위해 미국과 역사적인 합의를 끌어내겠다는 고르바초프의 꿈도 커다란 난관에 직면하게 될 것이라고 언급했다. 서구의 신문들은 핵 사고에 대해 진실을 말하지 못하는 정부가 어떻게 핵미사일을 몇 개 보유하고 있는지를 정직하게 말할 수 있겠느냐고 지적하고 있었다.

5월 4일 일요일 아침, 레이건 대통령은 오쿠라 호텔에서 미국 국민들에게 보내는 주간 라디오 연설을 했다.[7] 그는 남아시아에서 열렸던 정상회담 결과를 이야기했고, 자유무역을 확장해야 한다고 촉구했으며, 국제 테러리즘 문제를 언급했다. 이것은 최근에 베를린 주둔 미군들이 자주 가는 한 디스코장에 리비아가 지원한 테러 공격이 있었던데 대한 보복으로 미 공군이 트리폴리에 있는 가다피의 기지를 공격한 것을 염두에 둔 발언이었다.

12장 체르노빌의 전투

체르노빌 이야기로 넘어가서, 레이건은 피해자들에 대해 애도를 밝히고 원조 의사를 재표명했다. 하지만 그 다음에 그의 어조가 딱딱해졌다. 레이건은 소비에트 정부가 국제사회가 공동으로 직면한 재앙에 대해 정보를 제공하지 않으려 하면서 "비밀주의적이고 고집불통인 부인 방침"으로 일관하고 있다며 이것은 "자유로운 나라들"의 개방성과는 크게 대조되는 것이라고 비난했다. "많은 나라에 방사능 오염을 일으키는 핵 사고는 단지 국내 문제가 아닙니다." 그는 특유의 서민적인 거친 말투로 말했다. "소비에트는 세계에 설명해야 합니다."

그날 일본에 방사능비가 내렸다.[8] 그리고 비구름은 제트 기류(고도 9000미터에서 시속 160킬로미터로 태평양을 가로질러 이동하는 기류)에 실려 알래스카와 캘리포니아로 향했다. 다음 날인 5월 5일 월요일 오후에 소비에트 정부의 초청으로 국제원자력기구IAEA 대표단이 모스크바에 도착했다.[9] IAEA 사무총장 한스 블릭스가 이끄는 이 팀은 체르노빌 원자력발전소에서 벌어진 일을 완전하고 정직하게 설명하겠다고 약속했다.

IAEA 팀이 도착하기 몇 시간 전에 정치국은 다시 한 번 크렘린에서 회의를 가졌다.[10] 약 스무 명의 참석자 중에는 보리스 셰르비나, 노년의 쿠르차토프 연구소장 아나톨리 알렉산드로프, 중기계건설부의 호전적인 수장 에핌 슬라브스키 등이 있었다. 체르노빌에 있던 발레리 레가소프도 직접 보고를 하기 위해 모스크바로 날아왔다.

논의해야 할 게 아주 많았고 전망은 아주 암울했다.

니콜라이 리지코프 총리가 앞으로 나와 상세한 분석 자료와 함께 이틀 전에 현장에서 직접 본 사항들을 설명했다. 그는 원자로 화재를 진화하기 위한 헬기의 공중 투하 작전이 성공적으로 진행되고 있으며, 현재로서 원자로에서 연쇄반응이 다시 시작될 위험은 일단 피한 상태라고 말했다. 하지만 그는 중앙 당국과 현지 당국 모두 여러 가지 실패와 무능력으로 점철된 모습을 보이고 있다고 지적했다. "극단적인 여건하에서, 현실적인 부분들에 있어서는 잘 조직된 대응이 이뤄진 곳도 있지만 절대적인 무기력과 무능력이 드러난 곳도 많습니다."

30킬로미터 구역의 주민 소개는 아직 진행되고 있었다. 벨라루스공화국의 두 지구rayon도 포함해 현재까지 30킬로미터 구역에서 수십 만 명이 소개되었다. 하지만 초기의 소개 작업은 혼란스럽고 엉성하기 짝이 없었다. 리지코프는 "5000명에서 6000명이 실종되었으며 그들이 지금 어디에 있는지 확인되지 않는다"고 말했다.

또한 그는 시민방호군과 보건부가 자신의 책임을 다하는 데 완전히 실패했다고 비판했다. 그들은 어떠한 것도 명확하게 알지 못했고 어떠한 계획도 가지고 있지 않았다. 소개 지역을 떠나는 사람들의 피폭을 알아보는 혈액 검사조차 이뤄지지 않았다. 이는 소비에트가 수십 년간 핵전쟁에 대비해 온 것을 조롱하는 것이나 마찬가지였다. 리지코프는 "이보다 더 심각한 일이 일어났더라면 어떻게 되었을지는 상상에 맡기겠다"고 경멸조로 말했다.[11]

현재까지 아동 445명을 포함해 1800명이 입원했고 환자는 더 늘어날 것으로 예상되었다. 자연방사선 수준을 5~10배 이상 상회하는 방사선이 남쪽으로는 크림반도부터 북쪽으로는 레닌그라드까지 소비에트연방의 서쪽 지역을 뒤덮고 있었다. 소비에트 군 화학전 담당 사령관은 소개 지역 내에서 2000명의 인력을 확보하고 제염 계획 수립에 들어갔다. 또 리지코프는 군 공병들에게 봄비에 오염 물질이 프리피야트 강과 드네프르 강으로 쓸려갈 것에 대비해 사고 지역 주위에 30킬로미터 길이의 댐을 쌓도록 지시했다. 그가 이 일에 내린 마감 시한은 48시간 이내였다.

이제, 리지코프 총리는 회의에 참석한 동지들에게 이 모든 위험 중에서도 가장 큰 위험에 대해 말할 참이었다. 바로 노심 용융 가능성이었다. 과학자들이 그에게 보고한 바에 따르면 4호기 안에서 연료가 녹으면서 발생할 수 있는 일의 가능성에는 두 가지가 있었다. 하나는 방사능 잔해의 열기가 서서히 저절로 수그러드는 것이었다. 과학자들의 계산에 따르면 그러기까지는 족히 몇 개월이 걸릴 것이었다.

쿠르차토프 연구소의 부소장 레가소프와 노년의 소장 알렉산드로프가 제시한 두 번째 시나리오는 첫 번째보다 더 암울했다. 벨리호프가 우려한 "증기 폭발"의 가능성(섭씨 2800도에 도달한 핵연료 용암이 감압수조의 물에 닿아 증기 폭발이 일어나서 4호기의 남아 있는 부분뿐 아니라 3호기까지 손상시킬지 모른다는 가능성)에 더해, 레가소프와 알렉산드로프는 더 심각한 가능성도 고려해야 한다고 말했다. "심지어 더 재앙적인 결과들"을 가져올 수 있는 "핵폭발"의 가능성도 있다는 것이었다.[12]

이어서 셰르비나가 앞으로 나왔고 레가소프가 기술적인 어려움들에 대해 브리핑을 했다. 방사능 물질이 계속 누출되고 있었고, 흑연도 계속 타고 있었으며, 용융되고 있는 노심의 온도도 상승하고 있었다. 게다가 이 모든 악조건에서 조치는 긴급하게 취해져야 했다. 알렉산드로프도 이에 동의했다.

뒤이어 상황 파악과 해법을 두고 의견 충돌이 난무했다. 보수파 부총리 리가초프는 셰르비나에게 "흥분하지 마시오!"라고 했고, 우크라이나 당 제1비서 셰르비츠키는 수문기상과학 담당자에게 "당신은 뢴트겐과 밀리뢴트겐을 헷갈리고 있소!"라고 했다. 소비에트 육군 원수 아흐로메예프는 성형화약탄으로 감압수조의 벽을 발파하자고 했고, 석탄장관 샤오프는 그것은 너무 위험하다고 했다. 샤오프는 물만 빼낸다면 그 다음에는 석탄부 사람들이 그 공간을 콘크리트로 메워서 안정화시킬 수 있다고 했다. 그는 또한 "필요하다면 건물 아래로 굴을 뚫을 수도 있다"고 했다.

레가소프가 여기에 동의했다. 원자로 밑의 땅에 굴을 파고 거기에 질소 기체를 주입해서 원자로를 아래로부터 냉각시키자는 것이었다. 레가소프는 고르바초프에게 일단 아직까지는 서구에 긴급히 도움을 요청할 필요는 없다고 말했다. 최악의 상황이 벌어진다 해도 소개 지역이 250킬로미터 반경을 넘지는 않으리라는 것이었다.

하지만 고르바초프는 이미 벨리호프(그는 체르노빌에 남아 있었다)와 대화를 한 터라 상황이 아주 끔찍한 대단원을 향해 가고 있다고 보았다. 그의 전망에 따르면, 만약 폭발이 한 번 더 일어나면 금지 구역이 적어도 반경 500킬로미터로는 확대되어야 할 것이었는데, 여기에는 소비에트연방에서 인구가 가장 조밀한 지역들이 포함되어 있었다. 민스크, 르보프 등 우크라이나와 벨라루스 두 곳 모두의 대도시들에서 인구 전체가 피난해야 할 터였다. 키예프(인구가 200만 명이 넘는, 소비에트연방에서 세 번째로 큰 도시였다)에서는 당국자들이 조용히 소개 계획을 세우기 시작했지만 실행할 엄두를 못 내고 있었다.[13] 대대적인 패닉이 발생할 게 틀림없었고 상점, 아파트, 박물관 등에서 약탈이 횡행할 가능성도 있었다. 수백 명이 기차역이나 공항에서 깔려 죽을 수도 있었다.

"쉬지 말고 속도를 내서 일해야 합니다."[14] 고르바초프가 말했다. 단순한 전시 상황이 아니라 "핵전쟁이 났을 때의 전시 상황"처럼 일해야 했다. "시간이 없습니다."

다음 단계로 어떤 조치를 취해야 할지에 대해 여전히 갑론을박이 벌어지는 가운데, 셰르비나가 체르노빌 4호기쪽 현장에서 연락을 받았다. 즈보로프스키가 물을 빼는 작업을 시작했다는 것이었다.

***

즈보로프스키는 키예프의 방위 산업체와 소방서들에서 차출한 20명의 대원과 함께 발전소로 향했다.[15] 발전소는 으스스하게 조용했다. 1, 2, 3호기를 관리하는 데 필요한 핵심 인력만 제외하고 발전소에는 아무도 없었다. 4호기의 어지러운 잔해 주위로 버려진 장비들이 보였다. 1주일 전에 불을 끄러 왔던 소방차들은 회수하기에는 방사능 오염이 너무 심해서 버려졌고 안토슈킨의 헬기에서 떨어진 모래주머니와 납에 맞아 찌그러지고 부서져 있었다. 공중 투하 작전은 일시적으로 중단되었지만 연기인지 증기인지 모를 것이 자갈 위로 엷게 피어올랐다. 바닥에는 폭발 당시에 튀어나와 떨어진 흑연들이 뜨거운 태양 아래서 지글거리고 있었다.[16]

키예프를 출발하기 전에 소방대원들은 방사능 속에서 작업하는 시간을 최소화하기 위해 헬기를 타고 호스를 공중에서 내리는 방법을 시험해 보았지만 실패했다. 그래서 1.5킬로미터 길이의 호스를 손으로 들고 풀어야 했다. 그들은 수없이 반복 훈련을 하고 경로를 재면서, 호스를 내리고, 연결하고, ZIL 소방차(이 특수 소방차에는 초당 110리터의 물을 퍼낼 수 있는 초강력 펌프가 장착되어 있었다)에 장착하는 시간을 1초라도 줄이기 위해 노력했다.[17]

즈보로프스키는 처음에는 자신에게 주어진 임무를 두려워하지 않았다.[18] 수행하다 죽을 게 틀림없는 일을 상관이 지시했을 리가 없다고 생각했기 때문이다. 하지만 발전소에 들어서고 나니 자신이 직면한 위험의 규모가 실감나기 시작했다. 많은 동료가 모스크바의 특별 병원으로 실려 가는 일을 겪은 발전소 직원들은 즈보로프스키에게 "쯧쯧" 하는 듯한 동정 어린 표정을 보내고 있었다.[19]

명목상으로, 발전소에 남아 있는 직원들은 여전히 빅토르 브류하노프 발전소장과 니콜라이 포민 수석 엔지니어의 지휘 하에 있었다. 두 사람은 침침한 벙커에서 정부위원회의 지침을 기다리면서 전화 옆에 앉아 있었다. 그들은 피로와 방사능 피폭, 그리고 충격으로 만신창이가 되었다. 포민은 환기실의 웅웅거리는 장비 옆에서 웅크리고 자면서 닷새나 벙커에서 지냈다. 프리피야트에서 주민 소개가 완료된 이후 브류하노프와 나머지 발전소 직원들은 발전소에서 30킬로미터 떨어진 영 파이오니어 캠프장에 묵도록 배치되었다.[20] 캠프장 이름은 "동화"라는 뜻의 "스카조치니Skazochny"였다.

원래 이곳은 발전소 직원들이 아이들 방학 때 아이들과 함께 와서 휴가를 보내곤 했던 여름 캠프였다. 숲속에 벽돌과 통나무로 된 숙소가 있었고 용, 바다 생물, 슬라브 신화 속 등장인물 등의 다소 계통 없는 조각상들로 장식되어 있었다.[21] 하지만 이제 "동화" 캠프장에는 구급차, 소방차, 장갑차가 가득했고 정문에는 선량 측정 초소가 차려졌다.[22] 캠프 전역의 울타리와 식당 창문에는 발전소 직원들이 아내와 아이들을 찾기 위해 붙여 놓은 메모들이 나붙어 있었다. 프리피야트에서 소개된 사람들도 가족들이 자신을 찾을 수 있도록 자신이 어느 마을에 가 있는지를 메모로 붙여 놓았고, 혼란의 와중에 잃어버린 가족 친지를 찾기 위해 정보를 구하는 호소도 가득했다.

즈보로프스키 대위의 팀이 펌프로 물을 빼는 작업을 진행하는 동안, 노심 용융을 막기 위한 조치들 또한 동시다발로 진행되었다. 우선, 키예프의 지하철 기술자들이 현장에 와서 3호기 뒤쪽 땅에 수직으로 큰 구멍을 뚫었다.[23] 그리고 특수한 일제 드릴 장비로 4호기를 향해 수평으로 구멍을 파 들어갔다. 140미터 길이로 수평 구멍을 여러 개 뚫고 거기에 액체 질소가 든 얇은 관들을 넣어서 땅을 얼림으로써 용융된 핵연료가 아래로 내려가는 것을 지표수에 도달하기 전에 막을 수 있으리라는 기대였다.

그와 동시에, 발전소 기술자들은 레가소프의 계획에 따라 불타고 있는 원자로 내부를 질소 기체로 진화하는 것도 시도했다.[24] 발전소에 존재하는 파이프들을 이용해서(사고 전에 이 파이프들은 발전소 유지 보수를 위해 다양한 기체들을 실어 나르는 일을 했다) 지하를 통해 질소 기체를 망가진 원자로 내부에 보낸다는 것이었다. 하지만 처음부터 발전소 직원들은 이것이 무의미한 시도임을 알고 있었다. 원자로 아래의 파이프들이 손상되었을 게 거의 확실했기 때문이다. 그리고 질소 기체가 원자로 안에 닿는다고 해도 그것이 산소를 차단해 불길을 잡을 수는 없을 것이었다. 이제 원자로에는 지붕이 없기 때문이다. 질소 기체는 레가소프의 기대대로 타고 있는 흑연 주위에 집중되어 산소를 몰아내기보다는 그저 대기 중으로 흩어져 버릴 가능성이 컸다. 그렇긴 해도, 어쨌든 명령은 명령이었다.

실라예프의 정부위원회는 우크라이나에 존재하는 모든 액체 질소를 트럭과 기차로 체르노빌에 싣고 가도록 했다.[25] 액체 질소를 기체로 만드는 데 필요한 두 대의 커다란 기화 장비는 오데사의 크리요젠마시 공장에서 체르니고프 이착륙장으로 공수해 오기로 했고, 발전소 행정동 옆에 그것을 설치할 임시 구조물이 세워졌다. 안토슈킨의 헬기 부대의 초대형 헬기 Mi-26("하늘을 나는 소")가 체르니고프에서 그 장비들을 싣고 발전소에 와 보니,[26] 너무 커서 임시 구조물 문을 통과할 수 없었다. 발전소 엔지니어들은 망치로 부수어서 문을 키우고 장비를 집어넣었다. 저녁 8시에 엔지니어들은 질소만 도착하면 곧바로 작업이 시작될 수 있다고 실라예프에게 보고했다. 질소는 그날 밤에 도착하기로 되어 있었는데, 어쩐 일인지 다음날 오전까지도 감감 무소식이었다. 엔지니어들은 하루 종일 기다렸다. 밤 11시에 실라예프가 브류하노프에게 전화를 했다.

"질소가 어디로 갔는지 찾아내시오. 안 그러면 총살이오."[27]

브류하노프는 군 병력을 대동하고 60킬로미터 떨어진 이반코프에서 탱크 트럭들을 찾아냈다. 운전사들이 방사능이 너무 두려워서 거기에 트럭을 세우고 더 이상 가지 않으려고 한 것이었다. 기관총을 든 군인들이 트럭 행렬의 양쪽 끝에 자리를 잡았고, 총구가 겨눠진 채 운전사들은 결국 트럭을 몰기로 했다.

5월 6일 화요일 저녁 8시, '큰사슴' 즈보로프스키의 대원들이 군용 방독면과 L-1 고무 화생방복(핵전쟁 시 전투원들이 입게 할 용도로 만들어진 것이었다)을 착용하고 4호기를 향해 차를 몰아가기 시작했다.[28] 즈보로프스키는 이미 자체적으로 방사능 조사를 해서 어디어디에 진입할 수 있고 얼마나 오래 머물러도 되는지를 계산해 놓았다. 감마선의 강도는 기복이 매우 컸다. 1호기 근처에서는 50뢴트겐이었다가 4호기에서 250미터 이내인 가장 위험한 곳은 800뢴트겐에 육박했다. 대원들은 이송 통로 안에 트럭을 세웠다.[29] 이송 통로는 원자로 아래를 지나가는 거대한 통로로, 새로 장전할 연료를 나르는 열차 레일이 깔려 있었다. 그들은 5분 만에 호스를 꺼내고(5분은 제한 시간의 3분의 1이었다.) 펌프에 시동을 걸었다.[30] 시동을 걸어 둔 채로 이송 통로의 문을 닫고 나와 근처의 벙커로 뛰어 들어갔다.[31] 드디어 물이 빠지면서 수위가 낮아지기 시작했다.[32] 본부 벙커에서 브류하노프와 포민은 실라예프에게 전화로 이를 알렸고, 실라예프는 다시 이 소식을 모스크바에 알렸다.

한두 시간마다 세 명의 대원이 달려 나가 트럭들에 가스와 기름을 채웠다.[33] 또 60분마다 두 명의 대원이 나가서 수온과 방사능 수치를 쟀다. 수요일 오전 3시, 두 명의 소방관이 벙커로 달려 들어와 호스가 망가졌다고 보고했다.[34] 깜깜한 가운데 방사능 정찰을 하던 화학전 부대의 장갑차가 호스 위를 지나가면서 호스가 20군데나 찢어지고 접합 부위의 패킹이 망가졌다는 것이었다. 원자로에서 50미터밖에 떨어지지 않은 곳에서 방사능 오염수가 분출하고 있었다. 하사 두 명이 고장 난 곳을 고치러 뛰어나갔다. 새 호스 20섹션이 필요했고 각 섹션을 교체하는 데 2분이 걸렸다. 그들은 감마선을 방출하는 물 위에 무릎으로 앉아서 일을 했다. L-1 고무 방호복에 달려 있는 장갑은 작업하기에 매우 불편했고 날은 너무 더웠다. 그래서 그들은 장갑을 벗고 맨손으로 호스를 고쳤다. 한 시간 뒤 작업이 완수되었다. 기진맥진한 두 대원은 입에서 시큼한 사과 같은 희한한 맛이 난다고 생각하면서 벙커로 철수했다.

펌프 작업은 밤새 계속되었고 다음 날까지 이어졌다. 14시간 동안 쉬지 않고 돌아가던 트럭 중 한 대가 쿨럭거리더니 멎어 버렸다. 작동을 하지 않아서 다른 것으로 교체해야 했다.[35] 즈보로프스키의 대원들은 모두 공포에 질렸다.[36] 한 대원은 체르노빌 소방서에 의료 목적의 보드카 한 상자를 가지러 갔는데 가는 길에 정신을 잃어서 돌아오지 못했다. 또 다른 사람은 횡설수설하기 시작하더니 구토를 하면서 병원으로 옮겨졌다.[37] 방사능을 잴 사람으로 '큰사슴'의 차례가 다시 돌아오자 그는 도중에 길을 잃거나 정신을 잃을 경우에 대비해서 소방대의 한 장교에게 같이 가자고 했다. 하지만 소방대 장교는 거부했다.

"나 열 받게 하지 마시오! 안 그러면 내 대원들한테 당신을 꽁꽁 묶어 4호기 옆에 던져 버리라고 할 테니. 거기 15분만 있으면 당신은 한 마디도 내뱉지 못하게 될 거요!" 즈보로프스키가 고함을 쳤다.[38]

소방대 장교는 꾸역꾸역 고무 방호복을 입고 그의 말에 따랐다.

***

140킬로미터 떨어진 키예프에서는 체르노빌 발전소에서 무슨 일이 벌어졌는지에 대한 상세한 이야기들이 소문으로 퍼지고 있었다.[39] 입에서 입으로, 그리고 "적들의 방송"(BBC, 라디오 스웨덴, 보이스 오브 아메리카 등에서 소비에트로 내보내는, 그리고 아마도 KGB가 전파 교란을 하는 데 실패한 러시아어 라디오 방송)을 통해 소식이 알려졌다. 루머와 두려움이 키예프 전역을 휩쓸었다. 우크라이나 내무부의 감시국은 사망자 수, 대기 오염, 수질 오염에 대해 과장된 추측들이 난무하고 있다고 보고했다.[40] 한 정보원은 택시 운전사가 프리피야트에서 소개가 이뤄졌을 때 일대 혼란과 약탈이 있었다고 말하는 것을 들었다. 군대도 그들을 통제할 수 없었다는 둥, 사망자 중에 정부 당국자도 있었다는 둥, 임신한 여성들이 낙태를 종용받고 있다는 둥, 드네프르 강이 방사능으로 완전히 오염되었다는 둥 하는 이야기들도 있었다.

소비에트 당국의 공식 발표는 30킬로미터 구역 밖은 위험하지 않다는 것이었지만 키예프의 도로들에서는 며칠째 감마선이 방출되고 있었다.[41] 낙진이 떨어져 아스팔트 표면에 서서히 스며들었기 때문이다. 우크라이나 당 최고 실세인 셰르비츠키는 키예프의 방사능 수치가 급격히 오르고 있다는 것을 알고 있었다.[42] 그리고 드네프르 강 유역의 물에서는 정말로 방사성 아이오딘이 정상보다 천 배를 상회하는 수준에 도달해 있었다.

한편 우크라이나의 KGB 책임자는 모스크바의 방송이 말한 사망자 수와 키예프의 방송이 말한 사망자 수가 크게 차이가 난다는 것을 발견해 이를 우크라이나 정치국 회의에서 지적했다.[43] 하지만 우크라이나 당국자들은 사람들에게 무엇을, 그리고 언제 말해야 하는지에 대해 결정을 미적거리고 있었다.

사고가 난 지 열흘이 지난 5월 6일 화요일에 마침내 우크라이나 보건 장관이 지역 라디오와 텔레비전에 나와서 키예프 사람들에게 실내에 머물고 창문을 닫고 바람에 대비하는 등 방사능 피해에 대한 예방 조치를 하라고 권고했다. 그 무렵이면 당 고위 인사들이 은밀히 자기 아이들과 손주들을 안전한 파이오니어 캠프들과 남쪽의 요양원들로 보냈다는 소문이 돌고 있었다.[44] 이보다 며칠 전에, 우크라이나 중앙 위원회 인사들이 즐겨 가는 키예프 중심부의 약국에서 의사이자 작가인 이우리 슈셰르박은 부유한 연금 수령자들이 안정적인 아이오딘 알약을 구매하러 길게 줄서 있는 것을 보았다.[45] 더 안 좋게도, 두 번째 폭발 가능성에 대한 끔찍한 소문이 나돌고 있었고, 정부가 비밀리에 키예프 전체를 소개하려는 계획을 세우고 있다는 소문도 돌았다.[46] 많은 사람들이 안심해도 된다는 정부의 공식 발표는 공허한 프로파간다라고 생각했다.

그날 저녁, 도시를 빠져나가려는 사람 수천 명이 몰리면서 키예프의 기차역이 난리통을 이뤘다.[47] 사람들은 표 사는 줄에서 자리를 놓칠까 봐 매표소에서 잠을 잤다. 소비에트의 내부 여권 시스템하에서는 자신이 등록되어 있는 거주 지역을 특별한 사유 없이 벗어나지 못하게 되어 있었기 때문에 많은 노동자들이 급히 휴가를 신청했다.[48] 어떤 이들은 휴가 신청이 거부되자 아예 직장을 그만두었다. 곧 거리를 청소하는 오렌지색의 청소 차량들이 나타나 거리의 낙진을 물로 쓸어내는 작업을 하기 시작했고,[49] 은행 밖에는 긴 줄이 서기 시작했다. 어떤 은행은 문을 연 지 한두 시간 만에 문을 닫아야 했고, 어떤 은행은 1인당 인출 한도를 100루블로 제한했다. 오후가 되었을 무렵에는 많은 은행에서 현금이 떨어졌다. 약국에서는 안정적인 아이오딘 알약이 동나서 사람들은 목이 화끈거리는 것도 무릅쓰고 소독용 아이오딘 용액을 마셨다. 주류 가게 앞에도 줄이 길게 늘어섰다. 레드 와인과 보드카가 방사능을 막는 데 효과가 있다고 여겨졌기 때문이다. 그래서 우크라이나의 보건 차관은 "알코올이 방사능을 막는 데 유용하다는 소문은 사실이 아니다"라는 발표를 내보내야 했다.[50]

다음 날인 수요일, 혼란에 빠진 키예프의 군중은 도시 밖으로 나가는 표를 구하기 위해 필사적이었다.[51] 1941년에 동쪽에서 독일군이 기습해 왔을 때 이래로 본 적이 없는 탈출 행렬이었다. 기차역에서는 객차 안내원에게 직접 돈뭉치를 찔러주면서 네 좌석이 있는 칸에 열 명씩 들어갔고 짐을 싣는 위쪽 칸에도 기어 올라갔다.[52] 또 도로로 탈출하려는 사람들 때문에 키예프의 남쪽 도로가 극심하게 정체되었다. 그날 하루에만도 거의 2만 명이 자동차나 버스로 키예프를 떠났다.[53] 정부는 공항에 비행기를 추가 편성했고 키예프에서 모스크바로 운행하는 기차의 수를 두 배로 늘렸다. 모스크바에서 외신 기자들은 사람들을 빽빽하게 실은 기차에서 부모 없이 혼자 탄 아이들이 코가 창문에 납작하게 눌린 채 눈을 똥그랗게 뜨고서 플랫폼에 데리러 나와 있는 친척들을 찾는 모습들을 보았다.[54]

발전소에서 계속해서 끓어오르고 있는 위험을 고려해서, 그리고 대대적인 패닉을 우려해서, 우크라이나 총리는 키예프의 모든 아동을 질서 있게 소개하는 조치를 진지하게 고려하기 시작했다.[55] 하지만 체르노빌의 정부위원회는 이 문제에 대해 아무런 지침을 주지 않았고 우크라이나의 관료들은 아무도 이렇게 엄청난 조치를 결정하는 책임을 지고 싶어 하지 않았다. 아동 모두를 소개시키는 것은 숨기기가 불가능할 터였고, 따라서 외부 세계에 이곳의 상황이 얼마나 심각한지를 그대로 드러내게 될 것이기 때문이었다. 우크라이나 총리는 전문가의 조언이 필요했다. 그는 크렘린에 긴급 조언을 해 줄 방사능 의학 전문가와 기상학 전문가를 보내 달라고 요청했다(레오니드 일린Leonid Ilyin과

12장 체르노빌의 전투

유리 이즈라엘Yuri Izrael이 파견되었다).

한편, 모스크바에서는 IAEA의 조사단이 체르노빌 현장을 방문할 수 있는 허가를 얻었다. 현장을 보는 최초의 외국인이 될 이 조사단은 스웨덴의 외교관 출신인 한스 블릭스 사무총장과 원자력 안전 담당 디렉터인 미국인 모리스 로젠Moris Rosen이었다. 그들은 5월 8일 목요일에 키예프에 도착할 예정이었다. 예브게니 벨리호프는 이 소식을 듣고 공포에 질렸다. 그는 실라예프 위원장에게 고르바초프에게 당장 전화해서 메시지를 전해 달라고 했다. "우리의 변소는 넘쳐흐르고 있습니다. 그들은 똥 더미 위를 기어 올라가야 할 것입니다."[56]

목요일 새벽 4시경, 복도001에 가득 차 있던 오염수가 빠지면서 드디어 밸브실 안의 수도꼭지들이 드러나기 시작했다.[57] 실라예프는 당장 사람들을 보내 밸브를 열어야 한다고 주장했다.[58] 하지만 거기에는 수백 킬로미터 길이의 파이프들이 가득 있었고 밸브들은 다 똑같이 생겨서 구분이 가지 않았다. 그리고 암흑처럼 깜깜했다. 좁고 긴 방들의 미로를 아주 잘 알고 있는 사람이어야만 어둠 속에서 일을 완수하고 무사히 살아 나올 수 있을 터였다. 체르노빌 발전소 직원 세 명이 이 일에 차출되었다.[59] 두 명이 밸브를 여는 동안 나머지 한 명이 무슨 일이 날 경우를 대비해 그들을 호위한다는 것이었다. 그들은 잠수복을 지급받았고 우크라이나 차관 한 명이 차로 그들을 직접 발전소로 데려다 주었다. 스패너와 손전등을 들고, 연필형 선량계를 가슴 부위와 물이 닿는 발목 부위에 채우고, 그들은 3, 4호기가 공유하는 지하로 들어갔다.[60]

발전소 선임 조장 보리스 바라노프Boris Baranov가 앞장을 서고 두 명의 엔지니어 알렉세이 아나넨코Alexey Ananenko와 발레리 베스팔로프

Valery Bespalov가 뒤를 따랐다. 계단을 따라 마크 -3까지 내려갔을 때 바라노프는 4호기 아래로 이어지는 복도에서 잠시 멈추고 방사선량을 측정했다. 그는 DP-5의 감지 안테나를 최대한 길게 뽑고 어둠 속에서 높이 들었다. 모든 측정 범위에서 즉각적으로 바늘은 최대치를 가리켰다. 이것으로는 방사선의 수준을 알 수 없었다. "빨리 움직여!" 바라노프의 말에 세 사람은 빠르게 내달렸다. 달리면서 한 명이 궁금함을 참지 못하고 뒤를 돌아보았다. 무언가 검고 울퉁불퉁해 보이는 것이 콘크리트 덩어리들과 섞여서 거대한 고깔 모양을 형성하고 있었다. 위쪽의 망가진 건물에서 흘러넘친 물질이 복도로 흘러 들어온 것 같았다. 그는 입에서 방사성 액체의 금속 맛이 나는 것을 느꼈다.

복도 001의 입구로 내려가는 길은 선량 측정사가 DP-5로 조사를 한 바 있었는데 그가 마지막 측정을 한 곳은 복도 안의 물 표면 바로 위에서였다. 그곳보다 더 안쪽은 위험한 미지의 영역이었다. 그 안에 물이 얼마나 있는지, 더 깊이 안으로 들어갈 때 얼마나 방사성이 강해지는지 등을 아무도 알지 못했다. 그리고 복도 안에서 보내는 매순간 피폭량은 늘어날 터였다. 1초, 1초가 중요했다.

두 명의 엔지니어가 들어가고 바라노프가 그들을 지켜보았다.[61] 주변은 섬뜩하게 고요했다. 물이 흐르다가 그들의 발에서 휘돌아 나가면서 낮은 천정에 메아리가 울렸다. 그들의 귀에는 헝겊 방독면 안에서 헐떡이는 자신의 숨소리만 들렸다. 그래도 물은 이제 발목까지밖에 오지 않았고, 곧 바닥을 따라 지나가는 굵은 파이프 하나가 드러났다. 그 위로 걸어갈 수 있을 정도로 두꺼운 파이프였다. 밸브 자체는 무사했고 라벨도 분명하게 붙어 있었다. 4GT-21과 4GT-22는 쉽게 열렸다. 몇 초 후 아나넨코는 그들 머리 위의 감압수조에서 물이 콸콸거리며 빠지는 소리를 들을 수 있었다.

12장 체르노빌의 전투

5월 8일 새벽이면 이제 두 번째의 재앙적인 폭발이 발생할지도 모른다는 긴박한 위험은 막아 낸 것 같았다. 민간인 옷을 입은 한 당국자가 벙커에서 자신의 위치를 지키고 있는 '큰사슴' 즈보로프스키를 찾으러 와서 정부위원회가 지급한 봉투를 전달했다. 봉투에는 현금 천 루블이 들어 있었다.[62]

감압수조를 무사히 비워서 과학자들이 안도한 것도 잠시였다.[63] 증기 폭발의 가능성은 막았지만 지표수가 오염될 위험은 여전히 남아 있었다. 그리고 차이나신드롬에 대한 우려는 더 커졌다. 몇몇 추산치에 따르면 백열광을 내는 핵연료 용암 덩어리가 4호기의 바닥 아래를 뚫고 내려가면 지하를 뚫고 3미터나 내려가서야 겨우 멈출 수 있을 것으로 보였다.[64] 키예프에서 온 지하철 공사 노동자들이 액체 질소관을 넣어 땅을 얼리기 위해 4호기를 향해 땅속을 수평으로 뚫고 들어가는 공사를 하고는 있었지만, 비, 먼지, 그리고 방사성이 높은 잔해들 때문에 진척이 쉽지 않았다.[65] 드릴은 도면에 나와 있지 않은 커다란 장애물에 반복적으로 가로막혔다. 발전소 건설 공사 당시 사용되었던 크레인의 기반판 같은 것들이었다. 귀중한 드릴 비트가 튕겨 나갔고 그럴 때마다 수평으로 굴을 파는 전체 작업을 더 깊은 곳에서 다시 시작해야 했다.

그와 동시에, 실라예프는 질소 기체를 감압수조에 주입하라고 지시했다.[66] 그리고 물이 빠지면 액체 콘크리트를 부어서 감압수조를 메우기 위해 사람들을 지하에 대기시켰다. 또한 그 주 말에 정치국은 소비에트 외교관들에게 서독의 "독일 원자력 포럼German Atom Forum"에 접촉해 해외의 도움을 요청하라고 지시했다. 소비에트 정부가 전에 해 본 적이 없는, 전례 없는 절박성을 드러내는 조치였다.[67] 소비에트의 외교관들은 당면한 문제의 구체적인 내용들을 알리지는 않은 채, 단지 극도로 뜨거운 무언가가 발전소 바닥을 뚫고 내려갈 경우 어떻게 다루어야 하는지에 대한 조언이 절실하게 필요하다고만 도움을 요청했다.

한편, 모스크바 외곽에 있는 벨리호프의 실험실에서 이론물리학자들은 용융된 이산화우라늄이 어떤 행동을 보이게 될지에 대해 쉬지 않고 연구를 계속했다.[68] 정치국은 그들에게 노심 용융의 위험에 대해 가장 보수적인 진단을 하도록 지침을 내렸다. 물리학자들은 그들의 가설을 테스트할 두 팀의 수학자들과 함께 일했다. 두 팀의 결과가 일치해야만 결론을 확신할 수 있었다. 테스트 알고리즘 하나를 완전히 다 돌리는 데는 10시간에서 14시간이 걸렸다. 그래서 각각의 수학자 옆에는 또 다른 동료가 앉아서 상대방이 너무 지쳐 실수한 것을 바로잡거나 조는 것을 깨워 가며 일했다.

테스트 결과를 보고 그들은 경악했다.[69] [다행스러운 시나리오대로 갈 경우,] 용융된 연료가 10센티미터보다 얇은 두께를 형성하면서 충분히 넓은 면적에 퍼진다면 땅이나 콘크리트를 녹이기 전에 냉각되어 응고되기 시작할 것이고, 그러면 아래로 움직이는 것이 멈출 수 있었다. 하지만 과학자들은 녹은 노심에서 흘러나온 새로운 물질, 즉 모래, 지르코늄, 납이 이산화우라늄 연료와 혼합된 용암(이 노심 용융물을 "코륨 corium"이라고 부른다)이 예상치 못한 방식으로 행동할 수 있다는 사실도 발견했다. 가령, 수천 세제곱미터의 액체 콘크리트를 부어 덮어씌울 경우 방사능 붕괴열이 그 안에 갇혀서 코륨이 한층 더 빠르게 녹을지도 몰랐다. 그리고 이론상으로는 질소 관을 넣어 코륨 아래의 땅을 얼리는 것이 용암의 진행을 막을 수 있겠지만, 컴퓨터 모델에 따르면 그것은 엄격하게 제한적인 조건에서만 가능했다. 질소 관들 사이의 간격이 4센티미터보다 멀면 코륨은 그냥 두 갈래로 갈아져서 그 사이를 지나갔다가 다시 하나로 합쳐져서 땅속으로 가던 길을 계속 갈 것이기 때문이었다. 원시적이지만 매우 수완 있는 새로운 생명체처럼 말이다. 과학자들은 지하철 공사 엔지니어들이 각고의 노력으로 수행한 작업이 애석하게도 실패할 수밖에 없으며, 액체 콘크리트로 감압수조를 채우려는 시도 또한 중단되어야 한다는 것을 깨달았다.

이 실험실의 이론물리학자들은 더 이상 자신을 순수 물리학의 신비로운 상아탑에 은신해 있는 학자라고 생각하지 않았다.[70] 이제 그들은 체르노빌에서 아무것도 모르고 있는 사람들과 전 지구적인 재앙 사이에서 벽이 되어 줄 수 있는 유일한 사람들이었다. 컴퓨터 시뮬레이션 결과를 도트 프린터로 출력해 가방에 넣고서, 실험실장 뱌체슬라프 피스메니Vyacheslav Pismenny는 가장 빠른 비행기 일정을 잡고 YAK-40 고위층 전용기에 올라 키예프로 날아갔다.

5월 8일 목요일 아침, 감압수조에서 물을 빼기 시작한 지 몇 시간이 지나지 않았을 때, IAEA의 한스 블릭스와 모리스 로젠이 모스크바를 출발해 체르노빌로 향했다. 키예프 공항에 도착한 그들은 마중 나온 예브게니 벨리호프와 함께 헬기를 타고 북서쪽으로 이동했다.[71]

헬기 안은 매우 더워서 모두 초록색 작업복 안에서 땀을 흘렸다.[72] 발전소가 점점 더 가까워왔다. 로젠은 미국 원자력산업에서 잔뼈가 굵은 행정가였다. 그가 벨리호프에게 선량계의 범위를 어디로 설정해야 하냐고 물었다.

"100 정도면 될 겁니다." 벨리호프가 대답했다.

"100밀리뢴트겐이요?"

"아니오, 뢴트겐이요."

로젠은 당황했다. 그가 가진 선량계는 그렇게 높은 수준의 방사선량

을 잴 수 없었기 때문이다. 하지만 벨리호프는 자신이 가진 소비에트
제 선량계는 높은 수치까지 측정할 수 있고 자신이 매일 여기를 직접
비행한다며 괜찮다고 안심시켰다.

그가 미국인 동료에게 말하지 않은 것은, 발전소 주위의 방사능 상
황에 대해 그 역시 잘 파악하지 못하고 있다는 것이었다.[73] 특히 벨리
호프는 4호기에서 멀어질 때도 왜 방사능이 예상대로 낮아지지 않는
지, 왜 역제곱 법칙이 예측하는 것보다 천천히 떨어지는지 알 수가 없
었다. 나중에서야 그는 원자로에서 나온 방사능뿐 아니라 환풍 굴뚝
발치 주변에 흩어져 있는 수십 개의 연료 조각들에서 나오는 강력한
감마선에도 노출되어 있었기 때문이라는 것을 알게 되었다.

그래도 벨리호프는, 마침내, 약간이나마 희망적인 정보를 얻을 수
있었다. 원자로 지하에서 용융을 막기 위한 절박한 전투가 계속되는
동안, 원자로 위의 대기 중으로 방출되는 방사능 핵종이 갑자기 떨어
지기 시작한 것이다. 5일 전에 갑자기 오르기 시작했을 때만큼이나 갑
작스럽게, 그리고 알 수 없는 이유로.

4호기가 시야에 가까이 다가오면서 로젠과 블릭스는 폐허 위로 흰
연기가 피어오르는 것을 볼 수 있었다. 하지만 방사능 수치는 여전히
높긴 했어도 낮아지고 있었고, 흑연 화재도 거의 진압된 상태였다.[74]
원자로 표면 온도도 급격히 떨어져서 섭씨 2000도이던 데서 300도까지
낮아졌다.[75] 정확히 왜 그렇게 되었는지를 알 수 없어 과학자들도 어
리둥절해하고는 있었지만, 시작된 지 13일 뒤에 드디어 긴급한 상황은
지나간 것 같았다. 그렇더라도 로젠은 굳이 모험을 하고 싶지 않았다.
헬기가 원자로에서 800미터 정도 떨어져 있었을 때, 벨리호프가 더 가
까이 가 보겠느냐고 묻자 로젠이 대답했다.

"아니오. 여기에서도 아주 잘 보입니다."[76]

다음 날 모스크바에서 열린 기자회견에서 로젠은 흑연 화재가 진압되었으며 비행 도중에 자신이 측정한 수치도 "이제 상대적으로 낮은 편"이라고 밝혔다.[77] 그는 더 이상 용융의 위험은 없다고 확신한다며 "상황은 안정되고 있는 것으로 보인다"고 말했다. 또한 그는 "소비에트의 매우 유능한 전문가들이 현장에서 매우 잘 대처하고 있다"며 "그들은 매우 좋은 아이디어들을 가지고 있고 그 일을 지금 바로 이 순간에도 수행하고 있다"고 언급했다.

그 주 일요일인 5월 11일, 모스크바 중앙TV는 처음으로 반경 30킬로미터의 출입금지구역 안에서 보도를 했다.[78] 마스크를 착용한 경찰들이 도로를 통제하고 있는 장면, 버려진 집, 비닐로 덮은 우물 등의 영상도 방영되었다. 체르노빌 시 중심가의 정부위원회 본부에서 벨리호프와 차관 실라예프가 인터뷰를 했다. 그는 메아리가 울리는 회의실, 레닌 초상화 아래 놓인 탁자 앞에 앉아 있었다. 탁자에는 지도와 노트가 펼쳐져 있었고 흰 옷을 입은 기술자들이 그것을 보면서 이야기를 하고 있었다. 그들 틈에서 실라예프는 창백했지만 들떠 보였다.

"오늘 우리는 가장 중요한 위험은 제거되었다는 결론을 내렸습니다." 그는 원자로를 찍은 항공사진들을 뒤적여 오늘 찍은 것을 찾아냈다. "이것이 가장 최근 것입니다. 보시다시피 완전하게 안정화한 상태입니다. 연기가 나지 않고 섬광도 없습니다. 이것은 역사적인 쾌거입니다. 세계가 예상했던 위험, 특히 서구의 부르주아 신문들이 거대한 재앙이 임박했다며 소리 높여 이야기했던 위험은 더 이상 없습니다. 우리는 위험이 지나갔다고 굳게 확신합니다."

모스크바의 이론물리학자들은 용융된 코륨이 여전히 4호기의 깊숙한 내부에서 움직이고 있다고 보고 있었고 끔찍한 위험이 전혀 지나가지 않았다고 판단하고 있었다.[79] 하지만 그들이 발견한 결과들에 대해 엄청난 반발이 일었다. 쿠르차토프 연구소와 스레드마시의 원자력 전문가들은 이론물리학자들의 견해가 원자로에 대해 현장 경험이 없는 학계 불평꾼들의 견해라고 일축했다. 코륨이 4호기 지하 바닥과 건물 자체의 지하 기반까지 뚫고 내려가기 한참 전에 이미 용융이 멈추었다는 것이었다. 이론물리학자들은 이 시나리오가 실제로 가장 있을 법한 일이기는 하지만 장담할 수는 없다고 맞섰다. 그들은 핵 용암이 1.8미터 두께의 강화콘크리트 바닥 네 개 층을 모두 뚫고 내려가 유럽에서 네 번째로 긴 강의 지표수에 닿을 확률이 많게는 10분의 1까지도 될 수 있다고 보았다.

공식 보고서에서 이론물리학자들은 차이나신드롬을 확실하게 막을 수 있는 유일한 방법은 4호기 아래에 깊이 5미터, 가로세로 30미터의 공간을 파서 이 목적으로 특수 제작된 수水냉각 방식의 열교환기를 설치해 땅을 식힘으로써 용융된 코륨을 붙잡아 두는 것뿐이라고 조언했다.[80] 상상할 수 있는 가장 위험한 여건에서 어마어마하게 대담한 공사를 해야 한다는 의미였다. 현재 직면한 위험을 설명하기 위해 이론물리학자 팀의 팀장인 피스메니는 커다란 콘크리트 덩어리 하나를 가지고 모스크바의 스레드마시 본부에 도착했다. 이들이 용융 실험에서 사용한 것이었는데, 콘크리트 덩어리 안에 모양이 일그러진 이산화우라늄 펠렛이 보였다.

스레드마시의 건설 책임자에게 설득은 이것으로 충분했다. 그가 말했다. "진행하시오."[81]

13장

제6병원

"두 발짝 물러서세요! 두 발짝 물러서세요! 안 그러면 아무에게도 알려 드리지 않을 거예요. 두 발짝 물러서세요!"[1)

프리피야트 시 위원회 수석 경제학자 스베틀라나 키리첸코Svetlana Kirichenko가 걸상 위에 올라가서 작은 사무실을 가득 채우고 복도와 계단을 지나 건물 밖까지 몰려와 있는 사람들을 둘러보며 소리쳤다. 평소에는 상냥하고 잘 웃는 여성인 키리첸코는 이제 울퉁불퉁 팬 도로에 소박한 광장과 레닌 동상이 있는 폴레스코예Polesskoye라는 작은 도시에서 며칠째 사람들과 실랑이를 하고 있었다. 키리첸코를 비롯해 소개되지 않고 남아 있는 프리피야트 이스폴콤의 몇 안 되는 직원들은 체르노빌 발전소에서 서쪽으로 50킬로미터 정도 떨어진 폴레스코예 시청에 임시로 사무실을 차렸고, 쫓겨난 시민들의 분노와 혼란에 직면해 있었다. 사람들은 시장을 만나기를 요구하며 막무가내로 밀고 들어왔다. 그들은 키리첸코의 책상 위에 우는 아이를 앉히고는 편찮으신 할머니, 할아버지는 어떻게 해야 하는지, 언제 월급을 받을 수 있는지 등 온갖 질문을 쏟아냈다. 무엇보다, 그들은 언제 집으로 돌아갈 수 있을지가 너무나 알고 싶었다.

4월 27일 일요일 밤이면 우크라이나 북서부의 습윤한 평지 곳곳의 50여 개 마을과 소도시에 프리피야트의 안락한 현대식 아파트에 살다가 피난을 온 사람들 2만 1000명이 도착했다.[2] 사흘 정도만 대피해 있으면 된다고 들었기 때문에 이들은 음식과 돈과 깨끗한 옷이 금세 바닥났고, 깨끗하다고 생각했던 것들조차 그렇지 않다는 것을 곧 알게 되었다. 한 선량 계측사가 폴레스코예 마을 병원 밖 거리에 급히 책상 하나를 갖다 놓고 임시 측정소를 마련했고 그 앞에 피난민들이 줄을 섰다. 줄은 빠르게 움직였지만 전혀 짧아지는 것 같지 않았다. 선량 계측사는 옷, 머리카락, 신발에 차례로 선량계를 대면서, 피곤하고 단조로운 목소리로 느리게 말했다. "깨끗함…. 오염됨…. 오염됨…. 깨끗함…. 바람에 옷을 터세요…. 오염됨…. 오염됨…. 오염됨…."[3]

처음에는 피난민들을 수용하게 된 농민들이 이들을 친절하고 따뜻하게 대했고, 최대한 할 수 있는 것들을 했다. 빅토르 브류하노프의 아내이자 숙련된 엔지니어인 발렌티나는 로즈바체프Rozvazhev 마을 집단농장의 실험실장 집에 배정되었다. 거기에서 발렌티나는 소젖 짜는 법을 배웠다.[4] 하지만 발렌티나는 소개되는 도중에 임신한 딸과도, 그리고 자신의 어머니와도 뿔뿔이 헤어졌고, 남편이 어떻게 되었는지, 또 헤어진 가족들 모두 지금 어디에 있는지를 전혀 알지 못했다. 어떻게 알아내야 할지도 막막했다.[5]

30킬로미터 떨어진 우즈Uzh 강 근처의 시골 마을 루고비키Logoviki의 초가집들에는 1200명의 피난민이 묵게 되었고 나탈리아 유브첸코와 두 살 난 아들 키릴도 여기 있었다.[6] 이 마을에는 전화가 한 대도 없었다. 나탈리아가 마지막으로 남편 알렉산더를 본 것은 프리피야트 병원 창문을 통해서였다. 창문에서 손을 흔들며 나탈리아에게 집에 가서 창문을 닫으라고 말하던 모습을 본 이후로 나탈리아는 그가 어디로 갔는지, 몸은 괜찮은지 등의 소식을 전혀 듣지 못했다. 프리피야트에서 같은 아파트에 살던 두 가족과 함께 유브첸코와 키릴은 한 노인 부부의 작은 초가집에 묵게 되었다. 부부는 자기들이 쓰던 방을 손님들에게 내어 주었다. 유브첸코 등 어린 아이가 있는 피난민들이 그 방의 침상을 함께 사용했고 다른 사람들은 바닥에서 잤다. 월요일에는 집주인 노인이 아이들을 데리고 낚시를 갔다. 하지만 키릴은 아직 아팠고 집은 눅눅했다.

화요일이 되자 세 가족이 먹을 식량이 부족해졌고 유브첸코는 돈도 거의 다 떨어졌다. 유브첸코는 이전의 이웃을 설득했다. "세르게이, 여기에서 같이 나가요." 그리고 그들은 함께 키예프로 갈 버스비를 모았다. 키예프에 도착한 나탈리아는 키릴을 데리고 공항으로 가서 몰도바로 가는 비행기에 올랐다. 자신의 부모님과 알렉산더의 부모님 모두 아직도 몰도바에서 길 하나를 사이에 두고 살고 있었다. 몰도바에 도착한 나탈리아는 남편이 어떻게 되었는지 알아보기 위해 긴 여정을 다시 한 번 시작했다.

수요일에도 당국의 정보 은폐는 계속되었다.[7] 심지어 다른 원자력 발전소들에도 체르노빌 사고에 대한 상세 사항이 알려지지 않았다. 그래도 어찌어찌 새어 나오는 소식들이 있었다. 나탈리아는 친정과 시댁의 연줄을 총동원해 최대한 정보들을 모았다. 나탈리아는 군에 연줄이 있는 모스크바의 삼촌을 통해 부상이 가장 심한 사람들은 모스크바의 어느 특별 병원에 실려와 있다는 것을 알게 되었다. 소비에트의 원자력 관련 종사자들을 위한 무슨 의료 시스템의 제3국 소관이라고 했다. 나탈리아와 시어머니는 그날 아침에 모스크바로 날아갔다. 모스크바는 우크라이나에서 벌어진 일을 전혀 모르는 모습이었고 다음 날 있을 메이데이 행사 준비가 한창이었다.

모스크바에 비행기가 착륙하자마자부터 시어머니와 며느리는 알렉산더를 어디에서 찾을 수 있을지에 대해 의견이 엇갈렸다. 나탈리아가 가지고 있는 주소는 생물물리학 연구소 경내에 있는, 출입이 매우 제한된 어느 병원이었다. 하지만 알렉산더의 어머니는 카시르스코예 고속도로Kashirskoye Shosse에 있는 암 연구 센터에 알렉산더가 있을 거라며 자신의 정보가 정확하다고 주장했다. 두 주소지는 모스크바의 거의 끝에서 끝이었다. 나탈리아는 언쟁을 벌이고 싶지 않았고, 그래서 두 여성은 카시르스코예 고속도로의 암 연구 센터에 먼저 갔다. 이곳 직원이 알렉산더 유브첸코라는 이름의 환자가 없다고 말하자, 두 여성은 다시 택시를 불러 도시 반대편의 제6병원으로 향했다.

그들은 늦은 오후에 목적지에 도착했다. 나탈리아는 제대로 찾아왔음을 한눈에 알아차렸다. 제6병원 건물 자체(잔디밭과 주철 울타리로 둘러싸인, 갈색 벽돌로 된 검소한 9층짜리 건물이었다)는 특이할 것이 없었지만, 그 주변 광경은 그렇지 않았다. 입구는 엄격하게 통제되고 있었고, 선량 계측사들이 들어가고 나오는 모든 사람의 옷과 신발을 꼼꼼히 체크하고 있었다.[8]

정문의 선량 측정소 바로 밖에는 사람들이 와글와글 모여 있었다. 유브첸코는 그중 많은 사람을 알아볼 수 있었다. 프리피야트 사람들이었다. 모두가 나탈리아처럼 뭐가 뭔지 몰라 당황하고 두려워하고 있었고, 누구도 병원 안으로 들어가는 것은 허용되지 않고 있었다. 사람들을 안으로 들여보내 주는 대신 의사 한 명이 나와서 체르노빌에서 온 환자들의 이름과 그들의 현재 상태를 소리 내어 읽어 주기 시작했다. 불안에 휩싸인 사람들이 저마다 큰소리로 질문을 하고 서로 밀치고 하면서 소란이 일었다. 의사의 말을 잘 못 듣고 놓친 사람들도 많아서 의사는 계속 반복해서 말해야 했다. 그런데 아무리 귀를 기울여도 알렉산더에 대해서는 아무 언급이 없었다. 나탈리아는 사람들을 헤치고 앞으로 나가서 의사에게 물었다. "알렉산더 유브첸코는요?" 의사가 목록을 보더니 말했다. "방금 말씀하신 분, 따라 들어오세요."

제일 처음 이송된 환자들은 4월 27일 일요일 새벽이 막 지나서 헬기로 모스크바에 도착했다.[9] 브누코보 공항에 PVC 앞치마와 보호 장구를 입은 의료진이 그들을 데리러 나와 있었다.[10] 그들을 태울 버스의 좌석은 폴리에틸렌으로 씌워져 있었다. 제6병원(600병상 규모의 이 병원은 중기계건설부의 원자력 노동자들을 치료하는 곳이었고 두 개 층이 방사능 치료에 쓰이고 있었다)[11]은 담당 부서를 통째로 비워 놓고 이들을 기다리고 있었다. 폭발 당시에 입었던 옷을 아직 그대로 입고 있는 사람들도 있었고, 많은 이들이 방사능 먼지에 뒤덮여 있었다.[12] 그들이 병원 안으로 옮겨지고 난 뒤, 그들을 이송하는 데 쓰였던 교통수단들은 제염이 불가능할 정도로 오염이 되어 있어서 헬기는 해체되었고 버스 한 대는 쿠르차토프 연구소로 보내져 분해된 후 매립되었다.[13]

일요일 저녁까지 총 207명의 환자가 도착했다.[14] 대부분은 발전소 직원과 소방대원들이었지만 불타는 원자로 옆에서 자신의 위치를 지키고 있었던 경비원도 있었고 낙진 아래에서 버스를 기다리고 있던 건설 노동자도 있었으며 배출관 옆에서 낚시를 하던 사람도 있었다. 115명은 처음에 급성방사선증후군으로 진단되었다. 열 명은 피폭이 너무 심해서 의사들은 곧바로 그들의 생존이 불가능하다고 판단했다.[15]

제6병원 임상부를 이끄는 예순두 살의 의사 안젤리나 구스코바 Angelina Guskova는 소비에트의 핵무기 프로그램이 막 시작되었던 30년 전에 핵 관련 질병을 전문적으로 치료하는 의사로서의 경력을 시작했다.[16] 1949년에 신경학 전문의가 된 구스코바는 우랄 남부의 비밀 도시 첼랴빈스크-40에 배치되어 마야크 협동조합의 플루토늄 공장에서 일하는 군인과 죄수들을 치료했다. 소비에트에서 가장 민감하고 비밀스러운 지역인지라, 이곳에서 일하는 사람들은, 심지어 구스코바 같은 전문직 종사자도, 자신이 어디로 가고 있는지 알지 못한 채로 도착했고, 도착하고 나면 외부 세계로 나가거나 외부와 통신하는 것이 금지되었다. 구스코바가 2년이 지나도 돌아오지 않자 어머니는 딸이 체포되어 KGB의 지하 시설에 구금되었다고 생각했다. 하지만 어머니가 비밀경찰에 딸을 풀어 달라고 청원하는 편지를 쓰는 동안[17] 젊은 여의사 구스코바는 생물리학의 개척지에서 새로운 경력을 시작하고 있었다.

마야크에서 구스코바는 급성방사선증후군 환자들을 처음 보았다.[18] 굴락 죄수 13명이 어지럼증을 호소하고 구토를 하면서 병원에 왔는데, 처음에는 구스코바가 그들의 증상을 제대로 파악하지 못해서 식중독 치료를 한 뒤 일터로 돌려보냈다. 하지만 그들은 고열, 장출혈 등의 증세를 보이며 다시 병원에 왔고, 그때 구스코바는 그들이 제25방사화학 공장에서 참호를 파다가 끔찍한 양의 피폭을 당했다는 것을 알게 되었다. 그곳은 핵종으로 심각하게 오염되어 있었고 그때쯤이면 한 명 이상의 죄수가 치사량이라고 알려진 600렘 이상의 방사선을 흡수한 상태였다.

얼마 후에는 그 공장 안에서 일하던 여성 노동자들이 또 다른 알 수 없는 질병에 시달리기 시작했다.[19] 그들은 기운이 없고 어지럽다고 했으며 그중 한 명은 두통이 너무 심해서 "벽을 박박 기어오르고 싶다"고 말했다. 구스코바는 이 신종 질병의 증상들을 기록한 역사상 최초의 의사라고 볼 수 있을 것이다. 이 신종 질병은 저강도로 장기간 피

폭되었을 때 걸리는 만성방사선증후군CRS이었다. 구스코바는 진단법
과 치료법을 고안했고, 잘 치료하고 관리한다면 노동자들의 방사능 노
출은 큰 피해를 일으키지 않을 수 있다고 암시하는 (혹은 그렇게 암시한
다고 스레드마시 상관들이 여긴) 논문들을 발표해 빠르게 승진했다. 구스
코바는 비밀 핵 실험장인 세미팔란틴스크(카자흐스탄의 광대한 대평원
에 있었고 "폴리곤Polygon"이라고도 불렸다)에서 소비에트 최초의 원폭 투
하 실험을 보았고, 폭발 이후 필름을 구하려고 뛰어든 카메라맨을 치
료했다. 이어서 구스코바는 "원폭의 아버지" 이고르 쿠르차토프의 주
치의가 되었고 1957년 9월에는 마야크에서 소비에트 최초의 재앙적인
핵 사고(방사성 폐액을 저장하는 14번 탱크가 폭발했다) 피해자들에게 응
급 치료를 실시했다. 그리고 그해에 서른세 살의 구스코바는 모스크바
생물리학 연구소에 새로 세워진 방사능 치료 전문 병원의 책임자로 임
명되었다.[20]

신생 부서인 중기계건설부의 핵 제국은 이후 30년 동안 엄청난 속도
로 팽창했고, 안전에 대해서는 신경을 거의 쓰지 않은 채 "아마겟돈"으
로 가는 길을 성큼성큼 걸었다. 이 진보의 비용은 불운한 원자로 기술
자들과 핵 잠수함 병사들이 치러야 했다. 그들은 하나씩하나씩 쓰러져
비밀리에 매장되거나 구스코바가 지휘하는 모스크바 제6병원의 의료
팀으로 보내졌다. 사고들은 계속 기밀이었고, 살아남은 환자들은 평생
그들을 따라다니게 될 병을 왜 얻었는지에 대한 진짜 이유를 나중에도
발설할 수 없었다.[21] 하지만 구스코바와 동료들은 방사선 피폭이 인체
에 미치는 영향에 대해 아주 많은 사례를 관찰할 수 있었다. 엄청난 속
도로 핵 산업을 몰아붙이는 것이 수반하는 내재적인 위험성을 스레드
마시가 인정하지 않으려 하는 것에 경악한 구스코바는 1970년에 민간
용도의 핵발전소에서 심각한 사고가 날 경우 발생할 수 있는 피해들의

사례를 담은 책을 완성했다.[22] 하지만 소비에트의 보건부 차관에게 제출했더니 그는 격노해서 원고를 사무실 저쪽으로 던져 버렸고 출판을 금지했다. 다음 해에 구스코바는 수년간의 치료를 통해 알게 된 임상적 사실들을 정리해서 『인간에게 드러나는 방사선 질환Radiation Sickness in Man』이라는 책에 담았고 레닌상을 받았다.[23]

1986년이면 구스코바는 소비에트 최대 규모의 방사선 질환 전문 병원을 십 년째 이끌고 있었다.[24] 1000명 이상의 중증 방사선증후군 환자들을 치료한 구스코바는 세계의 어떤 물리학자보다도 핵 사고에 대해 잘 알고 있었을 것이다. 신실한 공산주의자이자 소비에트 의료 당국의 몇 안 되는 여성 고위 인사로서, 구스코바는 강철 같은 태도를 가지고 있었고 직원들이 두려워하는 상사였지만 소비에트의 안보와 사람들의 건강을 지키기 위해 자신이 한 일을 자랑스러워했다.[25] 구스코바는 병원 부지에 있는 아파트에서 혼자 살았고 핵 위기가 터지면 언제라도 연락을 받을 수 있도록 침대 옆에 전화기를 두었다.

나탈리아 유브첸코가 선량 측정 초소를 통과하고 다섯 칸의 계단을 올라가 제6병원 경내로 들어가는 데는 몇 분밖에 걸리지 않았다.[26] 하지만 숨이 멎을 것 같은 공포 속에서 이것은 영원과도 같은 시간이었다. **끝인 모양이야.** 나탈리아는 남편이 사망한 것이라고 생각했다.

병원의 커다란 목재 문이 뒤에서 닫히고 나서야 유브첸코는 수많은 사람 중에서 자신만 들어올 수 있었던 것은 남편이 사망해서가 아니라 특권층이던 자신의 집안 덕분이었다는 것을 알게 되었다. 나탈리아의 삼촌이 중기계건설부에 아는 사람을 통해 나탈리아가 병원에 들어갈 수 있게 특별 허가증을 마련해 준 것이었다. 그는 나탈리아가 도착하는 게 왜 이렇게 오래 걸리는지 궁금해하면서 그날 아침 일찍부터 병원에서 몇 시간을 기다렸다.

유브첸코는 승객 두 명과 운전원이 타면 꽉 차는 좁은 엘리베이터에 올라탔다. 병원은 낡고 어두침침했다. 바닥은 마루였고 천정은 높았으며 벽 여기저기에서 느슨하게 전선들이 빠져나와 있었다.[27] 군인부터 복도를 청소하는 사람까지, 의사부터 기술자까지, 병원에서 일하는 모든 사람이 희거나 푸른색의 가운을 입고 있었고 모자와 마스크로 코와 입을 가리고 있었다. 각 병실의 문턱에는 방사성 먼지를 막기 위해 젖은 헝겊이 놓여 있었다. 8층에서 덜컹 하고 엘리베이터가 서자 나탈리아는 문을 열고 왼쪽의 801호로 갔다.[28] 나탈리아가 알지 못하는 프라비크라는 이름의 소방관과 함께 알렉산더가 그곳에 있었다. 숱 많고 덥수룩하던 머리칼이 머리가죽이 다 보이도록 바짝 깎여 있었다.

"아이고, 이런! 내 몰골 웃기지? 내 민머리 좀 봐!"

남편을 마지막으로 본 이후로 내내 자신을 괴롭히던 두려움과 불확실성이 끝나서 나탈리아는 그저 기쁠 뿐이었다. 발전소에서 그에게 무슨 일이 일어났든 간에, 여기 있는 사샤는 나탈리아가 늘 알던 사샤였다. 그는 특별 병원에 입원해야 할 만큼 아픈 사람으로는 보이지 않았다.

월요일 아침에 병실 침대에서 일어났을 무렵이면 유브첸코 등 발전소 엔지니어들(부수석 엔지니어 댜틀로프, 야간조 근무조장 알렉산더 아키모프, 젊은 선임 원자로 제어 엔지니어 레오니드 톱투노프 등)은 급성방사선증후군의 즉각적인 증상을 더 이상 겪지 않고 있었다.[29] 토요일 아침에만 해도 그들을 몹시 괴롭혔던 어지럼증과 구토는 이제 잦아들었다. 소방관들(그날 일을 하러 간 사람들은 건강하고 힘이 넘치는 젊은이들이었다)은 다시 한 번 쾌활하게 침대에 앉아서 카드 게임을 했다. 어떤 이들은 상태가 너무 호전되어서 의사가 하는 주된 일이 치료가 아니라 그들이 병원 밖으로 몰래 빠져나가지 않게 지키는 일이 되었을 정도였다.[30] 남아 있는 증상은 가벼운 증상들로 보였다. 어떤 이들은 두통을 느꼈고 식욕을 잃었고 아무리 물을 마셔도 입이 말랐다. 어떤 이들은 감마선에 노출된 곳, 혹은 방사능 오염수가 튀었거나 오염수에 젖은 옷이 닿았던 곳의 피부가 붉게 변하고 가볍게 부어올랐다.[31]

병원에 도착하자마자 간호사가 알렉산더 유브첸코의 머리를 밀었다.[32] 마야크 재난 이후에 만들어진 절차로, 강한 방사선에 피폭된 사람들이 몇 주 후에 머리카락이 한 움큼씩 빠질 때 받을 충격을 미연에 방지하려는 것이었다. 그리고 체르노빌 엔지니어 몇몇의 머리카락에서는 정상보다 1000배나 높은 수치의 방사성물질이 검출되고 있었다.[33] 자른 머리카락은 비닐에 담아 매장했다. 어쨌든, 나탈리아가 보기에 사샤는 민머리에 대해 농담도 하면서 충분히 괜찮아 보였다. 안 좋을 일이 무엇이겠는가?

그는 나탈리아에게 병실에서 이야기하고 싶지 않다고 했다. "담배 피우러 갈 건데 같이 가."[34]

"인간에 의해 의도치 않게 창조된 질병"이라는 사실에 몹시 걸맞게도, 급성방사선증후군은 현대 의학을 극한까지 시험하는 잔인하고, 복잡하며, 알려진 것이 거의 없는 질병이다.[35] 아무런 느낌도 없이 불과 몇 초만 피폭을 당해도 급성방사선증후군이 발병할 수 있다. 하지만 피폭될 때 느낌은 없더라도 그것의 파괴적인 효과는 즉시 시작된다. 고준위 감마선과 알파, 베타 입자가 DNA 가닥을 손상시키고, 피폭된 세포가 죽기 시작한다. 어지럼증과 구토가 시작된다. 얼마나 빨리 오고 얼마나 심하게 오는지는 피폭 양에 따라 다르다. 그리고 피부가 붉게 변하기 시작한다. 하지만 곧이어 어지럼증이 지나가고 18시간 안에 피부의 변색 정도도 흐릿해지면서 환자들은 편안한 잠복기에 들어간다. 피폭의 심각성에 따라 정도는 다르지만, 호전된 것처럼 보이는 이 기만적인 시기는 며칠, 심지어는 몇 주나 이어지기도 한다. 하지만 잠복기가 지나면 심각한 증상들이 나타난다. 피폭 양이 적을수록 잠복기도 길고 회복 가능성도 크다. 단, 정확하게 치료를 받았을 경우에 말이다.

하지만 여기에 문제가 있었다. 정확한 진단을 하기에는 체르노빌 환자들이 피폭된 방식이 너무나 복잡하고 다양했다. 3호기 지붕에 올라갔던 소방관들은 알파 입자와 베타 입자를 가진 연기를 흡입했고, 낙진에 뒤덮였으며, 연료 펠렛과 노심에서 튕겨져 나온 파편 조각들이 뿜는 감마선에도 피폭되었다. 피폭 양은 각자 어디에 서 있었는지에 따라 달랐다. 몇 미터만 차이가 나도 사느냐 죽느냐를 가를 수 있었다.[36] 4호기를 어떻게든 지키려 고전하던 운전원들은 폭발에서 나온 먼지와 증기, 그리고 깨진 파이프에서 나오는 증기에 뒤덮여 피폭되었다. 또 베타 입자를 방출하는 물에도 흠뻑 잠겼고, 노심에서 나온 파편들이 여기저기 떨어져 있는 폐허 사이로 길을 찾는 동안에도 피폭되었다. 이들 중 일부는 제논, 크립톤, 아르곤 등을 흡입했다. 이것들은 반감기는 짧지만 매우 강력한 방사성을 가진 기체로, 흡입하게 되면 입과 기도의 부드러운 세포 조직을 부식시킨다. 또 어떤 이들은 광범위한 피부 화상을 겪었다. 피부에 내려앉았거나 젖은 옷에 흡수되었던 감마선과 베타 입자 때문이었다. 어떤 이들은 몇 분 동안 노출되었고, 어떤 이들은 훨씬 더 오랫동안 노출되었다. 알렉산더 아키모프는 (톱투노프와 함께) 발목까지 차는 방사능 오염수 속에서 노심에 냉각수를 대려 고전하다가(원자로가 이미 망가진 사태였기 때문에 그들의 노력은 헛된 것이었지만 말이다) 그날 내내 입고 있었던 더러운 작업복을 그대로 입은 채 헬기에 실려 모스크바에 도착했다. 그래서 그들은 모스크바의 병원에 도착해서 환자 분류를 하는 간호사들이 그들의 몸에서 작업복을 제거할 때까지 24시간 내내 오염된 작업복에 피부가 피폭되었다.

그래도 그들이 모스크바에 도착했을 무렵에는(사고가 난 지 하루가 꼬박 지난 시점이었다) 207명 중 가장 심하게 피폭된 사람들만 가시적인 증상을 보이고 있었다.

대여섯 명의 소방대원들(체르노빌 발전소 소방대에서 프라비크의 지휘를 받던 사람들과 그를 지원하던 프리피야트 시 소방대원들)은 소방복이 감마선을 차폐하는 기능을 하지 못했기 때문에 단시간에 엄청난 고강도의 피폭을 당한 상황이어서, 병원에 왔을 때는 안색이 이미 붉은 색에서 회색으로 변했고 피부가 괴사하고 있었다. 겉으로 보이지는 않았어도 내부의 손상 또한 만만치 않았다. 폐, 호흡기, 창자, 골수 등 세포가 빠르게 증식하는 곳들에서 신체 기관들이 손상을 입고 있었다. 하지만 손상된 기관에 대한 치료법은 수혈, (감염을 치료하기 위한) 항생제 투여 정도가 있을 뿐이었고, 최악의 경우에는 골수 이식을 할 수 있었지만 골수 이식은 수술 자체의 합병증과 부작용도 치명적일 수 있어서 매우 위험했다.

외부로 증상이 나타나기 시작하면(부어오름, 피부 화상, 물집, 혈변, 과다 출혈, 골수 상시, 호흡기와 소화기 괴사 등) 개입하기에는 너무 늦었다는 의미였다. 하지만 구스코바와 의료진들은 환자 각각이 어떤 상황에서 어떻게 피폭을 당했는지를 상세히 알기가 어려웠기 때문에 정확한 피폭 양과 그에 따른 적절한 치료법을 분명하게 파악할 수 없었다. 핵사고에서의 환자 분류는 사고 당시의 상황이 아주 상세하게 알려져 있고 피폭 정도가 크지 않은 경우에도 거의 추측과 추산의 작업이라고 해도 과언이 아닌데, 하물며 4호기 폭발 같은 대재앙에서는 어떤 피해

자도 자신이 얼마나 피폭되었고 어떻게 피폭되었는지를 자세히 알 수 없었다.[37] 발전소의 선량 모니터링 전문가조차도 당시 상황을 정확히 기억하기에는 재앙이 너무나 압도적이었다. 게다가 소방관들은 측정 장비를 전혀 지급받지 못한 상태로 출동했고, 발전소 운전원들도 겨우 2렘까지 측정할 수 있는 일상 업무용 선량계만 가지고 있었다. 그나마 입원한 직원들의 작업복에서 회수한 선량계를 조심스럽게 싸서 모스크바로 보냈지만, 제염 작업 도중에 파손되어서 그것에 기록된 정보도 활용할 수가 없었다.

그래도 구스코바는 방사선 질환을 다뤄 온 수십 년의 경험을 통해 "생물학적 선량 측정"이라는 방법을 개척했다.[38] 첫 구토까지 걸린 시간, 백혈구 수 측정 등 기본적인 검사와 문진을 통해 피폭 양을 추산해 내는 것이었다. 면역계의 토대인 백혈구(골수에서 생성된다)의 손상은 급성방사선증후군의 가장 명백한 신체적 징후였다. 환자의 백혈구 수와 그것이 줄어들고 있는 속도를 세면 피폭 양을 추산할 수 있었다. 하지만 이것은 매우 손이 많이 가는 일이었다. 서구에서 사용되는 자동 백혈구 계수기가 없어서 현미경으로 보면서 직접 세야 했고, 그래서 20초면 될 일이 30분이 걸렸다.[39]

백혈구 검사는 피폭 양을 추산하는 데 필요한 수많은 검사 중 하나였다. 환자들은 손가락이나 팔에서 혈액을 채취하는 것에 익숙해졌다. 의사들은 피부를 오염시키고 있는 스트론튬이나 세슘 같은 물질도 측정했고 소변 검사로 소듐24도 측정했다. 소듐24는 핵분열에 노출되었음을 보여 주는 흔적이었고 인체 자체가 방사성을 띠게 만들 수 있었다. 하지만 생존할 사람과 생존 가망이 없는 사람을 가르는 핵심 척도를 제공하는 것은 혈액 검사였다.

나탈리아 유브첸코가 의사에게 알렉산더의 상태에 대해 물어보았을 때 의사들은 기다리라고만 말했다. "3주가 지나기 전에 아시게 될 겁니다. 최악에 대해서도 마음의 준비를 하세요."[40]

5월 1일까지 구스코바 및 의료진은 상대적으로 피폭 정도가 덜한 환자들을 분류해냈고 교차 감염을 막기 위해 중증인 환자들을 별도의 중환자실로 보냈다. 표트르 흐멜에게 검사 결과를 알려 주러 온 의사는 피부가 빨갛게 변하기 시작했는데도 이 젊은 소방관의 피폭 정도를 암시하는 수치들이 상대적으로 낮은 것을 보고 의아한 생각이 들었다. 그는 흐멜에게 최근에 햇볕이 쪼이는 곳에서 휴가를 보낸 적이 있냐고 질문했다. 불타는 원자로의 감마선 피폭보다 여행이나 휴가가 환자의 그을린 피부를 더 잘 설명해 준다고 생각한 듯했다. 흐멜의 백혈구가 이렇게 건강한 수치를 보일 수 있는 이유로 의사가 생각할 수 있는 가능성은 두 가지뿐이었다.

"당신이 거기에 있지 않았거나 아니면 술을 마시고 있었거나, 둘 중 하나 같은데요. 말해 주세요."

흐멜은 자신이 근무 중에 술을 마셨다고 병원에서 보고하면 어떻게 될지 걱정하면서, 그날 술에 취해 있었다고 멋쩍게 털어놓았다. 그날은 보드카가 아주 많았다. "장교의 날이었거든요."

의사는 미소를 짓고 그의 어깨를 두드렸다. "잘하셨어요. 이제 우리는 당신을 더 잘 치료할 수 있겠습니다."[41]

이제는 프리피야트와 키예프뿐 아니라 소비에트연방의 다른 곳에서도 피해자의 가족들이 제6병원에 찾아왔다.[42] 프라비크의 엄마는 가장 일찍 온 환자 가족에 속했고 아들 곁을 떠나지 않았다. 의사들은 환자 가족들에게 사랑하는 남편과 아들의 기운을 북돋워 줄 음식을 가져와 달라고 했고 닭죽이나 거위 죽을 추천했다. 병상에서 프라비크는 아내와 생후 3개월 된 딸에게 기운을 북돋워 주는 편지를 썼다.[43] 그리고 자신이 집에 함께 있지 못해서, 또 손 글씨가 엉망이라서 미안하다고 적었다.

"사랑하는 가족들! 휴일 집안일 담당과 농땡이꾼이 여기에서 인사 보내! 내가 우리 아기 나타샤 돌보는 일을 땡땡이치게 되어 버렸네? 여기는 괜찮아. 우리는 좀 관찰할 필요가 있다고 해서 병원에 입원하게 됐어. 당신도 알잖아. 거기 있던 사람들이 다 여기 있어. 그래서 내 친구들이 여기에도 그대로 다 있어. 우리는 산책도 하고 저녁이면 모스크바 야경을 감상해. 창문으로만 봐야 한다는 것이 좀 유감이지만. 아마 한 달이나 두 달쯤 걸릴 거야. 안타깝지만 그게 규칙이래. 그들이 검사를 다 마칠 때까지는 퇴원할 수 없을 것 같아."
"나디야, 이거 읽고 울고 있을 거 같은데, 그러지 마. 눈물 닦아. 모든 것이 괜찮대. 우리는 백 살까지 살 거야. 우리 예쁜 딸은 우리보다 세 배는 더 살 거고. 둘 다 너무 보고 싶다. 엄마가 와 계셔. 부리나케 달려오셨지 뭐야. 엄마가 당신한테 전화해서 내가 어떤 상태인지 더 자세히 알려 주실 거야. 물론 내 상태는 괜찮아."

선임 원자로 제어 엔지니어 레오니드 톱투노프의 부모는 탈린 외곽에 있는 다차에서 시간을 보내고 있다가 아들이 일하는 발전소에서 사고가 났다는 소식을 듣고 서둘러 집으로 돌아왔다. 그리고 화요일에 아들이 보낸 전보를 받았다.[44] "엄마, 저는 모스크바에 있는 병원에 있어요. 저는 괜찮아요." 레오니드는 이렇게 쓰고 자신이 있는 곳 주소를 덧붙였다. 베라 톱투노바와 남편은 에스토니아를 출발하는 가장 빠른 비행기를 탔다. 다음날 제6병원에 도착한 그들은 위층으로 안내를 받았다.[45] 좁은 복도를 따라 내려가니 레오니드가 그들을 맞으러 병실에서 나와 있었다. 흰색 환자복과 세트로 된 모자를 쓴 차림이었고, 상태는 괜찮아 보였다. 그는 혼자 걸을 수도 있었고 자신이 괜찮다고 말했다. "다 괜찮아요. 놀라지 마세요, 엄마." 그는 웃으며 말했다. "다 괜찮아요."[46]

하지만 아래쪽을 본 엄마는 전혀 괜찮지 않다는 것을 알 수 있었다. 환자복 바지가 끝나는 지점쯤에 무언가 끔찍한 것이 그의 피부에서 진행되기 시작했다는 것이 명백히 드러나 있었다. 다리와 발의 피부가 두들겨 맞기라고 한 듯이, 아니면 부식성 있는 무언가에 잠기기라도 한 듯이, 멍든 눈두덩이처럼 흉하게 짙은 자두색이 되어 있었다.

의사인 로버트 게일Robert Gale은 규칙적인 생활을 하는 사람이었다.[47] 매일 아침 일찍 일어나서 아내와 세 아이가 자는 동안 면도를 하고 산타 모니카 산기슭 벨 에어에 있는 집의 풀장에서 수영을 했다. 그리고 뉴욕과 유럽의 친구들에게 전화를 돌렸다. 시차 때문에 그곳은 이미 근무가 시작되었을 시간이었다. 4월 29일에 그는 화장실에서 라디오로 사고 소식을 처음 들었다. 하지만 자신이 그들에게 도움이 될지 모른다는 생각이 든 것은 그날 아침에 시간이 조금 더 지나서 체르노빌 사고의 피해자에 대해 알게 되었을 때였다.

마흔 살인 게일은 UCLA 의료센터의 혈액 전문의였고 특히 골수 이식 수술이 전문이었다. 멜로스 거리에서 맞춘 나막신과 고래 무늬, 양 무늬가 있는 폭이 넓은 넥타이를 좋아하는 그는 매일 점심으로 프로즌 요거트를 먹었고, 열렬한 조깅 애호가였으며, 괴짜라는 평판을 즐기는 셀프 홍보의 대가이기도 했다. 또한 그는 골수 이식 수술에 대한 자료를 공유하는 국제 연구 공유 단체의 회장이기도 했다. 그는 이 자료들이 급성방사선증후군 환자들의 목숨을 구하는 데 유용하게 쓰일 수 있으리라고 믿었다. 게일은 미국이 공식적으로 제안한 의료 지원을 소비에트 정부가 거절했다는 것을 알고 있었다.[48] 그래서 다른 방법으로 접근해 보기로 했다. 그의 지인이자 후원자인 아만드 해머Armand Hammer를 통하기로 한 것이었다. 9시 30분경에 그는 전화기를 들었다.

미국 석유회사 옥시덴탈의 회장인 아만드 해머는 널리 알려진 자선사업가이자 예술품 수집가였다. 뉴욕의 확고한 공산주의자 집안에서 태어난 그는 1921년에 소비에트를 처음 방문했고 표면상으로는 아버지 제약회사의 소비에트 쪽 사업을 관리하기 위해 의대를 그만두었다. 그리고 모스크바에서 레닌을 만났고 레닌은 사업상의 엄청난 이득이 될 무역 양해각서를 그에게 제공했다. 또한 해머는 소비에트 지도자들과 직통으로 연결되는 라인도 가질 수 있었다. 그는 이 라인을 7년이나 유지했다. 훗날 그가 역사상 최대의 사기꾼이었다는 것이 밝혀지지만(그는 소비에트 비밀경찰의 끄나풀이었고 사기꾼이었으며 미국의 반역자였다),[49] 이때까지만 해도 87세의 해머는 여전히 전 세계를 누비며 활동하는 인도주의적 자선가로서 명성을 가지고 있었다. 언론인인 월터 크론카이트Walter Cronkite는 그를 일컬어 "공산주의와 자본주의를 연결시키는 거의 유일한 사람"이라고 평하기도 했다.[50]

게일은 1978년에 모스크바 국립대학Moscow State University에서 열린 의료 콘퍼런스에 참석하러 갔다가 해머를 처음 만났고 암 치료제 개발을 위해 해머가 추진하던 캠페인 덕분에 그와 더 가까워졌다. 게일은 체르노빌 사고의 피해자들에게 도움을 줄 수 있는 통로로 그보다 적임자를 생각해 낼 수 없었다.

게일은 워싱턴DC의 한 호텔에서 해머를 만나서 방사선 피폭으로 고통을 겪는 환자들에게 골수 이식 수술이 매우 유용할 수 있다는 점을 설명했다. 그날로 해머는 고르바초프에게 도움을 제공하겠다는 메시지를 작성했고, 이 메시지는 텔렉스로 크렘린에 전해졌다. 그리고 목요일 오후, 게일은 LA 국제공항에서 비행기 티켓을 들고 사진 기자들의 사진 세례를 받으며 모스크바로 향하고 있었다.[51]

제6병원에 입원한 발전소 엔지니어들은 모여서 담배를 피우고 이야기를 나누면서 그들 모두에게서 내내 떠나지 않고 있는 풀리지 않는 의문에 대해 이야기를 나눴다.[52] 이 사고의 원인은 대체 무엇이었는가? KGB 요원들과 검찰청 수사관들이 병실마다 다니면서 조사를 했고 소방관들과 엔지니어들도 떠올려 볼 수 있는 모든 가능성을 생각해 보았다. 하지만 대체 어떻게 폭발이 일어날 수 있었는지를 설명할 수 있는 사람은 아무도 없었다. 원자력공학과 물리학을 전공한 사람들(부수석 엔지니어 댜틀로프, 알렉산더 아키모프, 레오니드 톱투노프, 사샤 유브첸코 등)도 여전히 그것이 이해되지 않아 어리둥절한 상태였다.[53]

"동지들, 어떤 가능성이라도 생각해 보자고." 댜틀로프가 그날 그의 명령을 따랐던 젊은 엔지니어들에게 말했다. "겁내지 말고, 아주 작은 가능성이라도 말해 봐."

몸 상태가 더 악화되었을 때도 그들은 누구 탓인지를 이야기하지는 않았다. 아들의 침대 맡에서 레오니드 톱투노프의 부모는 (톱투노프는 폭발의 기폭제가 된 AZ-5 버튼을 누른 사람이다) 처음에는 이것이 대화의 화제가 될까 봐 걱정했지만, 곧 베라는 직접적으로 그것을 아들에게 물어볼 정도로 대담해졌다.[54]

"리오네치카." 엄마인 베라 톱투노바가 물었다. "무슨 일이 일어났던 거니? 어떻게 되었던 거니?"

"엄마, 나는 모든 것을 제대로 했어요. 모든 것을 규정대로 했어요."

그때 의사가 와서 엄마에게 아들이 안정을 취해야 한다고 손짓했고 그들은 사고에 대해 다시 이야기하지 않았다.

5월 1일 목요일 아침, 루드밀라 이그나텐코Ludimilla Ignatenko는 안겔리나 구스코바의 6층 진료실로 불려 갔다.[55] 의사 구스코바는 루드밀라에게 남편이 골수 이식 수술을 해야 할 것 같다고 말했다. 프리피야트 소방대 하사이자 뛰어난 운동선수였던 바실리 이그나텐코는 사고가 난 날 프라비크 중위와 함께 3호기 옥상에서 진화 작업을 했다. 구스코바는 직계 가족 중 골수 기증자가 필요해서 가까운 가족과 친지들이 기증 적합 여부에 대한 검사를 받기 위해 모스크바로 오고 있다고 설명했다.

사고가 난 지 6일이 지났고, 가장 심하게 피폭된 사람들에게서는 급성방사선증후군의 잠복기가 끝나 가고 있었다. 바실리는 링거로 계속해서 약물을 맞아야 했다. 그날 밤 바실리는 간호사에게 가져와 달라고 부탁한 꽃다발로 루드밀라를 놀라게 했다. 둘은 8층에 있는 그의 병실에서 함께 메이데이 불꽃놀이를 보았다. 아직까지는 바실리가 서 있을 수 있어서 아내의 어깨에 팔을 두르고 함께 창밖을 보았다. 하지만 그의 상태는 이미 너무 많이 악화되어서 루드밀라가 가져오는 죽을 더이상 삼킬 수가 없었다. 의사가 날계란을 먹어 보라고 했지만 그것도 삼키지 못했다.

가장 심하게 피폭된 환자들의 경우에는 골수 기증자를 찾는 것도 점점 더 어려워지고 있었다.[56] 백혈구가 너무 빠르게 없어지고 있어서 조직 유형 분석을 하기에 충분하지 않았던 것이다. 기증 적합자라고 판정된 가족도 고통스러운 과정을 겪어야 했다.[57] 가장 먼저 골수를 기증한 축에 속하는 베라 톱투노바는 그때 쉰 살이었다. 전신 마취를 하고서 의사들은 엉덩이를 두 군데 절개해 6인치[약 15센티미터]짜리 바늘을 골반 뼈에 찔러 넣어 골수를 한 번에 찻숟가락 하나 분량씩 채취했다. 90분 동안 그렇게 200번을 채취하고 나서야 비커 하나 정도의 분량을 채취할 수 있었다. 의사들은 지방과 뼈를 걸러낸 골수를 원심분리기에 넣었다가 링거를 통해 환자의 정맥에 투입했다. 그 다음에 연골 세포가 환자의 뼛속 구멍을 찾아 들어가 건강한 새 혈액 세포를 생성할 때까지 기다려야 했다.

바실리는 여동생 나탈리아가 기증자로 가장 적합한 후보라는 말을 듣고서 격렬히 반대했다.[58] "나타샤의 골수는 절대로 받지 않을 겁니다! 그 애의 골수를 받느니 차라리 죽겠어요." 골수를 기증해도 장기적인 피해는 없다고 아내가 설득했지만 소용없었다. 결국 누나인 류다가 대신 기증하기로 했다.

첫 주가 끝났을 무렵이면 제6병원에서 혈액학과를 이끄는 알렉산더 바라노프Alexander Baranov의 지휘 하에 톱투노프와 아키모프 등 가장 심하게 피폭된 환자 세 명의 골수 이식 수술이 진행되었다.[59] 또 다른 세 명은 너무 많이 피폭되어서 매칭이 되어야 할 백혈구가 충분하지 않았다.[60] 이들에게 소비에트 의사들은 아직 실험 단계인 새로운 이식 기법을 시험했다. 사산, 혹은 낙태된 태아의 간에서 추출한 세포를 사용하는 것이었다. 이것은 골수 이식보다도 성공률이 더 낮았지만 구스코바의 의료진은 그들이 써 볼 수 있는 다른 방법이 없다는 것을 알고 있었다.[61] 이 환자들은 이미 손을 쓸 수 있는 범위를 넘어서 있었다.

그리고 그 무렵이면 구스코바가 개발했던 "생물학적 선량 측정"이라는 피폭 양 추산법이 가진 한계가 명백하게 드러났다.[62] 최초 추산에서는 저강도 피폭자로 분류되었던 사람들(처음에 이들은 암 환자들이 일상적인 항암 치료에서 받는 것보다도 피폭 정도가 낮다고 추산되었다)이 사실은 그것보다 훨씬 심각하게 피폭되어 있었던 것이다. 구스코바의 초기 추산법은 감마선 피폭이 골수에 미치는 영향만 고려할 수 있었고 숨 쉴 때나 섭취할 때 들어간 연기, 먼지, 증기의 방사능 입자가 신체 내에서 일으키는 내부 피폭은 계산되지 않았다.[63] 그리고 베타 화상의 가시적인 징후가 환자들의 피부에 점점 더 명확히 드러나면서 의사들은 그 규모와 심각성에 경악했다.[64] 5월 2일에 바라노프는 그의 환자 중 열 명 정도가 살아서 병원을 나가지 못할 것이라고 예측했는데, 곧 그는 그 숫자를 37명으로 올려 잡았다.[65]

그렇더라도, 환자와 가족들은 저명한 미국 의사가 온다는 것에, 그리고 그가 외제 약품을 가지고 온다는 것에 희망을 가졌다.[66]

로버트 게일은 금요일 저녁에 붉은광장 근처의 소비에츠카야 호텔에 체크인을 했고, 다음 날 아침에 일찍 일어나 "USA"라는 글자가 크게 쓰인 운동복을 입고 모스크바의 거리를 따라 8마일[약 13킬로미터]을 달렸다.[67] 그리고 호텔에서 아침 식사를 하면서 알렉산더 바라노프를 만났다. 호리호리하고 머리가 벗겨진 바라노프는 소비에트 최초로 골수 이식 수술을 해낸 권위자였다. 하지만 그는 고통 받으며 숨진 환자들을 많이 본 사람의 퀭한 얼굴을 하고 있었다. 그는 줄담배를 피웠고 종이를 접어 재떨이를 만드는 버릇이 있었다. 그리고 담배 한 대를 다 태우면 그 종이 재떨이를 구겨서 버렸다. 아침을 먹고서 두 사람은 차를 타고 제6병원으로 갔고, 거기에서 바라노프가 게일을 안겔리나 구스코바에게 소개했다.[68] 안겔리나는 따뜻하게 맞이했지만 소년 같은 이 미국인 외과의사가 안겔리나가 내심 기대했던 비싼 서구 장비가 아니라 작은 가방만 하나 달랑 가지고 있어서 실망했다. 곧 바라노프는 게일이 8층의 환자들을 볼 수 있게 해 주었다.[69]

이식 수술을 받은 사람들은 병원 위층에 있는 무균실에서 회복기를 거치게 되어 있었다.[70] 이식된 연골이 충분히 잘 자리를 잡아서 혈액의 구성 요소들을 생산하기 시작하기 전까지는(이 과정에는 2주에서 1개월 정도가 걸렸다) 환자들의 면역 시스템이 아무 기능을 하지 못했다. 그래서 다량 출혈, 각종 감염, 심지어는 자신의 내장 안에 있는 바이러스 균의 공격에도 취약했고, 이 중 어느 것이라도 치명적일 수 있었다.

게일은 무균실에서 4명의 환자가 "생명 섬" 안에 밀폐되어 있는 것을 보았다.[71] "생명 섬"은 비닐로 된 방으로, 골수 세포가 무사히 이식될 때까지 환자가 버틸 수 있게 하려는 의사의 전투에서 꼭 필요한 생명의 방어선이었다. 환자들은 그 안에서 필터를 거친 공기나 자외선 소독 후 덕트를 통해 들어오는 공기로 숨을 쉬었다. 또 감염을 더 철저히 차단하기 위해 의복과 손을 소독한 의료진만 접촉할 수 있었고, 아니면 장갑이 달린 구멍을 통해서만 접촉할 수 있었다. 환자 수에 비해 "생명 섬"의 수가 훨씬 모자랐기 때문에 "생명 섬"의 사용은 엄격하게 제한되었다. 게일이 보기에는(그는 전에 베타 화상을 본 적이 없었다) 자신이 오후에 진찰한 4명이 아파 보이긴 했지만 아주 심하게 아파 보이지는 않았다. 곧 그는 바라노프를 보조해서 처음으로 골수 이식 수술에 참여했다.

누나의 골수를 이식 받은 뒤 바실리 이그나텐코는 8층의 "생명 섬"으로 옮겨졌다. 의료진은 아내가 그 안에 못 들어가게 했지만 루드밀라는 남편의 입술을 물로 축여 주기 위해 "생명 섬"의 비닐 안으로 어찌어찌 들어갔다. 이제 그의 병실에는 간호사들이 아니라 젊은 군인들이 오갔다.[72] 군인들은 장갑을 낀 손으로 그에게 주사를 놓고 혈액과 혈장을 처리했다. 누구도 그 병실에 필요 이상으로 오래 머물고 싶어 하지 않았다. 루드밀라는 감염이 두려워서 그런 모양이라고 생각했다.

병원 사람들 중 일부, 특히 젊은 사람들은 불합리하게 환자를 두려워했고 방사선 질환이 흑사병처럼 전염되는 질병이라고 잘못 생각하고 있었다.[73]

이그나텐코는 이식 수술에서 빠르게 회복했다. 하지만 그의 전반적인 몸 상태는 이미 공포스럽게 급강하고 있었다. 그의 외모는 분 단위로 달라졌다. 피부색이 변했고 몸이 부어올랐다. 또 잠이 들지 못해서 병원은 그가 날마다 먹어야 하는 수십 개의 약에 더해 안정제도 처방했다.[74] 머리카락이 빠지기 시작했고 그는 화가 나기 시작했다.[75] "대체 이게 다 뭐야? 2주만 고생하면 된다더니, 얼마나 오래 걸리는 거야, 대체!"

점점 숨쉬기가 힘들어졌고 팔이 온통 갈라지기 시작했다. 다리는 퉁퉁 부어올랐고 퍼렇게 변했다. 나중에는 진통제도 듣지 않았다. 일요일인 5월 4일에는 더 이상 서 있지 못했다.

제6병원에 온 사람들 중 가장 심하게 피해를 입은 사람들은 외부 피폭과 내부 피폭을 모두 당한 경우였다.[76] 백혈구가 급감하면서 젊은 엔지니어들과 소방관들의 피부에 감염이 파고들었다. 헤르페스 바이러스 감염증 때문에 입술과 입 안에 검고 두꺼운 물집이 잡혔다. 칸디다균은 그들의 잇몸이 낱장처럼 벗겨져 내리게 만들었다. 피부가 벗겨져서 생고기 같은 살색이 드러났다. 팔, 다리, 상체의 베타 입자 화상을 입은 곳들에 고통스러운 종양이 자랐다. 시간이 지나면 서서히 회복되는 열화상과 달리 방사선 화상은 점점 더 악화되어서 방사선 물질이 처음 닿은 지점에서부터 화상이 파도처럼 확산되었고 피부 조직 안으로까지 파고들었다.[77] 또 몸의 털과 눈썹이 빠지기 시작하고, 피부가 처음에는 붉게, 그 다음에는 보라색, 다시 흑갈색이 되었다가 낱장처럼 벗겨져 나갔다.

　몸 안에서는 감마선이 창자 내벽을 허물고 폐를 부식시켰다. 폭발 직후에 원자로 홀의 밀봉문을 닫기 위해 고전했던 아나톨리 쿠르구츠는 그때 방사능 증기와 먼지를 뒤집어썼는데, 몸 안에 세슘이 너무 많이 축적되어서 그의 신체 자체가 위험한 방사능 물질이 되었다. 그는 발작을 겪기 시작했고, 그가 침대에 있게 하기 위해 의사 중 한 명(화상 전문가인 안젤리카 바라바노바)이 그의 위에 올라가 몸무게로 그를 제압해야 했다. 쿠르구츠가 입원해 있는 병실도 방사능 수치가 너무 높아져서 담당과의 과장이던 의사는 크루구츠의 병실 옆방이던 자신의 진료실을 병원 내의 다른 곳으로 옮겨야 했다. 병실 밖의 복도 바닥도 너무 오염되어서 뜯어내고 교체했다.

　사고 이후 12일 동안 알렉산더 바라노프와 로버트 게일은 14건의 골수 이식 수술을 했다.[78] 그리고 아만드 해머와 "산도즈 코퍼레이션 Sandoz Corporation"은 수십만 달러 어치의 서구 의약과 장비가 모스크바로 올 수 있게 주선했다. 게일은 소비에트 당국으로부터 뉴욕과 LA에서 더 많은 의사들의 올 수 있게 방문 허가도 받아 냈다. 하지만 의사들은 그들의 노력 중 상당 부분이 소용이 없으리라는 것을 알고 있었다.[79] 나중에 게일은 모스크바에서 열린 기자회견에서 그들이 이식 수술을 한 환자 중 많게는 4분의 3이 생존할 수 없을 것이라고 말했다.

　사방에서 강력한 감마선에 노출되었고 방사능 오염수에 흠뻑 잠기기도 했던 야간 조 조장 알렉산더 아키모프는 쌍둥이 형제의 골수를 이식받았다. 하지만 신진대사가 급강하하는 것을 막지 못했다. 오염된 작업복에서 피폭된 것만 해도 10그레이(1000렘)나 되었고, 두꺼운 허리띠가 있던 곳만 빼고 베타 화상이 전신을 뒤덮고 있었다.[80] 이에 더해, 폐도 10그레이 정도 피폭되어서 급성 폐렴이 생겼다. 체온이 올라갔고 내장이 해체되어 혈변으로 흘러나왔다. 한번은 아내 루바가 창문으로 돌아보니 남편이 수염을 뭉텅 잡아 뜯고 있었다.

"걱정 마. 이래도 안 아파." 그가 말했다.[81]

아키모프는 자신이 살아서 병원을 나가지 못할지도 모른다는 것을 알고 있었다. 하지만 말을 할 수 있는 상태이던 동안에 한 친구에게 자신이 살아난다면 사냥을 하면서 사냥터 관리인이 되어 살고 싶다고 말했다.[82] 루바는 강가에서 두 아들과 함께 부수석 엔지니어 댜틀로프의 아버지가 그랬듯이 부표에 불을 붙이며 뱃길을 밝히면서 살자고 했다. 무엇을 할 것이든 간에, 아키모프에게 하나만은 확실했다. "핵 분야로는 다시 돌아가지 않을 거야. 나는 무엇이든 할 거고 새출발을 할 거지만 원자로로는 돌아가지 않을 거야."[83]

키예프 검찰청의 수석 수사관 세르게이 얀코프스키Sergei Yankovsky가 조사를 하러 아키모프의 병실에 왔을 때 그의 몸은 완전히 퉁퉁 부어 있었고 말도 거의 할 수 없었다.[84] 의사들은 수사관들에게 시간을 많이 허용할 수 없었고, 수사관에게 왜 죽어 가는 사람을 괴롭히고 있는지 알려 달라고 요구했다. 의사들은 얀코프스키에게 아키모프가 하루 이틀 정도밖에 살 수 없을 거라고 말했다. 수사관의 조사 시도는 무위로 돌아갔다.

떠나기 전에 얀코프스키는 거의 기력을 잃은 핵 엔지니어의 침상에 몸을 기대고 말했다. "무엇이라도 기억이 나면 적어 주세요." 5월 6일에 아키모프는 33번째 생일을 맞았다. 그리고 곧 의식불명에 빠졌다.[85]

5월 9일 금요일 저녁, 환자들은 병원 창문을 통해 하늘을 수놓은 불꽃놀이를 구경했다(소비에트가 제2차 세계대전에서 나치를 상대로 승리를 거둔 날을 기념하는 행사였다).[86] 하지만 이번에는 그리 행복하지 않았다. 바실리 이그나텐코는 피부가 벗겨지기 시작하고 있었고 그의 몸은 피를 쏟고 있었다.[87] 기침을 했고 숨을 헐떡였으며 입에서 피가 나왔다. 표트르 흐멜은 병실에 혼자 누워서 친구인 프라비크가 보낸 격려의 메시지를 받았다.[88] 의사 한 명이 전달해 준 그 메시지에는 이렇게 쓰여 있었다. "명절을 축하해! 곧 보자고!" 흐멜은 소방학교 시절부터의 옛 친구를 12일 전에 병원에 함께 도착한 이후로 보지 못하고 있었고 그가 병원 안의 어디에 있는지도 몰랐다. 그래도 흐멜은 답장을 썼다.

다음날부터 사망자가 발생하기 시작했다.[89] 첫 번째 사망자는 체르노빌 발전소 소방대의 소방관 블라디미르 티슈라Vladimir Tishura 하사였다. 그는 프라비크와 함께 폭발 직후에 지붕에 올라가서 진화를 했다. 5월 11일에는 프라비크와 프리피야트 소방대 지휘관 키베노크가 버티지 못하고 목숨을 잃었다. 나중에 우크라이나에 있는 프라비크의 대원들 사이에서 그에 대한 섬찟한 소문이 돌았다.[90] 너무 많은 방사선에 노출되어서 그의 눈이 갈색에서 파란색으로 변했고 의사들이 그의 심장에서 물집을 발견했다고 말이다. 같은 날, 알렉산더 아키모프가 발전소 직원 중 첫 사망자가 되었다. 그는 눈을 뜬 채로 숨졌다. 피부는 온통 검어져 있었다.[91]

의사 구스코바는 이제 환자들끼리 대화를 나누는 것을 금지하고 각자 자신의 병실에 있도록 했다.[92] 창문 밖으로 나무들이 무성하게 자라 있었고 날씨는 더할 나위 없이 좋았다. 병원 울타리 밖의 모스크바는 여느 때와 다름없이 굴러가고 있었다. 아직 생존해서 침대에 있는 사람들은 몇 시간씩이나 링거나 혈액 투석기를 걸고 있었고, 옆에 있는 사람이라고는 간호사뿐인 경우가 많았다. 친구들을 잃었다는 소식이 계속해서 가족과 친지들을 통해 전해졌다. 아니면 병원의 긴 복도에서 시신을 실은 들것이 지나가는 소리로 알 수 있었다.

4호기의 동료 중 첫 사망자가 나오는 동안 알렉산더 유브첸코의 고통은 이제 막 시작되었다.[93] 의사들이 경고한 바대로 잠복기 이후 몸에 베타 화상의 증상이 나타났다. 처음에는 목 뒤에 작은 붉은 반점이 생기더니 왼쪽 어깨, 엉덩이, 허벅지에도 반점이 나타났다. 그가 거대한 원자로실 문을 몸으로 받치고 있던 동안 피부에 닿았던 부분이었다. 그때 그 문을 뒤덮고 있던 베타 입자와 감마선을 방출하는 핵종들이 그의 젖은 작업복에 흡수되었던 것이다.

유브첸코는 중환자실로 옮겨졌다. 그는 가장 심각하게 피폭되어 격리 병실에 있었던 4명 중 유일하게 생존해 있었다. 옆 병실에는 그의 상관인 원자로실 근무 조장 발레리 페레보첸코가 있었다. 전직 해병대원인 그는 원자로 홀에 들어가서 수평대에 서서 원자로를 내려다보았을 때 상당한 감마선을 쬐었다. 그가 유브첸코에게 안에 들어가지 말라고 말해 준 덕분에 유브첸코는 최악을 면할 수 있었다. 그래도 유브첸코의 몸은 검게 변하고 있었고 화상이 퍼지고 있었다. 피부가 벗겨져 아기 같은 속살이 드러났다. 어깨 쪽은 햇볕에 탄 것 같은 물집이 잡히고 피부가 괴사해 노랗게 변했다가 방사능이 뼈를 갉아먹고 파들어 가면서 미끌미끌해져 있었다. 고통은 견딜 수 없을 정도가 되었다. 간호사가 모르핀을 놔 주었다. 의사들은 수족 절단이 필요할지 논의하기 시작했고 그의 팔을 구할 수 있을지 아닐지 판단하기 위해 레닌그라드에 특수 장비를 주문했다.[94]

5월 13일 화요일, 루드밀라 이그나텐코는 버스를 타고 친구 나디아 프라빅, 타냐 키베노크와 함께 모스크바 북서부의 교외에 있는 미티노Matino 묘지에 갔다.[95] 나디아의 남편과 타냐의 남편은 이틀 전에 사망했다. 루드밀라는 그들의 시신이 땅에 내려지는 것을 보았다. 루드밀라는 여기에 오기 위해 그날 오전 9시에 병원을 나섰다. 간호사에게는 바실리에게 잠시 쉬러 가는 것이라고만 말해 달라고 했다. 그리고 그날 오후에 병원에 돌아왔을 때, 루드밀라의 남편도 숨져 있었다. 장례를 준비하러 온 상조사는 그의 몸이 너무 부어서 유니폼을 입힐 수가 없었다. 미티노 묘지에서 동지들 옆에 안장되었을 때, 그의 시신은 마치 방사능 마트로슈카 인형처럼 두 개의 두꺼운 비닐봉지에, 그리고 나무 관에, 그리고 다시 아연 관에 켜켜이 들어갔다.

같은 날, 발레리 페레보첸코도 병을 이기지 못했다. 나탈리아 유브첸코는 남편이 동료의 사망 소식을 듣지 못하게 하려고 노력했지만 알렉산더는 옆 방 기계 소리가 조용해지는 것을 알아차릴 수 있었다. 5월 14일에는 레오니드 톱투노프를 포함해 4호기 운전원 중 3명이 숨졌다. 톱투노프의 부모가 아들의 마지막을 지켰다. 피부의 90퍼센트가 베타 화상으로 뒤덮이고 감마선으로 폐가 파괴된 그는 그날 늦은 밤에 숨이 쉬어지지 않아 헐떡이면서 깨어났다.[96] 그는 골수 이식 수술이 효과를 발휘하기 전에 폐가 망가져 질식사로 숨졌다. 의사들은 그가 1300렘의 방사능에 피폭되었다고 추산했는데, 치사량의 세 배나 되는 것이었다. 페레보첸코와 함께 불타고 있는 원자로를 내려다본 두 명의 훈련생 중 한 명인 빅토르 프로스쿠랴코프는 온몸이 끔찍한 화상으로 뒤덮였다.[97] 특히 유브첸코의 손전등을 들고 있었던 손이 심하게 화상을 입었다. 그는 3일을 더 버텼지만 5월 17일 밤에 사망했다.

5월의 셋째 주가 끝날 무렵이면 사망자 수는 20명이 되어 있었다.[98] 알렉산더 유브첸코는 점점 더 공포에 질렸다. 백혈구 수가 뚝뚝 떨어지고 있었고 남아 있는 머리카락이 빠지고 있었다. **내 차례는 언제일 것인가?** 병실에 홀로 있으면서, 심하게 피폭된 생존자들은 어둠이 두

려워지기 시작했고 어떤 이들은 병실에 불을 계속 켜 두었다.[99]

건실한 공산주의자인 유브첸코는 종교가 없었고 알고 있는 기도
문도 없었지만, 매일 저녁 신에게 하루 밤을 더 살게 해 달라고 기도
했다.

14장

리퀴데이러

4호기가 폭발하고 2주 반도 더 지난 1986년 5월 14일에 마침내 미하일 고르바초프가 처음으로 사고에 대해 대중에게 직접 이야기하기 위해 텔레비전에 나왔다.[1] 고르바초프는 "브레미야" 방송에 출현해 사전에 준비된 원고를 읽었고, 이는 13개 시간대에 걸친 2억 명의 사람들에게 방송되었다. CNN에서도 동시에 생중계되었다.[2] 소비에트 역사상 가장 방송발이 잘 받는 지도자인 고르바초프도 지치고 당황하고 수심에 잠겨 보였다. 그는 체르노빌 사고가 "소비에트 국민들에게 심각하게 영향을 미쳤고 국제사회에 우려를 증가시키고 있다"고 말했다.[3] 때로는 방어적인 톤으로, 또 종종 격노한 톤으로, 그의 발언은 26분 동안 이어졌다.

고르바초프는 미국과 나토NATO 국가들이 이 사고에 대해 "엄청난 거짓말들"을 쏟아냈다며 분노했다.[4] 그는 그러한 거짓말들이 최근에 자신이 제안한 핵 군비 축소안에 화답하지 못한 서구 정부들이 사람들의 관심을 돌리려는 "사악한" 선동이라고 비난했다. 또 고르바초프는 로버트 게일과 한스 블릭스에게 감사를 전했고 사망자 및 부상자들과 가족들에게 애도를 표했다. "소비에트 정부는 숨진 분들과 고통을 겪는 분들의 가족들을 돌볼 것입니다." 이어 그는 최악은 지나갔다고 시청자들을 안심시켰다. 하지만 할 일은 아직 결코 끝나지 않았다고 했다. "이것은 핵에너지가 인간의 통제를 벗어났을 때 갖게 될 가공할 위력에 우리가 진정으로 맞닥뜨리게 된 첫 번째 사건입니다. 우리는 국가 전체의 경제적, 기술적, 과학적 자원을 총동원해 한시도 쉬지 않고 일하고 있습니다."

이보다 48시간 전에 소비에트 국방장관("소비에트연방영웅Hero of Soviet Union" 칭호를 받은 세르게이 소콜로프Sergey Sokolov 장군)이 고위 장교들과 국방부 의료 행정관들을 대동하고 체르노빌에 도착했다.[5] 화학전 부대와 시민방호군의 방사능 전문가들로 구성된 군사 태스크포스가 이미 이달 초부터 30킬로미터 구역에 속속 파견되고 있었다.[6] 그리고 키예프, 민스크, 탈린의 젊은이들이 일터에서, 혹은 집에서 야밤에 문을 두드리는 소리에 자다가 말고 소집되어서, 유니폼을 지급받고, 선서를 하고, 전쟁터에 있는 것이나 마찬가지라고 생각해야 한다는 주의 사항을 들었다. 목적지가 어디인지는 도착할 때까지 듣지 못했다. 1979년에 국경을 넘어 아프가니스탄으로 군을 보냈던 소콜로프 장군은 이제 체르노빌에서 조국을 지키기 위한 또 하나의 영웅적인 군사 작전을 지휘할 참이었다.[7] 공식적으로 이 작전은 "체르노빌 사고의 영향을 제거하기 위한 해체 작업Liquidation of the Consequences of the Chernobyl Accident", 혹은 더 간단히 "리퀴데이션liquidation"이라고 불리게 된다.

이 다급하고 절박한 작업에 중앙집권화된 국가의 (그리고 지구상에서 가장 큰 군대의) 역량이 총동원되면서, 소비에트연방 내 모든 구성공화국에서 인력과 장비가 체르노빌로 향했다.[8] 군인들과 중장비가 거대한 일류신76 군수송기에 실려 도착했다. 서쪽 끝의 리가Riga에서 동쪽 끝의 블라디보스토크Vladivostok까지 소련 전역에서 과학자, 엔지니어 등 민간 전문가들도 도착했다. 관료제의 경직성, 목표량 할당, 경제성에 대한 고려 등은 모두 버려졌다. 전화 한 통만으로도 소비에트연방 내의 어디에 있는 자원이건 곧바로 체르노빌로 운송되었다. 굴착 전문가들과 둘둘 말린 납 판이 카자흐스탄에서, 용접 기계가 레닌그라드에서, 흑연 벽돌이 첼랴빈스크에서, 그물이 무르만스크에서, 325대의 수중 병용 펌프와 3만 벌의 면 작업복이 몰도바에서 도착했다.

　조국을 위한 애국적인 동원의 정신은 소비에트 언론에 사고에 대한 상세한 보도가 나오기 시작하면서 한층 더 고양되었다.[9] 대중에게 이 재앙을 어떻게 알릴지에 대해 크렘린의 프로파간다 전문가들은 드디어 적합한 각도를 찾아냈다. 『이즈베스티야』와 『프라우다』는 첫 폭발과의 전투에 용맹하게 나섰던 소방관들의 희생에 대해 놀랍고 충격적인 당시의 상황을 생생히 묘사했고, 4호기 폐허 아래로 굴을 파는 광부들과 지하철 노동자들의 노력도 상세히 보여 주었다. 이러한 기사들은 글라스노스트[개방적인 정부]의 특징들을 담고 있었지만(가령 방사능의 위험이라든가 제6병원에서 본 환자들의 상태 등이 솔직하게 묘사되어 있었다), 이러한 개방성에는 명백한 한계가 있었다. 우왕좌왕, 무능, 안전지침 무시와 같은 부정적인 이야기가 들어갈 자리는 없었다. 명백하게 모든 소방관이 자신이 직면한 위험이 무엇인지를 잘 알고서 소비에트의 영웅의 전당에 오를 준비가 된 상태로 이타적인 희생정신에 의해 위험 속에 뛰어든 것처럼 묘사되어 있었다. 또 사고의 원인은 기사에서 다뤄지지 않았다. 이 긴급 상황이 곧 끝날 것이라고 분명하게 암시하는 기사들도 있었다. 주간 신문 『리테라투르나 우크라이나』는 이 사고가 원자력이 "일시적으로 통제를 벗어난" 사고였으며 소비에트 과학자들이 "원자로 안과 주위에서 일어나는 모든 일에 대해 탄탄하게 대처하고 있다"고 보도했다.[10] 또 소개된 지역의 주민들은 제염 작업이 끝나는 대로 집에 돌아갈 수 있을 것이라고 언급되어 있었다.[11]

여전히 4호기가 방사성 연기를 뿜고 있는 중이었지만 발전소부터 제염 작업이 시작되었다.[12] 오염 지역은 동심원을 이루는 세 개의 구역으로 나뉘었다. 가장 바깥은 30킬로미터 구역, 그 다음은 10킬로미터 구역, 그리고 가장 가운데에 오염이 가장 심한 "특별 구역"이 있었다. 발전소 바로 인접 지역이 "특별 구역"에 해당했다. 발전소 제염 작업은 소비에트 합동참모본부의 지휘 하에 군 공병대, 시민방호군, 화학전 부대가 담당했다. 작업자들은 대부분 징집된 젊은 군인들이었다.

발전소 제염 작업은 우왕좌왕이었다. 이렇게 큰 규모의 핵 재앙을 처리하는 것과 관련해서는, 군사 계획이건 민간 계획이건 간에 체계적이고 공식적인 계획이 고안된 적이 없었다. 5월 중순이 되어서까지도 작업은 임시방편과 주먹구구로 이뤄졌고 이러한 작업들을 지휘할 발전소 전문가들이 부족했다. 작업자들이 노출되어도 되는 피폭 양의 최대치가 얼마여야 하는지에 대해서도 의견이 분분했다. 해군 군의관들은 비밀 핵 잠수함 프로젝트들에서 수십 년간 있어 온 사고들을 통해 고통스럽게 획득한 전문성을 바탕으로 국방부 기준인 25렘을 주장했다. 하지만 보건부와 화학전 부대 지휘관인 블라디미르 피칼로프 장군은 그 두 배인 50렘을 주장했다. 이것은 피칼로프가 전쟁 시 군인들에게 설정하는 기준이었다. 3주가 지나서야 더 엄격한 기준인 25렘으로 하기로 결론이 났는데[13] 그때면 이미 많은 사람들이 과도하게 위험한 수준으로 피폭된 상태였다. 그리고 기준이 정해진 후에도 그것이 지켜지는지 확인하기는 어려웠고 현장 장교들이 의도적으로 기준을 무시하는 경우도 많았다.

소련 각지의 원자력발전소들에서 제염 작업을 지원하러 온 민간 전문가들은 준비가 너무 부족한 것을 보고 경악했다.[14] 피폭 양을 효과적으로 측정하기에는 훈련받은 선량 계측사가 태부족이었다. 또 이 지역에 대한 종합적인 방사능 조사는 한 번도 제대로 이뤄지지 않았고, 원자로에서 뿜어져 나오는 핵종의 양이 계속 달라져서 방사선 수준에 대해 믿을 만한 정보를 얻는 것이 거의 불가능했다.[15] 선량계도 부족해서 30명이 하나를 공유해야 하는 경우도 많았다.[16] 각자 어디에서 어떤 작업을 하다 왔든 간에, 선량계를 가지고 있는 1명이 등록한 숫자가 나머지 29명에 대해서도 동일하게 기록되었다.

원자로 주변에 떨어진 잔해 덩어리 중 가장 크고 방사성이 높은 것들을 치우는 일은 거대한 IMR-2 전투공병 차량 부대가 맡았다.[17] IMR-2는 지뢰가 있는 지역이나 핵 공격으로 폐허가 된 곳 등에서 본대가 지나갈 수 있게 길을 낼 목적으로 만들어진 탱크로, 포탄 발사 장치 대신 불도저 날과 길이를 조절할 수 있는 크레인 기둥이 장착되어 있었다. 또 수압식의 커다란 집게 손이 달려 있어서 넘어져 있는 전봇대나 나무를 들어 올려 옆으로 치울 수 있었다. 탱크 운전병의 방사능 노출을 최소화하기 위해 운전석은 납으로 차폐되었고 각각의 운전병은 1, 2분만 작업하고 교대하도록 했다. 하지만 4호기 주변 현장으로 투입된 첫 차량 중 하나가 금방 문제를 일으켰다. 운전병이 군사용 방독면의 좁은 시야 때문에 앞을 제대로 보지 못해서 잔해들이 어지럽게 흩어져 있는 곳으로 들어가는 바람에 사방이 잔해로 둘러싸인 채 옴짝달싹 못하게 되고 만 것이다. 무전도 그에게 닿지 않았고 그가 고준위 방사능장에서 머물러도 되는 시간은 줄어들고 있었다. 결국 대령이 차를 몰고 가서 개방된 해치에서 몸을 밖으로 쭉 빼고서 혼란에 빠진 운

14장 리퀴데이터

전병이 안전하게 길을 찾을 때까지 소리를 쳐서 방향을 알려 주었다. 운전병은 무사히 구출되었지만 몇 분간 무차폐 상태로 있었던 대령은 치명적으로 피폭되었다. 다음 날 그는 방사선증후군 증상을 보이며 군 병원으로 옮겨졌다.

5월 4일에는 특별 구역 안에서도 방사선이 특히 강한 곳의 잔해를 치울 용도로 원격 조종되는 로봇 불도저 두 대가 공수되어 왔다. 하나 는 첼랴빈스크에서 만들어진 것이었고 다른 하나는 핀란드에서 수입 해 온 것이었다. 원자로의 북쪽 벽에서 쏟아져 나오는 감마선량이 여 전히 시간당 수천 뢴트겐에 달하고 있었기 때문에 보호 장구 없이 사 람이 들어가서는 1, 2초 밖에 있을 수 없었다. 기술자들은 불도저의 원 격 통신 장치(방사선에 의해 교란되기 쉬운 민감한 부분이다)에 차폐막을 치고 불도저를 현장에 들여보내 시험해 보았다. 그들은 100미터 떨어 진 곳에 세워 놓은 차폐된 장갑차에서 불도저를 원격으로 조정해 핵연 료 조각들을 원자로 쪽으로 밀어내 보려 했다. 하지만 핀란드제 불도 저는 금세 고장이 나서 잔해더미로 경사가 진 곳을 오르지 못하고 멈 춰 섰다. 19톤 무게의 소비에트제 불도저도 약간 더 오래 작동하는가 싶더니 원자로의 그림자 아래에서 사망했다.[18] 9월경이면 이곳에서 밝 은 노란색 기계 몇 대가 여기저기 버려져 있는 모습을 볼 수 있게 된 다.[19]

에너지부가 로봇 불도저를 추가로 구할 곳을 해외에서 다급히 수소 문하고, 리지코프 총리가 지휘하는 정치국 작전 그룹이 원자로에 고 무액을 덮어씌우기 위한 계획을 세우는 동안, 정부위원회는 북쪽 벽 이 무너지면서 쌓인 방사능 잔해 무더기 위에 유구한 소비에트식 해법 을 적용하기로 했다. 콘크리트로 덮는 것이었다.[20] 에너지부 건설 팀이 800미터 길이의 파이프를 통해 액체 콘크리트를 부었다.[21] 액체 콘크리트가 핵연료 케이스 위를 덮치면서 부글부글 끓어오르더니 곧 뜨거운 방사능 시멘트의 간헐 온천이 솟아올랐다. 한편, 시민방호군이 긴급 소집한 예비군 부대인 "731특수부대"는 맨손으로 원자로 주위의 표토를 제거하는 작업을 시작했다.[22] 다른 군인들은 고준위 방사능 지역을 다닐 때 장갑차를 타고 움직였지만 임시 소집된 예비군인 이들은 그런 장비도 없이 일반 군복을 입고 일했다. 이들을 보호해 주는 것이라고는 헝겊으로 된 방독면뿐이었다. 그들은 원자로 벽 근처의 표토를 삽으로 퍼서 금속 컨테이너에 담았고 그것을 미완공 상태이던 방사성 폐기물 저장고(사고 전에 5호기와 6호기용으로 건설 중이었다)에 묻었다. 그들은 15분 정도 일하고 교대되었지만[23] 날씨는 더웠고 방사능은 가차 없었다. 목이 따끔거리기 시작했고 어지럼증이 왔으며 마실 물은 늘 부족했다. 어떤 사람은 코피를 쏟았고 어떤 사람은 구토를 했다. 3호기 근처에 있는 흑연을 치우는 것을 지원해 달라는 요청을 받고 트럭을 타고 도착한 화학전 부대도 흑연들을 손으로 치우기 시작했다.[24]

이러한 작업을 한 리퀴데이터들은 불과 몇 초 사이에 연간 허용된 최대 피폭 양에 노출되었다.[25] 방사능 수치가 극도로 높은 특별 구역에서는 한 사람이 한 시간 작업하면 될 일을 30명이 2분씩 작업해야 했다. 그리고 새로 정해진 규칙에 따르면 각자 25렘의 피폭 한계에 도달하면 즉시 철수하고 다시는 이곳에 돌아오지 말아야 했다. 각각의 작업은 소요 시간으로만이 아니라 그 일을 수행하기 위해 "태워져야 burned" 할 사람들의 인원수로도 측정되었다. 점차로 몇몇 지휘관은 이미 피폭 한계에 도달한 대원들이더라도 그들을 계속 투입하는 것이 위험한 구역에서 새로운 대원들을 또 "태우는" 것보다 낫겠다는 결론에 도달했다.

그러는 동안, 지하에서는 차이나신드롬과의 전투가 한층 더 격렬해졌다.[26] 5월 16일에 체르노빌 발전소의 물리학자인 베니아민 프리아니치니코프는 원자로 바로 아래의 온도와 방사선을 측정하라는 지시를 받았다(그는 가족을 열차로 프리피야트에서 무사히 피난시키고 5월 초에 발전소에 돌아왔는데, 와 보니 그의 사무실이 방사능 재로 2센티미터나 뒤덮여 있었다고 한다). 용융되고 있는 노심이 얼마나 빠른 속도로 콘크리트 바닥을 뚫고 내려가고 있는지를 정확하게 파악하기 위한 것이었다. 이제는 과학자들이 붕괴하고 있는 연료에서 나오는 열기가 줄어들고 있다고는 보고 있었지만, 그래도 아직 섭씨 600도나 되는 것으로 추산되었다.[27] 앞으로 무슨 일이 벌어질 것인지, 즉 용융된 코륨이 아직도 움직이고 있는지, 프리피야트 강과 드네프르 강이 여전히 재앙적인 방사능 오염의 위험에 직면해 있는지를 파악할 만한 정확한 데이터를 모으는 것이 프리아니치니코프의 팀에 달려 있었다.

한 무리의 군인이 거대한 전기 변압기(모스크바에서 온 것이었다)를 통해 가동되는 플라스마 토치를 사용해서 18시간을 작업하고서야 원자로 아래의 공간으로 들어갈 수 있는 두꺼운 콘크리트 벽을 뚫고 길을 낼 수 있었다.[28] 용융된 핵연료 수백 톤이 바로 머리 위에 있는 상황에서, 프리아니치니코프는 이 어두운 지하의 방사선 수치가 시간당 수천 뢴트겐은 될 것이라고 생각했다. 그렇다면, 그가 이 일을 하는 데 쓸 수 있는 시간은 5초나 6초 정도였다. 1분을 꼬박 있다면 자살을 하는 것과 마찬가지일 터였다. 그는 면 작업복과 헝겊 방독면으로 최대한 가볍게 옷을 입고, 오로지 속도에만 의존해서 스스로를 보호하기로 했다. 하지만 그가 안에 설치해야 할 방사선 측정 장치와 온도 측정 장치를 가지고 구멍으로 들어갔을 때 그의 개인 선량계가 고장 났고, 설치 작업은 예상했던 것보다 오래 걸렸다. 설치를 막 마무리했을 때 그는 머리 위로 가루 같은 것이 우수수 떨어지는 것을 느꼈다. 공포에 질린 프리아니치니코프는 옷을 벗으면서 어두운 지하를 냅다 내달렸다. 그가 벌거벗은 채로 1킬로미터 길이의 통로를 달려 행정동으로 돌아오는 동안, 통로 양쪽에서 작업하던 군인들이 놀라서 쳐다보았다. 행정동에 도착하고 나서야 그는 머리 위로 떨어진 게 핵연료가 아니라 모래였다는 것을 깨달았다. 그가 지하에서 작업한 몇 분 동안 노출된 양은 20렘 이하였다.

그 무렵, 돈바스와 모스크바의 탄광 지역에서 온 광부 400명가량이 4호기 아래에 거대한 열교환기를 설치할 공간을 만들기 위해 땅을 파고 있었다.[29] 이번에도 정부위원회가 내린 마감 시한은 불가능해 보였다.[30] 계획하고, 공사하고, 설치하고, 테스트하고, 가동 준비를 완료하기까지 말미가 한 달도 되지 않았다. 광부들은 목표 지점에서 130미터나 떨어진 3호기 벽 근처에서부터 파 들어가기 시작했고 3교대로 하루 24시간 쉬지 않고 일했다.[31] 그들이 파 들어가는 굴은 직경이 1.8미터밖에 안 되었고 숨 막히게 더웠다. 그래도 머리 위의 땅이 그들을 그 위에 있는 최악의 방사선에서 지켜 주고 있었다. 지하에서는 담배를 피우는 것이 금지되었지만 굴 입구에서는 때때로 담배를 피우거나 물을 마실 수 있었다. 그들은 거기에서 (아마 자신도 모르는 사이에) 주변의 잔해와 먼지가 내뿜는 감마선에 노출되었을 것이다. [기계 장비를 쓸 수가 없었기 때문에] 그들은 손 도구와 압축 공기 드릴만 가지고 굴을 파 들어갔고, 파낸 것들을 미니 기차 레일에 실어 내보냈다.[32] 이렇게 해서 4호기 건물 지반의 아래에 도달한 광부들은 그곳에 30제곱미터의 공간을 만들었다. 여기에 열교환기가 설치될 것이었다. 위로 팔을 뻗으면 원자로 건물의 기반 플레이트에 손이 닿았는데, 손바닥을 대 보니 콘크리트가 따뜻했다. 스레드마시의 과학자들은 그들이 준 지침과 주의사항을 한 치도 어겨서는 안 된다고 수차례나 신신당부했다. 이 공간에서 무언가가 조금이라도 잘못된다면 원자로 용기 전체와 그 안에 있는 모든 것이 그들의 머리 위로 떨어질 수 있었고, 그러면 그들 모두 거대한 무덤에 즉시 생매장되고 말 것이기 때문이었다.

30제곱미터 공간이 완성되자 스레드마시 엔지니어들이 열교환기를 설치했다.[33] 열교환기는 좁은 굴을 통과해 들어올 수 있도록 모스크바에서 부분별로 운송되어 왔고, 안으로 옮긴 다음에 조립해야 했다. 그런데 지하 공간은 한층 더 더워져 있었다. 좁고 환기가 잘 안 되는 공간에서 용접을 하다 보니 곧 유독한 가스가 자욱해졌고 엔지니어들은 질식해서 쓰러지기 시작했다. 또한 열교환기 설치에는 흑연 벽돌이 꼭 필요했는데, 무게가 40킬로그램이나 되는 흑연 벽돌을 십 대의 어린 군인들이 굴 전체 길이에 늘어서서 손에서 손으로 날랐다.[34] 굴 안의 온도는 섭씨 60도에 달했고 젊은이들은 반은 벗은 채로 일했다. 교대할 때가 되면 그들은 완전히 녹초가 된 상태로 부축을 받으며 굴에서 나왔다.

6월에 드디어 최종 조립이 시작되었다.[35] 이 일은 뱌체슬라프 가라니킨Vyacheslav Garanikhin이 지휘했다. 그는 헝클어진 머리와 깎지 않은 수염을 한 스레드마시의 전설적인 용접공으로, 건설 노동자들을 도끼로 위협하며 굴을 돌아다니기도 했다. 열교환기 조립은 6월 24일에 끝났다. 하지만 프리아니치니코프가 설치한 온도 측정 장치에 따르면 그보다 한참 전부터 온도가 떨어지기 시작하면서 차이나신드롬의 위험도 수그러들었다.[36] 복잡한 스테인리스스틸 관, 10킬로미터에 달하는 제어 케이블, 두 대의 커다란 열전대, 콘크리트와 흑연 벽돌로 쌓은 층 사이에 장착된 온도계 등으로 구성된, 몇 주 동안 광부, 군인, 건설 노동자, 전기 기술자, 엔지니어 수백 명이 미친 듯이 노동을 쏟아 부어 만든 어마어마한 열교환기는 결국 가동될 필요가 없어져서 한 번도 전원이 켜지지 않았다.

5월 말이면 아프가니스탄 카불에서 군사 작전을 총지휘하던 발렌틴 바레니코프Valentin Varennikov 장군이 체르노빌의 군사 제염 작업을 지휘하러 이곳에 와 있었다.[37] 그가 와 보니 화학전 부대만 해도 1만 명이 넘는 사람들이 출입금지구역 안에서 작업하고 있었고, 이에 더해 에너지부가 인근에 거주하는 수백 명을 긴급히 건설 노동자로 소집해 일을 시키고 있었다.[38] 하지만 명백히 인력이 더 필요했다. 정치국은 가뜩이나 군인들 사이에 알코올중독과 마약중독이 만연한 상황에서 소비에트연방의 젊은 군인들이 고준위 방사능 지역에 계속 동원되면 소비에트에서 한 세대 전체의 건강이 망가지고 서구의 공격에 맞서 국가를 방어할 역량이 훼손될지 모른다고 우려했다.[39] 5월 29일, 정치국과 소비에트 각료회의는 평화 시기 치고는 유례없는 칙령을 발표했다.[40] 수십만 명의 예비군(24~50세 남성)을 추가 소집해 최대 6개월까지 복무하게 한 것이었다. 그들은 특별 군사 훈련이 필요하기 때문이라는 설명을 들었고, 대개 군복을 입은 다음에야 자신이 소집된 진짜 이유를 들었다.[41] 7월에 접어들 무렵이면 이러한 예비군 4만 명 이상이 출입금지구역 경계 주위의 야전 캠프에 머물고 있었다.[42] 이들은 줄 지어 세워진 텐트에서 잠을 자고 매일 아침 개방형 트럭을 타고 특별 구역으로 이동했다. 가는 길은 멀고 더웠다.[43] 새로 깐 아스팔트가 햇빛에 반짝였고 급수 차량이 먼지를 가라앉히기 위해 계속 물을 뿌렸다. 양 옆에 보이는 나무와 들판은 무성하고 푸르러 보였지만, 울타리가 처져 있었고 "넘어가지 마시오—오염되었음"이라고 쓰인 표지판이 세워져 있었다.

속도를 내어 달리는 트럭과 콘크리트믹서의 끝없는 행렬이 먼지를 일으키고 중대형 수송헬기의 회전날개가 일으키는 하강 기류에서도 먼지가 소용돌이치면서, 방사능 먼지가 출입금지구역 전역에 흩뿌려졌다.[44] 바람을 타고 하늘로 들어 올려진 미세한 방사성 입자들은 원망스러울 만큼 쉽게 이동해서 근처 지역들에 내려앉거나 더 멀리 이동해 (100킬로미터나 떨어진 곳에서까지) 비와 함께 짙은 낙진이 되어 내렸다.

우크라이나 과학아카데미 과학자들이 출입금지구역에서 거즈와 진공청소기로 대기 샘플을 수집해 분석한 결과, 헬기가 한 번 날 때마다 방사능 수치가 많게는 1000배까지도 오를 수 있는 것으로 나타났다. 장비, 가구, 사무실의 문서 등을 뒤덮고 있는 방사능 먼지는 그것들 틈에서 일하는 사람들의 머리카락, 폐, 위장으로 들어갈 수 있었다. 그렇게 신체 안에 들어온 방사능 입자는 외부 피폭의 경우보다 훨씬 더 큰 피해를 신체에 입혔다. 1마이크로그램의 플루토늄은 식도와 폐의 연한 조직에서 1000라드의 알파 방사선을 조사하는 효과를 가져왔고 이것은 목숨을 위협하는 수준에 해당했다. 리퀴데이터들은 베레모나 캡을 썼고 어디를 가든 항상 헝겊 방독면을 착용했다. 또 밀봉된 생수만 마시려고 노력했고, 위험을 알게 된 사람들은 나중에 무의식적으로 옷과 탁자에서 가장 작은 먼지도 털어내는 습관을 갖게 되었다.[45] 조건반사적으로 무언가를 계속해서 치워 없애려는, 개인적인 제염 작업인 셈이었다. 하지만 여전히 많은 이들이 자기 주위에 눈에 보이지 위험이 존재하는 줄을 알지 못하고 있었다.[46] 군인들은 원자로 가까운 곳의 태양 아래서 휴식을 취하며 담배를 피웠고, 여름의 열기 속에서 웃통을 벗고 작업했다. 신분을 숨기기 위해 탱크 작업자들의 작업복을 입고 출입금지구역에 들어온 KGB 요원들도 값비싼 일제 선량계를 가지고는 있었지만, 상황을 충분히 알고 있지 못해서 4호기에 접근하면서도 그것을 켜지 않았다. 잔해들 사이로 먹을 것을 찾으러 날아왔다가 너무 오래 그곳에 머물렀던 불운한 까마귀들의 운명만이(까마귀 사체가 발전소 주위 여기저기에 있었다) 위험을 무시한 것의 비용을 가시적으로 보여 주는 유일한 경고였다.[47]

날마다 출입금지구역을 가로와 세로로 가로질러서, 그리고 상공에서, 방사선 측정이 이뤄졌다.[48] 헬기로, 비행기로, 장갑차로, 또 고무 보호복과 방독면을 착용한 부대원들이 걸어서 곳곳을 다니면서 방사선을 측정한 결과, 오염이 우크라이나, 벨라루스, 러시아를 아우르며 널리 퍼져 있다는 것이 드러났다. 4호기에서 나온 연기는 프리피야트와 체르노빌 두 도시만이 아니라 인근의 집단농장, 산업체, 소도시, 외진 마을, 숲, 그리고 상당한 면적의 농지에 영향을 미쳤다. 짙은 방사능 흔적이 30킬로미터 구역 북쪽과 서쪽 전역에 닿아 있었을 뿐 아니라, 그 경계를 훨씬 넘은 곳까지도 낙진이 호피 무늬처럼 드문드문 퍼져 있었다. 멀게는 발전소에서 300킬로미터 떨어진 곳에서도 낙진의 흔적이 발견되었다. 낙진은 4호기에서 나온 21개의 핵종(스트론튬89, 스트론튬90, 넵튜늄239, 세슘134, 세슘137, 플루토늄239 등)을 담고 있었다. 방사능 낙진은 두 가지 방식으로 사람들의 건강을 위협했다.[49] 하나는 미세한 방사능 먼지가 지상으로 내려앉는 것이고, 다른 하나는 오염된 땅과 물에서 자란 작물과 가축 등 식품을 통해 방사성물질을 흡수하게 되는 것이었다. 5월 말이면 이미 5000제곱킬로미터가 넘는 땅(델라웨어 주보다도 넓은 면적이다)이 위험한 수준으로 오염되어 있었다. 날씨와 바람은 상황을 더 악화시켰고,[50] 제염을 이미 마친 곳으로 방사능 먼지가 계속 다시 날아가서 초기의 제염 작업을 도루묵으로 만들곤 했다.

발전소 경계 밖의 막대한 영역을 제염하는 일은 기상 여건이나 이

일 자체의 어마어마한 규모도 문제였지만, 제염해야 할 곳의 지형과 물질이 너무 다양하다는 점 때문에도 몹시 어려웠다.[51] 미세한 방사능 먼지가 콘크리트, 아스팔트, 금속, 나무에 스며들어 있었다. 핵 구름이 지나간 길에서 건물, 가게, 정원, 관목, 나무, 호수가 며칠, 또는 몇 주 동안이나 핵 구름에 노출되어 있었다. 작업자들은 지붕, 벽, 농장, 기계, 숲에서 오염된 부분을 씻고, 긁어내고, 치우고, 베어내고, 묻어야 했다. "리퀴데이션"이라는 말은 전쟁에서의 미사여구일 뿐이었다.[52] 현실에서 핵종은 해체되지도 없어지지도 않았다. 단지 위치를 옮겨 격리하고 덮어씌우는 방법밖에 없었고, 그나마 방사성이 감소되는 오랜 시간 동안 최대한 환경에 피해를 덜 일으킬 만한 장소에 격리할 수 있다면 그게 최선이었다.

이것은 인류 역사상 전례가 없는 규모의 일이었고 소비에트에서 이렇게 전례 없는 일에 대해서까지 대비책을 마련해 두려 한 사람은 아무도 없었다.[53] 다른 나라도 모두 마찬가지였을 것이다. 하지만 지금 이 문제는 소비에트 명령·행정 시스템 특유의 불합리한 기대치에도 직면해 있었다. 피칼로프 장군(화학전 부대 지휘관)은 현장을 방문한 정치국 작전 그룹 사람들에게 30킬로미터 구역에 대한 첫 상황 보고서를 발표하면서 제염 작업이 완료되기까지 7년 정도가 걸릴 것으로 예상된다고 말했다. 이 보고를 듣고 정치국의 강경보수파 위원인 리가초프는 노발대발하면서 7개월 안에 마치라고 했다.[54]

"그때까지 못 마치면 당원증을 반납해야 할 거요!"

피칼로프 장군이 대답했다. "존경하는 이고르 쿠즈미치. 그렇다면 제가 당원증을 반납하기까지 7개월이나 기다리실 것도 없습니다. 지금 가져가십시오."

***

모스크바로 돌아온 정치국 작전 그룹은 새로운 문제에 직면했다.[55] 남아 있는 4호기를 어떻게 주변 환경으로부터 영구적으로 격리할 것인가 하는 것이었다. 흑연 화재는 드디어 진화되었고 차이나신드롬의 위협도 누그러졌으니, 이제 시급한 일은 4호기에서 더 이상의 방사능 물질이 대기 중으로 유출되지 않게 하는 일이었다. 손상되지 않은 나머지 세 기의 원자로도 하루 빨리 재가동해야 했다. 여기에서 생산되는 전기가 소비에트 경제에 결정적이라고까지는 말할 수 없겠지만, 그것을 복원해 재가동하는 것은 사회주의 국가의 역량을 다시 한 번 증명하고 원자력 에너지에 대한 정부의 입장을 재천명하는 일이 될 것이었다. 그리고 나머지 원자로들을 안전하게 재가동하기 위해서라도 먼저 4호기의 잔해가 밀봉되어야 했다. 처음에 이 임무는 에너지부에 떨어졌다. 하지만 에너지부의 건설 팀은 일의 규모에 압도당한 나머지 5월 12일에 두 손을 들고 말았다.[56]

하지만 고르바초프는 이 재앙을 되도록 빨리 진압하고자 하는 의지가 확고했다. 정치국 회의에서 그는 소비에트연방이 핵발전소를 세계 최초로 지은 나라인 만큼, 이제 그것을 안장할 관도 세계 최초로 지어야 한다고 말했다.[57] 소비에트 핵 시설의 건축 규칙을 한 글자 한 글자 피로 써 냈던 전문가들을 불러야 할 시간이었다. 중기계건설부의 전문가들 말이다. 다음 날 스레드마시의 장관 에핌 슬라브스키가 열 명의 전문가로 구성된 팀과 함께 개인용 투폴레프 Tu-104 비행기를 타고 키예프에 도착했고, 헬기로 갈아 타고 발전소 주위를 둘러보았다.[58]

"엉망이군." 공중에서 잔해를 돌아보며 그가 말했다. 함께 온 사람들도 현장을 보고 경악했다. 언론 보도와 공식 보고서들을 보면서 짐작했던 것보다 상황이 훨씬 좋지 않았다. 원자로의 분화구에서 여전히 연기가 나오고 있어서 원자로는 언제라도 다시 분출할 수 있는 휴화

산처럼 보였다. 누가 맡게 되던 간에, 4호기의 잔해에 벽을 두르고 위를 막아 밀봉하는 일은 인류가 이제껏 직면해 본 공사 중 최악의 상황에서 이뤄지는 작업이 될 터였다. 작업자들의 피폭 양이 상상 불가한 수준으로 올라갈 것이었고, 공사가 이뤄져야 할 현장은 측정과 탐사를 하기에도 너무 위험했으며, 마감 시한은 맞추는 것이 도저히 불가능할 만큼 촉박했다. 고르바초프가 슬라브스키에게 말한 시한은 연말까지였다. 거의 불가피하게 사망자도 발생할 것이었다. 여든 살의 원자력부서 장관이 부하들에게 말했다. "동지들, 우리는 위험을 감수해야 합니다."[59]

다음날 오후, 소비에트 중앙TV와의 인터뷰에서 정부위원회 위원장 이반 실라예프가 원자로를 영구적으로 밀봉하는 프로젝트의 개요를 발표했다.[60] 4호기를 영원히 덮을 거대한 무덤을 만든다는 것이었다. 그는 이 "거대한 컨테이너"가 "이번 사고로 발생한 모든 것이 안전하게 묻히게" 해 줄 것이라고 말했다. 이것은 100년 이상 갈 기념비적인 구조물이 될 터였다. 카메라 앞에서 실라예프는 이 구조물에 오랜 역사와 신성한 의례를 연상시키는 이름을 붙였다. 그 이름은 "석관 Sarcophagus"이었다.

소비에트 정부가 국민들에게 전한 공식적인 메시지는 재앙을 정부가 잘 통제하고 있으며 이제까지 누출된 방사능 물질도 장기적인 위험은 제기하지 않는다는 것이었다.[61] 하지만 크렘린에서 열린 비밀회의에서 정치국 작전 그룹은 이 재앙이 소비에트 사람들에게 직접적으로 미친 영향만 해도 이미 경악스러울 정도로 높다는 보고를 받았다.[62] 5월 10일 토요일에 열린 정치국 작전 그룹 회의에서 리지코프는 이 사고로 총 9500명이 입원했으며 지난 48시간 안에 입원한 사람만 해도 최소

4000명에 달한다는 것을 알게 되었다. 절반 이상이 아동이었으며 26명이 방사선증후군 진단을 받았다. 또 러시아 서부의 4개 지구는 오염 수준이 알 수 없는 이유로 오르기 시작했고 소비에트 수문기상과학 위원회는 키예프 인근에서 인공 기상 조절 물질을 공중 살포해 방사능비가 키예프에 도달하지 않도록 한다는 계획을 세웠다.

리지코프 총리는 점점 더 확산되는 위험에서 모스크바를 보호하기 위한 새로운 조치들도 내놓았다. 시민방호군이 모스크바로 향하는 주요 도로를 전부 막고 모든 차량에 대해 방사능을 점검했다.[63] 계절 치고는 이례적인 더위 속에서 교통이 몇 시간이나 정체되자 운전자들은 분통을 터뜨렸다. 벨라루스와 우크라이나에서 모스크바로 오는 사람들은 먼저 병원에서 제염부터 받아야 했다. 또한 리지코프는 방사능 영향권에서 생산된 육류, 낙농품, 과일, 야채를 추가 지침이 있을 때까지 운송하지 못하도록 했다.

키예프에서는 우크라이나 정부의 자체 태스크포스가 구성되어 30킬로미터 구역 이내 마을의 제염과 주민 보호 조치를 실시했다. 5월 12일에는 발전소 남쪽 120킬로미터 이내 5개 지구의 강과 연못에서 낚시와 수영뿐 아니라 빨래를 하거나 가축을 씻기거나 자동차를 씻는 것도 금지되었다.[64] 키예프로 향하는 모든 길에는 세척과 제염 초소가 설치되었고 방사능을 체크하지 않고는 어떤 차량도 들어갈 수 없게 교통경찰이 저지했다.[65] 또 시의 급수 차량이 도로를 돌면서 찻길과 보도에 수천 리터의 물을 뿌렸고 군도 방사능 물질을 제거하기 위해 벽과 나무에 물을 뿌렸다. 하지만 우크라이나 지도자들은 패닉이 일어날 것을 우려해, 그리고 모스크바의 상관들을 화나게 할 것을 우려해, 키예프의 모든 아동을 다른 곳으로 대피시킬 것인지에 대해서는 아직 결정을 내리지 못하고 있었다.

우크라이나 당국이 긴급히 조언을 구하기 위해 크렘린에 요청해 이곳을 방문한 방사능 의학 전문가와 기상학 전문가(레오니드 일린과 유리 이즈라엘)도 퍼지고 있는 오염의 장기적인 영향에 대해 확실한 답변을 하지 않으려 했다.[66] 우크라이나 정부와의 긴급회의에서 이들은 원자로는 덮였고 방사능 물질의 방출은 급격히 떨어졌으며 곧 완전히 멈출 것이라고 했다. 그들은 현재의 방사능 수치는 주민을 소개할 정도는 아니라며 사람들에게 예방법에 대한 정보를 더 제공하는 것 정도만을 제안했다. 하지만 우크라이나 지도자들은 일린과 이즈라엘이 (실제 그들의 생각이 무엇이었든 간에) 전체 아동을 대피시키는 의사 결정을 내리는 것에 대해 책임을 지지 않기 위해 그렇게 말하는 것이라고 의심했다. 늦은 밤에 열린 우크라이나 정치국 특별 회의에서 블라디미르 셰르비츠키는 이들에게 견해를 서면으로 적어서 제출하라고 했다. 그리고 그들이 제출한 문서를 캐비닛에 처박아 두고 그들의 조언을 무시했다.

그날 밤, 셰르비츠키는 키예프의 유치원부터 7학년까지의 모든 아동, 그리고 체르노빌과 프리피야트에서 소개되어 키예프로 피난을 와 있는 모든 사람이 적어도 2개월 동안 키예프를 떠나 동쪽의 더 안전한 곳으로 가야 한다는 지시를 독자적으로 내렸다. 다음 날 밤, 우크라이나 보건장관 로마넨코가 다시 한 번 텔레비전에 나와서 우크라이나공화국의 방사능 수치는 국제 기준 이내로 유지되고 있다고 시민들을 안심시켰다. 하지만 그러면서도 아주 짧은 시간 외에는 아이들이 밖에서 놀도록 허락하지 말아야 하고 발로 차서 먼지를 일으킬 수 있는 모든 구기 종목도 허락하지 말아야 한다고 조언했다. 또한 어른들은 매일 머리를 감아야 한다고 권고했고, "키예프와 인근 지역 아동들의 건강을 위해" 이번 학년도는 2주 먼저 종료될 것이라고 말했다.[67]

소개는 5일 뒤에 시작되었다.[68] 36만 3000명의 아동과 수만 명의 보호자를 포함해 50만 명이 키예프를 빠져나갔다. 키예프 전체 인구의 20퍼센트에 해당하는 것이었다. 또한 이것은 30킬로미터 구역을 소개시켰을 때와는 비교도 안 될 만큼 어마어마한 교통상의 과업을 의미했다. 처음부터 패닉이 일어날 수밖에 없었다. 33대의 특별 열차가 두 시간마다 키예프를 출발해 사람들을 실어 날랐다. 한 무리의 초등학교 학생들이 플랫폼에 모였다. 미아가 될 경우를 대비해서 숫자가 적힌 이름표를 옷에 핀으로 달고 있었다. 기차로 장거리를 갈 수 없는 사람들을 위해 추가 비행기가 편성되었다. 키예프의 여성과 아이들이 우크라이나의 캠핑장과 요양원에 배정되면서, 코카서스 지역의 주말 휴양객들은 휴가 일정을 취소해야 한다는 통지를 받았다. 소개된 사람들은 오데사부터 아제르바이잔까지 곳곳에서 임시 거처를 찾았다. 3일 뒤, 키예프는 아이가 없는 도시가 되었고 아이들이 언제 돌아올 수 있을지는 아무도 몰랐다.

5월 22일에 셰르비츠키는 체르노빌 사고에 대한 우크라이나 정부의 대응을 보고하는 문서에 서명했다.[69] 보고서의 내용은 다음과 같았다. 실패와 부주의가 만연해 있었지만(특히 사람들에게 방사선량 노출 허용치를 늦게 알린 것) 30킬로미터 구역 중 우크라이나 해당 지역에서 9만 명이 성공적으로 소개되었다. 모두 새로운 거처를 찾았고 90퍼센트는 이미 다시 일을 하기 시작했다. 소개된 주민들에게는 1인당 200루블의 보상금이 지급되었고, 여기에 총 1030만 루블이 들었다. 사고 이후 우크라이나에서 입원했거나 격리된 9000명 이상(아이들 포함)의 환자 중 161명이 방사선증후군으로 진단되었다. 이중 5명은 아동, 49명은 내무부 인력이었다. 총 2만 6900명의 아동이 소비에트 내 다른 지역의 파이오니어 캠프로 보내졌고 모유 수유를 하는 여성들은 키예프 지역의 요양원으로 보내졌다.

명백히 시민들을 위해 실시된 이 모든 조치들에도, 소비에트 역사의 어두운 기저가 사고의 첫 피해자들에게 그림자를 드리우고 있었다.[70] 하루 전에 우크라이나 보건부는 모스크바의 상관으로부터 전신을 하나 받았다. 방사능 물질에 노출된 환자의 진단명을 어떻게 기록할 것인가에 대한 지침이었는데, 심각한 방사선증후군과 화상 증세를 보이는 환자들은 증상에 맞게 "누적적인 방사선 노출로 인한 급성방사선증후군"으로 진단명을 기록하되, 피폭 정도가 그보다 낮아서 심각한 증상이 없는 경우에는 진단명에 "방사능"이라는 단어를 언급하지 말아야 한다고 했다. 이들의 경우 병명을 "무의식적 혈관계 근긴장이상 Vegetative-vascular dystonia"이라고 기록해야 했다. "환경"에 의해 촉발된 심리적인 문제가 심박 증가, 발한, 어지럼증, 발작 등 신체적인 증상으로 이어진 경우를 일컫는 것으로, 이 병명 자체는 소비에트의 의료 시스템에만 있는 것이었지만 서구에서 말하는 "신경쇠약증"과 비슷했다. 또한 모스크바의 지침은 최대 피폭 한도까지 노출된 리퀴데이터들에 대해서도 이와 비슷하게 모호하고 오도의 소지가 있는 병명을 적도록 했다.

출입금지구역 안에서는 이제 사람들이 두고 떠난 고양이와 강아지도 보건상의 위협 요인이 되었다.[71] 소비에트 농무부는 광견병과 질병이 퍼질 것을 우려했다. 하지만 더 다급한 문제는 방사능을 내뿜는 털을 가진 이 굶주린 동물들 자체가 위험한 방사선원이 되었다는 점이었다.

우크라이나 내무부는 "우크라이나 사냥 및 낚시 협회Society of Hunters and Fishermen"에 도움을 청했다. 여기에 소속된 사람들이 20개

팀을 이뤄 출입금지구역 전역에서 버려진 동물들을 보이는 대로 살처분하게 한다는 것이었다. 각 팀은 10~12명의 사냥꾼과 두 명의 위생 검사관, 경찰 한 명, 그리고 덤프트럭 한 대로 구성되었고, 네 대의 굴착기로 구덩이를 파서 죽은 동물들을 묻기로 했다. 봄이 지나가는 시기 내내, 이제는 야생동물이 된 가축들을 사냥하는 총 소리가 버려진 폴레시아 시골 지역의 적막함을 깨뜨렸다.

사냥꾼들의 노고 덕분에 총 2만 마리의 가축과 반려 동물이 30킬로미터 지역 내에서 제거되었지만, 다 죽이는 것은 불가능했다.[72] 어떤 개들은 30킬로미터 경내를 탈출했고, 근처에서 캠프를 치고 있던 리퀴데이터들이 그런 개들을 거둬서 키웠다. 리퀴데이터들은 그 개들이 내뿜고 있는 방사능의 위험에 대해서는 그리 신경을 쓰지 않았던 것 같지만, 그럼에도 개들에게 바뀐 환경에 걸맞은 통렬한 새 이름을 지어주었다. 도자[피폭 양], 뢴트겐, 감마, 도지미트르[선량계].[73]

1986년 여름에 피칼로프 장군의 지휘 하에 출입금지구역 전역에 퍼져 활동한 사람들은 방대하고 유례없는 실험에 참여하고 있는 것이나 마찬가지였다. 애초에 소비에트의 원전 사고 긴급 대응 계획은 손상된 원자로에서 짧은 시간 동안 한 번의 방사능 누출이 일어나는 상황을 상정해서 마련된 것이었지[74], 이렇게나 오래 지속되는, 심지어 제염 작업이 시작되었는데도 멈추지 않고 계속되는 방사능 누출을 상정한 것이 아니었다. 30킬로미터 구역 내의 집과 건물들은 발전소와의 거리, 방사능 연기가 닿았을 때의 대기 상태 등에 따라 온갖 다양한 방식으로 오염되었다. 미리 확립되어 있는 방법론 같은 건 없었다. 첼랴빈스크-40에서 방사선 전문가들이 체르노빌로 소환되었다.[75] 이들은 마야크 재앙의 오랜 흔적에서 일한 바 있기 때문에 방사능 오염 지역을 치

14장 리퀴데이터

우는 일에 유일하게 준비되어 있는 사람들이라 할 만했다. 하지만 이들조차 체르노빌 같은 상황에는 맞닥뜨려본 적이 없었다.

처음에는 단순히 물로 다 씻어 내려고 했다.[76] 하지만 물 대포와 소방 호스로 버려진 집과 건물들에 제염 용액 SF2U를 뿌렸더니, 용액이 땅으로 스며들면서 낙진이 집중되는 바람에 집과 건물 바로 근처 토양의 방사능 오염이 두 배 이상으로 치솟아서 토양을 불도저로 밀어야 했다. 또 오염된 부분을 제거하기가 유독 어려운 물질들이 있었다.[77] 이를테면, 타일을 붙인 벽은 제염이 특히나 어려웠고, 강화콘크리트는 아무리 물로 씻어도 오염이 없어지지 않아서 핵종을 솔로 긁어내야 했다. 정원과 텃밭에서는 표토를 긁어 한 군데에 쌓은 뒤 진흙과 새 풀로 덮었다.[78] 너무 심하게 오염된 토양은 핵폐기물로 간주해 트럭으로 실어서 특수 구덩이에 묻었다. 많은 마을이 두세 번 제염이 되었지만, 제염을 하지 않고 너무 오래 있었던 집들은 부수는 수밖에 없었다. 나중에는 마을을 통째로 불도저로 밀고 그 잔해들을 땅에 파묻었다. 이렇게 통째로 밀어진 마을들에는 방사능 위험 지역임을 알리는 세모난 모양의 금속 표지판이 세워졌다.

기술자들은 건물과 땅에서 핵종을 제거하기 위해 할 수 있는 모든 것을 했다.[79] 군인들은 야전에 마련된 부엌에서 폴리비닐 알코올을 끓여 액체로 만들었다. 그것을 칠해서 마른 다음에 필름처럼 떼어 내면 오염 물질이 붙어서 함께 떨어져 나올 수 있게 하려는 것이었다. 갓길에는 먼지를 가라앉히기 위해 비투멘을 뿌렸고 도로 표면 중 제염이 불가능한 곳에는 새 아스팔트를 덮었다.[80] 또 Mi-8 헬기에 커다란 드럼통을 달아서 공중에서 끈적한 풀을 뿌렸다. 공기 중의 방사능 입자를 포획해 바닥에 떨어지게 만들려는 것이었다. 중기계건설부의 기술 서비스 부서인 NIKIMT의 전문가들은 소비에트연방 전역의 공장을 탈

탈 털어서 방사능 먼지를 막는 데 도움이 되는 것은 무엇이건 징발했다.[81] 값이 싸고 다량으로 존재하는 것이기만 하면 말이다. 여름이 지나가면서 PVA 풀부터 "바르다"(비트루트와 목재 폐기물에서 나오는 펄프)까지 온갖 물질이 출입금지구역 입구의 기차 차량 야드에 도착했고 헬기에 실려 짙은 소나기처럼 살포되었다.

한편 우크라이나의 강, 호수, 저수지의 방사능 오염 위험은 소비에트의 엔지니어와 수문학자들의 독창성을 극한까지 시험하고 있었다.[82] 폭발 며칠 뒤에 모스크바와 키예프에서 소환된 이들 전문가들은 낙진이 프리피야트 강으로 쏠려 가거나 지하수로 스며들어가지 않게 하기 위해, 그리고 이미 강으로 쏠려 들어간 오염 물질이 하류로 흘러가 키예프 시민들이 식수로 사용하는 거대 저수지에 들어가지 않게 하기 위해 고투했다. 군 공병대와 소비에트 수자원부는 131개의 댐과 필터를 짓고 177개의 배수정井을 만들었으며 오염된 물이 강에 닿기 전에 가둬 두기 위해 지하에 진흙으로 길이 5킬로미터, 두께 1미터, 깊이 30미터의 장벽을 쌓기 시작했다.

프리피야트 바로 근처, 프리피야트와 발전소 사이의 "위생지대"에 있는 소나무 숲도 폭발 직후 직접적으로 짙은 낙진이 떨어진 지역에 속했다.[83] 베타 입자를 방출하는 핵종이 숲을 뒤덮어(어떤 곳은 흡수선량이 1만 라드에 달하기도 했다) 40제곱킬로미터에 달하는 숲을 거의 즉시 죽여 버리고 말았다. 열흘 만에 프리피야트와 발전소 사이의 주요 도로에 줄지어 있던 빽빽한 소나무들이 이상하게 색이 변했다. 짙은 녹색이었던 잎이 구리 빛의 붉은 색이 되었다.[84] 하지만 이 도로를 달리는 군인과 과학자들은 그들이 탄 장갑차가 "붉은 숲"에 들어섰다는 것을 밖을 내다보지 않고도 알 수 있었다.[85] 방탄유리와 방탄 판으로 방패막이 되어 있는데도 이곳에 들어서면 선량계의 바늘이 마구 흔들리기 시작했기 때문이다. 너무 오염이 심해서 이 숲도 곧 공병대가 밀어서 거대한 콘크리트 구덩이에 파묻었다.

집단농장에서는 농업 과학자들이 쟁기로 표토를 깊이 뒤집어서 핵종이 그 아래에 매장되게 했다.[86] 이들은 어떤 식물과 작물이 방사선을 가장 많이 흡수할지 알기 위해 200종의 식물과 작물을 심어 가며 실험을 했고, 파종을 할 때 석회나 그 밖의 칼슘 가루를 함께 뿌렸다. 스트론튬90을 화학적으로 토양에 묶어 두어서 식품 사슬에 들어가지 않게 하기 위한 것이었다. 농업 과학자들은 그해가 가기 전에 출입금지 구역 안에서 농사를 다시 짓기 시작할 수 있으리라는 낙관적인 기대를 가지고 있었다.[87]

하지만 나뭇잎과 토양이 방사능의 원천이 된 곳에서 이 일은 시시포스의 노동이나 마찬가지였다. 가장 부드러운 산들바람도 알파 입자와 베타 입자를 가진 먼지를 공기 중에 다시 띄워 올렸다. 비가 올 때마다 구름에서 방사능 물질이 떨어졌고 더 오래 가는 방사성 동위원소들을 연못과 시내로 쓸고 갔다. 게다가 곧 가을이 오면 방사능 잎이 땅 여기저기에 떨어질 것이었다. 유럽에서 가장 큰 늪지인 프리피야트의 늪지는 이미 스트론튬과 세슘을 빨아들이는 거대한 스펀지가 되어 있었고, 토양을 긁어 내는 기계들을 얼마나 많이 동원하든 간에 그런 방식으로 표토를 치우기에는 농지가 너무 광범위했다. 제대로 제염이 되는 곳은 기껏해야 10제곱킬로미터 정도밖에 안 될 터였다. 전체를 다 제염하려면 6억 톤 분량의 표토를 제거해 독성 폐기물로서 매립해야 하는데, 소비에트연방이 동원할 수 있는 무한해 보이는 인력으로도 이것은 불가능한 일이었다.[88]

6월이 시작될 무렵이면 30킬로미터 구역은 수많은 군인들이 에워싸고 전투를 치르는 방사능 전장이 되어 있었다.[89] 이 전투의 잔해들(버려진 차량, 망가진 장비, 갈지자로 파인 참호, 흙으로 쌓은 막대한 둑)이 발전소 주변 모든 곳에 늘어져 있었다.[90] 하지만 보호복을 입은 선량 계측사들이 돌아다니고 헬기가 하늘을 날아다니는 동안에도, 프리피야트에서 소개된 주민들은 집으로 돌아가려는 시도를 하기 시작했다.[91] 이미 약탈이 발생하고 있었고, 사람들은 저마다 집에 가서 챙겨 와야 할 중요한 물건들이 있었다. 어떤 이는 신분증과 여권을 놓고 왔고, 어떤 이는 많은 돈을 놓고 왔으며, 어떤 이는 일상의 소지품들을 챙겨 오고 싶어 했다. 6월 6일 하루에만도 우크라이나 내무부 경찰은 전에 프리피야트에 살았던 사람들 26명이 허가증 없이 검문소를 지나가려고 하거나 몰래 경계를 넘어 들어가려 하는 것을 잡아내 돌려보냈다.[92]

6월 3일에 정부위원회는 프리피야트를 공식적으로 거주 불가능한 지역으로 지정하는 행정 명령을 내렸고 이것은 즉각 법적 효력을 발휘하게 되어 있었다.[93] 프리피야트 시 위원회인 이스폴콤은 체르노빌 시 소비에츠카야 거리에 있는 한 건물로 옮겨 임시 사무실을 꾸린 상태였는데, 며칠 뒤에 이곳으로 KGB의 한 당국자가 마리아 프로첸코를 찾아왔다.[94] 아프가니스탄에서 복무한 적이 있다고 했고, 여느 비밀경찰과 달리 따뜻하고 예의 바른 사람이어서 마리아는 다소 놀랐다. 그는 마리아에게 프리피야트 지도를 새로 그려 달라고 부탁하면서, 프리피야트에 철조망을 칠 예정인데 어떤 경로로 쳐야 할지에 대해 조언을 구한다고 했다. 축척 1대 2000의 지도를 다시 꺼내서 프로첸코는 또 한 번 성실하게 지도를 그리기 시작했다. 두 사람은 가장 짧으면서도 가장 좋은 경로를 조사했다. 주요 건물들은 다 포함해야 하지만 묘지는 피하고, 땅을 파면 하수구 파이프와 전기 케이블들이 손상되어 도시 인프라가 훼손될 수 있는 곳들도 피해야 했다. 마리아는 중요한 질문들을 확인했다. 어떤 방식으로 땅을 팔 것인가? 어떤 장비를 이용할 것인가? 현장까지는 어떻게 접근할 것인가? 그러면서 마리아는 이것이 도둑과 약탈을 막기 위한 조치일 것이라고 애써 생각했다.

6월 10일에 제25 차량화 보병사단Motorized Rifle Division의 공병대가 가시 철망, 나무 표지판, 거대한 나사송곳이 장착된 트랙터 등을 가지고 프리피야트에 도착했다.[95] 방사능 수치가 높은 지역에서 작업하고 있다는 것을 알고서 그들은 어마어마한 속도로 일했고 72시간 안에 임무를 완수했다. 프로첸코가 사랑하는 아톰그라드는 높이 2미터에 둘레 9.6킬로미터의 철망에 에워싸였고 무장한 경비원들이 순찰을 했다. 그리고 침입자를 막기 위해 중기계건설부의 특수기술부Special Technical Division가 고안한 중앙 전자경보 시스템이 설치되었다.[96]

30킬로미터 구역의 경계에서도 공병대가 늪, 숲, 강을 가로질러 가며 10~20미터 폭의 길을 내고 있었다.[97] 우크라이나를 지나 벨라루스까지 다리를 짓고 배수로를 뚫었다. 이들이 7만 개의 나무 표지판을 세우고 그 주위로 400만 미터의 철망을 두르는 동안, 야생의 새들이 수확하지 않은 밀밭을 뛰어다녔다. 어떤 곳은 방사능 수치가 너무 높아서 출입금지구역 경계 안에 포함되도록 철망의 반경을 임의로 확장했다. 6월 24일 경이면 출입금지구역 전체에 걸쳐 경보 장치가 설치된 195킬로미터 길이의 철망이 설치되었다.[98] 프리피야트와 체르노빌 원자력 발전소는 이제 인간이 살지 않는, 그리고 내무부 경찰들이 순찰을 하고 정부가 발급한 통행증이 있어야만 접근할 수 있는, 2600제곱킬로미터 넓이의 방대한 구역의 중심이 되었다.

그래도 마리아 프로첸코는 전에 당에서 했던 말을 굳게 믿고 있었다. 소개는 일시적인 것이라고 말이다. 프로첸코는 시기가 좀 늦어질 수는 있겠지만 그래도 언젠가는 프리피야트에서 방사능 오염이 다 제거되고 자신과 가족들이 강둑 옆의 집에 돌아갈 수 있으리라고 믿었다.

하지만 여름날이 짧아지기 시작했는데도 프로첸코는 여전히 체르노빌에 임시로 마련된 프리피야트 이스폴콤 사무실에서 일하고 있었다. 그리고 프로첸코가 하는 일은 점점 더 아무도 살지 않는 핵 도시를 관리하는 쪽에 초점이 맞춰지고 있었다. 곧 마리아는 자신의 사무실에 찾아오는 전문가들 중 누가 "특별 구역"에서 곧장 온 사람인지를 알아차릴 수 있게 되었다. 그들은 옷에서 오존 냄새가 났다. 마리아는 소개된 시민들이 자기 집에 다시 가서 가구와 소지품을 챙겨 나올 수 있게 하는 데 필요한 준비를 하라는 지시를 받았다. 12명으로 구성된 위원회가 사람들이 무엇을 가지고 나와도 되고 무엇은 안 되는지를 결정하기 위해 모였다.[99] 또한 그들은 가구를 운반할 150대의 트럭을 키예프주 전역에서 소집하기로 했고 집과 검문소에서 방사능을 측정할 50명의 선량 계측사를 동원하기로 했다. 방문자들을 집까지 실어 나를 버스들과 그들이 가지고 나올 소지품을 넣을 50만 개의 비닐봉지도 준비해야 했다. 2주간 계획을 세우고서 시행할 준비가 되었다. 하지만 누군가가 이 작전을 완수하는 것은 불가능하다는 점을 지적했다. 프리피야트에서 소개된 사람들은 집이 없는 신세가 되었기 때문에 버려진 도시에 다시 들어가서 물건을 가져온들 그것들을 놓아둘 곳이 없으리라는 것이었다.

점차 프로첸코는 출입금지구역의 방사능 수치를 모니터링하러 온 우크라이나 과학아카데미 물리학자들과 친해졌다. 그리고 이들이 최종적으로 프로첸코에게 진실을 알려 주었다. 피칼로프 장군의 화학전부대가 아톰그라드의 아파트 단지와 거리들을 제염하는 5개월간의 작전을 수행할 참이긴 했지만,[100] 이것은 위험이 더 퍼지는 것을 막기 위

14장 리퀴데이터

한 조치였지 주민들이 돌아올 수 있게 하려는 조치는 아니었다. 정부 위원회는 사람이 다시 살 수 있을 정도로 프리피야트를 제염하려면 무려 16만 명이 필요하다고 추산했다. 금전적인 비용 또한 상상을 초월할 터였다.[101) 우크라이나 과학아카데미 과학자들이 마리아에게 말했다. "포기하세요. 프리피야트로 못 돌아가실 거예요."[102)

15장

수사

세르게이 얀코프스키Sergei Yankovsky는 4월 26일 동이 트기 조금 전에 사고 현장에 도착했다. 하지만 그는 자신이 여기에 왜 파견된 것인지 어리둥절했다.[1] 갓 서른 살에 마르고 뼈드렁니가 난 키예프 주 검찰청 수석 수사관 얀코프스키는 수사관 생활을 한 지 약 6년이 되었고 강간, 폭력, 무장 강도, 자살, 살해, 업무상 과실 등 "사람에 대한 범죄"를 주로 수사했다. KGB가 브레즈네프를 욕하는 사람들을 잡아 가두느라 바쁘던 동안에 비非이데올로기적 범죄는 (마르크스-레닌주의 원칙에 따라서) 전적으로 자본주의적인 문제로 여겨졌지만, 소비에트에서 "자본주의적인" 범죄는 매우 많이 일어났고 얀코프스키는 늘 바빴다.[2]

특히 보드카는 폭력이나 사망 사건을 일으키는 강력한 원천이었다. 결혼식이나 장례식은 싸움이나 칼부림으로 끝나기 일쑤였고 겨울에는 사람들이 밖에서 잠이 들어 다음 날 동사한 채 발견되기도 했다. 한번은 얀코프스키 담당 구역의 한 콜호츠에서 다섯 명의 콤바인 수확기 운전사가 밀밭에서 보드카를 잔뜩 마시며 점심을 먹은 뒤 취해서 나가 떨어졌다. 불행히도, 여섯 번째 운전사가 그들보다는 약간 덜 취해서 아직 움직일 수 있었던 모양이었다. 여섯 번째 사람이 술에서 깨어 정신을 차려 보니 다섯 명의 동료는 그의 콤바인 날에 잘려 토막이 나 있었다. 1981년 한 해에만도 얀코프스키는 230구의 시신을 시체 안치소에 보냈다.

얀코프스키가 상관 발레리 다닐렌코Valery Danilenko의 전화를 받고 잠에서 깬 시각은 새벽 2시였다.[3] 다닐렌코는 키예프 주 검찰청의 수사 부장이었다. 20분 후, 그는 "이동식 범죄 실험실"을 타고 키예프에 있는 얀코프스키의 아파트 앞에서 얀코프스키를 기다리고 있었다. "이동식 범죄 실험실"은 장비들이 가득 장착된 미니버스로, 밀리치야 색으로 칠해져 있었고 경광등과 사이렌이 달려 있었다. 다닐렌코는 체르노빌 발전소에서 화재가 나서 수사를 하러 가야 한다고 말했다.

발전소로 가는 길은 차가 거의 없어 한적했고 고요한 시골길을 차로 달리는 것은 상쾌했다. 수평선을 배경으로 나무와 전봇대가 수직으로 솟아 있는 경관도 아름다웠다. 맞은편에서 오는 차를 지나칠 때면 운전사는 사이렌을 울렸다. 발전소가 가까워지면서 그들은 같은 방향으로 가는 소방차량 대열을 추월해 속도를 냈다.

그런데 4호기에서 200미터 떨어진 곳까지 접근하자 풍경은 이상하게도 조용해졌다. 아직 완전히 밝아지기는 전이었고 건물 위에 안개인지 구름인지가 드리워진 것이 보였다. 하지만 화염은 없었다. 소방차가 있었지만 커다란 재앙이 있었던 흔적은 보이지 않았다. 얀코프스키는 잔해에서 쏟아져 나오는 물을 바라보면서 한가하게 담배를 피우고 있는 사람을 한 명 발견하고서 그에게 물었다.

"이봐요, 여기 무슨 일이 있었나요?"

"아, 뭐가 폭발했어요." 그는 늘 있는 사소한 일이라는 듯 대답했다.

'여기 사람들이 충분히 잘 다룰 수 있는 문제 같은데….' 얀코프스키는 이렇게 생각하면서 다닐렌코에게 물었다. "우리가 여기 왜 온 겁니까? 왜 꼭두새벽에 우리가 여기에 파견된 건가요?" 얀코프스키에게는 쓸데없는 시간 낭비로 보였다.

"기다려 봐." 다닐렌코가 대답했다. "뭔가가 이상해."

두 사람은 행정동으로 향했다. 현지 관료들이 이미 와 있었고 키예프 주 당 제2서기 말로무츠가 브리핑을 받고 있었다.

"여기서 뭐하시는 겁니까?" 말로무츠가 수사관들에게 물었다. "우리가 알아서 해결할 수 있습니다. 불은 진화되었어요. 그리고 원자로는 곧 재가동될 겁니다."

하지만 발전소를 떠나 프리피야트에 가 보니 그곳 경찰서에 우크라이나 내무부의 중요 인물들이 가득했다. 그리고 추가 정보가 들어오기 시작했다. 제126병원에 화상과 구토 증세를 보이는 사람들이 입원했다고 하고 KGB가 사보타주의 흔적을 찾으러 발전소 경내에 가 있다고도 했다. 무언가 심각한 것이 일어난 것이 틀림없었다. 다닐렌코가 그의 상관인 키예프 주 검사장(그도 프리피야트에 와 있었다)과 상의를 하러 간 동안 프리피야트의 경찰이 얀코프스키에게 자동차와 사무실을 제공해 주었다.

오전 6시경 다닐렌코가 검사장의 결정 사항을 가지고 돌아왔다.

"사건 열고 수사 개시해. 기소를 할 거야."

얀코프스키는 자리에 앉아서 타자기에 종이를 끼우고 타자를 치기 시작했다.

체르노빌 원자력발전소 4호기의 사고 원인에 대한 조사는 4월 26일에 시작되어 두 갈래로 전개되었다. 하나는 형사 기소를 위한 수사로,

4월 26일을 거치면서 사고의 피해가 막대하다는 것이 분명해짐에 따라 수사의 범위와 중요성 또한 점점 커졌다. 점심시간 무렵이면 벌써 세르게이 얀코프스키 등 수사관들이 프리피야트 시와 발전소 곳곳에 흩어져 병원에 있는 운전원들을 심문하고 제어실의 문서들을 압류하고 있었다. 이제 이 사고는 더 이상 키예프 지역 차원이 아니라 우크라이나공화국 차원의 수사였다. 그리고 밤이 되기 전에 소비에트연방 검찰청의 차장검사가 모스크바의 새로운 지침을 가지고 왔다. 그는 소비에트연방 검찰청의 제2부 안에 특별수사팀이 꾸려질 것이라고 했다. 제2부는 비밀 군사시설과 핵시설 관련 범죄 수사에 특화된 곳이었고, 따라서 이 사고에 대한 수사 전체가 1급 기밀로 분류되었다.[4)]

두 번째 갈래의 조사는 사고에 대한 과학적인 원인 규명으로, 같은 날 정부위원회에 의해 시작되었다.[5)] 발레리 레가소프가 책임자였지만 막강한 권력을 가진, 그리고 애초에 사고가 난 원자로를 설계한 곳인 중기계건설부의 차관 알렉산더 메슈코프Alexander Meshkov의 감독을 받으며 진행하도록 되어 있었다. 메슈코프는 운전원의 실수가 사고 원인이라고 빠르게 결론을 내렸다. 급수 펌프가 과부하되었고, 예비 냉각계통의 전원이 꺼져 있었으며, 그 때문에 원자로에 물이 공급되지 않았고, 그 결과 폭발이 발생했다는 것이었다. 이것은 크게 우려되었던, 하지만 설계 시에 이미 고려되었던 "최대 설계 기반 사고"였고, 최대 설계 기반 사고에 대해서는 모든 운전원이 어떻게 대처할지를 알고 있었어야 마땅했다.

하지만 다음 날 아침 모스크바의 쿠르차토프 연구소에서 RBMK 원자로 전문가 두 명이 사고 당시 원자로에서 나온 데이터를 수거해 정밀 분석하기 위해 키예프에 도착했다.[6)] 키예프의 줄리아니 공항에서 프리피야트까지 차로 이동하는 길에 이들은 반대 방향에서 오는 끝없는 버스 행렬 때문에 기다려야 했다. 저녁에야 프리피야트에 들어온 두 물리학자는 다음 날 발전소 지하의 벙커로 가서 4호기 운전 일지와 원자로 진단 시스템의 컴퓨터 출력물, 폭발 몇 분 전에 운전원들이 한 대화가 녹음된 테이프 등을 챙겼다. 이 데이터를 분석하면서 이들은 폭발로까지 이어졌던 일련의 사고와 사건들의 순서와 가닥을 잡아 나가기 시작했다. 원자로가 낮은 출력에서 가동되고 있었다, 제어봉이 노심에서 거의 모두 인출되었다, 웅성거리는 소리가 나고 "버튼을 눌러"라는 외침이 들렸다, AZ-5 급속 정지 시스템이 작동했다, 마지막으로, 펜 트레이스 기록 장치 상에서 원자로의 출력이 가파르게 오르다가 갑자기 수직으로 치솟아 출력 용지의 꼭대기를 쳤다.

이들 두 물리학자 중 한 명으로 RBMK 프로젝트에 평생을 바쳐 온 알렉산더 칼루긴Alexander Kalugin은 분석 결과가 소름끼치도록 익숙하게 느껴졌다. 2년 전에 칼루긴은 원자로 설계 연구소 NIKET에서 열린 콘퍼런스에 참석한 적이 있었는데, 거기에서 누군가가 어떤 특수한 상황에서는 노심에 제어봉을 삽입할 때 제어봉 끄트머리가 노심 바닥 쪽의 물을 흩어버려서 핵분열 반응을 급격히 상승시킬 수 있다는 우려를 제기했다. 그때 NIKIET에 모였던 과학자들은 도무지 있을 법하지 않은 일이므로 걱정할 필요가 없다며 그가 제기한 우려를 일축했다. 그런데 지금 4호기 컴퓨터 출력물의 섬뜩한 데이터를 보고 있는 칼루긴에게 그것은 매우 있을 법한 일로 보였다.

그렇더라도 데이터를 더 자세히 분석하기 전까지는 칼루긴이 떠올린 가능성은 혼란만 가중시키는 숱한 가설 중 하나일 뿐이었다. 우선 이들은 레가소프에게 전화를 해서 초기 분석 결과를 알렸다. 그리고 4월 28일 월요일 오후, 모스크바의 정치국 사무실에 다음과 같은 전보가 도착했다. **사고 원인: 막대하고 통제 불가능했던 원자로 출력 급증.**[7]

하지만 그 출력 급증이 어떻게 해서 촉발되었는지는 여전히 수수께끼였다. 적당한 희생양을 찾는 일이 즉시 시작되었다.

5월 첫 주 말경, 쿠르차토프 연구소에서 온 두 명의 RBMK 전문가는 모스크바로 돌아가서 자루 가득 가져온 데이터의 암호를 푸는 일에 본격적으로 착수했다.[8] 연구소의 모든 컴퓨터가 24시간 내내 돌아가면서 문서, 펀치 카드 출력물, 매뉴얼, 4호기의 진단 및 기록 시스템에서 회수한 방대한 분량의 테이프 등을 분석하고 마지막 순간의 상황을 재구성했다. 그러는 동안, 검찰 수사팀과 KGB는 제6병원의 병실들을 돌아다니면서 의식을 잃어 가는 엔지니어들에게 계속해서 질문을 던졌다.

빅토르 브류하노프 소장은 아직 발전소에서 자리를 지키고 있었다.[9] 겉으로는 언제나처럼 침착했지만, 녹초가 되었고 자신과 일하던 직원들의 죽음으로 충격을 받은데다 재앙에 대한 책임감의 무게에 짓눌려 있었다. 날마다 그는 정부위원회에서 내려오는 지시들을 최선을 다해 수행했다. 하지만 병원에 실려 갔거나 너무 많이 피폭되어서 발전소에서 계속 일할 수 없는 직원들의 일을 대신하는 데만도 눈코 뜰 겨를이 없었다. 매일 일과가 끝나면 그는 "동화" 파이오니어 캠프로 갔다. 이제 그는 그곳 도서관에서 묵고 있었다. 서가 사이사이의 간이 침상에 누워서 브류하노프와 발전소 선임 직원들은 밤늦도록 무엇이 재앙의 원인이었을까 생각해 보았다. 그들은 좀체 잠을 자지 못했다.

세르게이 얀코프스키가 사고에서 브류하노프가 했던 역할에 대해 조사하러 왔을 때 브류하노프는 의무실에 있었다. 브류하노프가 말했다. "젠장. 나는 포민을 믿었고 그게 전기 테스트인 줄 알았습니다. 이렇게 될 줄은 몰랐습니다."[10] 수사관은 자살한 러시아 시인 세르게이 예세닌Sergei Yesenin의 시를 인용해 은근히 그의 처지를 비꼬았다. "아마도 내일이면 병원의 침상이 내게 영원한 평화를 가져다주리라."

얼마 후 핵 공학자이자 작가인 그리고리 메드베데프가 사고 현장에 왔다가 브류하노프와 마주쳤다. 브류하노프는 체르노빌에 임시로 꾸려진 정부위원회 건물 복도를 어슬렁거리고 있었다. 복도 아래쪽의 사무실에서는 과학아카데미 학자들인 벨리호프와 레가소프, 그리고 소비에트 원자력 에너지 당국자가 차이나신드롬의 위험을 해소할 방법을 찾느라 고전하고 있었다. 브류하노프는 발전소 엔지니어들이 입는 흰 작업복을 입고 있었고, 눈은 충혈되고 피부는 푸석푸석해져 있었으며, 얼굴에는 깊은 주름에 낙담이 가득했다.

"얼굴이 말이 아니군요." 메드베데프가 말했다.[11]

"아무도 나를 필요로 하지 않아요." 브류하노프가 말했다. "그저 얼음 구멍에 있는 똥 덩어리처럼 여기저기 떠다니고 있을 뿐, 여기에서 나는 아무 쓸모가 없어요."

"포민은 어디 있습니까?"

"그는 정신이 나갔어요. 안정을 취하러 보내졌습니다."

2주 뒤인 5월 22일에 브류하노프는 에너지부 장관 아나톨리 마요레츠에게 아내 발렌티나와 아들 올레그를 보고 올 수 있게 해 달라고 부탁했다.[12] 아내와 아들은 프리피야트에서 소개되어 지금은 크림반도에 머물고 있었다. 마요레츠의 허락을 받아서 브류하노프는 1주일간의 휴가를 얻었고 남쪽으로 가족을 보러 갔다.

그가 없는 동안 마요레츠는 브류하노프의 체르노빌 발전소장 직위를 박탈하고 소장을 다른 사람으로 교체했다.

수사가 계속되는 동안, 공식적으로 소비에트 지도자들은 이 사고가 여러 가지 불운한 사건들이 하필이면 한데 결합한, 정상적인 상황에서라면 있을 수 없는 일 때문이었으며, 그것이 운전원들의 실수에 의해 촉발되었다는 뉘앙스를 풍겼다. "원인은 명백히 주관적인 영역에, 즉 인간의 실수에 있습니다." 정치국 위원이자 훗날 러시아 대통령이 되는 보리스 옐친Boris Yelchin은 서독 텔레비전 방송에 나와서 이렇게 말했다. "우리는 다시는 이런 일이 일어나지 않게 하기 위한 조치들을 취하고 있습니다."13)

"원자력 에너지 사용 국가위원회"(스레드마시의 대외용 기관) 위원장 안드라니크 페트로샨츠Andranik Petrosyants는 『LA타임스』에 기고한 글에서 "이 사고는 매우 있을 법하지 않은 기술적 요인들이 결합해서 발생했다"며 "우리는 운전원들의 실수로 상황이 악화되었다는 결론으로 기울고 있다"고 언급했다. 페트로샨츠는 조사가 완료되는 대로 사고 원인에 대한 완전한 보고서를 빈에서 열릴 국제원자력기구 콘퍼런스에서 발표하겠다고 약속했다.14)

소비에트 대표단이 빈의 IAEA 콘퍼런스에 참석해 사고 원인을 보고하는 것은 다른 나라들이 소비에트 과학의 은밀한 성채를 엿볼 수 있는 전례 없는 기회가 될 것이었다. 사고 원인에 대한 정보를 수집하고 IAEA 콘퍼런스에서 발표할 내용을 준비하는 일의 책임은 발레리 레가소프가 맡게 되었다. 중기계건설부의 강경파들은 레가소프를 책임자로 지명하는 것에 반대했다.15) 자신들이 통제하기가 어려운 사람이라고 생각했기 때문이다. 체르노빌 현지에 파견되어 있다가 5월 13일에 두 번째로 모스크바에 돌아온 레가소프는 전과는 딴판으로 달라져 있었다.16) 손과 얼굴은 방사능에 그을려 검어져 있었고, 강고하던 예전의 이데올로기적 확신은 희미해져 있었다. 그는 눈물을 글썽거리면서 아내에게 이 사고가 그들을 얼마나 속수무책이 되도록 압도했는지, 또 그들이 소비에트 국민들을 사고의 피해로부터 보호하는 일에 얼마나 준비가 안 되어 있었는지 이야기했다. 깨끗한 물도, 오염되지 않은 식품도, 안정적인 아이오딘 알약도 부족했다. 제6병원에서 진찰을 받은 결과, 레가소프의 몸에도 원자로의 유독한 지문이 남겨져 있었다. 의사들은 그의 머리, 기도, 폐 등에서 아이오딘131, 세슘134와 137, 텔류륨132, 루테늄103 등 핵분열 생성물들을 발견했다. 그의 건강은 무너지고 있었고 두통, 구토, 소화불량, 만성적인 불면증이 그를 괴롭혔다. 그럼에도, 레가소프는 수십 명의 전문가들과 함께 수백 건의 문서들을 분석해 가며 IAEA 콘퍼런스에서 발표할 내용을 정리하는 일에 매진했다.[17] 레가소프는 쿠르차토프 연구소의 사무실과 집에서 밤낮없이 일했다. 그와 동료들은 모든 것이 정확하다고 확신할 수 있을 때까지 통계 수치를 확인하고 또 확인했다. 페호트나야 거리 26번지에 있는 그의 집은 거실, 복도, 계단까지 문서들로 뒤덮였다.

그러는 동안, 모스크바의 장막 뒤에서는 "체르노빌 원자력발전소 4호기 사고 원인에 대한 합동 보고서"의 내용을 두고 관료제에서의 정치 투쟁이 시작되었다.[18] "합동 보고서"는 정치국 보고용으로 작성된, 사고 원인에 대한 기밀 보고서였다. 소비에트 원자력산업의 거물들, 즉 서로 경쟁 관계인 원자력 관련 정부 부처들과 과학자들은 고르바초프에게 최종 보고서가 올라가기 전에 서로에게 탓을 돌리기 위해 수없이 회의를 열고 메모를 전달하고 잠정 보고서들을 작성해가며 맹렬히 투쟁했다.

하지만 이것은 전혀 공평한 경기가 아니었다. 한쪽에는 중기계건설부, 원자로 설계 연구소 NIKIET, 그리고 쿠르차토프 연구소가 있었다. 이들 모두 사회주의 과학의 거두인 팔십 대 노장들이 이끌고 있었다. 소비에트 혁명의 일원인 에핌 슬라브스키[중기계건설부], 최초의 소비에트 원자로를 설계한 니콜라이 돌레잘[NIKIET], 그리고 원자력의 아버지 아나톨리 알렉산드로프[쿠르차토프 연구소] 모두 아주 초창기부터의 베테랑 기관원들이었다. 이들이 바로 RBMK를 만든 사람들이었지만 십 년 동안 그것의 결함에 대해서는 경고하지 않았다. 다른 쪽에는 에너지부가 있었다. 이곳을 이끄는 사람은 쉰여섯 살의 원자력 분야 신참 아나톨리 마요레츠였다. 에너지부는 사고가 난 발전소의 건설과 가동에 대해, 그리고 그 사고를 촉발한 직원들을 채용, 관리, 교육하는 일을 관할하고 있었다.

이 양 진영 사이의 분쟁은 사고 열흘 뒤인 5월 5일에 정부위원회가 작성한 1차 보고서가 나오자마자부터 시작되었다. 중기계건설부 차관 메슈코프의 감독 하에 작성된 이 문서는 당연하게도 운전원들에게 탓을 돌리고 있었다. 이 보고서에 따르면, 운전원들이 핵심 안전 계통의 전원을 껐고, 안전 규제를 지키지 않았으며, 원자로를 설계한 곳과 상의도 하지 않고 테스트를 진행했다. 그리고 선임 원자로 제어 엔지니어 레오니드 톱투노프가 절박하게 AZ-5 버튼을 눌렀지만 사고가 이미 돌이킬 수 없게 진행된 후여서 사고를 멈추는 데 소용이 없었다. 보고서는 단순히 운전원들의 무능력 때문에 사고가 촉발된 것이라고 결론을 내리고 있었다. 당시 운전원 톱투노프와 근무조장 알렉산더 아키모프는 이에 대해 반론을 펼 수 없었다. 편리하게도 둘 다 [사고 후] 열흘이 못 가 사망했기 때문이다.

하지만 에너지부는 합동 보고서에 서명하기를 거부하고 자체적으로 조사한 바를 바탕으로 별도의 부록을 작성했다. 이들의 조사 내용은 운전원의 실수가 무엇이었든 간에 양의 보이드 계수, 핵분열 반응을 (줄이는 게 아니라) 증가시키도록 잘못 만들어진 제어봉과 같은 원자로 설계 자체의 근본적인 결함이 없었다면 4호기가 폭발하지 않았을 것이라고 암시하고 있었다. 이들이 제시한 상세한 기술적 분석은 AZ-5 버튼을 누른 것이 예상대로 안전하게 원자로를 정지시킨 게 아니라 되레 폭발을 **야기했을** 것이라는 가능성을 제기했다.

이에 대한 대응으로, 알렉산드로프는 사고의 원인을 논의하기 위한 "원자력산업 관련 부처 간 과학기술 위원회" 특별 회의를 두 차례 열었다.[19] 하지만 "부처 간" 위원회라는 이름이 무색하게 이 위원회는 중기계건설부 사람들(과거에 RBMK를 열심히 촉진했던 사람들)로 구성되어 있었고 위원장은 RBMK의 특허 보유자인 알렉산드로프였다. 회의는 수시간 동안 지속되었지만 알렉산드로프는 특유의 수완으로 설계상의 결함에 대한 논의를 회피하고 논의가 계속해서 운전원의 실수에 대한 일반론적인 이야기로 돌아가게 했다.[20] 때때로 그게 잘 안 되어서 듣고 싶지 않은 이야기가 나올 때면, 슬라브스키("아야톨라")가 고함을 쳐서 논의를 억눌렀다. 원자력 규제 당국에서 온 대표자는 원자로의 안전성을 제고하기 위해 몇 가지 설계 수정을 제안하려 했지만 그것을 말해 볼 기회조차 얻지 못했다.

하지만 마요레츠가 이끄는 에너지부의 원자력 담당 차관 제나디 샤샤린은 순순히 패배를 인정하려 하지 않았다.[21] 두 번째의 부처 간 위원회 회의 이후에 그는 고르바초프에게 보낼, 실제 사고 원인의 개요, 그리고 알렉산드로프와 슬라브스키가 설계 결함에 대한 진실을 은폐하려 한 것을 상세히 설명한 서신을 작성했다. 샤샤린은 발전소 직원들의 실수를 인정했지만 이런 실수에만 집중하는 것은 발전소에 체계와 규율이 부족함을 드러낼 뿐이라고 주장했다. "그것은 재앙의 실제 원인을 짚어내는 데 우리가 더 가까이 가게 해 주지 못합니다." 그리고 그는 얼마나 애쓰든 사고의 진실을 영원히 덮는 것은 어차피 불가능할 것이라고 지적했다. 재앙의 규모가 전 지구적이므로 세계의 과학 공동체가 사고의 경위에 대한 기술적인 세부 사항을 당연히 알고 싶어 할 것이기 때문이었다. 고르바초프에게 보내는 편지에서 샤샤린은 이렇게 언급했다. "오래지 않아 우리나라와 해외의 더 광범위한 원자력 전문가들에게 사고의 내용이 알려지게 될 것입니다."

크림반도에 가족을 만나러 갔던 빅토르 브류하노프는 5월 말에 돌아왔다. 키예프 공항에 도착한 그는 발전소에 전화를 걸어서 공항으로 차를 보내 달라고 했다. 하지만 전화선 저쪽에서 어색한 침묵이 흘렀고 그는 뭔가가 잘못되었음을 직감했다. 발전소에 도착해서 3층에 있는 자신의 집무실로 가 보니 창문이 납 판으로 덮여 있고 다른 사람이 그의 자리에 앉아 있었다.[22] 이것은 앞으로 빗발치는 공격에 직면할 이 경영자가 겪게 될 일련의 공개적인 굴욕 중 첫 번째였다. 그가 더 이상 책임자가 아니라는 것을 아무도 그에게 알려 주지 않았던 것이다.

새로운 소장이 자신의 수석 엔지니어에게 물었다.[23] "브류하노프는 어떻게 할 건가?" 두 사람은 브류하노프를 위해 "산업기술부 차장"이라는 직위를 하나 만들었다. 다가올 운명을 기다리는 동안 이런저런 잡일을 하며 시간을 보낼 수 있는 후방 부서의 한직이었다. 둘 다 브류하노프가 수사에 소환될 날이 머지않았음을 알고 있었다.

모스크바 그라노프스코고 거리Granovskogo Street에 있는, 보안 등급이 매우 높은 건물인 소비에트 검찰청의 제2부에서는 심문이 계속되고 있었다. 세르게이 얀코프스키의 수사 대상은 이제 RBMK를 설계하고 감독한 설계자들과 과학자들로도 확대되었다.[24] 거물급 학자들도 다른 모든 이들과 마찬가지로 소환되어 질문을 받았다. 얀코프스키는 이 원자로를 설계한 니콜라이 돌레잘을 소환했다. 노년의 원자력계 거물 돌레잘은 수사관에게 폭발의 책임은 전적으로 운전원들에게 있다고 확언했다. 자신의 설계에는 잘못된 점이 없다는 것이었다.

여름이 끝날 무렵이면 원자로 설계자들에 대한 수사는 별도의 형사 사건으로 분리되어 진행되었고, 운전원들에 대한 수사도 속도가 붙었다. 얀코프스키는 소비에트연방 곳곳을 다니며 정보를 얻었다. 체르노빌 발전소에서 사용되었던 거대한 급수 펌프 제조 공장이 있는 스베르드로프스키Sverdlovsk에 날아가서 서류를 압수하고 담당자들을 조사했고, 펀치 카드 자료들을 가지고 원자력 전문가 안드레이 사하로프Andrei Sakharov가 (인권 운동 때문에) 가택 연금되어 있는 고리키Gorky에 가서 분석을 도와 달라고 했다. 열흘간 고리키에서 조사를 하고 우크라이나로 돌아와서는 다른 원자력발전소들을 찾아가서 이전에 있었던 사고들에 대한 자료를 수집했다. 그가 조사하는 모든 것이 계속 기밀로 유지될 수 있게 하기 위해, 가는 곳마다 KGB가 그림자처럼 그를 따라다녔다.

빅토르 브류하노프는 7월 2일 수요일에 키예프로 소환되었고 거기에서 모스크바로 가는 비행기 표를 받았다.[25] 다음날 정치국에서 열릴 회의에 참석해야 했다. 떠나기 전에 그는 키예프 당 제2서기 말로무츠에게 작별 인사를 했다. 이제까지 늘 브류하노프를 딱딱하고 공식적인 태도로만 대했던 그가 갑자기 브류하노프를 포옹했다. 이것은 좋지 않은 징조였지만, 어쨌든 면직된 발전소장 브류하노프는 이제 운명에 자신을 맡겨야 했다.[26]

다음날 오전 11시 정각에 정치국 일원들이 크렘린 3층의 음울한 회의실에 모였다.[27] 회의실에는 작은 책상들이 가득 있었고 브류하노프는 소비에트 원자력 업계의 거물들이 모두 와 있는 것을 보았다. 알렉산드로프, 슬라브스키, 발레리 레가소프 등이 야단맞는 학생들처럼 책상 앞에 앉아 있었다. 고르바초프 서기장이 개회를 선언하고 보리스 셰르비나에게 정부위원회의 사고 원인에 대한 최종 보고서를 발표하도록 했다.

그는 "사고는 발전소 운전 직원들이 유지 보수 일정을 심각하게 위반한 것과 원자로의 심각한 설계 오류 둘 다에서 나온 것"이라고 말을 시작했다.[28] 이어서 그는 "하지만 이 원인들은 동일한 비중이 아니다"라며 "본 위원회는 운전 직원들의 실수로 이 사고가 촉발되었다고 믿는다"고 언급했다.

이것은 중기계건설부가 선호하는 스토리였다. 하지만 셰르비나는 원자로의 설계 결함이 매우 방대하고 해결 불가능한 것이었다는 점도 인정했다. RBMK는 현재의 안전 기준에 미달했고 사고 전에도 소비에트 이외 지역에서는 운전이 허용된 적이 없었다. 사실 이 원자로는 위험성이 너무 커서, 정부위원회 전문가들은 추가적인 원전 건설 계획을 철회해야 한다고 제안했다.

셰르비나가 발언을 마쳤을 때면 고르바초프는 격노해 있었다.[29] 그의 답답함과 분노는 사고가 발생한 이래 수주일간 계속 쌓이고 있던 터였다. 그는 무슨 일이 일어났는지에 대해 정확한 정보를 알려고 고전했지만 도무지 알 수가 없었고, 서구에서 그가 가졌던 평판(개혁가이고 함께 일을 해 나갈 수 있는 파트너라는 이미지)은 사고를 은폐하려 했던 시도 때문에 크게 손상되어 있었다. 그는 슬라브스키와 알렉산드로프가 비밀주의적인 "또 하나의 국가"를 지배하고서 의도적으로 그에게 사고에 대한 진실을 숨겼다고 비난했다. "30년 동안 당신은 우리에게 모든 것이 완벽하게 안전하다고 말했고 우리가 당신을 신처럼 우러러보아야 하는 것처럼 말해 왔소. 그래서 이런 일이 일어난 거요. 그것이 재앙으로 귀결된 것이란 말이오. 과학 관련 부처와 기관들을 통제할 수 있는 사람이 아무도 없었고, 지금도 나는 당신들이 제대로 된 결론에 도달했다는 징후를 전혀 발견하지 못하겠소. 사실 당신들은 아직도 모든 것을 은폐하려 하고 있지 않소."

이날 회의는 몇 시간이나 이어졌다.[30] 점심시간에 잠시 쉬었다가 다시 회의가 시작되었다. 고르바초프는 브류하노프에게 스리마일 아일랜드 사고에 대해, 그리고 체르노빌 발전소의 과거 사고 이력에 대해 알고 있는지 물었다. 브류하노프는 서기장이 매우 예의 바르게 보여서 놀랐다. 슬라브스키는 계속해서 운전원들을 비난했고, 강경보수파 총리 리가초프는 소비에트의 자부심이라는 지푸라기를 붙들고 매달렸다.[31] "우리는 세계에 우리가 대처할 역량이 있다는 것을 보여 주었습니다. 아무도 패닉에 빠져서는 안 됩니다." 에너지부 대표자들은 자신들이 원자로에 문제가 있다는 것을 알고 있었지만 알렉산드로프와 슬라브스키가 원자력 프로그램을 확장해야 한다며 계속 밀어붙였다고 주장했다.[32]

한번은 메슈코프가 RBMK 원자로가 규정만 제대로 따른다면 여전히 완벽하게 안전하다고 요령부득의 말을 했다.[33]

"놀랄 노 자군." 고르바초프가 대답했다.

이어서 발레리 레가소프가 소비에트 과학자들이 국민을 보호하는 데 실패했다는 점을 인정했다. "물론 이것은 우리의 잘못입니다. 우리는 원자로를 더 면밀히 주시했어야 합니다."[34]

리지코프 총리는 "사고는 불가피했다"며 "지금 여기에서 일어나지 않았다 해도 어딘가에서 일어났을 것"이라고 말했다.[35] 그는 알렉산드로프와 슬라브스키에게 주어졌던 도취적인 권력이 그들을 실패로 이끈 원인이 되었다고 주장했다. "아주 오래전부터 우리는 이러한 결과

　　　　　　　　　　　　　　15장 수사

를 향해 오고 있었던 셈입니다."

거의 쉼 없이 8시간을 논의한 끝에 저녁 7시경 고르바초프가 자신의 결정 사항들을 이야기했고, 잘못이 있는 사람 모두가 처벌을 받아야 할 것이라고 말했다. 이 내용들은 25항목의 조치 사항이 담긴 결의안으로 작성되어 11일 뒤에 정치국 회의에서 투표에 부치기로 결정되었다.[36] 11일 뒤 열린 정치국 회의에서, 당 지도부는 발전소장 브류하노프와 수석 엔지니어 포민이 발전소 내에서 규칙에 대한 무시와 "범죄적인 과실"이 발생하도록 허용했고, 사고 시에 진행되었던 테스트를 안전하게 준비하지 못한 데 대해 잘못이 있다고 비판했다. 에너지부도 엉성한 운영, 직원 교육 태만, 관할 하의 원전에서 발생한 숱한 사고들에 대한 안일한 대처 등에 대해 비판을 받았다. 마지막으로, 원자력 규제 당국도 감독 업무를 충분히 효과적으로 하지 않은 점을 비판받았다.

하지만 정치국 결의안은 4호기를 폭발시킨 사고의 진정한 원인에 대해서도 언급했다. 결의안에 따르면, 이 재앙은 "RBMK 원자로 설계의 결함 때문이었으며 그 설계는 안전에 대한 요구 사항을 완전하게 충족시키지 않고 있었다." 또한 에핌 슬라브스키가 이러한 결함을 잘 알고 있었고 여러 경고 징후들이 있었는데도 설계의 잘못들을 바로잡는 조치를 전혀 취하지 않았다는 점도 지적되었다.

정치국의 가장 가혹한 비판이 쏟아진 대상은 중간 관리자급의 관료들이었다. 중기계건설부와 에너지부에서 각각 원자력발전소를 담당하던 차관 메슈코프와 샤샤린, 그리고 원전 설계 연구소인 NIKIET의 부소장이 모두 면직되었다. 빅토르 브류하노프는 당원 자격을 박탈당했고, 불명예스럽게 키예프로 돌아갔다.

또한 정치국은 이 사고로 문제점이 드러난 모든 조직이 대대적인 개혁을 해야 한다고 제안했다. 내무부와 국방부는 소방대와 군부대가 방사능 위기 대응과 제염 작업을 더 잘 할 수 있도록 추가적인 장비를 공급해야 한다고 지적받았다. 고스플란과 에너지부는 원자력 에너지에 대한 장기 전망을 재검토하도록 권고 받았다. 안전 기준과 직원들에 대한 교육 훈련 기준도 대대적으로 개편하고 원전에 대한 감독 권한은 신설될 원자력에너지부Ministry of Atomic Energy로 통합할 것이 제안되었다. 마지막으로, 현재 존재하는 모든 RBMK 원자로가 최신의 안전 기준에 맞도록 개조, 보완되어야 하며 RBMK 원자로의 추가 건설 계획은 즉각 철회되어야 한다고 제안되었다. 원자로 설계 자체에 문제가 있었음을 암묵적으로 인정한 셈이었다.

하지만 원자력 분야의 꼭대기에 있는 거물들, 원자력 프로젝트 자체를 맨 처음부터 관리하고 통제했던 사람들은 비난을 거의 완전히 피해갔다. 슬라브스키(그는 지금 4호기를 영구히 격리할 "석관" 건설을 총지휘하고 있었다)와 알렉산드로프는 "평화로운 원자력"을 위한 소비에트의 헌신적인 노력을 상기시키는 존재로서만 언급되었다. 니콜라이 돌레잘의 이름은 언급도 되지 않았다.

마라톤 회의를 마무리하면서, 고르바초프는 이 재앙이 미칠 영향의 범위가 본질적으로 전 지구적이라는 사실이 갖는 심각성을 강조했다. 이 사고는 소비에트 테크놀로지의 평판에 먹칠을 했고 그들이 해 왔던 모든 일이 이제 전 세계의 매서운 눈초리 아래에 놓이게 되었다. 고르바초프는 무슨 일이 일어난 것인지를 사회주의 국가들에만이 아니라 국제원자력기구와 국제사회 전체에 대해서도 완전히 솔직하게 밝히는 것이 중요하다고 강조했다. "개방성은 우리에게 크게 도움이 될 것입니다. 모든 것을 공개하지 않으면 우리는 크게 곤란을 겪게 될 것입니다."[37]

모두가 동의한 것은 아니었다. 다음날 KGB 제6부는 체르노빌 사고와 관련한 여러 정보에 대해 각기 기밀 등급을 부여한 목록을 회람했다. 타자로 친 두 장의 종이에는 26번까지 번호가 붙어 있었는데, "비밀"이라는 뜻의 "세크레트노"라고 표시된 맨 위의 항목은 "4호기 사고의 진정한 원인을 드러내는 정보"였다.[38]

키예프로 돌아온 빅토르 브류하노프는 레닌그라드 호텔로 호송되었고 다음 날 아침 검찰에 소환되었다.[39] 수사관이 준 질문 목록에 브류하노프가 수기로 답변을 적었다. 그의 진술서는 곧 90페이지를 채웠다. 답변 작성을 다 마치자 차편으로 다시 "동화" 파이오니어 캠프로 호송되었다.

7월 19일 토요일 저녁, 정치국이 내린 결론의 대외적인 공식 버전이 『브레미야』에 발표되었다.[40] 발표 내용은 명확했고 잘못을 저지른 사람들을 밝히는 것 위주였다. 앵커는 정부위원회 보고서를 인용해 "이 사고는 발전소 직원들이 일련의 작업 규율들을 심각하게 어긴 데서 기인한 것으로 보인다"며 "무책임, 태만, 규율 부재가 심각한 결과로 이어졌다"고 말했다. 또한 방송은 브류하노프가 당원 자격을 박탈당했다는 소식과 함께 해고된 관료들의 명단도 밝혔으며, 검찰청이 수사에 착수했고 곧 법원에서 재판 절차가 이어질 것이라는 점도 언급되었다. 하지만 원자로의 설계 결함에 대해서는 아무런 언급도 없었다.

다음날 아침에 이 소식은 『프라우다』, 『이즈베스티야』 등 소비에트의 모든 신문에 대문짝만 하게 실렸다. 『뉴욕타임스』에도 정치국 발표 전문이 실렸다. 그날 캐나다 신문 『글로브 앤 메일』의 모스크바 주재 기자가 레닌 동상을 청소하고 있는 한 여성에게 사고에 책임이 있다고 발표된 사람들에 대해 어떻게 생각하느냐고 물어보았다. "다 감옥에 가야죠." 그 여성이 대답했다.

브류하노프의 연로한 어머니는 타슈켄트의 집에서 브류하노프의 세 동생 중 한 명과 함께 살고 있었는데 텔레비전에서 큰아들의 몰락에 대한 보도를 보고 휘청휘청 집에서 걸어 나와 거리에서 심장마비를 일으켰고 사망했다.[41] 며칠 뒤 키예프에서는 우크라이나 당 중앙위원회가 우크라이나 차원에서의 선고를 내렸다.[42] 폭발을 일으킨 실험을 강행하도록 지시한 것과 "작업에서의 심각한 오류와 누락"에 대해 책임을 물어 수석 엔지니어 니콜라이 포민을 당에서 축출했고, 발전소의 당 서기 세르히 파라신도 면직되었다.

8월 둘째 주, 어머니의 장례식에 참석하기 위해 우즈베키스탄에 갔다가 돌아온 브류하노프는 수백 명의 발전소 직원들 및 리퀴데이터들과 함께 체르노빌 발전소에서 40킬로미터 정도 떨어진 드네프르 강의 아름다운 굽이에 정박되어 있던 11척의 배를 타고 숙소로 이동했다.[43] 8월 12일에 부수석 엔지니어가 키예프에 갔다가 브류하노프의 소환장을 들고 돌아왔다.[44] 다음날 오전 10시까지 키예프의 레즈니츠카야 거리에 있는 검찰 205호실에 오라는 것이었다. 브류하노프는 그곳에서 3시간 동안 조사를 받은 뒤 점심시간 1시간 동안 휴식을 취하고 나서, 공식 기소되었다. 우크라이나 형법 220조 2항 "폭발의 위험이 있는 공장 및 시설의 안전 규정 위반" 혐의였다. 민간인 옷을 입은 두 명에게 이끌려 뒷문으로 나온 브류하노프는 KGB의 감옥으로 이송되었고, 이듬해의 상당 부분을 그 감옥에서 보내게 된다.

2주 뒤인 8월 25일, 발레리 레가소프가 회색 양복에 줄무늬 넥타이를 하고 두꺼운 안경에 해쓱하고 부은 얼굴로 오스트리아 빈에 있는 국제원자력기구 본부에서 열린 특별 기술 콘퍼런스의 첫날 행사에 참석했다.[45] 긴장되는 분위기 속에, 콘퍼런스 홀에는 사람들이 가득했다. 62개국에서 600명의 핵 전문가들이 참석했고 저널리스트도 200명이 넘었다. 이제 이 사고에는 세계의 관심이 집중되어 있었고 이들은 진실을 알고 싶어 했다. 레가소프가 느낀 부담감은 어마어마했다. 소비에트 과학 전체의 평판뿐 아니라 전 세계 원자력산업의 미래가 여기에 걸려 있었다. 체르노빌 사고는 소비에트 과학자들이 원자로를 짓거나 운영할 능력이 있다고 신뢰하기 어렵다는 의미일 수도 있지만, 원전 기술 자체가 내재적으로 너무 위험해서 서구에서도 원전이 사라져야 한다는 의미일 수도 있었다.

레가소프는 여름의 상당 기간을 23명으로 된 전문가 팀과 함께 이날의 발표를 준비하며 보냈다.[46] 팀의 절반은 쿠르차토프 연구소 사람들이었지만 발전소 설계자, 소비에트 환경 및 기상 당국자, 방사능 의학 전문가인 안젤리카 구스코바, 제염을 담당한 블라디미르 피칼로프 장군 등도 포함되어 있었다.

하지만 글라스노스트건 뭐건 간에, 소비에트의 국가 기구들은 사회주의 기술의 수많은 실패에 대한 진실을 알릴 준비가 딱히 전보다 더 많이 되어 있지는 않았다. 보고서 초안이 중앙위원회에 제출되자 에너지부 장관은 그 내용을 보고 공포에 질렸다. 그는 다음과 같은 메모와 함께 그 보고서를 KGB에 보냈다. "이 보고서에는 소비에트 과학에 먹칠을 할 정보가 담겨 있음. (…) 우리는 이 보고서를 쓴 저자들이 당에 의해, 그리고 형사적으로도 처벌받게 하는 것이 필요하다고 봄."[47]

처벌 운운은 과한 반응이었지만, 에너지부 관리들의 두려움에 근거가 없는 것은 아니었다.[48] 재앙의 진정한 근원, 즉 원자로 자체의 설계 결함, 구조적이고 장기적인 소비에트 원자력 프로그램의 실패와 비밀주의와 부인의 문화, 그 프로그램을 실행한 선임 과학자들의 오만

등을 전 세계에 알린다는 것은 상상할 수 없는 일이었다. 이 보고서가 RBMK 설계 결함을 인정하게 되면 사고의 책임은 과학아카데미의 원장이나 원자로의 주요 설계자에게까지 올라가게 될 터였다. 과학의 컬트가 종교의 자리를 대신 차지한 사회에서, 핵 과학계의 수장은 가장 신성한 우상이었고 소비에트 국가의 기둥이었다. 그들을 권좌에서 내려오게 한다는 것은 소비에트가 서 있는 전체 시스템의 견고성을 흔드는 것이었다. 그들은 절대로 유죄여서는 안 되었다.

레가소프의 발표는 굉장히 훌륭했다.[49] 그는 통역사를 통해 다섯 시간을 쉬지 않고 말하면서 청중을 사로잡았다. 그는 원자로의 설계를 상세하게 설명하고(몇몇 "미진한 점"이 있다고는 인정했지만 불편한 사실들은 얼렁뚱땅 넘어갔다) 사고 경위를 분 단위로 설명했다. 서구의 전문가들이 상상한 것보다 훨씬 공포스러웠다. 발언을 마치고 나서 몇 시간 더 질문을 받았으며 거의 모든 질문에 답변했다. 그가 언급했던 원자로의 문제점들에 대해 기자들이 더 캐묻자 레가소프는 이렇게 대답했다. "이 시스템의 결함은, 설계자들이 운전원의 변칙적이고 어리석은 행동들을 예측하지 못했다는 것입니다." 그럼에도, 그는 소비에트에 남아 있는 RBMK 원자로 14개 중 "약 절반"이 "안전성 증진을 위한" 기술적 수정을 위해 이미 가동이 중단되었다고 인정했다.[50]

소비에트 과학자들의 전례 없는 솔직함에 깊은 인상을 받아서, 그리고 이 재앙이 소비에트 외 지역에서의 핵 위험과는 별로 관련이 없는 매우 이례적인 일이었다는 데 대해 안심을 하고서, 또한 사고가 건강과 환경에 미치는 영향이 용인 가능한 범위 안에 있다고 믿고서, 콘퍼런스에 참석한 각국 대표자들은 소비에트 원자력 에너지의 미래뿐 아니라 세계 원자력산업의 미래에 대해서도 확신을 가지고 회의장을 떠났다. 그 주 말에 그들이 빈을 떠나 각자의 나라로 돌아갈 때가 되었을 무렵에는 분위기가 고양되어 있었고 거의 유쾌하기까지 할 정도였다.[51] 소비에트연방의 입장에서, 그리고 발레리 레가소프 개인의 입장에서도, 이 콘퍼런스는 한 저명한 영국 물리학자가 『원자력 과학자들 *Bulletin of the Atomic Scientists*』에서 표현한 바에 따르면 "홍보 활동의 개가"였다.

모스크바로 돌아온 레가소프는 곧장 쿠르차토프 연구소로 가서 3층으로 뛰어올라가 한 동료에게 소리쳤다. "이겼어!"

하지만 몇 가지 찜찜한 질문이 계속 남아 있었다.

콘퍼런스 일정의 중간쯤, 언론에 비공개로 진행된 3일간의 회의 도중 커피 브레이크 때 하버드 대학 물리학자 리처드 윌슨Richard Wilson이 소비에트 과학자 두 명을 붙들고 말을 걸었다.[52] 잘 이해가 되지 않는 점 하나를 물어보려던 것이었다. 윌슨이 받은 보고서의 복사본(미국 에너지부가 급히 영어로 번역한 버전이었다)의 수많은 표와 숫자 중에서 몇몇 부분의 계산이 틀린 것 같았다. 가령, 소비에트 각 지역들에 퍼진 낙진을 다 더한 것이 마지막에 나오는 총계 숫자와 맞지 않는 듯했다. 소비에트 과학자 두 명은 보고서에 정확하지 않은 수치들이 있는 것 같다고 인정할 수밖에 없었다. 몇 년 뒤에 윌슨은 벨라루스와 러시아의 낙진에 대한 데이터가 담긴 여섯 페이지가 레가소프의 지시로 보고서에서 잘려 나갔다는 것을 알게 된다. 리지코프 총리의 직접적인 지시를 받고 보고서를 그렇게 손본 것이었다.

레가소프는 두 달 뒤에 소비에트 과학아카데미에서 동료들에게 이렇게 말했다. "빈에서 나는 거짓말을 하지 않았습니다. 하지만 전체 진실을 다 말하지도 않았지요."[53]

16장

석관

옥상 바로 아래의 어두컴컴한 방에 병사들이 줄지어 서 있었고 동료 병사들이 그들의 보호 장구 착용을 꼼꼼히 점검했다.[1] 올리브색 군복 위로 무릎까지 오는 납 앞치마를 두르고, 3밀리미터 두께의 금속판을 잘라 가슴, 머리 뒷부분, 등에 갑옷처럼 묶었으며, 사타구니 주위와 군화 안도 납으로 차폐막을 대었다. 그 다음에 모자 달린 초록색 캔버스 천으로 된 작업복을 덮어쓰듯 입고, 끈을 당겨 얼굴 쪽을 단단히 여몄다. 그 위에 무거운 방독면을 쓰고, 눈을 보호하기 위해 고글을 썼다. 건설 공사용 헬멧을 착용하는 사람들도 있었다.

"준비됐나?" 타라카노프 장군의 목소리가 콘크리트 벽에 메아리쳤다. 첫 조인 다섯 사람의 눈이 불안으로 일순간 희번덕거렸지만 그들은 옥상 위로 가는 계단 쪽으로 향했다. 끝까지 올라가서 우회전한 뒤 길잡이를 따라 어두운 통로를 나아갔다. 곧 뚫린 지붕 사이로 눈부신 하늘이 보이는 곳이 나타났다. 폭발 때 뚫린 구멍으로, 한 사람이 지나갈 수 있을 정도의 크기였다. 바로 이 구멍이 "M구역"으로 나가는 통

409   **16장 석관**

로였다. "M구역"은 3호기의 지붕 위를 말하는데, 몇 개월 전에 소방관들이 4호기에서 튕겨져 나온 잔해들에 붙은 불을 끄느라 사투를 벌였던 곳이다.

타라카노프 장군은 옥상을 높이와 오염 정도에 따라 몇 개의 구역으로 나누고[2] 그의 인생에 있었던 여인들을 따서 이름을 붙였다.[3] "K" 구역은 감마장이 1000뢴트겐인 지역으로 "카티야"를 딴 것이고, "N" 구역은 감마장이 최대 2000뢴트겐인 지역으로 "나타샤"를 딴 것이며, 마지막으로, 누나인 "마샤"를 딴 "M" 구역은 방사능 수치가 감히 입 밖으로 크게 말하지도 못할 정도로 심각한 지역이었다. 4호기의 분화구와 그 안의 잔해들이 직통으로 내려다보이는 M구역에는 폭발의 힘으로 내던져진 불타는 덩어리와 조각들이 흩어져 있었고, 뒤틀린 강화 콘크리트 보강봉들과 원자로 홀에 있던 장비의 파편들도 떨어져 있었다. 무게가 0.5톤이나 되는 것도 있었다. 또 한때는 원자로 "안"에 있었던 흑연 벽돌이 M구역 도처에 흩어져 있었다. 아마도 폭발의 열 때문에 색이 하얗게 변해 있는 흑연 벽돌들도 있었지만 색이 달라진 것 외에는 다른 흑연 벽돌들과 마찬가지였다. 그것들 주위의 방사능 수치는 많게는 시간당 1만 뢴트겐에까지 달했는데, 이는 3분 안에 치사량 수준의 피폭에 이를 수 있는 양이었다.[4]

소비에트 시민방호군의 부지휘관인 니콜라이 타라카노프Nikolai Tarakanov 소장Major General은 머리가 벗겨지기 시작하고 왜소한 체구를 가진 쉰두 살의 카자흐스탄 사람으로, 나치에 의해 마을이 불타는 것을 지켜보아야 했던 어느 가족의 일곱 자녀 중 다섯째였다. 나이를 속여 군대에 입대했고 15년 후에 군사 과학기술 박사 학위를 받았다. 핵 공격을 받은 이후의 재건과 관련한 토목 공학 전문가인 타라카노프는 그에 대해 소련군 교과서를 두 권이나 썼다. 또 소련의 주요 도시에 미국의 핵미사일 공격이 있을 경우 예상되는 피해 상황을 시뮬레이션한 상세한 시나리오도 연구했다. 수십만 명이 사망하고, 살아남은 사람들은 오염된 땅에서 생존을 위해 고투해야 하며, 핵심 산업은 외부로부터 추적되지 않을 만한 외진 곳의 지하에서 처음부터 다시 일구기 시작해야 하는 암울한 전망이었다. 1970년에 그는 모스크바 외곽에 있는 노진스크Noginsk 군사 실험장에서 이 시나리오하에서의 대응을 실험해 보기 시작했다. 이곳에는 재앙 이후의 도시 상태를 본뜬 작은 도시가 지어져 있었다. 폐허가 된 건물과 잔해들이 들어서 있는 그 미니 도시 세트장에서 그는 훗날 체르노빌의 "특별 구역"에서 쓰이게 될 기법, 프로토콜, 그리고 육중한 공병 장비들(장갑 굴착기와 불도저, 거대한 기계식 집게가 달린 IMR-2 공병차량 등)의 개발을 도왔다. [사고가 난 1986년 4월에 이어] 5월부터 체르노빌 사고 현장 중 방사선이 가장 강한 "특별 구역"에 이러한 장비와 기법들이 투입되었다. 하지만 지금은 9월이었고 이제까지 시도해 보았던 기법과 계획과 장비들은 모두 실패했다. 그래서 지금 타라카노프 장군은 대원들을 삽만 들려서 전장에 내보내고 있었다.

통로 끝에 도착한 대원들이 문턱에 모여 섰다. 고무 방독면 때문에 숨이 가빴다. 한 장교가 스톱워치를 켰고 5명으로 된 한 팀이 M구역의 밝은 빛 속으로 뛰어나갔다.

이반 실라예프가 텔레비전에서 4호기를 영구히 덮을 "석관" 건설 계획을 발표하고 나서 4개월 동안, 새로운 건축가, 기술자, 엔지니어들이 이곳에 집결해 그 계획을 실현시키기 위해 쉼 없이 고투하고 있었다. 1, 2, 3호기를 재가동하는 일 자체는 중기계건설부의 경쟁 부서인 에너지부가 맡고 있었지만 석관 건설 프로젝트는 이를 위해 중기계건설부 산하에 새로 꾸려진 팀에서 진행하기로 했고 그 팀의 이름은 "US-605"로 정해졌다. 에너지 기술 설계 연구소인 VNIPIET, 국토부의 건설 부서인 SMT-1, 원자력 관련 건설 프로젝트 연구개발에 특화된 실험 연구소인 NIKIMT 등 알파벳 약자들로 된 온갖 당국이 새 구조물의 설계안을 제출하라는 요구를 받았다.

설계안은 곧 18개로 압축되었다.[5] 원자로 설계 연구소인 NIKIET는 폐허가 된 원자로를 납덩이로 채우자고 제안했다.[6] 원자로를 거대한 돌무더기로 덮자거나 4호기 아래로 원자로가 내려앉을 정도로 큰 굴을 파서 땅이 4호기를 통째로 삼켜 버리게 하자는 안도 있었다.[7] 설계안들을 놓고 열린 첫 회의에서 스레드마시의 신실한 수장 에핌 슬라브스키 본인도 해법을 하나 제안했다.[8] 이 모든 난장판을 액체 콘크리트로 덮어 모조리 익사시키고 잊어버리자는, 전형적인 막무가내식 해법이었다. 그의 제안에 어색한 침묵이 이어지다가 결국 아나톨리 알렉산드로프가 퇴짜를 놓았다. 쿠르차토프 연구소 소장 알렉산드로프는 슬라브스키의 제안이 물리학적으로 말이 되지 않는다고 지적했다. 원자로 내부에 남아 있는 핵연료의 붕괴열 때문에 그것을 봉인한다는 것은, 원칙적으로 불가능하지는 않더라도, 실질적으로 현실성이 없었다.

4호기의 폐허를 주변의 환경에서 완전히 차단한다는 개념은 매우 매력적이긴 했지만, 그 안에는 핵연료가 있기 때문에 사실은 대규모의 환풍 시설이 필요했고(계속해서 안전하게 식혀야 하기 때문이다) 지속적인 모니터링도 필요했다(만에 하나 핵분열 연쇄반응이 시작될 경우 그것을 빠르게 포착해야 하기 때문이다). 어쨌든 4호기의 폐허 위에 차폐막을 덮기는 해야 할 터인데, 그것을 어떻게 할 수 있을지는 아무도 알지 못했다. 4호기는 엄청나게 넓은 면적에 걸쳐 있었기 때문에(축구장 한 개만 했다), 어떤 물질로 지붕을 만들더라도 기둥 여러 개를 세워서 받쳐야 했다. 그런데 이곳은 무너진 벽, 부서진 장비, 깨진 콘크리트가 여전히 널려 있는 "아무도 들어갈 수 없는 공간"이었고, 그 공간의 상당 부분이 모래 등 안토슈킨의 헬기에서 투하된 물질 수천 톤에 깔려 있었다. 석관을 세워야 할 엔지니어들은 4호기의 남은 벽이 그 위로 뚜껑을 덮었을 때(아무리 얇은 뚜껑이더라도) 그것을 지탱할 수 있을 만큼 구조적으로 견고한지에 대해 아무런 정보가 없었다. 그리고 방사선이 계속 나오고 있었으므로 그것을 알아보는 것도 거의 불가능했다.

석관 설계안 중에는 230미터의 아치 하나를 덮자거나, 원자로 홀의 폭 전체에 걸쳐 미리 제조한 원통형 볼트들을 줄줄이 굴려서 채우자거나, 비스듬한 강철 팔을 6미터 간격으로 죽 세워서 거기에 하나의 판으로 된 지붕을 얹자는 등의 야심찬 아이디어들도 있었다[9](마지막 안은 엔지니어들 사이에서 풍자적으로 "하일 히틀러" 모델이라고 불렸다). 하지만 이러한 공상적인 안들은 완공하는 데 시간과 비용이 천문학적으로 들거나, 아니면 소비에트 건축 공학 기술의 한계를 아예 넘어서는 것들이었다. 이러한 안들을 물리치고, 최종안은 정치국이 요구하는 소비에트 특유의 비현실적인 마감 시한과 건설 현장의 끔찍한 공사 여건이라는 현실에 의해 결정되었다. 4호기를 덮는 구조물은 몇 년 안에가 아니라 "몇 달" 안에 건설되어야 했다. 방사선의 확산을 하루라도 빨리 막기 위해서이기도 했지만, 1, 2, 3호기를 빠르게 재가동해서 소비에트의 훼손된 기술적 위신을 조금이라도 만회하기 위해서이기도 했다.

하지만 이 구조물을 짓는 데는 기술적인 난제들이 어마어마했다.[10] 그중 하나는 공사의 대부분을 원격으로 진행해야 한다는 것이었다. 4호기 위로 모래와 납을 막대하게 들이부어 놓긴 했지만, 4호기 주변은 여전히 방사선이 너무 강해서 누구라도 그곳에서 3분 이상 일할 수 없었다. 그래서 엔지니어들은 부분 부분을 미리 만든 뒤 로봇과 크레인으로 조립하는 방법을 고안했다.[11] 그리고 촉박한 시간도 문제였다.[12] 6월 5일에 고르바초프는 슬라브스키에게 9월까지 새 구조물을 완성하라고 지시했는데, 이것은 4개월도 채 안 되는 기간이었다. 세상에서 가장 위험하고 가장 야심찬 토목건축 프로젝트를 완료하기에는 턱없이 짧은 시간이었다. 현장의 엔지니어들은 모스크바에서 최종 설계안을 결정하기도 전에 일을 시작했다.

1인당 피폭 총량을 제한하기 위해 스레드마시의 US-605 팀은 체르노빌에서 2개월씩 근무하고 교대했다.[13] 첫 근무조는 5월 20일에 일을 시작했는데, 일단 이들은 에너지부가 시도했지만 완료하지 못했던 복구 작업의 어지러운 흔적들(길을 막고 있는 온갖 물질들, 망가진 장비들, 진행되다 만 콘크리트 작업 등등)을 먼저 치워야 했고, 거대한 구조물을 짓는 데 필요한 인프라(공사 인력이 머물 숙소, 음식, 위생 시설 등)도 마련해야 했다.[14] 석관 작업에는 총 2만 명가량의 일꾼이 동원되었는데, 대부분은 스레드마시가 소집한 예비군으로 "파르티잔"이라고 불렸다. 중기계건설부는 자신의 기술 전문가들(건축가, 엔지니어, 과학자, 전기 기술자, 선량 계측사 등)은 쉽게 대체할 수 없는 핵심 인력으로 여겼기 때문에 그들이 되도록 현장에서 오래 일할 수 있도록 과도한 피폭을 막기 위해 최대한 신경 써서 보호했다. 하지만 대개 중년의 나이이던 파르티잔들은 무지한 비숙련 노동자로 여겨졌고 소모품처럼 취급되었다.[15] 방사선이 강한 곳에서 수작업을 해야 할 일이 있을 때면 간단하게 이들이 파견되었다. 이들은 다음 조가 교대하러 와서 철수하기 전까지 몇 시간, 혹은 몇 분 만에도 쉽게 최대 피폭 한도에 노출되었다.

5월 20일에 파견된 첫 US-605 팀의 가장 중요한 과제는 중기계건설부가 방사선과의 전투에서 사용하는 핵심 물질인 강화콘크리트의 공급이 끊이지 않도록 생산과 운송 인프라를 확보하는 것이었다.[16] 체르노빌 발전소의 원자로 네 기를 맨 처음 지었을 때 사용되었던 기차 레일과 시멘트 공장은 폭발 때 낙진이 직접적으로 떨어진 경로에 있었기 때문에 오염이 너무 심해서 사용할 수 없었다. 석관 자체를 짓는 공사가 시작되기 전에 스레드마시의 공병부대원들은 35킬로미터의 새 도로를 깔고 제염 시설, 기차 레일, 강으로 실려 올 50만 톤의 자갈을 내릴 도크, 그리고 세 개의 콘크리트 공장을 먼저 지어야 했다.[17]

이어서 원자로까지 서서히 포위 작전을 시작했다.[18] 4호기의 폐허에서 나오는 보이지 않는 감마선의 연발 사격으로부터 방어하기 위해 작업자들은 "파이오니어 벽" 뒤에서 서서히 원자로를 향해 접근했다. 일단 안전한 거리만큼 떨어진 곳에서 중공강中空鋼을 용접해 굵기는 가로세로 2.3미터, 길이는 거의 7미터나 되는 골조를 만들었다. 다음에 그것들을 거대한 벽돌처럼 평상형 기차 칸 위로 쌓아 벽을 만들고 장갑차로 그것을 밀고 가서 원자로 주변을 빙 둘렀다. 그 다음에 300미터 떨어진 곳에 있는 펌프를 사용해서 그것에 (그것을 나르는 데 쓴 평상형 기차 칸까지 통째로) 콘크리트를 부어 고정했다. 이렇게 해서 만들어진 높이 6미터 이상, 두께 7미터 이상의 벽이 "감마 그림자"를 형성해 주어서, 그 뒤에서 작업자들은 한 번에 약 5분 정도를 비교적 안전하게 있을 수 있었다.[19] 벽 주위의 땅에는 먼지를 누르는 용액을 뿌리고 50센티미터 두께의 콘크리트를 덮어 제염 처리했다.[20]

작업은 4개 조가 6시간씩 교대를 하며 하루 24시간, 주 7일 쉬지 않고 가차 없이 진행되었다. 밤에는 서치라이트와 줄에 묶인 소형 비행선의 조명으로 불을 밝혀가며 일했다. 정부위원회는 공사의 진척 상황을 (소비에트적 규모에 걸맞게) 하루에 부은 콘크리트의 양으로 측정했고 작업팀에 계속해서 압박을 가했다. 여름 중반이면 스레드마시의 콘크리트 공장은 날마다 무려 1000세제곱미터(1만 2000톤)의 콘크리트를 생산하고 있었다.[21] 그렇게 생산된 콘크리트는 콘크리트믹서와 펌프 트럭을 거쳐 서둘러 4호기 위로 뿌려졌다.[22] 콘크리트를 나르는 트럭 운전사들은 새로 난 도로를 시속 100킬로미터로 내달렸다. 그들이 싣고 있는 화물이 여름의 열기 속에 너무 오래 있게 되는 것을 막기 위해서이기도 했지만, 주변의 방사선이 두려워서이기도 했다. 곧 길가는 넘어진 트럭에서 나온 콘크리트로 엉망이 되었다.

7월과 8월에는 스레드마시 팀의 두 번째 조가 와서 첫 번째 조가 세운 "파이오니어 벽"과 4호기 자체의 벽 사이를 콘크리트, 자갈, 잔해 조각, 오염된 장비 등으로 채웠다.[23] 이렇게 해서 다진 기반 위에, 이제는 구조물을 올리기 시작했다. 수백 톤 용량의 데마그 크레인 세 대(그중 두 대는 450만 루블을 들여 서독에서 싣고 온, 무한궤도 바퀴가 달린 거대한 기계였다)가 철길로 현장에 도착했다. 일반 크레인보다 20배나 무거운 짐을 들어 올릴 수 있는 이 초대형 크레인들은 미리 제조된 철골들을 세우는 데 사용되었다.[24] 그 다음에 그 철골들에 역시 콘크리트를 부어서, 무너진 북쪽 벽의 잔해들이 쌓인 곳을 둘러막았다. 이것은 "폭포의 벽"이라고 불리게 되는데, 각각 길이가 50미터에 높이가 12미터인 층 네 개로 된 거대한 계단 모양이었다. 복수를 즐기는 고대의 신을 위한 신전 같았다. 규모가 너무 커서 그것의 그림자에서 일하는 사람과 기계는 소인국에서 온 것 같아 보였고, 사람과 기계 모두 그 근처에 오래 머물 수 없었다. 너무 가까이 접근시키면 콘크리트 펌프의 엔진은 죽어 버렸고, 선량계의 다이얼은 자기장 내에 나침반을 놓았을 때처럼 마구 움직였다.[25] 이것은 전문가들이 만족스럽게 설명하지 못하는 현상이었다.

"폭포의 벽"의 철골은 미리 거대한 섹션들로 조립한 뒤, 그 위에 콘크리트를 다 덮어씌울 때까지는 크레인으로 지탱하도록 되어 있었다.[26] 콘크리트를 붓는 작업에는 수주일이 걸렸다. 복도, 지하실, 계단 등의 빈틈을 액체 콘크리트가 스며들어서 다 메워야 했기 때문이다. 이렇게 빈 공간을 메우는 데만도 수천 세제곱미터의 액체 콘크리트가 들어갔다. 이어서 철골 섹션 위로도 콘크리트를 다 붓고 나면 무선으로 조종되는 폭발 볼트로 철골 섹션을 지탱하던 크레인의 케이블을 분리했고, 다시 다음 섹션을 세우는 작업이 시작되었다. 그런데 "폭포의 벽"(무려 16층 높이였다)의 마지막 섹션에 콘크리트를 다 부었을 때 폭발 볼트가 고장이 났다. 스레드마시의 전문가들은 파르티잔 중에서 별도의 크레인을 타고 올라가서 손으로 철골 섹션에서 케이블을 분리할 자원자를 구했다. 자원자는 임무 중 피폭된 정도를 재기 위해 선량계 세 개를 달고 크레인으로 올라갔다. 그가 다시 땅에 발을 디딜 때까지 한 시간이 걸렸다. 이 일에 대한 보상으로 그는 3000루블과 보드카 한 궤짝, 그리고 즉각적인 소집 해제 명령을 받았다. 그는 선량계 숫자를 보는 것이 너무 두려워서 그것을 던져 버렸다.

스레드마시 엔지니어들이 석관을 짓는 동안, 쿠르차토프 연구소 과학자들의 태스크포스 팀은 그 안 어딘가에 아직 남아 있을 것이라고 여겨지는 180톤의 핵연료에 대한 미스터리를 푸는 일에 돌입했다.[27] 처음에 이들은 우라늄 핵연료 대부분이 폭발 때 원자로 용기 밖으로 튀어나와서 원자로 홀(의 남아 있는 부분) 안에 흩어져 있을 것이라고 생각했다. 하지만 헬기로 원자로 홀에 방사능 감지 장치를 내려 보냈을 때 우라늄 핵연료가 있다는 흔적은 발견되지 않았다. 레가소프는 아주 적은 양이라도 우라늄 핵연료와 흑연 감속제가 원자로 용기 안에 손상되지 않고 남아 있다면, 그리고 정확한 조합을 이루게 된다면, 다시 한 번 임계에 도달할지 모른다고 우려했다. 이는 아무도 제어할 수 없는 연쇄반응이 다시 시작되어 대기 중으로 핵종이 또 한 번 분출되리라는 의미였다. 또한 그의 동료인 벨리호프는 스레드마시 건설 팀이 여기저기 흩어져 있는 핵연료 위에 마구 콘크리트를 덮어서 의도치 않게 거대한 핵 시한폭탄을 만들고 있는 중일지도 모른다고 우려했다.[28]

하지만 원자로 홀 안에서 우라늄 핵연료를 찾으려던 초기 노력은 모두 실패했다. 이들은 원자로 홀을 향해 가는 모든 경로(아래에서, 위에서, 양 옆에서)에서 시간당 수천 뢴트겐의 방사선량을 보이는 곳이 있는지를 추적해 보았다. 또 녹은 납과 그 밖에 헬기에서 떨어뜨린 모래, 붕산, 돌로마이트 용융물도 찾으려고 시도해 보았다. 하지만 이 중 어느 것의 흔적도 발견하지 못했다.

쿠르차토프 과학자들은 원자로 용기로부터 3개 층 아래에, 그리고 훨씬 동쪽에 있는 호실 중 하나에 도달했다.[29] 그들은 시간당 3000뢴트겐까지 잴 수 있는 장비를 들고 있었는데 거기까지 오는 경로 내내 방사선량은 비교적 용인 가능한 수준이었다. 그런데 여기에서 그들이 서 있는 곳 바로 위층의 공간(마크 +6의 217/2호실이었다)으로 센서를 밀어 넣었더니 감마장이 너무 강해서 그들의 측정 장비가 최대치를 쳤고 과부하로 고장이 나고 말았다. 217/2호실 안에 있는 것이 무엇이든지 간에 그것은 막대하게 방사능이 있었고, 이는 행방불명이던 핵연료 수백 톤의 행방에 대해 하나의 단서를 제공했다. 하지만 그것을 알아보러 217/2호실에 들어가는 사람은 몇 분, 아니 몇 초 만에 치명적인 피폭을 당하게 될 터였다.

건장한 마흔아홉 살의 중성미자 물리학자로, 쿠르차토프 연구소에서 20년 넘게 일해 온 알렉산더 보로보이Alexander Borovoi가 8월 말에 태스크포스 팀에 합류하기 위해 모스크바를 떠나 체르노빌에 도착했다.[30] 프리피야트 강을 운항하는 "라케타" 수중익선에서 내렸을 때 체르노빌의 날씨는 따뜻했다. 배가 내린 곳에서 그는 카키색의 작업복 세트와 헝겊 방독면이 들어 있는 봉투 두 개를 지급받았다. 하지만 사용법 매뉴얼은 들어 있지 않았다. 그날 밤, 자신의 파견 근무 일정을 마치고 모스크바로 돌아가는 쿠르차토프 연구소의 동료 한 명이 들러서 고준위 방사성 지역에서 생존하는 법에 대한 "계명"을 알려 주었다. 수개월 동안 현장에서의 실전 경험을 통해 도출된 생존 원칙들이었다. **길을 잃지 않으려면 전기 조명이 비추지 않는 호실로는 절대 들어가서는 안 된다. 늘 손전등, 그리고 그것마저 나갈 경우를 대비해 성냥 한 상자를 가지고 다녀야 한다. 눈, 코, 입으로 방사능 오염수가 들어갈지 모르니 위에서 떨어지는 물을 조심해야 한다. 그리고 가장 중요한 "제1계명"으로, 오존 냄새에 주의해야 한다. 모스크바에서 교수들이 방사능이 무색무취라고 알려 줬을지 모르지만 그들은 체르노빌에 와 본 적이 없는 사람들이다. 시간당 100뢴트겐 이상의 맹렬한 감마장에서는(이 수준이면 급성방사선증후군을 일으킨다), 마치 번개 폭풍이 쳤을 때처럼, 대기가 이온화되어서 독특한 냄새가 발생한다. 오존 냄새가 나면 냅다 도망가라.**

다음 날 아침, 레가소프의 지시에 따라 보로보이는 4호기 안으로 첫 정찰을 나갔다.

쿠르차토프 연구소의 태스크포스 팀이 사라진 핵연료를 찾기 위한 수색을 계속하고 스레드마시 건설 팀이 석관을 짓기 위해 고투를 벌이는 동안, 에너지부는 에너지부대로 자신의 마감 시한을 지키기 위해 고투하고 있었다. 정치국은 체르노빌에 남아 있는 세 기의 원자로 중 두 기를 겨울이 오기 전에 재가동하겠다고 공개적으로 발표한 바 있었다.[31] 하지만 RBMK 원자로가 가진 설계상의 결함이 드러나기 시작하면서, 우선 보이드 계수를 개선하고 제어봉 디자인을 수정하는 등 원자로를 안전하게 고치는 작업부터 해야 했다. 그와 동시에, 발전소 건물이 거기에서 일하게 될 직원들에게 위험한 환경이 되지 않게 하기 위해 발전소를 머리부터 발끝까지 구석구석 제염해야 했다.

네 기의 원자로 아래로 이어져 있는 케이블 통로는 사고 때 넘쳐흐른 방사능 오염수를 펌프로 뺀 뒤 콘크리트 바닥과 방염 코팅을 긁어 내고 교체했다. 발전소의 벽과 바닥은 산성 용액으로 문질러 닦고 빨리 마르는 폴리머 용액을 칠했다가 벗겨 내거나 두꺼운 플라스틱으로 덮었다.[32] 환풍 시스템은 전체를 물로 방사능 입자를 씻어 내거나 새로 교체했고 발전소 내의 모든 전자 장비는 알코올과 프레온 용액으로 문질러 닦았다. 6월에 시작된 이 작업은 이후로도 3년이나 더 이어진다.[33]

하지만 가장 위험한 문제는 바로 그들의 머리 위에 있었다. 폭발이 있은 지 4개월 후인 지금도 4호기가 내려다보이는 빨갛고 흰 줄무늬의 환풍 굴뚝 발치와 3호기 옥상에는 크고 작은 흑연 덩어리와 원자로의 파편들이 도처에 떨어져 있었고 폭발 때 떨어진 핵연료 복합체와 산화우라늄 펠렛, 제어봉, 지르코늄 케이스 등이 소방관들(이들은 그곳에 있다가 몇 주 전에 제6병원에서 사망했다)이 버리고 간 호스들과 뒤엉켜 있었다. 잔해가 위험하게 쌓여 있는 곳도 있었다. 일례로 중앙 홀의 5톤짜리 콘크리트 패널이 폭발 때 공중으로 휙 날아와서 원자로 안에서 튕겨져 나온 흑연들이 쌓여 있는 곳 위에 떨어져 있었다.[34] 또 어떤 곳에는 비투멘이 화염에 녹아서 옥상에 용접되다시피 붙어 있었다. 이것들 모두가 맹렬한 방사성을 가지고 있었고, 3호기를 재가동하려면, 즉 운전원들이 안전하게 이 아래에서 터빈과 원자로를 돌릴 수 있으려면 그것들을 전부 다 치워야 했다.

정부위원회는 다시 한 번 NIKIMT에 조언을 구했다.[35] NIKIMT는 출입금지구역에서 먼지와의 전쟁을 치를 때 비트루트 펄프를 사용하는 아이디어를 낸 바 있었고, 그 아이디어가 지금 사용되고 있었다. NIKIMT 과학자들은 이번에도 독창적이면서 돈이 별로 들지 않는 해법을 내놓았다. 대형 매트를 만드는 직물 공장에서 폐기물로 나오는 천을 값싼 물풀에 담갔다가 공중에서 3호기 옥상 위로 그것을 내려서 잔해 조각들이 거기에 들러붙게 만든 뒤, 풀이 마르면 그 "흡수지 blotter"들을 거둬서 땅에 파묻는다는 것이었다. 실험을 해 보니 매우 효과가 있었다. "흡수지" 1제곱미터만으로도 70미터 높이에서 200킬로그램의 잔해를 회수할 수 있는 것으로 나타났다. 하지만 3호기 옥상 위로 "흡수지"를 가져가기 위해 데마그 크레인을 사용하게 해 달라고 요청하자 정부위원회는 이를 거절했다. 이 크레인은 석관 건설에 24시간 내내 투입되어야 했기 때문에 다른 일에 뺄 수가 없었다. 그래서 NIKIMT 과학자들은 "흡수지"를 헬기로 내리기로 했다. 이것도 실험에서는 성공적이었지만 정부위원회가 허가를 내주지 않았다. 헬기가 일으키는 하강기류 때문에 방사능 먼지가 다시 대기 중에 휘몰아쳐 나오게 될 것이기 때문이었다.

에너지부는 로봇을 시도했다.[36] 총 세 대가 동원되었는데, 한 대는 방사성물질을 취급하기 위해 특별히 고안된 "조커"라는 별명을 가진 로봇으로 서독에서 구입한 것이었고, 나머지 두 대는 원래는 달 탐사용으로 개발되었던 것에 불도저 날을 달아 개조한 소비에트제 로봇이었다. 시간을 최대한 절약하고 오염된 잔해를 별도의 폐기장으로 옮기지 않아도 되도록, 3호기 옥상 위의 잔해를 로봇으로 옥상 가장자리까지 밀고 가서 부서진 4호기 안으로 떨어뜨리기로 했다. 그런데 "조커"의 민감한 전자 장비는 M구역의 감마장에서 버텨내지 못했고, 무려 달 표면을 돌아다니도록 만들어진 소비에트제 로봇조차 달보다도 척박한, 망가진 핵발전소 옥상에서 버티지 못했다. 로봇의 뇌 회로는 망가졌고, 바퀴는 비투멘 때문에 잔해 조각들에 들러붙거나 자신의 케이블에 엉켜 버렸다. 그렇게 세 대의 로봇 모두 차례로 죽어 버리고 말았다.

9월 16일에 타라카노프 장군은 체르노빌의 정부위원회 회의에 참석하라는 암호 메시지를 받았다. 보리스 셰르비나가 모스크바에서 고르바초프에게 사고 원인 보고서를 발표한 후 다시 정부위원회의 위원장으로 돌아와 있었다. 정부위원회는 체르노빌 시 레닌 거리에 있는 지역 당 위원회 건물을 쓰고 있었고 사무실들은 납으로 차폐되어 있었다. 오후 4시 직후에 셰르비나의 사무실에서 회의가 열렸다. 3호기 옥상의 잔해물들을 치우는 일을 지휘하는 방사능 정찰대 지휘관 유리 사모일렌코Yuri Samoilenko가 가장 먼저 발언했다. 덥수룩한 검은 머리와 어두운 눈빛, 탄탄한 체구를 가진 사모일렌코는 초췌해 보였다. 눈은 쑥 들어가 있었고 줄담배를 피웠다.[37]

그는 옥상을 그린 스케치를 보여 주면서 당면한 상황을 설명했다.[38] 스케치에는 방사능 수치가 적혀 있었고 가장 위험한 지역은 붉은 깃발과 별표로 표시되어 있었다. **이제까지 시도되었던 전기적, 기계적, 원격적 수단은 모두 실패했다. 방사능 수치는 어마어마하다. 그런데 3호기 옥상은 석관이 밀봉되기 전에 반드시 치워져야 한다. 4호기의 폐허 자체가 3호기 옥상의 잔해들을 폐기할 처분장이므로, 석관이 완성되어 4호**

기가 덮이고 나면 그것들을 묻을 유일한 처분장이 닫혀버리는 결과가 되기 때문이다. 하지만 이제까지 모든 수단을 다 써 보았는데도 실패했다. 그는 이제 사람을 투입해야 할 때라고 말했다. 남은 방법은 사람들을 보내 손으로 잔해를 치우게 하는 것뿐이라고 말이다.

무거운 침묵이 흘렀다.

이렇게 해서 "바이오 로봇"[인간 로봇] 작전이 시작되었다.

3일 뒤인 9월 19일 오후, 타라카노프의 대원들은 작전을 개시했다.[39] 준비도 너무나 급히 해야 했고 보호 장구도 임시방편으로 만들어야 했다. 육군 의료공병부대의 한 선량 계측사가 M구역에서 첫 테스트를 실시했다. 그는 실험용 보호복을 입고, 선량계 열 개를 달고, 후드, 납 앞치마, 방독면, 그리고 체르노빌 정부위원회 사무실 벽에서 떼어 낸 납판으로 무장하고서, 옥상을 가로질러 뛰어나가 흑연 덩어리 다섯 삽 분량을 빠르게 4호기 폐허 쪽으로 떨어뜨렸다. 1분 30초 동안 그는 15렘에 피폭되었고, 적성赤星 훈장을 받았다. 보호복은 피폭을 3분의 1 정도 줄여 주었지만 감마장이 워낙 강해서 납은 유의미한 차폐 효과를 내지 못했다. 그의 뒤를 이어 옥상에 올라가게 될 대원들에게는 여전히 속도가 최선의 보호책이었다.

대원들이 전투 준비를 갖출 수 있도록 타라카노프는 실물 크기의 3호기 옥상 세트를 세웠다. 재난 이후의 복구를 준비하기 위한 새로운 세트장인 셈이었다. 하지만 이번에는 가상의 시나리오가 아니라 실제 상황을 모델로 한 세트장이었다. 발전소를 찍은 항공사진을 바탕으로 3호기 옥상을 실물 크기로 지은 뒤, 가짜 흑연 벽돌과 핵연료 복합체, 지르코늄 케이스 파편의 모형을 배치했다. 대원들은 삽, 갈고리, 들것 등의 장비들을 지급받았다. [첨단 장비들은 아무 소용이 없었기 때문에] 그들은 이런 손 도구들을 가지고 전투에 나서야 했다. 핵연료를 집는 용도로는 긴 집게, 녹아서 엉겨 붙은 비투멘에 박혀 있는 파편 덩어리를 깨는 용도로는 망치가 지급되었다. 타라카노프는 대원들을 옥상 근처의 방에 모이게 하고 위쪽에 설치된 CCTV 화면을 보여 주면서 그들이 해야 할 일을 브리핑했다. 매 조의 대원들이 올라갈 때마다 그는 동일한 이야기를 반복했다.

"누구든 이 일을 하지 못할 것 같거나, 어지럽거나, 몸이 아프면 지금 즉시 대열에서 나와라!"[40]

많은 이들이 젊은이였고 마지못해 이 일에 나선 참이었지만, 그들이 하지 않으면 누가 하겠는가.[41]

오랜 세월이 지난 후에 타라카노프는 이때 대열을 떠난 사람이 아무도 없었다고 자랑스럽게 주장했다.[42]

옥상에서 대원들은 휘청거리며 뛰었다. 얼기설기 만든 갑옷의 무게가 내리눌렀고, 납을 댄 군화는 매끄러운 흑연 위에서 미끄러졌다. 그들은 경사로를 따라 뛰어올라가 사다리를 올라간 뒤 환풍 굴뚝의 감마선 그림자 속에서 잠시 멈춰 숨을 골랐다. 그리고 방사능을 내뿜는 파편들을 삽으로 퍼서 옥상 가장자리까지 가지고 가서 4호기 폐허 위로 던졌다. 25렘 피폭 한도 규정을 지키기 위해 각 조의 작업 시간을 스톱워치로 쟀다. 3분, 2분, 40초…, 시간은 빠르게 지나갔고 시간이 다 되면 사이렌이나 벨이 울렸다. 이 옥상 작업은 한 사람이 딱 한 번만 해야 했지만 여러 차례 반복한 사람도 있었다. 하고 나면 눈이 아프고 입에서는 금속의 맛이 나고 입 안이 마비되어 치아를 감각으로 느낄 수가 없었다. M구역에서 종군 사진작가 이고르 코스틴Igor Kostin은 마치 다른 세계를 탐험하는 듯한 신비로운 감각에 휩싸였다. 방사선이 너무 강렬해서 필름에도 드러났다. 방사선이 코스틴의 카메라에 스며들어서 필름 아래쪽에 홍수가 지나간 후의 물 자국처럼 보이는 유령 같은

흔적을 남긴 것이다.[43]

옥상에서 내려오면 뱀파이어에게 피를 쪽 빨린 것 같은 상태가 되었다. 그들은 몸을 웅크리고 꼼짝을 하지 못했다. 이들 각자가 한 일은 오브닌스크에서 온 전문가들이 식료품점 목록처럼 정확하게 계량해 장부에 기록했다.[44]

두딘 N. S. — 많게는 30킬로그램까지 나가는 지르코늄 파이프 7개를 부숨.

바르소프 I. M. — 직경 80밀리미터, 길이 30~40센티미터 정도인 (…) 지르코늄 파이프 2개 (…) 무게 25킬로그램.

비치코프, V. S. — 큰 망치로 비투멘에 박혀 있던 흑연 덩어리를 부숨.

카즈민 N. D. — 200킬로그램까지 나가는 흑연 덩어리들을 던짐.

12일 동안 타라카노프의 바이오 로봇 군단은 아침 8시부터 밤 8시까지 옥상 위로 투입되었다. 모두 3828명이었다.[45] 일을 마치면 각각 인쇄된 증명서와 작은 액수의 현금 보너스를 받고 제염을 한 뒤 집으로 돌아갔다. 10월 1일, 타라카노프 장군은 작전 완료를 선언했다. 그날 오후 4시 45분, 수개월간의 수리, 개조, 안전성 테스트에 이어 마침내 1호기가 재가동되었다.[46] 체르노빌 원자력발전소는 5개월 만에 처음으로 다시 전기를 생산하게 되었다.

3호기 옥상에서 작업을 감독하던 타라카노프와 과학자들은 성공을 축하하기 위해 작은 의식을 치렀다. 푸른색 운동화와 캔버스 작업복 차림의 3인조 방사선 정찰대가 깨끗하게 치워져 텅 빈 M구역을 가로질러 뛰어가서 환풍 굴뚝 사다리를 올라갔다. 그들은 지상 150미터인 굴뚝 꼭대기에 도착해서 깃발을 꽂았고 깃발이 미풍에 펄럭였다. 그 위를 날던 헬기에서 코스틴이 사진을 찍었다. 붉은 깃발은 바람에 빳

빳하게 펴졌고, 이것은 방사능에 대한 인간의 승리를 보여 주는 기운 넘치는 상징이었다.[47]

8일 뒤, 타라카노프 장군이 발전소 밖에서 차를 타다가 쓰러졌다.[48] 거의 2주 동안 옥상 통로 옆에서 CCTV를 보면서 지시를 내리느라, 그리고 반복적으로 옥상에 올라가느라, 그 자신이 200렘의 방사능에 피폭된 것이었다.

9월 30일, 석관의 "폭포의 벽"이 세워졌다는 소식이 『이즈베스티야』 1면에 화려하게 게재되었다.[49] 그 무렵에는 스레드마시 US-605 건설팀의 세 번째 교대조가 일을 하고 있었다. 그들은 맹렬히 작업에 돌진해 석관 건설을 마무리 짓도록 명령받은 1만 1000명의 인력이었다. 이 팀의 수석 엔지니어인 쉰한 살의 레브 보차로프Lev Bocharov는 중기계 건설부에서 거의 30년을 일한 사람으로, 패딩 재킷과 검은 베레모를 쓰고 출입금지구역을 성큼성큼 돌아다니면서 작업을 지휘했다.[50] 국가가 수여하는 상을 세 개나 받은 그는 스레드마시 역사상 가장 기념비적이라 할 만한 프로젝트에서 경력을 시작했다. 카자흐스탄의 먼 반도에 있는 우라늄 광산 옆에 15만 명 규모의 도시 셰브첸코Shevchenko를 세우는 일이었다. 철조망이 쳐진 곳에서 살고 일하는 1만 명의 굴락 죄수 노동력을 지휘하면서 보차로프는 셰브첸코의 우라늄 처리 시설들, 세계 최초의 상업용 "증식형" 원자로, 핵전력으로 가동되는 세계 최대 규모의 담수화 공장, 그리고 극장부터 치약 공장까지 그러한 핵시설들을 운영하는 셰브첸코 주민들이 필요로 하는 모든 것의 건축 공사를 감독했다.

체르노빌에서 보차로프가 맡은 임무는 스레드마시 기술자들이 이 현장에서 직면했던 어떤 임무보다도 어려운 일이었다. 4호기의 관에 뚜껑을 덮는 일이 그의 책임이었다. 그는 망가진 4호기의 중앙 홀 위에 지붕을 덮고, 3호기와 4호기 사이에 두꺼운 콘크리트 장벽을 완성해야 했다. 나머지 원자로들이 정상적으로 운전을 재개할 수 있도록, 4호기를 발전소의 나머지 구역들과 완전히 격리시키는 것이었다. 그러나 이 프로젝트는 이미 예정보다 훨씬 뒤쳐져 있었고, 조정된 완공 기한도 전과 다름없이 터무니없었다.[51]

이제 4호기는 더 이상 원자력발전소의 일부라고는 알아보기 어려운 모습이 되었다. 무너진 벽의 전면에는 붉은 페인트로 칠해진, 콘크리트 줄무늬가 있는 강철 벽이 세워졌다. 벽 아래쪽 땅바닥에는 모래가 비스듬한 경사를 이루며 쌓여 있었다. 이 벽을 세우는 데는 곤충처럼 보이는 콘크리트 펌프들과 대형 크레인이 동원되었다. 중앙 홀 위쪽과 위로 뚫려 있는 노심은 방사능 수준이 너무 높아서 리벳공이나 용접공이 들어가는 것이 불가능했다. 그래서 석관의 강철 섹션들을 크레인이 들 수 있는 최대 무게만큼 미리 조립한 뒤, 그것들이 중력만으로 제자리에 고정되도록 고안되었다. 커다란 강철 카드 집인 셈이었다.[52] 거대하고 흉한 각 섹션은 크기와 모양에 따라 별명이 붙었다.[53] "모자", "스커트", "문어", "개 집", "비행기", "하키 채", 그리고 길이 70미터에 무게가 거의 180톤에 달하는 빔에는 "매머드"라는 별명이 붙었다. "매머드"는 너무 커서, 제 위치까지 옮길 때 특수 제작된 트레일러를 통해 시속 4킬로미터의 굼벵이 속도로 옮겨야 했다.

보차로프와 기술자들은 4호기 바로 앞에 본부를 차렸다.[54] 1미터 두께의 콘크리트 벽 건물로, 사고 전에는 방사성 폐액 처분장으로 쓰기 위해 지어진 곳이었지만 "거꾸로 된 세상"인 출입금지구역 내에서 이곳은 발전소 단지 전체 중 가장 오염이 적은 곳이었다. 그래서 정부위원회 위원장 보리스 셰르비나도 날마다 이곳에서 브리핑을 들었고 고르바초프에게도 이곳에서 24시간마다 상황을 보고했다. 80대 노장인 스레드마시 장관 에핌 슬라브스키도 꾸준히 이곳을 방문했다. 이 임시 벙커 안에서, 기술자들은 원격 조정되는 텔레비전 카메라를 통해 석관 조립을 감독했다. 강철 빔이 공사 현장의 가장 위험한 부분으로 들어가는 것을 보여 주는 화면을 주시하면서, 이들은 무전기로 크레인 운전사에게 "위로", "아래로", "왼쪽으로", "오른쪽으로"라고 지시를 내렸다. 크레인 운전사 본인은 아무것도 보이지 않는 채로 기계를 몰고 있었다. 운전석이 15센티미터 두께의 납으로 차폐되어서, 작은 스크린에 띄엄띄엄 나타나는 크레인의 클로즈업된 흑백 이미지 외에는 아무것도 볼 수 없었기 때문이다.

보차로프도 깜깜이 상태에서 일하고 있었다. 최종 조립이 시작되었는데도 그는 아직 석관의 최종 설계도가 없었고 4호기 폐허 안의 상태에 대해서는 믿을 만한 측정치를 얻을 수 없었다. 그는 헬리콥터나 인공위성으로 찍은 사진을 활용했고, 3호기의 마크 +67 위치에 있는 납으로 차폐한 관측소에서 쌍안경으로 현장을 보면서 지시했다. 그러다 직접 현장을 조사하지 않고서는 진행하는 것이 불가능한 단계에 이르자, NIKIMT의 기술자들은 또 하나의 창의적인 해법을 내놓았다. "바티스카프bathyscaphe"(심해잠수정)라는 별명으로 불리게 되는 장치였다.[55] 20톤짜리의 납으로 된 선실이었는데, 30센티미터 두께의 납유리로 된 창이 하나 뚫려 있었고, 대형 크레인의 갈고리로 5미터짜리 케이블에 매달려 있었다. 4명이 들어갈 수 있었고, 크레인으로 상공 100미터까지 들어 올려서 4호기 위로 "날아가게" 할 수 있었다. 이것을 타고 엔지니어들은 방사능이 매우 높은 지역을 비교적 안전하게 들어가 볼 수 있었다.

원자로에 최종적으로 뚜껑을 덮기 위한 수석 설계사의 계획은 간단하지만 위험했다.[56] 그는 27개의 거대한 강철 파이프를 빔들 위에 나란히 놓아 지붕을 만드는 안을 제안했다. 빔들은 원자로 건물 벽 중 무너지지 않고 남아 있는 부분들에 의해 지탱되게 하고 그 위에 콘크리트를 덮을 계획이었다. 하지만 방사능이 너무 강해서 원자로 건물의 남아 있는 벽들이 어느 정도 손상되어 있는지, 새 지붕의 무게를 견딜 수 있을지 등을 측정하는 것이 불가능했다. 만약 무게를 버티지 못해 무너지면 새로운 폭발을 일으키게 될지 몰랐다. "비행기"라는 별명이 붙은 지붕 빔을 제 위치에 놓기 위해 끌어 올렸을 때 크레인의 메인 케이블 하나가 무게를 견디지 못하고 끊어지면서 벽이 대포라도 맞은 듯 금이 가고 말았다. 보차로프의 회상에 따르면, 크레인 운전사는 건물이 완전히 붕괴할까 봐 공포에 질려서 납으로 차폐된 크레인 조종석에서 뛰어나와 도망갔다. 케이블을 교체하고 새 크레인 운전사를 찾는 데 24시간이 걸렸다.

보차로프가 보리스 셰르비나를 마크 +67에 있는 관측 지점으로 데리고 가서 가장 크고 중요한 빔(석관 남쪽 부분 전체를 덮을 지붕이 얹어질, 180톤 무게의 "매머드")이 놓일 토대를 보여 주었을 때, 셰르비나는 경악했다. 그 빔을 지탱할 것이라고는 깨진 콘크리트와 파이프들, 망가진 사무 가구 등이 한데 얽혀 뭉쳐 있는 잔해뿐이었다. "미쳤나? 이것은 불가능해! 다른 방법을 찾게!"

하지만 다른 방법은 존재하지 않았다. 이제 전체 구조물의 완성은 이 거대한 강철 빔을 성공적으로 설치하는 데 달려 있었다. 그가 이를 성공시키지 못한다면 석관 건설을 처음부터 다시 시작해야 할 판이었다.[57] 보차로프는 빔이 세워질 기반이 될 곳에 직접 들어가서 견고성을 조사해 보기로 했다.

***

늦가을까지 소련 전역에서 중년 나이의 파르티잔 수만 명이 소집되었다. 이들은 출입금지구역 내의 고준위 방사능 지역에서 25렘 피폭 한도에 이를 때까지 일한 다음 제염을 하고 소집 해제되었다. 집으로 돌아가기 전에 비밀 유지 서약서에 서명을 하고 누적 총 피폭 양의 공식 기록이 담긴 작은 수첩을 받았다. 여기에 적힌 숫자가 정확하다고 믿는 사람은 거의 없었다. 몇몇은 탁월한 노동에 대한 보상으로 트랜지스터 라디오나 시계 중 하나를 선택할 수 있었다.[58] 많은 사람들이 집으로 돌아온 뒤 보드카로 몸에서 방사능 찌꺼기를 제거하려 했다. 『프라우다』와 『이즈베스티야』가 얼마나 의기양양한 헤드라인 기사들을 쏟아냈든 간에, 그들이 직면했던 극한적인 여건에 대한 쓰라린 진실이 소련 전역의 도시와 마을에 소문으로 퍼졌다.[59] 그래서 "특별 훈련"을 위해 소집을 통보받은 사람들 중 점점 더 많은 이들이 그것이 무엇을 의미하는지 알게 되었고, 징집 담당자들에게 돈을 주고 징집을 피했다.[60] 아프가니스탄 때는 1000루블에 징집을 피할 수 있었는데, 체르노빌 징집을 피하는 데 드는 비용은 그 절반 정도였다고 한다. 출입금지구역에서 파르티잔을 지휘하는 사람들은 종종 파르티잔들의 반란에 직면하기도 했다. 200명의 에스토니아인으로 구성된 한 파르티잔 부대는 징집 기간이 2개월에서 6개월로 연장되자 일하러 가기를 거부했다.[61] 또 키예프 경찰의 순찰대는 자신의 부대원들을 버리고 술에 취한 채 기차로 키예프를 탈출하려던 지휘관들을 잡아내기도 했다.[62]

하지만 여전히 많은 사람들이 고방사능 지역에서 일해야 하는 것에 대한 보상으로 보수를 많이 준다는 이야기를 듣고서,[63] 또는 과학적인 호기심에서, 또는 아버지와 할아버지가 "대조국전쟁"에서 그랬듯이 조국을 위해 희생할 기회라고 생각해서, 체르노빌에 자원했다.

서른여섯 살의 블라디미르 우사텐코Vladimir Usatenko는 10월 17일에 하르코프Kharkov를 출발해 키예프로 가는 80명의 파르티잔 중 한 명으로 일류신-76 수송기에 올랐다.[64] 키예프에 도착한 이들은 몇 대의 트럭을 나눠 타고 발전소 주변에 차려진 야영장에 도착했다. 소비에트 군 미사일 방어 부대의 무전 통신원으로 일하면서 군 복무를 했던 엔지니어인 우사텐코는 뇌물을 써서 체르노빌에 오는 것을 피할 수도 있었지만 그러지 않기로 했다. 출입금지구역 안은 완전한 혼돈 상태였다. 군복을 입은 군인들이 도처에서 베짜기개미처럼 허둥지둥 임무를 수행하기 위해 돌아다니고 있었지만, 고위 장교들은 무슨 일이 벌어지고 있는지 거의 모르는 듯했다. 그리고 고방사능 지역에서 할 일 없이 지시를 기다리고 있거나 다른 이들이 일하는 것을 보고 있는 사람들은 명백히 자신의 피폭 양이 늘어나고 있는 것을 모르는 것 같았다.

우사텐코는 하사관으로서 한 분대를 지휘하게 되었고, 그보다 먼저 온 하사관들은 그에게 알아서 스스로를 챙겨야 한다고 조언했다. **장교들의 말에는 신경 쓰지 말고, 최악의 방사능에서 너의 부대원들을 알아서 보호하라.** 도착하자마자 숨 돌릴 틈도 없이 그들은 스레드마시 US-605팀의 일부로서 기계홀 안에서 일하도록 배치되었다. 그곳은 석관의 벽들이 올라오고 있는 곳의 바로 아래였다. 우사텐코는 8명의 분대원을 데리고 마크 +24.5까지 올라갔다. 이곳에서는 3호기와 4호기 사이를 막을 콘크리트 장벽이 지어지고 있는 중이었다. 그들은 한 시간 동안 벽을 따라 나무 판에 못질을 했다. 그들이 하는 일은 전부 기밀이라고 했고, 따라서 그들은 자신이 하고 있는 작업이 어떤 용도의 일인지에 대해 아무 이야기를 듣지 못했다. **여기 판자가 있고, 저기 망치가 있고, 여기 못이 있다. 자, 일을 해라.** 주어지는 일은 다양했지만 가장 중요한 면에서는 모두 동일했다. 등골이 휘도록 고된 일이고, 수작업이며, 아무 설명이 없었다는 점에서 말이다. 이들은 물이 든 40리터의 자루를 지하로 날랐고(이 작업은 끝없이 손으로 콘크리트를 섞고 있는 사람들이 쓸 물이었다), 옥상에 올라가 버려진 소방 호수를 아래로 던졌고, 감압수조 아래에서 잔해들을 치웠다(그들이 들은 설명이라고는 눈에 보이는 것은 모조리 집어서 가능한 빨리 던지라는 것뿐이었다).

석관 안은 어둡고 습했고, 우사텐코가 가장 걱정한 것은 알지 못할 이 미로 안에서 부하들을 잃는 것이었다. 모든 곳에 고도의 방사능이 있었고 어떤 호실에서는 보이지 않는 스프레이가 뿌려진 것처럼 눈이 싸아해지는 것이 느껴졌다. 어떤 호실에서는 스레드마시가 설치해 둔 저주파 스피커에서 오래 지체하지 말라는 경고가 계속해서 나왔다. 또 어떤 곳에는 US-605의 건설 전문가들이 36볼트짜리 전구를 벽을 따라 화환처럼 걸어 놓았고 CCTV를 설치해 놓았다. 전문가들은 납으로 차폐한 부스 안에서 화면을 통해 파르티잔들의 작업을 지켜보았다. 이윽고 원자로 바로 옆의 호실에서 일하라는 명령을 받았을 때(그곳에서는 1분 만에 선량계가 최대치를 쳤다), 우사텐코와 분대원들은 명령에 불복했다. 그들은 그 호실 쪽으로 가긴 했지만 입구를 모니터링하는 카메라를 치워 버리고 할당된 임무 시간이 지나갈 때까지 안전한 곳에 숨어 있었다. US-605 기술자들이 새 카메라를 설치하는 데 열흘이 걸렸고 그때쯤이면 우사텐코와 분대원들은 돌아가고 없었다.

블라디미르 우사텐코는 이후에 복무한 것까지 다 합해서 3, 4호기 안에서 28개의 임무를 완수하면서 총 42일을 출입금지구역 안에서 보냈다.[65] 하지만 그는 그곳에서[“위대한 애국 전쟁”(Great Patriotic War, “대大조국전쟁”)에 나섰던 사람들처럼] 조국을 위해 나선 “위대한 애국자”를 딱히 보지는 못했다. 그가 대화를 나눠 본 모든 사람이 단지 규정된 최대 피폭 한도 25렘에 되도록 빨리 도달해서 얼른 집에 돌아갈 수 있기를 바라고 있었다.

***

 길을 잘 아는 쿠르차토프 연구소 물리학자 한 명이 길잡이 역할을 하고 무거운 촬영 장비를 든 촬영 기사 한 명이 동행한 채로, US-605의 마지막 교대조 수석 엔지니어 레브 보차로프는 거대한 "매머드" 빔이 세워질 기반을 조사하러 4호기의 폐허 안으로 들어가고 있었다.[66] 이들은 폭발 때 뒤틀려서 지금은 마치 "유령의 집" 계단과 같은 각도로 공중에 매달려 있는 계단을 올라갔다. 마크 +24에서 그들은 어두운 복도로 방향을 돌렸고 여기서부터는 달리기 시작했다. 그런데 갈수록 천정이 점점 낮아졌다. 그들은 이 복도에 스레드마시 건설 팀이 부은 콘크리트가 흘러 들어와 있다는 것을 깨달았다. 어두운 통로의 끝에 도착했을 무렵에는 거의 웅크리고서 40센티미터 높이의 공간을 한 명씩 기어가야 했다. 마크 +39에서 그들은 드디어 다시 빛을 보았다. "매머드"가 놓일 곳 가까이로 나갈 수 있는 구멍이었다. 다른 이들을 뒤에 남겨 두고, 보차로프는 잔해 덩어리들이 있는 곳을 가로질러 뛰어갔다. 3분 뒤, 그는 상당량의 피폭을 받은 채로, 그리고 하나의 아이디어를 가지고 돌아왔다.

 보차로프는 초대형 데마그 크레인, "심해잠수정", 그가 직접 뽑은 힘세고 달리기가 빠른 60명의 파르티잔, 그리고 무르만스크에서 하룻밤 사이에 공수되어 온 낚시 그물을 동원해, 마크 +51에서 잔해들의 위로 콘크리트를 부어 콘크리트 플랫폼을 급조해 냈다. 서둘러 시행된 일련의 하중 테스트 결과, 이 토대가 "매머드"의 무게를 지탱할 만큼 튼튼하다고 확신할 수 있었다. 11월 1일 오후 10시, 거대한 "매머드" 빔이 마침내 제 자리에 내려졌다.[67] 리퀴데이션이 시작된 이후 처음으로 에핌 슬라브스키의 얼굴에 미소가 보였다.

 그 이후로 작업은 빠르게 진척되었다. 독을 뿜는 원자로의 쩍 벌린

입이 드디어 덮였다. 그리고 스레드마시 팀은 석관 안의 대기를 안정화하기 위해 환풍 시설을 설치했다. 또한 방사능과 온도를 모니터링하는 장비들을 새로이 제염된 근처 호실의 컴퓨터 장비들에 연결했다. 노심에 있던 180톤의 우라늄 연료의 행방이 아직도 묘연해서 레가소프 등 쿠르차토프 연구소 과학자들이 새로운 연쇄반응이 촉발될 가능성을 여전히 우려하고 있었기 때문에,[68] 스레드마시 엔지니어들은 이들의 조언대로 석관 안에 스크링클러도 설치했다. 만약 새로이 임계에 도달하면 즉시 스크링클러로 중성자를 잡아먹는 탄화붕소 용액을 뿌려서 연쇄반응을 진압하기 위한 것이었다. 드디어, 4호기 기계 홀의 지붕과 창문들이 철판으로 켜켜이 덮였다. 원자로 홀의 서쪽 끝은 각각 45미터 높이의 거대한 철제 버팀대 열 개가 일렬로 들어서서 지탱하고 있었다.[69]

11월 13일 슬라브스키가 현장을 보러 왔을 때 석관은 거의 완공되어 있었다. 고요하고 불길해 보이는 이 흉물스러운 구조물은 그것의 목적, 중세 판타지에 나오는 것 같은 사탄을 가둬 두는 감옥이라는 목적에 딱 부합해 보이는 모습을 하고 있었다. 석관은 놀라운 업적이었고, 끔찍하게 혹독한 여건에서 달성한 기술적 승리였으며, 거대한 규모를 지향하는 소비에트적 집착의 새로운 정점이었다. 훗날 엔지니어들은 석관에 44만 세제곱미터의 콘크리트, 60만 세제곱미터의 자갈, 7700톤의 금속이 들어갔다고 허풍을 떨게 된다.[70] 비용은 하루에 100만 루블, 즉 150만 달러 이상으로 증가해 있었다.[71] 자신이 만든 걸작, 콘크리트와 강철로 된 부르탈리즘 양식의 이 신전을 바라보는 노장 슬라브스키의 눈에 눈물이 고였다.[72]

이것이 확장일로를 걷던 스레드마시 제국의 수장으로서 슬라브스키가 수행한 마지막 업적이었다.[73] 1주일 뒤, 리지코프 총리는 그를 크렘린에 있는 자신의 집무실로 불러 사임을 종용했다. 슬라브스키는 파란 펜으로 한 문장을 휘갈겨 썼다. "왼쪽 귀가 들리지 않으니 사직을 허용해 주십시오." 아직 자신이 할 일이 많다고 느끼고 있는데 어쩔 수 없이 물러나야 하는 것에 대한 감정이 드러난, 투박한 이별사였다. 슬라브스키는 88세였고, 6개월 뒤면 스레드마시의 수장으로 일한 지 30주년이 될 터였다. 그가 떠난다는 소식이 모스크바 볼샤야 오딘카 거리 Bolshaya Ordynka Street에 있는 중기계건설부 본부에 알려지자 직원들은 슬픔에 잠겨 눈물을 흘렸다.

1986년 11월 30일, 석관이 완공되었음이 공식 문서로 승인되었다. 4호기에서 첫 폭발이 일어난 지 7개월 4일 만이었다. 12월 3일에 레브 보차로프는 "특별 구역"에서의 임무를 마쳤다. 우크라이나에 겨울이 왔고 곧 첫 눈이 석관을 덮을 것이었다. 그는 두꺼운 외투와 아프가니스탄 군인들에게 지급되었던 줄무늬 속옷을 입고 키예프의 기차역에 도착했다. 몇몇 동료들과 함께 보차로프는 한 박스 분량의 보드카를 가지고 모스크바로 가는 밤기차에 올랐다. 그들은 가는 길에 그것을 다 마셨다.

다음 날 아침 일찍 기차가 모스크바에 도착했을 때 보차로프는 자신이 기차역에서 개선장군처럼 환영을 받을 것이라고 생각했다. 하지만 플랫폼에 그들을 맞으러 온 군중은 없었다. 아내, 그리고 아내를 차로 기차역에 데리고 와 준 친구가 있을 뿐이었다. 아프가니스탄의 혼란스러운 전장에서 막 돌아온 듯해 보이는 한 군인이 보차로프가 입고 있는 털 달린 위장복을 알아보고 말을 걸었다.

"칸다하르에서 오셨습니까?" 군인이 물었다.[74]

"아니오, 체르노빌이요." 보카로프가 대답했다.

군인은 보차로프의 어깨에 손을 올리고 말했다. "형씨, 당신이 더 험한 데서 왔군요."

17장

금지 구역

1986년 8월이 시작될 무렵이면 모스크바 교외의 미티노에 들어선 깔끔한 새 묘지의 특별 섹션에 무덤 수가 25개로 늘어 있었다.[1] 노란 타일이 있는 입구의 화장터에서부터 50미터쯤 간격을 두고 두 줄로 묘가 들어서 있었고, 앞으로 더 들어올 시신을 위해 일부가 비어 있었다. 어떤 묘는 하얀 대리석 비석에 금박 글씨로 망자의 이름과 소비에트 별이 새겨져 있었지만 어떤 묘는 시신이 들어온 지 너무 얼마 되지 않아서 흙으로 된 봉분에 꽃다발과 마분지로만 표시되어 있었다. 까마귀들이 머리 위를 뱅뱅 돌았다. 취재하러 온 서구 기자들이 이름을 적으려 했지만 경찰이 수첩을 압수하고 조용히 나가도록 안내했다.

9월에 의사 안젤리나 구스코바는 4호기 사고의 직접적인 결과로 총 31명이 사망했다고 밝혔다.[2] 이후 이 숫자는 체르노빌 사고의 공식적인 사망자 통계가 되었고, 이보다 많은 사망자 수가 언급되면 서구 부르주아지 프로파간다의 증거로 간주되었다. 펌프 운전원 발레리 호뎀추크는 폭발 때 무너지는 건물에 깔려서 즉사했고(그의 시신은 여전히

4호기 폐허 어딘가에 깔려 있다), 그의 동료 블라디미르 샤셰노크는 프리피야트 병원에서 외상 트라우마와 화상으로 한두 시간 만에 숨졌다.[3] 그 이후에 29명(운전원, 소방관, 보안 직원 등)이 키예프의 방사능 병동과 모스크바의 특별 병원에서 급성방사선증후군으로 숨졌다.[4] 로버트 게일과 소비에트의 전문의들에게 골수 이식을 받은 13명은 한 명 빼고 모두 사망했다.[5] 성공률이 너무 낮아서 훗날 구스코바는 골수 이식이 급성방사선증후군 치료법으로서는 소용이 없다고 결론 내리게 된다.

그래도 적지 않은 이들이 사고 초기의 몇 시간 동안 끔찍하게 피폭이 되고도 제6병원에서 몇 개월간 고통스러운 치료를 받은 끝에 드디어 회복되기 시작했다.

부수석 엔지니어 아나톨리 다틀로프(그는 부하들의 반대에도 터빈 테스트를 강행했고 사고 사실을 도무지 믿기 어려워하며 4호기의 폐허를 여러 시간 동안 돌아다녔다)는 다리에 막대한 베타 화상을 입었고 총 550렘 정도의 피폭을 당했지만 11월 초에 퇴원했다.[6] 키예프로 돌아온 그는 곧 체포되어 수감되었다. 체르노빌 발전소 소방대 지휘관 레오니드 텔랴트니코프는 7월까지 자신의 대원들이 사망했다는 소식을 듣지 못하고 독실 병실에 격리되어 있었다.[7] 하지만 7월에 격리 신세를 벗어났고, 감염을 막기 위해 거즈 마스크를 쓰고 도와주는 사람 없이도 혼자서 복도를 걸을 수 있게 되었다. 8월에는 퇴원을 했고 아내와 두 아이와 함께 위해 라트비아 해변의 휴양지로 요양을 갔다. 햇볕을 너무 많이 쬐면 안 되고 간이 망가졌기 때문에 기름진 음식도 피해야 했지만, 그 다음 달이면 충분히 회복해서 카자흐스탄에 부모님을 뵈러 갈 수 있었다.

의사들은 극심하게 피폭된 몇몇 사람들이 살아난 것이 거의 기적이라고 보았다.[8] 전기 엔지니어 안드레이 토르모진Andrei Tormozin은 폭발할 때 원자로에서 겨우 120미터 떨어진 곳에 있었고 방사능이 매우 강한 기계 홀에서 몇 시간 동안 연료 펌프를 멈추고 기름에 붙은 불을 끄는 일을 했다. 그는 구스코바를 포함해 전문의들이 공히 치명적이라고 생각하는 수준인 1000렘 정도의 감마선과 베타 입자에 피폭되었다. 그의 몸은 골수 이식에 거부 반응을 나타냈고 혈액 오염과 간염도 생겼다. 그가 생존할 수 있으리라고는 전혀 기대할 수 없었다. 하지만 5월 말경에 백혈구가 다시 증가하기 시작했고, 의사들이 알지 못하는 이유로 점차 그는 완전하게 회복되었다.

옆방 친구들의 기계가 하나씩 조용해지는 것을 들었던 알렉산더 유브첸코는 본인 역시 5월 내내 죽음의 문턱에 있었다. 몇 주 동안 아내 나탈리아는 병원 인근 호스텔에서 지내면서 매일 아침 간밤에 무슨 일이 일어나지 않았을까 두려워하면서 잠에서 깼다.[9] 그리고 엄마에게 병원에 대신 전화를 해 봐 달라고 했다. 일종의 미신으로, 유브첸코는 아내가 의사에게 직접 전화하지 않아야, 즉 남편의 소식을 아내가 직접 듣지 않아야 남편의 생존 확률이 높아진다고 믿고 있었다. 그의 골수가 기능하지 못하게 되었을 때 의사들은 수혈을 해서 그의 생명을 유지했다. 나탈리아는 온 도시를 다니면서 귀하고 비싼 그의 생명의 재료[혈액]을 구하러 다녔다. 나탈리아는 그가 먹을 블랙 캐비어 샌드위치를 만들었고 그의 친구 사샤 코롤은 캐첩을 권해 보았지만, 유브첸코는 둘 다 먹지 못했고 링거에 의지했다.

그런데 6월에 유브첸코의 골수가 다시 기능을 하기 시작했다.[10] 백혈구가 혈액에 다시 나타났고 그가 살아날 것이 확실해 보였다. 하지만 방사능 화상, 특히 팔과 어깨의 화상은 치료되지 않아서, 의사들은 검게 썩은 피부와 근육을 계속해서 잘라내야 했다. 베타 입자가 닿았던 곳의 벌어진 상처는 팔꿈치 근처의 살을 파고들어가 있었고, 그가 다시 정상적인 삶을 사는 것은 불가능해 보였다.

하지만 9월 후반부에 의사들은 유브첸코가 집에 잠깐 동안 가도 좋다고 허락했다. 그래서 그는 정부가 제공한 새 아파트에서 가족과 잠시 머물 수 있었다. 새 집은 모스크바 국립대학 근처의 좋은 동네에 있었다. 그는 마르고 해쓱해 보였고 의사들이 고통을 줄이기 위해 투여했던 마약 성분에 중독이 되어 있었다. 의사들은 유브첸코가 진통제를 서서히 끊게 하려고 애쓰면서, 그와 동시에 24시간 누군가의 보살핌을 받다가 이제 혼자 해결해 나가는 것을 연습하도록 독려했다. 하지만 방사선은 그를 떠나지 않았다. 폭발이 난 지 몇 달이나 지난 뒤에 다리와 팔에 새로운 화상이 드러났고, 그는 다시 제6병원에 입원했다.

급성방사선증후군에서 회복된 사람들이 모스크바의 병상에 누워 있는 동안, 프리피야트의 이재민은 버려진 아톰그라드에 언제 돌아갈 수 있을지, 아니 돌아갈 수 있기는 할지 알 수 없는 채로 어정쩡한 연옥에 계속 갇혀 있었다. 출입금지구역 바로 바깥에 있는 마을 폴레스코예에는 수천 명의 이재민이 돈도 없고 깨끗한 옷도 없어서 목욕 가운부터 발전소 직원들이 입는 흰 작업복까지 걸칠 만한 것들을 닥치는 대로 구해 걸치고 있었다.[11] 이재민들은 보드카가 방사능에서 몸을 보호해 준다고 믿고서 새로 정착한 마을에 있는 술 가게로 몰려갔다. 곧 사모곤 가격은 암시장에서 1리터에 35루블로 치솟았다. 이것은 키예프에서 좋은 코냑을 살 수 있는 가격이었다. 한편 국가는 그들에게 새로운 일자리와 아이들이 갈 학교를 제공하는 데 어려움을 겪었다. 5월에 소비에트 적십자사가 모든 이재민에게 1인당 50루블을 제공했고[12] 얼마 후에는 소비에트 정부가 추가로 이재민에게 1인당 200루블을 제공했다. 15명의 현금 출납원이 수백만 루블의 현금을 세어 내보냈다. 매일 아침 현금이 가방에 담겨 폴레스코예 시청 사무실로 도착했고, 밀리치 아들이 총을 들고 감시하는 가운데 분배되었다. 그래도 6월과 7월 내내 사람들은 체르노빌의 소비에츠카야 거리에 있는 프리피야트 시 위원회 임시 사무실로 찾아와 물었다. "언제 돌아갈 수 있나요?"

7월 25일에 이 질문은 일종의 응답을 받았다.[13] 그날 아침에 프리피야트 이재민을 태운 첫 버스가 그들을 프리피야트로 데려다 주기 위해 출발했다. 하지만 그곳에 다시 살러 돌아가는 것이 아니라 전에 살던 집에서 가지고 나올 수 있는 물건들을 챙기고 그럴 수 없는 재산에 대해서는 보상을 신청하기 위해 가는 것이었다. 30킬로미터 구역의 경내에 진입하기 위해 검문소에 도착한 이들은 면으로 된 오버올, 신발 커버, 헝겊 방독면, 두꺼운 폴리에틸렌 비닐봉지를 지급받았다. 프리피야트 앞에서 신분증을 확인한 뒤 그들은 버려진 예전 집에서 서너 시간 정도 머물 수 있게 허가를 받았다.[14] 도시의 길가에는 모래 둑이 누렇게 쌓여 있었고 갈라진 아스팔트 사이로 이미 풀이 자라기 시작하고 있었다. 첫째 날 오전에 버스에서 내린 69명을 시작으로, 이후 몇 개월 동안 날마다 수백 명씩 프리피야트의 예전 주민들이 옛 집으로 돌아와 가지고 갈 물건들을 챙겼다.

가지고 나갈 수 있는 물건들은 아주 제한적이었다. 큰 가구나 먼지가 많이 쌓이는 물건들(텔레비전 수상기나 바닥 깔개 등)은 가지고 나갈 수 없었고 아이들 소지품과 장난감, 그리고 방사선 수치가 시간당 0.1밀리뢴트겐 이상인 것도 모두 금지되었다. 아파트에는 전기와 수도가 모두 끊겨 있었고 한때는 늘 복도와 계단에 가득했던 담배 냄새와 사람들의 땀 냄새도 사라진 지 오래였다. 밀리치야가 순찰을 돌았고 아파트 입구마다 경보 장치가 있었지만 많은 이들의 집이 약탈당한 상태였고, 냉장고에서는 메이데이 휴일을 고대하며 사 두었던 음식들이 긴 여름을 지내면서 썩고 있었다. 어떤 이들은 버리고 가야 할 물건들을 생각하면서, 그리고 다시는 볼 수 없을지 모를 먼지 쌓인 방을 보면서, 눈물을 참지 못했다.[15]

나탈리아 유브첸코도 9월에 남편 알렉산더, 아들 키릴과 살던 스트로이텔레이 대로의 방 두 개짜리 아파트에 돌아왔다.[16] 키릴의 유모차가 계단참 입구에 부서져 있었다. 나탈리아는 무엇을 보게 될지 두려워하면서 위층으로 올라갔다. 하지만 모든 것이 떠날 때 그대로였다. 가장 먼저 보인 것은 소개되던 날 사샤 코롤이 가져다준 아기 우유였다. 알렉산더의 자전거에 놓아두고는 깜빡하고 놓고 갔던 것이다.

나탈리아는 가져갈 것을 많이 챙기지는 않았지만, 그와 알렉산더가 지난해 알렉산더의 생일에 멋들어진 모자를 빌려 쓰고 포즈를 잡고 찍은 사진과 그날 이웃이 선물로 적어 준 코믹한 시구도 포함해 사진과 슬라이드 몇 장은 잊지 않고 챙겼다. 다른 주민들은 실용주의와 감상주의 둘 다에 영향을 받아 과학소설, 식기 등 마구잡이로 소지품을 챙기는 듯했다.[17] 시간도 부족했다. 사람들이 각자의 집에서 가져갈 것들을 결정할 수 있는 시간은 최대 4시간이었고 서둘러 버스로 돌아와야 했다. 발렌티나 브류하노프(이제는 젤레니 미스Zeleny Mys라는 마을의 강둑 근처에 살면서 남편이 키예프의 KGB 감옥에 있는 동안 발전소에서 2교대로 일하고 있었다)[18]는 결혼 25주년에 받은 크리스털 물 컵 한 쌍, 아들이 어렸을 때 찍은 가족사진, 다들 부러워하는 양가죽 코트(나중에 이것은 이웃에게 주었다) 등 가장 귀중한 물건들을 챙겼다. 책도 몇 권 챙겼는데, 방사성을 중화할 수 있을 것이라고 믿으면서 그것들을 식초로 닦았다.

사람들이 선량 측정소로 돌아왔을 때면 늦은 밤이 되어 있기 일쑤였다.[19] 그곳에서 십 대의 원자력공학 학생들이 주민들이 가지고 나온 소지품들의 선량을 체크했다. 오브닌스크의 MEPhI 학생들로, 날마다 이 초소들을 지키면서 식기, 카세트테이프 녹음기, 책, 카메라, 옷, 장식품 등의 선량을 측정했다.[20] 자신이 가지고 나온 물건이 너무 오염이 심해서 가지고 나갈 수 없는 것으로 밝혀지면 돈을, 아니면 이곳에서 화폐나 다름없이 유통되는 보드카를 뇌물로 주면서 가지고 나가려 하는 사람들도 있었다. 측정소의 젊은 학생들은 원자력발전소에서 일했던 사람들조차 방사능 먼지의 위험성에 대해 이렇게 무심한 것을 보고, 또 압수된 소지품들 중에서 출입금지구역 밖의 중고시장에 내다 팔 만한 것들을 챙기려고 술을 몰래 건네는 사람들을 보고 깜짝 놀랐다.

이전 주민들의 프리피야트 방문은 1986년 10월 25일까지 넉 달간 이어졌다.[21] 총 2만 9496명이 프리피야트의 자기 집에 들렀다. 어떤 이들은 한 번 이상 왔고 어떤 이들은 아예 오지 못해서 그들의 물건은 회수되지 못했다. 시 위원회는 다음 해 가을에 추가 방문 일정을 잡았지만 정부위원회가 허가를 내주지 않았다.[22] 중앙 정부는 가지고 나오지 못한 상실 자산에 대해 보상금을 지급하기로 했다. 개인당 4000루블, 2인 가족은 7000루블이었다. 당시에 새 자동차(구할 수 있는 경우에 말이지만)는 5000루블 정도였다. 여름 내내 이스폴콤에는 날마다 수백 건의 보상금 신청서가 들어왔다. 그해 말이면 "평화로운 원자력"이 집어삼킨 상실 자산 신고액이 총 1억 3000만 루블 어치에 달했다(자동차, 차고, 다차, 모터보트는 제외한 것이다). 그해 가을에 키예프의 가구점들은 때아닌 호황을 맞았다. 소개된 사람들이 삶을 다시 꾸리면서 거의 모든 것을 새로 장만해야 했기 때문이다.

***

처음에는 체르노빌 사고 이재민들이 소비에트 전역에서 널리 공감과 동정을 받았다. 4월 말에 정부는 국영 은행에 구호 기금 계좌를 마련했다. 소비에트 특유의 간소한 이름으로 "904번 계좌"라고 불린 이 계좌에 피해자들을 돕기 위한 성금이 모였다. 5월에는 소비에트 최초로 자선 록 콘서트도 열렸다.[23] 모스크바의 올림픽 스타디움에 3만 명의 관객이 운집했고 라이브 방송으로 키예프 방송국으로도 연결되었다. 광부, 발전소 직원, 리퀴데이터 등이 키예프 방송국에 모여 방송을 보았고 소방관들은 제6병원에서 숨진 동료들의 이름을 부르며 그들을 기렸다. 8월 초, 국영 은행장은 904번 계좌에 후원금이 벌써 약 5억 루블이나 모였다고 발표했다.[24] 사람들이 임금, 연금, 보너스 등을 쪼개가며 낸 성금이었고 해외에서 송금되어 온 성금도 있었다.

하지만 11만 6000명을 영구적으로 재정착시키는 것은 굉장히 어려운 일이었다. 프리피야트에서 소개된 전문가들과 가족들, 체르노빌 주민들, 30킬로미터 구역 안에 있는 수십 개의 작은 마을에 살던 농민들 모두 새로운 일자리, 학교, 집이 필요했다. 6월에 정치국은 체르노빌 사고 이재민들의 삶을 챙기는 것을 정치적으로 최우선 순위에 놓는다는 결의안을 통과시켰다.[25] 그리고 우크라이나공화국과 벨라루스공화국 정부가 겨울이 오기 전에 새 아파트 수만 채를 짓도록 요구했다. 이재민 5만 명이 있는 우크라이나공화국에서는 이 긴급한 주택 공사가 즉시 시작되었다.[26] 첫 정착 마을은 체르노빌에서 100여 킬로미터 떨어진, 거대한 고리키 집단농장 근처에 들어선 150채의 벽돌 건물로 된 거주지였다.[27] 이곳은 8월에 화려한 기념식과 함께 선을 보였다. 각 주택은 가구, 가스 용기, 전등, 타월, 그리고 감자가 들어 있는 콘크리트 식품 창고가 달려 있다고 보도되었다.[28] 또한 10월 1일 이전까지 완공을 목표로 우크라이나공화국에서만도 총 1만 1500채의 새로운 주택을

짓는 일이 착수되었다.[29]

하지만 모스크바의 정치국 태스크포스는 이에 더해 키예프와 인근 도시에서 갓 완공된 1만 3000채의 아파트를 추가로 징발했다.[30] 오래도록 대기자 명단에 있던 사람들을 제치고 이재민이 새치기를 하게 되는 셈이었다. 체르노빌 발전소에서 일하던 직원과 가족들은 우크라이나에서 가동 중인 세 곳의 원자력발전소(콘스탄티노프카, 자포리지아, 로브노)로 재배치되었다. 그곳에서 그들은 새 일자리와 새 아파트를 얻었다. 하지만 새 동료들은 이들을 그리 따뜻하게 맞이하지 않았다. 그곳 사람들은 자신이 애써 얻은 집을 본인들이 무능해서 벌어진 사고로 집을 잃은 사람들에게 양보하는 것이 불공정하다고 생각했다. 키예프에서는 몇 군데의 큰 아파트 공사가 겨울에 완공될 예정이었는데, 완공되었더라면 징발되기 딱 좋았을 이 아파트들은 아예 공사가 중단되었다.[31] 점차로 프리피야트 주민 상당수는 키예프 북동쪽의 먼 교외 지역인 트로이에슈치나Troieshchyna의 아파트 단지에 정착했다.

그곳에서도 그들은 새 이웃에게 배척당했다.[32] 그곳 주민들은 이재민들에게 분노했고 이재민들이 방사능을 오염시킬까 봐 걱정했다. 부모들은 아이들에게 학교에서 프리피야트 출신 아이들과 책상을 같이 쓰지 말라고 했다.[33] 이유가 아예 없는 것은 아니었다. 트로이에슈치나에 새로 들어선 아파트들의 계단과 복도에서 방사능 수치가 키예프의 다른 곳보다 수백 배나 높게 나온 것이다.[34]

한편 체르노빌에서는 정부위원회가 어떤 난관이 있더라도 방사능 영역 한복판에서 발전소를 가동하겠다는 계획에 여전히 막무가내로 헌신하고 있었다. 10월에 첫 원자로가 재가동되었고 새 발전소장은 두 번째 원자로도 곧 재가동될 것이라고 발표했다.[35] 3호기는 너무 오염이 심해서 발전소의 엔지니어와 쿠르차토프 연구소에서 온 전문가들 모두가 그것의 재가동은 비용이 너무 많이 들 거라고 지적했지만[36] 그들의 반대는 일축되었고, 3호기는 1987년 2분기에 재가동하기로 결정되었다. 그에 더해 정부위원회는 거의 완공 상태에서 공사가 중단되었던 5호기와 6호기 건설 공사도 재개하라고 지시했다.[37]

그러는 동안, 『프라우다』는 또 하나의 아톰그라드를 짓는다는 야심찬 계획을 보도했다.[38] 되살아난 체르노빌 발전소에서 일할 직원과 가족들이 거주할, 21세기에 걸맞은 새로운 미래 도시가 들어설 예정이라는 것이었다. 프리피야트에서 북쪽으로 45킬로미터 떨어진, 드네프르 강 유역의 깊은 숲 속에 들어설 "슬라브티치"라는 이름의 이 도시에는 현대적인 편의 시설이 가득 들어설 것이었고 그러면서도 자연환경과 조화를 이루기 위해 특히 신경을 쓸 것이라고 했다. 중앙시장 광장에는 레닌 동상과 체르노빌의 영웅들을 위한 뮤지엄도 들어설 예정이었다.

체르노빌 사고에 대한 중앙 당국의 프로파간다 내러티브는 이제 체르노빌 소방대와 프리피야트 소방대 및 그곳의 지휘관인 텔랴트니코프의 용맹한 희생 이야기 주위로 고착되었다. 9월에 방사선증후군의 영향으로 여전히 민머리인 텔랴트니코프의 사진이 『이즈베스티야』 1면에 실렸다. 기사 제목은 "고마워요, 체르노빌의 영웅들"이었다. 텔랴트니코프와 헬기 부대 지휘관 안토슈킨이 최고 무공 훈장인 "소비에트연방영웅Hero of the Soviet Union" 칭호를 받았다는 소식이 전국 매체들에 대대적으로 실렸다. 원자로 옥상에서 부서진 핵연료 집합체와 불타는 흑연 덩어리들에 물을 뿌리는 소방대원들을 지휘했던 두 명의 젊은 중위 블라디미르 프라비크와 빅토르 키베노크는 사후死後에 훈장이 수여되었다. 스레드마시 US-605 팀을 이끈 사람들은 석관을 지은 공로로 사회주의노력영웅 칭호를 받았다. 텔랴트니코프는 적갈색 머리카락이 다시 날 정도로 회복된 뒤에 해외 여러 나라를 방문했고 명사로서 환대를 받았다. 그는 미국과 영국의 동료 소방대원들에게 상을 받았고, 런던에서는 『피플』과 인터뷰를 했으며 마거릿 대처 총리도 만났다.

다음 해 1월에 수훈식이 텔레비전으로 방영되었다. 소비에트의 명목상 국가원수인 최고소비에트 간부회 의장 안드레이 그로미코Andrei Gromyko가 소방관, 리퀴데이터, 그리고 석관을 지은 스레드마시 건설 팀을 칭송하는 연설을 했다. "전 세계의 가깝고 먼 곳에서 수천만 명이 당신들이 긴요하게 나섰던 일을 희망을 가지고 이어 가고 있습니다. 이 위업은 거대한 위업이고 전 인민의 위업입니다. 그렇습니다. 체르노빌은 우리 모두의 고통입니다. 하지만 그것은 소비에트의 인간이 여러 악조건을 딛고 승리했음을 보여 주는 상징이기도 합니다. (…) 또한 당은 각각의 개인에게도 위업에 걸맞은 찬사를 보냅니다. 여기에 이름 없는 영웅은 없습니다. 모두가 각자 자신만의 얼굴, 성격, 그리고 구체적이고 특수한 역할을 가지고 있었습니다."[39]

그러나 모든 영웅이 평등하지는 않았다. 사고 당시 터빈 홀 안에서 불을 끄고 추가 폭발을 막느라 고전했던, 또 이미 망가진 원자로를 냉각하기 위해 치명적인 감마장에서 사투를 벌였던 발전소 직원들은 여전히 공식적으로 인정을 받지 못했다. 소수의 발전소 직원들에게 상이 수여되긴 했지만 완전히 비공개로 수여되었다.[40] 한번은 당 중앙위원회의 외교 담당 서기 아나톨리 도브리닌Anatoly Dobrynin이 제6병원에 입원한 운전원들을 찾아왔지만 그의 방문은 언론에 나오지 않았다.[41] 알렉산더 아키모프와 레오니드 톱투노프의 가족들은 아들과 남편의 영웅적인 행동에 대해 감사를 받기는커녕, 우크라이나 형법 제6조 8항

447   **17장 금지 구역**

에 의거해 그들이 기소되었으며 피고인이 최근 사망하였으므로 형사 사법 절차가 면제되었다고 알려 주는 통지를 받았다.[42]

1986년 겨울 내내 체르노빌 전직 발전소장 빅토르 브류하노프는 KGB의 감옥에 갇혀서 곧 있을 재판을 기다리며 보냈다. 면회는 허용되지 않았지만 아내 발렌티나는 한 달에 한 번씩 5킬로그램의 식품을 넣어 줄 수 있었다.[43] 발렌티나는 소시지, 치즈, 버터 등을 담아 보냈다. 브류하노프는 가끔은 동료 수감자가 있기도 했지만(사기꾼이나 절도범 등이었다) 대부분은 끝없는 시간을 감옥 도서관의 책을 읽거나 영어를 공부하면서 혼자서 보냈다.[44] 한동안은 발렌티나가 영어 신문을 넣어 주는 것이 허용되었지만 아들이 은밀하게 두 마디 메시지를 그 안에 숨겨 보냈을 때("사랑해요, 아빠") 이 특권도 끝이 났다.[45]

처음에 브류하노프는 결론은 이미 나 있다고 생각했기 때문에 변호사를 쓰지 않으려고 했다.[46] 하지만 아내가 그러지 말라고 설득했다.[47] 그리고 12월에 발렌티나는 모스크바로 가서 브류하노프의 변호를 맡아 주겠다는 변호사를 찾아냈다. 그는 소비에트 핵 복합 단지의 비밀 시설과 관련된 사건들을 다루는 데 전문성이 있는 사람인데다, 중기계건설부의 침묵의 장벽 뒤에 있는 자료들을 볼 수 있는 기밀문서 접근 권한도 가지고 있었다. 그 달에 소비에트 법이 정한 정보 공유 절차의 일환으로 수사관들이 자신들이 수사를 통해 발견한, 브류하노프에게 불리하게 쓰일 수도 있는 문서들을 가져다주었다.[48] 브류하노프는 이 문서들 중에서 쿠르차토프 연구소의 어느 전문가가 쓴 서신을 하나 발견했다.[49] 이 서신은 RBMK 원자로의 숨겨진 역사를 담고 있었다. 그것은 브류하노프와 발전소 직원들에게는 숨겨져 있었지만 16년 동안 그것을 설계한 모스크바의 과학자들과 고위 인사들은 알고 있었던 치명적인 설계 결함들의 역사였다.

브류하노프가 자신의 사건에 대한 상세 기록들을 홀로 들여다보면서 6주를 보낸 1987년 1월 20일, 검찰이 소비에트 대법원에 기소장을 보냈다. 그들은 48개의 증거 파일을 제출했다.[50] 모두 1급 기밀이었다. 발전소에서 직접 압수한 서류들이 담겨 있는 15개의 파일은 방사능 오염이 너무 심해서, 변호사들은 그것을 읽을 때 보호복을 입어야 했다.

브류하노프, 포민, 댜틀로프 등 5명의 발전소 고위 경영진은 우크라이나 형법 220조 2항에 의거해 기소되었다.[51] "폭발 위험이 있는 공장이나 시설"에서 생명의 손상 및 기타 중대한 결과를 초래할 수 있는 "안전 규정을 위반한" 혐의였다. 이것은 매우 창조적인 법 해석이었다. 소비에트의 사법 역사상 원자력발전소가 "폭발" 가능성이 있는 시설이라고 간주된 적이 전에는 한 번도 없었던 것이다. 이것은 사고의 책임 소재를 소수의 희생양에게만으로 한정하기 위해 꼭 필요했던 논리적 왜곡이었다.[52] 검사 측은 자신의 논변을 한층 더 강화하기 위해 브류하노프와 포민을 형법 165조에 의거해 직권 남용 혐의로도 기소했다.[53] 브류하노프는 사고가 난 날 오전에 의도적으로 방사능 수치를 축소해 보고함으로써 프리피야트와 발전소 사람들의 소개를 지연시켰고 위험을 인지하고 있었으면서도 사람들을 가장 위험한 지역에 보냈다는 혐의를 받았다. 유죄가 인정되면 브류하노프, 포민, 댜틀로프는 최대 10년 형을 살 수도 있었다.

1987년 3월 18일로 예정되었던 재판은 수석 엔지니어 니콜라이 포민이 정신적으로 너무 불안정한 상태여서 연기되었다.[54] 브류하노프와 동시에 체포된 포민은 감옥에서 안경을 깨 손목을 그어 자살을 기도했다. 정신이 무너져 버린 수석 엔지니어 포민은 병원으로 보내졌고 재판은 그해 말로 연기되었다.[55]

***

마리아 프로첸코는 1987년 1월에 마지막으로 프리피야트에 돌아왔다.[56] 추위를 이기기 위해 솜으로 누빈 재킷과 바지를 입고 두꺼운 펠트로 된 "발렌키"[러시아식 방한 장화]를 신고서, 프로첸코는 소규모의 군인들을 이끌고 눈이 덮인 화이트하우스로 올라갔다. 그들은 버려진 시 위원회 건물을 사무실마다 다니면서 모든 선반, 캐비닛, 금고를 치우고 오염된 서류들을 자루에 담았다. 소비에트 관료제의 깊디깊은 문서보관소로 들어가야 할 것들이었지만 너무 오염이 심해서 남겨져 있었는데, 그대로 두기에는 너무 민감한 내용들이 담겨 있었던 것이다. 작업을 마치고 프로첸코는 모든 사무실 문의 열쇠를 모았다. 군인들은 서류가 담긴 자루를 트럭 뒤에 싣고 출입금지구역에 마련된 핵폐기물 처분장(출입금지구역 전역에 약 800개의 처분장이 마련되어 있었다)으로 갔다.

4월 18일에 새로운 아톰그라드인 슬라브티치의 시 위원 선거가 열렸다. 프리피야트 시 위원회는 공식적으로 해산되었고 "프리피야트 시"는 행정 조직 상으로 더 이상 존재하지 않게 되었다. 근 1년을 출입금지구역에서 거의 하루도 쉬지 않고 일했던 프로첸코는 키예프에서 새로운 일자리를 갖게 되었다. 출입금지구역에서 수행한 일들에 대한 공로가 인정되어서 드디어 프로첸코는 당원이 될 수 있었다. 그해 말에 프로첸코는 키예프의 병원에 한 달 넘게 입원해 있었다. 의사는 "신경쇠약"이라고 했고, 프로첸코의 의료 기록에는 "일반적인 질병: 전리방사선과 관련 없음"이라는 진단명이 적혔다.[57] 프리피야트의 이스폴콤 건물은 "콤비나트 산업 협회"의 새 본부가 되었다.[58] 이곳은 30킬로미터 구역에서 장기적인 연구와 리퀴데이션 작업을 하기 위해 새로 세워진 국영기업이었다. 텅 빈 도시의 유일한 주인으로서, 이 새로운 기구는 리퀴데이터들에게 약간의 휴식을 취할 공간을 주기 위해 프리피야트의 커다란 수영장을 다시 열었다.[59] 그리고 프리피야트의 온실에 실험 농장도 꾸려져서 원예 과학자들이 그곳의 방사능 토양에서 딸기와 오이를 키웠다.

30킬로미터 구역 안에서 제염 작업에 동원된 수만 명의 리퀴데이터는 무자비하고 위험한 임무를 수행하면서 사기가 점점 떨어졌다.[60] 오염이 심한 지역에서 날아오는 먼지가 제염을 마친 곳으로 계속 다시 넘어와서 수주일 간의 노동을 헛수고가 되게 만들곤 했다.[61] 보고서상으로는 프리피야트의 새 콤비나트가 진척을 보이고 있는 것 같았지만, KGB는 콤비나트의 전문가들이 가장 청정한 지역에서만 선량을 측정해서 허위 보고를 했다는 것을 발견했다. 실제의 방사능 수치는 보고된 것보다 열 배나 높았다. KGB는 또한 리퀴데이터들에게 제공되는 식품의 질이 형편없고, 그들의 작업에서 방사능 안전이 확보되지 않았으며, 보수도 제때 지급되지 않았다는 점도 발견했다. 그리고 방사능 폐기장 중 한 곳에는 강물이 주기적으로 흘러넘쳤다. 곧 콤비나트 경영진은 정실주의, 절도, 음주 등을 관리하지 못한 데 대해 당으로부터 견책을 받았다.[62]

한편, 출입금지구역 안에서 약탈도 대대적으로 벌어지기 시작했다.[63] 종종 리퀴데이터들 자신이 약탈을 했고 때로는 그들의 상관들과 담합해서 약탈을 하기도 했다. 어느 날 밤, 방사능 정찰 장교 알렉산더 로가쵸프는 한 무리의 군인이 발전소의 그림자 아래서 연달아 트럭들에 가스 스토브와 건축 자재들을 실어 내가는 것을 놀라서 바라보았다.[64] 그들이 물건을 꺼내는 곳은 방사능 오염이 매우 심한 건설 창고였다. "이봐, 미쳤나?" 그가 말했지만 그들은 신경 쓰지 않았고 새벽 무렵에는 두 대의 거대한 안토노프22 수송기가 오염된 밀수품을 가지고 시베리아 군구로 날아가고 있었다. 로가쵸프 본인도 곧 약탈에 합류했다. 그래도 그는 자신이 훔친 것들을 출입금지구역 밖으로 내보내기 전에 제염을 할 만큼은 전문가적인 태도를 유지했다.

프리피야트에서는 사람들이 놓고 간 자동차와 오토바이가 고물을 주우려는 사람들의 습격 대상이 되었다. 앞 유리가 떼어져 없어지고 차체가 부수어진 자동차가 도시 중심부에 천 대도 넘게 세워져 있었다.[65] 일부 자동차들은 출입금지구역 안에서 과학자들과 기술자들의 운송 수단으로 동원되었다. 라다스, 지굴리스, 모스크비체스 등 임시변통으로 조달된 화려한 차량 군단이 조직되었다. 동원된 자동차 각각의 후드와 문에는 흰 동그라미 안에 숫자가 칠해졌고, 누가 어떤 차량을 사용했는지, 어디로 갔는지 등이 마리아 프로첸코가 관리하는 일지에 기록되었다. 마리아는 이 일을 그만둘 때까지 성실하고 꼼꼼하게 모든 것을 기록했다. 오염이 너무 심해서 예전의 주인에게 돌아갈 수 없는 수백 대의 차량은 핵폐기물 처분장으로 옮겨져서 해체, 매립되었다.

1987년 4월, 재난 1주년이 다가오면서 모스크바의 정치국 일원들은 소비에트가 재난을 다룬 방식을 최대한 우호적으로 보여 주기 위해 일련의 프로파간다 활동을 준비했다.[66] 제안서에는 텔레비전과 학술지, 그리고 해외에 배포할 발간물에 어떤 이야기들을 내보낼지에 대한 아이디어도 포함되어 있었다. 소비에트가 IAEA로 보낸 공식 보고서에는 의사 안겔리나 구스코바와 동료들이 제공한 70페이지 분량의 방사선 질환에 대한 정보가 상세하게 포함되어 있었다.[67] 소비에트 서부 지역의 7500만 거주자의 총 피폭 양 추산치도 담겨 있었다. 하지만 방사능 오염이 일으킨 추가 질병과 사망자의 총 추산치는 발표하지 않았다. 서구의 전문가들이 나름대로의 추산치로 이 빈틈을 메웠는데 이 수치들은 소비에트의 의사들을 격노하게 했다.[68] 로버트 게일은 언론과의 인터뷰에서 추가로 7만 5000명이 사고의 직접적인 효과라고 판단할 수 있는 암으로 사망할 것으로 보인다며 그중 4만 명은 소비에트연방 내의 피해자이고 나머지는 다른 나라에서 발생한 피해자들일 것이라고 언급했다.[69]

결국, 고르바초프의 글라스노스트 원칙에 부응해 당이 통제하는 언론들이 전보다 자유를 더 누릴 수 있게는 되었더라도 "서구의 적대적이고 편견 섞인 언론들을 깨부수라"는 지침을 방해하는 것은 허용되지 않았다. 소비에트 국가 방송위원회State Committee for Radio and Television의 부위원장은 TASS 통신을 통해 내보낼 26개의 기사 아이템 목록을 제안했다. "탄생지: 체르노빌"은 출입금지구역에서 소개된 300명의 아이들을 취재해 그들이 안정적으로 의료적 관리를 받고 있으며 아무도 질병의 증상을 보이지 않는다는 것을 보여 주려는 기사였고, "4월에 부는 바람의 향기"는 소비에트의 기상 당국 책임자가 나와서 서부 유럽에 위험한 방사능 낙진이 내렸다는 의혹을 반박하는 데이터들을 제시하는 기사였으며, "봄 시장의 팔레트"는 키예프에 도착한 봄 과일과 채소에 대한 보도로, 방사능 측정 결과를 보여 주어서 식품에 핵종이 없음을 보여 주려는 기사였다.

4월 10일에 나온 마지막 계획에는 전 세계의 소비에트 대사관에 보내는 [서구의 프로파간다에 대한] 대응 프로파간다 지침들과 함께, 해외 저널리스트들이 직접 출입금지구역에 가서 취재를 하게 한다는 계획도 담겨 있었다. 드디어 6월 말에 『뉴욕타임스』, 『시카고트리뷴』 등의 기자들이 출입금지구역에 들어가서 콘크리트와 아스팔트로 덮인 석관 주변의 황량한 풍경과 "붉은 숲"의 바짝 마른 소나무들, 텅 빈 프리피야트의 거리 등을 직접 볼 수 있었다. 사고가 난 지 1년도 더 지났지만 프리피야트 도시의 가로등에는 밤에 여전히 불이 들어왔고 쿠르차토프 거리를 따라 설치되어 있는 스피커에서는 오페라 음악이 지직거리며 흘러나왔다.[70] 하지만 중앙광장 위에서 산들바람에 흔들리던 오색 깃발들은 찢어지고 태양에 색이 바랬고, 아파트 발코니에 널려 있는 빨래는 썩어 가고 있었다. 그래도 당국자들은 이 도시가 죽지 않았고 단지 잠자고 있을 뿐이며, 어느 날 아침 사람들이 돌아오면 깨어나기 시작할 것이라는 환상을 계속해서 주장하고 있었다.[71]

18장

재판

체르노빌 원자력발전소 참사를 일으킨 혐의로 기소된 6인에 대한 재판이 1987년 7월 7일에 시작되었다.[1] 소비에트의 법은 형사사건의 경우 해당 범죄가 발생한 지역에서 재판하도록 규정하고 있지만, 프리피야트가 유령 도시가 되었기 때문에 그 다음으로 가까운 도시인 체르노빌에서 재판을 진행하게 되었다. 몇 달 동안 제염 작업을 하긴 했지만 발전소에서 14킬로미터 거리인 체르노빌은 30킬로미터의 구역의 한복판에 있었고 정부 통행증이 있는 사람만 접근할 수 있었다. 따라서 명목상으로는 일반에 공개된 재판이었지만 사실상은 출입금지구역 안에서 일하는 사람들이거나 당국에서 출입 허가를 받을 수 있는 사람들만이 참관할 수 있었다. 세계 최악의 핵 사고로 피해를 입은 소비에트 내외의 사람들은 사법적 정의의 실현을 기다렸지만, 당은 예고에 없던 청중들이 들어와 당이 연출한 사법적 팬터마임이 방해받는 것을 원하지 않았다. BBC, 일본TV 등 소규모 외신 기자단이 버스로 체르노빌에 도착해 재판정에 들어왔지만 개회와 폐회만 볼 수 있었고 개회와 폐회 때는 미리 작성된 원고만 낭독되었다.[2] 재판정은 소비에츠카야 거리와 칼 마르크스 거리 모퉁이에 있는 체르노빌 시 "문화의 전당"에 마련되었다. 사고 이후 황폐해져 있던 이곳은 재판정으로 쓰이기 위해 새단장을 했다. 페인트를 다시 칠했고, 극장 강당에는 새 의자들이 놓였으며, 벽에는 윤기 나는 회색 커튼이 걸렸다. 입구에는 방사능을 측정하는 초소가 세워졌다.

오후 1시, 소비에트연방 대법원 라이몬드 브리제Raimond Brize 판사는 판사석에, 제복을 입은 내무부 경찰의 호송 하에 들어온 피고인 여섯 명은 피고석에 자리했다. 브리제 판사가 두 시간 동안 공소장을 읽었고 피고인들은 귀를 기울였다. 이들 여섯 명은 체르노빌 원자력발전소 4호기에서 위험하고 승인되지 않은 테스트를 수행한 것과 관련한 과실로 기소가 되었다. 공소장은 그 테스트의 결과 4호기가 완전히 파괴되었고, 방사능 낙진이 방출되었으며, 두 개의 도시와 수십 개의 마을에서 11만 6000명이 소개되었고, 200명 이상의 환자가 방사선 관련 질환으로 입원을 했으며 그중 적어도 30명이 이미 사망했다고 지적했다. 또한 공소장은 체르노빌 발전소에는 과거에도 오랜 사고의 이력이 있었으며 그 사고들이 제대로 수습되거나 심지어는 보고되지조차 않았었다고 언급했다. 공소장은 소비에트에서 가장 발달된 형태의 모델이라고 알려져 있던 원자로가 느슨하고 무능력한 관리와 경영으로 인해 재앙의 위험이 상존하는 상태로 운영되었다고 지적했다. 하지만 RBMK-1000 모델의 설계 결함에 대한 언급은 전혀 없었다.

피고인 중 5인(브류하노프, 포민, 댜틀로프, 그리고 사고 당시 근무조 총괄 팀장이었던 보리스 로고지킨Boris Rogozhkin과 터빈 테스트를 승인하는 서명을 한 터빈실 책임자 알렉산더 코발렌코Alexander Kovalenko)은 형법 제220조의 "폭발 위험이 있는 시설"의 안전 규제 위반으로 기소되었는데, 모두 이에 대해서는 무죄를 주장했다. 하지만 브류하노프와 포민은 형법 165조상의 업무 수행 상에서 잘못을 저지른 것(직권 남용)에 대해서는 형사상의 책임을 인정했다. 제165조에 의거한 범죄는 제220조에 의거한 범죄보다 경미하게 여겨졌고 [최대 10년 형인 후자와 달리] 최대 5년 형을 받을 수 있었다. 브류하노프는 "나에게 제기된 기소 내용에 대해서는 유죄가 아니라고 믿지만, 경영자로서 내가 몇몇 방식으로 태만을 저지른 데 대해 책임이 있음을 인정한다"고 말했다.[3]

재판은 매일 오전 11시에 시작되어 점심시간 한 시간을 휴정한 뒤 저녁 7시까지 계속되었다. 벽돌로 된 작은 건물인 법정 지붕에 뜨거운 여름 해가 내리 쬐였다. 내부의 분위기는 긴장과 더위로 무겁게 짓눌렸다. 하지만 브류하노프는 침착했다. 양복은 입었지만 넥타이는 하지 않은 차림으로 고개를 약간 들고 앉아서 증인과 전문가들의 진술을 주의 깊게 들었다.[4] 그는 사고가 난 날 밤의 자신의 행동에 대해 설명했지만 자신을 변호하는 말은 별로 하지 않았다.[5] 그는 발전소의 안전 기록이 적힌 곳 옆에 서서, 자신의 업무가 불가능에 가깝도록 과중했다고 설명했다. 훈련된 숙련 엔지니어를 뽑는 것의 어려움과 발전소와 프리피야트 시 양쪽의 일을 모두 세세하게 관리해야 하는 데서 오는 압도적인 부담도 언급했다. 그러면서도 프리피야트 시에서 소개 명령을 내리는 것은 자신의 권한이 아니었다고 말했다.[6] 또 자신이 방사능 수치를 숨길 의도가 없었으며 방사능 수치가 낮게 기록된 보고서에 서명을 한 것은 서명하기 전에 그것을 면밀히 읽지 않았기 때문이었다고 말했다. 검사가 그 중요한 것을 어떻게 읽지 않고 서명할 수 있었느냐고 묻자 브류하노프는 대답하지 않았다.

교차 심문에서 피고 중 한 명이 브류하노프에게 발전소가 "폭발 위험이 있는 시설"로 공식적으로 분류된 적이 있다는 문서화된 증거가 있느냐고 물었다. 브류하노프는 신중하게 대답을 얼버무렸다. "이 질문에 대한 대답은 조사 기록에 서면으로 제출되어 있습니다."[7]

그에게 닥친 모든 불명예와 고난, 그리고 앞으로 닥칠 명백하고 피할 수 없는 운명에도, 브류하노프는 여전히 그를 만든 체제의 산물이었다. 그는 당이 그에게 원하는 역할을 잘 알고 있었고 그 각본에 충실했다.

"누가 유죄라고 생각합니까?" 배심원이 물었다.

"법정이 결정할 것입니다." 브류하노프가 대답했다.

"당신이 이 범죄의 주요 행위자라고 생각하십니까?" 검사가 물었다.[8]

"당시의 근무조가 그렇다고 생각합니다. 그리고 로고지킨, 포민, 댜틀로프도요."

"하지만 당신은요? 최고위 경영자가 아닙니까?"

"저도 포함입니다."

한때는 고압적인 당 관료였고, 전기공학자였지만 핵물리학을 통신 강좌로 열심히 공부해 가며 전문성을 익혔던 수석 엔지니어 니콜라이 포민은, 몸도 마음도 무너져서 법정에서 몸을 웅크리고 허공을 응시하며 앉아 있었다.[9] 얼굴은 창백했고 땀으로 번들거렸다.[10] 그는 자리에서 일어나 미리 준비한 원고를 읽었다. 그는 자신이 사고 몇 달 전에 당한 교통사고로 업무 역량이 많이 상실되어 있었으며 업무 부담이 과중했다고 언급했다.[11] 또한 에너지부에 발전소 경영과 관련한 구조 조정을 요청했지만 거부되었다고 말했다. 그는 치명적인 결과로 이어진 4호기 터빈 테스트를 모스크바의 안전 당국과 원자로 설계 당국, 심지어는 발전소장인 브류하노프에게도 알리지 않고 진행했음을 인정했다. 이어서 사고 이후 새벽 4시경에 벙커에 가기까지 자신의 행적을 묘사하면서 그 당시 직원들이 입은 피해나 파괴의 규모를 알지 못하고 있었다고 말했다.[12] 검사는 자신이 보기에는 그 당시에 포민이 그렇게나 상황을 모르고 있었다는 것이 "이해할 수 없는 일"이라고 말했다.

사고의 원인이 누구였냐는 질문에 포민은 "댜틀로프와 아키모프가 테스트 프로그램을 제대로 따르지 않았다"고 탓했다.[13]

여섯 명의 피고 중에서 가장 적극적으로 혐의를 반박한 사람은 부수석 엔지니어 아나톨리 댜틀로프였다.[14] 그는 꼿꼿하게 앉아서 오가는 내용을 집중해서 듣고 있다가 세부 내용과 지침들에 대해 질문을 하고, 잘못된 내용을 지적하고, 추가 설명과 근거 자료들을 요구했다. 그는 증거물의 기술적인 내용에 대해 주도권을 가지고 있었고 증거물들에 담긴 정보에서 날마다 무언가를 배우고 있었다. 또한 그는 전투적이고 공격적이었다. 한번은 참석한 전문가 중 한 명이 "반응 여유분"에 대해 질문하자 그는 "지금이 물리학 시험입니까? 당신이 그 질문에 대답해 보세요!"라고 말했다.

처음부터 댜틀로프는 체르노빌 운전원들은 아무런 잘못이 없다고 주장했고 자신에게 제기된 모든 혐의를 세세하게 반박했다. 그는 사고의 책임은 발전소 직원들에게 그들이 운전하고 있는 원자로가 잠재적으로 폭발 가능성이 있다는 점을 경고해 주지 않은 사람들에게 있다고 주장했다.[15] 그리고 자신은 어떤 규제도 어기라고 지시하지 않았다고 주장했다. 몇몇 증인이 반박했지만 댜틀로프는 터빈 테스트 직전 레오니드 톱투노프가 원자로 출력을 거의 제로로 떨어뜨렸을 때 자신이 제어실에 있지 않았으며 따라서 출력을 올리라는 명령도 내리지 않았다고 주장했다. 또한 자신이 지금은 고인이 된 두 명의 훈련생을 원자로 홀에 제어봉을 손으로 떨어뜨리러 보내지도 않았다고 주장했다.[16]

하지만 원자로의 설계 결함도, 이전에 있었던 긴 사고의 이력도, 제도적인 은폐도, 이 법정에서는 다뤄지지 않으리라는 것이 곧 너무나 명확하게 드러났다. 피고인 중 누구도 고문을 받으며 자백을 강요당하거나 반혁명 분자라는 비난을 받거나 하지는 않았지만, 재판의 결과는 누구에게나 명백했다.[17] 사실상 이것은 소비에트의 마지막 전시展示 재판이었다. 검사는 공식적인 정부위원회의 사고 보고서에 의거해 논변을 펴긴 했지만 그 보고서에 원자로 설계 결함이 언급되어 있는 것은 무시했다. 기자들은 원전 설계자들에 대해서는 나중에 별도의 재판이 열릴 것이라는 이야기를 들었다.[18]

재판에 참석한 많은 전문가 증인들이 NIKIET, 쿠르차토프 연구소 등 RBMK-1000 설계에 책임이 있는 기관의 물리학자들이었다.[19] 당연하게도 이들은 스스로에게 면죄부를 주었고, 원자로의 변칙 현상들은 오로지 무능한 운전원의 손에서만 위험해진다고 주장했다. 이 견해에 대해 어떤 반박이라도 나오려 하면 법원이 곧바로 억눌렀다.[20] 한 원자력 전문가 톱투노프, 아키모프, 댜틀로프가 당시에 양의 보이드 계수에 대해 아는 것이 불가능했다고 설명하려 하자 검사가 갑자기 그의 증언을 중단시켰다. 또 댜틀로프가 해당 원자로의 세부 사항들 및 그것이 원자력 안전 국가위원회의 규제에 부합했는지에 대한 24개의 질문을 전문가 증인들에게 서면으로 제출했지만 판사는 아무런 이유를 설명하지 않은 채로 간단히 그것을 제외해 버렸다.

7월 23일에 검사는 최종 발언을 했다.[21] 그는 무자비했다. 선임 원자로 제어 엔지니어 레오니드 톱투노프(그는 26번째 생일을 3개월 앞두고 사망했다)는 "무능한 전문가"라고 묘사되었고 그의 상관인 근무조장 알렉산더 아키모프는 "유약하고 우유부단"했으며 댜틀로프를 무서워했다고 묘사되었다. 또 댜틀로프는 똑똑하지만 절차를 무시하고 잔인한

"핵 훌리건"이며 "생각 없이 규칙과 안전 규정을 어긴" 그의 범죄적인 행동이 이 재앙과 직접적으로 관련이 있다고 언급되었다. 수석 엔지니어 포민은 사고가 시작되기 전에 막을 수 있는 위치에 있었지만 막지 못했다고 비판되었다.

하지만 검사의 가장 신랄한 비판이 쏟아진 대상은 체르노빌 발전소장 브류하노프였다. 검사는 그가 자리 보전에 집착하느라 사고의 규모를 숨기려고 상관에게 거짓말을 했다며, 그 때문에 발전소 직원들뿐 아니라 프리피야트 사람들의 생명까지 위험에 빠뜨렸다고 암시했다. 그는 "브류하노프가 당시에 진정한 방사능 상황을 몰랐으리라고 볼 이유가 없다"며 브류하노프의 행위가 "지도자로서, 또 인간으로서, 그의 도덕성이 붕괴했음을 보여 준다"고 말했다.[22]

이어 피고 측 변호사의 변론과 피고 본인들이 스스로를 변호하는 발언이 이어졌다. 브류하노프의 변호사는 브류하노프가 선량하고 성실한 사람이며 자신이 비난받아야 한다는 것을 알고 있다고 말했다.[23] 또 변호인인 자신과 브류하노프 모두 발전소의 운영 규정상 발전소 안에서 일어난 모든 일에 대해 공식적으로 발전소장이 책임이 있다는 것을 알고 있다고 했다. 하지만 개인적으로 브류하노프가 행정상의 과실에 대해서만 처벌을 받고 더 심각한 혐의에 대해서는 처벌받지 않기를 바란다고 말했다. 포민은 자신의 잘못을 인정하면서 법원의 선처를 호소했다.[24] 댜틀로프는 숨지고 다친 사람들에 대한 슬픔과 애도를 표했지만 검사의 주장에 대해서는 계속 반박했다. 나머지 세 명(로고지킨, 코발렌코, 그리고 체르노빌 발전소의 안전 감독관이던 유리 라우슈킨Yuri Laushkin)은 모든 혐의에 대해 무죄를 주장했다.

하지만 소비에트 국민들은 부패와 무능으로 소비에트연방 내 세 개 공화국의 환경을 파괴하고 수천 명의 죄 없는 희생자를 낸 사람들에 대해 가혹한 사법적 판단을 기대하고 있었다. 『프라우다』의 과학면 편집자 블라디미르 구바레프Vladimir Gubarev는 가상의 핵발전소 사고를 다룬 "석관: 비극Sarcophagus: A Tragedy"이라는 연극의 대본을 썼는데, 그 대본에서 구바레프는 역기능적인 체제에 대해서뿐 아니라 발전소 경영진들에 대해서도 비난했다.[25] 대본에서 발전소장은(이름이 언급되지는 않는다) 공사 기한을 지키기 위해 위험하게도 발전소 지붕이 불에 잘 타는 물질로 지어지도록 허용했고, 방사선이 누출되자 자기 손주들만 피신시키고 도시의 다른 사람들은 내버려 두었다.

훈장을 받은 소방관 레오니드 텔랴트니코프는 피고들에 대해 어떻게 생각하느냐는 질문을 받자 단호하게 말했다. "물론 그들은 처벌을 받아야 합니다. 정부위원회에 따르면 이것은 인간의 실수였습니다. 그들의 잘못입니다. 그리고 그 결과는 매우 심각했습니다."[26] 더 혹독하게 말하는 사람들도 있었다. 재판이 휴정에 들어간 동안 발렌티나 브류하노프는 키예프의 어느 공원 벤치에서 기다리고 있었는데 옆에 한 노인이 앉아 있었다.[27] 그는 대조국전쟁 참전 용사였다. 체르노빌 재판 이야기로 화제가 옮아 가자 그는 피고들이 감옥에 가야 한다고 생각하는 사람들도 있지만 자신은 그것이 정의로운 판결이 아니라고 본다며 모두 다 총살당해야 마땅하다고 말했다.

역시 매우 더운 날이었던 7월 29일 화요일에 브리제 판사는 선고를 내렸다.[28] 여섯 명 모두 유죄였고, 유리 라우슈킨은 2년, 알렉산더 코발렌코는 3년, 보리스 로고지킨은 5년 형을 선고받았다. 이들 모두 그 자리에서 구속되었다. 브류하노프, 포민, 댜틀로프는 모두 최대 형량인 징역 10년 형을 선고받았다. 모두 조용히 있었고 포민만 흐느껴 울었다. 발렌티나 브류하노프는 기절했다.[29] 나중에 한 조사관이 발렌티나에게 "이제 당신은 혼인 상태를 언제라도 종료할 수 있습니다."라고 말했다.

　철창이 있는 검은 자동차를 타고 "문화의 전당"에서 나온 전직 발전
소장은 우크라이나의 극동 지방인 도네츠크 유형지로 보내졌다. 그는
악명 높게 야만적인 죄수 호송 열차 "스톨리핀stolypin"에 실려 유형지
로 호송되었다.[30] 7백 킬로미터를 이동하는 2주 동안 거의 정어리 통
조림 배급으로만 연명했지만 그래도 살아서 유형지에 도착했다. 그가
감옥에 들어서자 다른 모든 죄수들이 세계 최악의 핵 재앙을 일으킨
이 유명한 죄인을 보러 나왔다.[31] 그의 작은 체구는 커다란 푸른 죄수
복에 푹 파묻혀 있었다.

　1987년 말이 다가오면서, 드네프르 강 근처의 캠프장이나 키예프의
아파트에 머물고 있던 체르노빌 직원과 가족들을 위해 세워진 새로운
아톰그라드 슬라브티치는 첫 주민들을 받을 준비가 거의 마무리되었
다.[32] 언론의 대대적인 조명을 받으며 엄청난 속도로 지어진 슬라브티
치는, 다섯 개 소거주지를 코카서스, 우크라이나, 러시아, 발트 해의 구
성 공화국 출신 건축가들이 각각의 건축 양식을 드러내도록 짓게 하는
등 소비에트의 통합을 보여 주는 쇼케이스 역할을 하도록 의도되었지
만, 이 특권적인 프로젝트조차 관료제적인 제약과 건설 지연, 노동 분
쟁, 허술한 작업 등으로 숱한 곤란을 겪었다. 그리고 입주를 거의 앞둔
마지막 순간에 중앙난방 시스템이 고장 나는 바람에 봄이 되기 전에는
입주를 할 수 없게 되었다.

　그보다 앞서, 새 주민을 맞이할 준비의 일환으로 9월에 소비에트 수
문기상 당국, 보건부, 국방부 등의 과학자들이 슬라브티치의 방사능
을 측정한 적이 있었다.[33] 그들은 이 도시가 세워진 땅이 세슘134, 세
슘137, 루테늄106, 세륨144로 오염되어 있다는 것을 발견했다. 근처 숲

에서도 세슘, 스트론튬, 플루토늄이 검출되었다. 과학자들은 여기에서 발생할 연간 피폭 양이 핵발전소 인근 주민에게 허용된 공식적인 한계치 안에 있기는 하지만 아스팔트를 다시 깔고 주기적으로 거리와 들판(특히 사람들이 산책을 하거나 버섯을 딸 가능성이 큰 숲 인근 지역)을 물로 청소하고 나무들을 베고 낙엽은 따로 담아 처리하도록 권고했다.

1987년 12월 4일, 18개월간의 제염, 수리, 수정 작업이 이뤄진 뒤에, 체르노빌 원자력발전소의 나머지 세 기 중 마지막 원자로가 다시 한 번 소비에트의 송전망에 전력을 공급하기 시작했다.[34] 3호기는 석관에 갇힌 쌍둥이와는 콘크리트와 납으로 된 차폐벽으로 분리되어 있었지만, 그래도 방사능 수준이 너무 높아서 다른 발전소의 엔지니어들은 여기에 순환 근무 오는 것을 꺼렸다.[35] 근무하다가 과도하게 피폭되는 것을 피하고 싶었던 것이다. 타라카노프 장군과 그가 지휘했던 바이오 로봇들의 희생에도 우라늄 연료 펠릿들은 아직도 옥상 여기저기에 남아 있었고, 그 아래의 기계 홀에서 일하는 터빈 운전원들은 둥근 납 유리창이 뚫린 콘크리트 차폐 부스 안에서 일했다.

7월에 나온 정치국 비밀 결의안의 권고에 따라, 세 기의 체르노빌 원자로는 소비에트의 다른 지역에서 가동 중이던 12기의 RBMK-1000 원자로들과 마찬가지로 방대한 기술적 수정과 개조를 거쳐야 했다. 설계자들의 책임을 암묵적으로 인정한 셈인 이 조치에 따라, RBMK 원자로들은 이제 더 농축된 우라늄을 원료로 사용했고, 수십 개의 추가 제어봉이 장착되었으며, 제어봉들은 양의 보이드 계수를 피하도록 개조되었고, 더 빠르고 효과적인 급속 정지 시스템을 갖추게 되었다.[36] 또한 당국은 원자로 운전원에 대한 교육 훈련 프로그램을 재검토했고 재난 시나리오에 그들이 잘 대비할 수 있도록 컴퓨터 시뮬레이터를 마련하기 위한 예산을 할당했다.37) 그렇긴 해도, 정말로 달라진 것은 거의 없었다.38) 사고 이후 1년이 더 지났는데도, 소비에트의 원자력발전소에 부실 공사, 허술한 직원 규율 등의 문제가 있다는 보고가 정치국에 계속 올라왔고 수백 건의 작은 사고도 발생했다.

체르노빌 발전소에서 세 기의 원자로를 가동하는 운전원들도 숨진 동료들이 사고의 원인으로 비난받는 것을 보면서 사기를 잃었다.39) 매일 성실하게 일하러 나오긴 했지만 많은 이들이 사고의 진정한 원인이 제대로 규명되지 않았다고 생각했다. 또 어떤 이들은 자신에게도 똑같은 일이 일어나지 말라는 법이 없다고 생각했다. 그들 중 슬라브티치에 살고 싶어 하는 사람은 거의 없었다.

발레리 레가소프는 공개적으로는 소비에트 원자력산업의 안전성에 대해 여전히 당의 공식 입장을 고수했다.40) 그는 자신이 소비에트 원자로들의 결함을 지적한 바 없으며, 소비에트 원자로들은 가장 있을 법하지 않은 상황을 제외한 모든 상황을 고려해 설계되었다고 말했다. 또 그는 원자력발전이 핵 과학의 정점이며 문명의 미래에 필수적이라고 주장했다. 하지만 사적으로는 1년 전에 리지코프 총리가 고르바초프도 있는 정치국 회의에서 한 말에 충격을 받았다.41) 체르노빌의 폭발은 불가피한 일이었으며 이 사고가 그때 거기서 일어나지 않았더라도 소비에트의 다른 원자로에서라도 언젠가 일어났을 일이었다는 말말이다. 그때 비로소 레가소프는 비밀주의와 보신주의의 문화, 오만과 무지와 태만, 설계와 건설의 형편없는 기준 등 소비에트 핵 제국의 심장에 파고든 부패의 진정한 규모를 깨달았다. 또한 그는 소비에트의 RBMK 원자로와 가압수형 모델인 VVER 원자로 모두 내재적으로 위험하다는 것을 알게 되었다. 그는 이 문제들을 더 상세히 알아보기 시작했고, 스레드마시 회의에서 용융염을 냉각제로 쓰는 차세대 원자로를 강력하게 주장했다. 하지만 그의 제안은 분노와 비난만 샀다. 에핌 슬라브스키(이 당시에는 아직 중기계건설부 장관이었다)는 레가소프가 기술적으로 무식하다고 비난하면서 상관없는 일에 신경 끄라고 말했다.

그 무렵이면 레가소프는 건강이 크게 악화되어 있었고 그 다음 해 내내 신경증, 백혈구 불안정, 심장 질환, 골수 질환 등으로 제6병원을 수시로 다녔다.[42] 공식적으로 급성방사선증후군이라고 진단되지는 않았지만 레가소프의 아내는 그에게 무슨 일이 일어나고 있는지 명확히 알고 있었다. 그럼에도, 페레스트로이카[개혁]의 분위기에 고무되어서 레가소프는 소비에트 과학계의 전체주의적 구조를 근대화하기 위한 제안들을 내놓았다.[43] 그가 과학아카데미의 동료들에게 제시한 보고서는 소비에트에서 가장 강력한 세력의 헤게모니에 도전하고 있었고 누가 봐도 정치적으로 매우 위험해 보였다. 그는 중기계건설부가 더 작은 단위로 해체되어야 하고 다른 기관들과 "내부 시장"에서 경쟁해야 한다고 주장했다. 또 쿠르차토프 연구소가 수행하는 연구에 대한 자금 지원은 엄정한 새로운 기준에 따라 이뤄져야 하며 그 기준은 실용적인 결과들에 초점이 맞춰져야 한다고 제안했다. 그리고 예산을 좌지우지하고 많은 주요 직위(평생직장이기도 한)에 임명권을 가지고 있는 옛 인사들은 더 젊고 활력 있는 과학자들로 대체되어야 한다고 주장했다. 레가소프는 이 보고서가 호응을 얻으리라고 생각했다. 레가소프 자신이 체르노빌 사고의 재앙적인 결과를 수습하는 데서 혁혁한 공로를 세운 인물이고 빈에서 열린 IAEA 콘퍼런스에서 원자력산업 자체의 평판을 지키는 데도 크게 공헌한 인물이었다는 점도 그랬지만, 자신이 쿠르차토프 연구소에서 알렉산드로프가 점찍은 후계자이고 정치국에도 탄탄한 연줄이 있다는 점 또한 그가 믿는 구석이었다.

하지만 레가소프의 제안은 무시되었다. 그는 자신의 제안이 현 상태에서의 안락한 지위를 위협받게 될 옛 기득권뿐 아니라 레가소프를 쉽게 출세 가도를 달려온 "침체의 시대"의 특권적 인물로 여기는 개혁파들에게도 배척될 수 있다는 것을 생각하지 못했다. 사고 수습과 관련해 체르노빌에서 그가 한 역할에 대해서도 평가가 분분했다.[44] 불타는 원자로에 모래와 납을 투하하자고 한 그의 계획이 옳은 것이었는가에 대해 과학자들이 의구심을 갖기 시작한 것이다. 1987년 봄에 당 중앙위원회는 쿠르차토프 연구소도 자체적으로 페레스트로이카를 수행해야 한다며 내부 감사 역할을 맡을 과학기술위원을 선출하도록 지시했다.[45] 레가소프는 건강이 안 좋다는 이유를 대면서, 그리고 그에게 반대하는 투표가 나오면 알렉산드로프의 뒤를 이어 소장 직에 오르는 데 지장이 있으리라고 생각해서, 후보로 나가지 않으려고 했다.[46] 하지만 알렉산드로프가 후보로 나가라고 독려했고, 투표 결과가 나왔을 때 레가소프는 자신이 동료들에게 받고 있는 평판에 대해 얼마나 착각을 하고 있었는지 깨달았다. 총 229표 중 100표만이 찬성표였고 129표가 반대표였다. 레가소프는 충격을 받았다. 쉰 살에 그는 승승장구하던 경력에서 처음으로 반전을 맞았다.

6월 10일 당의 소모임에 알렉산드로프가 조금 기운 나는 소식을 가져왔다. 방에 모인 사람들 앞에서 그는 레가소프에게 축하할 일이 있다고 말했다. 체르노빌에서의 영웅적인 행동에 대한 수훈자 명단에서 레가소프의 이름이 상위에 있는 것을 보았다는 것이었다. 레가소프는 이제까지 그렇게도 갖기 힘들었던 사회주의노력영웅 칭호를 드디어 받게 될 것이었다. 하지만 최종 명단이 공개되었을 때 레가소프의 이름은 없었다. 들리는 말로는, 마지막 순간에 고르바초프가 쿠르차토프 연구소 사람은 수훈 대상이 될 수 없다며 반대했다고 했다. 재앙을 일으킨 책임이 있는 곳이기 때문이라는 것이었다. 다음 날 레가소프는 집에서 비서에게 전화를 걸어 몇 가지 이야기를 하고 두 자녀를 잘 부탁한다고 말하고는 전화를 끊었다. 동료들이 서둘러 페호트냐야 거리 26번지에 있는 레가소프의 집으로 와 보니 레가소프는 의식이 없었고 옆에는 수면제가 한 병 있었다.

자살 기도에서는 살아났지만 레가소프는 완전히 다른 사람이 되었다. 유쾌하던 눈빛은 희미해졌고 노인 같은 걸음걸이로 계단을 올랐다. 그해 여름에 과학 콘퍼런스 참석차 영국에 간 레가소프는 옛 친구이자 『프라우다』 과학면 편집자인 블라디미르 구바레프를 만나게 되었다. 구바레프의 연극 "석관"이 런던의 국영 극장에서 공연되고 있었다. 구바레프는 레가소프의 기운을 북돋워 주려고 노력하면서 여자를 찾아보거나 웨스트엔드에서 뮤지컬 "캣츠"라도 보면서 해외 출장이 주는 기회를 누리라고 했다. 하지만 레가소프는 그저 호텔로 돌아가고 싶다고 말했다. 그해 가을에 레가소프는 처음으로 성경을 읽기 시작했다.[47] 그리고 옛 친구에게 선물로 받은 녹음기로 체르노빌에서의 경험에 대한 회고를 테이프에 담았다.[48] 그는 가까운 사람들에게 자신의 경력이 끝났다고 말했다. 한 번 더 자살을 시도했지만 이번에도 무위로 돌아갔다. 나중에 구바레프는 친구의 기운을 북돋워 주기 위해 원자력 안전에 대해 생각하는 바를 『프라우다』에 기고해 보라고 조언했다.[49] 레가소프는 단 며칠 만에 글을 완성했고 그것이 게재되고 나서는 매일 구바레프에게 전화를 걸어서 반응이 어떠냐고 물어보았다. 이 기고문도 별 반응이 없자 레가소프는 더 대담한 조치를 취했다. 자유주의적인 저널인 『노비 미르』와의 인터뷰에서 레가소프는, 그 자신이 전에 말했던 모든 언급들과 달리, 체르노빌에서 일어난 재앙은 소비에트의 RBMK 원자로에서 언제라도 또 일어날 수 있다고 경고했다. 그는 기자에게 많은 과학자들이 위험을 알고 있지만 아무도 그것을 막기 위해 행동하지 않을 것이라고 말했다. 그리고 『유노스트』와의 또 다른 인터뷰에서(이 매체도 글라스노스트로 검열이 비교적 느슨해져서 어느 정도의 자유를 누리고 있었다) 레가소프는 이를 한층 더 강하게 경고했다.[50]

십 대 시절 이후 한결같이 믿어온 모든 정치적 정통 견해에 등을 돌리면서, 그는 소비에트 과학이 길을 잃었다고 말했다. 첫 원자력발전소를 지은 사람들, 유리 가가린을 우주로 보낸 사람들 등 소비에트 테크놀로지의 위대한 승리를 일군 사람들은 더 나은 사회를 꿈꾸었고 그런 사회를 실현하기 위해 분투했으며 푸시킨과 톨스토이로부터 계승되어 온 도덕과 목적의식을 가지고 행동했다. 하지만 미덕을 향하던 목적의식은 점차 그들의 손가락 사이로 빠져나가 버렸고, 기술적으로는 정교해졌지만 도덕적으로는 고삐를 잃은 세대가 그들의 뒤를 이었다. 4호기의 재앙은 단지 몇몇 무모한 원자로 운전원들의 실수가 아니라 소비에트의 사회적 실험이 근본적으로 실패해서 발생한 것이었다. 이것이 4호기를 날려 버린 재앙의 원인에 대해 레가소프가 내린 결론이었다.

1988년이면 레가소프는 알렉산드로프의 뒤를 이어 쿠르차토프 연구소 소장이 될 수 있으리라는 기대를 접었다.[51] 그 대신, 고르바초프의 개혁이 속도를 내고 국가에 대한 대중의 비판이 높아지는 분위기 속에서, 레가소프는 "생태 위원회Council of Ecology"를 조직하고 소비에트 원자력산업에 대해 진정으로 독립적인 규제를 할 수 있는 기관으로서 자신이 직접 원자력 안전에 대한 연구소를 설립하겠다는 계획을 세웠다. 그는 이 계획을 과학아카데미에 제출했고, 다른 건 몰라도 역사상 최대 규모의 핵 재앙이 유발할 피해를 최소화하기 위해 그가 했던 노력의 공로를 인정해서라도 이것이 받아들여질 것이라고 생각했다.

하지만 4월 말에 공청회가 열렸을 때 알렉산드로프는 아주 뜨뜻미지근하게만 그를 지지했고 레가소프의 제안은 부결되었다. 레가소프는 이 소식을 사고가 난 지 정확히 2년 뒤인 1988년 4월 26일에 들었다. 그날 오후, 레가소프의 딸 잉가Inga는 여느 때처럼 유치원에서 아들을 데리고 집으로 돌아왔다.[52] 집에 와 보니 아버지가 아파트 입구 밖에 자동차를 세워 놓고 기다리고 있었다. 반가워하면서 잉가는 아버지에게 올라와서 뭐라도 좀 드시라고 했다. 하지만 그는 이렇게만 말했다. "과학아카데미에서 오는 길이야. 그냥 네 얼굴이나 보러 들른 거다." 이것이 잉가가 아버지를 본 마지막이었다.

다음 날 출근했던 레가소프의 아들 알렉세이가 점심시간에 페호트나야 거리 26번지의 집으로 왔다가 아버지가 계단통에 목을 매어 숨져 있는 것을 발견했다.[53] 유서는 없었다. 쿠르차토프 연구소의 한 동료가 레가소프의 사무실에서 그의 소지품을 챙겼는데 가족에게 유품으로 전달하기에는 방사능 수치가 너무 높아서 큰 비닐봉지 여러 개에 담아 매장했다.[54] 얼마 후 한 당국자가 레가소프가 하던 몇몇 일을 누구에게 맡길지 논의하러 아나톨리 알렉산드로프에게 왔을 때 85세의 연구소장은 감정을 주체하지 못하고 이렇게 소리쳤다. "왜 그가 나를 두고 간 거야? 왜 그가 나를 두고 간 거야?"[55]

레가소프가 사망하고 2주 뒤, 소련 보건장관은 키예프에서 국제원자력기구IAEA와 세계보건기구WHO 대표들이 참석한 가운데 체르노빌 사고가 일으킨 의학적 결과에 관한 국제회의에서 개회 연설을 했다. 소련 과학자들은 재난 당시에 우크라이나, 벨라루스, 러시아의 가장 심각한 오염 지역에 7세 미만 아동 250만 명을 포함해 1750만 명이 살고 있었으며 이 중 69만 6000명이 1986년 말까지 소련 의료 당국에 의해 검진을 받았다고 밝혔다. 하지만 공식 사망자 수는 여전히 지난

해 발표된 것과 동일한 31명이었다.[56) 또한 그는 방사선으로 인한 일반 국민들의 질병 사례는 단 한 건도 발견되지 않았다고 말했다. 그는 "우리는 체르노빌 사고가 인간의 건강에 어떠한 영향도 끼치지 않는다고 확신할 수 있습니다."라고 장담했다.

하지만 소비에트연방의 국민들은 더 이상 자신의 과학자들을 신뢰하지 않았다. 키예프의 젊은이들은 사고가 나고 2년이 지나서도 아이 낳는 것을 두려워했고 사람들은 모든 종류의 작은 질병에 대해 방사선 노출을 탓했다.[57) 우크라이나판 『프라우다』는 발전소에서 가장 가까운 세 개 도시에서 정기적으로 날씨 예보를 하듯이 매주 방사능 수치를 보고하겠다고 발표했다. 하지만 원자력계의 거물들은 자신이 대중의 신뢰를 얼마나 잃었는지를 여전히 가늠하지 못하고 있었다.[58) 사회주의 유토피아의 신성한 상징이라는 위치에 익숙해져서, 그들은 자신들이 의심을 사고 있고 심지어는 적으로 여겨지고 있는 상황에서도 고고하게 무시하며 기존의 확신을 고수했다.

키예프에서 열린 어느 의료 콘퍼런스의 폐회 연설을 하면서 소비에트 생물리학 연구소Soviet Institute of Biophysics 소장은 체르노빌 사고의 결과로 수천 건의 암이 발생할 것이라고 예측한 과학자들을 공개적으로 비난했다. "그들은 암 발병에는 많은 변수가 있을 수 있다는 것을 고려하지 않음으로써 큰 피해를 입혔습니다. 우리는 숫자를 단정적으로 이야기하지 않습니다. 그렇게 이야기하는 것은 비도덕적입니다."[59) 그는 원자로 폭발의 장기적 영향으로 생긴 질병이라고 이야기되는 숫자들은 "방사능 공포증"이라는 새로운 심리적 증상일 뿐이라고 주장했다.

소비에트연방의 마지막 통치자들에게 4호기의 폭발에서 터져 나온 가장 파괴적인 힘은 방사능이 아니라 정치적, 경제적인 파도였다. 핵 구름이 유럽 전역에 퍼져 재앙의 은폐를 불가능하게 만들면서, 정치국에서 가장 강경한 보수파들조차 고르바초프의 글라스노스트를 수용해야 한다는 압력을 받게 되었다. 또한 핵과 관련된 조직들마저 비밀주의, 정체, 무능으로 썩어 있다는 것을 깨달은 고르바초프는 핵 분야뿐 아니라 국가 전체가 그럴 것이라는 확신을 갖게 되었다.[60] 체르노빌 사고 이후 고르바초프는 급진적이고 진정한 변화를 일궈야 한다는 필요성에 직면했고 사회주의 실험을 너무 늦기 전에 구해 내기 위해 페레스트로이카의 기치를 들고 맹렬히 이 일에 나섰다.

하지만 당이 경직적인 정보 통제의 고삐를 한 번 완화하자 통제를 다시 회복하는 것은 불가능했다. 체르노빌에 대해 정보를 조금 더 공개한다는 취지에서 시작된 조치들(『프라우다』와 『이즈베스티야』의 기사, 텔레비전 다큐멘터리와 대중 잡지에 실린 사람들의 증언 등)이 마약중독, 낙태 급증, 아프가니스탄 전쟁, 스탈린주의의 공포 등 오래도록 철저히 검열되었던 사회적 사안들에 대한 공론에 물꼬를 틔웠다.[61] 처음에는 서서히, 그러다가 곧 맹렬하게, 소비에트의 대중은 체르노빌 사고와 그것의 피해에 대해서뿐 아니라 소비에트 사회의 토대인 정체성과 이데올로기에 대해서까지 자신들이 얼마나 심하게 잘못된 방향으로 이끌리고 있었는지를 깨닫기 시작했다. 체르노빌 사고 자체, 그리고 그 사고의 피해로부터 국민을 보호하지 못하는 무능한 정부는 소비에트가 세계 선도적인 테크놀로지를 가진 글로벌 슈퍼파워라는 환상을 국민들 사이에서 마침내 깨뜨렸다. 그리고 진실을 은폐하려 했던 국가의 시도는 국가에 가장 충성스러웠던 사람들조차 자신의 지도자가 부패했고 공산주의의 꿈이 사기였다는 것을 깨닫게 만들었다.

발레리 레가소프가 자살하고 얼마 뒤에 『프라우다』는 그가 테이프에 녹음한 회고록의 발췌본을 게재했다.[62] 그 회고록에는 재앙을 수습하는 것과 관련해 절망적일 정도도 준비가 부족했다는 점과 사고로 이어지기까지 오랜 기간 동안 원전의 안전과 관련해 긴 실패의 역사가 있었다는 내용이 담겨 있었다. "이것을 말하는 것이 나의 의무다It's My Duty to Say This"라는 제하에 게재된 『프라우다』 기사에는 다음과 같은 레가소프의 말이 실려 있었다. "체르노빌 원자력발전소에 파견된 이래로 나는 이 사고가 소비에트에서 수십 년간 발달되어 온 경제 시스템의 불가피한 정점이었다는 결론을 내리게 되었습니다." 1988년 8월에 정치국은 대중의 우려에 머리를 숙이고, 진행 중이던 두 개의 신규 원전 프로젝트를 폐기했다.[63] 그중 하나(민스크 외곽에 지어지고 있었다)는 거의 완공 단계였는데도 폐기되었다. 소비에트 체제가 얼마나 빠르게 변하고 있는지를 단적으로 보여 주는 신호였다.

10개월 뒤에 소비에트의 핵 공학자 그리고리 메드베데프는 『노비 미르』에 이 사고에 대한 센세이셔널한 폭로 기사를 실었다. 글라스노스트의 원칙에도 불구하고, 메드베데프가 이 글을 언론에 내는 데는 2년이 걸렸고 KGB 및 체르노빌의 검열 위원회와 은밀한 싸움을 벌여야 했다.[64] 검열 위원회는 이 사고에 대한 민감한 정보들을 대중에게 알리지 않기 위한 목적으로 생긴 위원회였고 배후에는 보리스 셰르비나가 있었다. 정부위원회 위원장이었던 그는 프리피야트에서 그가 한 행동을 메드베데프가 폭로할지 모른다는 데 대해 당연히 우려했다. 메드베데프가 현장 취재 및 목격자 수십 명과의 인터뷰를 토대로 1986년 4월 26일의 사건 경위를 분 단위로 설명한 "체르노빌 노트"는 폭발적인 반향을 불러일으켰다. 여기에서 빅토르 브류하노프는 줏대 없는 바보로, 소비에트 원자력계의 고위 인사들은 냉담하고 무능한 인물로, 셰르비나는 이미 구하는 것이 불가능한 아톰그라드에서 불필요하게 주민 소개를 지연시킨 인물로 묘사되어 있었다. 이 기사의 서문은 소비에트의 가장 유

18장 재판

명한 반체제 인사로 최근 고르바초프에 의해 가택 연금에서 해제된 안드레이 사하로프가 작성했다. 그는 고르바초프에게 서신을 보내서 당이 메드베데프의 기사 게재를 막는다면 자신이 개인적인 인맥을 활용해서라도 그 안에 담긴 정보를 최대한 널리 퍼트릴 것이라고 위협했다.[65] 서문에서 사하로프는 "체르노빌의 재앙에 대해, 그것의 원인과 결과에 대해 여기에 담겨 있는 정보는 글라스노스트 원칙의 적용 대상이 되어야 한다"고 언급했다. "우리에게는 완전하고 숨김없이 다 드러난 진실이 필요하다."[66]

사고가 난 지 거의 3년이 지난 1988년 2월에 프라임 시간대 뉴스 방송인 "브레미야"는 출입금지구역을 넘어선 지역의 방사능 오염 정도가 은폐되어 왔으며 출입금지구역 밖의 오염 지역이 출입금지구역 내의 오염 지역보다 오히려 더 넓다고 폭로했다.[67] 기자는 "글라스노스트는 결국 승리한다는 것이 오늘 저희가 전해 드릴 이야기를 여는 말로 적절할 것 같습니다."라고 보도를 시작했다.[68] 기자의 뒤에는 매우 심각하게 오염된 지역이 발전소에서 300킬로미터 떨어진 곳까지도 퍼져 있음을 보여 주는 지도가 있었다. 오염 지역은 벨라루스의 경계 안으로까지 넘어가 고멜Gomel과 모기레프Mogilev에까지 퍼져 있었다. 그곳에서 사람들은 1986년 4월과 5월에 검은 비가 내리는 것을 보았다고 말했다. 또 벨라루스 정부는 땅이 너무 오염되어서 10만 명이 더 소개되어야 할 것이라고 추산하면서 중앙 정부에 160억 달러의 지원금을 추가로 요청했다.[69]

몇 주 후, 소비에트의 군대가 아프가니스탄에서 최종적으로 패배해 돌아오고 있었을 때, 그리고 국내 경제에 대해 점점 안 좋은 소식들이 들려오는 와중에, 서기장 고르바초프는 처음으로 사고 현장을 방문했다.[70] 아내 라이자 고르바초프Raisa Gorbachev가 동행한 가운데, 그는 흰 작업복과 안전모를 착용하고 2호기를 둘러보았고 슬라브티치를 방문했다. 또 키예프에서 당 간부들에게 연설을 하면서 환경을 보호하기 위한 계획들을 발표했고 논란이 일고 있는 신규 원전 프로젝트는 주민 투표에 부쳐 결정하겠다고 약속했다. 물자 부족이 심해지는 것과 휘청대는 경제에 대해서는 인내심을 호소했고, 소비에트 내의 어떤 구성공화국이라도 연방을 탈퇴할 생각을 한다면 "불장난을 하는 것"이 될 거라고 경고했다. 하지만 이미 환경 문제는 라트비아와 에스토니아의 독립 운동에서 핵심 사안이 되어 있었고 이는 우크라이나에서 야당인 "젤레니 스비트Zelenyi Svit"("녹색의 세계")당이 생길 수 있는 토대가 되었다.[71] 키예프에서 고르바초프가 예정된 일정에 따라 리무진에서 내려 사람들에게 페레스트로이카를 지원해 달라고 역설했을 때 군중이 갑자기 각본에서 벗어났다.[72] 한 여성은 "사람들은 두려워합니다."라고 말했고 고르바초프가 답을 하려 하자 또 다른 여성이 끼어들어 크림반도에 지어지고 있는 두 개의 신규 원전에 대해 어떻게 생각하느냐고 물었다.

사고 3주년을 맞아 『모스크바 뉴스』는 우크라이나 지토미르Zhitomir 지역의 집단농장에서 보도를 했다.[73] 출입금지구역에서 서쪽으로 40킬로미터 떨어져 있는 이곳에서는 방사성물질인 스트론튬90과 세슘137로 강하게 오염된 지역들이 발견되었다. 이곳 농민들은 사고 이래 가축의 기형 출산이 급증했다며 새끼 돼지가 개구리 같은 눈을 하고 기형적인 두개골을 가지고 있었으며 다리, 눈, 머리 없이 태어난 송아지가 있었다고 말했다. 키예프의 우크라이나 과학아카데미의 한 과학자는 그곳에서 "끔찍한" 것들을 보았다며 이 지역은 즉시 인구 소개가 이뤄져야 한다고 주장했다.[74] 하지만 쿠르차토프 연구소의 과학자는 가축의 기형 출산과 체르노빌 사고와의 관련성을 부인했고 비료의 과다 사용과 부적절한 농사 기법 때문이라고 말했다. 1989년 10월에 『소비에츠카야 로시야』 신문은 방사성 세슘에 오염된 수백 톤의 돼지고기와 쇠고기가 1986년 이래 몇 년간 소시지에 몰래 섞여서 아무것도 모르는 소비에트 전역의 소비자들에게 팔려 나갔다고 보도했다. 방사능 소시지를 만든 공장의 노동자들은 작업 중에 피폭당한 데 대한 보상으로 보너스를 받았는데도, 정치국에 보고된 후속 보고서는 문제의 체르노빌 소시지가 먹어도 완전히 안전하며 "소비에트 보건부의 권고 사항들을 엄격하게 따른" 공정을 통해 가공되었다고 주장했다.[75]

출입금지구역 안에서 수천 명의 군인들이 계속해서 지표의 방사성을 측정하고 옛 마을의 집들을 불도저로 밀고 프리피야트 아파트 창밖으로 오염된 가구들을 버려서 치우는 동안, 과학자들은 그곳의 야생환경에서 희한한 현상들을 발견했다.[76] 고슴도치, 들쥐, 뾰족뒤쥐는 방사성을 띠었다. 청둥오리는 유전적 변이를 보였다. 냉각수 저수조에서는 백련어가 거대 괴물 같은 크기로 자랐다. "붉은 숲" 주위의 나뭇잎은 초자연적인 수준으로 비대해져서 침엽수는 바늘이 일반적인 크기보다 열 배가 되었고 아카시아는 잎이 "아이 손바닥 만"해졌다. 당국은 방사능이 장기적으로 환경에 미치는 영향을 연구하기 위해 벨라루스에 야생동물보호구역을 만들고 출입금지구역 내에 국제 연구 센터를 세우겠다고 발표했다.

하지만 돈이 부족했다. 소비에트 경제는 수십 년의 냉전 시기 동안 군비 경쟁에 막대한 지출을 한데다가 이제 고르바초프가 추진한 페레스트로이카하에서 시장개혁이 실패하면서 휘청대고 있었다. 또 아프가니스탄에서 군대를 철수시키는 데도 막대한 비용이 들었고 국제 석유시장은 폭락했다. 이에 더해, 장비 파손과 방사능 오염, 주민 소개, 의료 비용, 그리고 공장과 농토와 막대한 전력의 손실 등 체르노빌의 금전적 비용은 계속 증가하고 있었다. 석관을 짓고 운영하는 비용만도 40억 루블(약 55억 달러)이나 되었다.[77] 재앙의 모든 측면을 다 고려하면 비용이 1280억 달러에 달할 것이라는 추산치도 나왔는데, 이는 1989년 소비에트의 전체 국방 예산에 해당하는 금액이었다.[78] 이러한 출혈은 느리게 진행될지언정 막는 것은 불가능했다. 소비에트의 거대한 제국이 서서히 주저앉고 있었기 때문에 상처가 하나만 더 나도 그것은 더 이상 가볍게 넘어갈 수 없었다.

1989년 7월에 고르바초프는 소비에트의 위성 국가들인 동유럽 국가들(동독, 체코슬로바키아, 루마니아 등)의 사람들에게 그들이 자신들의 지도자를 몰아내거나 심지어 사회주의의 국제적인 연대를 끊고 나가더라도 소비에트가 개입하지 않을 것임을 시사하는 연설을 했다. 4개월 뒤에 베를린 장벽이 무너졌고 소비에트 제국도 해체되기 시작했다.

소비에트연방 안에서는, 만성적인 물자 부족과 내파하는 경제 속에서 인종적인 분열과 모스크바의 지배에 대한 반대가 높아져 가고 있었다. 15개의 소비에트 구성공화국 전역에서 시민들의 저항과 불복종이 끓어올랐다. 리투아니아에서는 6000명의 시민이 이그날리아 핵발전소를 둘러싸고 시위를 했다.[79] 이곳에는 새로운 RBMK-1500 원자로 두 개가 민족적인 분노의 타깃이 되었고 이는 곧 발트해의 3개 구성공화국이 연방 탈퇴와 독립을 선언하게 되는 저항으로 이어졌다. 민스크에서는 8만 명이 오염된 지역을 벗어나 다른 곳에 재정착하게 해 달라고 요구하며 벨라루스 정부 청사로 행진했다.[80] 한 참가자는 기자에게 "우리의 지도자들은 3년 동안 우리에게 거짓말을 했고 이제는 신과 체르노빌이 저주한 이 땅을 저버렸다"고 말했다.

서구에서는, 스리마일 아일랜드 사고 이래로 핵 발전에 대한 공공의 신뢰가 완전히 회복되지는 않고 있었던 상황에서 체르노빌 사고로 핵 발전 업계가 완전히 뒤흔들렸다. 체르노빌 사고는 대중의 불신에 물꼬를 틔웠고 핵 발전에 대한 반대가 전 지구적으로 확산되었다.[81] 사고 이후 12개월 안에 스웨덴, 덴마크, 오스트리아, 뉴질랜드, 필리핀 정부가 영구적으로 핵 프로그램을 폐기하겠다고 선언했고 또 다른 9개 국가가 원자로의 추가 건설을 취소하거나 연기했다. 세계 여러 나라에서 행해진 여론조사 결과들은 사람들의 3분의 2 정도가 핵에너지를 더 개발하는 데 반대하고 있음을 시사했다. 미국은 신규 원전 건설이 완전히 멈추었고,[82] "체르노빌"이라는 이름은 테크놀로지의 실패와 겉으로 공개된 정보에 대한 근거 있는 의구심을 뜻하는 상징적인 용어가 되었다.

우크라이나에서는 소비에트연방 에너지부가 신규 원전 건설을 계속 강행하는 것이 중앙 정부에 대한 반대 운동의 공격 대상이 되었다.[83] 우크라이나 정부가 논란이 되고 있는 크림반도의 원전 건설을 중단해 달라고 중앙 정부에 요구했지만 아랑곳없이 건설은 계속되었다. 그러자 우크라이나 정부는 파업을 승인하고 국책 은행의 자금 지원을 중단했다. 1990년 3월 1일 우크라이나 최고소비에트는 전격적인 환경보호 조치들을 통과시켰는데, 체르노빌 발전소에서 가동 중인 나머지 세 기의 원자로를 5년 이내에 모두 폐쇄한다는 내용도 담겨 있었다. 8월 2일, 우크라이나공화국 의원들은 우크라이나에 신규 원전을 더 이상 짓지 않기로 결정했다. 모스크바의 에너지부는 의사 결정권이 갑자기 각 구성공화국에 이양되면 소련 전체의 핵발전소 네트워크에 대한 통제 권한을 누가, 어떻게 가져야 할 것인지를 진지하게 검토할 수밖에 없게 되었다.

출입금지구역 안에서는 원자로, 방사성 토양, 초목, 가구, 자동차, 장비에서 나온 수십만 톤의 잔해가 약 800개의 핵폐기물 처분장(콘크리트를 판 구덩이들, 또는 폐기물 무더기에 풀리며 용액을 뿌리고 그 위에 풀을 덮은 곳들인 이 처분장들은 "매장터"라는 뜻의 "모길니키mogilniki"라고 불렸다)로 들어갔다.[84] 하지만 핵폐기물 처분장들은 금세 파헤쳐졌고 제대로 유지되지 못했다. 아무도 거기에 묻힌 것들이 어떻게 되었는지 추적해 보려 하지 않았고, 1990년 초 무렵이면 리퀴데이션 작업은 인력난에 시달리고 있었다. 평소 봉급의 두 배를 준다고 해도 체르노빌로 소집된다는 말을 들으면 다들 가지 않으려고 했다.[85] 체르노빌로 징집이 계속되는 것에 대해 대중의 비난이 거세졌고, 마침내 소비에트 군 당국은 체르노빌에 파견될 예비군 소집을 중단하기로 결정했다. 1990년 12월, 리퀴데이션은 사실상 중단되었다.

그리고 그때는 출입금지구역에서 일한 리퀴데이터의 전체 숫자를 세는 것이 이미 불가능했다(소비에트 정부가 숫자를 허위로 작성했다는 점이 한 가지 이유였다). 1991년이 시작되었을 무렵이면 소비에트연방 전역에서 많게는 60만 명이 동원되어 4호기 주변의 지하세계에서 제염작업에 참여했고 나중에 이들은 공식적으로 "체르노빌 리퀴데이터"라고 불리게 된다.[86] 노고에 대한 감사의 표시로 이들 중 상당수가 특별 신분증과 그리스 문자 알파, 베타, 감마가 진홍색의 핏방울에 둘러싸인 문양이 담긴 에나멜 메달을 받았다. 당시만 해도 다들 "대조국전쟁" 참전 용사들처럼 그들이 평생 동안 조국의 보살핌을 받을 수 있을 것이라고 생각했다. 키예프에서는 소비에트 보건국이 그들을 위한 치료 시설(연방 방사능 의학 연구 센터All-Union Radiation Medicine Research Center)을 열었다. 방사능에 노출된 모든 사람에게 치료를 제공할 목적으로 설립된 기관이었다.[87] 하지만 징집 해제된 리퀴데이터 중 가장 먼저 발병한 사람들이 설명할 수도 없고 예측할 수도 없는, 그리고 나이에 비해 희한하게도 이르게 나타난 증상들을 호소하며 이곳에 왔을 때, 그들은 국영 의사들이 그들의 증상을 30킬로미터 구역 안에서 그들이 견뎌 내야 했던 상황과 공식적으로 연결시키지 않으려 한다는 것을 알게 되었다.[88] 파산한 국가는 잠재적으로 50만 명이 넘을 수도 있는 환자들에게 약속했던 의료 서비스를 제공할 돈이 없었다. 그래서 의사들은 진단명을 암호처럼 적었고 그들의 의료 기록은 기밀로 분류되었다. 가장 극단적인 방사선증후군을 제외한 다른 증상들은 마리아 프로첸코에게 내려진 진단과 동일하게 기록되었다. "일반적인 질병: 전리방사선과는 관련이 없음."

1991년 12월 초, 4개월 전에 키예프 의회가 소집한 국민투표에서 우크라이나 국민들은 소비에트로부터의 독립을 선포했다. 미하일 고르바초프는 나머지 12개 소비에트 구성공화국들만으로라도 연방을 유지하고자 했지만 실패했다. 8월에 반동 세력들의 쿠데타 시도가 진압된 후 국가 수반으로서의 위치를 잠시 회복했지만, 곧 고르바초프는 러시아 대통령 보리스 옐친이 그에게서 권력을 박탈하고 공산당의 활동을 중지시키는 것을 지켜보아야 했다. 크리스마스 날 고르바초프는 텔레비전에 나와서 감상적인 사임 연설을 했고 소비에트연방의 붉은 깃발은 크렘린의 깃대에서 마지막 하강식을 했다. 갑작스러운 제국의 붕괴에 이은 혼돈 속에서, "체르노빌의 전투"에서 최후 방어선으로 고투했던 사람들은 잊혀 갔다.

이후 몇 년 동안 체르노빌의 재앙을 겪고 살아남은 사람들 상당수는 고혈압, 종양, 신장 이상, 만성피로와 같은 알 수 없는 증상들에 시달리면서 중년의 병약자가 되었다. 현장에 헬기로 가장 먼저 갔던 세르게이 볼로딘 대령은(자기도 모르는 사이에 원자로에서 나오는 방사능 증기 위를 비행했다) 고소 공포증이 생겨서 공군의 사무직으로 자리를 옮겼다.[89] 전혀 일을 할 수 없게 된 사람들은 점점 줄어드는 국가 연금에 의지해 살아가야 했고 치료를 받을 수 있는 곳을 찾기 위해 고전했다. 어떤 이는 심장 질환, 백혈병 같은 혈액 질환 등으로 키예프와 모스크바의 병원에서 숨졌다.[90] 텔랴트니코프 대령은 사고가 난 날 밤에 소방대원을 지휘했다가 턱에 암이 생겨 2004년 12월에 53세로 숨졌다.[91] 다른 이들은 재앙을 겪은 심리적 부담에 더해, 급격하게 달라져 버린 세상에서 무력하게 살아가는 것의 힘겨움을 견디지 못했다.[92] 전기 엔지니어 안드레이 토르모진Andrei Tormozin은 치사량의 방사선에 피폭되고도, 골수 이식 수술이 실패하고도, 혈액이 중독되고도 제6병원에서 기적적으로 살아남았지만, 우울증을 겪다가 알코올중독으로 사망했다.

사고 이후 거의 20년이 지난 2006년 2월, 나는 그가 사는 키예프의 아파트 근처 낡은 카페에서 물리학자 베니아민 프리아니치니코프를 만났다.[93] 쓰리피스 양복을 입고 땡땡이 무늬 넥타이를 맨 거구의 예순두 살 남성인 그는 활기차고 강단 있었으며 은유와 유머를 화려하게 구사했다. 그는 아내가 가꾸던 딸기나무 잎에 점점이 내려 앉아 있던 흑연 가루를 분명하게 기억하고 있었다. 그리고 4호기 지하에서 차이나 신드롬을 막기 위해 고투했던 것도 기억했다. 1986년 5월의 가장 무섭던 날들에 원자로 아래 깊은 곳에서 방사능과 온도를 재던 5명 중 4명이 이미 사망했다고 했다. "전체 중 20퍼센트가 생존한 거네요." 어두운 미소를 띠고 그가 말했다. "나까지 합한다면 말이에요."

살아남은 리퀴데이터들은 아무도 보지 못하는 치명상을 입고 전장에서 돌아온 것 같은 공포를 안고 살았다. 헬기 부대를 이끌고 원자로 분화구의 불길을 잡기 위해 고투했던 니콜라이 안토슈킨 장군은 "보이지 않는 적이 벌레처럼 우리 몸을 갉아먹고 있다"고 말했다.[94] "우리에게는 전쟁이 계속되고 있습니다. 조금씩, 조금씩, 우리는 이 세계에서 사라지고 있습니다."

2006년에 내가 모스크바 국립대학에서 그리 멀지 않은 곳의 아파트로 알렉산더와 나탈리아 유브첸코를 만나러 갔을 때 알렉산더의 팔과 등은 피부를 긁어내는 수술로 생긴 자줏빛 상처가 가득했다.[95] 그는 이 수술을 하도 많이 받아서 열다섯 번까지 센 뒤에는 세는 걸 그만뒀다고 했다. 그는 제6병원에서 퇴원한 뒤 최대한 빨리 일터에 복귀했다. 하지만 나중에 독일의 병원에 몇 주간 입원해서 군 의료진에게 치료를 받아야 했고 그 다음에도 매년 2주간 검진을 받아야 했다. 알렉산더는 최근에 새로운 일자리를 갖게 되어서 1986년 이후 처음으로 그가 선택한 분야로, 원자력 분야로 돌아왔다. 그는 우크라이나에 출장을 갈 수 있게 되어 몹시 기뻤다. 그는 우크라이나에 남아 있는 원자력발전소들을 방문했고 오데사의 대학 시절 이래로 함께 했던 동료들과 다시 일할 수 있었다.

하지만 사고에 대해 이야기를 시작하자 그의 짧게 깎은 머리카락 사이로 땀이 비 오듯 흘렀다.[96] 손에 쥔 손수건은 곧 땀으로 흠뻑 젖었다. 알렉산더는 방사능이 그를 불임으로 만들었는지는 알지 못했다. 의사들이 그들이 안전하게 아이를 가질 수 있다고 안심시켜 주긴 했지만 나탈리아는 그들을 믿지 않았고 그들의 의도를 의심했다. 나탈리아는 자기도 모르는 사이에 냉담한 실험 연구의 대상이 되고 싶지 않았다.

그래서 아들 키릴이 여전히 유브첸코 부부의 유일한 자녀였다. 키릴은 의사가 되기 위해 공부를 하고 있었다. 그리고 그들은 샴 고양이 한 마리를 입양하고 "찰리"라고 이름을 지었다. 4월 26일에 태어난 고양이였는데, 그들은 이것이 좋은 징조라고 생각했다. 하지만 알렉산더는 방사능이 그의 건강에 미친 영향이 사람들이 상상하는 것만큼 나쁘지는 않다고 말했다. "의사들은 내가 살아남았다고 말합니다. 그래서 이제는 걱정하지 않아도 돼요. 하지만 우크라이나에 돌아가면 그들은 죽은 사람들 이야기를 하기 시작합니다. 그것이 방사능 때문일까요? 모르겠습니다. 나는 통계에 대해서는 아무것도 모릅니다. 하지만 친구들이 물어보면 나는 이렇게 말합니다. 그것에 대해 생각을 덜 할수록 더 오래 살 거야."

19장

코끼리 발

2016년 4월 25일 월요일 오후, 프리피야트는 아름답고 따뜻했다.[1] 늦은 봄이라기보다는 여름에 가까운 날씨였다. 도시는 고요하고 텅 비어 있었다. 포플러 나무 씨앗들이 바람에 떠다니며 춤을 추었고, 초록의 침묵을 새 소리가 간간이 깨뜨렸다. 4호기가 폭발한 지 정확히 30년이 지난 지금, 빅토르 브류하노프가 허허벌판에 세워냈던 도시 아톰그라드는 마침내 자연에 다시 정복되어 있었다. 브류하노프의 지시로 심은 고운 발트해 장미는 오래전에 야생화가 되었고 장미 열매는 중앙 광장 한복판을 마구잡이로 비집고 들어온 잡초들 사이에서 검게 썩어 흐물흐물해져 있었다. 축구 경기장은 버드나무, 소나무, 들배 등의 무성한 숲이 되었다. 화이트하우스 앞의 부서진 계단에서는 은빛 자작나무 한 그루가 숨을 틔웠다. 널찍하던 쿠르차토프 거리의 상당 부분은 참나무와 아카시아 나무로 얼룩덜룩한 숲이 되었다. 가로등 주위에는 여전히 망치와 낫 모양의 조형물이 남아 있었지만, 소비에트의 별들은 녹슬고 휘어지고 나뭇가지들에 밀려나 있었다. 보행 표지판의 그림은 수십 년 동안 햇볕을 쬐고 비를 맞으면서 색이 바래 있었다. 녹슨 회전풍차 아래에는 두꺼운 이끼가 잔뜩 깔려 있었다.

프리피야트의 많은 건물이 풍화에 노출되고 비, 서리, 부식성 이끼 등의 공격을 받아서 붕괴 위험에 처해 있었다.[2] 스포르티프나야 거리의 한 아파트는 거대한 콘크리트 패널이 떨어져 건물 입구가 막혀 있었다. 약탈자들이 금속이란 금속은 닥치는 대로 떼어 가서 건물 안에는 라디에이터가 있었던 자리의 실루엣만 남아 있었고 거리에는 쇠파이프와 지하의 케이블이 뜯겨져 나간 자리에 구멍들만 보였다. 레닌 대로의 건물 계단들은 깨진 유리로 뒤덮였고, 방의 벽지가 떨어져 물에 젖어 흐물흐물해져 있거나 가루처럼 바스라져 있었다. 쿠르차토프 거리를 굽어보는 13/34동 4층의 브류하노프 가족이 살던 집은 현관문이 경첩에서 뜯겨져 옆으로 넘어져 있었고 그 위로는 회색 먼지가 두텁게 쌓여 있었다. 그들의 호화롭던 아파트는 이제 텅 있었고 거기에 살았던 사람이 누구였는지를 알게 해 주는 징후라곤 컴컴한 욕실 타일에 들러붙어 있는 아이의 자동차 그림과 부엌 바닥을 굴러다니고 있는 하이힐 한 짝뿐이었다. 하지만 광장이 내려다보는 발코니에서는 맞은편 10층짜리 건물 옥상에 세워져 있는 글자들이 여전히 잘 보였다. "원자력이 군인이 아니라 일꾼이 되게 하자."

3킬로미터 떨어진 곳에는 체르노빌 원전 5, 6호기를 짓던 크레인이 사고 다음날 아침 공사가 중단된 시점에 시간이 멈춘 듯이 그대로 서 있었다. 하지만 발전소 안에는 아직 소수의 직원이 남아서 일하고 있었다. 독립국가가 된 우크라이나가 러시아에서 생산된 전기에 대해 청구서를 받기 시작하면서, 우크라이나 정부는 1, 2, 3호기를 폐쇄하기로 했던 결정을 번복했다. 그래서 한동안 세 기 모두 계속 가동되었고, 최

19장 코끼리 발

종적으로 가동이 모두 중지된 것은 2000년이 되어서였다. 2000년 이후로는 가동 중지된 1, 2, 3호기의 냉각 및 폐로 작업을 하는 소수의 인력이 남아 있었고, 이들은 한 시간 정도 떨어진 슬라브티치에서 체르노빌까지 통근 전철을 타고 출퇴근했다.

그해 2월에 내가 체르노빌 발전소를 처음 가 보았을 때는 아직 추운 겨울이었는데도 난방이 더 이상 작동되지 않아서 발전소 내부가 몹시 추웠다.[3] 마크 +10으로 올라가 위생 문을 지나서 "오염 위험" 구역 쪽으로 가 보니 가벼운 눈이 창문을 스쳤고 흰 작업복과 두꺼운 외투를 입은 남자 두 명이 탈기기 복도를 잰 걸음으로 지나갔다. 추위에 그들의 입김이 구름처럼 서렸다. 2호기 제어실에서는 기술자 세 명이 제어 데스크 주위에 서서 담배를 피우고 전화 통화를 했다. 제어 패널 위의 다이얼과 신호 표시 장치들 중에는 "가동되지 않음"이라고 쓰인 종이가 붙어 있는 것이 많았다. 한때는 원자로에서 나오는 데이터를 보여 주느라 쉼 없이 바쁘게 돌아가던 제어 패널 한가운데에는 CCTV 화면을 보여 주는 작은 컬러 텔레비전이 있었고 기계실에서 거대한 터빈이 서서히 해체되고 있는 모습이 나오고 있었다. 전에는 네 기의 원자로 모두에 이어져 있었던 긴 복도를 따라 더 서쪽으로 가다 보니 이제 소수의 직원들마저 보이지 않았다. 작동하지 않는 3호기의 어둑어둑한 기계실에서는 짓누르는 듯한 고요함이 느껴졌다. 바닥에는 1986년의 제염 작업 때 깔았던 플라스틱 매트가 색이 노랗게 바랜 채 아직도 그대로 놓여 있었다. 지저분해진 유리를 통해 회색빛이 새어 들어오고 있었고, 천정에는 무거운 파이프가 걸려 있었으며, 눅눅한 공기에는 기계기름과 오존의 냄새가 여전히 남아 있었다.

창문 없는 복도를 따라 계단을 하나 더 내려가니 막다른 곳이 나왔다. 가까이에 있지만 보이지 않는, 괴물 같은 무언가의 존재가 손에 잡힐 듯 생생하게 느껴졌다. 머리 위를 지나던 굵은 파이프들이 갑자기 뚝 끊겨 있었고 파이프들이 절단된 곳 뒤로 한때는 보행 통로로 들어가는 입구였던 곳이 단단한 콘크리트 벽으로 봉인되어 있었다. 바닥에는 여기저기 우윳빛 액체가 웅덩이를 이루고 있었다. 그리고 그 벽에 청동 부조 조각상이 붙어 있었다. 조각상은 결코 오지 않을 도움을 구하려는 듯 한쪽 팔을 뻗고 있는, 발전소 직원들이 쓰는 원통형 모자를 쓴 한 남자의 실루엣을 담고 있었다.[4] 이것은 4호기 폭발 때 최초로 사망한 발레리 호뎀추크의 묘였다. 살아남은 그의 동료들은 위험을 무릅쓰고 그의 시신이 있을 것으로 여겨지는 장소와 가장 가까운 이곳까지 와서 이 묘를 세웠다. 그의 유해는 콘크리트와 납으로 된 3미터 두께의 장벽 너머에 수천 톤의 자갈, 모래, 뒤틀린 파편들 밑에 깔려 있을 것이다. 그리고 그와 함께 그곳 어딘가에 녹아 버린 4호기의 심장도 있을 것이다. 노심 속에 있다가 녹아 내렸을 우라늄, 지르코늄 등, 30년 전 재앙이 시작되었던 날만큼이나 여전히 알 수 없고 치명적으로 위험한 물질들 말이다.

1986년 여름에 건설 중이던 석관의 내부를 탐험하기 시작한 쿠르차토프 연구소의 소규모 조사단은 처음부터 엄청난 난관에 직면했다.[5] 그들의 임무는 4호기 노심 안에 있었던 핵연료 수백 톤의 행방을 찾는 것이었는데, 감마선 피폭, 무너진 잔해, 석관을 짓고 있는 스레드마시 건설 팀이 폭포처럼 뿌려대는 액체 콘크리트, 계속해서 고장나고 오작동하는 장비들 때문에 몹시 고전했다. 이들도 처음에는 로봇을 사용하려 해 보았지만 이 시도는 "특별 구역"에서 다른 많은 팀들이 시도했을 때와 똑같이 끝났다. 4호기 폐허 내부를 탐사하기 위한 목적으로 막대한 비용을 들여 만든 로봇은 작은 장애물조차 넘어가지 못한다는 것이 투입하자마자 바로 입증되었다. 작업자들은 계속해서 로봇을 구조하러 가야 했고 결국 로봇은 고준위 방사선 영역에서 멈춰서 죽어 버렸다. 조사팀은 그날 저녁 회의에서 로봇이 멎는 장면이 찍힌 카메라 영상을 보았는데, 멈추었던 로봇이 갑자기 살아나 우스꽝스러운 팬터마임이라도 하듯 혼자 불을 번쩍이고 부속 장치들을 마구 흔들면서 복도 아래로 미끄러져 가다가 끼익 소리를 내며 옆으로 쓰러졌고, 작업자들이 욕을 퍼부으며 달려 나가 회수해 와야 했다.

1차 조사는 키예프의 장난감 가게 "데츠키 미르Detsky Mir"("어린이 세상"이라는 뜻이다)에서 한 과학자가 12루블(당시 5달러 상당)에 사 온 장난감 탱크의 도움으로 겨우 시작할 수 있었다. 긴 케이블 끝에 배터리로 작동되는 조종 장치가 달려 있는 이 장난감 탱크에 선량계와 온도계, 그리고 성능 좋은 손전등을 장착하고서, 과학자들은 이것을 마치 방사선의 냄새를 민감하게 맡는 사냥개처럼 활용했다. 이 사냥개를 10미터 앞세워 달리게 해서 앞에 위험이 있으면 경고를 하도록 한 것이다. 이들 쿠르차토프 연구소 과학자들은 주변의 위험을 충분히 잘 알고 있었지만, 사라진 핵연료의 행방을 반드시 찾아야 한다는 막중한 의무감(새로운 연쇄반응이 시작되지 않을 것임을 확실히 하려면 꼭 필요한 일이었다)에 의해서뿐 아니라 과학자적인 호기심에 의해서도 작업을 서둘렀다.[6] 석관 내부에서 그들은 외계 행성을 탐험하는 탐험가나 마찬가지였다. 마치 외계 공간처럼 그 안에는 인간이 전에 본 적이 없는 밀도의 감마장이 형성되어 있었고 무너진 원자로가 내뿜는 섭씨 5000도 이상의 열기에서 형성된 신기하고 희한한 물질들이 있었다.

1986년 가을에 쿠르차토프 연구소 조사팀은 드디어 217/2복도에 들어갔다. 이곳은 몇 개월 전에 그 바로 아래층에서 위쪽으로 원격 탐침 장비를 넣어 보았을 때 갑자기 선량계가 최대치를 치면서 과부하로 망가져 버렸던 불가사의한 곳이었다. 이번에는 방사능 먼지를 막기 위해 비닐로 된 보호복을 입고 손전등을 들고서 폐허 아래 형성된 좁은 굴을 따라 그곳까지 기어서 직접 들어갔다. 그리고 이들은 매우 중요한 첫 번째 발견을 했다.[7] 무연탄 같은 검은색에 거대한 종유석 같은 모양을 한 신비로운 물질로, 그들의 머리 위쪽 어딘가에서 흘러내려와 여기에서 굳어진 것 같았다. 조사팀은 여기에 "코끼리 발"이라는 이름을 붙였다. 사람 키보다 높고 무게는 2톤은 족히 되어 보였으며 표면은 시간당 8000뢴트겐, 초당 2뢴트겐의 방사선을 내뿜고 있었다. 5분이면 고통스러운 죽음을 확실히 보장할 만한 양이었다. 하지만 이 신비한 물질을 사진으로 찍고 완전하게 분석하라는 지시가 정부위원회에서 내려왔다.

과학자들은 핵연료의 행방뿐 아니라 안토슈킨의 헬기 부대가 영웅적인 노력을 기울여 투하한 1만 6000톤도 넘는 물질의 행방 또한 찾을 수 없었기 때문에,[8] 그때 투하되었던 납 성분이 "코끼리 발"에서 발견되기를 기대했다.[9] 하지만 "코끼리 발"은 샘플을 쉽게 내어주지 않았다. 너무 딱딱해서 전동 트롤리에 드릴을 단 장치로 깨뜨리기에는 역부족이었고, 한 군인이 자원해 망치를 들고 나갔지만 역시 빈손으로 돌아왔다. 그는 그 잠깐의 시간 동안 너무 심하게 피폭되어서 즉시 체르노빌 밖으로 이송되어야 했다. 결국에는 경찰에서 명사수 한 명이 도착해 소총을 쏘아서 "코끼리 발" 표면에서 약간의 파편을 떼어 냈다. 이 샘플을 분석한 결과 "코끼리 발"은 이산화규소, 티타늄, 지르코늄, 마그네슘, 우라늄이 응고된 덩어리라는 것이 밝혀졌다.[10] 핵연료가 녹은 방사능 용암이 어찌어찌 복도로 흘러나와 이곳에서 굳은 것이었다. 그런데, 핵연료에서 나올 수 있는 핵종들은 다 검출되었지만 "체르노빌의 전투"가 맹렬히 벌어지던 5월 초에 헬기로 투하한 납의 흔적은

전혀 보이지 않았다.[11]

쿠르차토프 연구소 조사팀은 원자로 아래 공간들의 온도를 잼으로써 복도 끝 쪽 호실에 붕괴열로 여전히 뜨거운 용암이 더 있으리라는 증거를 찾아냈다.[12] 그곳은 원자로 용기를 지지하고 있던 거대한 스테인리스스틸 구조물("구조물S")이 있는 곳이었다. 하지만 이번에도 그곳에 가는 길은 잔해와 방사능으로 막혀 있었다. 이 와중에, 정부위원회 회의가 열릴 때마다 보리스 셰르비나 위원장과 위원들은 핵연료의 행방을 빨리 찾아내지 못한다고 그들을 질책했고 원자로 안에 아직 남아 있는 핵연료가 다시 연쇄반응을 일으킬 가능성이 있는지를 계속해서 물었다.

이를 알아내기 위해 1988년 초에 여러 분야와 소속의 과학자 30명과 그들을 지원할 3500명의 건설 노동자로 구성된 탐사단이 새로 꾸려졌다.[13] 이 "체르노빌 복합 단지 탐사단Chernobyl Complex Expedition"의 임무는 석관 내부를 탐사해서 그 안에 무엇이 있는지를 상세하게 파악하는 것이었다. 탐사단은 4호기 건물 자체의 상태를 조사하기 위해 26미터까지 닿을 수 있는 수평 드릴 장비(이 장비는 스레드마시 기술자들과 광산 기술자들이 조종했다)를 이용해 4호기 안 깊은 곳에서 샘플들을 채취했다. 폭발 후 거의 2년이 지난 1988년 늦봄 무렵에 수평 드릴이 드디어 원자로 용기에 도달했다.[14] 5월 3일, 드릴의 날이 원자로 용기의 바깥쪽 콘크리트 벽을 뚫고 들어가 모래로 된 밸러스트를 지나서 강철로 된 안쪽 벽을 뚫고 원자로 용기 안으로 들어갔다. 과학자들은 그 구멍으로 탐침 봉을 넣어서 원자로 안에 남아 있는 핵연료와 흑연의 상태를 판단할 수 있을 만한 지표들을 측정하려 했다. 그런데 탐침 봉은 도중에 아무 장애물에도 마주치지 않고 이전의 "활성 구역"이었던 노심 11.8미터를 끝까지 통과했다.

과학자들은 어리둥절했다. 그 안에 있던 핵연료는 다 어디로 갔는가? 다음 날, 구멍으로 잠망경과 손전등을 넣어 내부를 본 과학자들은 경악했다. 한때 190톤의 우라늄 연료와 1700톤의 흑연 벽돌이 있었던, 그리고 나중에 헬기로 부은 모래, 납, 돌로마이트 등까지 가득 들어 있을 것으로 예상되었던 이 거대한 용기가 거의 완전히 비어 있었던 것이다.

앞으로 몇 년 동안 이어지는 탐사 작업을 통해, 복합 단지 탐사단 과학자들은 4호기 폐허를 점점 더 깊이 파고들어 샘플을 채취하고 사진과 동영상을 분석해서 "체르노빌의 전투"가 가장 맹렬히 벌어졌던 동안 이 건물 내부에서 정확히 어떤 일이 벌어졌던 것인지에 대한 수수께끼를 차차로 풀게 된다. 우선, "체르노빌의 전투" 당시에 공중에서 투하되었던 1만 7000톤의 물질 중 정작 원자로 안으로 들어간 것은 아주 일부에 불과했다.[15] 대부분은 원자로 안으로 들어가지 못하고 중앙 홀의 잔해들 사이 여기저기에 쌓여 있었다. 쌓인 높이가 15미터나 되는 곳도 있었다.[16] 투하된 납 덩어리 중 일부는 빨갛고 하얀 줄무늬가 있는 환풍 굴뚝 근처에 떨어졌고, 목표 지점(4호기 원자로 안)에서 100미터나 떨어진 3호기 옥상에도 투하물에 맞아 부서진 곳들이 있었다.[17] 그리고 폭발 때 원자로 밖으로 튕겨져 나오지 않고 그 안에 남아 있던 약 1300톤의 흑연은 거의 전부 불에 타 버린 것 같았다. 활활 타오르던 원자로가 내부의 모든 것을 다 태우고 스스로 소실된 것이었다.[18] 결국, 200미터 상공에서 모래, 돌로마이트 등을 퍼부어 원자로 내부의 불길을 진화하려 했던 헬기 조종사들의 용맹한 노력은 거의 완전히 무의미한 일이었다.[19]

한편 벨리호프와 그의 실험실의 이론물리학자들이 우려했던, 하지만 실용주의적이고 무모한 도전 정신으로 충만한 스레드마시가 발생

가능성이 거의 없는 일이라고 일축했던 차이나신드롬의 공포는 매우 근거 있는 우려였다는 사실도 드러났다.[20] 복합 단지 탐사단은 무게가 2톤이고, 치명적인 방사선을 방출하는 "코끼리 발"이 사고 직후 몇 분 동안 원자로 안에서 형성되었던 방사능 용암 중 아주 일부에 불과하다고 결론 내렸다. 나머지 용암이 건물의 아래층들을 서서히 뚫고 내려가면서 원자로 내부가 텅 빌 때까지 계속 흘러내렸으리라는 것이었다.

재구성을 해 보면, 먼저 핵연료 집합체의 지르코늄 케이스가 녹아 폭발 후 30분 안에 섭씨 1850도에 도달했고 그 안에 있던 이산화우라늄 펠렛도 녹아서 뜨거운 금속 수프가 형성되었다. 점차 이것이 원자로 용기 자체까지 녹이면서 스테인리스스틸, 사문암, 흑연, 녹은 콘크리트 등까지 포함하게 되었다. 이제 용융된 우라늄과 기타 물질들을 포함하고 있는 135톤의 방사능 용암은 계속 아래로 내려앉으면서 원자로의 "하단 생물학적 차폐막"을 먹어 들어가기 시작했다. 방사능 용암은 거대한 강철 원반에 사문암 자갈이 채워진, 1200톤이나 나가는 하단 생물학적 차폐막과 그 안의 물질들을[21] 모두 태우거나 녹여서 흡수했다. 차폐막 총 질량의 4분의 1 정도가 용암에 흡수되었다.[22] 용암은 아래층의 호실들로 계속 흘러내렸고 원자로 용기 전체를 지탱하고 있던 스테인리스스틸 골조("구조물S")가 버티지 못하고 휘어졌다. 차폐막이 바닥 아래로 뚝 떨어졌고, 끓는 코륨은 원자로 아래 지하층의 바닥을 뚫고 내려가기 시작했다. 4호기가 사망하기 직전에 4호기를 구해 내는 데 실패했던 감압 계통의 파이프들은 이제 건물의 지하 기반을 탈출해 외부 환경으로 빠져나가려는 용암에 편리한 경로를 제공했다. 용암은 4개의 경로로 남쪽과 동쪽으로 뻗어 가면서,[23] 가는 길에 있는 금속들을 녹여 흡수하고 열려 있는 문들을 통과해 가며 서서히 복도와 호실들을 채우고 배관들 사이사이로 흘러내리면서 한 층씩, 한 층씩 4호기 건물 자체의 기반을 향해 내려갔다.[24]

즈보로프스키 대령과 발전소 직원들이 엄청난 고투를 치르며 물을 비워 낸 감압수조에 도달한 용암은 이미 원자로 아래 3개 층을 태우거나 녹여 낸 상태였고 무게가 적어도 1000톤에 달해 있었다. 몇몇 호실에서는 용융물이 15센티미터 깊이의 웅덩이를 형성했다가 고체로 굳어졌다.[25] 하지만 즈보로프스키와 그의 대원들이 최선을 다했음에도 몇백 세제곱미터의 물이 감압수조에 아직 남아 있었다. 그리고 코륨이 여기에 도달했을 때 용융은 드디어 끝이 났다. 용암이 감압수조의 물로 뚝뚝 떨어지면서 그 안에서 무해하게 냉각되었고 4호기의 녹은 심장은 드디어 지하의 토양을 향해 건물 바닥을 뚫고 내려가던 것을 멈추었다.[26] 용암은 방사능 연못의 표면에서 굳어져 회색 돌덩어리가 되었다. 토양과 그 위의 건물 사이를 막고 있는 기반에서 불과 몇 센티미터밖에 떨어져 있지 않은 곳에서 용암이 아슬아슬하게 멈춘 것이다.

복합 단지 탐사단이 용융된 핵연료 대부분의 행방을 찾아내고 "당분간은" 원자로에서 연쇄반응이 다시 일어날 가능성이 없다는 보고서를 정부위원회에 제출한 것은 1990년이 되어서였다. 사고 발생 4년이 지났는데도 발견된 핵연료 무더기 중 어떤 곳은 여전히 온도가 섭씨 100도나 되었다. 과학자들은 그것이 물에 잠기지 않는 한 새로운 임계에 도달하는 것은 거의 불가능하다고 계산했지만, 만에 하나 그럴 경우를 대비해 조기에 경고를 해 줄 모니터링 시스템을 설치했다.[27] 그 무렵, 소비에트연방이 해체되기 시작했고, 재정적, 정치적 관심이 체르노빌에서 멀어졌다.

점점 더 잊히고 자원도 부족해졌지만 복합 단지 탐사단은 그래도 힘겹게, 힘겹게, 탐사를 계속해 나갔다.[28] 복합 단지 탐사단을 이끈 중성미자 물리학자 알렉산더 보로보이는 석관 안에 천 번도 넘게 들어갔다. 보로보이는 늘 무서웠고 위험을 적절히 "관리"하기에는 그곳의 방사능 위험에 대해 너무 잘 알고 있었지만, 매번 안으로 들어갈 때마다 이 거대하고 어두운 건물이 차이콥스키 6번 교향곡의 1악장 같은 느낌을 불러 일으켰다고 말했다. 삶과 망각 사이의 투쟁을 알리는 오싹한 전조 같은 느낌 말이다. 복합 단지 탐사단의 물리학자들은 컴퓨터도, 보호 장구도 부족했고, 보로보이는 안에 들어갈 때 비닐 보호복이 찢어질 경우에 대비해 의료용 테이프 한 롤을 늘 가지고 다녔다.

곧 이들은 속옷마저 부족해졌다.[29] 이들의 탐사 활동에 대한 다큐멘터리가 BBC에 방영된 뒤 서구 사람들이 손으로 뜬 양말을 소포로 보내 주었고 보로보이는 이것을 석관에서 일하는 대원들에게 나눠 주었다. 이렇게 열악한 상황에서도, 어떤 과학자들은 이 연구가 가진 매력 때문에, 그리고 이 연구의 막중한 중요성을 너무나 잘 알고 있어서, 임무 기간이 끝났는데도 돌아가지 않고 남아서 탐사 활동을 계속했다.[30] 최대 피폭 한도에 도달해 귀가 조치되지 않기 위해 현장에 갈 때 선량계를 사무실에 두고 가기도 했다. "코끼리 발" 이후로도 과학자들은 4호기의 폐허 안에서 희한한 형태로 굳어 있는 용암들을 많이 발견했고 거기에 "물방울", "고드름", "석순", "무더기" 등의 별명을 붙였다.[31] 지르코늄과 우라늄으로 이루어진, 아름답지만 치명적인 푸른색의 신비로운 규산염 물질에는 "체르노빌라이트"라는 이름이 붙었다.[32] 방사성이 너무 강해서 체르노빌라이트는 아주 단시간 동안에만 테스트할 수 있었고 테스트가 끝나면 샘플은 납으로 차폐된 용기에 담아 폐기해야 했다. 탐사 자금이 떨어지고 핵연료가 새로이 연쇄반응을 일으킬지 모른다는 우려도 사라진 와중에, 복합 단지 탐사단은 새로운 문제를 발견했다. 소비에트 특유의 독창성과 임기응변을 발휘해 매우 급하게, 그리고 비밀스럽게 지어졌던 석관 자체가 소비에트 선전선동 기관이 주장했던 소비에트 공학의 승리를 전혀 증명하지 못하고 있었던 것이다. 건설 도중에는 석관의 결함들이 신중하게 은폐되었지만, 보로보이의 복합 단지 탐사단은 석관 벽에서 사람도 지나갈 수 있을 만큼의 커다란 공극을 발견했다. 물이 새거나 방사능 먼지가 빠져나갈 수 있을 만한 균열도 많았다. 또한 그들은 4호기의 남아 있는 콘크리트 벽 부분들이 석관 안에서 곧 붕괴할 가능성이 있다는 것도 알게 되었다.[33] 보로보이가 모스크바로 복귀했을 무렵이면, 아직도 맹렬한 방사성을 가지고 있는 원자로의 남아 있는 부분들로부터 나머지 세상을 보호하기 위한 새로운 방법을 찾아야 한다는 것이 분명해져 있었다.

전 발전소장 빅토르 브류하노프는 1991년 9월 11일에 출소했다.[34] 10년 형 중 5년을 살았고 대부분을 도네츠크의 유형지에서 보냈다. 소비에트 사법제도의 규정에 따라 그는 모범수 사면으로 풀려났고 마지막 몇 달의 노역(소비에트에서 강제 교정 노역은 "화학"이라는 뜻의 "키미야Khimiya"라고 불렸다)은 아내 발렌티나가 있는 키예프와 가까운 우만Uman이라는 곳에서 할 수 있게 허용되었다. 쉰다섯 살이 된 그는 활력을 모조리 잃었고 쇠약해져 있었다. 발렌티나가 키예프로 이사한 후 그에게 가져다준 체코제 고급 코트는 그의 쇠약한 몸에 자루처럼 걸려 있었다.[35] 발렌티나가 그에게 새 집을 보여 주었다. 병약해진 많은 전직 발전소 동료들이 사는 이 단지는 "리틀 프리피야트"라고 불렸다. 그리고 브류하노프는 아직 만나 본 적이 없는 다섯 살 난 외손녀와 인사를 했다.

출소해 보니 세상이 완전히 달라져 있었다. 그가 한결같이 헌신했던 당의 확실한 원칙들은 다 해체되어 있었고, 그가 체르노빌 재앙의 책임자로서 저질렀다고 비난받았던 범죄를 사소해 보이게 만들 정도로 훨씬 더 심각한 문제들이 드러나 있었다. 1991년 10월 26일, 소비에트 대법원 형사 사건 협의회Collegium on Criminal Cases는 모스크바에 있는 브류하노프의 변호사에게 두 줄짜리 서신을 보내서 그의 의뢰인이 제기한 항소가 검토 없이 반려되었다고 알려 왔다.[36] 항소 상대방인 국가가 더 이상 존재하지 않기 때문이라는 것이었다.

처음에 브류하노프는 프리피야트로 돌아가고 싶어 했고, 그곳에서 일어난 그 모든 일에도 불구하고 자신이 지은 원자력발전소에서 다시 일자리를 찾을 수 있을 것이라고 기대했다.[37] 하지만 그렇게 되지 않았고, 결국 비탈리 스클랴로프(전 우크라이나공화국 에너지부 장관이던 냉소적인 관료. 스클랴로프는 이제는 독립국가가 된 우크라이나에서 여전히 에너지부를 이끌고 있었다)가 키예프의 에너지부 산하 국제무역 기관에 그의 일자리를 마련해 주었다.[38] 1992년 초에 그는 잊힌 사람으로 조용히 근무를 시작했다.

전직 발전소장 브류하노프는 4호기 폭발과 관련해 처벌을 받은 발전소 인사들 중 가장 늦게 출소했다.[39] 코발렌코와 로고지킨은 조기 석방을 위한 청원이 받아들여져서 이미 발전소의 일터에 복귀해 있었다. 원전 안전 검사관이었던 라우슈킨은 출소했지만 곧 위암으로 사망했다.[40] 수석 엔지니어 니콜라이 포민은 사고의 충격에서 완전하게 회복되지 못했다. 체포되고 2년 뒤인 1988년에 그는 "심인반응reactive psychosis"이라는 진단을 받고 정신병원으로 옮겨졌다. 1990년에 건강 악화를 이유로 조기 석방된 포민은 여전히 정신적으로 쇠약한 상태였지만 모스크바 북쪽에 있는 칼리닌 원자력발전소에서 일자리를 찾았다.[41]

독재적인 부수석 엔지니어 아나톨리 댜틀로프는 법원의 선고에 저항하면서 형기를 보냈다.[42] 감옥에 있으면서도 서신을 쓰고 인터뷰를 하면서 RBMK의 설계 결함에 대해 자신이 알게 된 것을 세상에 알리고 자신과 직원들에게 씌워진 오명을 씻으려 노력했다. 그는 IAEA의 한스 블릭스에게 빈으로 직접 편지를 보내서 IAEA의 기술적 분석에 있는 오류들을 지적하기도 했다. 또 레오니드 톱투노프의 부모에게 편지를 보내서 그들의 아들이 자신의 위치를 끝까지 지키면서 부서진 원자로를 구하기 위해 최선을 다했으며 그가 사고의 원인으로 지목되어 비난받는 것은 부당하다고 전했다. 댜틀로프는 그 원자로가 애초부터 실전에 투입되면 안 되는 것이었으며 톱투노프와 그 밖의 고인이 된 동료 직원들은 사법적인 은폐 공작의 희생양이라고 말했다. "전적인 애도와 슬픔의 마음을 보냅니다. 자식을 잃는 것보다 더 견딜 수 없는 일은 없으니까요."

감옥에서 댜틀로프는 사고가 난 날 4호기의 잔해들을 헤치고 돌아다닐 때 생긴 방사선 화상으로 계속 고통 받았다. 1990년 10월에 건강상의 이유로 댜틀로프도 조기 석방되었다.[43] 점점 더 쇠약해지면서도 댜틀로프는 트라이예시나Troieshchyna의 아파트에서 원자로 설계 결함의 진실에 대해, 그리고 레가소프 등 IAEA에 파견되었던 소비에트 대표단이 진실을 어떻게 표백했는지에 대해 알리려는 노력을 계속했다.

사고 경위에 대해 대중서로 출판된 것들이 있긴 했지만(이를테면, 그리고리 메드베데프는 "체르노빌 노트"에서 정부의 공식 발표에 의구심을 제기했다) 정부위원회가 작성한 사고 경위 보고서는 여전히 기밀로 분류되어 있었고, 사고에 대한 일반 사람들의 인식도 그대로였다. 여전히 사람들은 원자로 자체는 굉장히 안정적이었는데 무능한 운전원들 때문에 폭발한 것이라고 생각하고 있었다. 하지만 비밀주의적인 국가를 단단하게 묶고 있던 연결이 느슨해지면서 폭발의 원인에 대한 진실이 마침내 드러나기 시작했다. NIKIET와 원자력에너지부의 반대에도 불구하고 늦게나마 독립적인 원자력 안전위원회가 구성되어 사고 원인을 조사하게 되었다.[44] 이 위원회는 RBMK 설계팀 중 중간 정도의 위계에 있었던 실무자들과 이전의 체르노빌 발전소 전문가들로부터도 이야기를 들었고 방대한 서신 교환을 통해 댜틀로프에게 폭발 직후의 상황에 대해서도 상세한 내용을 들었다. 소비에트의 당국자들이 IAEA에 추가로 제출한 문서들이 이미 소비에트 정부의 공식적인 스토리라인을 훼손하기 시작한 상태였고, 1990년 7월에는 빈에서 열렸던 1986년의 IAEA 회의 때 소비에트 대표단으로 갔던 사람 중 한 명이 가장 큰 책임은 원자로를 설계했던 사람들에게 있으며 운전원들의 실수는 사고가 일어나는 데 아주 작은 역할만 했다고 공개적으로 밝히기도 했다.[45]

1991년 1월에 소비에트 각료회의에 제출된 원자력 안전 위원회의 보고서는 1986년에 IAEA 회의에서 발레리 레가소프가 말한 것과 완전히 상반되는 내용을 담고 있었다. 1986년에 레가소프는 매우 섬세하게 다뤄야 하는 원자로 장비가 중요한 안전 규정들을 모두 위반한 무책임하고 무능한 운전원들 때문에 폭발했다고 설명했다. 하지만 원자력 안전 위원회의 새 보고서는 이와는 완전히 다른 설명을 제시했다. 새 보고서가 댜틀로프의 주장을 전적으로 인정한 것은 아니었다. 댜틀로프는 발전소 직원들이 사고와 아무런 관련이 없다는 주장만 한 것이 아니라 사고로 이어진 결정적인 순간(거의 제로까지 떨어진 원자로의 출력을 레오니드 톱투노프가 올리고 테스트가 그 상태에서 진행되려 했던 순간)에 자신은 제어실에 있지 않았다고도 주장했는데, 원자력 안전 위원회는 운전원들의 행동이 사고에 영향을 미친 것은 사실이라고 보았다. 하지만 원자력 안전 위원회 보고서는 그렇다 해도 수십 년에 걸쳐 사고를 향해 나아가고 있었던 더 오랜 과정의 책임을 당시의 운전원들에게 지워서는 안 된다는 점을 분명히 했다.

1991년 5월, 보고서가 아직 각료회의의 연료에너지 담당 부서에서 검토를 거치고 있었을 때, 그 보고서의 주된 저자 중 한 명이자 전 체르노빌 선임 엔지니어인 니콜라이 스타인버그가 모스크바의 "사하로프 센터"에서 열린 국제인권회의International Congress on Human Rights 창립 대회에서 그가 파악한 것들을 이야기했다.[46] 각국의 대표단이 모인 자리에서 스타인버그는 체르노빌 사고가 소비에트 특유의 "과학적, 기술적, 사회경제적, 인간적 요인들이" 결합되어서 나타난 것이었다고 말했다.[47] 스타인버그에 따르면, 소비에트의 원자력산업은 안전에 대해서는 가장 초보적인 조치들도 실행되지 않은 상태에서, 운전원들이 마감 엄수와 할당량 "초과 달성"의 지속적인 압력을 받는 와중에서도 로봇 같은 정확성으로 작업하는 것에 전적으로 의존하고 있었다. 그러한 상황에서 안전 규정을 무시하는 것은 거의 불가피했다. 스타인버그는 댜틀로프와 지금은 고인이 된 4호기 제어실 운전원들이 원자로를 불안정한 상태가 되게 만든 것은 맞지만, 이것은 터빈 테스트를 반드시 그날 해야만 한다는 매우 극심한 압박 속에서 진행된 일이었다고 말했다.

스타인버그는 "모든 가능성으로 볼 때, 그러한 상황 속에서 4호기 운전원과 관리자들은 사고가 나는 것이 불가피한 의사 결정을 내릴 수밖에 없었을 것"이라고 말했다.[48] 스타인버그는 하지만 확실하게 알 수는 없었는데, 터빈 테스트가 시작된 이후에 원자로를 안전하게 정지하는 것이 가능했는지 아니면 어차피 불가능했는지에 대해 판단을 할 수 없었기 때문이라고 설명했다. 댜틀로프와 근무조장 아키모프, 그리고 선임 원자로 제어 엔지니어 톱투노프는 운영상의 몇몇 규정을 어겼지만 제어봉을 삽입할 때 RBMK-1000 원자로에 발생할 수 있는 치명적인 문제, 즉 제어봉이 원자로를 정지시키는 게 아니라 되레 폭주 반응을 일으킬 수 있다는 사실을 모르고 있었다.

스타인버그는, 하지만 이제는 원자력 안전 위원회의 보고서 작성에 관여한 모든 사람이 출력이 재앙적으로 급상승하기 시작한 시점이 노심에 제어봉이 (들어가기 전이 아니라) 들어가기 시작한 이후였다는 데 동의하고 있다고 언급했다. 그는 "따라서 체르노빌 사고는 세계적으로 가장 심각한 사고들의 표준적인 발생 패턴을 벗어나지 않았다"고 말했다. "작은 규정 위반들이 누적되어 시작되었으며, 이것들이 바람직하지 못한 상황과 사건들의 연쇄를 낳았다"는 것이었다. 스타인버그는 "그것들 각각은 그리 위험하지 않았을지 모르지만, 어느 시점에 최종적으로 막대한 사고를 촉발하는 사건이 발생했다"며 "이 경우에 그 사건[최종적으로 사고를 촉발한 사건]은 원자로에서 잠재적으로 파괴적이고 위험할 수 있는 조건들이 형성되게 만든 직원들의 행동이었다"고 설명했다.

스타인버그는 사고 원인의 기원은 원자로를 설계한 사람들, 그리고 그 [결함 있는] 원자로가 가동되도록 허용한 비밀스럽고 배타적인 관료제에 있다고 언급했다.[49] 하지만 그는 이제 누구 탓이냐를 따지는 것은 더 이상 생산적인 논의가 아니라고 덧붙였다. "장전된 줄 알면서도 벽에 총을 걸어 놓은 사람들 잘못이냐, 아니면 벽에 걸려 있는 장전된 총의 방아쇠를 어쩌다 당기게 된 사람들 잘못이냐"를 따지는 것은 이제 그리 유의미하지 않다는 것이었다.[50]

하지만 5년 전이나 지금이나 원자력계의 거물들이 진실을 밝히고자 하는 뜻이 없기는 마찬가지였다.[51] 소비에트 원자력부 장관은 스타인버그의 보고서를 곧바로 채택하지 않고 새 위원회를 꾸려 다시 조사를 맡겼다. 하지만 이번 위원회는 1986년에 IAEA에서의 발표 보고서를 만든 사람들로 구성되었고, RBMK를 설계했던 NIKIET의 압박에 의해 화살이 다시 한 번 당시의 운전원들에게 향했다. 위원회 위원 중 원자력 규제 당국이 지명한 두 명이 이에 반발해 사임했고 그들의 상관은 새 보고서에 서명하기를 거부했다. 반동 세력이 쿠데타를 일으켰다가 옐친과 고르바초프에 의해 진압되고 소비에트연방이 최종적인 해체의 길을 향해 미끄러져 가기 시작하던 1991년 8월까지도 이 문제는 해결되지 않고 있었다.

이듬해가 되어서야, 그리고 원자력 안전위원회의 조사팀이 해산된 뒤에, 이 위원회가 발견한 내용들이 체르노빌 사고에 대한 IAEA 보고서의 부록으로 출판되었다. IAEA 전문가들은 이 부록이 그들이 "새로이 알게 된 정보"에 바탕해 원래 보고서의 부정확했던 부분들을 바로잡기 위해 추가되었다고 설명했다.[52] 여기에는 이전에 RBMK 원자로들에서 있었던 수많은 사고 이력, 원자로 설계상의 위험, 내재적인 불안정성, 특정한 상황에서 원자로가 어떻게 행동할지에 대한 정보가 운전원들에게 전달되지 않아 운전원들이 잘못된 판단을 내리게 만든 것 등의 문제들이 담겨 있었다. 또 원자로가 양의 보이드 계수와 관련된 내재적 결함을 가지고 있었다는 점과 제어봉 "끄트머리"가 치명적인 효과를 촉발했다는 점도 상세한 기술적, 과학적 설명과 함께 지적되었다. 이로써 재앙의 원인과 관련해 제도적인 은폐의 뿌리가 얼마나 깊고 광범위했는지가 마침내 드러나게 되었다.

IAEA는 당시 체르노빌 엔지니어들의 행동이 "많은 면에서 (…) 만족스럽지 않았다"고는 밝혔지만 역사상 최악의 핵 사고가 발생한 주 원인은 그때 4호기 제어실에 있었던 사람들이 아니라 RBMK 원자로를 설계했던 사람들이었다고 인정했다.[53] 이 보고서는 미티노 공동묘지에 안장된 지 6년이 지난 뒤에 알렉산더 아키모프, 레오니드 톱투노프 등 제6병원에서 숨진 엔지니어들의 명예를 조금이나마 회복시켜 주었다. 하지만 그 무렵이면 수정된 보고서에 담긴 전문적이고 난해한 내용들은 원자력 업계 전문가 이외의 사람들에게서는 거의 주목을 끌지 못했다.[54] 전직 부수석 엔지니어 댜틀로프는 여전히 만족하지 못해서 사망하기 직전까지(1995년 12월에 예순네 살의 나이로 골수암으로 사망했다) 언론과 대중으로부터 사면을 받기 위한 외로운 싸움을 계속했다.[55] 2008년에 빅토르 야누코비치Viktor Yanukovych 우크라이나 대통령이 아키모프, 톱투노프 등 체르노빌 발전소에서 일했던 기술자, 엔지니어, 기계 기사 14명에게 사후적으로 3등 용맹훈장Order of Courage을 수여하면서, 사고가 난 지 20년도 더 지나서 아키모프와 톱투노프의 영웅적인 행동은 마침내 공식적인 인정을 받았다.[56]

20장

발레리 호뎀추크의 무덤

2016년 10월 어느 이른 저녁, 나는 십 년 전에 알렉산더 유브첸코와 나탈리아 유브첸코 부부를 만났던 모스크바 대학가의 아파트를 다시 방문했다. 해는 지고 밖은 추웠지만 첫눈은 아직 내리지 않았다. 유브첸코 부부가 사는 9층의 아파트는 광택이 나는 현대식 부엌과 새로운 욕실로 대대적으로 개비되었지만 검소하고 추워 보였다. 고양이 "찰리"는 이제 없었다. 나탈리아는 최근에는 미용 일을 하고 있는 독일에서 시간을 많이 보냈다며 모스크바 집에는 가끔씩만 온다고 말했다. 창백하고 가냘픈 쉰네 살의 나탈리아는 짙은 적갈색으로 염색한 머리를 부풀려서 빗고 분홍색의 가두리 장식이 달린 초록색 반팔 스웨터를 입고 있었다. 나탈리아는 허브차와 달콤한 페이스트리를 한 접시 내주었고 잠시 후 남편에게 일어난 일을 이야기해 주었다.

십 년 전인 2006년에 보았을 때만 해도 알렉산더는 괜찮아 보였다. 그런데 그해 말에 나탈리아는 남편이 좀 말라 보인다는 것을 깨달았다고 한다.[1] 그때까지도 나탈리아는 남편이 살을 빼는 것이 좋다고 생각했다. 살이 빠져서 더 젊어 보였다. 그가 다시 시작한 원자력 공학자로서의 일도 잘 진행되고 있었고 그는 건강하고 행복해 보였다. 10월 초에 그들은 크레타로 휴가를 갔다. 하루는 그가 노를 들고 해변으로 내려왔다. "나타샤, 같이 가자!" 비록 조정 시합은 20여 년 전에 그만두었지만 조정에 대한 사랑은 그를 떠난 적이 없었고 그는 텔레비전에서 하는 조정 경기를 한 번도 놓치지 않고 보았다.

그날 작은 배를 찾은 그는 파트너가 필요했다. 나탈리아는 평생 한 번도 노를 저은 적이 없었지만 알렉산더가 고집을 피웠다. **바로 만 건너편이야, 몇 분밖에 걸리지 않을 거야.** 나탈리아가 배에 올라탔고 알렉산더가 뒤에 탔다. 나탈리아는 푸른 물에 노를 담갔다. 노 젓기는 쉽지 않았다. 나탈리아는 몸무게가 너무 안 나가는 데다 조정 경험도 없었는데, 마흔네 살밖에 되지 않은 알렉산더는 여전히 건장하고 힘이 넘쳤다. 나탈리아는 남편의 긴 팔과 숙달된 노젓기 솜씨를 따라잡기 위해 미친 듯이 노를 저어야 했지만 곧 리듬을 터득했고 자연스럽게 리듬을 타게 되었다. 마침내 반대편 해변에 도착했고 나탈리아는 뒤를 돌아보았다. 되레 아내의 엄청난 속도를 따라잡느라 헐떡이면서 남편이 기쁘게 말했다. "당신이 챔피언이야!" 그는 트로피 대신 아내에게 근처의 보석 가게에서 아쿠아마린 귀걸이를 사 주었다.

휴가가 끝나고 부부는 모스크바로 돌아가는 비행기에 올랐다. 그런데 비행기에서 알렉산더는 갑자기 기절할 것 같은 느낌이 들었고 얼굴에서 핏기가 하나도 없어졌다. 그는 비행기 안의 기압 변화 때문일 거라고 가볍게 생각하고 넘어갔다. 집에 도착했을 무렵이면 여전히 안색은 창백했지만 괜찮아진 것 같았다. 정기적인 혈액 검사에서도 결과가 깨끗하게 나와서 나탈리아는 그저 남편이 출장을 너무 많이 다녀서 그런가 보다 생각했다. **일을 좀 줄이면 괜찮아질 거야.**

새해 연휴가 끝나고 2007년 1월 초에 알렉산더가 고열로 쓰러졌을 때도 그들은 바이러스일 것이라고 생각해서 바이러스 약을 먹었다. 하지만 그의 체온은 아침에는 뚝 떨어졌다가 밤에 치솟는 등 널뛰기를 계속했다. 그들은 뭔가 근본적인 문제가 있다는 것을 깨달았고 아들 키릴이 의사에게 연락했다.

알렉산더의 비장이 정상 크기의 몇 배까지 확대되어 있었는데 이것은 백혈병의 전형적인 증상이었다. 얼마 전에 한 혈액 검사 결과에 안심할 일이 아니었던 것이, 입원했을 무렵에 유브첸코의 골수는 작동을 하지 않기 시작했다. 다시 돌아온 제6병원(이제는 이름이 "부르나시안 병원Burnasyan Medical Center"으로 바뀌어 있었다)에는 1986년에 그를 치료했던 두 의사(여든두 살이 된 안젤리나 구스코바와 안젤리카 바라바노바)가 자문으로 계속 일하고 있었다. 처음에 나탈리아는 남편이 약만 잘 먹으면 질병을 다스릴 수 있을 것이고 몇 년 더 정상적인 삶을 살 수 있을 것이라고 기대했다. 하지만 커다란 악성 종양이 생겼고 18개월 동안 신약은 물론이고 아직 실험 단계이던 스위스제 약까지 써 보았는데도 들질 않았다.

2008년 여름에 나탈리아는 최악에 대비했다. 나탈리아는 그가 닷새 이상 살지 못할 것이라고 생각했고 아들 키릴, 알렉산더의 동생 블라디미르와 교대해 가며 24시간 내내 그의 곁을 지켰다. 나탈리아는 음식을 집에서 해 가서 그에게 직접 먹여 주었다. 그런데 8월 말에 모두를 놀래키면서 갑자기 그가 혼자 설 수 있을 만큼 회복되었다. 의사들은 주말마다 집에 가서 보내도 좋다고 허락했다. 그는 산책도 하고 운전도 하고 시장에서 신선한 야채도 사면서 주말을 보냈다. 병원에 다시 돌아와서도 병상에서 계속 일을 했고 나탈리아에게 11월에 예정되어 있던 파리 출장을 가라고 독려했다. 하지만 아무리 전과 같이 활동적으로 생활하겠노라 굳게 결심해도 그의 상태는 계속 악화되었다. 얼굴과 몸이 너무 부어서 더 이상 그의 모습처럼 보이지 않았다.

2008년 10월 초, 예후를 꽤 확신한 의사들은 그가 2주간 집으로 가서 가족과 함께 시간을 보내도록 허락했다. 그는 매일 오후 차를 타고 나탈리아의 사무실로 나탈리아를 데리러 갔다. 10월 25일에 알렉산더는 47번째 생일을 맞았다. 그는 샴페인을 마셨고, 몇 년 동안 소식이 없었던 사람들도 포함해서 세계 각지의 많은 친구와 동료들이 전화를 걸어와 생일을 축하해 주고 그의 건강을 기원했다.

다음 주, 노비코프 장군 거리Marshal Novikov Street의 갈색 벽돌 건물 [제6병원]의 문턱을 처음으로 넘고 들어간 지 22년이 지나서 알렉산더 유브첸코는 마지막으로 다시 그곳의 문턱을 넘고 들어갔다. 그날 그는 나탈리아에게 전화를 걸어서 수술을 하기 위해 중환자실로 가고 있으며 다시 전화할 수 없을 것 같다고 말했다. 스물다섯 살의 수습 외과 의사 키릴이 그 병원에서 일하고 있었고 아버지를 날마다 챙겼다. 하지만 그 병동에 격리가 선포되면서 방문객의 출입은 금지되었고 키릴은 어머니 나탈리아에게 병원에 오는 것은 생각도 하지 말라고 했다. 토요일까지만 해도 알렉산더는 키릴과 함께 웃고 농담도 했지만 11월 10일 월요일에 혼수상태에 빠졌다. 8시간 후인 자정 직전 무렵에 키릴은 어머니에게 전화를 했다.

"아버지가 돌아가셨어요."

2011년 2월, 4호기가 폭발한 지 거의 25년이 지난 지금도 발전소를 둘러싼 30킬로미터의 출입금지구역은 여전히 심하게 오염되어 있었다.[2] 방사선 수치는 엄청나게 기복이 커서 예측이 불가능했고, 눈에 보이지 않는 낙진이 불규칙한 모자이크처럼 풍경 깊숙이 스며들어 있었다. 공병대가 오염된 나무를 베어 콘크리트를 댄 구덩이에 묻고 그 위로 흙과 모래를 새로 깔고 풀을 새로 심었지만, 방사능 수치가 너무 높아서 그 구역을 가로지르는 도로는 이용할 수가 없었다. 그래서 발전소로 가는 도로를 몇 백 미터 동쪽에 새로 내야 했다. 모래가 날리는 그 길을 따라 건강해 보이는 나무들을 지나서 마르고 기형적으로 보이는 나무들이 눈에 들어오면서 처음에는 똑, 똑, 똑 소리가 나던 가이거 계수기의 전자음이 더 지속적인 소리로 바뀌었고, 어느 순간 가이드가 더 이상 들어갈 수 없다고 말했다. 그 지점 너머로 죽은 잎과 부러진 나뭇가지가 카펫처럼 깔린 척박한 땅이 보였다. 그곳에서는 거의 아무것도 자라지 않고 있었고 가이거 계수기는 아무도 듣고 싶어하지 않는 소리를 냈다. 방사능 수치가 정상보다 수천 배 높다는 것을 알려주는, 연속적인 삑삑삑삑 소리 말이다.

1986년 여름 제25 차량화 보병사단이 처음 기둥과 철조망으로 경계선을 세운 이후 수십 년이 지나는 동안 새로이 독립국가가 된 우크라이나와 벨라루스 정부가 방사능 위험 수준을 과거 소비에트 기준에서 서구의 표준에 맞추기 위해 수정하면서 출입금지구역의 범위가 반복적으로 확대되었다.[3] 1993년에 벨라루스 내의 방사능 위험 구역("폴레시아 국립 방사능 생태보호구역Polesia State Radiological and Ecological Reserve"으로 지정되어 있다)은 추가로 850제곱킬로미터를 포함해 확대되었다. 1989년에 우크라이나도 새로이 주민을 소개시킨 폴레시아와 나로디치 지역을 포함해 500제곱킬로미터를 출입금지구역에 추가로 포함시키고, 전체를 하나의 관할로 통합해 "출입금지 및 의무소개구역Zone of Exclusion and the Zone of Unconditional [Mandatory] Resettlement"으로 지정했다. 2005년이면 벨라루스와 우크라이나의 출입금지구역이 북서부 우크라이나와 남부 벨라루스에 걸쳐 총 4700제곱킬로미터에 이르렀다. 이 전체가 방사능 오염으로 인해 공식적으로 거주 불가능한 곳이 되었다.

그뿐 아니라 출입금지구역을 넘어서까지도 방사성 핵종은 유럽 여러 지역을 광범위하게, 그리고 오랫동안 오염시키고 있는 것으로 나타났다. 사고 후 수년 동안 프랑스에서 핀란드까지, 또 벨라루스의 민스크에서 스코틀랜드의 애버딘까지 광범위한 유럽 지역에서 생산된 육류, 유제품, 기타 농산물은 스트론튬과 세슘 때문에 압수, 폐기되었다. 영국에서는 북웨일즈 농장에서 방목으로 키운 양고기의 판매 제한이 계속되다가 2012년에야 해제되었다.[4] 이후의 연구 결과, 사고 발생 후 30년이 지난 지금도 체코의 숲에서 사냥꾼들이 잡은 멧돼지의 절반이 사람이 먹기에는 방사성이 너무 강한 것으로 나타났다.[5]

그와 동시에, 출입금지구역에서 놀라운 이야기도 나오기 시작했다. 생태계의 경이로운 회복에 대한 동화 같은 이야기였다. 핵의 황무지에서 십 년 동안 질병과 죽음을 겪을 수밖에 없을 것이라고 예상되었던 동물과 식물들이 예상과 달리 놀라운 회복력을 보이는 듯했다. 첫 번째 사례는 폭발 후 망가진 원자로 근처를 배회하던 암소 세 마리와 황소 한 마리가 보여 주었다.[6] 연구자들은 이 네 마리의 소("알파", "베타", "감마", "우라늄"이라는 이름이 붙었다)를 프리피야트 근처의 실험 농장으로 옮겼다. 처음에는 당연히 이 소들이 높은 수준의 피폭을 당해서 불임이 되었을 것이라고 여겨졌다. 그런데 소들은 서서히 회복되었고 1989년에 방사능 농장의 첫 송아지가 태어났다. 연구자들은 오염 지역의 소와 오염되지 않은 지역의 소를 모두 포함해 실험 대상을 30여 마리로 확대하고 두 집단의 혈액 작용을 검사했다. 이들은 두 집단의 소가 서로 다른 피폭 수준에 따라 무언가라도 차이를 보일 것이라고 예상했지만, 아무런 차이도 나타나지 않았다.

구소련이 해체되고 우크라이나와 벨라루스의 경제가 급격히 쇠퇴함에 따라 체르노빌 지역의 연구에 자금을 지원하려는 의지도 사그라들었다.[7] 하지만 1986년 여름에 6주를 매일 12시간씩 발전소 가까이에 있는 자동차와 트럭에서 방사능 먼지를 씻어 내면서 보냈던 이전의 리퀴데이터이자 과학자 세르게이 가스차크Sergei Gaschak는 이곳에 계속 머물렀다. 버려진 땅의 숲과 늪지 깊이 탐험을 하면서 그는 우크라이나와 벨라루스의 다른 지역에서는 집단농장이 개발되고, 또 사냥꾼들에게 사냥을 당해 이미 오래전에 자취를 감춘 야생동물들(늑대, 엘크, 불곰, 그리고 희귀 맹금류들)을 발견하기 시작했다. 이러한 발견들은 출입금지구역에 대해 직관적으로는 이해하기 어렵지만 너무나 매력적이고 호소력 있는 새로운 개념이 생겨나게 했다. 인간으로서는 예측 불가능한 새로운 방식으로 자연이 스스로를 치유할 수 있다는 개념 말이다. 인간 없이, 방사능 에덴동산에서 식물과 동물이 번성하고 있었다.

텔레비전 다큐멘터리나 대중 서적들이 묘사하는 출입금지구역의 기적 이야기는 만성적으로 저준위 방사능에 노출되는 것이 동물에게 해롭지 않으며 어떤 경우에는 유익하기까지 하다고 암시하는 듯했다.[8] 하지만 이에 대한 과학적인 증거는 희박하거나 모순적이었다.[9] 가스차크 본인도 출입금지구역의 야생동물에 대해 대규모 연구를 수행할 자금이 부족했기 때문에 그의 이론은 추정치에만 토대를 두고 있었다. 그리고 미국의 티모시 A. 무소Timothy A. Mousseau와 덴마크의 앤더스 파페 묄러Anders Pape Møller가 이끄는 한 독립 연구팀의 연구에서는 출입금지구역의 동식물들이 조기 사망, 기형 등의 패턴이 보이는 것으로 나타났다. 이는 가스차크의 낙관적인 이론에 배치되는 결과였다.

1986년 이후 저준위 방사선이 미치는 영향에 대한 모든 연구가 분명히 말해 주는 것이 하나 있다면, 동식물 종마다 영향이 각기 다르다는 것인 듯했다. 소나무는 자작나무보다 잘 적응하지 못했다. 뮐러와 무소의 연구팀은 철새인 제비들이 정주하는 제비들보다 방사선에 훨씬 더 민감하다는 것을 발견했다. 사고 발생 며칠 후에 금지 구역에서 채취된 겨울 밀 씨앗은 오염되지 않은 토양에서 발아되어 수천 개의 돌연변이 변종을 발생시켰고 각 세대의 밀은 사고 발생 후 25년이 지나도 유전적으로 불안정했다.[10] 또 2009년에 원자로 근처에서 재배된 콩에 대한 연구에 따르면, 콩들이 방사선으로부터 스스로를 보호하기 위해 분자 수준에서 변이를 일으키는 것처럼 보였다.[11]

그러는 동안, 세계보건기구WHO는 이 사고가 인근 지역의 사람들에게 미치는 건강상의 영향은 없을 것이라고 자신 있게 주장했다. 인근의 인구에게 생식과 관련한 영향, 또는 후세대로 이어질 수 있는 유전적 영향을 유발하지 않으리라는 것이었다.[12] 이전 수십 년 동안에도 포유류 태아가 태내에서 방사선에 노출되면 기형을 겪을 수 있긴 하지만 인간에게서 후세대로 이어질 수 있는 유전적 변이를 일으킬 위험은 포착되기 어려울 정도로 작다는 연구들이 나온 바 있었고,[13] WHO의 주장은 그 연장선이라고 볼 수 있었다. 하지만 어떤 과학자들은 DNA 손상과 장기적인 적응의 면에서 인간이 다른 동식물 종들이 보인 스펙트럼 상에서 어디쯤 위치하는지는 누구도 확신할 수 없으며 그것을 알아내는 데는 수십 년, 심지어는 수 세기가 걸릴 수도 있다고 지적했다.[14] 연구가 이뤄졌던 동식물 종들을 보면 만성적인 저준위 방사선 피폭이 일으키는 유전적 영향은 종종 미묘하고 다양하며 여러 세대 후에야 입증되었다. 그런데 인간의 경우에는 2011년에서야 리퀴데이터의 자녀들이 다시 자녀를 가지면서 기껏 세 번째 세대에 도달한 터였으므로, 인간에게 저준위 방사선의 만성 피폭이 미치는 유전적 영향을 확실히 알 수 있으려면 앞으로 수백 년이 걸릴지도 몰랐다. 이와 관련된 연구를 하고 있는 한 덴마크 생물학자는 이렇게 말했다. "우리가 알고 싶은 것은, 방사선에 의한 돌연변이 발생 가능성과 관련해서 인간이 제비에 더 가까운가 콩에 더 가까운가입니다."[15]

2011년에 우크라이나 정부는 체르노빌 사고 25주년을 맞아 출입금지구역을 관광객들에게 개방하겠다는 계획을 발표했다. 우크라이나 정부 대변인은 영국 기자에게 "체르노빌 지역은 전 세계가 생각하는 것만큼 무섭지 않다"고 말했다.[16] 그는 "서구에 [체르노빌 관광에 대한] 수요가 많은 것으로 안다"며 "우크라이나 정부는 주요 여행사들과 함께 그들을 맞이할 것"이라고 말했다. 우크라이나 당국은 이미 1000명 이상의 농민이 출입금지구역 안의 옛 집으로 자발적으로 돌아오는 것을 은근히 용인한 터였다.[17] 이들은 여생을 격리된 지역에서 자신들이 기를 수 있는 야채와 과일들을 먹으면서 "핵 보호 구역의 원주민들"처럼 살아가기로 한 자발적 귀환자들이었다. 하지만 출입금지구역에서 일하던 연구자들은 우크라이나 정부의 새 조치가 이곳을 다시 사람이 사는 곳으로 개방하려는 시도의 전조라고 여겨 경악했다. 세르게이 가스차크는 이곳이 영구적인 야생 보호 구역(사냥꾼의 손이 닿지 않는 엘크와 스라소니의 공간)이 될 수 있을 것이라고 기대했기 때문에 경악했고, 묄러와 무소는 인간이 다시 거주해서 출입금지구역에 남아 있는 유전자 변이 유도 물질에 노출될 경우 장기적으로 인체에 미치게 될 악영향을 우려해서 경악했다.

하지만 사고 이후 사반세기가 지난 시점에 체르노빌 재앙에 대한 세계의 집단기억은 희미해져 있었다. 또한 유가 폭등과 기후변화의 위험에 직면해서 각국 정부는 핵 발전의 가능성을 [긍정적으로] 다시 생각하기 시작했다. 미국에서는 30년 만에 처음으로 신규 원전 건설 계약이 진행되고 있었다.[18] 2011년 3월에는 우크라이나가 체르노빌에서 그리 멀지 않은 곳에 두 개의 신규 원전을 짓겠다는 계획을 발표했다.[19]

우크라이나 정부가 출입금지구역에서 사람이 살 수 있는 미래를 여전히 그려보고 있었을 때, 일본 후쿠시마에서 도쿄 전력이 운영하던 원전에 사고가 났다. 이 사고는 혼슈 섬 북동부 해안에 GE가 지은 세 기의 원자로를 덮쳤다. 이 재앙은 텔레비전으로 생중계가 되었다는 점에서는 달랐지만 그 외에는 이제는 익숙해진 경로를 따르고 있었다. 냉각수가 상실되고 수소 기체가 위험하게 급증했으며 몇몇 심각한 폭발이 있었다. 즉각적으로 사망하거나 다친 사람은 없었지만 30만 명의 주민이 소개되어야 했고 그 지역은 앞으로 수십 년 동안 오염된 채로 있게 될 것이다. 초기 제염 단계에서 로봇이 오염도가 너무 높은 격납건물 안에서 작업을 할 수 없어서 일본 군인들이 파견되었다. 이번에도 테크놀로지보다는 "바이오 로봇"이 이루어 낸, 상처뿐인 승리였다.

후쿠시마는 체르노빌 사고 같은 것은 백만 년에 한 번 꼴로나 일어나는 드문 일이라는 안이한 가정을 뒤엎으면서, 막 생기려고 하던 원자력의 르네상스가 요람에서 죽게 만들었다. 일본 정부는 즉각적으로 나머지 48기의 원자로 가동을 정지했고 독일은 17기 원자로 중 7기를 완전 가동 중지하기로 하고 2022년까지 나머지도 닫고 재생 에너지로 전환하겠다고 발표했다. 미국은 모든 신규 원전 건설 계획을 유보하거나 취소했다.

그러나 원자력은 살아남았다.[20] 일본 참사가 발생한 지 7년이 넘었지만 미국에는 여전히 스리마일 아일랜드의 원자로를 포함해 100기의 원자로가 가동되고 있었다. 프랑스는 원자력발전소에서 전력의 75퍼센트를 얻고 있었고,[21] 중국은 최근 20기의 새로운 원자로가 건설되고 있고 39기가 이미 가동되고 있는 등 원자력발전소 건설 열풍에 돌입한 상태였다. 일부 환경론자들은 인류가 평화로운 원자력의 신비와 공포에 등을 돌릴 여유가 없다고 주장했다. 전 세계적인 전기 수요는 기하급수적으로 증가하고 있어서 2050년까지 인류의 에너지 사용은 두 배가 될 것으로 예측되었다.[22] 화석연료를 태우는 것이 파괴적인 기후변화의 원인이라는 것이 점점 확실해지고 있지만 석탄은 여전히 세계에서 가장 널리 사용되는 에너지원이었다. 미국의 화석연료 발전소에서 나온 미세한 입자 때문에 1년에 1만 3000명 이상이 사망했고,[23] 전 세계적으로 연간 300만 명이 석탄과 석유를 때는 발전소에서 방출된 대기 오염으로 사망했다. 기후변화를 막는 것을 시작이라도 하려면 앞으로 35년 동안 세계가 생성할 모든 에너지원은 청정해야 하지만, 바람, 태양열, 수력, 지열 발전, 또는 이것들의 어떤 조합도 수요량과 생산량 사이의 격차를 메울 만큼의 용량을 가지고 있지 않았다.[24]

원자력발전소는 이산화탄소를 배출하지 않으며 풍력 터빈을 포함한 모든 경쟁 에너지산업보다 이제까지 통계적으로 더 안전했다.[25] 그리고 원자력발전 기술이 시작된 지 70여 년이 지난 후, 마침내 기원이 폭탄 제조가 아니라 전기 생산인 새 세대 원자로들이 개발되기 시작했다. 이론상, 이들 4세대 원자로는 이전 세대 원자로들보다 싸고, 안전하고, 작고, 효율적이고, 덜 유독하고, 어쩌면 세계를 구하는 기술이 될지도 몰랐다.[26]

1986년 4호기가 폭발하기 한 달쯤 전에 아이다호 주 아르곤국립연구소Argonne National Laboratory의 핵 기술자 팀은 차세대 원자로의 첫 타자인 '통합형 고속로integral fast reactor'가 스리마일 아일랜드 2호기를 파괴한, 또 나중에 체르노빌과 후쿠시마에서는 재앙을 일으키게 되는 류의 상황에서도 안전하다는 것을 보이는 데 조용히 성공했다. 오크리지 국립연구소Oak Ridge National Laboratory에서 개발된, 더욱 진보된 개념인 "액체 불소 토륨 원자로LFTR"는 토륨 연료를 사용하는데,[27] 우라늄보다 더 풍부하고 폭탄 제조 물질로 가공하기는 훨씬 더 어려운 토륨은 원자로 안에서 더 효율적으로 연소되며 수만 년이 아니라 수백 년의 반감기를 가진 덜 위험한 방사성 폐기물을 내놓는다. 대기압에서 작동하고, 내재적으로 용융의 위험이 없고, 냉각제 손실이나 폭발에 대비하기 위해 거대한 격납 건물이 필요하지 않고, 모든 제철소나 소도시가 지하에 자체 소형 원자로를 둘 수 있을 만큼 작은 규모로 지을 수도 있다.

2015년에 마이크로소프트 설립자 빌 게이츠Bill Gates는 미래를 위한 탄소 중립적 발전소를 만들기 위해 4세대 원자로 및 기타 유사한 프로젝트에 자금을 대기 시작했다.[28] 또 중국 정부는 오염과의 전쟁의 일환으로 세계 최초의 산업용 토륨 원자로를 건설하기 위해 이미 700명의 과학자들을 긴급 프로젝트에 투입했다. 이 사업의 공학 담당 디렉터는 "석탄의 문제는 이제 명확하다"며 "핵 에너지가 유일한 해결책을 제공한다"고 말했다.[29]

사고 30주년이 가까워질 무렵이면, 우크라이나의 출입금지구역은 관광객에게 개방되어 있었고 체르노빌 참사가 장기적으로 인체에 미치는 영향에 대해 국제 과학계는 안심할 수 있는 합의에 도달한 것 같았다. 소련의 의료 기록이 비밀과 은폐로 타협되고 분절되어 있었기 때문에, 체르노빌 사고에 대한 연구조사의 과학적인 권위는 유엔 산하의 여러 국제기구들이 가지고 있었다. 그리고 재난 이후 매 5주년마다의 조사에서 세계보건기구WHO, 방사선영향과학조사위원회UNSCEAR, 국제원자력기구IAEA는 모두 같은 결론을 향해 행진했다. 체르노빌 사고가 공중 보건에 미치는 영향은 전에 우려되었던 것만큼 크지 않다는 것이었다.[30]

그날 밤 체르노빌

514

우크라이나, 벨라루스, 러시아 정부와 협력해 연구를 진행하는 유엔 기구 "체르노빌 포럼Chernobyl Forum"은 사고 당시 아동이었던 4000여 명이 2005년까지 원자로에서 나온 아이오딘131에 의해 갑상선암에 걸렸으며 이 중 9명이 사망했다고 추정했다.[31] 이 추정치는 사고에서 방출된 방사선으로 인해 구소련의 가장 심하게 오염된 지역에서 최대 5000건, 유럽 전체적으로는 2만 5000건의 암이 추가적으로 발생할 수 있음을 시사했다. 유엔 과학자들은 피해 지역에 살고 있는 인구가 500만 명 이상임을 감안할 때 이것은 통계적으로 유의미하지 않은 수치라고 보았다. 그들은 낙진 지역에서 발생하는 질병의 대다수가 심리적인 요인("무기력한 체념paralyzing fatalism")에 의한 것이라고 설명했는데,[32] 과거에 소련 당국이 "방사능 공포증"을 이야기한 것을 상기시킨다. 10년 후, 세계보건기구는 후속 보고서에서, 최근 리퀴데이터들 사이에서 백내장 패턴이 발견됨에 따라 국제방사선방호위원회International Commission on Radiological Protection가 정한 핵 종사자들의 피폭 한도가 하향 조정되었다고 [즉 더 엄격해졌다고] 언급했다.[33] 또한 이 보고서는 만성적으로 저준위 방사선에 노출된 리퀴데이터들 사이에서 심혈관 질환이 증가했다고도 언급했다. 하지만 이 보고서는 식이요법, 신체 활동 부족, 스트레스 등 다른 요인으로 인한 것일 수도 있다고 덧붙였다.

체르노빌 사고 이후 제6병원에서 했던 일로 유명해진 방사능 의학계의 권위자 로버트 게일은, 의학적인 면에서 말하자면 이제는 다음으로 나아가야 할 때라고 말했다. 그는 "기본적으로 여기에서 아무 일도 일어나지 않았다"고 말했다. "여기에서 아무 일도 일어나지 않았고 (…) 여기에서 아무 일도 일어나지 않을 것이다."[34]

그러나 이러한 결론들은 거의 전적으로 리퀴데이터들(이들 중 상당

수는 다량의 방사선에 노출되었다), 갑상선 암 발병자, 혹은 위험 프로젝션 모델들에 의해 도출된 것이었다.[35] 방사선의 장기적인 결과에 대해 국제적으로 인정되는, 1945년 원폭 공격 이후 일본인 생존자들에 대해 70년간 이뤄졌던 연구에서와 비견될 만한 데이터를 수립하기 위한 노력은 거의 이루어지지 않았다. 유엔 기구들은 일반인들을 대상으로 선량 측정이 믿을 만하게 이뤄지기 어렵다는 이유로 생애에 걸친 방사선의 영향을 추가적으로 연구하는 것을 포기했다. 그래서 저준위 방사선이 장기적으로 인체에 미치는 영향을 연구할 수 있는 기회가 사라지고말았다. 대규모 역학 연구가 이뤄지지 않은 상태에서, 세계 각국의 독립적인 연구팀들이 수행한 연구들에서는 오염 지역 주민들 사이에서 "내분비학, 근골격계, 호흡기 및 순환계 질환과 악성 종양, 특히 유방암과 전립선암의 증가"가 계속해서 발견되었다.

그리고 이 둘의 간극 사이에서, 방사선과 원자력의 진정한 위험성에 대해 오해와 불안은 계속 증폭되었다.

모스크바, 키예프, 민스크, 그리고 소비에트연방 전역의 소도시와 마을들에서는 1986년 4월 사고를 목격한 생존자들이 계속 노쇠해지고 있었다.

나는 우크라이나의 드니프로에서 보리스 네스테로프 대령을 만났다. 원자로 상공에서 투하 작전을 했던 첫 헬기 부대 소속이었던 그는 창자를 5분의 1이나 잘라 냈다고 했다. 그래도 그는 일흔아홉 살의 나이에도 계속 비행을 하고 있었다.

또 키예프 근처의 시골에 있는 다차 정원에서 만난 한 전직 KGB 대령은 전날 밤에 아파서 만남을 취소할 생각이었지만 아내가 이것이 그가 알고 있는 것을 이야기할 마지막 기회일지도 모른다며 취소하지 말라고 설득했다고 했다.

3호기 옥상에서 화재 진압을 도왔던 알렉산더 페트로프스키는 국립 공원 가장자리에 있는 눈 덮인 오두막집에서 나를 만나 신선한 공기와 매일 강에서 하는 수영이 동료를 잃은 뒤에 겪게 된 우울증과 알코올 중독에서 자신을 구해 주었다고 말했다.

"소비에트 샴페인"을 마시면서 폭발 현장에 달려왔던 소방관 표트르 흐멜은 여전히 근무 중이었고 사무실 책상 위에 있던 권총 모양의 디캔터에 담긴 코냑을 내게 계속 권했다.

프리피야트 수석 건축가였던 마리아 프로첸코는 내가 처음 만났을 때 일흔 살에 가까워지고 있었다. 프로첸코는 키예프 근교의 한 아파트에서 여섯 마리의 고양이를 키우면서 혼자 살고 있었다.[36] 건물 4층에서 낙상한 사고(열쇠를 두고 나가서 이웃의 발코니를 타고 집으로 올라가고 있었는데, 과거에는 종종 성공적으로 해냈던 일이었지만 이때는 미끄러져 떨어지고 말았다)의 여파로 알루미늄 지팡이를 짚고 힘겹게 움직였다. 의사들은 다시는 걸을 수 없을 거라고 했지만 프로첸코는 그들이 틀렸다는 것을 증명했고 계속해서 살바도르 달리 미술 연구소로 출근해 인테리어 디자인을 가르쳤다. 어두운 회색 양복에 크림색 블라우스를 단정하게 입고, "소련 건축가 연합"의 핀을 옷깃에 꽂은 프로첸코는, 사고 직후에 보았던 모든 것에 대해 말하기가 두려웠다고 했다. "잘못하면 내가 끝장날 수 있다는 것을 알았기 때문이지요. (…) 우리 할아버지의 사례는 나에게 교훈을 주기에 충분했으니까요." 그러나 이제 프로첸코는 가장 어두운 일화들만 제외하고 모든 것을 참전 용사 특유의 애틋한 향수를 담아 생생하게 내게 묘사했다. 프로첸코는 암으로 숨진 남편과 아들의 죽음을 여전히 슬퍼하고 있었다. 아버지와 영화를 보면서 프리피야트에서의 마지막 오후를 느긋하게 보냈던 딸은 그때 일에 대해 이야기하고 싶어 하지 않았다. 다음 해에 다시 만났을 때 프로첸코는 집에서 만든 부활절 선물과 옛날에 쓰던 리퀴데이터 통행증, 그리고 출입금지구역에서 몇 달 동안 사용했던 공책을 가지고 왔다. 그는 공책에서 "아직도 방사능 냄새가 난다"고 했다.[37] 내가 그 냄새를 딱히 식별하지 못하자 프로첸코는 탁자 위로 몸을 구부려 공책의 먼지를 내 콧구멍 쪽으로 훅 불었다. 내가 화들짝 놀라자 프로첸코가 장난기 있게 눈을 반짝이며 말했다. "아이고, 두려워해야 한다면 가져오지 않았을 거예요!"

빅토르 브류하노프가 여든 살 생일을 앞두고 있던 어느 가을 아침, 나는 그가 출소 후에 아내 발렌티나와 함께 살고 있는 4층 아파트에서 그를 만났다.[38] 브류하노프는 시력이 떨어지기 시작하면서 우크라이나 에너지부에서 은퇴했고 점점 더 은둔했다. 두 번의 뇌졸중으로 거의 앞을 볼 수 없게 되었고 얼굴도 거의 움직일 수 없게 되었지만, 정신은 날카로웠다. 그는 체르노빌의 초창기 때 느꼈던 낙관주의와 높은 기대, 그리고 당의 상관들을 상대하느라 겪었던 어려움들을 떠올렸다. 프리피야트 강 유역의 허허벌판에 도시 하나를 완전히 새로 지어 내야 한다는 임무와 점점 더 거대해진 원자력발전소 프로젝트, 그리고 강 건너편에 제2체르노빌 발전소를 짓기로 했던 계획에 대해서도 이야기했다. 그러나 대화가 4호기를 파괴해 버린 사고 당일 밤 이야기로 옮겨 가자 그는 천천히 의자에서 일어나 다른 방으로 들어갔고 아내가 이야기를 계속했다.

몇 달 후 내가 그들을 다시 방문했을 때 브류하노프는 세 번째 뇌졸중을 앓은 뒤였다. 심하게 넘어져서 팔이 부러지는 바람에 왼팔에 깁스를 하고 있었다. 그는 연두색 티셔츠와 남색 추리닝, 두꺼운 양말 차림으로 작은 뒷방의 벨루어 직물로 된 초록색 소파에 누워 베개 위에 머리를 받치고 있었다. 흰 머리는 짧게 잘랐고, 건조하고 창백한 피부는 마치 양피지 같았다. 검푸른 눈동자는 초점 없이 어중간한 지점을 응시하고 있었고, 깁스를 하지 않은 손은 떨리고 있었다. 그러나 말을 시작하자 비록 발음은 마비된 입술과 느슨한 혀 때문에 어눌했지만 단어들은 전과 같이 빠르게 튀어나왔다. 그는 당일 밤의 자신의 행동을 변호했고 다음 날 헬리콥터를 타고 주위를 돌았을 때에야 비로소 4호기의 완전한 파괴를 처음 알게 되었다고 했다. 그는 재판에서 단지 그것이 자신의 일이었기 때문에 관리자로서 자신의 과실을 인정했다고 말했다. "소장은 발전소에서 일어나는 모든 일들과 직원들에 대해 일차적인 책임이 있으니까요. 그래서 과실을 인정해야만 했습니다."[39]

그는 당이 그렇게 결정했다는 것을 알고 있었기 때문에 법정에서 스스로를 변호하려 하지 않았다고 말했다. 그리고 소련이 무너진 뒤에도 우크라이나 당국에 전과를 지워 달라는 청원을 하지 않았다. "그것은 무의미했으니까요. 누구라도 그것에 대해 할 수 있는 일은 없을 겁니다."

그러나 그가 사고에 대한 책임 때문에 괴로워하고 있었다고는 해도, 행정적이고 공식적인 표현으로만 이야기했다. 가령 그는 "아직도 국민과 발전소에 대한 책임감을 느낀다"고 말했다.

그리고 가장 크게 후회되는 일이 무엇이냐고 물었더니 옛 야심이 되살아나는 듯했다. 그는 일어나 앉으려고 애쓰면서 "가장 아쉬운 것은 10층 건물 꼭대기에 내 사무실이 새로 생겨서 그곳에서 제1체르노빌과 제2체르노빌 둘 다를 굽어볼 수 없었다는 것"이라고 말했다. 발렌티나는 소련의 과거를 상기시키는 기술주의적 오만함을 드러낸 말에 당황하면서 물방울무늬 손수건으로 남편의 입가를 닦았다. "이해할 수 없어, 당신. 이해할 수 없어."

20장 발레리 호뎀추크의 무덤

"계획에 따르면, 10층짜리 건물이 세워지기로 되어 있었는데······."
그는 말을 시작했지만 다음 목소리가 들리지 않았다. 그리고 이어서
말했다. "물론 농담이에요."

그리고 노인의 보이지 않는 눈이 나를 향했다. 강하고 사파이어처럼
푸른 눈빛이었다. 나는 사회주의노력영웅 칭호와 적기훈장, 10월 혁명
훈장을 받은 발전소장 빅토르 브류하노프가 나를 똑바로 바라보는 것
같다고 느꼈다. 그의 농담에는 전혀 우스운 면이 없었기 때문에, 아마
도 정말 그랬을 것이다.

2016년 4월 26일 아침, 아름답던 프리피야트의 날씨가 갑자기 추워
졌다.[40] 차가운 바람이 발전소 쪽을 향해 강물을 갈랐고 납빛 하늘에
서 세차게 비가 내렸다. 노쇠해진 석관에서 몇백 미터 떨어진 곳에 세
워진 거대한 아치 아래, 초콜릿 업계의 거물이었던 페트로 포로셴코
Petro Poroshenko 우크라이나 대통령이 마이크 앞에 섰다. 그의 증폭된
목소리는 머리 위의 스테인리스스틸 지붕에 울려 조악한 그리스 신화
영화에 나오는 제우스의 목소리처럼 메아리쳤다.

사탄은 프리피야트 옆에서 잔다.
저주받으라. 그는 마른 버드나무로 가장하여 누워 있다.
한때는 맑고 푸르렀던 프리피야트 강의 강둑에[41]

대통령 연단 앞에서는 파란색과 회색 재킷을 입은 건설 노동자들이
형광 오렌지색 테이프가 쳐진 울타리 뒤에서 추위를 누그러뜨리려고
발을 동동 굴렀다.

***

원자력의 검은 촛불이 그를 위해 깜박인다.
그의 마을들은 폐허와 절망에 놓여 있다.
그의 발톱은 모래 깊이 뿌리를 박고,
바람이 그의 텅 빈 귀에 휘파람을 분다.

포로센코의 뒤로 무거운 트럭과 굴착기가 비탈진 흙길을 기어오르고 있었고 고무장화를 신고 마스크를 쓴 남자들이 4호기 폐허를 둘러싼 새로운 구조물의 그림자 아래에서 왔다 갔다 했다. 대통령을 향해 차가운 바람이 불어올 때마다 베타 방사성 수치가 급격히 상승했다. 휴대용 선량계의 경보가 그치지 않고 울렸다. 현장은 여전히 너무 오염이 심해서 옥외에서 먹고 마시는 것이 금지되어 있었다.

그는 그의 집들 위에 신성모독의 말을 적었다. 우상을 훔쳤고, 방독면을 잃어버렸다. 그리고 이제 그는 휴식에 들고자 한다.
이것은 그의 왕국이다. 그가 이곳의 황제다.

시로 운을 떼고 나서 그는 사고 이후 정확히 30주년을 맞는 연설을 했고 이 행사는 국영텔레비전에서 생방송으로 방영되었다. 그는 체르노빌 사고가 우크라이나의 독립과 구소련의 붕괴를 가져온 촉매가 되었다고 말하면서[42] 제2차 세계대전 때의 "대조국전쟁"부터 2014년 러시아의 크림반도 침공까지 국가의 존립을 위협했던 사건들의 가운데에 체르노빌 사고를 위치시켰다. 또한 그는 체르노빌 사고가 일으키고 있는, 끝나지 않는 비용에 대해 이야기했다. 출입금지구역에서 소개된 11만 5000명이 결코 집으로 돌아가지 못할 것이었다. 핵종으로 오염된 지역에 250만 명이 살고 있었다. 체르노빌 사고로 병에 걸린 수십만 명이 국가와 사회의 지원을 요구하고 있었다. 그는 "재앙의 여파는 여전히 해결되지 않았다"며 "우크라이나 사람들의 어깨에 무거운 짐이 놓여 있고 불행히도 우리는 그것을 완전히 극복한 것과는 거리가 멀다"고 말했다.

이어서 대통령은 그의 위와 주위에 아치 모양으로 우뚝 세워지고 있는 "신 안전 격납고New Safe Containment"에 대해 이야기했다. 그는 이 새 구조물이 "거대한 돔처럼 석관을 덮을 것"이라고 발표했다. 아직 완성되지 않은 이 프로젝트는 1990년에 쿠르차토프 연구소의 복합 단지 탐사단이 석관의 구조적 견고성에 대해 문제를 처음 제기한 데서 시작되었고 1997년에 G7 국가들이 더 구체적인 계획도 마련했지만, 비용을 누가 댈 것인가를 놓고 논쟁이 이어지면서 십 년 이상 지연되었다. 이 공사의 공식적인 비용은 (우크라이나 정부의 부패 때문에 돈이 빼돌려지는 것을 막기 위해 자금 사용을 매우 치밀하게 관리했는데도) 결국 세 배나 증가해서 최소 15억 유로에 달하게 된다. 이 자금은 43개 국가가 지원했다.[43] 균열이 가고 있는 석관을 안정화하고 밀봉하기 위한 새 구조물은 지금까지 수행되었던 어떤 공사보다도 야심찬 토목 공학 프로젝트였다. 높이가 108미터에 이르는("자유의 여신상"도 들어갈 수 있는 높이이다) 철제 아치에 통풍 시설과 제습 시설들이 설치될 것이었고 크기는 로마의 성 베드로 대성당보다 세 배나 클 것이었다.

건축가들은 1986년 겨울에 스레드마시 US-605팀이 석관을 지었을 때 이래로 어디에서도 직면해 본 적이 없었을 어마어마한 난관들에 직면했다. 4호기에는 여전히 방사능이 너무 많이 남아 있어서 그 주위에서 작업을 할 수 없었기 때문에 400미터 떨어진 별도의 부지에서 돔을 지었고, 그 다음에 프랑스 건축가들이 레일과 수십 개의 수압 피스톤을 이용해 그것을 석관 위로 밀어 넣는 방식을 썼다. 3만 6000톤의 이

건물은 지금까지 건설된 이동 가능한 육상 구조물 중 가장 큰 구조물이 될 터였다. 특수 제작된 콘크리트 차폐물로 보호되어 있었지만, 현장의 모든 작업자는 피폭 정도를 계속 모니터링해야 했고 작업할 수 있는 시간은 몇 초에서 몇 시간까지로 제한되었다.

그럼에도 프로셴코는 국제사회의 도움에 힘입어(유럽부흥개발은행 European Bank of Reconstruction and Development이 막 8750만 유로를 새로 지원하기로 약속한 상태였다) 우크라이나는 이 프로젝트를 완수할 수 있을 것이고, 마침내 이 재앙을 역사 속으로 추방할 수 있게 될 것이라고 자신감을 드러냈다. 그는 "우크라이나 사람들은 강한 민족"이라며 "핵의 악마도 극복할 수 있다"고 말했다.[44]

6개월 후, 포로셴코가 유럽은행, 우크라이나 주재 프랑스 대사, 여든여덟 살의 한스 블릭스 전 IAEA 사무총장 등이 참석한 가운데 성대한 완공식을 하는 동안 안개와 눈이 다시 한 번 프리피야트 옆 들판을 뒤덮었다.[45] 그 옛날 빅토르 브류하노프와 모스크바에서 온 노멘클라투라들이 기념 말뚝을 박고 코냑 잔으로 건배하며 그들의 웅대한 프로젝트를 시작했던 곳에서 멀지 않은 곳의 난방이 된 천막에서 검은 양복을 입은 사람들이 샴페인과 호르두와로 "신 안전 격납고"의 완공을 축하했다. 천막 입구에서 남색 유니폼에 진홍색 목 스카프를 두른 젊은 여성들이 손님들의 방사선량 피폭을 모니터링하기 위해 선량계가 달린 목 끈을 나눠 주었다. 어떤 사람들은 천막 밖에 우뚝 서 있는 토목공학의 경이로움을 배경으로 "셀카"를 찍기 위해 눈 속으로 발을 디뎠다. 마침내 "신 안전 격납고"의 거대한 몸체가 제자리로 서서히 미끄러져 들어가면서 석관의 검은 실루엣을 완전히 삼켰다. 무거운 구름을 뚫고 나온 가을 태양 빛에 강철이 반짝였다.

20장 발레리 호뎀추크의 무덤

거대 규모에 대한 집착의 위력을 보여 주는 새로운 증거물 같은 이 구조물은 우아함의 결여를 엄청난 덩치로 보상한 듯했고, 항공기 격납고의 미학과 교외 쇼핑몰의 풍모를 드러내고 있었다. 원래의 석관을 만들었던 모스크바의 엔지니어들은 새 구조물을 조롱했고 그것이 터무니없고 쓸데없는 일이라고 주장했다.[46] 그러나 의도대로 작동한다면 새 구조물은 앞으로 100년 동안 4호기의 폐허를 안전하게 봉인할 것이었다. 한스 블릭스는 모인 사람들에게 "우리는 우리 모두의 것인 상처, 핵이 입힌 상처를 막았다"고 말했다.[47] 또한 새 건물은 발레리 호뎀추크가 안장된 곳의 마지막 묘비가 될 것이었다. 앞으로 수세대가 체르노빌 사고의 첫 번째 희생자를 기리게 해 줄 방사선 능으로서 말이다.

엔지니어들은 그의 유해를 덮은 "신 안전 격납고" 내부가 4호기의 노심에서 나온 잔해들이 마침내 해체될 수 있는 안전한 공간을 제공할 수 있기를 기대했다. 하지만 새 구조물의 최종 완공이 다가왔는데도 그 해체 작업이 "어떻게" 완수될 수 있을지에 대해서는 아무도 확실히 알지 못하는 것 같았다. 적어도 한 명의 연륜 많은 핵 전문가가 우려하기를, 재앙이 시작되고 30년이 지난 지금까지도 그렇게 위험한 환경 안에서는 인간도, 기계도, 해체 작업을 할 수 없을지 모른다.[48]

에필로그

아나톨리 알렉산드로프는 1986년 10월에 소비에트 과학아카데미 원장직에서 은퇴했고 1988년 초에 쿠르차토프 연구소장직에서도 은퇴했다. 하지만 1994년 2월에 아흔 살의 나이로 사망할 때까지 연구소에서 계속 일했다. 그는 4호기의 폭발에 대해 자신의 책임을 절대로 인정하지 않았다. 숨지기 얼마 전에 한 인터뷰에서도 사고에 대해 발전소 운전원들의 미숙을 탓했다. "당신이 차를 몬다고 칩시다. 그런데 잘못된 방향으로 핸들을 꺾었어요. 그래서 사고가 났습니다. 이것이 엔진 탓입니까? 자동차를 설계한 사람 탓입니까? 모든 사람이 '그것은 미숙한 운전사 탓'이라고 말할 것입니다."[1]

니콜라이 안토슈킨 소장은 1989년에 모스크바로 전보 발령되었고 상장으로 진급했다. 곧 그는 최초의 러시아 곡예비행팀을 설립했고 러시아연방의 최전방 비행 부대 지휘관으로서 체첸 전쟁에서 공습을 지휘했다. 1998년에 공군에서 전역했고 2002년에 소비에트연방 수훈자 협회의 회장이 되었다. 2014년에는 여당인 러시아연합당의 국가 두마 의원으로 선출되었다.[2]

한스 블릭스는 1997년에 IAEA 사무총장 직에서 물러났다. 3년 뒤에 다시 유엔에서 일하게 되는데, "유엔 감시 검증 사찰 위원회UN Monitoring, Verification, and Inspection Commission"를 이끌고 이라크가 대량살상무기를 없애기로 한 의무를 잘 이행하고 있는지 확인하기 위해서였다. 2003년 2월에 이 위원회는 이라크에 대량살상무기가 없다고 결론 내렸다. 하지만 미군이 주도하는 12만 5000명이 넘는 규모의 다국적군은 다음 달에 이라크를 침공했다. 곧 블릭스는 유엔을 영원히 떠났다.

스레드마시 US-605팀[석관 건설팀]의 세 번째 교대조 수석 엔지니어였던 **레브 보차로프**는 소비에트연방이 무너질 때까지 석관의 구조적 견고성을 모니터링하고 보고하는 일을 계속했다. 1996년에 우크라이나에서 구 석관을 대체할 새 구조물을 만들기 위한 계획에 착수했을 때 러시아 전문가들과 함께 설계안을 냈으나 받아들여지지 않았고 유럽에서 제안한 설계안이 받아들여졌다. 20년이 지난 지금 여든한 살의 나이에도 그는 여전히 정정하며 아내와 함께 모스크바 서쪽 즈베니고로드에 자신이 직접 설계한 집에 살고 있다.

알렉산더 보로보이는 사고 이후로도 거의 20년 동안 석관 내부 탐사와 모니터링을 했으며 4호기 안에 있었다가 사라진 핵연료의 95퍼센트를 찾아냈다. 그는 신 안전 격납고 프로젝트의 첫 개념을 잡는 데 참여했으며, 이후로는 체르노빌에 대한 기록과 체르노빌 사고에서 얻은 실무적인 교훈들에 대한 자료들을 찾아내고 보호하는 일을 하고 있다.[3]

프리피야트 시 위원회가 해산된 뒤 **알렉산더 에사울로프**는 키예프 교외인 이르핀에서 살게 되었고 이후 우크라이나 에너지 분야에서 일자리를 얻었다. 작가로서의 경력도 시작해서 그때부터 27권의 책을 출간했다. 대부분 어린이용 모험 소설이다. 그는 프리피야트 시의 직인을 아직도 책상에 보관하고 있으며, 여유 시간이 생기면 외국인 관광객들에게 프리피야트를 안내하는 일도 한다.

미국 의사 **로버트 게일**은 이후에도 몇 년 동안 모스크바와 키예프를 계속 방문하면서 소비에트연방 전역에서 잘 알려진 인물이 되었다. 1988년에 자신의 경험을 담은 회고록 『마지막 경고Final Warning』를 펴냈고 이것은 텔레비전용 영화로도 만들어졌다. 존 보이트Jon Voight가 게일의 역으로, 제이슨 로바즈Jason Robards가 아만드 해머 역으로 나왔다. 핵 재앙 이후의 의료적 대응에 대한 전문가로서 국제적인 명성을 갖게 된 그는 1987년 브라질 고이아니아, 2011년 후쿠시마 등 그 밖의 몇몇 주요 방사능 누출 사고 현장도 방문했다.

권력에서 밀려난 뒤 **미하일 고르바초프**는 모스크바에 자선 재단과 싱크탱크를 세웠고 러시아 정치에 계속해서 영향력을 행사하기 위해 노력했다. 1996년에는 러시아 연방 대통령 선거에 나왔으나 득표율이 1퍼센트도 안 되었다. 훗날 그는 (그의 실패한 개혁이 아니라) 4호기의 폭발이 그가 절박하게 지키고 싶어했던 소비에트연합을 붕괴시킨 촉매였다고 회상했다. 2006년 4월에 고르바초프는 이렇게 언급했다. "20년 전 이달에 있었던 체르노빌 원자력발전소의 원자로 용융이 5년 뒤에 소비에트연방이 붕괴하는 데 내가 추진했던 페레스트로이카보다 더 진정한 원인이었을 것이다. 체르노빌 재앙은 역사의 전환점이었다. 그 이전의 시대와 그 이후의 시대는 매우 달랐다."[4]

에필로그

안겔리나 구스코바는 제6병원에서 환자들을 치료하면서 발견한 것들을 논문으로 출판했고 러시아 전역의 핵발전소 직원들에게 체르노빌 사고를 통해 알게 된 것들을 강의했다. 구스코바는 평생 동안 원자력발전을 옹호했고 2015년 아흔한 살의 나이로 사망할 때까지 계속해서 브루나시안 의료 센터(이전의 제6병원)에서 일했다.[5]

출입금지구역에서 마지막 임무를 마치고 돌아온 **알렉산더 로가쵸프**는 시민방호군 제427 기계화 여단이 재난의 최전선에서 선도적으로 수행한 역할을 모스크바로부터 인정받기 위한 로비에 나섰다. 1987년에 로가쵸프는 미하일 고르바초프 대통령 부부에게 자신의 사례를 이야기할 기회를 얻었다. 나중에 그의 여단에서 64명이 메달과 포상을 받게 된다. 하지만 대통령 부부를 만나고 곧바로 그는 시베리아로 전보 발령되었다. 1989년에 군에서 전역했고 현재는 대체 의학을 연구, 실행하고 있다.

베니아민 프리아니치니코프는 2014년 5월 일흔 살의 나이로 키예프에서 위암으로 인한 합병증으로 사망했다.

마리아 프로첸코는 현재도 키예프에서 미술, 디자인, 건축을 강의하고 있다. 매년 4월 26일이면 리퀴데이터로서 일한 공로로 받은 메달을 달고 사고로 숨진 사람들의 묘지에 꽃을 놓으러 간다. 강의를 할 때 학생들이 당시 이야기를 해 달라고 요청하기도 한다. 마리아는 30년 넘게 프리피야트로 돌아가지 못했다.

클리프 로빈슨은 1986년 가을에 포스마크 핵발전소 연구실의 일자리를 그만두고 박사 학위 과정의 일환으로 스웨덴에서 그해 봄에 내린 방사능비에 대해 1년간의 연구를 시작했다. 하지만 웁살라에서 고등학교 물리 교사가 되었고 현재도 거기에서 살고 있다.

총리 **니콜라이 리지코프**는 소비에트의 경제 개혁 노선을 두고 고르바초프와 점차 의견이 갈라졌고 1990년에는 심장마비를 겪었다. 그 다음 해에는 러시아연방 최초의 대통령 선거에 나섰다가 보리스 옐친에게 패했고 소비에트연방과 계획경제체제의 재건을 주장하기 시작했다. 2014년에 여든네 살의 리지코프는 러시아가 크림반도를 합병했을 때 그가 한 역할 때문에 미국 정부의 제재 목록에 올랐다.[6]

보리스 셰르비나는 계속해서 체르노빌 사고가 일으킨 피해에 대한 리퀴데이션 작업을 감독하다가 1988년 12월에 아르메니아 대지진 현장의 긴급 대응을 지휘하기 위해 파견되었다. 이 지진으로 2만 5000명이 사망했다. 체르노빌에서의 피폭으로 이미 건강을 심하게 해친데다 또 하나의 거대한 재난을 다루어야 했던 일이 크게 무리가 되어서 6개월 뒤에 각료회의 일을 그만두었고 1990년 8월에 일흔 살의 나이로 숨졌다.[7]

블라디미르 셰르비츠키는 계속해서 글라스노스트와 우크라이나 민족주의 운동 모두에 대해 맹렬히 반대했고 체르노빌 사고 이후에도 몇 년간 권좌를 유지했다. 하지만 1989년 9월에 결국 고르바초프에 의해 정치국 위원 자리에서 밀려났고 우크라이나 당 제1서기 자리도 내놓게 되었다. 정치적 몰락과 함께 건강도 급격히 쇠했고 1년이 채 지나지 않은 1990년 2월 16일에 일흔한 살의 나이로 숨졌다. 1993년 4월에 이제는 독립국가가 된 우크라이나의 검찰청이 진행한 1년간의 수사 끝에 셰르비츠키는 이전에 그의 휘하였던 우크라이나 고위 당국자들과 함께 의도적으로 체르노빌 사고와 그것이 일으킨 방사능 상황에 대한 정보를 은폐해 국민을 보호해야 할 의무를 저버렸다는 혐의로 기소되었다. 하지만 셰르비츠키가 사망했고 우크라이나 법이 정한 이 사건의 공소시효가 끝났기 때문에, 사실상 정치적 극장에 불과했던 이 사건은 재판 시작 전에 철회되었다.[8]

우크라이나 에너지 장관 **비탈리 스클랴로프**는 소비에트 붕괴 이후의 세계에 빠르게 적응했고 국영 에너지 사업의 민영화를 열렬히 옹호했다. 하지만 신규 원전 건설은 경제적, 생태적 이유로 반대했다. "에네르게티키"로 30년을 일한 뒤 1993년에 행정직에서 은퇴하고 비탈리 마솔Vitaly Masol 당시 총리의 자문이 되었다. 출입금지구역에서 일한 며칠 동안 80렘의 방사선에 노출되었지만 80대까지 건강했고 콘차-자스파에 있는 옛 국영 다차에서 보내는 시간도 즐겼다.[9]

중기계건설부 장관직에서 강제로 물러난 뒤 **에핌 슬라브스키**는 점점 청력을 잃어 가며 남은 나날들을 모스크바의 커다란 아파트에서 권력의 핵심에 있었던 수십 년의 기억을 되살려 주는 기념물들에 둘러싸여 보냈다. 자신이 평생을 헌신했던 정치 체제가 해체되는 것을 맹렬한 분노로 지켜보아야 했던 그는 1991년 11월에 아흔세 살의 나이로 숨졌다.

사고 당일 4호기 제어실에 있었던 **보리스 스톨랴추크**는 엄청난 피폭에서 살아남았고 원자력 분야로 돌아왔다. 2017년 현재, 우크라이나 국영 원자력규제감시기구Ukrainian State Nuclear Regulatory Inspectorate의 위원장 권한 대행으로 일하고 있다.

니콜라이 타라카노프 장군은 제6병원에서 방사선으로 인한 백혈병을 치료받은 뒤 소비에트 군에서 "재난 이후 복구" 분야를 담당하던 원래의 업무로 돌아갔고 1988년에는 아르메니아 대지진 현장에 파견되었다. 병원에 있는 동안 시를 쓰기 시작해 30권의 시집을 냈다. 또 미국으로 강연 투어를 다니면서 출입금지구역에서 그가 했던 일과 핵 사고의 위험성을 알렸다. 2016년에 여든두 살이 되었고 블라디미르 푸틴에 대한 전기 『최고사령관Supreme Commander in Chief』를 쓰고 있다고 했다.10)

블라디미르 우사텐코는 6주간 리퀴데이터로 일해서 받은 1천4백 루블로 첫 컬러텔레비전을 샀다. 1990년에 그는 우크라이나 의원으로 선출되었고 체르노빌 사고와 우크라이나의 원전들이 일으키는 과학적, 사회적, 법적 문제들을 다루는 소위원회 위원장이 되었다.11)

발레리 레가소프가 자살하고 아나톨리 알렉산드로프가 은퇴한 뒤, 1988년에 **예브게니 벨리호프**가 쿠르차토프 연구소장이 되었다. 1992년에는 그곳의 회장이 되었고 핵융합 원자로 개발을 위한 다국적 프로젝트인 "국제핵융합실험로ITER"의 러시아 쪽 참가단을 이끌었다. 블라디미르 푸틴 러시아 대통령은 2000년에 유엔 총회 새천년정상회의UN Millennium Summit에서 차세대 원전 기술을 개발하기 위한 국제적인 운동을 제안했는데, 2001년에 이 일의 러시아 쪽 책임자로 벨리호프를 임명했다.

검찰 수사관 **세르게이 얀코프스키**는 그가 수사와 기소에 참여했던 여섯 명의 전직 발전소 직원에 대한 재판을 보지 않았고 살인, 부정부패 등 원래 그가 다루었던 사건들로 돌아왔다. 1995년에는 우크라이나 "라다Rada(의회)"에서 일하게 되면서 체르노빌 사고에 대한 수사 기록 57권 분량을 모스크바에서 키예프로 옮겨 오기 위한 운동을 시작했다. 8년 뒤에 그가 의회 일을 그만두었을 때도 수많은 박스 분량의 문서와 녹음 기록들이 여전히 기밀로 분류되어 러시아 대법원 지하에 있었다. 2017년 봄, 병을 앓았다가 키예프의 국영 요양소에서 회복 중이던 일흔한 살의 얀코프스키는 "그 파일에는 아무도 알지 못할, 너무나 많은 내용들이 담겨 있다"고 말했다.[12]

나탈리아 유브첸코는 모스크바에 살면서 직장에 다니고 있다. 아들 키릴도 어머니와 가까운 곳에서 아내와 세 아이와 살고 있다.

'큰사슴' **표트르 즈보로프스키** 대위는 4호기 지하에서 물을 퍼내는 일을 성공적으로 마친 뒤 소령으로 승진했고 "새로운 장비와 무기를 능란하게 다루었다"는 찬사와 함께 적성훈장을 받았다. 1993년에 시민 방호군에서 전역한 뒤 처음에는 경비원으로, 나중에는 보안 요원으로 일했다. 하지만 트레이드마크이던 힘과 활력을 잃었고 반복적으로 정신을 잃었으며 뼈가 쉽게 골절되기 시작했다. 2007년에 쉰다섯 살의 나이로 숨졌다.[13]

감사의 글

이 프로젝트의 기원은 오래전으로 거슬러 올라간다. 나는 십 대 시절에 뉴스에서 체르노빌 이야기를 처음 접한 뒤 수십 년 뒤에 잡지 기자로서 다시 체르노빌 이야기로 돌아왔다. 이 과정에서 전 세계의 친구와 동료들로부터 말할 수 없이 귀중한 도움을 받았다. 내가 아이디어를 떠올리게 된 것도, 그리고 실제로 이 책을 낼 수 있게 된 것도, 모두 프리피야트와 체르노빌 발전소, 또 그 밖의 소비에트 원자력 도시들과 핵 시설들에서 경험했던 자신의 이야기를 내게 기꺼이 나눠 준 분들 덕분이다. 어느 잿빛 오후에 나탈리아 유브첸코와 알렉산더 유브첸코를 모스크바에서 처음 만났을 때부터, 체르노빌 사고로 삶이 완전히 바뀌었을 수많은 사람들 모두가 내게 친절과 환대, 그리고 너그러운 인내를 베풀어 주었다. 그들의 가장 깊은 트라우마를 물어보러 간 내게 말이다. 낯선 외국인이 그들의 경험을 세상에 내놓게 하려고 사실관계를 꼬치꼬치 확인하는 것에 기꺼이 동의해 준 모든 분들께 감사드린다. 또한 많은 당사자들을 만날 수 있게 그들의 소재를 찾아 주고 만남을 주선해 준 안나 코롤레프스카Anna Korolevska와 사고의 전말을 정확하게 재구성하는 데 꼭 필요했던 조언과 지침을 준 엘레나 코즐로바Elena Kozlova, 톰 라시카Tom Lasica, 마리아 프로첸코, 니콜라이 스타인버그에게 감사를 전한다.

체르노빌에 대해 내가 첫 기사를 쓸 수 있었던 것은 『옵저버』의 편집자 앨런 젠킨스Allan Jenkins와 이언 터커Ian Tucker 덕분이었다. 열띤 논쟁 끝에 그들은 나를 믿고 내가 러시아와 우크라이나로 첫 취재를 갈 수 있도록 두둑한 취재 경비를 제공해 주었다. 나중에는 런던과 샌프란시스코의 『와이어드Wired』 편집자들이 출입금지구역에 여러 차례 취재를 갈 수 있도록 지원해 주었다(매번 갈 때마다 이번 한 번이면 될 거라고 생각했지만 그렇게 되지 않았다). 이 책 자체를 위한 작업에 돌입했을 때는 시간과 격려를 아낌없이 베풀어 준 피에르 폴 리드의 조언을 얻을 수 있어서 정말 행운이었다. 또 구소련의 여러 나라들을 돌아다닐 때 실질적인 부분들에 대해 귀중한 조언을 해 준 나탈리아 렌치Natalie Lentsi, 안드레이 슬리브카Andrei Slivka, 미키 라흐만Micky Lachman, 피요나 쿠슐리Fiona Cushley, 매트 맥앨레스터Matt McAllester에게도 감사를 전한다.

카티아 바코Katia Bachko, 피터 캔비Peter Canby, 데이비드 코르타바David Kortava, 탈리 우드워드Tali Woodward, 조슈아 야파Joshua Yaffa, 폴리나 시노베츠Polina Sinovets는 러시아어를 하는 연구자들을 찾을 수 있도록 도와주었다. 또 에우게니아 버츠카Eugenia Butska, 안톤 포바르Anton Povar, 제나디 밀리네프스키Gennadi Milinevsky가 아니었다면 프리퍄트, 체르노빌 발전소, 출입금지구역의 몇몇 장소들은 가 볼 수 없었을 것이다. 또한 내내 도움을 준 안드레아 갈로Andrea Gallo, 인나 로바노바-히슬리Inna Lobanova-Heasley, 마이클 윌슨Michael Wilson, 마이클 D. 쿠퍼Michael D. Cooper, 군나르 베르그달Gunnar Bergdahl에게도 감사를 전한다.

지난 몇 년 동안 우크라이나에서 취재를 하면서 기억에 남는 수많은 경험 중에서도, 로만 슈메이코Roman Shumeyko의 실로 전설적인 필라프 요리와 호수 옆에서의 훌륭한 술자리를 잊을 수 없을 것이다. 미국에서는 로즈 조지Rose George, 그레그 윌리엄스Greg Williams, 제임스 프리드먼James Freedman과 안나 프리드먼Anna Freedman, 유드히지흐 바타르차르지Yudhijit Bhattarcharjee, 브랜단 코너Brendan Koerner, 줄리 사토우Julie Satow, 테드 코노버Ted Conover, 에반 래틀리프Evan Ratliff, 닉 톰슨Nick Thompson, 케이트 게센Keith Gessen이 귀한 조언과 지원을 내게 베풀어 주었다.

우크라이나 국가기억연구소Institute of National Remembrance의 이호르 쿨릭Ihor Kulyk과 윌슨 센터Wilson Center 냉전사 프로젝트Cold War History Project의 크리스천 오스터만Christian Ostermannn 및 연구자들은 우크라이나의 핵심 문서를 찾아내고 번역하는 데 도움을 주었다. 뉴욕 공공도서관 연구부의 멜라니 로케이Melanie Locay와 직원들은 내가 얻을 수 있을 거라고 상상도 못 해 본 자료들을 볼 수 있게 해 주었다. 또한 그 문서들을 읽는 데 꼭 필요했던 고요함과 시간을 뉴욕 공공도서관 앨런 룸Allen Room에서 보낼 수 있어서 행운이었다.

아이디어를 책으로 만드는 긴 과정 내내 에이전시의 에드워드 올로프Edward Orloff의 매끄러운 지침과 도움을 받을 수 있었다. 또 이 프로젝트를 처음부터 믿어 준 밀리센트 베넷Milicent Bennett, 헨리 바인스Henry Vines, 미셸 크로스Michelle Kroes, 스콧 루딘Scott Rudin에게 고마움을 전한다. 사이먼 앤 슈스터 출판사의 존 카프Jon Karp와 벤 로넨Ben Loehnen은 처음부터 이 이야기에 나 못지않은 흥미를 보여 주었고 초고를 읽고 정확한 조언을 제공해 주었을 뿐 아니라 너무나 좋은 책 제목도 지어 주었다. 아마르 데올Amar Deol은 복잡한 서지사항들을 정리해 주었고 케일리 호프만Kayley Hoffman, 필립 바시Phillip Bashe, 조시 코언Josh Cohen은 수많은 문장상의 오류와 오타를 바로잡아 주었다.

케이티 무마흐Katie Mummah, 롭 골드스톤Job Goldstone, 프랭크 폰 히펠Frank Von Hippel, 알렉산더 시시Alexander Sich는 핵물리학과 핵공학의 복잡한 영역을 헤쳐 나가는 데 큰 도움을 주었고 RBMK-1000 원자로를 설명한 부분의 원고를 읽고 검토해 주었다. 티모시 요르겐슨Timothy Jorgensen은 방사생물학과 방사능 의학 분야에 대해 마찬가지로 너그러운 도움을 제공해 주었다. 이 책에 실수가 있거나 과도하게 단순화한 부분이 있다면 전적으로 나의 잘못이다.

집으로 돌아와 산더미 같은 자료를 책으로 써내는 일을 하는 동안 내가 제정신을 유지할 수 있게 해 준 크리스 히스Chris Heath, 로렌 힐거스Lauren Hilgers, 네이선 손버그Nathan Thornburgh, 그리고 "로드 앤 킹덤Roads and Kingdoms" 사람들에게 감사를 전한다. 또 이 프로젝트와 그 밖의 프로젝트가 진행되어 온 길고 복잡한 여정 동안 소파, 침대, 여분의 방을 내어준 모든 친구들에게 감사를 전한다. 토비 에이미스Toby Amies, 앤드류 마샬Andrew Marshall, 페그 로이스Peg Rawes, 톰 코비Tom Corby; 데이비드 킵스David Keeps, 이안 터커Ian Tucker, 마이클 오델Michael Odell, 댄 크레인Dan Crane, 케이트Kate와 존John; 미키Michky와 리사Lisa; 루퍼트Rupert, 줄리Julie, 스텔라Stella, 소렌Soren, 낸시Nancy; 매트Matt, 퍼닐라Pernilla, 해리Harry 모두에게 고마움을 전하며 청소와 설거지를 덜 한 것에 대해 늦었지만 사과를 전한다.

무엇보다, 가장 솔직한 비평가이자 지치지 않는 치어리더였던 바네사 모블리Vanessa Mobley와 우리의 딸 이슬라Isla에게 사랑을 전하며, 내가 취재로 출장을 떠난 동안, 그리고 글을 고치고 또 고치고 하던 동안 시간을 함께 많이 보내지 못한 것과 방사능 물질이 있을지도 모르는 내 신발들과 소비에트 경제에 대한 책 무더기들이 집 여기저기 널

려 있는 사이로 다녀야 하게 한 것에 대해 사과를 전한다. 이들이 없었
다면 나는 여기까지 오지 못했을 것이다.

2018년 9월, 뉴욕에서

감사의 글

일러두기

이것은 역사를 다룬 책이지만 현재의 인물들을 취재한 책이기도 하다. 2006년에 당사자들과 목격자들을 만나 이야기를 듣기 시작한 이래로 수많은 인물들을 취재하고 기밀 해제된 구소련의 문서들과 수기, 회고록 등을 종합해 체르노빌에서의 직접적인 경험이 무엇이었을지를 재구성했다. 뛰어난 번역자와 연구자, 그리고 현장 방문과 만남을 주선해 준 여러 분들의 헌신적인 도움이 없었다면 이 일은 불가능했을 것이다. 러시아의 올가 티쿠슈Olga Ticush, 미샤 스메트니크 Misha Smetnick, 안나 소로킨Anna Sorokin, 아르테미스 다블레예프Artemis Davleyev, 그리고 우크라이나의 알렉스 리보트카Alex Livotka, 오스탑 즈도로빌로Ostap Zdorovylo, 나탈리아 마케시Natalia Mackessy, 테티아나 보디아니츠카Tetiana Vodianytska, 드미트로 추마크Dmytro Chumak에게 특히 많은 신세를 졌다. 뉴욕에서는 제임스 아펠James Appell이 수 개월이나 시간을 들여 모호한 자료들을 상세히 추적해 주고 문서와 서신들을 번역해 주었다. 애나 코둔스키Anna Kordunsky는 사실관계를 바로잡아 주고 원자로 설계와 관련된 전문적인 내용부터 러시아 단어들의 어원에 대한 세부적인 사항들까지 모든 것을 도와주며 더 없이 훌륭한 협업자 역할을 해 주었다.

무엇보다, 타라스 슈메이코Taras Shumeyko의 전문적인 지식과 아낌없는 지원이 없었다면 이 책은 존재할 수 없었을 것이다. 지난 십여 년 동안 나의 가이드이자 동행 취재자로서 슈메이코는 지방의 도시들, 눈 덮인 마을들, 온갖 국제회의들, 출입금지구역 내부 등에 내가 재앙의 생존자들을 만나러 갈 때 동행해 주었을 뿐 아니라 매우 중요한 내용들을 알고 있는 사람들을 찾아내고 내가 만날 수 있게 주선해 주었다. 또한 사고에 대해 이야기하기를 꺼려하는 생존자들과 문서수집가들을 설득해 주었고, 귀중한 문서들을 발굴해 주었으며, 그 자신이 수행한 인터뷰들도 이 책의 매우 귀중한 토대가 되었다.

사고 직후 몇 달 사이에 출간된 러시아어 저술들은 1인칭 시점으로 기술된 훌륭한 자료 원천이었다. 이우리 슈세르박의 『체르노빌』, 바실리 보즈냑Vasily Voznyak과 스타니슬라프 트로이츠키Stanislav Troitsky의 『체르노빌: 실상은 이랬다. 내부자의 견해Chernobyl: It Was Like This – The View from the Inside』둘 다 당시에 벌어진 일에 대한 목격자의 귀중한 증언을 담고 있었다. 리퀴데이션 작업에 참여했던 사람들의 수기를 모은 A. N. 세메노프A.N. Semenov의 모음집 『체르노빌: 10년 뒤: 불가피한 일이었나 우연한 사고였나Chernobyl: Ten Years On: Inevitability or Accident』는 어마어마한 과업에 직면한 당국자들, 원자력 엔지니어들, 그 밖의 전문가들의 경험을 알아보는 데 없어서는 안 될 귀중한 길잡이였다. 또한 전적으로 석관 건설에 참여한 사람들의 입을 통해 서술된 엘레나 코즐로바Elena Kozlova의 『불확실성과의 전투The Battle With Uncertainty』는 석관 건설 작업에 대한 가장 뛰어난 책일 것이다.

영어로 된 자료로는, 빅토르 브류하노프 등 사고 관련자들에 대한 재판을 니콜레이 카르판Nikolay Karpan이 현장에서 속기한 내용이 그의 저서 『체르노빌에서 후쿠시마까지From Chernobyl to Fukushima』에 수록되어 있어서 폭발로 이어진 일련의 사건들과 당사자들의 태도에 대해 윤곽을 잡는 데 필수적인 도움을 얻을 수 있었다. 1990년과 1991년에 방영된 BBC 다큐멘터리 시리즈 "두 번째 러시아 혁명The Second Russian Revolution"의 인터뷰 내용을 편집 없이 그대로 푼 문서가 런던정경대학 도서관에 소장되어 있는데, 여기에는 정치국의 노장들과 그 밖의 소비에트 고위 인물들의 솔직한 설명이 담겨 있다. 이것이 없었다면 이들의 입장을 드러내 주는 자료를 확보할 수 없었을 것이다. 체르노빌 발전소에서 일했던 사람들의 개인사는 피에르 폴 리드가 쓴 『불길에 휩싸이다: 체르노빌의 영웅과 희생자들의 이야기Ablaze: The Story of the Heroes and Victims of Chernobyl』가 주된 길잡이였다. 리드는 이 책에 등장하는 주요 인물 거의 모두와 인터뷰를 했으며, 그의 책은 체르노빌 사고에 대해 영어로 출판된 최초의 종합적인 설명이라고 볼 수 있다.

소비에트가 붕괴되고 우크라이나에서 저항이 일어나고 사고가 난 지 30년이라는 세월이 지나면서, 기밀 등급이었던 많은 자료들이 기밀에서 해제되었다. 정치국 회의록, 그리고 니콜라이 리지코프 총리가 주관한 체르노빌 작전 그룹 회의록은 소비에트 당국이 만들어냈던 신화와 실제 사실관계 사이를 가려내는 데 도움이 되었다(물론 회의록의 내용 자체의 진위를 가려내는 데도 매우 신중을 기해야 했다). 정치국 회의록들은 형태가 제각각이었다. 길이, 상세함, 신빙성 등도 제각각이었고, 원본 문서인 것도 있고 등사한 복사본인 것도 있었으며, 어떤 경우에는 기밀문서를 볼 수 있는 소수의 연구자가 잠깐 동안만 볼 수 있어서 그 사이에 손으로 베껴 적은 것도 있었다. 이와 관련해, 하버드 대학 러시아 및 유라시아학 데이비스 연구 센터David Center for Russian and Eurasian Studies의 냉전 연구 프로젝트Project on Cold War Studies 디렉터인 마크 크레이머Mark Kramer, 그리고 러시아의 체르노빌 역사학자인 블라디미르 말레예프Vladimir Maleyev에게 큰 도움을 받았다. 사고 이후 초기에 프리피야트와 체르노빌에서 이뤄진 정부위원회의 논의와 주요 의사 결정들에 대한 문서는 많이 남아 있지 않았다. 어떤 것들은 정보가 퍼지는 것을 막기 위해 파쇄되었고 어떤 것들은 문서 자체가 방사능 오염이 너무 심해서 폐기되었다. 그런 면에서, 우크라이나 내무부의 사고에 대한 대응을 기록한 일지 원본을 볼 수 있게 해 준 키예프의 체르노빌 뮤지엄 과학 담당 부소장 안나 코롤레프스카Anna Korolevska에게 큰 신세를 졌다. 이 일지에는 사고 직후인 4월 26일부터 5월 6일까지의 대응 기록이 담겨 있는데, 아마도 이것을 파쇄했어야 할 당국자가 파쇄하지 않고 보관해 두었던 것으로 보인다.

1960년대 말에 키예프 인근에 원전을 짓기로 했던 초창기 의사 결정까지로 거슬러 올라가는, 그리고 오늘날의 상황까지로 이어지는 더 긴 흐름의 이야기는 몇몇 문서모음집에 정리되어 있는 내용의 도움을 받았다. 특히 "폰드89: 재판정에 선 소비에트 공산당Fond89: The Soviet Communist Party on Trial"은 기밀로 분류되어 있었던 약 900만 건의 공산당 기록물의 아카이브로, 러시아 국가기록보관소Russian State Archive of Contemporary History(RGANI)가 사진 자료화한 것을 스탠포드의 후버 연구소Hoover Institute가 보관하고 있다. 나는 이것의 복사본을 하버드의 라몬트 도서관에서 볼 수 있었다. 이보다 더 방대한 1차 자료는 우크라이나 역사학자 나탈리아 바라노프스카Natalia Varanovska의 저서 『체르노빌의 비극: 문서와 자료The Chernobyl Tragedy: Documents and Materials』, 우크라이나 국가기억연구소Institute of National Remembrance의 아카이브, 체르노빌 발전소 사고와 관련된 KGB 문서 121건을 담은 유리 다닐류크Yuri Danilyuk의 "문서와 자료로 보는 체르노빌의 비극The Tragedy in Documents and Materials"을 참고했다. 그리고 아마도 가장 중요한 것으로, 나는 지난 20년 이상 체르노빌 뮤지엄이 수집, 정리한 일지, 개인 서신, 지도, 사진, 정부 기록 등의 1차 자료를 활용할 수 있었다.

체르노빌 사고의 기술적인 측면을 다룬 전문 서적은 내가 다 소화하기에는 벅찰 정도로 많이 출간되어 있었다. 그중에서도 소비에트 핵 분야의 문화와 태도, 그리고 절박함이 어떻게 4호기 폭발이라는 재앙으로 가는 길을 닦게 되었는지 파악하는 데에 소냐 D. 슈미드Sonja D. Schmid와 폴 조지프슨Paul Josephson의 연구들을 많이 참고했다. 특히 슈미드의 『파워[권력]를 생산하는 파워[전기]*Producing Power*』와 조지프슨의 『붉은 원자*Red Atom*』가 큰 도움이 되었다. 방사능 과학의 복잡한 내용들을 이해하는 데는 로버트 게일Robert Gale과 토머스 하우저Thomas Hauser의 『마지막 경고*Final Warning*』와 티모시 요르겐슨Timothy Jorgensen의 『희한한 섬광*Strange Glow*』이 커다란 지침이 되어 주었다. 또 사고의 자세한 경위는 "INSAG-7"이라고 알려져 있는 IAEA 보고서와 알렉산더 시시의 박사 학위 논문 "체르노빌 사고의 재구성: 방사선원 분석과 핵심 단계에서의 사건 재구성The Chernobyl Accident Revisited: Source Term Analysis and Reconstruction of Events During the Active Phase"을 참고했다.

MVD: Ministerstvo vnutrennykh del의 약어. "내무부Ministry of Internal Affairs"를 뜻하며, 경찰, 소방, 국내 안보 등을 책임지는 준군사 부처였다.

NIKIET: Nauchno-issledovatel'skiy i konstruktorskiy institut energotekhniki의 약어. 번역하면 "에너지 기술 개발 및 설계 연구소Scientific Research and Design Institute of Energy Technology"로, RBMK 모델을 포함해 소비에트의 주요 원자로를 고안, 설계한 곳이다.

NIKIMT: Nauchno-issledovatelskiy i konstruktorskiy institut montazhnoy tekhnologii의 약어. 번역하면 "어셈블리 기술에 관한 연구 및 디자인 연구소Research and Design Institute of Assembly Technology"로, 핵 시설 건설에서 직면하는 문제에 대해 기술적 해법들을 개발하는 역할을 담당했던 스레드마시의 산하 부서였다.

OPAS: Gruppa okazaniya pomoschi atomnym stantsiyam pri avariyakh의 약어. 에너지부 산하의 원전 사고 긴급 대응팀.

RBMK: 러시아어 Reaktor bolshoy moschnosti kanalnyy(고출력 채널형 원자로)의 약어. 흑연감속-비등경수-압력관형 원자로로, 소련에만 존재했던 모델이다.

VNIIAES: Vsesoyuznyy nauchno-issledovatelskiy institut po ekspluatatsii의 약어. 번역하면 "연방 핵발전소 운전 연구소All-Union Research Institute for the Operation of Nuclear Power Plants"로, 원전 운전을 지원하는 비군사 연구 조직이었다.

VVER: 러시아어 Vodo-vodyanoy energetichesky reaktor의 약어다. 냉각제와 감속제 모두에 물을 사용하는 모델로, 서구의 가압수형 원자로와 유사하다.

각료회의: 소비에트의 행정부로, 정치국에서 결정된 사항을 집행했다. 각 구성공화국에도 별도의 각료회의가 있었다.

고르콤Gorkom: 공산당 지역 위원회. 당의 결정 사항을 마을이나 도시 단위에서 실행하는 일을 맡았다.

고스플란Gosplan: 국가계획위원회. 경제의 모든 것을 관장하는, 중앙계획경제 체제의 브레인에 해당하는 곳이었다.

과학아카데미: 소비에트에서 가장 저명한 과학 연구 기관. 수학과 자연과학, 물리, 사회과학의 기초 연구를 지원, 수행했으며, 각 구성공화국에도 별도의 과학아카데미가 있었다.

기관apparat: 소비에트의 관료 조직, 특히 공산당 자체의 관료 조직을 일컫는다. 여기에 소속된 당 관료를 "기관원apparatshik"이라고 불렀다.

노멘클라투라nomenklatura: 당의 지도층 인사들로, 당과 정부의 주요 요직을 차지하고 높은 소득과 특권을 누릴 수 있었던 계급을 말한다. 노멘클라투라라는 명칭은 특권을 갖는 간부직의 이름과 권한을 정밀하게 규정해 놓은 목록을 뜻하는 라틴어에서 유래했다.

민에네르고Minenergo: 에너지전기부Ministry of Energy and Electrification. 소비에트연방의 에너지 분야를 관장하는 민간[비군사] 부처였다.

밀리치야Militsia: 소비에트연방의 일반 경찰. 내무부 관할이며, 이름과는 달리 민병대가 아니다.

서기장General Secretary: 소비에트연방 공산당 최고 지도자. 실질적으로 국가수반에 해당했다.

소유즈아톰에네르고: "연방 핵 발전 산업 협회All-Union Industrial Association for Nuclear Energy." 원전 분야를 담당하는 에너지부 관할의 (비군사) 기구.

스레드마시Sredmash: 중기계건설부. 소비에트의 모든 핵무기 프로그램과 원자력 기술 분야를 관장한 정부 부처.

아톰시키Atomshchiki: 원자력 과학자. 원자력 분야의 고급인력으로,

중기계건설부의 군사시설에서 교육과 경력을 쌓은 사람들이 많았다.

악티프Aktiv: 당의 결정 사항을 지역 단위에서, 특히 직장 단위에서 입법화하는 일을 맡은 당 활동가 그룹.

에네르게티키Energetiki: "전력 맨." 에너지전기부에 직접적으로 고용되어 있는 전력 분야 종사자. 원자력발전소를 운전하는 직원들도 여기에 포함되었다.

영 파이오니어Young Pioneers: 열 살부터 열네 살까지의 아동을 대상으로 하는 청소년 조직으로, 이념 주입의 목적이 강조된 소비에트판 보이스카우트, 걸스카우트라고 볼 수 있다.

오블라스트Oblast: 주州. 1986년에 우크라이나는 24개의 오블라스트로 이뤄져 있었고 그중 키예프 오블라스트가 가장 컸다. 각 오블라스트는 다시 "라욘rayon"으로 나뉘는데, 라욘은 미국의 카운티와 비슷한 개념이다.

이스폴콤Ispolkom: 시, 마을, 구 등의 일을 행정을 담당하는 지역 행정위원회. 시 위원회나 시의회와 비슷하다.

정치국Politburo: 소비에트연방 공산당 중앙위원회의 정치국. 중앙위원회의 여러 회의들 사이에서 의사 결정을 하는 기구로서 설립되었지만, 사실상 소비에트에서 최고의 권력이 행사되는 곳이었다.

제크ZhEK: 주택관리사무소. Zhilishchno-ekspluatatsionnaya kontora의 약어로, 도시 주거 건물의 관리와 유지 보수를 담당했다.

중앙위원회: 이론상으로는 당의 최고 의사 결정기구로서 소비에트 전역의 당 위원회, 부처, 기업체 등에 행동 지침을 제공했다. 하지만 실질적으로는 이보다 훨씬 규모가 작은 "정치국"이 더 상위의 권력 조직이었다.

최고소비에트Supreme Soviet: 명목상으로는 소비에트의 의회로서 소비에트연방의 입법 기관 역할을 했다. 각 구성공화국에도 별도의 최고소비에트가 있었다.

"침체의 시대Era of Stagnation": 소비에트의 경제와 문화가 화석화되기 시작한 1970년 이후의 시기. 미하일 고르바초프가 그 시기를 비판하며 붙인 이름이다.

콜호츠Kolkhoz: 집단농장.

콤소몰Komsomol: 연방 레닌주의 청년 공산주의자 연맹All-Union Leninist Young Communist League. 14~28세를 대상으로 하는 당의 청년 조직이었다.

쿠르차토프 원자력 에너지 연구소Kurchatov Institute of Atomic Energy: 소비에트 원자력 에너지 분야의 핵심 연구개발 기관. 핵무기 개발을 위해 세워진 "과학아카데미 제2실험실"이라는 비밀 연구 조직이 기원이다.

방사능 측정 단위

한 세기 전 방사능 과학이 처음 생겨난 이래, 방사능의 정도와 그것이 미치는 영향을 측정하는 여러 가지 방식이 생겨났고 측정 단위와 용어가 계속 바뀌었다. 오늘날에는 과학자들이 국제단위계International system of units의 "국제표준단위SI, standardized international"들을 사용하지만 이 책에서는 체르노빌 사고 당시에 소비에트에서 널리 쓰이던 단위인 뢴트겐과 렘을 주로 사용했다. 이러한 단위가 무엇을 의미하며 현재 쓰이는 단위와는 어떤 관련이 있는지에 대해 독자들의 이해를 돕기 위해 주요 단위들을 아래에 간략히 설명했다.

퀴리(Ci, curie): 방사능(radioactivity. 방사성 핵종이 붕괴해 방사선을 방출하는 능력)의 양을 재는 단위다. 1퀴리는 라듐 1그램의 방사능을 말하며 이는 초당 370억 개의 원자가 붕괴하는 것을 의미한다. 오늘날에는 국제단위계의 단위인 "베크렐becquerel"이 방사능 단위로 사용된다.

라드rad: 대상물질에 흡수된 방사선량을 재는 "흡수선량(吸收線量, absorbed dose)" 단위로, 전리방사선이 물질(벽돌, 소나무, 인체 기관 등등)에 흡수된 양을 의미한다. 현재는 라드 대신 국제단위계의 단위인 "그레이(Gy, gray")가 사용된다. 1그레이는 물질 1킬로그램 당 1줄joule의 에너지가 흡수되었을 때의 선량을 나타낸다. 1그레이는 100라드다.

뢴트겐(R, Roentgen): X선이나 감마선의 "조사선량(照射線量, exposure dose)" 단위로, 온도, 기압, 습도가 일정한 단위 부피의 공기 안에서 전리방사선이 방출하는 에너지의 양을 나타낸다. 1000분의 1뢴트겐은 밀리뢴트겐(mR, milliroentgen), 100만 분의 1뢴트겐은 마이크로뢴트겐(μR, microroentgen)으로 나타낸다. 일정한 시간 동안 조사된 양은 "시간당 뢴트겐(R/h, roentgen per hour)"으로 나타낼 수 있다. 1986년 당시 소비에트에서 정상적인 자연방사선 수준이라고 알려져 있었던 것은 시간당 4~20마이크로뢴트겐이었다.

렘Rem: "인체뢴트겐당량(Roentgen equivalent man)"을 의미한다. 사람이 전리방사선에 노출되었을 때 그것이 건강에 미치게 될 피해의 관점에서 방사선을 재는 단위로, 노출된 방사선의 종류, 노출 시간 등의 요인들을 고려해 계산된다. 방사선의 종류별로 가중치를 적용해 환산한 "선량당량(線量當量, dose equivalent)"이므로, 알파 입자, 베타 입자, 중성자, X선, 감마선 등 모든 방사선 종류에 대해 그것이 인체에 미치는 생물학적 영향(가령, 암 발생)을 예측하는 데 사용될 수 있다. 이를 테면, 1렘은 콜로라도 주 덴버에 사는 사람들이 1년 동안 자연방사선을 흡수했을 때 인체에 미치게 되는 효과보다 약간 적고, 5렘은 미국의 방사능 관련 산업 종사자들의 연간 피폭 한도이며, 100렘은 급성방사선증후군을 일으킬 수 있다고 여겨지는 문턱 값이고, 신체 전체에 즉각적으로 500렘이 피폭되면 대부분의 경우 생명에 치명적이다. 현재 렘은 국제단위계의 단위인 "시버트(Sv, sievert)"로 대체되어서, 오늘날 사용되는 선량계들은 대부분 시버트 단위(시버트, 밀리시버트, 마이크로시버트)로 되어 있다. 1시버트는 100렘이다.

후주

프롤로그

1. 1986년 4월 26일에 알렉산더 로가쵸프가 작성한 체르노빌 발전소 방사선량 측정 지도에 정확한 시간이 표시되어 있다. 체르노빌 뮤지엄 문서보관소, 우크라이나 키예프.
2. 알렉산더 로가쵸프(키예프군구 시민방호군 제427 적기군 기계화연대 방사선 정찰 장교), 나와의 인터뷰, 2017년 6월 1일, 키예프; Yuli Hkariton, Yuri Smirnov, Linda Rothstein, and Sergei Leskov, "The Khariton Version," *Bulletin of the Atomic Scientists* 49, no. 4 (1993), p.30.
3. 로가쵸프, 나와의 인터뷰, 2017년.
4. Alexander Logachev, *The Truth* [Истина], 2005년에 출간된 회고록. 이후에 또 다른 형태로 다음에도 수록됨. *Obzreniye krymskih del*, 2007; 블라디미르 그레베뉴크 Vladimir Grebeniuk 대령Colonel(키예프군구 시민방호군 제427 적기군 기계화연대 지휘관), 나와의 인터뷰, 2016년 2월 9일, 키예프.
5. Logachev, *The Truth*.
6. 로가쵸프가 작성한 체르노빌 방사선량 측정 지도, 체르노빌 뮤지엄.
7. Logachev, *The Truth*.

1부: 어느 도시의 탄생

1장: 소비에트의 프로메테우스

1. 빅토르 브류하노프와 발렌티나 브류하노프, 나와의 인터뷰, 2015년 9월과 2016년 2월, 키예프. 빅토르와 발렌티나는 부부 사이로, 1986년 4월 당시 빅토르는 체르노빌 원자력발전소 소장이었고 발렌티나는 이곳의 열처리 전문 엔지니어였다; 나의 우크라이나 코파치 방문, 2006년 2월 17일; 본문의 더 아랫부분에 묘사되어 있는, 코냑으로 건배를 한 것과 기념 말뚝을 박은 것은 다음 다큐멘터리에 나온다. *The Construction of the Chernobyl Nuclear Power Plant [Будівництво Чернобильської AEC]*, Ukrainian Studio of Documentary Chronicle Films, 1974; 이날의 기념식을 촬영한 사진을 다음 다큐멘터리에서 볼 수 있다. *Chernobyl: Two Colors of Time [Чернобыль: Два цвета времени]*, 감독: I. Kobrin (Kiev: Ukrtelefim, 1989), pt. 3 mark 40:05, www.youtube.com/watch/v=keEcEHQipAY.

2. Zhores A. Medvedev, *The Legacy of Chernobyl* (New York: Norton, 1990), p. 239; "Controversy Around the Third Phase of the Chernobyl NPP," *Literaturnaya Gazeta*, May 27, 1987. 다음에 번역 수록됨. "Aftermath of Chernobyl Nuclear Power Plant Accident, Part IV," Joint Publication Research Service(이후로는 JPRS로 표기), Soviet Union: Political Affairs, p. 111.

3. Vitali Sklyarov, *Chernobyl Was… Tomorrow*, trans. Victor Batachov (Montreal: Presses d'Amérique, 1993), p. 22.

4. Alexander Sich, "The Chornobyl Accident Revisited: Source Term Analysis and Reconstruction of Events During the Active Phase" (MIT 박사학위 논문, 1994년), p. 203.

5. Richard F. Mould, *Chernobyl Record: The Definitive History of the Chernobyl Catastrophe* (Boca Raton: CRC Press, 2000), p. 312.

6. 1979년에서 1989년 사이에 키예프 인구는 220만 명에서 260만 명으로 늘었다. V. A. Boldyrev, *Results of USSR Population Census [Итоги переписи населения СССР]* (Moscow: USSR State Committee on Statistics, 1990), p. 15: http://istmat.info/files/uploads/17594/naselenie_sssr_po_dannym_vsesoyuznoy_perepisi_nas eleniya_1989g.pdf. 다음도 참고하라. Sich, "The Chornobyl Accident Revisited," p. 196.

7. 빅토르 브류하노프와 발렌티나 브류하노프, 나와의 인터뷰, 2015년; 나의 체르노빌 방문, 2016년 4월 25일.

8. 빅토르 브류하노프, 다음과의 인터뷰. Oleg Nikolaevich, "Stories about Tashkent Natives: True and Sometimes Unknown. Part 1" [Истории о ташкентцах правдивые

и не всем известные. Часть 1], Letters about Tashkent, April 29, 2016: http://
mytashkent.uz/2016/04/29/istorii-o-tashkenttsah-pravdivye-i-ne-vsem-izvestnye-
chast-1.

9. 바실리 리소벤코Vasily Lisovenko 소령Major(우크라이나 KGB 제6부 제3분과장), 나
와의 인터뷰, 2016년 9월.

10. 리소벤코, 나와의 인터뷰, 2016년. 소비에트연방 수립 초창기부터도 소련에서
는 테크놀로지 기반의 기업체를 이끌 수장은 충성스러운 당원들을 임명하고
기술적인 문제들은 휘하의 전문가들의 도움을 받아 경영하도록 하는 방식이
흔했다. 그리고리 메드베데프Grigori Medvedev, 다음 다큐멘터리의 인터뷰 녹
취. BBC, The Second Russian Revolution(이후로는 2RR로 표기), 1991.

11. 에너지전기부의 네포로지니 장관은 1969년 7월 4일 알렉세이 코시긴Alexei
Kosygin 소비에트 총리에게 보낸 서신에서 이 정책을 강력하게 주장했다. Sonja
D. Schmid, *Producing Power: The Pre-Chernobyl History of the Soviet Nuclear Industry* (Cambridge,
MA: The MIT Press, 2015), 34n97.

12. Charles Dodd, *Industrial Decision-Making and High-Risk Technology: Siting Nuclear Power Facilities
in the USSR* (Lanham, MD: Rowman & Littlefield, 1994), pp. 73-74.

13. V. A. Sidorenko, "Managing Atomic Energy." 다음에 수록됨. V. A. Sidorenko,
ed., *The History of Atomic Energy in the Soviet Union and Russia [История атомной энергетихи
Советского Союза и России]* (Moscow: Izdat, 2001), p. 219.

14. 1967년에 추산된 체르노빌 발전소 건설 예상 비용은 총 3억 8968만 루블이
었다. 다음을 참고하라. Document No. 1, N. Baranovska, ed., *The Chernobyl Tragedy:
Documents and Materials [Чорнобильська Трагедія: Документи і матеріали]* (Kiev: Naukova
Dumka, 1996): "Appeal from the Council of Ministers of USSR to the Central
Committee of Communist Party of Ukraine to approve the project of building the
Central Ukrainian nuclear power station near the village of Kopachi, Chernobyl district,
Kyiv region," February 2, 1967.

15. 빅토르 브류하노프와 발렌티나 브류하노프, 나와의 인터뷰, 2015년. 브류하노
프는 발전소 건설 초창기 시기에 그가 했던 일들을 다음과의 인터뷰에서도 묘
사한 바 있다. Maria Vasyl, *Fakty i kommentarii*: "Former ChNPP director Brukhanov:
'Had they found legal grounds to have me shot, they would have done so.'" [Бывший
директор ЧАЭС Виктор Брюханов: «Если бы нашли для меня расстрельную

статью, то, думаю, расстреляли бы.≫], October 18, 2000, http://fakty.ua/104690-byvshij-direktor-chaes-viktor-bryuhanov-quot-esli-by-nashlidlya-menya-rasstrelnuyu-statyu-to-dumayu-rasstrelyali-by-quot.

16. Baranovska, ed., *The Chernobyl Tragedy*, Document No. 7: "The joint decision of subdivisions of the USSR Ministry of Energy and Electrification on constructing a temporary cargo berth for the Chernobyl NPP," April 29, 1970.

17. 브류하노프, 다음과의 인터뷰. Vasyl, *Fakty i kommentarii*, 2000.

18. 바실리 키지마Vasily Kizima(체르노빌 발전소 공사 담당 총책임자), 나와의 인터뷰, 2016년 2월, 우크라이나 키예프; 제나디 밀리네프스키Gennadi Milinevsky(1971년 여름에 체르노빌 공사 현장에 지원 인력으로 파견되었던 키예프 대학 학생), 나와의 인터뷰, 2016년 4월, 키예프. 늘 목표량을 초과 달성하고 노동경연대회에 단골로 참석하는 우수 노동자들을 "우다르니키[돌격대원]"라고 불렀는데, 1971년 무렵 소비에트 전역에 약 1790만 명의 우다르니키가 있었다. Lewis Siegelbaum, "Shock Workers": Seventeen moments in Soviet History, http://soviethistory.msu.edu/1929-2/shock-workers/.

19. 니콜라이 스타인버그Nikolai Steinberg, 나와의 인터뷰, 2015년 9월, 우크라이나 키예프.

20. Schmid, *Producing Power*, p. 19.

21. 알렉산더 에사울로프Alexander Esaulov(프리피야트 시 이스폴콤 부의장), 나와의 인터뷰, 2015년 7월, 우크라이나 이르핀.

22. 브류하노프, 다음과의 인터뷰. Vasyl, *Fakty i kommentarii*, 2000; 스타인버그, 나와의 인터뷰, 2015년.

23. 전기 소비량은 거주 지역 등 다양한 요인에 영향을 받는다. 여기에 제시된 "적어도 100만 가구"라는 보수적인 추산치는 21세기 미국 북동부 가정을 기준으로 미국 원자력규제위원회Nuclear Regulatory Commission가 추산한 전기 소비량을 토대로 한 것이다. "What Is a Megawatt?" February 4, 2012, www.nrc.gov/docs/ML1209/ML120960701.pdf.

24. Baranovska, ed., *The Chernobyl Tragedy*, document no. 10, "Resolution of the USSR Ministry of Energy and Electrification on the organization and implementation of operations to oversee the physical and energy launch of the NPPs under construction on USSR territory," July 29, 1971; 스타인버그, 나와의 개인적인 연락, 2018년 8월 6

그날 밤 체르노빌 554

일.

25. 몇몇 소비에트 역사학자들의 추산치에 따르면 1972년에 소비에트연방의 연간 군비 지출은 2360억~3000억 루블(실질 화폐 기준)에 달했으며 1989년에는 국가 예산의 거의 절반을 차지했다. Yevgenia Albats, *The State Within a State: The KGB and Its Hold on Russia—Past, Present, and Future*, Catherine Fitzpatrick trans. (New York: Farrar, Straus and Giroux, 1999), p. 189.

26. Baranovska, ed., *The Chernobyl Tragedy*, document, no. 13: "Resolution of the Communist Party of Ukraine and the Council of Ministers of the USSR on the construction progress of the Chernobyl nuclear power plant," April 14, 1972.

27. Schmid, *Producing Power*, p. 19; George Stein, "Pipes Called 'Puff Pastry Made of Steel,'" *Los Angeles Times*, May 16, 1986; Piers Paul Read, *Ablaze: The Story of the Heroes and Victims of Chernobyl* (New York: Random House, 1993), pp. 30, 46-47.

28. Sklyarov, *Chernobyl Was··· Tomorrow*, p. 163. 러시아어 pred-montazhnaya reviziya oborudovaniya를 문자 그대로 옮기면 "건설erection 이전 상태에서의 개조"이지만 "짜깁기"라는 뉘앙스를 담기 위해 이 책에서는 "설치installation 이전 단계에서의 개조"로 옮겼다. 다음의 러시아어 원문을 참고하라. Завтра был... Чернобыль. Moscow: Rodina, 1993, p. 165).

29. Baranovska, ed., *The Chernobyl Tragedy*, document no. 13; Vladimir Voloshko, "The Town that Died at the Age of Sixteen" [Город, погибший в 16 лет], 날짜 미상, Pripyat. com, http://pripyat.com/people-and-fates/gorod-pogibshii-v-16-let.html.

30. 우크라이나 당이 하달한 아파트 완공 목표 시한은 1972~1974년이었다. 다음을 참고하라. Baranovska, ed., *The Chernobyl Tragedy*, document no. 13.

31. 당시 에너지부의 원전 담당국 글라브아톰에네르고Glavatomenergo를 이끌고 있었던 아르템 그리고리안츠Artem Grigoriants로, 그가 체르노빌 발전소의 건설과 마감일 준수에 대한 책임을 지고 있었다.

32. 소련 공산당의 기원은 다음에 잘 묘사되어 있다. Robert Service, *A History of Modern Russia* (Cambridge: Harvard University Press, 2010), pp. 47-99.

33. Raymond E. Zickel, ed., *Soviet Union: A Country Study* (Washington DC: US Government Printing Office, 1991), p. 281.

34. Theodore R. Weeks, *Across the Revolutionary Divide: Russia and the USSR, 1861-1945* (Chisester: Wiley-Blackwell, 2010), p. 77.

35. 당 관료제하에서 발생한 초창기의 혼란과 내분은 다음에 잘 드러나 있다. Merle Fainsod, *Smolensk under Soviet Rule* (Cambridge, MA: Harvard University Press, 1958).

36. 1970년에 당원은 약 1340만 명이었다. A. M. Prokhorov, ed., *Great Soviet Encyclopedia* [*Большая Советская Энциклопедия*], vol. 24 (Moscow, 1997), p. 176.

37. 빅토르 브류하노프, 다음과의 인터뷰. Sergei Babakov, "I don't accept the charges against me···" [≪С предъявленными мне обвинениями не согласен···≫], *Zerkalo nedeli*, August 27, 1999, https://zn.ua/society/c_predyavlennymi_mne_obvineniyami_ne_soglasen.html.

38. Read, *Ablaze*, p. 31.

39. Sklyarov, *Chernobyl Was··· Tomorrow*, p. 172.

40. Vladimir Shlapentokh, *A Normal Totalitarian Society: How the Soviet Union Functioned and How It Collapsed* (Armonk, NY: M.E. Sharpe, 2001), p. 56; Stephen Kotkin, *Armageddon Averted: The Soviet Collapse, 1970-2000*, 2nd ed. (New York: Oxford University Press, 2003), p. 67.

41. Angus Roxburgh, *Moscow Calling: Memoirs of a Foreign Correspondent* (Berlin: Birlinn, 2017), pp. 28-30.

42. David Remnick, *Lenin's Tomb: The Last Days of the Soviet Empire* (New York: Vintage Books, 1994), p. 249.

43. 다음에 실린 비탈리 스클랴로프Vitaly Sklyarov의 묘사. Sklyarov, *Chernobyl Was··· Tomorrow*, pp. 119, 122. 스클랴로프는 당시 우크라이나 에너지부 장관이어서 사고 전후로 브류하노프를 여러 차례 만났다.

44. 빅토르 브류하노프와 발렌티나 브류하노프, 나와의 인터뷰, 2015년과 2016년.

45. 빅토르 브류하노프와 발렌티나 브류하노프, 나와의 인터뷰, 2016년. 1년 전인 1984년 11월 7일에 프리피야트에서 찍은 사진을 다음에서 볼 수 있다. "Pripyat Before the Accident. Part XIX," 체르노빌과 프리피야트 온라인 아카이브. *Chernobyl—A Little About Everything* [*Чернобыль: Обо Всём Понемногу*], November 14, 2012, http://pripyat-city.ru/uploads/posts/201211/1352908300_slides-04.jpg.

46. 빅토르 브류하노프와 발렌티나 브류하노프, 나와의 인터뷰, 2016년.

47. Zhores Medvedev, *The Legacy of Chernobyl*, p. 239; Lyubov Kovalevska, "Not a Private Matter" [Не приватна справа], *Literaturna Ukraina*, March 27, 1986. www.myslenedrevo.com.ua/uk/Sci/HistSources/Chornobyl/Prolog/NePryvatnaSprava.html.

48. Paul R. Josephson, *Red Atom: Russia's Nuclear Power Program from Stalin to Today* (Pittsburgh, PA: University of Pittsburgh Press, 2005), p. 55.

49. Yuri Yevsyukov, *Pripyat [Припять]* (Kyiv: Mystetstvo, 1986) http://pripyat-city.ru/books/57-fotoalbom.html.

50. Vasily Voznyak and Stanislav Troitsky, *Chernobyl: It Was Like This—The View from the Inside [Чернобыль : Так это было - взгляд изнутры]*, (Moscow: Libris 1993), 223.

51. 빅토르 브류하노프와 발렌티나 브류하노프, 나와의 인터뷰, 2015년.

52. 에사울로프, 나와의 인터뷰.

53. 라두가 백화점에는 가구부터 장난감까지 없는 것이 없었다. 나탈리아 유브첸코Natalia Yuvchenko(프리피야트 제4학교 교사, 체르노빌 발전소 선임 기계 엔지니어 알렉산더 유브첸코Alexander Yuvchenko의 아내), 나와의 인터뷰, 2015년 10월, 러시아 모스크바.

54. 스베틀라나 키리첸코Svetlana Kirichenko(프리피야트 이스폴콤 수석 경제학자), 나와의 인터뷰, 2016년 4월, 키예프.

55. Alexander Esaulov, *The City That Doesn't Exist [Город, которого нет]* (Vinnytsia: Teza, 2013), p. 14; 빅토르 클로치코Viktor Klochko(프리피야트 담당 KGB 책임자), 타라스 슈메이코Taras Shumeyko와의 인터뷰, 2015년 9월.

56. 아나톨리 자하로프Anatoli Zakharov(소방차 운전대원이자 프리피야트 강 수상 구조원), 나와의 인터뷰, 2016년.

57. 빅토르 브류하노프와 발렌티나 브류하노프, 나와의 인터뷰, 2016년.

58. Remnick, *Lenin's Tomb*, pp. 144-147.

59. Sklyarov, *Chernobyl Was… Tomorrow*, p. 123.

60. 당은 일정대로 1983년 12월에 4호기를 완공한 공로로 체르노빌 엔지니어 7명에게 메달을 수여했다. "Resolution 144/2C of the Central Committee of the Communist Party of the Soviet Union" [Постановление Секретариата ЦК Коммунистической Партии Советского Союза № CT 144/2C], March 6, 1984. 마이크로필름 자료. 후버연구소Hoover Institution 현대 러시아사 정부 문서 아카이브Russian State Archive of Contemporary History(RGANI), Opis 53, Reel 1.1007, File 33.

61. 키지마, 나와의 인터뷰, 2016년.

62. 빅토르 브류하노프, 다음과의 인터뷰. Vladimir Shunevich, "Former director of

the Chernobyl Atomic Power Station Viktor Brukhanov: 'At night, driving by Unit Four, I saw that the structure above the reactor is ⋯ gone!'" [Бывший директор Чернобыльской Атомной Электростанции Виктор Брюханов: ≪Ночью, проезжая мимо четвертого блока, увидел, что верхнего строения над реактором⋯ Нету!≫], *Fakty i kommentarii*, April 28, 2006, http://fakty.ua/104690-byvshijdirektor-chaes-viktor-bryuhanov-quot-esli-by-nashli-dlya-menya-rasstrelnuyustatyu-to-dumayu-rasstrelyali-by-quot.

63. 빅토르 브류하노프와 발렌티나 브류하노프, 나와의 인터뷰, 2015년.

64. 4호기 완공 날짜는 다음에 나온다. Nikolai Karpan, *From Chernobyl to Fukushima*, trans. Andrey Arkhipets (Kiev: S. Podgornov, 2012), p. 143.

65. Sich, "The Chornobyl Accident Revisited," p. 148.

66. Schmid, *Producing Power*, p. 34.

67. David R. Marples, *Chernobyl and Nuclear Power in the USSR* (New York: St. Martin's Press, 1986), p. 120.

68. Kovalevska, "Not a Private Matter." 코발레프스카Kovalevska가 쓴 논문의 발췌본을 데이비드 마플스David Marples가 번역하고 해설한 것을 다음에서 볼 수 있다. *Chernobyl and Nuclear Power in the USSR*, pp. 122-124. 저널리스트 이우리 슈셰르박이 코발레브스카와 한 인터뷰도 참고하라. Iurii Shcherbak, *Chernobyl: A Documentary Story*, trans. Ian Press (New York: St. Martin's Press, 1989), pp. 15-21.

69. 우크라이나 국가기억연구소Ukrainian Institute of National Remembrance 소장 볼로디미르 비아트로비치Volodymyr Viatrovych에 따르면, 사고 무렵 KGB 요원 91명, 주민 8명, "승인된 인원" 112명이 체르노빌 원자력발전소를 감시하고 있었다(비아트로비치의 강연, 2016년 4월 28일, 키예프. www.youtube.com/watch?v=HJpQ4SWxHKU). 체르노빌의 자재 공급 및 건설 공사와 관련한 문제점들을 언급한 KBG 보고서의 사례로는 다음을 참고하라. Document no, 15. "Special report of the 6th department of the UkSSR KGBM ⋯ concerning the facts of shipping of poor-quality equipment for the Chernobyl NPS from Yugoslavia," from January 9, 1984. 다음에 수록됨. Yuri Danilyuk, ed., "The Chernobyl Tragedy in Documents and Writings" [Чорнобильська трагедія в документах та матеріалах], Special Issue, *Ẓ arkhiviv VUChK-GPU-NKVD-KGB* 1 no. 16 (2001).

70. 빅토르 코브투츠키Vitkor Kovtutsky(체르노빌 건설부 수석 회계사), 나와의 인터뷰,

2016년 4월 24일, 우크라이나 키예프.

71. 빅토르 브류하노프와 발렌티나 브류하노프, 나와의 인터뷰, 2016년.

72. Sklyarov, *Chernobyl Was… Tomorrow*, p. 123

73. 나와의 인터뷰: 빅토르 브류하노프와 발렌티나 브류하노프, 2015년; 스타인버그, 2015년; 세르히 파라신Serhiy Parashyn(체르노빌 원자력발전소 당 서기), 2016년 11월 30일, 키예프.

74. 파라신과 키지마, 나와의 인터뷰.

75. 키지마, 다음에 실린 묘사. Grigori Medvedev, *The Truth about Chernobyl*, trans. Evelyn Rossiter (New York: Basic Books, 1991), p. 141.

76. 스타인버그, 나와의 인터뷰, 2017년; Valery Legasov, "My duty is to tell about this." 체르노빌 사고에 대해 레가소프가 녹음으로 남긴 회고록의 전체 번역본을 다음에서 볼 수 있다. Mould, "Chapter 19: The Legasov Testament," *Chernobyl Record*, p. 298.

77. Alec Nove, *The Soviet Economy: An Introduction*, 2nd rev. ed. (New York: Praeger, 1969), p. 258

78. 브류하노프는 2000년에 한 인터뷰에서 2만 5000명의 건설 노동자가 안정적인 일자리를 필요로 하고 있었다고 설명했다(*Fakty i kommentarii*). 주피터 전자 노동자들(상당수가 여성이었다)에 대한 내용은 에사울로프의 저술(*The City that Doesn't Exist*, p. 13) 및 2015년에 내가 에사울로프를 만나 들은 이야기를 참고했다.

79. Schmid, *Producing Power*, p. 87.

80. Ibid., 90.

81. 알렉산더 나자르코프스키Alexander Nazarkovsky(체르노빌 선임 전자기계 엔지니어), 나와의 인터뷰, 2016년, 키예프.

82. Legasov, "My duty is to tell about this," p. 300.

83. 안나 코롤레프스카Anna Korolevska(체르노빌 뮤지엄 과학 부소장), 나와의 인터뷰, 2015년 7월, 키예프.

84. Read, *Ablaze*, p. 45.

85. Ibid.

86. 스타인버그, 나와의 인터뷰, 2017년; Schmid, Producing Power, p. 153. 잦은 인력 이동이 어떻게 문제를 증폭시켰는지에 대해서는 다음을 참고하라. Marples, *Chernobyl and Nuclear Power in the USSR*, p. 120.

87. Grigori Medvedev, *The Truth About Chernobyl*, p. 44.

88. 제나디 샤샤린Gennadi Shasharin(1986년 당시 소비에트 에너지전기부 차관)이 포민의 임명에 대해 다음에서 언급한 내용. "The Chernobyl Tragedy." 다음에 수록됨. A. N. Semenov, ed., *Chernobyl. Ten Years On. Inevitability or Accident? [Чернобыль. Десять лет спустя. Неизбежность или случайность?]* (Moscow: Energoatomizdat, 1995), p. 98.

89. 재판에서 전문가 증인의 진술, Karpan, *From Chernobyl to Fukushima*, p. 148.

90. Shasharin, "The Chernobyl Tragedy," p. 98.

91. 에사울로프, 나와의 인터뷰, 2015년.

92. "Chernobyl NPP: Master Plan of the Settlement" [Чернобыльская АЭС: Генеральный план поселка], Ministry of Energy and Electrification of the USSR, 1971, p. 32.

93. 나와의 인터뷰, 2015년: 에사울로프, 키리첸코, 빅토르 브류하노프와 발렌티나 브류하노프; 빅토르 브류하노프, 다음과의 인터뷰. Anton Samarin, "Chernobyl hasn't taught anyone anything" [≪Чернобыль никого и ничему не научил≫], *Odnako*, April 26, 2010, http://www.odnako.org/magazine/material/chernobil-nikogo-inichemu-ne-nauchil-1/.

94. 마리아 프로첸코Maria Protsenko(프리피야트 시 수석 건축가), 나와의 인터뷰, 2015년 9월 5일, 키예프. 이 임시 구조물의 사진은 다음에서 볼 수 있다. "Pripyat Before the Accident: Part XVI," 체르노빌과 프리피야트 온라인 아카이브, 2011년 12월, http://pripyat-city.ru/uploads/posts/201112/1325173857_dumbr-01-prc.jpg.

2장: 알파, 베타, 감마

1. Robert Peter Gale and Eric Lax, *Radiation: What It Is, What You Need to Know* (New York: Vintage Books, 2013), p. 12.

2. Robert Peter Gale and Thomas Hauser, *Final Warning: The Legacy of Chernobyl* (New York: Warner Books, 1988), p. 6.

3. Ibid.

4. Ibid., 4-6.

5. Richard Rhodes, *The Making of the Atomic Bomb* (New York: Simon & Schuster, 1988), p. 711.

6. Emily Strasser, "The Weight of a Butterfly," *Bulletin of the Atomic Scientists*, February 25, 2015; Jeremy Jacquot, "Numbers: Nuclear Weapons, From Making a Bomb to Making a Stockpile to Making Peace," *Discover*, October 23, 2010.

7. 당시 히로시마의 정확한 인구 통계가 불분명했던 데다 폭발로 인한 파괴와 혼란 때문에 원폭 사망자 추산치들은 차이가 매우 크다. 정확한 숫자는 아마 앞으로도 알 수 없을 것이다. 여기에서 제시한 숫자는 다음 저술에 나오는 "최선의 추산치"를 참고했다. Paul Ham, *Hiroshima Nagasaki: The Real Story of the Atomic Bombings and Their Aftermath* (New York: Thomas Dunne Books, St Martin's Press, 2014), p. 408.

8. Gale and Hauser, *Final Warning*, p. 6.

9. Fred A. Mettler, Jr. and Charles A. Kelsey, "Fundamentals of Radiation Accidents." 다음에 수록됨. Igor A. Gusev, Angelina K. Guskova, Fred A. Mettler Jr, eds., *Medical Management of Radiation Accidents* (Boca Raton: CSC, 2001), p. 7; Gale and Hauser, *Final Warning*, p. 18.

10. Craig Nelson, *The Age of Radiance: The Epic Rise and Dramatic Fall of the Atomic Era* (New York: Simon & Schuster, 2014), pp. 3-4.

11. Gale and Lax, *Radiation*, pp. 13, 17-18.

12. Ibid., 20.

13. John Harrison et al. "The Polonium-210 Poisoning of Mr. Alexander Litvinenko," *Journal of Radiological Protection* 31, no. 1, February 28, 2017. FSB는 KGB의 후신으로, 1995년에 러시아의 국가 정보기관으로 설립되었다.

14. Gale and Hauser, *Final Warning*, pp. 18-19.

15. Mettler and Kelsey, "Fundamentals of Radiation Accidents," pp. 7-9; 안젤리카 바라바노바 Anzhelika Barabanova(의사), 나와의 인터뷰, 2016년 10월 14일, 모스크바.

16. Gale and Lax, *Radiation*, p. 39.

17. Timothy Jorgensen, *Strange Glow: The Story of Radiation* (Princeton, NJ: Princeton University Press, 2016), pp. 23-28.

18. Ibid., 31-32; US Department of the Interior, "The Historic Furnishings Report of the National Park Service, Edison Laboratory," 1995, p. 73. www.nps.gov/parkhistory/online_books/edis/edis_lab_hfr.pdf. 이 상자의 사진은 다음에서 볼 수 있다. Gilbert King, "Clarence Dally: The Man Who Gave Thomas Edison X-Ray Vision," Smithsonian.com, March 14, 2012.

19. Jorgenson, *Strange Glow*, pp. 93-95.

20. Gale and Lax, *Radiation*, pp. 43-45.

21. Jorgenson, *Strange Glow*, pp. 88-89.

22. Gale and Lax, *Radiation*, p. 44.

23. 티모시 요르겐슨Timothy Jorgensen(조지타운 대학 방사능 의학과 교수), 나와의 전화 인터뷰, 2016년 6월 19일.

24. National Research Council, *Health Risks from Exposure to Low Levels of Ionizing Radiation: BEIR VII Phase 2* (Washington, DC: The National Academies Press, 2006), p. 141.

25. 마사오 토모나가Masao Tomonaga(나가사키 대학 원폭 질환 연구소 소장)가 제공한 자료. 다음에 인용됨. Gale and Lax, Radiation, pp. 52-57.

26. James Mahaffey, *Atomic Awakening: A New Look at the History and Future of Nuclear Power* (New York: Pegasus, 2009), pp. 286-289, 329-333. 다음도 참고하라. Dwayne Keith Petty, "Inside Dawson Forest: A History of the Georgia Nuclear Aircraft Laboratory," *Pickens County Progress*, January 2, 2007. http://archive.li/GMnGk.

27. 대글리언의 총 피폭 양은 5100밀리시버트로 추산되었으며 이는 510렘에 해당한다. Jorgenson, *Strange Glow*, p. 111; James Mahaffey, *Atomic Accidents: A History of Nuclear Meltdowns and Disasters: From the Ozark Mountains to Fukushima* (New York: Pegasus Books, 2014), pp. 57-60.

28. 대글리언의 로스앨러모스 동료 조앤 힌턴Joan Hinton은 마침 건물 밖에 주차를 하고 있었을 때 대글리언이 걸어오는 것을 보아서 곧바로 그를 태우고 병원에 갔다고 회상했다. 다음을 참고하라. Ruth H. Howes and Caroline L. Herzenberg, *Their Day in the Sun: Women of the Manhattan Project* (Philadelphia: Temple University Press, 1999), pp. 54-55.

29. "Atomic Bomb Worker Died 'From Burns'", *New York Times*, September 21, 1945. 다음도 참고하라. Paul Baumann, "NL Man Was 1st Victim of Atomic Experiments," *The Day*, August 6, 1985.

30. David Holloway, *Stalin and the Bomb: The Soviet Union and Atomic Energy, 1939-1956* (New Haven: Yale University Press, 1996), p. 213. 소비에트 폭탄의 미국판 전조격인 1945년 뉴멕시코 호르나다 델 무에르토 사막에서 실험된 폭탄은 미국 과학자들 사이에서 "가제트Gazette"라고 불렸다.

31. Svetlana Kuzina, "Kurchatov wanted to know what stars were made of—and created

bombs" [Курчатов хотел узнать, из чего состоят звезды. И создал бомбы],
Komsomolskaya Pravda, January 10, 2013, www.kp.ru/daily/26012.4/2936276.

32. 플루토늄 제조에 쓰인 안누슈카 원자로는 원래 핸포드에 있는 것과 마찬가지
로 수평 디자인으로 설계되어 있었는데 나중에 소비에트의 엔지니어 니콜라
이 돌레잘Nikolai Dollezhal에 의해 수직 디자인으로 변경되었다. Holloway, *Stalin
and the Bomb*, p. 183; Schmid, *Producing Power*, p. 45.

33. Mahaffey, *Atomic Awakening*, 203. 『군사적 목적을 위한 원자력 에너지』의 부제
는 "미국의 정부 지원 하에 진행된 원폭 개발에 대한 공식 보고서, 1940-1945
년*The Official Report on the Development of the Atomic Bomb Under the Auspices of the United States
Government, 1940-1945*"이다. 소비에트 당국은 러시아어 번역본 5만 권을 인쇄해
소비에트 과학자들에게 배포했다. Josephson, *Red Atom*, 24.

34. 러시아어로 "제1주요국"은 Pervoye Glavnoye Upravleniye의 줄임말인 PGU로 흔히
표기된다. Roy A., Medvedev and Zhores A. Medvedev, *The Unknown Stalin*, translated
by Ellen Dahrendorf (New York: I.B. Tauris, 2003), 133; Simon Sebag Montefiore,
Stalin: The Court of the Red Tsar (New York: Knopf, 2004), 501-502.

35. Medvedev and Medvedev, *The Unknown Stalin*, pp. 134, 162.

36. Holloway, *Stalin and the Bomb*, pp. 218-219.

37. Ibid., 347.

38. Josephson, *Red Atom*, pp. 20-26.

39. Gale and Lax, *Radiation*, p. 48.

40. Holloway, *Stalin and the Bomb*, pp. 307, 317.

41. Stephanie Cooke, *In Mortal Hands: A Cautionary History of the Nuclear Age* (New York:
Bloomsbury, 2010), pp. 106-111.

42. Josephson, *Red Atom*, p. 173.

43. Cooke, *In Mortal Hands*, p. 113.

44. Schmid, *Producing Power*, p. 97.

45. Montefiore, *Stalin*, p. 652.

46. Schmid, *Producing Power*, pp. 45, 230n29.

47. Josephson, *Red Atom*, p. 11.

48. Ibid., 4-5

49. Paul Josephson, "Rockets, Reactors, and Soviet Culture." 다음에 수록됨, Loren

Graham, ed., *Science and the Soviet Social Order* (Cambridge, MA: Harvard University Press, 1990), pp. 174.

50. Josephson, *Red Atom*, p. 11. 소비에트에서 "대大조국전쟁The Great Patriotic War"은 2차 대전 중 1941년 6월 나치가 소비에트를 침공했을 때 이에 맞서 싸운 전쟁을 일컫는다.

51. Ibid., 25; Schmid, *Producing Power*, p. 45.

52. Ibid., 46.

53. Josephson, *Red Atom*, pp. 26-27.

54. Evelyn Mervine, "Nature's Nuclear Reactors: The 2-Billion-Year-Old Natural Fission Reactors in Gabon, Western Africa," *Scientific American*, July 13, 2011.

55. Ray L. Lyerly and Walter Mitchell III, *Nuclear Power Plants*, revised edition (Washington DC: Atomic Energy Commission, 1973) p. 3; Bertrand Barré, "Fundamentals of Nuclear Fission." 다음에 수록됨. Gerard M. Crawley, ed., *Energy From The Nucleus: The Science and Engineering of Fission and Fusion* (New Jersey: World Scientific Publishing, 2016), p. 3.

56. Chuck Hansen, U.S. *Nuclear Weapons: The Secret History* (Arlington, TX: Aerofax, 1988), p. 11.

57. World Nuclear Association, "Physics of Uranium and Nuclear Energy." 2018년 2월에 업데이트됨. www.world-nuclear.org/information-library/nuclear-fuelcycle/introduction/physics-of-nuclear-energy.aspx; 로버트 골드스톤Robert Goldston과 프랭크 본 히펠Frank Von Hippel, 나와의 인터뷰, 2018년 2월, 뉴저지 주 프린스턴.

58. 로버트 골드스톤과 프랭크 본 히펠, 나와의 인터뷰, 2018년.

59. 영국의 첫 원자로 GLEEP(Graphite Low Energy Experimental Pile)는 1947년 옥스포드셔 하웰에서 가동이 시작되었다. 미국에서는 최초의 비등경수 실험로가 1956년에 아르곤 국립연구소Argonne National Laboratory에서 건설되었다. 다음을 참고하라. "Nuclear Development in the United Kingdom," World Nuclear Association, October 2016; "Boiling Water Reactor Technology: International Status and UK Experience," Position paper, National Nuclear Laboratory, 2013.

60. Frank N. von Hippel and Matthew Bunn, "Saga of the Siberian Plutonium-Production Reactors," Federation of American Scientists Public Interest Report, 53 (November/December 2000); 본 히펠과 골드스톤, 나와의 인터뷰, 2018년.

61. Mahaffey, *Atomic Awakening*, pp. 206-207.

62. Josephson, *Red Atom*, p. 25; Schmid, *Producing Power*, p. 102.

63. Holloway, *Stalin and the Bomb*, p. 347.

64. Josephson, *Red Atom*, p. 56.

65. Ibid., 27.

66. "RBMK Reactors," World Nuclear Association, June 2016, www.world-nuclear.org/informationlibrary/nuclear-fuel-cycle/nuclear-power-reactors/appendices/rbmk-reactors.aspx.

67. Igor Kurchatov, "Speech at the 20th Congress of Communist Party of the Soviet Union." 다음에 수록됨. Y. N. Smirnov, ed. *Igor Vasilyevich Kurchatov in Recollections and Documents [Игорь Васильевич Курчатов в воспоминаниях и документах]* 2nd ed. (Moscow: Kurchatov Institute/Izdat, 2004), pp. 466-471.

68. V. V. Goncharov, "The Early Period of USSR Atomic Energy Development" [Первый период развития атомной энергетики в CCCP] 다음에 수록됨. Sidorenko, ed., *The History of Atomic Energy*, p. 19; Schmid, *Producing Power*, p. 20.

69. Schmid, *Producing Power* pp. 22, 26-27.

70. 원자력 업계를 계속해서 따라다니고 있는, "계량기를 달기에는 너무 싼too cheap to meter"이라는 표현은 1954년 9월 미국 원자력위원회Atomic Energy Commission 위원장 루이스 스트라우스Lewis Strauss가 전미과학작가협회National Association of Science Writers에서 연설을 하면서 쓴 표현이다. Thomas Wellock, "'Too Cheap to Meter': A History of the Phrase," United States Nuclear Regulatory Commission Blog, June 3, 2016.

71. Schmid, *Producing Power*, 18

72. Ibid., p. 22.

73. Ibid., 21. 첫 번째 모델은 1956년에 아직 설계 단계이던 노보보로네츠 Novovoronezh 원자력발전소였고, 두 번째 모델은 1954년부터 공사가 진행되고 있었던 벨로야르스크Beloyarsk 원자력발전소였다(103, 275n125).

74. Ibid., 29.

75. Ibid., 106, 266n41; Holloway, *Stalin and the Bomb*, p. 348.

76. Holloway, *Stalin and the Bomb*, pp. 348, 443n16.

77. Schmid, *Producing Power*, p. 34.

78. "The Atom Joins The Grid," London: British Pathé, October 1956. www.youtube.com/

watch?v=DVBGk0R15gA.

79. 다음의 다큐멘터리에서 영국 저널리스트 채프먼 핀처Chapman Pincher는 이렇게 말한다. "전에는 송전망에서 전기가 나오지 거꾸로 송전망에 전기를 집어넣어야 하지는 않았던 것 같은데 말입니다." Windscale 1957: *Britain's Biggest Nuclear Disaster* (Sarah Aspinall, BBC, 2007); 다음도 참고하라. Lorna Arnold, *Windscale 1957: Anatomy of a Nuclear Accident* (New York: St. Martin's Press, 1992), p. 21; Mahaffey, *Atomic Accidents*, p. 181.

80. 윈드스케일 원자로의 도면은 다음을 참고하라. Mahaffey, *Atomic Accidents*, p. 163.

81. Rebecca Morelle, "Windscale fallout underestimated," October 6, 2007, BBC News; Arnold, *Windscale 1957*, p. 161.

82. Arnold, *Windscale 1957*, pp. 78-87.

83. Mahaffey, *Atomic Accidents*, 2014, p. 181. 편집되지 않은 백서 원본은 "페니 보고서 Penney Report"라고 불리는데, 1988년 1월에 기밀 해제되어 대중에 공개되었다. 다음에서 상세한 내용을 볼 수 있다. Mahaffey, *Atomic Accidents*, pp. 159-181.

84. Josephson, *Red Atom*, pp. 4, 142-143, 147, 248. 공정하게 말하자면 미국 과학자들도 꽤 적극적으로 식품에 방사선을 조사했다. 가령, 1963년에 미국 식품의약국 FDA은 코발트60을 쪼인 베이컨을 식용으로 승인했다(160). 또 미군도 이동식 원자로를 개발했다. 그리고 물리학자 에드워드 텔러Edward Teller는 [건설 공사 등에 핵무기를 사용하는] "평화적인 핵폭발"(PNE, Peaceful Nuclear Explosion)의 열렬한 (그러나 결국에는 뜻을 펴지 못한) 옹호자였다.

85. Ibid., 113-117.

86. Ibid., 117-118, 246-249.

87. Sklyarov, *Chernobyl Was⋯ Tomorrow*, pp. 10-11. 슬라브스키에 대한 다음의 모음집도 참고하라. V. Y. Bushmelev, "For Efim Pavlovich Slavsky's 115th Birthday" [K 115-летию Ефима Павловича Славского], Interregional Non-Governmental Movement of Nuclear Power and Industry Veterans, October 26, 2013, www.veteranrosatom.ru/articles/articles_276.html.

88. 안겔리나 구스코바Angelina Guskova, 다음과의 인터뷰. Vladimir Gubarev, "On the Edge of the Atomic Sword" [На лезвии атомного меча], *Nauka i zhizn*, no. 4, 2007; Igor Osipchuk, "The legendary academician Aleksandrov fought with the White Guard in his youth" [Легендарный академик Александров в юности был белогвардейцем],

February 4, 2014, *Fakty i kommentarii*, http:∥fakty.ua/176084-legendarnyjprezident-sovetskoj-akademii-nauk-v-yunosti-byl-belogvardejcem.

89. Schmid, *Producing Power*, p. 53; "The Industry's Evolution: Introduction" [Эволюция отрасли: Введение], Rosatom, www.biblioatom.ru/evolution/vvedeniye.

90. Fedor Popov, *Arzamas-16: Seven Years with Andrei Saharov [Арзамас-16: семь лет с Андреем Сахаровым]* (Moscow: Institut, 1998), p. 52; Schmid, *Producing Power*, p. 93.

91. Schmid, *Producing Power*, pp. 50, 234n55.

92. 명시적으로 원자력 연구의 대부분은 투명한 조직으로 보이는 "원자력에너지 사용 국가위원회State Committee for the Utilization of Atomic Energy"의 관할 하에 수행되었지만, 이것은 스레드마시의 대외 전시용 기구일 뿐이었다. 니콜라이 스타인버그는 그 당시에도 스레드마시와 "[원자력]에너지 사용 국가위원회" 사이의 구분이 거짓이라는 사실이 해외 전문가들 사이에 이미 잘 알려져 있었다고 회상했다("그들이 말하기를, '모든 것이 기밀이지만 어떤 것도 비밀이 아니다'"). Georgi Kopchinsky and Nikolai Steinberg, *Chernobyl: On the Past, Present and Future [Чернобыль: О прошлом, настоящем и будущем]* (Kiev: Osnova, 2011), p. 123. 나중에 소비에트 정부는 "원자력 산업 안전 국가위원회State Committee of Safety in the Atomic Power Industry"라는 규제 기구를 세우고 이곳에서 파견된 사람이 소련내 모든 원전에서 안전 사항을 감독하게 했다. 하지만 이 위원회는 보고서를 펴낸 적이 한 번도 없고 철저히 비밀유지의 원칙하에 활동했다. Zhores Medvedev, *The Legacy of Chernobyl*, pp. 263-264; Schmid, *Producing Power*, pp. 50-52, 60, 235n58).

93. David Fischer, *History of the Atomic Energy Agency: The First Forty Years* (Vienna: IAEA, 1997), pp. 40, 42-43.

94. 미국, 영국, 프랑스 등 원자력 분야에 대해 비교적 덜 호의적이던 나라들과 달리 소련은 재처리 공장이나 원자로에서 벌어진 사고에 대해 IAEA에 단 한 건도 보고하지 않았다. Medvedev, *The Legacy of Chernobyl*, pp. 264-265.

95. Kate Brown, *Plutopia: Nuclear Families, Atomic Cities, and the Great Soviet and American Plutonium Disasters* (Oxford: Oxford University Press, 2015), p. 232.

96. G. Sh. Batorshin and Y. G. Mokrov, "Experience in Eliminating the Consequences of the 1957 Accident at the Mayak Production Association," International Experts' Meeting on Decommissioning and Remediation After a Nuclear Accident, IAEA, Vienna,

Austria, January 28 to February 1, 2013.

97. Brown, *Plutopia*, p. 239.

98. Ibid., 232-236.

99. V. S. Tolstikov and V. N. Kuznetsov, "The 1957 radiation accident in Southern Urals: Truth and fiction" [Южно-уральская радиационная авария 1957 года: Правда и домыслы], *Vremya* 32 no. 8, August 2017, p. 13; Brown, *Plutopia*, pp. 239-44.

100. 몇몇 자료는 피폭된 인구가 47만 5000명에 달할 것으로 추산하지만 (Mahaffey, Atomic Accidents, p. 284), 또 다른 자료들, 특히 러시아의 공식 자료는 그보다 훨씬 적은 4만 5500명 정도로 추산한다. 다음을 참고하라. Russian Ministry of Emergency Situations, "The aftermath of the manmade radiation exposure and the challenge of rehabilitating the Ural region" [Последствия техногенного радиационного воздействия и проблемы реабилитации Уральского региона], Moscow, 2002. http://chernobyl-mchs.ru/upload/program_rus/program_rus_19932010/Posledstviy_Ural.pdf.

101. Oleg A. Bukharin, "The Cold War Atomic Intelligence Game, 1945-1970," *Studies in Intelligence* 48, no. 2, p. 4.

3장: 4월 25일 금요일 5:00 PM, 프리피야트

1. 코브투츠키Kovtutsky, 나와의 인터뷰, 2016년.

2. 마리아 프로첸코, 나와의 인터뷰, 2015년 9월, 키예프. 이 슬로건의 사진은 다음에서 볼 수 있다. "Pripyat Before the Accident: Part IX," 체르노빌과 프리피야트 전자 아카이브. March 25, 2011, http://pripyatcity.ru/uploads/posts/2011-04/1303647106_50008255-pr-c.jpg.

3. 알렉산더 유브첸코, 나와의 인터뷰, 2006년.

4. 알렉산더의 남동생 블라디미르는 조정을 택했고 1988년 서울 올림픽에 소련 국가대표 선수로 참가했다. Natalia Donets et al., *25 Years of the National Olympic and Sports Committee of the Republic of Moldova* [25 de ani ai Comitetului Naţional Olimpic şi Sportiv din Republica Moldova](Chisinau: Elan Poligraph, 2016), p. 16.

5. 나탈리아 유브첸코, 나와의 인터뷰, 2015년 10월, 모스크바.

6. 나탈리아 유브첸코, 나와의 이메일 교신, 2015년 12월; 마리아 프로첸코, 나와의 인터뷰, 2016년 4월.

7. 나탈리아 유브첸코, 나와의 인터뷰, 2015년.

8. 알렉산더 유브첸코, 나와의 인터뷰, 2006년.

9. 나탈리아 유브첸코, 나와의 인터뷰, 2015년; 나의 유브첸코 기숙사 방문, 2016년 4월 27일, 프리피야트.

10. Read, *Ablaze*, p. 61; 나탈리아 유브첸코, 나와의 인터뷰, 2015년.

11. 나탈리아 유브첸코, 나와의 이메일 교신, 2015년

12. 나탈리아 유브첸코, 나와의 인터뷰, 2015년.

13. Read, *Ablaze*, p.61.

14. 알렉산더(사샤) 코롤Alexander(Sasha) Korol, 나와의 인터뷰, 2015년 9월, 키예프.

15. 베라 톱투노바Vera Toptunova, 나와의 인터뷰, 2015년 9월, 키예프.

16. 코롤, 나와의 인터뷰, 2015년.

17. 톱투노바, 나와의 인터뷰, 2015년.

18. 1942년에 모스크바 탄약기계공대로 설립된 이 대학은 전후에 초점을 거의 전적으로 핵물리학 분야로 옮기게 되는데, 이는 쿠르차토프의 촉구와 지원으로 이뤄진 일이었다. "History," National Research Nuclear University MEPhI, https://mephi.ru/about/index2.php.

19. 안드레이 글루호프Andrei Glukhov, 나와의 인터뷰, 2016년 2월, 체르노빌 원자력발전소.

20. 알렉세이 브레우스Alexey Breus, 나와의 인터뷰, 2015년 7월, 키예프.

21. Kristin Roth-Ey, *Moscow Prime Time: How the Soviet Union Built the Media Empire That Lost the Cultural Cold War* (Ithaca: Cornell University Press, 2011), pp. 258-259.

22. 나와의 인터뷰, 2015년: 톱투노바, 브레우스, 글루호프.

23. 코롤, 나와의 인터뷰, 2015년.

24. 브레우스, 나와의 인터뷰, 2015년.

25. 코롤, 나와의 인터뷰, 2015년.

26. 코롤, 나와의 인터뷰(2015년)와 타라스 슈메이코와의 인터뷰(2018년 4월, 키예프).

27. 브레우스, 나와의 인터뷰, 2015년.

28. Ibid.; 코롤, 나와의 인터뷰, 2015년. 가동 개시 날짜는 다음에 나온다. Sich, "The

Chornobyl Accident Revisited," p. 83.

29. 톱투노바, 나와의 인터뷰, 2015년; R. Veklicheva, "A Soviet way of life. The test" [Образ жизни—Советский. Испытание], *Vperiod* (오브닌스크 당 기관지), June 17, 1986, 베라 톱투노바의 개인 소장 자료.

30. 코롤, 나와의 인터뷰, 2015년; Josephson, *Red Atom*, pp. 6-7. 냉각수가 원자로를 거쳐 가는 과정에서 방사성 핵종들이 물에 축적되는데, 그것들은 냉각수 저수조에서 침전시켜서 물이 프리피야트 강으로 방류되기 전에 걸러 제거하도록 되어 있었다(Zhores Medvedev, *The Legacy of Chernobyl*, p. 92). 원자로를 돌고 온 물이 담긴 냉각수 저수조는 연중 섭씨 24도로 유지되었기 때문에 1978년에 지역 당국은 이 호수를 상업용 양식장으로 개발하는 것을 추진했다. 이후에 진행된 연구에서 그곳에서 잡힌 물고기가 위험한 수준의 스트론튬90을 가지고 있는 것으로 나타나 3년 뒤에 판매가 금지되었지만, 그래도 사람들은 그곳에서 계속 고기를 잡았다. Danilyuk, ed., *Z arkhiviv*, document no. 6: "Report of the UkSSR KGBM on Kiev and Kiev region to the UkSSR KGB concerning violations of the radiation safety requirements while studying the feasibility to use the Chernobyl NPS cooling pond for the purposes of industrial fishery," March 12, 1981.

31. 세르게이 얀코프스키Sergei Yankovsky, 나와의 인터뷰, 2016년 2월, 키예프.

32. 아나톨리 크랴트Anatoly Kryat(체르노빌 발전소 핵물리학 실험 수석연구원)이 법정에 증인으로 나와서 운전 매뉴얼집에 대해 묘사한 내용이 다음에 실려 있다. Karpan, *From Chernobyl to Fukushima*, p. 190.

33. 코롤, 나와의 인터뷰, 2015년.

34. 아나톨리 크랴트, 나와의 인터뷰, 2016년 2월, 키예프.

35. 코롤, 나와의 인터뷰, 2015년.

36. 스베틀라나 키리첸코Svetlana Kirichenko(프리피야트 이스폴콤 수석경제학자), 나와의 인터뷰, 2016년 4월 24일; 프리피야트 주민들의 회상. 다음에 인용됨. Vasily Voznyak and Stanislav Troitsky, *Chernobyl: It Was Like This—The View from the Inside* [Чернобыль: Так это было—взгляд изнутри] (Moscow: Libris, 1993).

37. 보리스 스톨랴추크Boris Stolyarchuk, 나와의 인터뷰, 2015년 7월, 키예프; Iurii Shcherbak "Chernobyl: A Documentary Tale" [Чернобыль: Документальная повесть], Yunost nos. 6-7, 1987. 미국합동출판물연구국 정치분과(Joint Publications Research Service, JPRS Political Affairs)에 의해 다음으로 번역됨. "Fictionalized Report on

First Anniversary of Chernobyl Accident," Report no. JPRS-UPA-87-029, September 15, 1987 (이후로는 "체르노빌 사고 1주년 보고서"로 표기), Part I, p. 24.

38. Read, *Ablaze*, p.61. 나의 체르노빌 원자력발전소 방문, 2016년 2월. 발전소 건물 안에 들어가는 경로와 밟아야 할 절차는 1986년 이래 지금까지 대체로 바뀌지 않았다.

39. 터빈 홀의 단면도는 다음에서 볼 수 있다. Sich, "The Chornobyl Accident Revisited," p. 192.

40. 나의 체르노빌 원자력발전소 방문, 2016년; 스타인버그, 나와의 개인적인 교신, 2018년 8월 6일; Sich, "The Chornobyl Accident Revisited," p. 191. 탈기기 통로는 사고 이후 "황금 통로"라고 더 널리 알려져 있다.

41. 아나톨리 자하로프Anatoly Zakharov, 나와의 인터뷰, 2006년 2월, 2016년 2월; 표트르 흐멜Piotr Khmel, 나와의 인터뷰, 2015년 7월; 나의 프리피야트 제2소방대 방문, 2016년 4월 25일; 레오니드 샤브레이Leonid Shavrey. 다음에 실린 증언. Sergei Kiselyov, "Inside the Beast," trans. Viktoria Tripolskaya-Mitlyng, *Bulletin of Atomic Scientists* 52, no. 3 (1996), p. 47.

42. Kiev Region Fire Department Dispatch Log for April 25-26, 1986(체르노빌 뮤지엄 문서보관소, 키예프), pp. 109-111.

43. 알렉산더 페트로프스키Alexander Petrovsky, 나와의 인터뷰, 2016년 11월, 우크라이나 보다니; 자하로프, 나와의 인터뷰, 2016년.

44. 표트르 흐멜, 나와의 인터뷰, 2015년.

45. 자하로프, 나와의 인터뷰, 2016년.

46. 표트르 흐멜, 나와의 인터뷰, 2015년; 레오니드 P. 텔랴트니코프Leonid P. Telyatnikov의 설명. 다음에 수록됨. Iurii Shcherbak, *Chernobyl [Чернобыль]*, trans. Ian Press (London: Macmillan, 1989), pp. 26-27; Shcherbak, trans. JPRS, "체르노빌 사고 1주년 보고서," pp. 46-66.

47. 표트르 흐멜, 나와의 인터뷰, 2015년.

48. Graham Harding, "Sovetskoe Shampanskoye-Stalins' Plebeian Luxury," *Wine as Was*, August 26, 2014.

49. 흐멜, 나와의 인터뷰, 2015.

50. 알렉산더 유브첸코, 나와의 인터뷰, 2006년.

4장: 평화로운 원자력의 비밀

1. International Atomic Energy Agency, International Nuclear Safety Advisory Group, "The Chernobyl Accident: Updating of INSAG-1," Safety series no. 75-INSAG-7, 1992 (이후로는 INSAG-7로 표기), p. 32; Schmid, *Producing Power*, p. 111.

2. "규모의 경제"에 대한 고려가 이 결정에 어떻게 영향을 미쳤는지는 다음을 참고하라. Marples, *Chernobyl and Nuclear Power in the USSR*, p. 111.

3. International Atomic Energy Agency, INSAG-7, p. 40. 원자로 안에 있던 흑연의 총무게는 다음에 나온다. Zhores Medvedev, *The Legacy of Chernobyl*, p. 5.

4. Zhores Medvedev, *The Legacy of Chernobyl*, p. 236; 알렉산더 시시, 전화 인터뷰, 2018년 5월.

5. Sich, "The Chornobyl Accident Revisited," p. 185.

6. 원자로가 들어가 있는 공간의 크기(21.6m×21.6m×25.5m)는 다음에 나온다. Sich, "The Chornobyl Accident Revisited," p. 429. 원자로 용기의 단면도는 179페이지를 참고하라. 다음도 참고하라. USSR State Committee on the Utilization of Atomic Energy, "The Accident at the Chernobyl' Nuclear Power Plant and Its Consequences," information compiled for the August 1986 IAEA Experts' Meeting in Vienna(이후로는 "소비에트 체르노빌 보고서"로 표기), pp. 7, 9. 다음에 수록됨. "Part II: Annex 2." 시시(244)는 사문석을 수화마그네슘규산염hydrous magnesium silicate 이라고 표기하고 있다.

7. 알렉산더 시시는 논문에서 원자로를 감싸고 있는 구조물의 자재와 물질에 대해 상세한 설명을 제공했는데, 여기에서 "구조물E"의 전체 무게가 족히 2000톤은 될 것이라고 밝혔다("The Chornobyl Accident Revisited," p. 427). 국제원자력기구의 체르노빌 보고서(INSAG-7, 9)도 동일한 수치를 제시했다. 이 추산치는 1987년에 미국 원자력규제위원회가 다음 보고서에서 제시했던 추산치 1000톤보다 높게 수정된 것이다. "*Report on the Accident at the Chernobyl Nuclear Power Station*" (NUREG-1250), pp. 2-12.

8. "소비에트 체르노빌 보고서," Part II: Annex 2, pp. 7, 9; Sich, "The Chornobyl Accident Revisited," p. 196.

9. Grigori Medvedev, *The Truth About Chernobyl*, pp. 73-74.

10. 알렉산더 시시에 따르면 서구에서 일반적으로 쓰이던 1300메가와트 용량의

가압경수로는 직경 3.4미터, 높이 4.3미터였다("The Chornobyl Accident Revisited," p. 158). 다음도 참고하라. Josephson, *Red Atom*, p. 299T6.

11. Sich, "The Chornobyl Accident Revisited," pp. 156-157; Schmid, *Producing Power*, pp. 115, 123.

12. Schmid, *Producing Power*, p. 290n124.

13. Ibid., 123; Josephson, *Red Atom*, p. 36.

14. Schmid, *Producing Power*, p. 112.

15. Zhores Medvedev, *The Legacy of Chernobyl*, p. 236.

16. 니콜라이 스타인버그, 나와의 인터뷰, 2015년 9월.

17. International Atomic Energy Agency, INSAG-7, p. 9.

18. Charles K. Dodd, *Industrial Decision-Making and High-Risk Technology: Siting Nuclear Power Facilities in the USSR* (Lanham, MD: Rowman & Littlefield, 1994), pp. 83-84.

19. Schmid, *Producing Power*, p. 110.

20. 이 과학자는 블라디미르 볼코프Vladimir Volkov다(ibid., 145).

21. 이 과학자는 이반 체체룬Ivan Zhezherun이다. 체체룬도 쿠르차토프 연구소에 있었다(Zhores Medvedev, *The Legacy of Chernobyl*, pp. 258-259).

22. Schmid, *Producing Power*, pp. 110, 124; International Atomic Energy Agency, INSAG-7, p. 37.

23. Schmid, *Producing Power*, pp. 110-111.

24. International Atomic Energy Agency, INSAG-7, p. 37; Anatoly Dyatlov, *Chernobyl: How It Was [Чернобыль: Как это было]* (Moscow: Nauchtekhizdat, 2003), http://pripyat-city.ru/books/25-chernobyl-kak-yeto-bylo.html, p. 27.

25. Dodd, *Industrial Decision-Making and High-Risk Technology*, Appendix A.

26. 이 시점에 스레드마시 당국자들은 두 번째 장소에 어느 종류의 원자로를 지을지 아직 결정을 내리지 않은 상태였다. 그들에게는 세 가지 선택지가 있었다. RK-1000(기체냉각-흑연감속 모델), VVER, 그리고 RBMK였다. 처음에 그들은 RBMK가 기술적으로도, 경제적으로도 셋 중에 가장 열위라고 보아 그것을 제외했고 더 발달된 모델이자 더 안전한 모델인 기체냉각 방식의 RK-1000을 선택했다. 하지만 1969년 중반이면 모스크바의 야심찬 원전 건설 목표 시한은 이미 달성 가능한 범위에서 한참 멀어지고 있었고 시간은 금이었다. 스레드마시는 단점이 무엇이건 간에 흑연감속-경수냉각 RBMK 모델이 더 복잡한

구조인 기체냉각 모델보다 빠르게 지어질 수 있다는 것을 깨달았다. 그래서 원래의 결정을 번복하고 BRMK를 택했다. 그리고 6개월 뒤, 1970년대로 접어든 시점에, 모스크바의 에너지전기부는 빅토르 브류하노프를 불러서 체르노빌 원자력발전소의 RBMK-1000 원자로 1호기와 2호기를 지으라고 지시했다. International Atomic Energy Agency, INSAG-7, pp. 32-33; Schmid, *Producing Power*, pp. 120-125.

27. 소비에트 전역의 RBMK 원자로 시동 날짜들은 다음에 나온다. Sich, "The Chornobyl Accident Revisited," p. 148.

28. 레닌그라드 발전소 1호기는 시동되고서 11개월 후에야 완전한 출력에 도달했는데, 그날은 1974년 11월 1일이었다. Schmid, *Producing Power*, p. 114.

29. International Atomic Energy Agency, INSAG-7, pp. 35-37.

30. Ibid., 37.

31. Ibid., 6.

32. 베니아민 프리아니치니코프Veniamin Prianichnikiv, 나와의 인터뷰, 2006년 2월 13일, 키예프.

33. Kopchinsky and Steinberg, *Chernobyl*, p. 140; International Atomic Energy Agency, INSAG-7, pp. 39-40.

34. International Atomic Energy Agency, INSAG-7, pp. 4-5.

35. Ibid., 43; Sich, "The Chornobyl Accident Revisited," p. 185. RBMK의 원래 설계안에는 원자로 제어 및 보호 계통RCPS의 비상 제어봉들을 7미터 길이로 만들고 그 7미터 전체에 흡수제와 디스플레이서가 들어있도록 되어 있었다. 그러면 끝까지 삽입되었을 때 노심의 꼭대기부터 바닥까지 전체를 커버할 수 있었다. 그리고 제어봉 중 68개를 비상 보호 계통EPS 제어봉으로 할당하도록 되어 있었다. 하지만 마지막 단계에서 구조가 바뀌어서 어떤 제어봉도 노심 전체 길이를 다 커버할 수 있을 만큼 길지 않게 되었고 비상 제어봉도 68개가 아니라 21개만 두게 되었다. 2세대 RBMK 원자로에서는 비상 제어봉을 24개로 늘리고 전체 제어봉 개수를 211개로 하는 것으로 수정되었다.

36. International Atomic Energy Agency, INSAG-7, p. 45.

37. Ibid., 41.

38. Schmid, *Producing Power*, p. 114.

39. Kopchinsky and Steinberg, *Chernobyl*, pp. 140-141.

40. 비탈리 아바쿠모프Vitali Abakumov(전 레닌그라드 발전소 엔지니어)는 다음 저술에 이에 대한 상세한 내용과 개인적인 회고를 담았다. "Analyzing the causes and circumstances of the 1975 accident on Unit One of Leningrad NPP (perspective of a engineer-physicist, participant and witness to the events)" [Анализ причин и обстоятельств аварии 1975 года на 1-м блоке ЛАЭС (комментарий инженера-физика, участника и очевидца событий)], April 10, 2013, http://accidont.ru/Accid75. html. 다음도 참고하라. Valentin Fedulenko, "Versions of the accident: A participant's memoir and an expert's opinion" [Версии аварии: мемуары участника и мнение эксперта], September 19, 2008, www.chernobyl.by/accident/28-versii-avariimemuary-uchastnika-i-mnenie.html.

41. Kopchinsky and Steinberg, *Chernobyl*, p. 161.

42. Ibid.; International Atomic Energy Agency, INSAG-7, pp. 48-49.

43. 행정명령 2638R호가 1975년 12월 1일에 발표되었다. International Atomic Energy Agency, INSAG-7, p. 33.

44. 니콜라이 스타인버그, 나와의 인터뷰, 2017년 5월 28일, 키예프.

45. 콥친스키와 스타인버그가 다음에서 이 날짜를 언급했다. *Chernobyl*, 116. 우크라이나 전력망의 역사에 대해서는 다음을 참고하라. "Section 3: Ukraine's Unified Power Grid" in K. B. Denisevich et al., *Book 4: The Development of Atomic Power and Unified Electricity Systems [Книга 4: Развитие атомной энергетики и объединенных энергосистем]* (Kiev: Energetika, 2011), http://energetika.in.ua/ru/books/book-4/section-2/section-3.

46. Kopchinsky and Steinberg, *Chernobyl*, pp. 139-140. 이 노래의 앞부분은, RBMK 대신 채택되었어야 할 더 정교한 VVER 원자로가 건설상의 문제와 지연으로 수렁에 빠진 것을 풍자하는 내용이었다.

47. 스타인버그, 나와의 인터뷰, 2015년.

48. Ibid.; Kopchinsky and Steinberg, *Chernobyl*, pp. 140.

49. 게오르기 라이흐트만Georgi Reikhtman(당시 그는 체르노빌 1호기 견습 운전원이었다), 나와의 인터뷰, 2015년 9월, 키예프.

50. Kopchinsky and Stenberg, *Chernobyl*, pp. 140-142.

51. International Atomic Energy Agency, INSAG-7, pp. 48-49.

52. Ibid., 82.

53. Schmid, *Producing Power*, pp. 62-63; Read, *Ablaze*, p. 193.

54. International Atomic Energy Agency, INSAG-7, p. 72.

55. Ibid., 48-50.

56. 사고 다음 날 KGB가 작성한 경위 보고서를 다음에서 볼 수 있다. Danilyuk, ed., *Z arkhiviv*, Document no. 9: "Report of the UkSSR KGBM on Kiev and Kiev region to the 2nd KGB Headoffice of the USSR and the 2nd KGB Managing the UkSSR concerning the emergency stoppage of the Chernobyl' NPS power unit 1 on September 9, 1982," September 10, 1982.

57. 스타인버그, 나와의 인터뷰, 2015년.

58. KGB가 1982년 9월 13일에 발표한 보고서에 언급된, 방사선 누출이 없었다는 주장에 대해서는 다음을 참고하라. Danilyuk, ed., *Z arkhiviv*, Document no. 10: "Report of the UkSSR KGBM on Kiev and Kiev region to the USSR KGB and the UkSSR KGB concerning the results of preliminary investigation of the cause of the emergency situation on the Chernobyl' NPS as of September 9, 1982," September 13, 1982. KGB는 9월 14일에 방사선이 누출되었음을 인정했다. 다음을 참고하라. KGB of the Ukrainian SSR, *"Report of USSR KGB on the number of foreigners from capitalist and developing countries in the Ukrainian SSR, England-based combatants of the Organization of Ukrainian Nationalists, the consequences of the accident at the NPP"* [Информационное сообщение КГБ УССР о количестве иностранцев из капиталистических и развивающихся стран в УССР, ОУНовских боевиках в Англии, последствиях аварии на АЭС на 14 сентября 1982 г.], September 14, 1982. 우크라이나 국가안보국(State Security Service)의 기밀 해제된 문서 아카이브. http://avr.org.ua/index.php/viewDoc/24447/.

59. Danilyuk, ed., *Z arkhiviv*, Document no. 12: *"Report of the UkSSR KGBM on Kiev and Kiev region to the USSR KGB and UkSSR KGB concerning the radioactive contamination of Chernobyl' NPS industrial site due to the accident on 9 September 1982," September 14, 1982; and Document no. 13: "Report of the chief of the UkSSR KGBM on Kiev and Kiev region to the Chairman of the UkSSR KGB concerning the radiation situation which occurred on the Chernobyl' NPS industrial site due to the accident on September 9, 1982,"* October 30, 1982; 빅토르 코프투츠키(Viktor Kovtutsky(체르노빌 건설부 수석 회계사), 나와의 인터뷰, 2016년 4월, 키예프; Esaulov, *The City that Doesn't Exist*, p. 19.

60. Read, *Ablaze*, pp. 43-44.

61. 안드레이 글루호프, 나와의 인터뷰, 2015년 우크라이나 슬라브티치.

62. 스타인버그, 글루호프, 나와의 인터뷰.

63. Kopchinsky and Steinberg, *Chernobyl*, p. 141; 스타인버그, 나와의 인터뷰, 2015년.

64. Grigori Medvedev, *The Truth About Chernobyl*, pp. 19 and 44-45.

65. 스타인버그, 글루호프, 쿠프니, 나와의 인터뷰; Grigori Medvedev, *The Truth About Chernobyl*, p. 19.

66. 운전 반응 여유분(Operational Reactivity Margin, ORM)은 어느 시점에 노심에 삽입되어 있는 전체 제어봉 개수, 혹은 그와 비슷하게 출력을 감소시킬 수 있는 역량을 의미한다. 예를 들어, ORM이 30이면 30개의 제어봉이 완전하게 삽입되어 있는 것, 혹은 60개의 제어봉이 총 길이의 절반까지 삽입되어 있는 것, 혹은 120개의 제어봉이 총 길이의 4분의 1까지 삽입되어 있는 것을 의미할 수 있다.

67. International Atomic Energy Agency, INSAG-7, pp. 39-43.

68. 스타인버그, 나와의 인터뷰, 2017년; Sich, "The Chornobyl Accident Revisited," p. 159.

69. 스타인버그, 나와의 인터뷰, 2017년; Kopchinsky and Steinberg, *Chernobyl*, p. 144; International Atomic Energy Agency, INSAG-7, pp. 42-44, 90n24. 이 서신[ref. no.33-08/67]은 1983년 12월 23일자로 되어 있다.

70. 1983년에 알렉산드로프의 주관 하에 모스크바에서 부처간 회의가 열렸는데, RBMK의 결함에 대한 이야기로 논의가 넘어가자 에핌 슬라브스키는 맹렬히 화를 냈다. 당시 중앙위원회 원자력 에너지 분야 책임자로 그 회의에 참석했던 게오르기 콥친스키Georgi Kopchinsky는 슬라브스키 때문에 "RBMK 원자로에 대한 진지한 논의가 닫혀 버렸다"고 회상했다. 다음을 참고하라. Kopchinsky and Steinberg, Chernobyl, p. 145. 알려져 있던 RBMK의 설계 결함에 대해서도 논의가 이뤄지지 않은 것에 대한 상세한 설명은 다음을 참고하라. Nikolai Karpan, *Chernobyl: Revenge of the Peaceful Atom [Чернобыль: Месть мирного атома]* (Kiev: CHP Country Life, 2005), pp. 399-404.

71. INSAG-7(45) 보고서에 따르면 NIKIET는 이르게는 1977년부터도 RBMK 제어봉의 수정을 제안했지만 겨우 두어 개의 원자로에만 적용되었다. 콥친스키는 이 아이디어는 쿠르스크 발전소에서 나왔으며 "원자로 설계 도면에는 반영되지 않았다"고 회상했다. 도면에 반영하는 대신, 각 RBMK 원자로의 수정은

NIKIET의 개별적인 승인을 받도록 되어 있었고 이 과정은 "수개월이나 질질 늘어지기 일쑤"였다. Kopchinsky and Steinberg, *Chernobyl*, p. 144.

72. 스타인버그, 나와의 인터뷰, 2015년; 알렉세이 브레우스, 나와의 인터뷰, 2015 년 7월, 키예프; Kopchinsky and Steinberg, *Chernobyl*, p. 144. 안드레이 글루호프는 체르노빌의 원자력 안전 부서 직원들이 1983년에 "제어봉 끄트머리 효과"에 대해 언급되어 있는 서류를 받았다고 회상했다. 하지만 이 서류는 제한적으로 만 회람하도록 되어 있었고, 그 내용을 반영해 원자로 운전 지침이 수정되거 나 하지는 않았다(글루호프, 전화 인터뷰, 2018년 7월).

73. 4호기 완공 일자는 체르노빌 원전 수석 엔지니어인 니콜라이 포민도 1983년 마지막 날이었다고 언급한 바 있다. Karpan, *From Chernobyl to Fukushima*, p. 143.

74. 스리마일 아일랜드 사고에 대한 설명은 다음에서 볼 수 있다. Mahaffey, *Atomic Accidents*, pp. 342–350; Mahaffey, *Atomic Awakening*, pp. 314–317. 더 상세한 사항은 다 음을 참고하라. Mitchell Rogovin and George T. Frampton Jr. (NRC Special Inquiry Group), *Three Mile Island: A Report to the Commissioners and to the Public* (Washington, DC: Government Printing Office, 1980).

75. Grigori Medvedev, *The Truth About Chernobyl*, p. 7.

76. William C. Potter, "*Soviet Decisionmaking for Chernobyl: An Analysis of System Performance and Policy Change*" (report to the National Council For Soviet and East European Research, 1990), p. 6; Edward Geist, "Political Fallout: The Failure of Emergency Management at Chernobyl'," *Slavic Review* 74, no. 1 (Spring 2015), pp. 107–108.

77. 쿠르차토프 연구소의 선임 물리학자였던 레오니드 볼쇼프Leonid Bolshov는 당 시의 공식 입장을 다음과 같이 요약했다. "미국의 원전 운전원들은 제대로 훈 련을 받지 않은, 전직 해군 장교 후보생들이다. 이들은 대학도 나오지 않은 사람들이다. 반면 러시아의 운전원들은 모두 최고의 대학에서 원자력 과학 을 전공한 뛰어난 인력이다"(나와의 인터뷰, 2017년). 다음도 참고하라. Zhores Medvedev, *The Legacy of Chernobyl*, pp. 272–273.

78. 공식적으로 출간된 문헌 중 전문가들의 의구심이 드러난 유일한 문헌은 1980 년에 네 명의 물리학자가 공저한 논문이었다. 공저자인 레가소프, 시도렌코 Sidorenko, 바바예프Babayev, 쿠즈민Kuzmin은 이렇게 언급했다. "어떤 경우에 는, 안전 장치가 있음에도 불구하고 원전에서 사고가 날 수 있는 조건이 증 가할 수 있다. 그것은 발전소의 핵심 구역을 손상시키고 소량의 방사능 물질

을 대기 중으로 방출하게 될 수 있다." 스레드마시는 이 논문이 출간되자마자 과도한 공포를 조장한다고 비판했다("Safety Issues at Atomic Power Stations" [Проблемы безопасности на атомных электростанциях], Priroda no. 6, 1980). 이후에 소비에트에서 원자력 안전에 대한 규제 기관들이 생겨난 것에 대해서는 다음을 참고하라. Schmid, *Producing Power*, pp. 59-60, 92.

79. International Atomic Energy Agency, INSAG-7, pp. 34-35.

80. "Nuclear Power Industry," *Soviet Life* 353 no. 2 (Washington DC: Soviet Embassy, February 1986), pp. 7-16.

81. Valery Legasov, Lev Feoktistov and Igor Kuzmin, "Nuclear Power Engineering and International Security," *Soviet Life* 353 no. 2, p. 14.

82. 비탈리 스클랴로프, 다음과의 인터뷰. Maxim Rylsky, "The Nuclear Power Industry in the Ukraine," *Soviet Life* 353 no. 2, p. 8. 2017년에 내가 스클랴로프를 만났을 때, 그는 전에 그렇게 말한 기억이 없으며 자신이 했다는 말이 실린 기사에 대해서도 기억이 없다고 말했다.

5장: 4월 25일 금요일 11:55 PM, 4호기 제어실

1. 알렉세이 브레우스, 나와의 인터뷰, 2015년 7월, 키예프. 발전소 내 대부분의 구역에서 흡연은 금지되어 있었지만 제어실은 흡연이 용인된 몇 안 되는 곳 중 하나였다. 원자로 제어 엔지니어들은 제어 패널 앞에서 담배를 피웠고 레오니드 톱투노프도 당시 소비에트의 아주 많은 사람들처럼 흡연자였다.

2. 댜틀로프의 변호인은 법정에서 포민에 대해 반대 심문을 하면서 댜틀로프가 4호기 운전을 이틀 동안 혼자 감당했다고 말했다. 이에 대해 포민은 댜틀로프가 4월 25일 오후에 "휴식"을 취하러 집에 갔으며, 다만 전화로는 계속 연락이 가능한 상태였다고 말했다. 증언 내용은 다음에 수록되어 있다. Karpan, *From Chernobyl to Fukushima*, p. 148.

3. 보리스 스톨랴추크, 나와의 인터뷰, 2015년 7월, 키예프.

4. 이러한 종류의 완전한 외부 전원 상실이 1980년에 쿠르스크 원자력발전소에서 벌어진 적이 있었다. Zhores Medvedev, *The Legacy of Chernobyl*, p. 269.

5. Sich, "The Chornobyl Accident Revisited," p. 225.

6. 체르노빌 발전소의 전직 선임 엔지니어 니콜라이 스타인버그는 비슷한 실험이 1986년에 세 번 있었는데 완전한 외부 정전이 발생했을 시에 필요한 만큼의 출력을 달성하는 데 모두 실패했다고 회상했다(나와의 인터뷰, 2015년). 이전에 있었던 런다운 테스트의 요약은 국제원자력기구 보고서(INSAG-7) 51페이지에서 볼 수 있다. 4호기가 이 테스트를 건너뛰고 완공되었다는 사실은 법정에서 판사가 언급한 내용이 다음에 기록되어 있다. Karpan, *From Chernobyl to Fukushima*, p. 143.

7. "시투르마프시나shturmovshchina," 즉 중요한 생산 할당량을 맞추기 위해 막판에 피치를 올려 "폭풍처럼" 해치우는 것은 소비에트 노동자 사회에서 흔히 있는 일이었다. Zhores Medvedev, *The Legacy of Chernobyl*, pp. 25-26. 당일에 4호기의 제1근무조 조장이었던 이고르 카자치코프Igor Kazachkov의 설명도 참고하라. Shcherbak, *Chernobyl*, p. 34.

8. 제나디 메틀렌코Gennadi Metlenko(돈테크에네르고Dontekhenergo 수석 엔지니어), 법정 진술. Karpan, *From Chernobyl to Fukushima*, p. 178.

9. 메틀렌코, 법정 진술에서 댜틀로프가 한 질문에 대한 답변. Karpan, *From Chernobyl to Fukushima*, p. 180.

10. Karpan, *From Chernobyl to Fukushima*, pp. 146, 191; 글루호프, 나와의 인터뷰, 2015년.

11. 레오니드 톱투노프의 생일(1960년 8월 16일)은 그의 어머니 베라 톱투노바가 알려주었다. 나와의 인터뷰, 2015년.

12. Zhores Medvedev, *The Legacy of Chernobyl*, p. 28.

13. 아나톨리 댜틀로프의 생일(1931년 3월 3일)은 법원 평결문에 나온다. 다음에 수록되어 있다. Karpan, *From Chernobyl to Fukushima*, p. 194.

14. 댜틀로프, 법정 진술. 다음에 수록됨. Karpan, *From Chernobyl to Fukushima*, p. 151.

15. Read, *Ablaze*, pp. 33-34, 46.

16. V.A. 올로프V. A. Orlov와 V.V. 그리첸코V. V. Grischenko의 회상. 다음의 3부와 5부. "Appendix 8: Memories about A. S. Dyatlov." 다음에 수록됨. Dyatlov, Chernobyl: How It Was, pp. 183, 187. 레닌 콤소몰 조선소의 역사에 대해서는 다음을 참고하라. "Komsomol'sk-na-Amure," Russia: Industry: Shipbuilding, GlobalSecurity.org, November 2011.

17. 댜틀로프, 법정 진술. 다음에 수록됨. Karpan, *From Chernobyl to Fukushima*, p. 156.

18. Dyatlov, *Chernobyl: How It Was*, pp. 25-32; 댜틀로프, 법정 진술. 다음에 수록됨.

Karpan, *From Chernobyl to Fukushima*, p. 152.

19. 아나톨리 크라트Anatoly Kryat의 회상. 다음의 4부. Appendix 8. 다음에 수록됨. Dyatlov, *Chernobyl: How It Was*, p. 186; 스타인버그, 나와의 인터뷰, 2015년; 글루호 프, 나와의 인터뷰, 2015년.

20. 레닌 콤소몰 조선소와 체르노빌 두 곳 모두에서 댜틀로프와 함께 일한 발렌틴 그리셴코Valentin Grischenko는 체르노빌 발전소에서 일했던 댜틀로프의 동료 통틀어 그의 친한 친구라고 말할 수 있는 사람은 한 명뿐이었다고 회상했다 (그는 댜틀로프와 오래 함께 일한 아나톨리 시트니포크Anatoly Sitnipok였다). 그리셴 코의 회상. 다음에 수록됨. Dyatlov, *Chernobyl: How It Was*, p. 187.

21. 코롤, 나와의 인터뷰, 2015년.

22. 댜틀로프, 법정 진술. 다음에 수록됨. Karpan, *From Chernobyl to Fukushima*, p. 152; 브 레우스, 나와의 인터뷰, 2015년.

23. 그리셴코의 회상. 다음에 수록됨. Dyatlov, *Chernobyl: How It Was*, p. 187.

24. Dyatlov, *Chernobyl: How It Was*, pp. 25-26.

25. 스타인버그, 나와의 인터뷰, 2015년과 2017년; Read, *Ablaze*, p. 47; 그리셴코의 회 상. 다음에 수록됨. Dyatlov, *Chernobyl: How It Was*, p. 187.

26. 아나톨리 댜틀로프가 톱투노프의 부모 베라와 표도르에게 보낸 편지(미출간), 1989년 6월 1일. 베라 톱투노바의 개인 소장 자료; 세르게이 얀코프스키Sergei Yankovsky(키예프 검찰청 조사관), 나와의 인터뷰, 2016년, 2월 7일, 키예프; Read, *Ablaze*, p. 47. 댜틀로프는 조선소에서 일하던 동안 자신이 노출되었던 방사선 에 대해 이야기한 적은 있지만 직접적으로 이 사고 때문이라고 말하지는 않 았다. 다음과의 인터뷰. A. Budnitsky and V. Smaga, "The Reactor's Explosion Was inevitable" [Реактор должен был взорваться], *Komsomolskoye Znamya*, April 20, 1991. 다음에 다시 출간됨. Dyatlov, *Chernobyl: How It Was*, 168.

27. 다음에 실린 묘사. Read, *Ablaze*, p. 47; V.V. 로마킨V. V. Lomakin의 회상. 다음의 4부. Appendix 8. 다음에 수록됨. Dyatlov, *Chernobyl: How It Was*, p. 188. Kopchinsky and Steinberg, *Chernobyl*, p. 151. 게오르기 라이흐트만Georgi Reikhtman(전직 해군 잠수함 원자로실 장교로, 정치적 숙청으로 소비에트 해군에서 면직되었다)은 댜틀로 프가 공정한 사람이며, 아무도 자기에게 일자리를 주려고 하지 않았을 때 댜 틀로프가 체르노빌 발전소에서 일할 수 있도록 주선해 주었다고 말했다(라이 흐트만, 나와의 인터뷰, 2015년 9월).

28. 스타인버그, 나와의 인터뷰, 2015년.

29. 니콜라이 스타인버그는 때때로 댜틀로프가 RBMK에 대해 "알지 못할 무언가" 라고 지나가는 듯이 말하곤 했다며, "우리 젊은 엔지니어들은 댜틀로프가 모든 것을 알고 있는 사람이라고 생각했기 때문에 그 말이 무척 이상하게 들렸다"고 회상했다. Kopchinsky and Steinberg, *Chernobyl*, p. 151; 스타인버그, 나와의 인터뷰, 2017년.

30. SIUR은 러시아어 starshiy inzhener upravleniya reaktorom의 약어다; 나의 체르노빌 발전소 2호기 제어실 방문과 알렉산더 세바스티아노프Alexander Sebastianov 와의 인터뷰, 2016년 2월; 스톨랴추크, 나와의 인터뷰, 2016년.

31. 나의 체르노빌 발전소 2호기 제어실 방문과 알렉산더 세바스티아노프와의 인터뷰, 2016년 2월; 스톨랴추크, 나와의 인터뷰, 2016년.

32. 글루호프, 나와의 인터뷰, 2015년.

33. 아키모프의 생일(1953년 5월 6일)은 다음에 나온다. "List of Fatalities in the Accident at Chernobyl" [Список погибших при аварии на Чернобыльской АЭС], 날짜 미상, Chernobyl Electronic Archive. http://pripyatcity.ru/documents/21-spiski-pogibshix-pri-avarii.html.

34. Read, *Ablaze*, pp. 38–39.

35. 스타인버그, 나와의 인터뷰, 2015년. 체르노빌에서 중대 사고가 발생할 수 있는 가설적인 가능성을 계산하라는 임무가 주어졌을 때 아키모프는 1000만 년에 1번의 확률이라고 추산했다(Read, *Ablaze*, 43).

36. 사고가 난 날 4호기의 제2근무조 조장이었던 유리 트레구브의 설명을 참고하라. 다음에 수록됨. Shcherbak, *Chernobyl*, p. 39; Grigori Medvedev, *The Truth about Chernobyl*, p. 72.

37. 포민이 법정 진술에서 이렇게 설명했다. 다음에 수록됨. Karpan, *From Chernobyl to Fukushima*, p. 146.

38. 스톨랴추크, 나와의 인터뷰, 2016년; 트레구브, 법정 진술. 다음에 수록됨. Karpan, *From Chernobyl to Fukushima*, pp. 180-181.

39. International Atomic Energy Agency, INSAG-7, pp. 4-5.

40. Sich, "The Chornobyl Accident Revisited," p. 211; 알렉산더 시시, 나와의 전화 인터뷰, 2016년 12월. 이후에 소비에트 전문가들이 내놓은 사고 보고서도 출력 저하에 대해 톱투노프의 실수라고 기록하고 있다. INSAG-7, "Annex I: Report

by a commission to the USSR State Committee for the supervision of safety in industry and nuclear power," 1991, p. 63. 하지만 INSAG-7의 저자들은, 댜틀로프는 이것을 장비의 기능 장애 때문에 일어난 일로 보고 있다고 기록했다. International Atomic Energy Agency, INSAG-7, p. 11.

41. International Atomic Energy Agency, INSAG-7, p. 73; 트레구브, 법정 진술. 다음에 수록됨. Shcherbak, *Chernobyl*, p. 40.

42. 트레구브, 법정 진술. 다음에 수록됨. Karpan, *From Chernobyl to Fukushima*, p. 181.

43. 체르노빌 발전소에서 운전원들이 원자로의 제논 오염이 잦아들 때까지 기다리지 않고 출력을 올리려고 했던 경우가 그전에도 두 번 있었다. 그때는 모스크바의 원자력 안전 점검관이 이 사실을 알게 되어서 브류하노프에게 즉시 전화해 출력 높이는 것을 멈추라고 지시했다. 유리 라우슈킨Yuri Laushkin, 법정 진술. 다음에 수록됨. Karpan, *From Chernobyl to Fukushima*, p. 175.

44. 회고록에서 댜틀로프는 톱투노프가 "전체 자동" 모드로 전환하기 전에 자신이 "방사능 위험이 높아진 구역을 더 확실하게 알아보기 위해" 제어실에서 나갔으며(방사능 위험에 대해서는 자신이 출력을 낮춰서 더 안전해졌다고 생각했다) 00:35에야 제어실에 돌아왔다고 주장했다(*Chernobyl: How It Was*, 30).

45. 트레구브도 댜틀로프가 그 시간에 제어실에 있었다고 증언했다(법정 진술. 다음에 수록됨. Karpan, *From Chernobyl to Fukushima* pp. 180-181). 메틀렌코(179) 또한 그렇게 증언하면서, 댜틀로프가 00:28경에 "눈썹을 비비면서" 패널 쪽을 떠나 제어실 중앙 쪽으로 갔다고 회상했다.

46. Grigori Medvedev, *The Truth about Chernobyl*, pp. 55-56. 메드베데프가 기록한 바에 따르면, 톱투노프는 사고 24시간이 채 지나기 전에 프리피야트의 병원에 실려 와 있는 동안에도 당시에 자신이 생각한 바에 대해 이렇게 이야기했다. 슈세르박이 이고르 카자치코프Igor Kazachkov와 아르카디 우스코프Arkady Uskov와 한 인터뷰에 이 견해가 더 상세히 나온다(다음에 인용됨. *Chernobyl*, pp. 366-369, 370-374).

47. 메틀렌코, 법정 진술, 다음에 수록됨. Karpan, *From Chernobyl to Fukushima*, p. 179.

48. 트레구브의 설명. Shcherbak, *Chernobyl*, p. 41. 얼만큼의 시간이 흘렀는지에 대해서는 다음에 언급되어 있다. Sich, "The Chornobyl Accident Revisited," p. 212.

49. International Atomic Energy Agency, INSAG-7, p. 71.

50. Ibid.

51. 스톨랴추크, 나와의 인터뷰, 2016년.

52. Sich, "The Chornobyl Accident Revisited," pp. 212-214.

53. International Atomic Energy Agency, INSAG-7, p. 8.

54. 라짐 다블레트바예프Razim Davletbayev(터빈부 차장), 법정 진술, 다음에 수록됨. Karpan, *From Chernobyl to Fukushima*, p. 188; Dyatlov, *Chernobyl: How It Was*, p. 31.

55. Grigori Medvedev, *The Truth about Chernobyl*, pp. 71-72.

56. 다블레트바예프, 법정 진술, 다음에 수록됨. Karpan, *From Chernobyl to Fukushima*, p. 188.

57. 스톨랴추크, 나와의 인터뷰, 2016년. 다음에 수록된 포민의 법정 진술에 따르면 이 실험은 전기실에서 추진한 것이었다. Karpan, *From Chernobyl to Fukushima*, p. 142.

58. 메틀렌코는 법정 진술에서 1984년 실험은 3호기에 있는 5번 터빈에서 시행되었다고 말했다. Karpan, *From Chernobyl to Fukushima*, p. 178.

59. 포민, 법정 진술, 다음에 수록됨, Karpan, *From Chernobyl to Fukushima*, pp. 142-144; International Atomic Energy Agency, INSAG-7, pp. 51-52; Supreme Court of the USSR, 브류하노프, 댜틀로프, 포민에 대한 법원 평결. July 29, 1987. 다음에 수록됨. Karpan, *From Chernobyl to Fukushima*, p. 198.

60. 포민, 법정 진술, 다음에 수록됨. Karpan, *From Chernobyl to Fukushima*, p. 145.

61. 트레구브의 설명. 다음에 수록됨. Shcherbak, *Chernobyl*, p. 41.

62. 펌프실에 대한 묘사는 내가 체르노빌 발전소 3호기의 메인 펌프실을 방문해서 본 것을 토대로 한 것이다. 2016년 2월 10일.

63. Figure II-6, International Atomic Energy Agency, INSAG-7, p. 119.

64. Dyatlov, *Chernobyl: How It Was*, p. 40.

65. International Atomic Energy Agency, INSAG-7, p. 8.

66. International Atomic Energy Agency notes in INSAG-7 (p. 66): "원자로 출력 수준, 증기 분리 드럼의 압력, 수위, 냉각제 급수율, 그리고 그 밖의 수치들도, 테스트 시작 시점부터 EPS-5 버튼이 눌러질 때까지 인력에 의해서든 기계 장치에 의해서든 비상 안전 계통의 개입을 필요로 하는 수준이 전혀 아니었다."

67. 유리 트레구브와 그리고리 리시우크Grigori Lysyuk(전기실 선임 조장)의 법정 진술. 다음에 수록됨. Karpan, *From Chernobyl to Fukushima*, pp. 182, 184; Dyatlov, *Chernobyl: How It Was*, p. 40. 나중에 리시우크는 톱투노프가 AZ-5를 누르기 **전**에

출력 급상승을 보고했다고 주장했지만 댜틀로프는 출력 급상승이 AZ-5를 누른 **이후**에 벌어진 일이라고 주장했다. 댜틀로프의 주장이 이후의 진술들과 컴퓨터 데이터 출력물들에서 입증되었다.

68. AZ-5 버튼에 대한 묘사는 니콜라이 스타인버그와의 인터뷰(2017년)에서 들은 것이다.

69. 트레구브, 법정 진술. 다음에 수록됨. Karpan, *From Chernobyl to Fukushima*, p. 182.

70. International Atomic Energy Agency, INSAG-7, p. 66.

71. Ibid., 119.

72. Dyatlov, Chernobyl, p. 48; International Atomic Energy Agency, INSAG-7, p. 4 (section 2.2).

73. International Atomic Energy Agency, INSAG-7, p. 67; Sich, "The Chornobyl Accident Revisited," p. 220.

74. International Atomic Energy Agency, INSAG-7, p. 55.

75. 나의 2호기 제어실 방문과 알렉산더 세바스티아노프와의 인터뷰, 2016년 2월 10일.

76. Dyatlov, *From Chernobyl to Fukushima*, p. 41.

77. 트레구브의 설명. 다음에 수록됨. Shcherbak, *Chernobyl*, pp. 41-42.

78. Sich "The Chornobyl Accident Revisited," p. 231m; International Atomic Energy Agency, INSAG-7, p. 67.

79. International Atomic Energy Agency, INSAG-7, pp. 67-68.

80. Dyatlov, *Chernobyl: How It Was*, p. 31.

81. Sich "The Chornobyl Accident Revisited," pp. 219, 230n1; Grigori Medvedev, *The Truth about Chernobyl*, pp. 73-74.

82. International Atomic Energy Agency, INSAG-7, p. 55.

83. 트레구브의 설명. 다음에 수록됨. Shcherbak, *Chernobyl*, p. 42.

84. 스톨랴추크, 나와의 인터뷰, 2015년.

85. Sich, "The Chornobyl Accident Revisited," pp. 221-222.

86. Karpan, *From Chernobyl to Fukushima*, p. 63.

87. Grigori Medvedev, *The Truth about Chernobyl*, p. 71.

88. Dyatlov, *Chernobyl: How It Was*, p. 57.

89. 이 가설은 빈의 IAEA에서 발표된 소비에트의 공식 사고 보고서에서도 뒷받

침되었다(USSR State Committee on the Utilization of Atomic Energy, "The Accident at the Chernobyl Nuclear Power Plant and its Consequences"), p. 21; 다음에서도 뒷받침되었다. Sich, "The Chornobyl Accident Revisited," p. 223. 이에 대한 상이한 가설과 두 번째 폭발의 위치에 대한 설명은 다음을 참고하라. Karpan, *From Chernobyl to Fukushima*, pp. 62-63.

90. 폭발의 위력에 대한 추산치는 편차가 아주 크다. 다음에는 TNT 24톤쯤으로 추산되어 있다. K.P. Checherov, "Evolving accounts of the causes and processes of the accident at Block 4." 발레리 레가소프의 추산치는 TNT 3-4톤 정도에 불과하다(Legasov Tapes, Part One, p. 12) 카르판은 1986년 5월 16일에 당국의 수사관들이 밝힌 "전문가들의 결론"을 인용해 30톤이라고 언급했다(*From Chernobyl to Fukushima*, p. 62). 또한 KGB는 1986년 5월 15일에 "적어도 50-60톤"이라고 추정했다(Danilyuk, ed., *Zarkhiv*, Document no. 34: "Report of the UkSSR OG KGBM and the USSR KGB in the town of Chernobyl' to the USSR KGB concerning the radioactive situation and progress in investigating the accident at the Chernobyl' NPS").

91. 여전히 논란이 있지만 1989년의 소비에트 원자력안전위원회 보고서에 따르면 생물학적 차폐막은 뒤집혀 떨어질 수 있을 만큼 높이 튕겨져 올라갔다. A. Yadrihinsky, "Atomic Accident at Unit Four of Chernobyl NPP and Nuclear Safety of RBMK Reactors" [Ядерная авария на 4 блоке Чернобыльской АЭС и ядерная безопасность реакторов РБМК], Gosatomenergonadzor Inspectorate at the Kursk Nuclear Power Station, 1989, pp. 10-11. 다음도 참고하라. US Nuclear Regulatory Commission in "Report on the Accident (NUREG1250)," pp. 2-16, 5-6. 첫 폭발이 일으킨 손상에 대한 더 상세한 내용은 다음을 참고하라. Sich, "The Chornobyl Accident Revisited," pp. 84-85.

92. Sich, "The Chornobyl Accident Revisited," pp. 84. 이 사고에서 나온 방사능 낙진은 수문기상과학 환경 모니터링 국가위원회Goskomogidromet 위원장인 유리 이즈라엘Yuri Izrael이 소비에트 각료회의 의장 니콜라이 리지코프에게 제출한 극비 보고서에 상세하게 언급되어 있다. "Regarding the assessment of the radioactivity situation and radioactive contamination of the environment by the accident at the Chernobyl NPP" [Об оценке радиационной обстановки и радиоактивного загрязнения природной среды при аварии на Чернобыльской АЭС], May 21, 1986, Microfilm, Hoover Institution, *Russian State Archive of Contemporary History* (RGANI), Opis

51, Reel 1.1006, File 23.

93. Sich, "The Chornobyl Accident Revisited," 405.

94. 알렉산더 유브첸코, 나와의 인터뷰, 2006년.

95. 유리 코르네예프Yuri Korneyev(4호기 제5근무조 터빈 엔지니어), 나와의 인터뷰, 2015년 9월, 키예프.

96. Karpan, *From Chernobyl to Fukushima*, p. 21.

97. Dyatlov, *Chernobyl: How It Was*, p. 49.

98. 스톨랴추크, 나와의 인터뷰, 2015년과 2016년.

99. Karpan, *From Chernobyl to Fukushima*, pp. 11-12.

6장: 4월 26일 토요일 1:28 AM, 제2소방대

1. 법정 진술. 다음에 수록됨. Karpan, *From Chernobyl to Fukushima*, p. 12.

2. 아나톨리 자하로프, 나와의 인터뷰, 2016년 2월, 키예프.

3. Ibid. 키예프 지구 화재 출동 기록에 따르면 그들은 새벽 1시 30분에 현장에 도착했다. 체르노빌 뮤지엄 문서보관소.

4. 알렉산더 페트로프스키, 나와의 인터뷰, 2016년 11월, 우크라이나 보다니. 화재 경보가 울린 시간과 화재 진압 장비에 대한 상세 내용은 키예프 지구 화재 출동 기록에 나온다. 체르노빌 뮤지엄 문서보관소.

5. 프리피야트 쪽 소방대는 새벽 1시 29분에 호출되었다(키예프 지구 화재 출동 기록). 다음에 실린 레오니드 텔랴트니코프의 설명도 참고하라. Shcherbak, "Report on First Anniversary of Chernobyl," trans. JPRS, Part I, p. 18.

6. 키예프 지구 화재 출동 기록에 따르면, 프라비크는 오전 1:40에 전화로 "3번 경보" 발령이 필요한 상황임을 알렸다. 체르노빌 뮤지엄. 더 자세한 내용은 다음을 참고하라. V. Rubtsov and Y. Nazarov, "Men of the Assault Echelon," *Pozharnoye delo* no. 6 (June 1986). 다음에 번역 수록됨. JPRS, *Chernobyl Nuclear Accident Documents*, pp. 24-25.

7. 자하로프, 나와의 인터뷰, 2016년; 페트로프스키, 나와의 인터뷰, 2016년.

8. 스톨랴추크, 나와의 인터뷰, 2015년과 2016년.

9. 이 묘사는 내가 2016년 2월 10일 체르노빌 발전소 2호기 제어실을 방문한 것과

다음에 실린 댜틀로프의 법정 진술을 토대로 한 것이다. Karpan, *From Chernobyl to Fukushima*, p. 157.

10. Dyatlov, *Chernobyl: How It Was*, p. 49; 아나톨리 댜틀로프, 다음과의 인터뷰. Michael Dobbs, "Chernobyl's 'Shameless Lies,'" *Washington Post*, April 27, 1992.

11. Read, *Ablaze*, p. 68; Dyatlov, *Chernobyl: How It Was*, p. 49. 회고록에서 댜틀로프는 자신이 원자로에 물을 대라는 명령을 내렸다는 것을 부인했다. 그는 자신이 제어실을 떠나고 난 뒤에 수석 엔지니어 포민이 그 명령을 내렸다고 주장했다. Dyatlov, *Chernobyl: How It Was*, p. 53.

12. 유브첸코, 나와의 인터뷰, 2006년.

13. 알렉산더 유브첸코, 다음 다큐멘터리에 나오는 진술. Zero Hour: Disaster at Chernobyl (감독: Renny Bartlett), Discovery, 2004. 또한 보조 운전원이었던 알렉산더 노빅Alexander Novik의 추가적인 묘사를 알렉산더 유브첸코가 다음과 한 인터뷰에서 볼 수 있다. Michael Bond, "Cheating Chernobyl," *New Scientist*, August 21, 2004.

14. 알렉산더 유브첸코, 나와의 인터뷰, 2006년; 다음에 실린 유브첸코의 인터뷰. Bond, *New Scientist*, 2004. 폭발이 있던 날은 보름달이 뜬 날이었다. 다음을 참고하라. www.moonpage.com. 트레구브 본인이 기억하는 당시의 상황은 유브첸코의 기억과 다르다. 다음에 실린 트레구브의 인터뷰 내용을 참고하라. Shcherbak, *Chernobyl*, 42-43.

15. 알렉산더 유브첸코, 나와의 인터뷰, 2006년. 나중에 유브첸코는 그가 본 빛 기둥이 "체렌코프 방사"였을 것이라고 확신했지만 사실 체렌코프 방사는 물처럼 굴절률이 높은 매질을 통과할 때만 나타난다. 따라서 4호기 위의 대기에서 체렌코프 방사 현상이 관찰되었을 리는 없다(알렉산더 시시, 나와의 인터뷰, 2018년).

16. 자하로프, 나와의 인터뷰, 2016년.

17. 이 묘사는 코르네예프와 샤브레이의 진술(Kiselyov, "Inside the Beast," pp. 43, 47)과 라짐 다블레트바예프의 진술(Kopchinsky and Steinberg, Chernobyl, p. 20)을 토대로 한 것이다.

18. 샤브레이, 다음에 실린 설명. Kiselyov, "Inside the Beast," p. 47; 키예프 지구 화재 출동 기록, 체르노빌 뮤지엄.

19. 키예프 지구 화재 출동 기록, 체르노빌 뮤지엄.

20. "Order No. 113: The measures concerning the emergency at the Chernobyl NPP" [О мерах в связи с ЧП на Чернобыльской АЭС], signed by Major General V. M. Korneychuk, April 26, 1986, "Operational Group of the Department of Internal Affairs of Kiev Oblast Lettered File on Special Measures in Pripyat Zone" [Оперативный Штаб УВД, Киевского облисполкома, Литерное дело по спецмероприятия в припятской зоне.], April 26 to May 6, 1986, 5-6, 체르노빌 뮤지엄 문서보관소.

21. 표트르 흐멜, 나와의 인터뷰, 2016년, 키예프.

22. 빅토르 브류하노프와 발렌티나 브류하노프, 나와의 인터뷰, 2015년.

23. 빅토르 브류하노프와 발렌티나 브류하노프, 나와의 인터뷰, 2015년.

24. 벙커 묘사는 내가 2016년에게 벙커를 방문한 것을 토대로 한 것이다.

25. 브류하노프의 행적에 대한 내용은 1987년 7월 8일 니콜라이 카르판Nikolai Karpan이 기록한 브류하노프의 법정 진술 속기록을 토대로 한 것이다. 속기록은 다음으로 출간되었다. Karpan, *From Chernobyl to Fukushima*(pp. 126-134). 체르노빌 발전소의 시민 방호 담당관이었던 세라핌 보로비예프는 브류하노프가 그에게 벙커로 가서 문 여는 것을 직접 확인하도록 지시했다고 말했다 (Shcherbak, *Chernobyl*, p. 396). 브류하노프가 "포괄 방사선 사고" 경보를 발령했다는 것은 전화 교환수였던 L. 포포바L. Popova에 의해서도 확인되었다. 다음에 수록됨. Evgeny Ignatenko, ed. *Chernobyl: Events and Lessons [Чернобыль: события и уроки]* (Moscow: Politizdat, 1989), p. 95. 포포바는 자동경보시스템을 켜려고 했는데 테이프 플레이어가 고장나 있어서 한 명씩 직접 전화를 걸어야 했다고 회상했다.

26. 브류하노프, 법정 진술. 다음에 수록됨. Karpan, *From Chernobyl to Fukushima*, pp. 128-129. 프리피야트 시 행정위원회 위원장(시장에 해당한다)은 블라디미르 볼로슈코Vladimir Voloshko였다. 5월 4일 작성된 KGB 메모에 따르면 공식 직함이 체르노빌 발전소 보안 및 안전 담당 책임자였던 V. A. 보그단V. A. Bogdan 소령 Major은 KGB 요원이었다. Danilyuk, ed., *Z arkhiviv*, Document no. 26: "Report of the UkSSR KGB 6th Management to the USSR KGB concerning the radioactive situation and progress in investigating the accident at the Chernobyl' NPS."

27. 파라신, 다음에 실린 증언. Shcherbak, *Chernobyl*, 76.

28. 브류하노프가 전화를 건 곳의 목록은 다음에 수록된 그의 법정 진술을 참고하라. Karpan, *From Chernobyl to Fukushima*, p. 129.

29. 브류하노프, 법정 진술. 다음에 수록됨. Karpan, *From Chernobyl to Fukushima*, p. 129; 파라신, 다음에 수록된 설명. Shcherbak, *Chernobyl*, p. 76.

30. 파라신, 다음에 수록된 설명. Shcherbak, *Chernobyl*, p. 76.

31. 알렉산더 유브첸코, 나와의 인터뷰, 2006; 유브첸코, 다음에 게재된 인터뷰. Bond, *New Scientist*, 2004; Vivienne Parry, "How I Survived Chernobyl", *Guardian*, August 24, 2004.

32. Karpan, *From Chernobyl to Fukushima*, p. 18.

33. Ibid., 18, 20-22; Razim Davletbayev, "The Final Shift" [Последняя смена]. 다음에 수록됨. Semenov, ed. *Chernobyl: Ten Years On*, pp. 371-377.

34. Karpan, *From Chernobyl to Fukushima*, p. 25.

35. Davletbayev, "The Final Shift," pp. 377-378.

36. 유리 코르네예프, 다음에 수록된 진술. Kiselyov, "Inside the Bease," 44; 코르네예프, 나와의 인터뷰, 2015년, 키예프. 바라노프의 행적에 대한 상세한 내용은 다음에서 볼 수 있다. "Materials: Liquidation Heroes" [Материалы: Герои-ликвидаторы], the website of the Chernobyl NPP, http://chnpp.gov.ua/ru/component/content/article?id=82.

37. Karpan, *From Chernobyl to Fukushima*, p. 19; 니콜라이 고르바첸코Nikolai Gorbachenko(체르노빌 발전소 방사능 모니터링 담당자), 다음에 실린 진술. Grigori Medvedev, *The Truth about Chernobyl*, p. 99.

38. Grigori Medvedev, *The Truth about Chernobyl*, p. 101.

39. 고르바첸코, 다음에 실린 진술. Kiselyov, "Inside the Beast," p. 45.

40. 자하로프, 나와의 인터뷰, 2015년; 페트로프스키, 나와의 인터뷰 2016년.

41. 다음에 실린 텔랴트니코프의 설명. David Grogan, "An Eyewitness to Disaster, Soviet Fireman Leonid Telyatnikov Recounts the Horror of Chernobyl," *People*, October 5, 1987; "Firefight At Chernobyl," transcript of Telyatnikov's appearance at the Fourth Great American Firehouse Exposition and Muster, Baltimore, MD, September 17, 1987, Fire Files Digital Library, https://fire.omeka.net/items/show/625.

42. 화재들이 발생한 위치에 대한 상세한 내용은 다음에서 볼 수 있다. Karpan, *From Chernobyl to Fukushima*, pp. 12-15.

43. 다음에 실린 화재 묘사. Telyatnikov, "Firefight at Chernobyl"; Felicity Barringer, "One Year After Chernobyl, a Tense Tale of Survival," *New York Times*, April 6, 1987.

44. 다음에 실린 텔랴트니코프의 설명. Barringer, "One Year After Chernobyl."

45. Karpan, *From Chernobyl to Fukushima*, p. 13.

46. 표트르 흐멜, 나와의 인터뷰, 2015년.

47. 자하로프, 나와의 인터뷰, 2016년.

48. Ibid. 프라비크는 3호기 옥상에 포말 호스 준비를 완료하고 그것을 배차실에 보고했으며, 그 시각은 키예프 지구 화재 출동 기록에 새벽 세 시로 기록되어 있다.

49. 자하로프, 나와의 인터뷰, 2016년.

50. 페트로프스키, 나와의 인터뷰, 2016년; 로고지킨Rogozhkin이 텔랴트니코프와의 대화를 회상한 법정 진술 내용. 다음에 수록됨. Karpan, *From Chernobyl to Fukushima*, p. 170.

51. Karpan, *From Chernobyl to Fukushima*, p. 13. 미국 국립보건원NIH에 따르면 우라늄 화재는 불타고 있는 물질을 완전히 물에 담그지 않는 한 물을 뿌려서는 진화할 수 없다. "그리고 완전히 물에 담가도 즉각적으로 화재를 진압하지는 못한다. 뜨거운 우라늄 금속이 물을 수소와 산소로 분해해서 불에 연료와 산소를 공급하게 되기 때문이다. 물의 양이 충분하다면 점차로 물이 냉각을 해서 불을 끌 수 있겠지만 그 과정에서 상당한 양의 물이 증기가 된다." "Uranium, Radioactive: Fire Fighting," NIH, U.S. National Library of Medicine, webWISER online directory.

52. 페트로프스키, 나와의 인터뷰, 2016년.

53. 인체에 치명적인 피폭 양이 어느 정도인지에 대한 추산치는 "반치사선량 LD50", 즉 신체 전체가 즉각적으로 피폭되었고 치료를 받지 않았을 경우에 피폭된 인구의 절반이 사망할 수 있는 피폭 양을 기준으로 했다. 히로시마와 나가사키 원폭 투하에서의 데이터를 토대로 할 때, 3.5-4.0그레이(350-400렘)으로 추정된다. 하지만 체르노빌 피해자들의 경험은 이 숫자들을 상향 조정해야 할 필요성을 제기했다. 치료를 받았을 경우, 건강한 남성이 신체 전체에 5.0그레이(500렘)에 피폭되고도 생존할 수 있었기 때문이다. Gusev et al., eds. *Medical Management of Radiation Accidents*, 54-55.

54. 당시 지붕의 방사선 수치는 다음의 코멘터리에서 스타로두모프Starodumov가 언급한 것을 토대로 한 것이다. *Chernobyl 1986. 04. 26 P. S. [Чернобыль. 1986. 04. 26 P. S.]* (Kiev: Telecon, 2016); B. Y. Oskolkov "Treatment of radioactive waste in the

initial period of liquidating the consequences of the Chernobyl NPP accident. Overview and analysis" [Обращение с радиоактивными отходами первоначальный период ликвидации последствий аварии на ЧАЭС. Обзор и анализ], *Chernobyl Center for Nuclear Safety*, January 2014, p. 36.

55. 페트로프스키, 나와의 인터뷰, 2016년 12월.

56. 레오니드 샤브레이, 다음에 수록된 진술. Kiselyov, "Inside the Beast," p. 47.

57. 블라디미르 프리셰파Vladimir Prischepa의 회상. 다음에 인용됨. *Karpan, From Chernobyl to Fukushima*, pp. 15-16.

58. 나중에 레오니드 샤브레이는 텔랴트니코프에게서 보드카 냄새가 났으며 그가 완전히 취한 것 같았다고 회상했다. 하지만 페트로프스키는 텔랴트니코프가 거의 술을 마시지 않았다고 말했다. "아마도 집에서 한 잔 정도 마셨을지는 모르겠지만 일터에서요? 절대로 아닙니다." 페트로프스키, 나와의 인터뷰, 2016년.

59. 표트르 흐멜, 나와의 인터뷰, 2006년과 2016년.

60. 파라신, 다음에 실린 설명. Shcherbak, *Chernobyl*, p. 76; 브류하노프, 법정 진술. 다음에 수록됨. Karpan, *From Chernobyl to Fukushima*, p. 140.

61. 세라핌 보로비예프, 다음에 실린 설명. Shcherbak, *Chernobyl*, p. 397; Grigori Medvedev, *The Truth About Chernobyl*, p. 152-154.

62. 구급차 의사인 발렌틴 벨로콘Valentin Belokon은 새벽 두 시가 몇 분 지나서 사람들이 3호기에서 행정동 쪽으로 왔다고 기억했다. 다음에 실린 벨로콘의 설명을 참고하라. Shcherbak, "Report on First Anniversary of Chernobyl," trans. JPRS, Part I, pp. 26-27.

63. 키예프 지구 화재 출동 기록, 체르노빌 뮤지엄.

64. 보로비예프, 다음에 실린 설명. Shcherbak, Chernobyl, p. 397.

65. Ibid., 398.

66. Ibid.; Grigori Medvedev, "Chernobyl Notebook" [Чернобыльская тетрадь], *Novy Mir* no. 6 (June 1989), trans. JPRS Economic Affairs, October 23, 1989, p. 35.

67. Read, Ablaze, pp. 68-69; Grigori Medvedev, *The Truth About Chernobyl*, p. 95.

68. Dyatlov, *Chernobyl: How It Was*, p. 50.

69. Ibid., 53-54; 아르카디 우스코프Arkady Uskov, 다음에 실린 설명. Shcherbak, *Chernobyl*, pp. 71-72.

70. 유리 바그다소로프Yuri Bagdasarov(체르노빌 발전소, 3호기 근무조 조장), 다음에 실린 설명. Kopchinsky and Steinberg, *Chernobyl*, p. 17; Dyatlov, *Chernobyl: How It Was*, p. 17.

71. 빅토르 브류하노프와 발렌티나 브류하노프, 나와의 인터뷰, 2016년; 파라신, 다음에 실린 회상. Shcherbak, *Chernobyl*, 76.

72. 당시 3호기 근무조 조장은 유리 바그다소로프Yuri Bagdasarov였다. 그는 3호기 를 계속 돌리라는 야간 근무조 총괄 팀장 보리스 로고지킨의 명령에 불복했 다. 다음에 실린 바그다소로프의 회상을 참고하라. Kopchinsky and Steinberg, Chernobyl, p. 17; Dyatlov, *Chernobyl: How It Was*, p. 17. 다음에 실린 3호기 운전 일 지도 참고하라. Dyatlov, *Chernobyl: How It Was*, pp. 56-57.

73. 다음에 실린 우스코프의 설명. Shcherbak, *Chernobyl*, pp. 71-72.

74. 빅토르 스마긴Viktor Smagin(아키모프의 다음 조인 26일 오전 8시 근무조 조장)의 회상. 다음에 수록됨. Vladimir M. Chernousenko, *Chernobyl: Insight from the Inside* (New York: Springer, 1991), p. 62.

75. 아르카디 우스코프의 현장 스케치, 체르노빌 뮤지엄.

76. Karpan, *From Chernobyl to Fukushima*, p. 19.

77. 다음에 실린 우스코프의 회상. Kopchinsky and Steinberg, *Chernobyl*, p. 19.

78. 다음에 실린 우스코프의 회상. Shcherbak, *Chernobyl*, pp. 71-72.

79. 스톨랴추크, 나와의 인터뷰, 2016년 12월, 키예프; Dyatlov, *Chernobyl: How It Was*, p. 76; International Atomic Energy Agency, INSAG-7, p. 45.

80. Zhores Medvedev, *The Legacy of Chernobyl*, 42.

81. 스톨랴추크, 나와의 인터뷰, 2016년.

7장: 토요일 1:30 AM, 키예프

1. 비탈리 스클랴로프, 나와의 인터뷰, 2016년 2월, 인터뷰; 나의 2016년 2월 6 일 콘차-자스파 방문; Vitali Sklyarov, *Chernobyl Was… Tomorrow* (Montreal: Presses d'Amérique, 1993), pp. 21-24.

2. Sklyarov, *Chernobyl Was… Tomorrow*, pp. 8 and 27; Vitali Sklyarov, *Sublimation of Time [Сублимация времени]* (Kiev: Kvic, 2015), pp. 62-83.

3. 물론 공식적으로는 스클랴로프도 정부의 공식 입장과 동일하게 이야기했다. 4장을 참고하라.

4. 스클랴로프, 나와의 인터뷰, 2016년; Sklyarov, *Chernobyl Was… Tomorrow*, pp. 27-28; Sklyarov, *Sublimation of Time*, pp. 496-500.

5. 스클랴로프, 나와의 인터뷰, 2016년.

6. 스클랴로프, 나와의 인터뷰, 2016년; Vitali Cherkasov, "On the 15th anniversary of the atomic catastrophe: Chernobyl's sores" [К 15-летию атомной катастрофы: язвы Чернобыля], *Pravda*, April 25, 2011, https://www.pravda.ru/politics/25-042001/817996-0.

7. "Special Report" [Спецсообщение], 수기로 작성되고 V.M. 코르네이추크V.M. Korneychuk 소장Major General이 서명한 문서, 1986년 4월 26일. 프리퍄야트 구역 특별 조치에 대한 파일 중 문서 1호. 현지 밀리치야(키예프 주 당 위원회 내무부), 체르노빌 뮤지엄 문서보관소.

8. Boris Prushinsky, "This Can't Be—But It Happened (The First Days after the Catastrophe)" [Этого не может быть—но это случилось (первые дни после катастрофы)], in A. N. Semenov, ed., *Chernobyl: Ten Years On. Inevitability or Accident?* [*Чернобыль. Десять лет спустя. Неизбежность или случайность?*] (Moscow: Energoatomizdat, 1995), pp. 308-309. OPAS는 러시아어 gruppa okazaniya pomoshchi atomnym stantsiyam pri avariyakh의 줄임말로, "사고 시 핵발전소 지원을 위한 파견 그룹"이라는 뜻이다.

9. Read, *Ablaze*, p. 94; Sergei Akhromeyev and Georgi Korniyenko. *Through the Eyes of a Marshal and a Diplomat: A Critical Look at USSR Foreign Policy Before and After 1985* [*Глазами маршала и дипломата: Критический взгляд на внешнюю политику СССР до и после 1985 года*] (Moscow: Mezhdunarodnye otnosheniya, 1992), pp. 98-99.

10. Read, *Ablaze*, p. 93.

11. B. Ivanov, "Chernobyl. Part 1: The Accident" [Чернобыль. 1: Авария], Voennye Znaniya 40, no. 1 (1988), p. 32; Edward Geist, "Political Fallout: The Failure of Emergency Management at Chernobyl", *Slavic Review* 74, no. 1 (Spring 2015), p. 117.

12. 레오니드 드라치Leonid Drach, 나와의 인터뷰, 2017년 4월, 모스크바.

13. 체르노빌에서 콥친스키의 직함은 과학 부수석 엔지니어(1976-1977년)와 운영 부수석 엔지니어(1977-1979년)였다.

14. 콥친스키, 나와의 인터뷰, 2016년.

15. Kopchinsky and Steinberg, *Chernobyl*, pp. 8-9.

16. Grigori Medvedev, *The Truth About Chernobyl*, p. 152-154. 다음 책에서 조레스 메드베데브는 브류하노프가 중대 사고 발생시 다른 누구에게도 알리기 전에 당 지도부에 먼저 알려야 한다는 지침을 받았던 것이 아닌가 의심하고 있다. *The Legacy of Chernobyl*, p. 47. 이 점은 다음에서 폴 리드가 더 상세히 지적했다. *Ablaze*, p. 77.

17. Grigori Medvedev, *Truth About Chernobyl*, 117.

18. 그 에너지부 차관은 제나디 샤샤린이었다.

19. 니콜라이 리지코프, 인터뷰 녹취록, 2RR archive file no. 3/7/7, p. 16.

20. Kopchinsky and Steinberg, *Chernobyl*, pp. 8-9; 콥친스키, 나와의 인터뷰, 2016년. 콥친스키는 체르노빌 발전소에서 KGB가 사고의 상세 사항을 비밀로 유지하기 위해 스위치보드를 조작해 전화선을 일부러 끊었을 것이라고 의심하고 있다.

21. Sklyarov, *Chernobyl Was… Tomorrow*, p. 32.

22. 스클랴로프, 나와의 인터뷰, 2016년; Sklyarov, *Sublimation of Time*, p. 105.

23. 세르히 파라신, 나와의 인터뷰, 2016년 11월, 키예프. 벙커 내부 분위기에 대해 파라신이 묘사한 내용이 다음에 수록되어 있다. Shcherbak, *Chernobyl*, pp. 75-78.

24. Nikolay Karpan, "First Days of the Chernobyl Accident. Private Experience," www.rri. kyoto-u.ac.jp/NSRG/en/Karpan2008English.pdf, pp. 8-9; Karpan, *From Chernobyl to Fukushima*, pp. 29-30.

25. 알렉산더 로가쵸프, 다음과의 인터뷰. Taras Shumeyko, Kiev, June 2017; Alexander Logachev, *The Truth [Истина]*, 미출판 회고록. 파라신에 따르면 말로무즈의 도착 시간은 4월 26일 오전 7시에서 9시 사이였다(Shcherbak, *Chernobyl*, p. 76).

26. 이 회의에 대해 체르노빌 발전소 시민방호 담당자 세라핌 보로비예프가 상세히 묘사한 내용이 다음에 수록되어 있다. Shcherbak, *Chernobyl*, p. 400.

27. Ibid.

28. 파라신, 다음에 수록됨. Shcherbak, Chernobyl, pp. 76-77; Karpan, *From Chernobyl to Fukushima*, p. 26.

29. "On the accident at the V. I. Lenin Nuclear Power Plant in Chernobyl" [Об аварии на Чернобыльской АЭС имени В. И. Ленина], 1986년 4월 26일, 빅토르 브류하노프가 서명한 기밀 문서. 체르노빌 뮤지엄 문서보관소. 나중에 브류하노프

는 당시에 자신이 방사선 수치가 발전소 거의 전역에서 적어도 시간당 200뢴트겐이라는 것을 알고 있었지만 "자세히 읽지 않았기 때문에" 그 문서에 서명했다고 말했다. 브류하노프, 법정 진술. 다음에 수록됨. Karpan, *From Chernobyl to Fukushima*, p. 133.

30. 니콜라이 고르바첸코와 빅토르 스마긴. 다음에 실린 증언. Grigori Medvedev, The Truth about Chernobyl, pp. 98-99, 170; Dyatlov, *Chernobyl: How It Was*, pp. 51-52.

31. Prushinsky, "This Can't Be—But It Happened," pp. 311-312. 비행기 이륙 시간은 다음에 오전 8시 30분에서 9시 사이로 기록되어 있다. G. Shasharin, "The Chernobyl Tragedy" [Чернобыльская трагедия]. 다음에 수록됨. Semenov, ed., *Chernobyl: Ten Years On*, p. 80.

32. 리지코프, 인터뷰 녹취록. 2RR, pp. 17-18. 다음에 따르면 마요레츠의 팀은 10시에 출발했다. (Read, *Ablaze*, p. 95). 이 위원회 구성에 대한 법령의 내용은 레오니드 드라크가 나에게 알려주었다.

33. 드라크, 나와의 인터뷰, 2017년.

34. V. Andriyanov and V. Chirskov, *Boris Scherbina* [Борис Щербина], (Moscow: Molodaya Gvardiya, 2009), 287.

35. Margarita Legasova, *Academician Valery Alekseyevich Legasov [Академик Валерий Алексеевич Легасов]* (Moscow: Spektr, 2014), pp. 111-113; Valery Legasov, "On the Accident at Chernobyl AES" [Об аварии на Чернобыльской АЭС], 레가소프가 1988년에 구술한 테이프 5개 분량의 회고를 푼 녹취록(이후로는 "레가소프 테이프"로 표기), http://lib.web-malina.com/getbook.php?bid=2755, 카세트1, pp. 1-2.

36. 레오니드 볼쇼프, 나와의 인터뷰, 2017년 4월, 모스크바.

37. 잉가 레가소바Inga Legasova, 나와의 인터뷰, 2017년 4월, 모스크바.

38. 볼쇼프, 나와의 인터뷰, 2017년; Evgeny Velikhov, *Strawberries from Chernobyl: My Seventy-Five Years in the Heart of a Turbulent Russia*, trans. Andrei Chakhovskoi (CreateSpace Independent Publishing Platform, 2012), 5-12.

39. 프랭크 본 히펠과 롭 골드스톤, 나와의 인터뷰, 2018년 3월, 뉴저지 주 프린스턴; Frank Von Hippel, "Gorbachev's Unofficial Arms-Control Advisers," *Physics Today* 66, no. 9 (September 2013), 41-47.

40. 레가소바, 나와의 인터뷰, 2017년.

41. Margarita Legasova, *Academician Valery Legasov*, p. 113.

42. Read, Ablaze, pp. 96-97, p.197; 레가소프, 다음에 실린 설명. Shcherbak, *Chernobyl*, p. 414.

43. Grigori Medvedev, *The Truth about Chernobyl*, p. 142; Shasharin, "The Chernobyl Tragedy," p. 80; 드라크, 나와의 인터뷰, 2017년; 안젤리카 바라바노바, 나와의 인터뷰, 2016년 10월, 모스크바.

44. Prushinsky, "This Can't Be—But It Happened," pp. 312-313.

45. 예를 들어, 모스크바 중앙위원회 기관에서 원자력 에너지 분야를 관장했고 4월 26일 이른 아침에 프리피야트에 도착한 블라디미르 마린은 토요일 오후 5시에 브류하노프가 원자로가 잘 통제되고 있으며 냉각수도 공급되고 있다고 보고했다고 언급했다. V. V. Marin, "On the Activities of the Task Force of the Politburo of the CPSU Central Committee at the Chernobyl NPP" [О деятельности оперативной группы Политбюро ЦК КПСС на Чернобыльской АЭС]. 다음에 수록됨. Semenov, ed., *Chernobyl: Ten Years On*, pp. 267-268.

46. Dmitri Volkogonov and Harold Shukman. *Autopsy for an Empire: The Seven Leaders Who Built the Soviet Regime* (New York: Free Press, 1999), p. 477.

47. "Urgent Report, Accident at Chernobyl Atomic Power Station," April 26, 1986, History and Public Policy Program Digital Archive, Volkogonov Collection, Manuscript Division, Library of Congress. Translated for NPIHP by Gary Goldberg, http://digitalarchive.wilsoncenter.org/document/115341.

48. 알렉산더 메슈코프(스레드마시 차관), 빅토르 시도렌코Viktor Sidorenko(스레드마시의 원자력 에너지 감독 위원회 고스아톰에네르고나조르Gosatomenergonadzor 부의장)도 이 팀에 있었다. Shasharin, "The Chernobyl Tragedy," pp. 80-81; Sklyarov, *Chernobyl Was… Tomorrow*, p. 33.

49. Grigori Medvedev, *The Truth about Chernobyl*, p. 154; 스클랴로프, 나와의 인터뷰, 2016년.

50. Sklyarov, *Chernobyl Was… Tomorrow*, pp. 37-39; Shasharin, "The Chernobyl Tragedy," pp. 80-81; Colonel General B. Ivanov, "Chernobyl. Part 2: Bitter Truth Is Better…" [2: ≪Лучше горькая правда…≫], *Voennye Znaniya* 40 no. 2 (1988), p. 22.

51. 방사능 정찰 작업은 여전히 비밀주의 때문에 어려움이 많았다. 발전소 정찰 임무를 맡은 시민방호군 상위 로가쵸프는 정찰 명령을 받았을 때 그가 가진

597　　　　후주

도면에 4호기가 표시되어 있지 않았고 말로무츠가 펜을 꺼내서 가운데의 빈 공간에 4호기를 대략 그려 넣었다고 회상했다(알렉산더 로가쵸프, 나와의 인터뷰, 2016년). 로가쵸프가 그린 1986년 4월 26일 체르노빌 발전소 방사선량 측정 지도는 체르노빌 뮤지엄 문서보관소에 소장되어 있다.

52. Prushinsky, "This Can't Be—But It Happened," p. 315.

53. 제나디 베르도프Gennadi Berdov, 우크라이나 내무부 차관, 다음에 실린 증언. Voznyak and Troitsky, *Chernobyl: It Was Like This*, p. 199.

54. Karpan, *From Chernobyl to Fukushima*, p. 28.

55. 당시 로가쵸프의 장갑차가 달렸던 최고 속도와 장갑차의 무게는 다음에 나온다. Logachev, *The Truth*.

56. 로가쵸프, 나와의 인터뷰와 타라스 슈메이코와의 인터뷰, 2016년; Logachev, *The Truth*; 로가쵸프가 그린 체르노빌 발전소 방사선량 측정 지도, 체르노빌 뮤지엄.

57. Alexander Lyashko, *The Weight of Memory: On the Rungs of Power [Груз памяти: На ступенях власти]*, Volume 2 in a trilogy (Kiev: Delovaya Ukraina, 2001), p. 351.

58. 레가소프 테이프, 카세트 1, p. 5.

59. 나의 프리피야트 방문, 2016년 4월 25일.

60. 드라크, 나와의 인터뷰, 2017년; Sklyarov, *Chernobyl Was⋯ Tomorrow*, p. 40.

61. 드라크, 나와의 인터뷰, 2017년; 스클랴로프, 나와의 인터뷰, 2016년; 셰르비나의 생일(1919년 10월 5일)은 다음에 나온다. Andriyanov and Chirskov, *Boris Scherbina*, 387. 셰르비나에 대한 묘사는 다음에 나온 내용도 참고했다. Kopchinsky and Steinberg, *Chernobyl*, p. 53.

62. 드라크, 나와의 인터뷰, 2017.

63. Sklyarov, *Chernobyl Was⋯ Tomorrow*, p. 40; 스클랴로프, 나와의 인터뷰, 2016.

64. Prushinsky, "This Can't Be—But It Happened," p. 317. 이러한 대화가 오고 갔음에도, 이 책에서 프류신스키는 이후에 이어진 회의에서 주민 소개 문제가 "지체 없이" 결정되었다고 적었다. 하지만 많은 사람들이 이에 대해 그와 다르게 기억하고 있다.

65. 모인 사람들, 긴장된 분위기 등에 대한 묘사는 바실리 키지마와의 인터뷰를 토대로 했다(2016년 2월, 키예프). 회의실 묘사와 담배 연기 내용은 알렉산더 로가쵸프를 타라스 슈메이코가 인터뷰한 내용을 토대로 했다(2017년 6월). 레

가소프는 그가 저녁 8시경에 도착했다고 회상했고 프류신스키는 레가소프가 도착하고서 2시간 뒤에 첫 회의가 있었다고 회상했다. Prushinsky, "This Can't Be—But It Happened," p. 317.

66. 레가소프 테이프, 카세트 1, 5.

67. Ibid., 카세트 1, 4.

68. Ibid, 5.

69. Shasharin, "The Chernobyl Tragedy," pp. 85-86; Karpan, *From Chernobyl to Fukushima*, p. 78

70. 스클랴로프, 나와의 인터뷰, 2017년; Sklyarov, *Chernobyl Was… Tomorrow*, pp. 41-42.

71. Read, *Ablaze*, pp. 105-106.

72. 키지마, 나와의 인터뷰, 2016년.

73. 로가쵸프, 타라스 슈메이코와의 인터뷰, 2017년.

74. 드라크, 나와의 인터뷰, 2017. 레가소프와 베르도프 차관도 이렇게 회상했다. Voznyak and Troitsky, *Chernobyl: It Was Like This*, p. 218.

75. 이 문서(러시아어 제목은 다음과 같다. "Критерии для принятия решения по защите населения в случае аварии атомного реактора")는 다음에 인용되어 있다. Voznyak and Troitsky, *Chernobyl: It Was Like This*, p. 219.

76. Geist, "Political Fallout," pp. 115-116.

77. 약 1년 전에 키예프의 라디오 방송국이 연습 방송 중에 실수로 키예프의 댐이 터졌으니 즉시 소지품을 챙겨서 집에서 나와 높은 지대로 피신하라는 방송을 내보냈다. 그런데 사람들은 별 반응을 보이지 않았다. 그 정도로 키예프 사람들은 공식적으로 나오는 뉴스에 신뢰가 없었다. 방송대로 대피를 하는 대신, 800명이 넘는 사람이 방송국에 전화를 걸어서 방송 내용이 사실이냐고 물어보았다. Nigel Raab, *All Shook Up: The Shifting Soviet Response to Catastrophes, 1917-1991* (Quebec: McGill-Queen's University Press, 2017), pp. 143-144.

78. 에사울로프는 오전 어느 시점에 자신의 상관인 프리피야트 이스폴콤 위원장(시장) 블라디미르 볼로슈코Vladimir Voloshko로부터 장거리 전화선을 끊으라는 KGB의 명령을 전달받았다고 회상했다(*The City that Doesn't Exist*, pp. 16-17).

79. Read, Ablaze, pp. 101-102; Akhromeyev and Korniyenko, *Through the Eyes of a Marshal and a Diplomat*, p. 100.

80. Zhores Medvedev, *The Legacy of Chernobyl*, p. 141.

81. Ivanov, "Chernobyl. Part 3: Evacuation" [3: Эвакуация], *Voennye Znaniya* 40 no. 3 (1988), p. 38.

82. Karpan, "First Days of the Chernobyl Accident," 2008.

83. Kopchinsky and Steinberg, Chernobyl, p. 65; 아르멘 아바기안Armen Abagyan (VNIIAES 팀장), 다음에 실린 설명. Voznyak and Troitsky, *Chernobyl: It Was Like This*, p. 213.

84. 스클랴로프, 나와의 인터뷰, 2016년; Sklyarov, *Sublimation of Time*, pp. 105-106. 나와의 인터뷰에서 스클랴로프는 셰르비나가 "skandal na ves' mir"라는 말을 썼다고 회상했다. 문자 그대로 옮기면 "전 세계 앞에서의 스캔들"이라는 뜻이다. 하지만 러시아어로 "스캔들"은 수치스러움과 혼란스러움의 의미를 동시에 담고 있다. 스클랴로프는 자신이 1991년에 회고록(*Chernobyl Was… Tomorrow*) 초고에 이 부분을 포함시켰지만 블라디미르 이바슈코Vladimir Ivashko의 요청으로 최종고에서 제외했다고 말했다(다음을 참고하라. *Sublimation of Time*). 그때 이바슈코는 셰르비츠키에 이어 우크라이나 당 제1서기를 맡고 있었다.

8장: 토요일 6:15 AM, 프리피야트

1. 알렉산더 에사울로프, 나와의 인터뷰, 2015년 7월, 이르핀; Shcherbak, "Report on First Anniversary of Chernobyl Accident," trans. JPRS, Part I, p. 30.

2. Esaulov, *The City That Doesn't Exist*, pp. 11-12.

3. Ibid., 16.

4. 제126의료위생센터 센터장 비탈리 레오넨코Vitaly Leonenko에 따르면 이날 총 4대의 구급차가 발전소로 출동했다(나와의 인터뷰, 2016년 12월, 우크라이나 베프라이크). 아르카디 우스코프(다음에 실린 설명. Shcherbak, *Chernobyl*, p. 69)는 4시 30분에 발전소로 가다가 구급차를 두 대가 지나가는 것을 보았다고 회상했다. 그리고 피에르 폴 리드는 5시경이면 구급차들이 "셔틀버스"처럼 병원과 발전소를 왔다갔다 하며 사람들을 실어 날랐다고 언급했다(*Ablaze*, 85).

5. 에사울로프, 나와의 인터뷰, 2015년; Esaulov, *The City that Doesn't Exist*, p. 16.

6. 안드레이 글루호프, 나와의 인터뷰, 2015년, 우크라이나 슬라브티치.

7. 글루호프, 나와의 인터뷰, 2015년; 나의 톱투노프 아파트 방문, 2016년 4월 25일,

프리피야트.

8. 레오넨코, 나와의 인터뷰, 2016년; 나의 제126병원 방문, 2016년 4월 27일.

9. Ibid; 모스크바의 의사 안겔리나 구스코바는 처음에는 프리피야트 제126병원 직원들이 화학적 화재로 인한 부상이라고 보고했다고 회상했다. 안겔리나 구스코바, 다음과의 인터뷰. Vladimir Gubarev, "On the Edge of the Atomic Sword" [На лезвии атомного меча], *Nauka i zhizn*, no. 4, 2007: www.nkj.ru/archive/articles/9759/.

10. 타탸나 마르출라이트Tatyana Marchulaite(제126병원 의료 조무사) 다음에 실린 설명 Voznyak and Troitsky, *Chernobyl: It Was Like This*, pp. 202-205.

11. Read, *Ablaze*, pp. 85-86.

12. 알렉산더 유브첸코도 이렇게 회상했다. 다음을 참고하라. Vivienne Parry, "How I Survived Chernobyl," *The Guardian*, August 24, 2004. http://www.theguardian.com/world/2004/aug/24/russia.health.

13. Read, *Ablaze*, p. 85.

14. 마르출라이트, 다음에 실린 증언. Voznyak and Troitsky, *Chernobyl: It Was Like This*, p. 205. 샤셰노크의 사망 시간은 체르노빌 원자력발전소 방사능 모니터링 담당 니콜라이 고르바첸코가 다음에서 언급했다. Kiselyov, "Inside the Beast," p. 46.

15. 나탈리아 유브첸코, 나와의 인터뷰, 2015년; Read, *Ablaze*, pp. 85, 91.

16. 마리아 프로첸코, 나와의 인터뷰, 2015년 9월, 키예프.

17. 아나톨리 스베테츠키Anatoly Svetetsky(체르노빌 원자력발전소 3호기, 4호기 원자로 부서 및 터빈 부서 기술 안전 시스템 담당자), 타라스 슈메이코와의 인터뷰, 2017년 5월 28일, 키예프.

18. 소비에트의 에너지 관련 건축물에서 프롤레타리아 미학이 어떤 역할을 했는지는 다음을 참고하라. Josephson, *Red Atom*, pp. 96-97.

19. Sich, "The Chornobyl Accident Revisited," p. 204; Igor Kruchik, "The Mother of Atomgrad" [Мати Атомограда], *Tizhden*, September 5, 2008, http://tyzhden.ua/Publication/3758.

20. 리퀴데이터들도 "시티키"를 사실로 믿었다는 증거에 대해서는, 예를 들어, 바실리 고로호프Vasily Gorokhov가 다음과 진행한 인터뷰를 참고하라. 그는 1986년 7월부터 1987년 5월까지 제염 담당 부소장이었다: Alexander Bolyasny, "The First 'Orderly' of the First Zone" [Первый «санитар» первой зоны], *Vestnik* 320 no. 9 (April 2003), www.vestnik.com/issues/2003/0430/koi/bolyasny.htm.

21. 프로첸코, 나와의 인터뷰, 2015년.

22. "Background information on the Town of Pripyat," April 26, 1986, Pripyat *militsia*, File on Special Measures in Pripyat Zone, p. 14. 체르노빌 뮤지엄 문서보관소.

23. 토요일 오전에 열린 프리피야트 주요 인사들과의 회의에 대한 묘사는 프로첸 코와 에사울로프와의 인터뷰를 토대로 한 것이다(2015년).

24. 키예프 지역 축구 준결승전이었는데 나중에 취소되었다. ("Soccer in Pripyat: The History of the 'Builder' Soccer Club" [Футбол в Припяти. История футбольного клуба ≪Строитель≫], *Sports.ru*, April 27, 2014, www.sports.ru/tribuna/blogs/golden_ball/605515.html.

25. 파라신, 다음에 실린 설명. Shcherbak, *Chernobyl*, p. 76; Zhores Medvedev, *The Legacy of Chernobyl*, p 137.

26. 프로첸코, 나와의 인터뷰, 2015년.

27. Shcherbak, "Report on First Anniversary of Chernobyl Accident," trans. JPRS, Part I, p. 48.

28. Ibid., 37.

29. 프로첸코, 나와의 인터뷰, 2015년.

30. 정찰 차량들의 도착 시간은 다음에 나온다. Maleyev, *Chernobyl. Days and Years: The Chronicle of the Chernobyl Campaign [Чернобыль. Дни и годы: летопись Чернобыльской кампании]* (Moscow: Kuna, 2010), p. 21. 더 상세한 내용은 나와 타라스 슈메이코가 그레베 뉴크 Grebeniuk 대령Colonel(제427 기계화 연대 지휘관)과의 인터뷰에서 들은 것 이다(2016년 7월, 키예프). 이때는 알렉산더 로가쵸프 상위의 차량이 맨 선두가 아니었다. 로가쵸프의 차량이 도중에 브레이크가 고장 나서 다른 차량이 선두 에 섰고, 로가쵸프는 지체된 시간을 상쇄하고 동료들을 따라잡기 위해 곧장 발전소로 갔다(로가쵸프, 나와의 인터뷰, 2017년, 키예프).

31. Kotkin, *Armageddon Averted*, p. 42.

32. 프로첸코, 나와의 인터뷰, 2015년.

33. Sergei Drozdov, "Aerial Battle over Chernobyl" [Воздушная битва при Чернобыле], *Aviatsiya i vremya* 2, 2011, www.xliby.ru/transport_i_aviacija/aviacija_i_vremja_2011_02/p6.php.

34. 세르게이 볼로딘, 나와의 인터뷰, 2015년 7월, 키예프.

35. 루보미르 밈카Lubomir Mimka 대령Colonel, 나와의 인터뷰, 2016년 2월.

36. 세르게이 볼로딘, 미출간 회고록. 날짜 미상.

37. 볼로딘, 나와의 인터뷰, 2006년과 2015년.

38. Ibid.; 볼로딘, 미출간 회고록.

39. 코브투츠키, 나와의 인터뷰, 2016년.

40. 프로첸코, 나와의 인터뷰, 2016년.

41. Grigori Medvedev, *The Truth About Chernobyl*, pp. 88–89, 149–151.

42. Ibid., 150.

43. 이 엔지니어는 게오르기 라이흐트만Georgi Reikhtman이었다(나와의 인터뷰 2015년 9월). 라이흐트만은 아내에게 겨울 옷을 모두 챙기라고 말했다. 그때는 늦은 봄이었기 때문에 아내는 그가 엉뚱한 소리를 한다고 생각해서 그의 말을 듣지 않았다.

44. 이 엔지니어는 니콜라이 카르판이었다. *From Chernobyl to Fukushima*, pp. 32–33.

45. 베니아민 프리아니치니코프, 나와의 인터뷰, 2006년 2월, 키예프.

46. 우크라이나 내부무의 내부 메모에 따르면 토요일 오전 9시에 밀리치야 소속 600명과 승인된 "민간인" 250명이 프리퍄야트 인근 및 광역 지역에 배치되었다. "Background information on the Town of Pripyat," April 26, 1986, File on Special Measures in Pripyat Zone, p. 14. 체르노빌 뮤지엄 문서보관소.

47. 프리아니치니코프, 나와의 인터뷰, 2006년.

48. 볼로딘, 나와의 인터뷰, 2006년. 4월 26일에 첫 정찰 헬기가 뜬 시각은 다음에 실린 M. 메샤로프스키M. Masharovsky 소장Major General의 언급에 나온다. "Operation of Helicopters During the Chernobyl Accident." 다음에 수록됨. Current Aeromedical Issues in Rotary Wing Operations, Papers Presented at the RTO Human Factors and Medicine Panel (HFM) Symposium, San Diego, October 19–21 1998, RTO/NATO, p. 7-2.

49. Ibid.; 볼로딘, 미출간 회고록.

50. 나탈리아 유브첸코, 나와의 인터뷰, 2015년.

51. Read, *Ablaze*, pp. 87–88.

52. 나탈리아 유브첸코, 나와의 인터뷰, 2015년.

53. Voznyak and Troitsky, *Chernobyl: It Was Like This*, p. 207.

54. Esaulov, *The City that Doesn't Exist*, pp. 23–24.

55. 레오넨코, 나와의 인터뷰, 2016년.

56. Esaulov, *The City that Doesn't Exist*, p. 25.

57. 프로첸코, 나와의 인터뷰, 2016년; David Remnick, "Echo in the Dark," *The New Yorker*, September 22, 2008.

58. 프로첸코, 나와의 인터뷰, 2016년; 코브투츠키, 나와의 인터뷰, 2016년.

59. 나와의 인터뷰: 나탈리아 유브첸코, 2015년; 나탈리아 호뎀추크, 2017년; 알렉산더 시로타Alexander Sirota, 2017년.

60. 코롤, 나와의 인터뷰, 2015년.

61. 에사울로프에 따르면 호송 헬기의 출발 시각은 밤 10시였다(*The City that Doesn't Exist*, p. 27). 버스 운전사 발레리 슬러츠키Valery Slutsky도 밤 10시였다고 회상했다(나와의 인터뷰, 2006년 2월, 프리피야트).

62. 훗날 에사울로프는 첫 호송자 수는 많지 않았지만(똑바로 앉을 수 있는 사람 24명이 버스로 호송되었고, 추가로 2명은 앉을 수가 없어서 버스로 이송하지 못하고 구급차로 이송했다) 가는 길에 버스가 고장나는 경우 등의 만약을 대비해 버스 한 대를 더 요청했다고 회상했다. Esaulov, *The City that Doesn't Exist*, pp. 26–27; Shcherbak, "Report on First Anniversary of Chernobyl Accident," trans. JPRS, Part I, p. 31.

63. 레오넨코, 나와의 인터뷰, 2016년.

64. 코롤, 나와의 인터뷰, 2015년.

65. Shcherbak, *Chernobyl*, p. 51.

66. 빅토르 브류하노프와 발렌티나 브류하노프, 나와의 인터뷰, 2015년.

67. 프리아니치니코프, 나와의 인터뷰, 2006년.

68. 에사울로프에 따르면 버스가 보리스폴 공항에 도착한 시각은 3시 30분이었다. *The City that Doesn't Exist*, pp. 28–29.

69. 4월 26일과 4월 27일자 손으로 쓴 업무 일지. File on Special Measures in Pripyat Zone, Internal Affairs Department of the Kiev Region Party Committee. 체르노빌 뮤지엄 문서보관소. p. 13.

9장: 4월 27일 일요일, 프리피야트

1. 니콜라이 안토슈킨, 나와의 인터뷰, 2015년 10월, 모스크바

2. 이 전문가는 아나톨리 쿠슈닌Anatoly Kushnin 대령이었다. 다음에 실린 그의 설명을 참고하라. Kiselyov, "Inside the Beast," p. 50. 더 상세한 내용은 다음을 참고하라. 루보미르 밈카, 나와의 인터뷰, 2016년 2월, 키예프.

3. 다음 저술에 따르면, 그는 소비에트 시민방호군의 이바노프 상장과 토요일 밤 11시 30분에 프리피야트에 도착해 있었던 소비에트 화학전 부대 지휘관 블라디미르 피칼로프 상장에게 먼저 보고했다. Voznyak and Troitsky, *Chernobyl: It Was Like This*, p. 214.

4. 안토슈킨, 나와의 인터뷰, 2015년.

5. Ibid.; 밈카, 나와의 인터뷰, 2016년; 보리스 네스테로프 대령Boris Nesterov, 나와의 인터뷰, 2016년 12월, 우크라이나 드네프르; Major A. Zhilin, "No such thing as someone else's grief" [Чужого горя не бывает], Aviatsiya i Kosmonavtika no. 8, August 1986: 10.

6. Prushinsky, "This Can't Be—But It Happened," 318.

7. Legasov, "My duty is to tell about this." 다음에 수록됨. Mould, *Chernobyl Record*, 292.

8. 레가소프 테이프, 카세트 1, p. 8.

9. Legasov, "My duty is to tell about this." 다음에 수록됨. Mould, *Chernobyl Record*, p. 292; 레가소프 테이프, 카세트 1, p. 8. 레가소프는 이 분석을 정치국에 보고했다. 다음을 참고하라. V. Maleyev, *Chernobyl: Days and Years: The Chronicle of the Chernobyl Campaign* [Чернобыль. Дни и годы: летопись Чернобыльской кампании] (Moscow: Kuna, 2010): "Meeting of the Politburo of the CPSU Central Committee: Protocol No. 3" [Заседание Политбюро ЦК КПСС 5 мая 1986 года: Протокол № 3], pp. 249-252.

10. 4호기 내부의 흑연 총량에 대한 레가소프의 추산치는 폭발 전과 후 모두에 대해 다른 이들의 추산치를 훨씬 넘어선다. 하지만 어쨌든 사고 이후 얼마나 많은 흑연이 노심 안에 남아 있었느냐에 대해서는 가장 낮게 잡은 추산치(가령 KGB가 1986년 5월 11일 메모에 기록한 1500톤)도 두 달간 계속해서 타기에 충분한 양이었다. 다음을 참고하라. 다음에 실린 KGB 메모. Danilyuk, ed., "Chernobyl Tragedy," *Z arkhiviv*, document no. 31: *Special Report of the UkSSR OG KGB chief in the town of Chernobyl to the UkSSR KGB chairman.*

11. V. Bar'yakhtar, V. Poyarkov, V. Kholosha and N. Shteinberg, "The Accident: Chronology, Causes and Releases." 다음에 수록됨. G. J. Vargo, ed., *The Chornobyl Accident: A Comprehensive Risk Assessment* (Columbus, OH: Battelle Press, 2000), p. 13.

12. 레가소프 테이프, 카세트 1, p. 8; Grigori Medvedev, *The Truth about Chernobyl*, p. 176; Zhores Medvedev, *The Legacy of Chernobyl*, p. 43.

13. Bar'yakhtar et al., "The Accident: Chronology, Causes and Releases," p. 13.

14. Evgeny Ignatenko, ed., *Chernobyl: Events and Lessons [Чернобыль: события и уроки]* (Moscow: Politizdat, 1989), p. 128.

15. 레가소프 테이프, 카세트1, p. 9; Grigori Medvedev, *The Truth about Chernobyl*, p. 176.

16. 아르멘 아바기안Armen Abagyan, 다음에 실린 설명. Voznyak and Troitsky, *Chernobyl: It Was Like This*, p. 220.

17. 블라디미르 돌기흐, 인터뷰 녹취록. June 1990, 2RR archive file no. 1/3/5, p. 4. 하지만 셰르비나가 새벽 2:30까지도 마음의 결정을 못했다는 것은 2:30에 프리피야트에 버스 대열을 이끌고 온 키예프 교통 담당관의 증언을 통해 알 수 있다. 그가 화이트하우스로 가서 셰르비나에게 도착을 신고했더니 셰르비나는 이렇게 대답했다고 한다. "누가 자네를 보냈나?" (V. M. 레바V. M. Reva, 우크라이나 국영 자동차교통공사 첫 부회장, 제46차 최고라다Supreme Rada에서의 증언. 1991년 12월 11일. http://rada.gov.ua/meeting/stenogr/show/4642.html).

18. 드라크, 나와의 인터뷰, 2017년; 네스테로프, 나와의 인터뷰, 2016년.

19. 이바노프의 일기. 다음에 수록됨. "Chernobyl, Part 3: Evacuation" [Часть 3: Эвакуация], *Voennye Znaniya* 40 no. 3 (1988), p. 38.

20. Ibid; 레오넨코, 나와의 인터뷰, 2016년. 레오니드 드라크는 당시 상황을 다르게 기억하고 있다(나와의 인터뷰, 2017년). 그는 토요일 밤 새벽 1시에서 2시 사이에 피칼로프가 셰르비나에게 도시를 소개하는 것 외에 다른 방법은 없다고 말했다고 회상했다.

21. 프리피야트 밀리치야 본부에 보관되어 있는 일지(수기로 작성되어 있다)에 따르면, 오전 6시 54분에 키예프 주州 당 제1서기 G.I. 레벤코G.I. Revenko가 "오전 9시 이후에 소개 결정이 내려질 것"이라고 밝혔다. KGB도 오전 7시 45분에 동일하게 예상했다. Pripyat *militsia*, File on Special Measures in the Pripyat Zone, (체르노빌 뮤지엄), pp. 12-13.

22. 안토슈킨에 따르면 헬기가 뜬 시각은 오전 8시 12분이었다. Antoshkin, *Regarding*

Chernobyl (미출간 회고록).

23. 네스테로프, 나와의 인터뷰, 2016년; Zhilin, "No such thing as someone else's grief," 10.

24. 레가소프 테이프, 카세트 1, 6; Mould, Chernobyl Record, p. 291; Margarita Legasova, *Academician Valery A. Legasov*, p. 119.

25. Legasov, Mould, *Chernobyl Record*, p. 290.

26. Vladimir Pikalov, "Interview with Commander of Chemical Troops." 다음과의 인터뷰. A. Gorokhov, *Pravda* (December 25, 1986). 다음에 번역 수록됨. JPRS, *Chernobyl Nuclear Accident Documents*, 92; Ivanov, "Chernobyl, Part 3: Evacuation," 38.

27. 다음에 따르면 방송이 나온 시각은 오후 1:10이었다. Voznyak and Troitsky, *Chernobyl: It Was Like This*, 223. 12시 혹은 그 이전이었다고 기억하는 사람들도 있다. 드라크, 나와의 인터뷰, 2017.

28. 방송 내용 원문은 다음을 참고하라. Andrei Sidorchik, "Deadly experiment. Chronology of the Chernobyl NPP catastrophe" [Смертельный эксперимент. Хронология катастрофы на Чернобыльской АЭС], *Argumenty i fakty*, April 26, 2016, www.aif.ru/society/history/smertelnyy_eksperiment_hronologiya_katastrofy_na_chernobylskoy_aes. 녹음된 방송은 다음에서 들을 수 있다. www.youtube.com/watch?v=1l3g3m8Vrgs.

29. 레오니드 드라크(나와의 인터뷰, 2017년)가 우크라이나 각료회의 부의장 니콜라이 니콜라예브Nikolai Nikolayev와 함께 방송 내용의 초안을 썼다. 스클랴로프도 키예프 주 이스폴콤 부위원장 이반 플류시Ivan Plyushch와 함께 내용 작성에 관여했다고 회상했다(스클랴로프, 나와의 인터뷰, 2016년).

30. Esaulov, *The City that Doesn't Exist*, p. 45. 비탈리 스클랴로프는 방송 문구가 패닉을 막기 위해서뿐 아니라 시민들이 짐을 잔뜩 들고 각자 찾을 수 있는 교통편을 이용하려 하는 것을 막기 위해서이기도 했다고 말했다. 스클랴로프, 나와의 인터뷰, 2016년 2월, 키예프.

31. 류보프 코발레프스카야Lyubov Kovalevskaya. 다음에 인용됨. Shcherbak, "Report on First Anniversary of Chernobyl," trans. JPRS, Part I, 41

32. 나탈리아 유브첸코, 나와의 인터뷰, 2015년.

33. 학교 교사이던 나탈리아의 월급은 120루블이었다.

34. 프로첸코, 나와의 인터뷰, 2016년.

35. 이 숫자들은 지역 밀리치야 서장이 손으로 쓴 비상 대응 일지에 나온다. 그는 나중에 4만 7000명이 소개되었고 많게는 1800명의 발전소 운전원과 2500명의 건설 노동자가 도시에 남았다고 기록했다. 또한 6, 700명의 내무부 직원과 병력, 그리고 도시 행정 직원들과 방호 인력도 도시에 남았다. Pripyat *militsia*, File on Special Measures in the Pripyat Zone, April 27, 1986, 29. 하지만 상당수의 인구가 소개가 시작되기 전에 다른 수단으로 도시를 떠났다. 이러한 사람들이 몇 명인지에 대한 추산치에는 상당한 편차가 있다(주58번도 참고하라).

36. 프로첸코, 나와의 인터뷰, 2015년과 2016년; Ukrainian Ministry of Internal Affairs, Report no. 287c/Gd [287c/Гд], April 27, 1986. 우크라이나 내무장관 이반 글라두슈Ivan Gladush가 서명한 기밀 문서. 체르노빌 뮤지엄 문서보관소.

37. "Report of the Ministry of Transport of the Ukrainian SSR to the Ukraine Central Committee of the Communist Party," April 27, 1986 (no. 382c, 볼코프Volkov 장관이 서명한 기밀 문서) 체르노빌 뮤지엄 문서보관소.

38. Pripyat militsia, File on Special Measures in the Pripyat Zone, pp. 10-13.

39. Shcherbak, "Report on First Anniversary of Chernobyl," trans. JPRS, Part I, pp. 42-43.

40. 나탈리아 호뎀추크, 나와의 인터뷰, 2017년, 키예프.

41. 아넬리아 페트로프스카야Anelia Perkovskaya(프리피야트 고르콤[당 지역위원회]의 콤소몰 비서). 다음에 실린 설명. Shcherbak, "Report on First Anniversary of Chernobyl," trans. JPRS, Part I, 40, 43.

42. Boris Nesterov, *Heaven and Earth: Memories and Reflections of a Military Pilot [Небо и земля: Воспоминания и размышления военного летчика]* (Kherson, 2016), 240.

43. 나중에 안토슈킨은 원자로에 "투하"하는 작업을 주민들의 소개가 완료되기 전에는 하지 못하게 되어 있었다고 회상했다(나와의 인터뷰, 2017년). 하지만 아마도 그것은 그의 희망사항이었던 듯하며, 다른 이들의 회상은 그와 다르다. 이를 테면, 첫 번째 투하 임무를 수행한 보리스 네스테로프Boris Nesterov 대령은 자신이 오후 3시경에 물질을 원자로에 투하하기 시작했는데 주민들의 소개가 진행되고 있는 것이 조종석에서 보였다고 말했다(나와의 인터뷰, 2016년).

44. A. A. Dyachenko, ed., *Chernobyl. Duty and Courage [Чернобыль. Долг и мужество]*, Vol. 1 (Moscow: Voenizdat, 2001), 233; Ignatenko, Chernobyl: Events and Lessons, 233.

45. 레가소프 테이프, 카세트 1, p. 10; Shasharin, "The Chernobyl Tragedy," 91.

46. Sklyarov, *Chernobyl Was⋯ Tomorrow*, 61, 69.

47. 샤샤린, 다음에 실린 증언. Grigori Medvedev, *The Truth about Chernobyl*, 192; Protsenko, 나와의 인터뷰, 2015년; 밈카, 나와의 인터뷰, 2016년; 안토슈킨, 나와의 인터뷰, 2017년. 안토슈킨은 자신이 군복을 완전히 성장한 채로 모래주머니를 채우고 있었다고 샤샤린이 회상한 것에 대해 반박했다.

48. Dyachenko, ed., *Chernobyl. Duty and Courage*, 234.

49. 밈카, 나와의 인터뷰, 2016년; 로가쵸프, 나와의 인터뷰, 2017년.

50. 제나디 샤샤린과 아나톨리 자가츠Anatoly Zagats(유즈아톰에네르고몬타시 Yuzhatomenergomontazh 수석 엔지니어). 다음에 실린 증언. Grigori Medvedev, *The Truth about Chernobyl*, 192-193.

51. Sklyarov, *Chernobyl Was … Tomorrow*, 52.

52. 샤샤린, 다음에 실린 증언. Grigori Medvedev, *The Truth about Chernobyl*, 193; 밈카, 나와의 인터뷰, 2016년; 네스테로프, 나와의 인터뷰, 2016년.

53. 우크라이나 교통 장관이 우크라이나 당 중앙위원회에 한 보고, 1986년 4월 27일(no. 382c), 체르노빌 뮤지엄 문서보관소; 프로첸코, 나와의 인터뷰, 2016년; 나탈리아 유브첸코, 나와의 인터뷰, 2016년.

54. 우크라이나 교통 장관이 우크라이나 당 중앙위원회에 한 보고(체르노빌 뮤지엄 문서보관서)에 따르면 오후 1:30이고, 프리피야트 밀리치야의 체르노빌 사고 대응 일지(File on Special Measures in the Pripyat Zone, Chernobyl Museum, pp. 29-30)에 따르면 오후 2:00다. 이날 버스 이동을 관장한 한 키예프의 교통 담당관도 오후 2:00라고 회상했다(레바Reva, 최고라다Supreme Rada에서의 증언, 1991년 12월 11일).

55. 프로첸코, 나와의 인터뷰, 2015년.

56. Ivanov, "Chernobyl. Part 3: Evacuation," 38; Voznyak and Troitsky, *Chernobyl: It Was Like This*, 223.

57. 네스테로프, 나와의 인터뷰, 2016년; Nesterov, *Heaven and Earth*, 236-243.

58. 프로첸코, 나와의 인터뷰, 2015년. 많은 주민들이 사고에 대해 알기 전이나 후에 각자의 수단으로 도시를 떠났다. 프리피야트 밀리치야 체르노빌 사고 대응 일지에 따르면, 이러한 사람들의 수는 약 8천800명이었다("Situation report as of 8 p.m., April 28, 1986," 체르노빌 뮤지엄. p. 30). 하지만 이 추산치에는 편차가 크며, 각자 피난한 사람을 많게는 2만 명으로까지 추산하는 자료도 있다(Baranovska, ed., *Chernobyl Tragedy*, document no. 59: "Memorandum of the Department

of Education of the Central Committee of Communist Party of Ukraine on immediate measures pertaining to the accident at Chernobyl NPP," April 29, 1986. 한편 여기에는 당국이 제공한 교통편으로 공식적으로 소개된 사람이 2만 7500명에 불과하다고 되어 있다).

59. 나탈리아 유브첸코, 나와의 인터뷰, 2015년.

60. 로가쵸프, 나와의 인터뷰, 2017년.

61. 글루호프, 나와의 인터뷰, 2015년.

62. 빅토르 브류하노프와 발렌티나 브류하노프, 나와의 인터뷰, 2016년.

63. 나탈리아 유브첸코, 나와의 인터뷰, 2015년.

64. 프로첸코, 나와의 인터뷰, 2015년.

2부: 어느 제국의 죽음

10장: 핵 구름

1. World Health Organization(WHO), "Chernobyl Reactor Accident: Report of a Consultation," Regional Office For Europe, report no. ICP/CEH 129, May 6, 1986 (provisional), p. 4.

2. Helen ApSimon and Julian Wilson, "Tracking the Cloud from Chernobyl," *New Scientist* no. 1517 (July 17, 1986), pp. 42-43; Zhores Medvedev, *The Legacy of Chernobyl*, pp. 89-90.

3. ApSimon and Wilson, "Tracking the Cloud from Chernobyl," p. 45. Zhores Medvedev, *The Legacy of Chernobyl*, p. 195.

4. 이 시점이면 초기의 폭발로 생긴 방사능 구름은 이미 폴란드와 핀란드로 넘어 간 상태였다. Zhores Medvedev, *The Legacy of Chernobyl*, p. 195.

5. WHO, "Chernobyl Reactor Accident: Report of a Consultation," p. 4.

6. Zhores Medvedev, *The Legacy of Chernobyl*, pp. 196-197.

7. ApSimon and Wilson, "Tracking the Cloud," pp. 42, 44; Zhores Medvedev, *The Legacy of Chernobyl*, p. 197.

8. 클리프 로빈슨, 나와의 전화 인터뷰, 2016년 3월.

9. 이 시설은 1988년에 완공되었다. 다음을 참고하라. "This is where Sweden keeps its radioactive operational waste," Swedish Nuclear Fuel and Waste Management Company (SKB), November 2016, www.skb.com/our-operations/sfr/.

10. Erik K. Stern, *Crisis Decisionmaking: A Cognitive Institutional Approach* (Stockholm: Swedish National Defence College, 2003), p. 130.

11. Stern, *Crisis Decisionmaking*, pp. 131-132; Nigel Hawkes et al., *The Worst Accident in the World: Chernobyl, the End of the Nuclear Dream* (London: William Heinemann and Pan Books, 1988), p. 116.

12. 로빈슨, 나와의 인터뷰, 2016년.

13. Stern, *Crisis Decisionmaking*, pp. 134-136.

14. 헤이다르 알리예프, 인터뷰 녹취록, 2RR archive file no. 3/1/6, pp. 14-15.

15. 알리예프는 1967년부터 1969년까지 KGB를 이끌었다. "Heydar Aliyev, President of the Republic of Azerbaijan" [Гейдар Алиев, президент Азербайджанской Республики], 다음과의 인터뷰. Mikhail Gusman, TASS, September 26, 2011, http://tass.ru/arhiv/554855.

16. Angus Roxburgh, *The Second Russian Revolution: The Struggle for Power in the Kremlin* (New York: Pharos Books, 1992), pp. 41-42.

17. 알리예프, 인터뷰 녹취록, 2RR, pp. 14-15.

18. 참석자 명단은 1986년 4월 28일자 정치국 회의록에 나온다. 다음에 수록됨. Maleyev, *Chernobyl. Days and Years*, p. 241. 고르바초프의 집무실 위치는 다음에 나온다. 알리예프, 인터뷰 녹취록, 2RR, pp. 14-15.

19. Valery Boldin, *Ten Years That Shook the World: The Gorbachev Era as Witnessed by His Chief of Staff* (New York: Basic Books, 1994), pp. 162-163.

20. 알렉산더 야코블레프Alexander Yakovlev, 인터뷰 녹취록, 2RR archive file no. 3/10/7, p. 5.

21. 돌기흐, 인터뷰 녹취록, 2RR archive file no. 1/3/5, p. 4.

22. 1986년 4월 28일자 정치국 회의록. 다음에 수록됨. Rudolf G. Pikhoya, *Soviet Union: The History of Power 1945-1991 [Советский Союз: История власти. 1945-1991]* (Novosibirsk: Sibirsky Khronograf, 2000), pp. 429-230.

23. 야코블레프, 인터뷰 녹취록, 2RR, p. 5. 당의 몇몇 원로들은 확실한 사실들에

611 후주

대해서도 그것의 중요성을 이해하는 데 어려움을 겪었다. 이를테면, 4월 28일에 우크라이나 중앙위원회로 보고된 KGB의 초기 보고서 중 하나에는 누군가가 방사선량 숫자에 밑줄을 긋고 옆에 이렇게 적어 놓았다. "이게 무슨 뜻이지?" 다음 문서의 2페이지를 참고하라. "On the Explosion at the NPP" [О взрыве на АЭС], April 28, 1986, 우크라이나 국가안보국 보관 문서, f. 16, op. 11-A [ф. 16, оп. 11-A], www.archives.gov.ua/Sections/Chornobyl_30/GDA_SBU/index.php?2.

24. Kotkin, *Armageddon Averted*, p. 67.

25. 정치국 회의록, 1986년 4월 28일자. 다음에 수록됨. Pikhoya, *Soviet Union*, p. 431.

26. 당시 정치국에 고르바초프의 개혁을 신실하게 지지하는 개혁파는 소수였다. 사실, 옐친Yeltsin, 야코블레프, 셰바르드나제Shevardnadze, 그리고 고르바초프 자신, 이렇게 네 명뿐이었다. 리가초프는 강경한 보수파, 리지코프는 온건한 보수파였다. Remnick, *Lenin's Tomb*, 48.

27. 이 회의의 회의록에 따르면 리가초프가 "사람들은 새 정착지에 잘 정착했습니다. 우리는 이 일을 지체 없이 발표해야 합니다."라고 말한 것으로 되어 있지만(정치국 회의록, 1986년 4월 28일자. 다음에 수록됨. Pikhoya, *Soviet Union*, p. 431), 당시에 회의에 참석했던 사람 중 여러 명이 그날 그가 정보를 대중에게 알리는 것에 반대했다고 회상했다.

28. Jonathan Harris, "Ligachev, Egor Kuzmich." 다음에 수록됨. Joseph Wieczynski, ed. *The Gorbachev Encyclopedia* (Salt Lake City: Schlacks, 1993), 246.

29. 헤이다르 알리예프, 다음 다큐멘터리에서 한 진술. *The Second Russian Revolution*(1991), "Episode Two: The Battle for Glasnost," online at www.youtube.com/watch?v=5PafRkPMFWI; Aliyev, interview transcripts, 2RR, archive file no. 3/1/6 and 1/4/2.

30. 야코블레프, 인터뷰 녹취록, 2RR, p. 6.

31. 정치국 회의록, 1986년 4월 28일자. 다음에 수록됨. Pikhoya, *Soviet Union*, p. 431.

32. 알리예프, 인터뷰 녹취록, 1/4/2, 2RR, p. 9. 중앙위원회 대변인 레오니드 도브로호토프Leonid Dobrokhotov는 "제2의 러시아 혁명The Second Russian Revolution" 2화에서 다음과 같이 회상했다. "지침은 전통적인 방식에 부합했다. 즉 사람들 사이에 공포심이 이는 것을 줄이고 당시에 횡행하던 부르주아지가 날조한 거짓 프로파간다 기사를 불식하기 위해, 우리는 재앙을 축소해야 했다."

33. Stern, *Crisis Decisionmaking*, p. 136.

34. Sklyarov, *Chernobyl Was… Tomorrow*, p. 70.

35. Stern, *Crisis Decisionmaking*, pp. 137-138.

36. Hawkes et al., *The Worst Accident in the World*, p. 117.

37. 공식 발표문의 내용은 4월 28일자 정치국 회의록에 나온다. 다음에서 볼 수 있다. RGANI, Opis 53, Reel 1.1007, File 1: "Excerpts from the protocol of meeting no. 8 of the CPSU Politburo" [Выписка из протокола № 8 заседания Политбюро ЦК КПСС от 28 апреля 1986 года]. 방송 시간은 다음에서 알렉산더 아메리소프 Alexander Amerisov가 언급했다. "A chronology of Soviet media coverage," *Bulletin of the Atomic Scientists* 42 no. 7 (August/September 1986), p. 38. 이 발표에 대한 서구 언론 보도는 다음을 참고하라. William J. Eaton, "Soviets Report Nuclear Accident: Radiation Cloud Sweeps Northern Europe; Termed Not Threatening," *Los Angeles Times*, April 29, 1986; Serge Schmemann, "Soviet Announces Nuclear Accident at Electric Plant," *New York Times*, April 29, 1986.

38. BBC Summary of World Broadcasts, "Accident at Chernobyl nuclear power station," SU/8246/I, April 30, 1986 (Wednesday). "브레미야"에서 방영된 해당 뉴스는 다음에서 볼 수 있다. "The announcement of the Vremya program about Chernobyl of 04.28.1986" [Сообщение программы Время о Чернобыле от 28-04-1986], 2011년 4월에 업로드. 2018년 5월에 접속함. www.youtube.com/watch?v=VG6eIuAfLoM.

39. Marples, *Chernobyl and Nuclear Power in the USSR*, p. 3.

40. V. I. Vorotnikov, *This Is How It Went … From the Diary of a Member of the Politburo of the Central Committee of the Communist Party of the Soviet Union [А было это так … Из дневника члена Политбюро ЦК КПСС]* (Moscow: Soyuz Veteranov Knigoizdaniya SI-MAR, 1995), pp. 96-97.

41. 다음에 소장된 1986년 4월 29일자 정치국 회의록. Russian Government Archives Fond 3, Opis 120, Document 65. 다음에 수록됨. Maleyev, *Chernobyl. Days and Years*, p. 245. 피코야Pikhoya가 기록한 회의 내용은 이와 다르다. 그에 따르면, 돌기흐는 발전소 상황이 악화되고 있다고 말했다. Pikhoya, *Soviet Union*, p. 432.

42. 1986년 4월 29일자 정치국 회의록, 다음에 수록됨. Maleyev, *Chernobyl. Days and Years*, p. 246. 보로트니코프Vorotnikov는 이 두 번째 회의 때에서야 사고의 규모가 제대로 인식되기 시작했다고 말했다. 다음을 참고하라. Vorotnikov, *This Is*

613

How It Went, pp. 96-97.

43. 1986년 4월 29일자 정치국 회의록, 다음에 수록됨. Maleyev, *Chernobyl. Days and Years*, pp. 247, 249.

44. "Resolution of the CPSU Central Committee: On additional measures related to the liquidation of the accident at the Chernobyl nuclear power plant" [О дополнительных мерах, связанных с ликвидацией аварии на Чернобыльской АЭС], top secret, April 29, 1986, in RGANI, Opis 53, Reel 1.1007, File 2.

45. 1986년 4월 29일자 정치국 회의록, 다음에 수록됨. Maleyev, *Chernobyl. Days and Years*, p. 248.

46. Amerisov, "A chronology of Soviet media coverage," p. 38; Marples, *Chernobyl and Nuclear Power in the USSR*, p. 4; Mickiewicz, Split Signals, pp. 61-62.

47. Nicholas Daniloff, *Of Spies and Spokesmen: My Life as a Cold War Correspondent* (Columbia: University of Missouri Press, 2008), p. 343; 니콜라스 다닐로프Nicholas Daniloff, 나와의 전화 인터뷰, 2017년 9월. UPI통신의 역사를 다룬 저서에서 그레고리 고든Gregory Gordon과 로널드 코언Ronald Cohen은 휘팅턴이 서구 언론 보도의 신뢰성을 훼손하기 위해 KGB가 꾸민 의도적인 작전의 희생자라고 보았다. Gregory Gordon and Ronald E. Cohen, *Down to the Wire: UPI's Fight for Survival* (New York: McGraw-Hill, 1990) 340-341.

48. Luther Whittington, "'2,000 Die' in Nukemare; Soviets appeal for help as N-plant burns out of control," *New York Post*, April 29, 1986; "'2000 Dead' in Atom Horror: Reports in Russia Danger Zone Tell of Hospitals Packed with Radiation Accident Victims," *Daily Mail*, April 29, 1986.

49. Hawkes et al, *The Worst Accident In The World*, p. 126.

50. "Estimate of Fatalities at Chernobyl Reactor Accident." 모튼 I. 아브라모비츠Morton I. Abramovitz가 조지 슐츠에게 보낸 비밀 외교전문, 1986년 5월 2일, CREST record CIA-RDP88G01117R000401020003-1. 2011년 12월 29일에 정보 공개 승인된 자료.

51. ApSimon and Wilson, "Tracking the Cloud from Chernobyl," p. 44

52. William J. Eaton and Willion Tuohy, "Soviets Seek Advice on A-Plant Fire 'Disaster': Bonn, Stockholm Help Sought, but Moscow Says Only 2 Died," *Los Angeles Times*, April 30, 1986; Karen DeYoung, "Stockholm, Bonn Ask for Details of Chernobyl Mishap:

Soviets Seek West's Help to Cope With Nuclear Disaster," *Washington Post*, April 30, 1986; Stern, *Crisis Decisionmaking*, p. 230.

53. Stern, *Crisis Decisionmaking*, p. 147; DeYoung, "Stockholm, Bonn Ask for Details."

54. Murray Campbell, "Soviet A-leak 'world's worst': 10,000 lung cancer deaths, harm to food cycle feared," *Globe and Mail*, April 30, 1986.

55. Hawkes et al., *The Worst Accident in the World*, p. 127.

56. Marples, *Chernobyl and Nuclear Power in the USSR*, pp. 6-7.

57. V. Chebrikov, "On the reaction of foreign diplomats and correspondents to the announcement of an accident at Chernobyl NPP" [О реакции иностранных дипломатов и корреспондентов на сообщение об аварии на Чернобыльской АЭС]. 당 중앙위원회에 제출된 KGB 메모. 1986년 4월 20일. 다음에 소장됨. RGANI Opis 53, Reel 1.1007, File 3.

58. Daniloff, *Of Spies and Spokesmen*, p. 344; 다닐로프, 나와의 인터뷰, 2017년.

59. Guy Hawtin, "Report: 15,000 Buried in Nuke Disposal Site," *New York Post*, May 2, 1986.

60. Antoshkin, *Regarding Chernobyl*, p. 2.

61. 안토슈킨, 나와의 인터뷰, 2017년. 미출간 회고록 "체르노빌에 대하여Regarding Chernobyl"에서 안토슈킨은 투하된 물질의 양을 다소 다르게 기억했다. 그에 따르면 모래 55톤, 붕소 10톤이었다. 피에르 폴 리드에 따르면 처음에 셰르비나는 이바노프 장군과 화학전 부대의 피칼로프 장군에게 안토슈킨이 너무 무능하다고 말했다(*Ablaze*, 123-24).

62. Nesterov, Heaven and Earth, p. 245. Mi-26에 대해서는 다음을 참고하라. "Russia's airborne 'cow,'" BBC News Online, August 20, 2002.

63. Nesterov, *Heaven and Earth*, p. 247.

64. 안토슈킨, 나와의 인터뷰, 2015년. 그의 미출간 회고록 pp. 11-13도 참고하라. *The Role of Aviation in Localizing the Consequences of the Catastrophe at Chernobyl [Роль авиации в локализации последствий катастрофы на Чернобыльской АЭС].*

65. 돌기흐, 1986년 4월 29일 정치국 회의에서 한 발언. 다음에 수록된 회의록. Maleyev, *Chernobyl: Days and Years*, p. 245. 레가소프가 1986년 5월 5일 정치국 회의에서 한 발언이 나오는 258페이지도 참고하라.

66. Shasharin, "The Chernobyl Tragedy," p. 96.

67. 발전소 주위 지역은 곧 3개의 동심원 구역으로 구분되는데 그중 가장 안쪽이 직경 1.5킬로미터다. Mary Mycio, *Wormwood Forest: A Natural History of Chernobyl* (Washington DC: Joseph Henry Press, 2005), p. 23. "특별 구역"이라는 용어는, 예를 들면, 1986년 12월에 작성된 KGB 메모에 나온다. 다만 여기에는 직경 9킬로미터 범위라고 언급되어 있다. Danilyuk, ed., "Chernobyl Tragedy," *Z arkhiviv*, document no. 73: "Special report of the UkSSR KGB to the USSR KGB 6th Management concerning the radioactive situation and the progress in works on the cleaning up operation after the accident at the Chernobyl' NPS," December 31, 1986.

68. Baranovska, ed., *The Chernobyl Tragedy*, document no. 60: "Protocol of the first meeting of the Politburo Task Force on liquidating the consequences of the Chernobyl NPP accident," April 29, 1986, pp. 80-81.

69. 레가소프 테이프, 카세트 1, 14; Nikolai Ryzhkov, *Ten Years of Great Shocks [Десять лет великих потрясений]* (Moscow: Kniga-Prosveshchenie-Miloserdie, 1995), p. 167.

70. Lyashko, *The Weight of Memory*, p. 362

71. Antoshkin, *Regarding Chernobyl*, p. 3.

72. Baranovska, ed., *The Chernobyl Tragedy*, document no. 59: "Memorandum of the Department of Science and Education of the Central Committee of the Communist Party of Ukraine on immediate measures connected to the accident at the Chernobyl NPP," April 29, 1986.

73. Ivanov, "Chernobyl, part 3: Evacuation," 39. 1만 명이라는 숫자는 다음에 나온다. Lyashko in *The Weight of Memory*, p. 355.

74. 밈카, 나와의 인터뷰, 2016년; 안토슈킨, 나와의 인터뷰, 2017년; Nikolai Antoshkin, "Helicopters over Chernobyl" [Вертолеты над Чернобылем], 다음과의 인터뷰. Sergei Lelekov, *Nezavisimaya Gazeta*, April 28, 2006, http://nvo.ng.ru/history/2006-0428/1_chernobil.html.

75. 안토슈킨, 나와의 인터뷰, 2017년.

76. 니콜라이 안토슈킨, 손으로 쓴 증언. 체르노빌 뮤지엄 문서보관소.

77. Zhores Medvedev, *The Legacy of Chernobyl*, pp. 158-159.

78. Y. Izrael, ed., *Chernobyl: Radioactive Contamination of the Environment [Чернобыль: Радиоактивное загрязнение природных сред]* (Leningrad: Gidrometeoizdat, 1990), p. 56. 일반적인 자연 방사선 수준으로서 소비에트에서 받아들여지던 수치는 시간당 4-20마이크로

뢴트겐이었다. *Radiation Safety Norms-76* [Нормы радиационной безопасности-76], Moscow; Atomizdat, 1978. 다음에 인용됨. "For Reference" [Справочно], 날짜 미상. 체르노빌 뮤지엄 문서보관소. 키예프 지역 방사능 정찰을 담당한 장교 알렉산 더 로가쵸프는 회고록에서 당시에 그가 우크라이나에서의 정상적인 자연방사 선 수치를 시간당 11마이크로뢴트겐으로 생각하고 있었다고 말했다(*The Truth*).

79. Alla Yaroshinskaya, *Chernobyl: Crime Without Punishment*, pp. 73-75.

80. Iurii Shcherbak, 다음에 실린 설명. Zhores Medvedev, *The Legacy of Chernobyl*, p. 160; Shcherbak, 인터뷰 녹취록 (June 12, 1990), 2RR archive file no. 3/8/5, p. 2.

81. 즈구르스키Zgursky는 전에 전자제품 제조업체인 "S.P. 코롤레프 제조 기업S. P. Korolev Manufacturing Company(나중에 "메리디언Meridian"으로 회사명이 바뀐다)" 을 이끌었는데, 이곳은 감마선 측정 장치도 만들었다. 다음을 참고하라. "More than 60 years in the market of detection equipment and appliances" [Более 60 лет на рынке измерительной и бытовой техники], Meridian, http://www.merydian.kiev.ua/.

82. Alexander Kitral, "Gorbachev to Scherbitsky: 'Fail to hold the parade, and I'll leave you to rot!'" [Горбачев—Щербицкому: ≪Не проведешь парад—сгною!≫] *Komsomolskaya Pravda v Ukraine*, April 26, 2011, https://kp.ua/life/277409-horbachev-scherbytskomu-neprovedesh-parad-shnoui.

83. 랴슈코는 셰르비츠키가 늦게 도착했고 얼마간의 시간을 "낮은 소리로" E.V. 카차로프스키E. V. Kachalovsky와 이야기하느라 썼다고 회상했다. 카차로프 스키는 우크라이나 정부의 체르노빌 사고 대응 태스크포스를 이끌고 있었 다.: Lyashko, *The Weight of Memory*, p. 356. 당시 모스크바의 저명한 잡지 편집자 이던 비탈리 코로티츠Vitali Korotich와의 인터뷰도 참고하라. *The Second Russian Revolution*, Episode 2: The Battle For Glasnost (BBC, 1991).

84. Kitral, "Gorbachev to Scherbitsky"; Serhii Plokhy, *The Gates of Europe: A History of Ukraine* (New York: Basic Books, 2015), p. 310. 셰르비츠키의 아내 라다도 2006년에 한 인 터뷰에서 남편이 당원증을 내놓으라고 협박받았다는 이야기를 들었다고 회 상했다. 라다 셰르비츠키Rada Scherbitskaya, 다음과의 인터뷰. Yelena Sheremeta, "After Chernobyl, Gorbachev told Vladimir Vasiliyevich, 'If you don't hold the parade, say goodbye to the Party.'" [Рада Щербицкая: ≪После Чернобыля Горбачев сказал Владимиру Васильевичу: ≪Если не проведешь первомайскую демонстрацию, то можешьраспрощаться с партией≫], Fakty i kommentarii, February 17, 2006:

http://fakty.ua/43896rada-csherbickaya-quot-posle-chernobylya-gorbachev-skazal-
vladimiru-vasilevichu-quot-esline-provedesh-pervomajskuyu-demonstraciyu-to-
mozhesh-rasprocshatsya-s-partiej-quot.

85. Kitral, "Gorbachev to Scherbitsky"; Plokhy, *The Gates of Europe*, pp. 310-311. 저술가이
자 최고소비에트 일원이던 이우리 슈셰르박은 1991년에 소비에트가 결국 무
너지기 시작하면서 퍼레이드 강행 명령을 내린 사람이 정말로 누구인지를 알
아내는 것은 불가능하게 되었다고 말했다. 모든 것이 문서화된 지시 없이 전
화로 논의되었기 때문이다. 나중에 셰르비츠키 쪽 사람들은 그것이 모스크바
의 지시였다고 주장했다. 하지만 크렘린에서는 우크라이나 사람들을 탓했다
(슈셰르박, 인터뷰 녹취, no. 3/8/5, 2RR, p. 7). 예를 들어, 니콜라이 리지코프는
우크라이나 쪽 사람들의 설명에 반박하면서 그 퍼레이드에 대해 결정 권한
이 있었던 사람은 셰르비츠키 뿐이었다고 주장했다(리지코프, 다음과의 인터뷰.
Interfax, April 23, 2016: www.interfax.ru/world/505124). 리지코프는 나의 인터뷰
요청에는 응하지 않았다.

86. 퍼레이드 장면을 담은 비디오 화면을 다음에서 볼 수 있다. *The Second
Russian Revolution*, Episode 2: The Battle for Glasnost: www.youtube.com/
watch?v=tyW6wbHft2M.

87. Kitral, "Gorbachev to Scherbitsky."

88. Sklyarov, *Chernobyl Was⋯ Tomorrow*, p. 146.

89. 앨런 플라워스Alan Flowers, 나와의 전화 인터뷰, 2016년 2월; Justin Sparks, "Russia
Diverted Chernobyl Rain, Says Scientist," *Sunday Times*, August 8, 2004; Richard Gray,
"How We Made Chernobyl Rain," *Sunday Telegraph*, April 22, 2007. 모스크바는 사고
이후에 인공 강우를 시도했다는 것을 반복적으로 부인했다. 하지만 인공 강우
작업에 관여되었던 두 명의 조종사(한 명은 나중에 이 공로로 메달을 받는다)가
2007년에 BBC의 다음 다큐멘터리에서 자신이 했던 일에 대해 언급했다. *The
Science of Superstorms*.

90. UPI, "Tens of Thousands in March: Nuclear Disaster Ignored at Soviet May Day
Parade," Los Angeles Times, May 1, 1986. 기념 행사 중에 소비에트의 우주 스테
이션 미르Mir에서 지구 궤도를 돌던 두 명의 우주인이 우주에서 라이브 메시
지를 보내왔다.

91. Velikhov, *Strawberries from Chernobyl*, p. 245. Velikhov, 인터뷰 녹취록(June 12, 1990),

2RR archive file no. 1/1/14, 1.

92. "Protocol no. 3 of the meeting of the Politburo Operations Group of the CPSU Central Committee on problems related to the aftermath of the Chernobyl NPP accident" [Протокол № 3 заседания Оперативной группы Политбюро ЦК КПСС по вопросам связанным с ликвидацией последствий аварии на Чернобыльской АЭС], May 1, 1986, in RGANI Opis 51, Reel 1.1006, File 19.

93. Ibid. 1985년 11월에 실랴예프는 소비에트 각료회의 부의장(부총리) 겸 각료회 의의 기계건설 사무국 의장으로 임명되었다.

94. Ryzkhov, *Ten Years of Great Shocks*, pp. 170-171.

95. 니콜라이 리지코프, 다음과의 인터뷰. Elena Novoselova, "The Chronicle of Silence" [Хроника молчания], *Rossiiskaya Gazeta*, April 25, 2016, https://rg.ru/2016/04/25/tridcat-let-nazadproizoshla-avariia-na-chernobylskoj-aes.html.

96. Ryzkhov, Ten Years of Great Shocks, pp. 170-172. 리지코프는 그때 사용한 지도에 대해 다음과의 인터뷰에서 묘사한 바 있다. Novoselova, *Rossiiskaya Gazeta*, 2016.

97. Ivanov, "Chernobyl, Part 3: Evacuation," p. 39.

98. Sklyarov, *Chernobyl Was… Tomorrow*, p. 89.

11장: 차이나신드롬

1. 밈카, 나와의 인터뷰, 2016년; 나의 프리퍄트 폴레시아 호텔 방문, 2016년 4월 25일.

2. 헬기가 투하물을 실어나르는 장면을 다음 동영상에서 볼 수 있다(1분 6초). *Chernobyl: A Warning [Чернобыль: Предупреждение]*, 1987 러시아 국영TV 다큐멘터리. www.youtube.com/watch?v=mwxbS_ChNNk (2018년 5월에 접속함).

3. 안토슈킨, 손으로 쓴 증언, 체르노빌 뮤지엄.

4. 밈카, 나와의 인터뷰, 2016년.

5. A. N. Semenov, "For the 10th Anniversary of the Chernobyl Catastrophe." 다음에 수록 됨. Semenov, ed., *Chernobyl: Ten Years On*, p. 22.

6. 알렉산더 보로보이Alexander Borovoi(당시 쿠르차토프 연구소 중성미자 실험실 실 장이었다). 다음에 실린 설명. Alexander Kupny, *Memories of Lives Given: Memories of*

Liquidators [Живы, пока нас помнят: Воспоминания ликвидаторов] (Kharkiv: Zoloty Storynki, 2011), 6-7.

7. E. P. Ryazantsev, "It Was in May 1986." 다음에 수록됨. Viktor A. Sidorenko, ed., *The Contribution of Kurchatov Institute Staff to the Liquidation of the Accident at the Chernobyl NPP [Вклад Курчатовцев в ликвидацию последствий аварии на чернобыльской АЭС]* (Moscow: Kurchatov Institute, 2012), p. 85.

8. V. M. Fedulenko, "Some Things Have Not Been Forgotten." 다음에 수록됨. Sidorenko, ed., *The Contribution of Kurchatov Institute Staff*, p. 79.

9. Ryazantsev, "It Was in May 1986," p. 86.

10. 밈카, 나와의 인터뷰, 2016년.

11. Fedulenko, "Some Things Have Not Been Forgotten," p. 82; Read, *Ablaze*, pp. 132-133.

12. 아래의 숫자들은 당시에 기록된 헬기 조종사 작업 일지에 나온 것으로, 알렉산더 보로보이가 알렉산더 시시에게 제공한 것이다("The Chornobyl Accident Revisited," p. 241). 안토슈킨이 기억하는 숫자는 이와 약간 다르다.

13. Shasharin, "The Chernobyl Tragedy," p. 107.

14. Vladimir Gudov, *Special Battalion no. 731 [731 спецбатальон]* (Kiev: Kyivskyi Universitet Publishing Center, 2010). 다음으로 번역됨. *731 Special Battalion: Documentary Story* (Kiev: N. Veselicka, 2012. 번역: Tamara Abramenkova). 러시아어 원서는 54페이지, 영어 번역본은 80페이지를 참고하라.

15. 표트르 즈보로브스키Piotr Zborovsky, 다음과의 인터뷰. Sergei Babakov, "I'm still there today, in the Chernobyl zone" [«…Я и сегодня там, в Чернобыльской зоне»], *Zerkalo nedeli Ukraina*, September 18, 1998: http://gazeta.zn.ua/SOCIETY/ya_i_segodnya_tam_v_chernobylskoy_zone.html. 다음에 수록됨. Gudov, 731 Special Battalion(영문본), p. 101. 다음도 참고하라. N. Bosy, "Open letter of a commander of a radiological protection battalion 731 [···] to battalion staff" (pp.124-125).

16. 안토슈킨, 손으로 쓴 증언, 체르노빌 뮤지엄. 안토슈킨은 셰르비나가 다음 날 목표량을 더 높게 할당하는 것을 막기 위해 일부러 투하량을 줄여서 보고했다고 말했다. 실제로 시시가 다음 저술에 인용한 출격 일지에 따르면 5월 1일에 투하된 총량은 1900톤이었다. "The Chornobyl Accident Revisited," p. 241.

17. 안토슈킨, 손으로 쓴 증언, 체르노빌 뮤지엄.

18. International Atomic Energy Agency, International Nuclear Safety Advisory Group,

"Summary Report on the Post-Accident Review Meeting on the Chernobyl Accident," Safety series no. 75-INSAG-1, 1986, p. 35; Sich, "The Chornobyl Accident Revisited," pp. 241-242, Figure 4.1, Figure 4.4.

19. 정치국에 레가소프가 보고한 내용. 1986년 5월 5일자 정치국 회의록. 다음에 수록됨. Maleyev, *Chernobyl. Days and Years*, p. 258. 이 회의록에는 "20도"라고 적혀 있지만 2000도를 잘못 기록한 것으로 보인다. 레가소프는 4월 26일에 1100도로 측정된 이후 온도가 매일 135도씩 증가했을 것이라고 말했다. 즉 5월 4일 목요 일 저녁의 원자로 온도 추산치는 1595도 근처가 된다. 레가소프 테이프(카세트 1, p. 20)에서도 그는 "우리가 관찰한 대략 가장 높은 온도"로 섭씨 2000도를 언 급했다. 사실, 이 모든 숫자는 "정보에 기반한 추측"에 불과했다. 과학자들이 아직 원자로 공간 내부의 정확한 온도를 재는 방법을 알지 못했기 때문이다.

20. Sich, "The Chornobyl Accident Revisited," pp. 241, 257-258.

21. 리지코프. 5월 5일 정치국에서의 발언. 다음에 수록된 회의록. Maleyev, Chernobyl. Days and Years, p. 252. 알렉산더 시시("The Chornobyl Accident Revisited," p. 242)는 이러한 용융이 일어날 수 있는 온도로 2300-2900도를 언급 했다.

22. P. A. 폴라드-자드P. A. Polad-Zade(소비에트 수자원부 차관), "Too Bad It Took a Tragedy" [Жаль, что для этого нужна трагедия. 다음에 수록됨. Semenov, ed., *Chernobyl: Ten Years On*, p. 195.

23. Karpan, From Chernobyl to Fukushima, p. 68; 비탈리 마솔Vitali Masol(당시 우 크라이나 국가계획위원회 위원장이자 우크라이나 각료회의 부의장). 다음과의 인 터뷰. Elena Sheremeta, "We were quietly preparing to evacuate Kiev" [Виталий Масол: ≪Мы тихонечко готовились к эвакуации Киева≫], *Fakty i kommentarii*, April 26, 2006: http://fakty.ua/45679-vitalij-masol-quot-my-tihonechko-gotovilis-k-evakuaciikieva-quot.

24. 두 번째 팀을 보내는 결정은 1986년 5월 1일 모스크바 크렘린의 체르노빌 대응 태스크포스에서 내려졌다: "Protocol no. 3 of the meeting of the Politburo Operations Group." 다음에 수록됨. RGANI.

25. 드라크, 나와의 인터뷰, 2017년; 콥친스키, 다음에 수록된 회상. Kopchinsky and Steinberg, *Chernobyl*, p. 53.

26. Sklyarov, *Chernobyl Was… Tomorrow*, p. 52; 샤샤린의 회상에 따르면 처음에는 위원

회 위원들에게 선량계가 지급되지 않았다. 그리고 "이후의 분석 결과 그들의 피폭 수준이 (내부 피폭은 포함하지 않은 상태에서) 60-100렘에 이르는 것으로 나타났다." Shasharin, "The Chernobyl Tragedy," p. 99.

27. Evgeny P. Velikhov. *My Journey: I Shall Travel Back to 1935 on Felt Boots [Мой путь. Я на валенках поеду в 35-й год]*(Moscow: AST, 2016). 다음으로 번역됨. *Strawberries from Chernobyl: My Seventy-Five Years in the Heart of a Turbulent Russia* (CreateSpace, 2012), p. 253(번역: Andrei Chakhovskoi). 다음에 수록된 아바기안Abagyan의 설명도 참고하라. Voznyak and Troitsky, Chernobyl: *It Was Like This*, p. 216.

28. Sklyarov, *Chernobyl Was… Tomorrow*, p. 141.

29. Sklyarov, *Chernobyl Was… Tomorrow*, p. 83; 드라크, 나와의 인터뷰, 2017년.

30. 블라디미르 구바레프Vladimir Gubarev. 다음에 수록된 증언. Margarita Legasova, *Academician Valery A. Legasov*, p. 343.

31. Velikhov, *Strawberries From Chernobyl*, pp. 245-246.

32. Read, *Ablaze*, pp. 138-139.

33. 볼쇼프Bolshov, 나와의 인터뷰, 2017년; 블라디미르 구바레프Vladimir Gubarev(『프라우다』과학 담당 에디터), 소비에트 당 중앙위원회에 보낸 메모. 다음에 요약 수록됨. Nicholas Daniloff, "Chernobyl and Its Political Fallout: A Reassessment," *Demokratizatsiya: The Journal of Post-Soviet Democratization* 12 no. 1 (Winder 2004), p. 123. 알렉산더 보로보이가 다음과의 인터뷰에서 묘사한 바에 따르면, 고르바초프는 레가소프를 개인적으로 별로 좋아하지 않았다. Alla Astakhova, "The Liquidator" [Ликвидатор], Itogi 828, no. 17 (April 23, 2012), www.itogi.ru/obsh-spetzproekt/2012/17/177051.html.

34. Rafael V. Arutyunyan, "The China Syndrome" [≪Китайский синдром≫], *Priroda* no. 11 (November 1990), pp. 77-83. 레가소프는 테이프에 녹음으로 기록한 회고록에서 벨리호프가 최근에 이 영화를 보았다고 언급했다. 레가소프 테이프, 카세트 1, p. 19.

35. Shasharin, "The Chernobyl Tragedy," p. 100; 레가소프 테이프, 카세트 1, p. 20.

36. International Atomic Energy Agency, INSAG-1, p. 35.

37. A. A. Borovoi and E. P. Velikhov, *The Chernobyl Experience: Part 1, Work on the "Shelter" Structure [Опыт Чернобыля: Часть 1, работы на объекте «Укрытие»]* (Moscow: Kurchatov Institute, 2012), p. 28.

38. Shasharin, "The Chernobyl Tragedy," p. 100.

39. Arutyunyan, "The China Syndrome," pp. 77-83.

40. 볼쇼프, 나와의 인터뷰, 2017년.

41. 1986년 5월 5일 레가소프가 정치국에서 한 발언. 다음에 수록됨. Maleyev, *Chernobyl. Days and Years*, p. 259

42. Velikhov, *My Journey*, p. 274.

43. Velikhov, *Strawberries from Chernobyl*, p. 251.

44. 벨리호프, 인터뷰 녹취록. 2RR; *Chernobyl: A Warning* (Soviet documentary, 1986); Read, *Ablaze*, pp. 137-138.

45. BBC Summary of World Broadcasts, "Velikhov and Silayev: 'Situation No Longer Poses Major Threat'" (베스티Vesti의 체르노빌 현지 보도, 1986년 5월 11일), 1986년 5월 13일에 번역됨.

46. 선임 측량사 니콜라이 벨로우스에 따르면 키예프 지하철 공사팀은 5월 3일에 현장에 도착했다. Shcherbak, *Chernobyl*, p. 172.

47. 1986년 5월 5일 리지코프의 정치국 회의 발언. 다음에 수록됨. Maleyev, *Chernobyl. Days and Years*, p. 252.

48. 밈카, 나와의 인터뷰, 2016년. 1986년 5월 5일자 우크라이나 KGB의 회의록에는 다음날 원자로에 1000톤을 투하했다고 기록되어 있다. Danilyuk, ed., "Chernobyl Tragedy," *Z arkhiviv*, document no. 28: "*Report of the UkSSR KGB 6th Management to the USSR KGB concerning the radioactive situation and progress in investigating the accident at the Chernobyl NPS.*"

49. 즈보로프스키, 다음과의 인터뷰. Babakov, *Zerkalo nedeli*, 1998. 즈보로프스키는 이 연락을 받은 것이 5월 1일에서 2일로 넘어가는 새벽 1:00였다고 회상했지만, 실라예프가 체르노빌로 가는 비행 일정이 잡힐 수 있었던 것은 빨라야 5월 2일 오전이었다(그가 새 위원장으로 임명되어 체르노빌로 파견되도록 결정된 것이 5월 1일 오후의 정치국 회의에서였다: "Protocol no. 3 of the meeting of the Politburo Operations Group," 다음에 수록됨. RGANI. 여기에 벨리호프가 이 회의에 참석했다는 기록이 나온다). 따라서 즈보로프스키가 5월 2-3일 밤을 실수로 잘못 말한 것으로 보인다.

50. Shasharin, "The Chernobyl Tragedy," p. 100; Sich, "The Chornobyl Accident Revisited," pp. 254, 257. 감압수조의 사진은 다음에서 볼 수 있다. Borovoi and Velikhov, *The Chernobyl Experience: Part 1*, pp. 123, 142.

51. Karpan, From Chernobyl to Fukushima, p. 68-69. 2호기 원자로 홀 선임 엔지니어 알렉세이 아나넨코Alexey Ananenko의 회상["Воспоминания старшего инженера-механика реакторного цеха №2 Алексея Ананенка"], *Soyuz Chernobyl*, undated (before September 2013), http://www.souzchernobyl.org/?id=2440.

52. 즈보로프스키, 다음과의 인터뷰. Babakov, *Zerkalo nedeli*, 1998.

53. 즈보로프스키, 다음에 실린 진술. Gudov, *731 Special Battalion*, p. 112. 카르판은 벽을 뚫은 지점이 3호기 아래의 원자로 부속장비 블록 05/1 계단실이었다고 설명했다(*From Chernobyl to Fukushima*, p. 69).

54. 볼쇼프, 나와의 인터뷰, 2017년.

55. Borovoi and Velikhov, *The Chernobyl Experience*, pp. 29-30.

56. Arutyunyan, "The China Syndrome," pp. 78-81.

57. 볼쇼프, 나와의 인터뷰, 2017년.

58. 즈보로프스키, 다음에 수록된 진술. Gudov, *731 Special Battalion*, pp. 103-109.

59. 프리아니치니코프, 나와의 인터뷰, 2006년.

60. 1986년 5월 5일 정치국 회의에서 레가소프가 한 발언. 다음에 수록됨. Maleyev, *Chernobyl. Days and Years*, p. 258.

12장: 체르노빌의 전투

1. The White House, "Presidential Movements" and "The Daily Diary of President Ronald Reagan," April and May 1986, Ronald Reagan Presidential Library and Museum, www.reaganlibrary.gov/sites/default/files/digitallibrary/dailydiary/1986-04.pdf; www.reaganlibrary.gov/sites/default/files/digitallibrary/dailydiary/1986-05.pdf. Paul Lewis, "Seven Nations Seeking Stable Currency," *New York Times*, May 6 1986.

2. 로널드 레이건Ronald Reagan, 일기, 1986년 4월 30일. 다음에 수록됨. Douglas Brinkley, ed., *Reagan Diaries*, Volume II: November 1985-January 1989 (New York: HarperCollins, 2009) p. 408; George P. Shultz, *Turmoil and Triumph: My Years as Secretary of State* (New York: Charles Scribner's Sons, 1993), p. 714.

3. 로린 도드Laurin Dodd(1986년 3월부터 1994년 5월까지 북서태평양 국립연구소Pacific Northwest National Laboratory 원자력 시스템 이론부 RBMK 원자로 전문가), 나와의

전화 인터뷰, 2018년 5월.

4. Stephen Engelberg, "2D Soviet Reactor Worries U.S. Aides," *New York Times*, May 5, 1986.

5. 도드, 나와의 인터뷰, 2018년.

6. Eduard Shevardnadze, "Memorandum, CPSU Central Committee, no. 623/GS" [ЦК КПСС № 623/ГС], Classified, May 3, 1986, in RGANI opis 53, reel 1.1007, file 3.

7. Ronald Reagan, "Radio Address to the Nation on the President's Trip to Indonesia and Japan," May 4, 1986, *The American Presidency Project* (collaboration of Gerhard Peters and John T. Woolley), www.presidency.ucsb.edu/ws/?pid=37208.

8. P. Klages, "Atom Rain over U.S.," Telegraph, May 6, 1986; D. Moore, "UN Nuclear Experts Go to USSR," *Telegraph*, May 6, 1986.

9. Moore, "UN Nuclear Experts Go to USSR."

10. "Draft minutes, the meeting of the Politburo of the CPSU Central Committee on May 5, 1986" [Рабочая запись, Заседание Политбюро ЦК КПСС 5 мая 1986 г.] (Russian Government Archives collection 3, opis 120, document 65, pp. 1-18). 다음에 수록됨. Maleyev, *Chernobyl. Days and Years*, pp. 249-264.

11. 1986년 5월 5일 정치국 회의록. 다음에 수록됨. Maleyev, *Chernobyl. Days and Years*, pp. 253.

12. Ibid., 252.

13. Masol, "We were quietly preparing to evacuate Kiev"; 비탈리 마솔Vitali Masol, 나와의 인터뷰, 2007년 6월, 키예프.

14. 1986년 5월 5일 정치국 회의록. 다음에 수록됨. Maleyev, *Chernobyl. Days and Years*, pp. 249-264.

15. 즈보로프스키, 다음에 실린 증언. Gudov, *731 Special Battalion*, p. 108.

16. 블라디미르 트리노스Vladimir Trinos, 다음과의 인터뷰. Irina Rybinskaya, "Fireman Vladimir Trinos, one of the first to arrive at Chernobyl after the explosion: 'It was inconvenient to wear gloves, so the guys worked with their bare hands, crawling on their knees through radioactive water…'" [Пожарный Владимир Тринос, одним из первых попавший на ЧАЭС после взрыва: «в рукавицах было неудобно, поэтому ребята работали голыми руками, ползая на коленях по радиоактивной воде...»] Fakty i kommentarii, April 26, 2001: http://fakty.ua/95948-pozharnyj-vladimir-

trinos–odnim–iz–pervyh–popavshij–na–chaes–poslevzryva–quot–v–rukavicah–bylo–
neudobno–poetomu–rebyata–rabotali–golymi–rukami–polzayana–kolenyah–po–
radioaktivnoj–vode–quot. 버려진 소방차는 니콜라이 스타인버그가 5월 7일 현장
에 도착했을 때의 상황을 회상한 데서도 언급되었다. Kopchinsky and Steinberg,
Chernobyl, p. 56.

17. Read, *Ablaze*, p. 135.

18. 즈보로프스키, 다음에 실린 증언. Gudov, *731 Special Battalion*, p. 111.

19. Kopchinsky and Steinberg, *Chernobyl*, p. 57–59.

20. 글루호프, 나와의 인터뷰, 2015년.

21. 캠프장 사진은 다음에서 볼 수 있다. http://facebook.com/pg/skazochny/
photos/?tab=album&album_id=1631999203712325; http://chornobyl.in.ua/chernobyl–
pamiatnik.html.

22. Kopchinsky and Steinberg, Chernobyl, pp. 55–56.

23. V. 키세블레프V. Kiselev(교통부 특수 프로젝트국 부수석 엔지니어. 이곳은 "제157
국"이라고 불렸으며 모스크바 지하철 건설을 담당했다), 다음에 수록된 설명. A.
Dyachenko, ed., *Chernobyl: Duty and Courage* [Чернобыль. Долг и мужество], Volume 1,
pp. 38–40; 벨로우스, 다음에 수록된 설명. Shcherbak, *Chernobyl*, p. 172.

24. 스타인버그, 나와의 인터뷰, 2015년; Kopchinsky and Steinberg, *Chernobyl*, p. 67.

25. Read, Ablaze, pp. 139–140; 스타인버그, 나와의 인터뷰, 2015년; Kopchinsky and
Steinberg, *Chernobyl*, p. 67

26. 밈카, 나와의 인터뷰, 2016년.

27. Read, *Ablaze*, p. 140.

28. 즈보로프스키, 다음에 실린 증언. Gudov, *731 Special Battalion*, pp. 107–109.

29. Karpan, *From Chernobyl to Fukushima*, p. 69.

30. 트리노스, 다음과의 인터뷰. Rybinskaya, *Fakty i kommentarii*, 2001.

31. 즈보로프스키, 다음에 실린 증언. Gudov, *731 Special Battalion*, pp. 109–110.

32. Read, *Ablaze*, p. 136.

33. 트리노스, 다음과의 인터뷰. Rybinskaya, *Fakty i kommentarii*, 2001; 즈보로프스키, 다
음과의 인터뷰. Babakov, *Zerkalo nedeli*, 1998.

34. 트리노스, 다음과의 인터뷰. Rybinskaya, *Fakty i kommentarii*, 2001; Read, *Ablaze*, pp.
136–137

35. 트리노스, 다음과의 인터뷰. Rybinskaya, *Fakty i kommentarii*, 2001.

36. Read, *Ablaze*, p. 136.

37. 트리노스, 다음과의 인터뷰. Rybinskaya, *Fakty i kommentarii*, 2001.

38. 즈보로프스키, 다음과의 인터뷰. Babakov, *Zerkalo nedeli*, 1998.

39. 이우리 슈셰르박Yuri Shcherbak, 나와의 인터뷰, 2016년 2월, 키예프. 프리피야트에서 소개된 많게는 4만 7000명의 사람들을 통해 우크라이나 전역에 소문이 퍼졌다. 이 소문은 우크라이나 사람들의 정보 부족을 어느 정도 메워 주었다. Kopchinsky and Steinberg, *Chernobyl*, pp. 39-40.

40. The Seventh Directorate of the Ministry of Internal Affairs (MVD) of the Ukrainian SSR, "*Report on results of public opinion monitoring with regard to the accident at Chernobyl NPP*" *[Докладная записка о результатах изучения общественного мнения в связи с аварией на Чернобыльской АЭС]*, classified, addressed to the Minister of Internal Affairs of Ukraine I. Gladush, April 30, 1986, 체르노빌 뮤지엄 문서보관소.

41. Zhores Medvedev, *The Legacy of Chernobyl*, p. 161.

42. Department of Science of the Central Committee of the Communist Party of Ukraine, "On several urgent measures to prevent health harm to Kiev's population from the accident at Chernobyl NPP," [О некоторых неотложных мерах по предотвращению ущерба здоровью населения г. Киева вследствие аварии на Чернобыльской АЭС], May 4, 1986, 체르노빌 뮤지엄 문서보관소.

43. 스테판 무하Stepan Mukha, 우크라이나 정치국 회의에서 한 발언. 다음에 수록됨. Baranovska, ed., *The Chernobyl Tragedy*, Document no. 73: "Transcript of the meeting of the Operational Group of the Politburo of the Communist Party of Ukraine," May 3, 1986.

44. 이 소식이 정치국에 전해졌을 때, 고르바초프와 리가초프는 셰르비츠키를 우크라이나의 최고 통수권자 자리에서 물러나게 하는 것을 고려했다. Kopchinsky and Steinberg, *Chernobyl*, pp. 45-46.

45. 슈셰르박, 인터뷰 녹취록, 2RR, p. 4; 슈셰르박, 나와의 인터뷰, 2016년.

46. 슈셰르박, 나와의 인터뷰, 2016년; Shcherbak, *Chernobyl*, pp. 157-159; 보리스 카추라Boris Kachura(1980-1990년 우크라이나 정치국 위원), 다음과의 인터뷰(녹취). Tatyana Saenko on July 19, 1996, The Collapse of the Soviet Union: The Oral History of Independent Ukraine, 1988-1991, http://oralhistory.org.ua/interview-ua/360.

47. Read, Ablaze, pp. 185-186; Gary Lee, "More Evacuated in USSR: Indications Seen of Fuel Melting Through Chernobyl Reactor Four," *Washington Post*, May 9, 1986.

48. Read, *Ablaze*, pp. 185-186.

49. 조레스 매드베데프Zhores Medvedev는 5월 6일이나 7일까지는 키예프에서 정기적으로 물을 뿌리는 일을 하지 않았다고 회상했다(*The Legacy of Chernobyl*, p. 161). 오렌지색 청소 차량은 다음에도 언급되어 있다. Serge Schmemann, "The Talk of Kiev," *New York Times*, May 31, 1986.

50. 다음과의 인터뷰. Deputy Minister of Health of the Ukrainian SSR A.M. Kasianenko, Pravda Ukrainy, May 11, 1986. 다음에 인용됨. Marples, *Chernobyl and Nuclear Power in the USSR*, 149.

51. Shcherbak, *Chernobyl*, p. 152; Grigori Medvedev, "Chernobyl Notebook," trans. JPRS, p. 61.

52. 유리 코지레프Yuri Kozyrev, 나와의 인터뷰, 2017년, 키예프.

53. Plokhy, *Chernobyl*, p. 212.

54. Felicity Barringer, "On Moscow Trains, Children of Kiev," *New York Times*, May 9, 1986.

55. Lyashko, *The Weight of Memory*, pp. 372-373

56. Velikhov, *My Journey*, pp. 277-278.

57. 트리노스. 다음과의 인터뷰. Rybinskaya, *Fakty i kommentarii*, 2001.

58. Shasharin, "The Chernobyl Tragedy," p. 102; 아나넨코, 다음에 실린 회상. *Soyuz Chernobyl*.

59. Shasharin, "The Chernobyl Tragedy," p. 102

60. 아나넨코, 다음에 실린 회상. *Soyuz Chernobyl*.

61. Ibid.

62. 즈보로프스키, 다음에 실린 증언. Gudov, *731 Special Battalion*, pp. 113-114.

63. Kopchinsky and Steinberg, *Chernobyl*, p. 68

64. E. Ignatenko, *Two Years of Liquidating the Consequences of the Chernobyl Disaster [Два года ликвидации последствий Чернобыльской катастрофы]* (Moscow, Energoatomizdat, 1997), p. 62, 다음에 인용됨. Karpan, *From Chernobyl to Fukushima*, p. 72.

65. 벨로우스, 다음에 실린 설명. Shcherbak, *Chernobyl*, pp. 175-176.

66. 볼쇼프, 나와의 인터뷰, 2017년; "Protocol no. 8 of the meeting of the Politburo CPSU Operations Group on problems related to the aftermath of the Chernobyl nuclear

accident" [Протокол № 8 заседания Оперативной группы Политбюро ЦК КПСС по вопросам, связанным с ликвидацией последствий аварии на Чернобыльской АЭС], May 7, 1986, in RGANI opis 51, reel 1.1006, file 20.

67. William J. Eaton, "Soviets Tunneling Beneath Reactor; Official Hints at Meltdown into Earth; Number of Evacuees Reaches 84,000," *Los Angeles Times*, May 9, 1986.

68. Arutyunyan, "The China Syndrome," p. 79; 볼쇼프, 나와의 인터뷰, 2017년.

69. 볼쇼프, 나와의 인터뷰, 2017년; Arutyunyan, "The China Syndrome," p. 81.

70. 볼쇼프, 나와의 인터뷰, 2017년.

71. Velikhov, *My Journey*, pp. 278-279.

72. 그들이 도착하는 모습을 담은 TV 방송 장면을 다음에서 볼 수 있다. Two Colors of Time, Pt, 1. Mark 3.55, http://www.youtube.com/watch?v=ax54gzlzDpg.

73. Velikhov, *Strawberries From Chernobyl*, p. 251.

74. International Atomic Energy Agency, INSAG-1; Borovoi and Velikhov, *The Chernobyl Experience: Part 1*, p. 3.

75. "Protocol no. 9 of the meeting of the Politburo CPSU Operations Group on problems related to the aftermath of the Chernobyl nuclear accident" [Протокол № 9 заседания Оперативной группы Политбюро ЦК КПСС по вопросам, связанным с ликвидацией последствий аварии на Чернобыльской АЭС], May 8, 1986, RGANI opis 51, reel 1.1006, file 21. 1986년 5월 11일자 KGB 보고서는 온도가 낮아진 것이 5월 7일과 8일에 질소 기체를 주입했기 때문이라고 기록하고 있다. 하지만 실제로 그랬는지에 대해서는 확실히 밝혀지지 않았다. Danilyuk, ed., "Chernobyl Tragedy," *Z arkhiviv*, document no. 31: "Special Report of the UkSSR OG KGB chief in the town of Chernobyl to the UkSSR KGB Chairman."

76. Velikhov, *My Journey*, 279

77. BBC Summary of World Broadcasts, "IAEA Delegation Gives Press Conference in Moscow," May 9, 1986(TASS 통신의 영어 보도. 1986년 5월 9일에 모스크바 월드 서비스에서 방영), 1986년 5월 12일에 번역됨.

78. BBC Summary of World Broadcasts, "Velikhov and Silayev: 'Situation No Longer Poses Major Threat,'" May 11, 1986; Serge Schmemann, "Kremlin Asserts 'Danger Is Over,'" *New York Times*, May 12, 1986. 이 방송의 몇몇 장면은 1987년에 나온 다음의 소비에트 다큐멘터리에 나온다(35분 30초경). *Chernobyl: A Warning.*

79. 볼쇼프, 나와의 인터뷰, 2017년.

80. Kozlova, The *Battle with Uncertainty*, p. 77.

81. 볼쇼프, 나와의 인터뷰, 2017년.

13장: 제6병원

1. Esaulov, The City That Doesn't Exist, pp. 39-41; 스베틀라나 키리첸코Svetlana Kirichenko, 나와의 인터뷰, 2016년 4월, 키예프.

2. Baranovska, ed., *The Chernobyl Tragedy*, document no. 58: "Update from the Ukrainian SSR Interior Ministry to the Central Committee of the Communist Party of Ukraine on the evacuation from the accident zone," April 28, 1986; 프리피야트 구역 특별 조치에 관한 파일 중 프리피야트 밀리치야가 수기로 작성한 날짜 미상의 목록, p. 28(체르노빌 뮤지엄 문서보관소).

3. Esaulov, *The City That Doesn't Exist*, p. 40.

4. 빅토르 브류하노프와 발렌티나 브류하노프, 나와의 인터뷰, 2015년; Andrey V. Illesh, *Chernobyl: A Russian Journalist's Eyewitness Account* (New York: Richardson & Steirman, 1987), pp. 62-63.

5. 빅토르 브류하노프와 발렌티나 브류하노프, 나와의 인터뷰, 2015년.

6. 나탈리아 유브첸코, 나와의 인터뷰, 2015년과 2016년.

7. 니콜라이 스타인버그Nikolai Steinberg는 4월 30일에 그를 비롯한 발라코포 원자력발전소의 선임 직원들은 그저 무슨 사고가 있었다는 것 정도만 알고 있었다고 회상했다. 그들은 프리피야트에 갔다가 4월 26일 저녁에 (사고의 심각성은 모르는 채로) 돌아온 어느 여성의 샌들에서 나오는 방사능 수치를 보고 사고의 규모를 짐작해 볼 수 있었을 뿐이었다고 한다. Kopchinsky and Steinberg, *Chernobyl*, pp. 10-12.

8. 병원 건물과 주변에 대한 묘사는 다음에 나온다. Gale and Hauser, *Final Warning*, p. 51; 나의 모스크바 생물리학 연구소 방문, 2016년 10월 15일.

9. 안젤리나 바라바노바Anzhelika Barabanova(제6병원 방사능 의학과 화상 전문의), 나와의 인터뷰, 2016년 10월 모스크바. Angelina Guskova and Igor Gusev, "Medical Aspects of the Accident at Chernobyl." 다음에 수록됨. Igor A. Gusev, Angelina K.

Guskova and Fred A. Mettler, eds., *Medical Management of Radiation Accidents* (New York: CRC Press, 2001), 199, Table 12.1.

10. 스마긴Smagin, 다음에 실린 설명. Chernousenko, Insight From the Inside, pp. 66-67. 스마긴은 모스크바로 가는 두 번째 특별 이송 헬기를 타고 일요일 정오에 키예프를 떠났다. 그는 비행기가 공항 주위를 한 시간 정도 돈 다음에 내릴 수 있었다고 회상했다.

11. 바라바노바, 나와의 인터뷰, 2016년.

12. Ibid., 2016년; H. Jack Geiger, MD, "The Accident at Chernobyl and the Medical Response," *Journal of the American Medical Association* (JAMA) 256, no. 5 (August 1, 1986), p. 610.

13. 바라바노바, 나와의 인터뷰, 2016년; 알렉산더 보로보이, 나와의 인터뷰, 2016년 10월.

14. Angelina Guskova, *The Country's Nuclear Industry Through the Eyes of a Doctor [Атомная отрасль страны глазами врача]* (Moscow: Real Time, 2004), pp. 141-142. 다른 자료들은 제6병원에 들어온 환자 수를 약간 다르게 밝히고 있다. 다음에는 202명이라고 언급되어 있다. Alexander Baranov, Robert Peter Gale, Angelina Guskova et al., "Bone Marrow Transplantation after the Chernobyl Nuclear Accident," *New England Journal of Medicine* 321, no. 4, p. 207. 의사인 안젤리카 바라바노바Dr. Anzhelika Barabanova(나와의 인터뷰, 2016년)는 200명이 약간 넘었다고 언급했다.

15. 바라바노바, 나와의 인터뷰, 2016년.

16. L. A. Ilyin and A. V. Barabanova, "Obituary: Angelina Konstantinova Guskova," *Journal of Radiological Protection 35* (2015), p. 733.

17. 구스코바의 여동생은 어머니가 이 편지들을 실제로 부치지는 않았다고 말했다. 다음과의 인터뷰. Gubarev, *Nauka i zhizn*, 2007.

18. Vladislav Larin, *"Mayak" Kombinat: A Problem for the Ages [Комбинат "Маяк"—проблема на века]*, 2nd edition (Moscow: Ecopresscenter, 2001), pp. 199-200; Brown, *Plutopia*, p. 172

19. Brown, *Plutopia*, pp. 173-175.

20. 구스코바의 생일(1924년 3월 29일)은 다음에 나온다. "Angelina Konstantinovna Guskova: Biography" [Гуськова Ангелина Константиновна: биография], Rosatom www.biblioatom.ru/founders/guskova_angelina_konstantinovna; 구스코바, 다음과의

인터뷰. Gubarev, *Nauka i zhizn*, 2007.

. 일례로, 바라바노바에 따르면 1961년 K-19잠수함 사고에서 가장 심각하게 피해를 입은 6명이 제6병원에 왔는데 그들은 그런 증상이 발생한 이유를 의사에게 거짓말로 말하라는 지시를 받았다고 한다. Matt Bivens, "Horror of Soviet Nuclear Sub's '61 Tragedy Told," *Los Angeles Times*, January 3, 1994; 바라바노바, 나와의 인터뷰, 2016년.

22. Guskova, *The Country's Nuclear Industry Through the Eyes of a Doctor*, p. 141.

23. A. K. Guskova and G. D. Baysogolov, *Radiation Sickness in Man* [Лучевая болезнь человека] (Moscow: Meditsina, 1971); Ilyin and Barabanova, "Obituary: Angelina K. Guskova," p. 733.

24. Ilyin and Barabanova, "Obituary: Angelina K. Guskova,"

25. Mould, *Chernobyl Record*, p. 92.

26. 나탈리아 유브첸코, 나와의 인터뷰, 2015년.

27. 로버트 게일Robert Gale, 나와의 전화 인터뷰, 2016년 6월; 리처드 챔플린Richard Champlin, 나와의 전화 인터뷰, 2016년 9월.

28. 바라바노바, 나와의 인터뷰, 2016년.

29. Gunnar Bergdahl, *The Voice of Ludmilla*, trans. Alexander Keiller (Goteborg: Goteborg Film Festival, 2002), pp. 43-45.

30. 바라바노바, 나와의 인터뷰, 2016년. 알렉사더 나자르코프스키Alexander Nazarkovsky, 나와의 인터뷰, 2006년 2월, 키예프; 우스코프Uskov, 다음에 실린 설명. Shcherbak, *Chernobyl*, pp. 129-130.

31. Read, Ablaze, 144. 방사선 조사로 인한 피부 손괴는 다음에 상세하게 나온다. Fred A. Mettler Jr., "Assessment and management of Local radiation Injury." 다음에 수록됨. Fred A. Mettler Jr., Charles a. Kelsey, Robert C. Ricks, eds., Medical Management of Radiation Accidents, 1sted.(BocaRaton,Fl:CRCPress,1990), 127-149.

32. 바라바노바, 나와의 인터뷰, 2016년.

33. 우스코프Uskov, 다음에 실린 설명. Shcherbak, *Chernobyl*, p. 130.

34. 나탈리아 유브첸코, 나와의 인터뷰, 2015년.

35. 바라바노바, 나와의 인터뷰, 2016년.

36. Dr. Richard Champlin, "With the Chernobyl Victims: An American Doctor's Inside Report From Moscow's Hospital No. 6," *Los Angeles Times*, July 6, 1986.

37. 레오니드 흐먀노프Leonid Khamyanov, 다음에 실린 설명. Kopchinsky and Steinberg, *Chernobyl*, pp. 80-81.

38. 바라바노바, 나와의 인터뷰, 2016년.

39. Champlin, "With the Chernobyl Victims."

40. 나탈리아 유브첸코, 나와의 인터뷰, 2016년.

41. 표트르 흐멜, 나와의 인터뷰, 2015년. 소비에트 보건 당국이 알코올이 방사능 물질을 막아 주는 효과가 없다고 발표했지만 구스코바 자신을 포함해 많은 이들이 체르노빌 사고 이후로도 오랫동안 알코올이 방사능 오염에서 인체를 보호해줄 수 있다고 믿었다. 실제로, 실험 결과 에탄올이 세포 수준에서 약한 방사능 차단 효과를 내는 것으로 나타났다. 치명적인 수준의 방사능 노출을 감당할 수 있을 만큼 인간이 에탄올을 많이 마실 수는 없지만 말이다. 어쨌든 적어도 하나의 연구가 맥주를 마신 모기들이 방사능이 일으키는 악영향에서 더 잘 보호되는 경향을 보였다는 실험 결과를 보고한 바 있다. S.D. Rodriguez, R.K, Brar. L.L. Drake et al. "The effect of the radio-protective agents ethanol, trimethylglycine, and beer on survival of X-ray-sterilized male *Aedes aegypti*," *Parasites & Vectors 6*, no. 1 (July 2013): 211, doi:10.1186/1756-3305-6-211.

42. Bergdahl, *The Voice of Ludmilla*, p. 46.

43. 다음에 인용된 서신. Voznyak and Troitsky, *Chernobyl*, p. 196.

44. 레오니드 톱투노프가 베라 톱투노바에게 보낸 전보, 1986년 4월 29일, 체르노빌 뮤지엄 문서보관소.

45. 톱투노프의 부모 베라와 표도르가 보낸 편지에는 병원에 그들이 도착한 날이 4월 30일이라고 나온다. 다음에 수록됨. Shcherbak, *Chernobyl*, p. 362.

46. 베라 톱투노바, 나와의 인터뷰, 2015년.

47. 상세한 내용은 다음을 참고했다. Gale and Hauser, Final Warning, pp. 33-36; Robert Gale, "Witness to Disaster: An American Doctor at Chernobyl," *Life*, August 1986; 게일, 나와의 전화 인터뷰, 2016년; 사빈 제이콥스Sabine Jacobs(로버트 게일의 조교), 나와의 인터뷰, 2016년 9월, 로스앤젤레스.

48. Gale and Hauser, *Final Warning*, pp. 36-37.

49. 훗날 해머는 티푸스를 앓고 있는 소비에트 아동의 생명을 구하기 위한 인도주의적 활동에 자원해서 모스크바에 처음 오게 되었다고 설명했다. 하지만 사실은 그의 아버지가 불법 낙태 수술을 하다가 산모와 아이가 모두 사망한 사건

의 혐의를 받고 수감된 것과 관련이 있었다. 그 불법 낙태 수술은 사실 아만드가 집도했는데 그는 의사가 아니었다. 소비에트에 온 뒤 해머는 소비에트 공산당 정부에 의해 석면 광산과 연필 공장의 소유자로 위장되었다. 체카(Cheka. KGB의 전신)가 위장용으로 만든 사업체들로, 이곳들을 통해 미국에서 활동하는 스파이들에게 재정 지원을 할 수 있었다. 해머의 이중 생활에 대한 상세 사항은 그의 사후에, 그리고 소비에트가 붕괴한 1990년 이후에야 완전하게 알려지게 된다. 다음을 참고하라. Edward Jay Epstein, *Dossier: The Secret History of Armand Hammer* (New York: Random House, 1996).

50. Gale and Hauser, *Final Warning*, p. 38.

51. "Top U.S. Doc Races Death," *New York Post*, May 2, 1986.

52. 나탈리아 유브첸코, 나와의 인터뷰, 2016년.

53. Read, *Ablaze*, p. 156.

54. 베라 톱투노바, 나와의 인터뷰, 2015년.

55. Bergdahl, *The Voice of Ludmilla*, pp. 48-50.

56. Gale and Hauser, *Final Warning*, p. 57.

57. 수술 과정에 대한 상세 내용은 다음을 참고했다. Gale and Hauser, *Final Warning*, pp. 34, 56; Champlin, "With the Chernobyl Victims."

58. Bergdahl, *The Voice of Ludmilla*, pp. 48-49.

59. 바라바노바의 기록에 따르면 톱투노프는 사고 후 둘째 날과 일곱째 날(4월 27일과 5월 2일)에 이식 수술을 받았다. 아키모프는 사고 4일 뒤(4월 29일)에 이식 수술을 받았다.

60. Gale and Hauser, *Final Warning*, pp. 54-55.

61. Champlin, "With the Chernobyl Victims"; 바라바노바, 나와의 인터뷰, 2016년.

62. Champlin, "With the Chernobyl Victims."

63. Guskova and Gusev, "Medical Aspects of the Accident at Chernobyl," p. 200; 바라바노바, 나와의 인터뷰, 2016년.

64. 바라바노바는 6일째나 7일째에 베타 화상이 드러나기 시작했다고 회상했다. 나와의 인터뷰, 2016년.

65. Read, *Ablaze*, p. 145

66. 엘비라 시트니코바Elvira Sitnikova, 다음에 실린 증언. Shcherbak, *Chernobyl*, p. 281.

67. Gale and Hauser, *Final Warning*, pp. 47-50, 161. 바라바노바, 나와의 인터뷰, 2016년;

Read, *Ablaze*, p. 143-144.

68. Read, *Ablaze*, p. 152.

69. 게일은 『마지막 경고*Final Warning*』에서 무균실이 5층에 있었다고 언급했지만 이후의 증언에서 일곱 명의 증인(아르카디 우스코프와 루드밀라 이그나텐코도 포함해서)이 일관되게 8층이었다고 말했다.

70. Herbert L. Abrams, "How Radiation Victims Suffer," *Bulletin of Atomic Scientists 42*, no. 7, 1986, p. 16; 바라바노바, 나와의 인터뷰, 2016년.

71. Gale and Hauser, *Final Warning*, pp. 52-53; 바라바노바, 나와의 인터뷰, 2016년.

72. 5월 2일이면 특수 화생방복을 입은 군인들이 제6병원에 도착해 잔디에 텐트를 쳤다. Bergdahl, *The Voice of Ludmilla*, p. 51; 유리 그리고리예프Yuri Grigoriev, 다음과의 인터뷰. Alina Kharaz, "It was like being at the front" [≪Там было как на фронте≫], *Vzgliad*, April 26, 2010, www.vz.ru/society/2010/4/26/396742.html.

73. 시트니코바Sitnikova, 다음에 실린 증언. Shcherbak, *Chernobyl*, p. 281.

74. 병원에서 쓴 일기에서 우스코프는 치료 2주째에 그가 약을 "하루에 서른 알"이나 먹어야 했다고 기록했다. 우스코프Uskov, 다음에 실린 설명. Shcherbak, *Chernobyl*, p. 131.

75. Bergdahl, *The Voice of Ludmilla*, pp. 49-53.

76. Mould, *Chernobyl Record*, pp. 81-82; Gale and Hauser, *Final Warning*, pp. 62-63.

77. 바라바노바, 나와의 인터뷰, 2016년.

78. Read, *Ablaze*, pp.152-153; Gale and Hauser, *Final Warning*, p. 79; Adriana Petryna, *Life Exposed: Biological Citizens after Chernobyl* (Princeton, NJ: Princeton University Press, 2013), p. 45; Champlin, "With the Chernobyl Victims."

79. Geiger, "The Accident at Chernobyl and the Medical Response," p. 610.

80. 바라바노바, 나와의 인터뷰, 2016년.

81. Read, *Ablaze*, p. 157.

82. Davletbayev, "The Final Shift," p. 382.

83. Read, *Ablaze*, p. 156.

84. 세르게이 얀코프스키Sergei Yankovsky, 나와의 인터뷰, 2016년 2월 7일 키예프; 바라바노바, 나와의 인터뷰, 2016년.

85. Davletbayev, "The Final Shift," p. 382.

86. 우스코프, 병원에서 쓴 일기. 다음에 인용됨. Shcherbak, *Chernobyl*, p. 131.

87. Bergdahl, *The Voice of Ludmilla*, p. 52.

88. 흐멜, 나와의 인터뷰, 2016년.

89. 사망일은 모두 다음에 나온 것을 따랐다. "List of Fatalities in the Accident at Chernobyl Nuclear Power Plant," 체르노빌과 프리피야트의 온라인 문서보관소.

90. 자하로프, 다음과의 인터뷰. Shumeyko, 2006.

91. 루바 아키모바, 다음에 실린 증언. Grigori Medvedev, *The Truth about Chernobyl*, pp. 253-254.

92. 우스코프, 다음에 수록된 설명. Shcherbak, *Chernobyl*, pp. 131-134.

93. Parry, "How I Survived Chernobyl."

94. Ibid.; 나탈리아 유브첸코, 나와의 인터뷰, 2015년; 바라바노바, 나와의 인터뷰, 2016년. 나탈리아 유브첸코에 따르면 당시에 수족 절단이 고려되었었다고 매우 확실하게 이야기했지만, 담당 의사였던 바라바노바는 자신이 수족 절단의 필요성을 고려한 적이 없다고 주장했다.

95. Bergdahl, *The Voice of Ludmilla*, pp. 56-58.

96. 바라바노바, 나와의 인터뷰, 2016년; 베라 톱투노바, 나와의 인터뷰, 2015년; 톱투노프의 의료 기록. 바라바노바의 개인 소장 자료.

97. 우스코프, 병원에서 쓴 일기, 다음에 인용됨. Shcherbak, *Chernobyl*, pp. 131-133.

98. 나탈리아 유브첸코, 나와의 인터뷰, 2016년; 알렉산더 유브첸코, 다음과의 인터뷰. Bond, *New Scientist*, 2004.

99. 우스코프, 병원에서 쓴 일기. 다음에 인용됨. Shcherbak, *Chernobyl*, p. 133.

14장: 리퀴데이터

1. Marples, Chernobyl and Nuclear Power in the USSR, p. 32. 발표문 전체는 다음을 참고하라. "M. S. Gorbachev's address on Soviet television (Chernobyl)" [Выступление М. С. Горбачева посоветскому телевидению (Чернобыль)], May 14, 1986, The Gorbachev Foundation, www.gorby.ru/userfiles/file/chernobyl_pril_6.pdf.

2. Don Kirk, "Gorbachev Tries Public Approach," *USA Today*, May 15, 1986.

3. Celestine Bohlen, "Gorbachev Says 9 Died from Nuclear Accident; Extends Soviet Test Ban," *The Washington Post*, May 15, 1986.

4. BBC Summary of World Broadcasts, "Television Address by Gorbachev." 방송 내용 문서. 소련에서 1986년 5월 14일 17:00 GMT에 방송. 1986년 6월 16일에 번역됨.

5. Maleyev, *Chernobyl: Days and Years*, p. 51.

6. 미하일 레브추크Mikhail Revchuk. 다음에 수록된 설명. Gudov, *731 Special Battalion*, p. 92; Marples, *Social Impact*, 184; Danilyuk, ed., "Chernobyl Tragedy," *Z arkhiviv*, document no. 51: "Report of the UkSSR OG KGBM and the USSR KGB on the town of Chernobyl to the USSR KGB concerning the radioactive situation and the progress in works on the cleaning up operation after the accident at the Chernobyl NPS," July 4, 1986.

7. Maleyev, *Chernobyl: Days and Years*, p. 54.

8. Kozlova, *The Battle with Uncertainty*, p. 67, 378; V. Lukyanenko and S. Ryabov, "USSR Cities Rush to Send Critical Cargo," *Pravda Ukrainy*, May 17, 1986, 다음에 번역됨. JPRS, *Chernobyl Nuclear Accident Documents*.

9. Andrey Illesh, "Survivors Write about Night of April 26," *Izvestia*, May 19, 1986; V. Gubarev and M. Odinets, "Communists in the Front Ranks: The Chernobyl AES— Days of Heroism," *Pravda*, May 16, 1986. 둘 다 다음에 번역됨. JPRS, *Chernobyl Nuclear Accident Documents*.

10. Eduard Pershin, "They Were the First to Enter the Fire," *Literaturna Ukraina*, May 22, 1986. 다음에 번역됨. JPRS, *Chernobyl Nuclear Accident Documents*.

11. V. Prokopchuk, "We Report the Details: Above and Around No. 4," *Trud*, May 22, 1986. 다음에 번역됨. JPRS, *Chernobyl Nuclear Accident Documents*.

12. 다음 날짜로 기록된 KBG 메모에 따르면 오염된 지역과 제염이 이뤄진 지역을 어떻게 격리할 것인가에 대한 논의가 이미 5월 3일에 이뤄지고 있었다. Danilyuk, ed., "Chernobyl Tragedy," *Z arkhiviv*, document no. 26: "Report of the UkSSR KGB 6th Management to the USSR KGB concerning the radioactive situation and progress in investigating the accident at the Chernobyl NPS," May 4, 1986.

13. 피칼로프와 보건부의 입장은 다음에 나온다. Dyachenko, ed., *Chernobyl: Duty and Courage*, Vol. 1, pp. 89-91. 말레예프(Chernobyl: Days and Years, p. 61)는 25렘 기준이 5월 24일에 정해졌다고 기록하고 있으며, 콥친스키와 스타인버그는 그것이 1986년 5월 12일에 에너지부 행정령 제254호에 의해 확정되었다고 언급했다 (Chernobyl, p. 59).

14. 니콜라이 이스토민Nikolai Istomin(체르노빌의 작업장 보건 및 안전 부장). 다음에 실린 설명. Kopchinsky and Steinberg, *Chernobyl*, pp. 83-85. 다음도 참고하라. 예브게니 아키모프, 다음에 실린 증언. Chernousenko, *Chernobyl: Insight from the Inside*, pp. 120-121.

15. M.A. 클로코프M. A. Klochkov, 다음에 실린 증언. Dyachenko, ed., *Chernobyl: Duty and Courage*, Vol. 1, p. 70.

16. Kopchinsky and Steinberg, *Chernobyl*, p. 88; 발레리 콜긴Valery Kolgin, 나와의 인터뷰, 2017년 4월 모스크바; 키셀레프Kiselev, 다음에 실린 증언. Dyachenko, ed., *Chernobyl: Duty and Courage* Vol. 1, p. 39.

17. 클로코프Klochkov, 다음에 실린 증언. Dyachenko, ed., *Chernobyl: Duty and Courage* Vol. 1, p. 71.

18. Ibid., 70-71. 한 장관과 군의 한 소장이 장비가 고장난 이유를 묻자 이 작전을 담당한 장교의 침착하던 태도가 무너졌다. "왜냐고요? 왜냐고요? 저도 모릅니다. 가서 직접 알아보세요!" 그가 이렇게 소리치자 기술적인 문제에 대한 상관들의 호기심은 뚝 사라져 버렸다.

19. Zhores Medvedev, *The Legacy of Chernobyl*, p. 101.

20. "Protocol no. 8 of the meeting of the Politburo Operations Group," May 7, 1986, in RGANI. Concrete covering: Danilyuk, ed., "Chernobyl Tragedy," *Z arkhivv*, document no. 33: "Report of the UkSSR KGB 6th Management concerning the radioactive situation and progress in investigating the accident," May 13, 1986. 31번 문서도 참고하라. 여기에는 이 준비가 5월 11일에 시작되었다는 언급이 나온다. "Special report of the UkSSR OG KGB chief in Chernobyl to the UkSSR KGB Chairman," May 11, 1986.

21. Kopchinsky and Steinberg, *Chernobyl*, p. 93.

22. Gudov, *731 Special Battalion*, p.126, Kopchinsky and Steinberg, *Chernobyl*, p. 93.

23. 레브추크Revchuk, 다음에 실린 설명. Gudov, *731 Special Battalion*, pp. 92-93.

24. 키셀레프Kiselev, 다음에 실린 증언. Dyachenko, ed., *Chernobyl: Duty and Courage*, Vol. 1, p. 40; 유리 콜랴다Yuri Kolyada, 다음에 실린 증언. Shcherbak, *Chernobyl*, p. 199.

25. Petryna, *Life Exposed*, p. xix.

26. 프리아니치니코프Prianichnikov, 나와의 인터뷰, 2006년.

27. Danilyuk, ed., "Chernobyl Tragedy," *Z arkhivv*, document no. 34: "Report of the

UkSSR OG KGBM and the USSR KGB in the town of Chernobyl to the USSR KGB concerning the radioactive situation and progress in investigating the accident," May 15, 1986.

28. 블라디미르 뎀첸코Vladimir Demchenko, 다음에 실린 설명. Gudov, *731 Special Battalion*, p. 90.

29. 이들은 우크라이나 돈바스 지역에서 온 234명의 광부와 모스크바 석탄 지대에 서 온 154명이었다. Borovoi and Velikhov, *The Chernobyl Experience: Part I*, p. 32.

30. 광부들은 5월 16일에 작업을 시작해서 6월 22일에 완료하라는 명령을 받았 다. 7월 2일까지 냉각 장치의 설치를 완료한다는 계획이었다. 드미트리예프 Dmitriyev, 다음에 실린 설명. Kozlova, *Battle With Uncertainty*, pp. 64-66.

31. 라이흐트만Reikhtman, 나와의 인터뷰, 2015년.

32. 유리 타모이킨Yuri Tamoykin, 다음에 실린 설명. Kozlova, *The Battle with Uncertainty*, p. 71.

33. Ibid., 68-72.

34. 드미트리예프(p. 66)와 타모이킨(pp. 72-73). 다음에 실린 설명. Kozlova, *The Battle with Uncertainty*, p. 66.

35. 타모이킨, 다음에 실린 설명. Kozlova, *The Battle with Uncertainty*, p. 72.

36. 프리아니치니코프, 나와의 인터뷰, 2006년; Kozlova, *The Battle with Uncertainty*, pp. 75-77.

37. 스타인버그Steinberg, 다음에 실린 회고. Kopchinsky and Steinberg, *Chernobyl*, p. 101. 바레니코프에 대해서는 다음을 참고하라. "Gen. Valentin Varennikov dies at 85; director of the Soviet war in Afghanistan," Associated Press, May 6, 2009.

38. Dyachenko, ed., *Chernobyl*, Duty and Courage, Vol. 1, p. 43. 에너지부 건설 노동자 (600명이 징집되었다)에 대해서는 다음을 참고하라. "Protocol no. 8 of the meeting of the Politburo Operations Group," May 7, 1986, in RGANI.

39. 블라디미르 말레예프Vladimir Maleyev, 나와의 인터뷰, 2017년 4월, 모스크바. 소비에트 군인들의 알코올 중독과 마약 사용에 대해서는 다음을 참고하라. Murray Feshbach and Alfred Friendly, Jr., *Ecocide in the USSR: Health and Nature under Siege* (New York: Basic Books, 1992), pp. 165-166.

40. 이 칙령(no. 634-188) 중 해당 부분은 다음에서 볼 수 있다. Vladimir Maleyev, "Chernobyl: The Symbol of Courage" [Чернобыль: символ мужества], *Krasnaya Zvezda*,

April 25, 2017, archive.redstar.ru/index.php/2011-07-25-15-55-35/item/33010-chernobyl-simvol-muzhestva.

41. 발레리 콜딘Valery Koldin 대령Colonel, 나와의 인터뷰, 2017년 4월, 모스크바.

42. Danilyuk, ed., "Chernobyl Tragedy," Z arkhiviv, document no. 51: "Report of the UkSSR OG KGBM and the USSR KGB," July 4, 1986.

43. V. Filatov, "Chernobyl AES—Test of Courage," Krasnaya Zvezda, May 24, 1986, 다음에 번역됨. JPRS, Chernobyl Nuclear Accident Documents.

44. 유리 코지레프Yuri Kozyrev(우크라이나 과학아카데미 선임 물리학자), 나와의 인터뷰, 2016년 4월, 키예프.

45. 예를 들면, 출소한 후에 인터뷰를 하면서 전직 부수석 엔지니어 댜틀로프가 이런 습관을 보였다. 다음을 참고하라. Michael Dobbs, "Chernobyl's 'Shameless Lies,'" Washington Post, April 27, 1992.

46. 코지레프Kozyrev, 나와의 인터뷰, 2016년.

47. 클로코프Klochkov, 다음에 실린 증언. Dyachenko, ed., Chernobyl: Duty and Courage Vol. I, p. 73.

48. Zhores Medvedev, The Legacy of Chernobyl, pp. 77-78.

49. International Atomic Energy Agency, "Cleanup of Large Areas Contaminated as a Result of a Nuclear Accident," IAEA Technical Reports Series No. 330 (IAEA, Vienna, 1989), Annex A: The Cleanup After the Accident at the Chernobyl Power Plant, pp. 104-108.

50. Legasov, "My duty is to tell about this." 다음에 수록됨. Mould, Chernobyl Record, p. 294n9.

51. IAEA, "Cleanup of Large Areas," p. 109.

52. Brown, Plutopia, p. 234.

53. International Atomic Energy Agency, INSAG-1, p. 40.

54. Read, Ablaze, pp. 130-131, 102. 5월 5일의 정치국 회의에서(회의록은 다음에 실려 있다. Maleyev, Chernobyl: Days and Years, p. 255). 리지코프도 리가초프가 요구한 것보다 더 긴 시간을 언급했다. 리지코프가 예상한 기간은 1-2년이었다. 하지만 리지코프는 그것은 "받아들여질 수 없다"고 결론내렸다.

55. "Protocol no. 10 of the meeting of the Politburo Operations Group of the CPSU Central Committee on problems related to the aftermath of the Chernobyl NPP

accident" [Протокол № 10 заседания Оперативной группы Политбюро ЦК КПСС по вопросам, связанным с ликвидацией последствий аварии на Чернобыльской АЭС], May 10, 1986, in RGANI, opis 51, reel 1.1006, file 22.

56. 이고르 벨랴에프Igor Belyaev, 나와의 인터뷰, 2017년 4월, 모스크바.

57. 1986년 5월 15일 정치국에서의 고르바초프의 발언. 다음에 인용됨. Volkogonov and Shukman, *Autopsy for an Empire*, p. 480.

58. 벨랴에프, 나와의 인터뷰, 2017년 4월, 모스크바; I. Belyaev Chernobyl: Death Watch [Чернобыль: Вахта смерти], 2nd ed. (IPK Pareto-Print, 2009), p. 7. 슬라브스키의 도착 날짜인 5월 21일은 제605 건설 감독 당국Construction Supervisory Agency no. 605이 구성되고 하루 뒤였다(Kozlova, *The Battle with Uncertainty*, p. 217).

59. 벨랴에프, 나와의 인터뷰, 2017년.

60. Ibid.; Read, *Ablaze*, p. 208; BBC Summary of World Broadcasts, "Other Reports; Work at Reactor and in Chernobyl: Interviews with Silayev and Ministers." 소비에트 TV와 라디오 방송 내용 중 일부. 5월 18일과 19일에 방송. 1986년 5월 20일에 번역됨.

61. 5월 8일에 〈이즈베스티야〉는 출입금지구역을 넘어선 곳의 지표에서도 오염이 발견되었다는 것을 인정했지만 인간의 건강에는 해가 없다고 강조했다. Zhores Medvedev, *The Legacy of Chernobyl*, p. 158.

62. "Protocol no. 10 of the Politburo Operations Group meeting," May 10, 1986, in RGANI.

63. 니콜라이 타라카노프Nikolai Tarakanov, 나와의 인터뷰, 2016년 10월, 모스크바; Tarakanov, *The Bitter Truth of Chernobyl [Горькая правда Чернобыля]* (Moscow: Center for Social Support of Chernobyl's Invalids, 2011), p. 5-6.

64. "Resolution of a selective meeting of the executive committee, the Soviet of People's Deputies of the Kiev region" [Решение суженного заседания исполкома Киевского областного Совета народных депутатов], May 12, 1986, 체르노빌 뮤지엄 문서보관소.

65. Lyashko, *The Weight of Memory*, p. 372.

66. Read, *Ablaze*, pp. 187-188; Lyashko, *The Weight of Memory*, pp. 373-375.

67. A. Y. Romanenko, "Ukrainian Minister of Health: School Year to End by 15th May." TV에 나온 내용의 녹취. 1986년 5월 8일. 다음으로 번역됨. BBC Summary of World Broadcasts (1986년 5월 12일); Read, *Ablaze*, p. 189.

68. Lyashko, *The Weight of Memory*, pp. 376-378; 알렉산더 시로타, 나와의 인터뷰, 2017 년, 이반키프.

69. "On the activities of local Soviets of people's deputies of the Kiev region in relation to the accident at Chernobyl" [О работе местных Советов народных депутатов Киевской области в связи с аварией на Чернобыльской АЭС], May 21, 1986, 체르노빌 뮤지엄 문서보관소; V. Scherbitsky, "Information on ongoing work pertaining to the accident at Chernobyl NPP" [Информация о проводимой работе в связи с аварией на Чернобыльской АЭС], report no. I/50 to Central Committee of the CPSU, May 22, 1986, 체르노빌 뮤지엄 문서보관소.

70. 올레그 셰핀Oleg Schepin(소비에트 보건부 차관), "VCh-gram from Moscow" [ВЧ-грамма из Москвы], May 21, 1986, 체르노빌 뮤지엄 문서보관소; Petryna, *Life Exposed*, pp. 43, 226n18.

71. Baranovska, ed., *The Chernobyl Tragedy*, document no. 91: "Materials of the Ukrainian SSR State Agroindustrial Committee on the state of the industry in the wake of the accident at Chernobyl NPP ," May 6, 1986; document no. 135: "Proposal from the Ministry of Internal Affairs of the Ukrainian SSR on the organization of hunting squads for clearing the 30-kilometer zone of dead and stray animals," May 23, 1986.

72. IAEA, "Environmental Consequences of the Chernobyl Accident and Their Remediation: Twenty Years of Experience," Report of the Chernobyl Forum Expert Group "Environment" no. STI/PUB/1239, April 2006, p. 75.

73. Dyachenko, ed., *Chernobyl: Duty and Courage*, Vol. 1, p. 78.

74. 조레스 메드베데프Zhores Medvedev는 당시 소비에트 의학아카데미Academy of Medical Sciences 부원장이었던 레오니드 일린Leonid Ilyn을 인용해 핵 사고에 대한 소비에트의 대응 전략은 핵종이 대기에 한 차례 방출되는 상황을 상정하고 있었다고 설명했다. *The Legacy of Chernobyl*, pp. 76, 326n6. 다음도 참고하라. Anatoly Dyachenko, "The experience of employing security agencies in the liquidation of the catastrophe at the Chernobyl Nuclear Power Plant" [Опыт применения силовых структур при ликвидации последствий катастрофы на Чернобыльской АЭС], *Voyennaya mysl*, no. 4 (2003), pp. 77-79.

75. Natalia Manzurova and Cathy Sullivan, *Hard Duty: A Woman's Experience at Chernobyl* (Tesuque, NM: Natalia Manzurova and Cathy Sullivan, 2006), 19.

76. IAEA, "Cleanup of Large Areas," p. 116.

77. Wolfgang Spyra and Michael Katzsch, eds., *Environmental Security and Public Safety: Problems and Needs in Conversion Policy and Research after 15 Years of Conversion in Central and Eastern Europe, NATO Security through Science Series* (New York: Springer, 2007), p. 181.

78. IAEA, "Cleanup of Large Areas," p. 124.

79. 클로코프Klochkov, 다음에 실린 증언. Dyachenko, ed., *Chernobyl: Duty and Courage*, Vol. 1, p. 74.

80. 이리나 시마노프스카야Irina Simanovskaya. 다음에 실린 설명. Kupny, *Memories of Lives Given*, p. 39.

81. 엘레나 코즐로바Elena Kozlova, 나와의 인터뷰, 2017년 4월, 모스크바.

82. Polad-Zade, "Too Bad It Took a Tragedy," pp. 198–199; L. I. Malyshev and M. N. Rozin (둘 다 사고 당시 에너지부의 선임 수문학 엔지니어), "In the Fight for Clean Water." 다음에 수록됨. Semenov, ed., *Chernobyl: Ten Years On*, p. 238.

83. IAEA, "Present and Future Environmental Impact of the Chernobyl Accident," report no. IAEA-TECDOC-1240, August 2001, p. 65.

84. 니콜라이 스타인버그는 5월 7일이면 나뭇잎의 색이 이미 정상적이지 않았지만 아직 붉게 되지는 않았었다고 회상했다. Kopchinsky and Steinberg, *Chernobyl*, p. 56.

85. Dyachenko, ed., *Chernobyl: Duty and Courage*, Vol. 1, p. 79.

86. Zhores Medvedev, *The Legacy of Chernobyl*, pp. 90–91; Manzurova and Sullivan, *Hard Duty*, 31.

87. IAEA, "Cleanup of Large Areas," p. 114.

88. 제염 작업에서 제거된 토양은 총 50만 세제곱미터였다. Zhores Medvedev, *The Legacy of Chernobyl*, p. 102.

89. 1987년 10월 15일 중앙위원회에 제출된 보리스 셰르비나의 메모에 따르면 1986년까지 7만 명이 넘는 작업자와 111개의 군 부대가 이 지역에서 일했다: "Memorandum, CPSU Central Committee, no. Shch-2882s" [ЦК КПСС No. Щ-2882с], Classified, in RGANI, opis 53, reel 1.1007, file 74.

90. 이 기간의 발전소와 인근의 모습을 담은 영상은 출입금지구역에 처음으로 접근이 허용되었던 다큐멘터리 제작팀이 촬영한 장면들을 다음에서 볼 수 있다. *Chernobyl: Chronicle of Difficult Weeks*.

91. Esaulov, *The City That Doesn't Exist*, pp. 53-55.

92. Baranovska, ed., *The Chernobyl Tragedy*, document no. 177: "Report of the Ukrainian MVD on maintaining public order within the 30-kilometer zone and in locations housing the evacuated population," June 7, 1986.

93. Esaulov, *The City That Doesn't Exist*, p. 51.

94. 프로첸코, 나와의 인터뷰, 2016년.

95. "The creation of the protective barrier in the Chernobyl NPP zone during efforts to liquidate the 1986 accident's consequences" [Создание рубежа охраны в зоне Чернобыльской АЭС при ликвидации последствий катастрофы в 1986 году], Interregional Non-Governmental Movement of Nuclear Power and Industry VeteransSoyuz Chernobyl, May 6, 2013, www.veteranrosatom.ru/articles/articles_173.html.

96. "Evgeny Trofimovich Mishin" [Мишин Евгений Трофимович], Interregional Non-Governmental Movement of Nuclear Power and Industry Veteran. 날짜 미상. www.veteranrosatom.ru/heroes/heroes_86.html.

97. 드미트리 비신Dmitry Bisin, 다음에 실린 설명. Kozlova, *The Battle with Uncertainty*, p. 202.

98. Maleyev, *Chernobyl: Days and Years*, pp. 68-69.

99. Esaulov, *The City That Doesn't Exist*, pp. 53-54.

100. 프리피야트의 제염 작업은 1986년 10월 2일까지 계속되었다. Belyaev, *Chernobyl: Death Watch*, p. 158.

101. 코즈레프, 나와의 인터뷰, 2016년.

102. 프로첸코, 나와의 인터뷰, 2015년.

15장: 수사

1. 세르게이 얀코프스키, 나와의 인터뷰, 2016년 2월, 키예프, 2017년 3월.

2. 소비에트 말기의 범죄 통계에 대해서는 다음을 참고하라. Wieczynski, ed. *The Gorbachev Encyclopedia*, pp. 90-92.

3. Ibid.

4. 얀코프스키, 나와의 인터뷰, 2017년. 그 차장검사는 올레그 소로카Oleg Soroka였고, 제2부 부장은 니콜라이 보스코프체프Nikolai Voskovtsev였다.

5. Karpan, *From Chernobyl to Fukushima*, p. 113; Kopchinsky and Steinberg, *Chernobyl*, p. 47.

6. 알렉산더 칼루긴Alexander Kalugin과 콘스탄틴 페둘렌코Konstantin Fedulenko였다. 다음을 참고하라. Read, *Ablaze*, p. 123; Fedulenko, "Some Things Have Not Been Forgotten," pp. 74-75.

7. Read, *Ablaze*, p. 126

8. 발렌틴 질트소프Valentin Zhiltsov(소비에트의 원전 연구소인 VNIIAES의 실험실장), 다음에 실린 설명. Shcherbak, *Chernobyl*, pp. 182-183, 186.

9. 스타인버그, 다음에 실린 회고. Kopchinsky and Steinberg, *Chernobyl*, pp. 56-57; 빅토르 브류하노프와 발렌티나 브류하노프, 나와의 인터뷰, 2015년; 스타인버그 Steinberg, 나와의 인터뷰, 2017년; Read, *Ablaze* p. 201.

10. 얀코프스키Yankovsky, 나와의 인터뷰, 2017년.

11. Grigori Medvedev, *The Truth about Chernobyl*, pp. 225-226; "Chernobyl Notebook" [Чернобиль. Месть мирного атома.], Novy Mir. No.6 (June 1989), http://lib.ru/MEMARY/CHERNOBYL/medvedev.txt.

12. Read, *Ablaze*, p. 201.

13. "A Top Soviet Aide Details Situation at Stricken Plant," Associated Press, May 3, 1986. 1990년 6월에 영국 다큐멘터리 시리즈("The Second Russian Revolution")에서 블라디미르 돌기흐(당 중앙위원회에서 에너지 분야를 담당했다)는 옐친이 이 기자회견을 자청해서 열었다고 말했다. 돌기흐, 인터뷰 녹취록, 2RR, p. 5,

14. Andranik Petrosyants, "Highly Improbable Factors' Caused Chemical Explosion," *Los Angeles Times*, May 9, 1986.

15. Read, *Ablaze*, p. 198.

16. Margarita Legasova, "Defenceless Victor: From the Recollections of Academician V. Legasov's Widow" [Беззащитный победитель: Из воспоминаний вдовы акад. В. Легасова], Trud, June 1996, 다음에 번역됨. Mould, Chernobyl Record, pp. 304-305; Margarita Legasova, *Academician Valery A. Legasov*, p. 381.

17. 잉가 레가소바Inga Legasova, 나와의 인터뷰, 2017년.

18. 이 문서는 다음의 제목으로도 알려져 있다. "Act on the investigation of the causes of the accident at Unit no. 4 of Chernobyl NPP" [Акт расследования причин аварии

на энергоблоке No. 4 Чернобыльской АЭС]. Karpan, *From Chernobyl to Fukushima*, pp. 146-147.

19. Kopchinsky and Steinberg, *Chernobyl*, p. 48.

20. Karpan, *From Chernobyl to Fukushima*, pp. 113-115; Shasharin, "The Chernobyl Tragedy," p. 105; Gennadi Shasharin, "Letter to Gorbachev (draft)" [Письмо М. С. Горбачеву (черновик)], May 1986, http://accidont.ru/letter.html. 다음에 번역됨. Karpan, *From Chernobyl to Fukushima*, pp. 214-217.

21. Shasharin, "Letter to Gorbachev." 다음에 수록됨. Karpan, *From Chernobyl to Fukushima*, pp. 215-216.

22. 새 소장은 에릭 포즈디셰프Erik Pozdishev였다. 빅토르 브류하노프, 다음과의 인터뷰. Sergei Babakov, *Zerkalo nedeli*, 1999. 다음에 따르면, 포즈디셰프의 도착은 1986년 5월 27일이었다. 스타인버그, 다음에 수록된 회고. Kopchinsky and Steinberg, *Chernobyl*, p. 61. 다음도 참고하라. Read, *Ablaze*, p. 202.

23. 새로운 수석 엔지니어는 니콜라이 스타인버그였다(스타인버그, 나와의 인터뷰, 2017년); 빅토르 브류하노프와 발렌티나 브류하노프, 나와의 인터뷰, 2016년.

24. 얀코프스키, 나와의 인터뷰, 2016년과 2017년. 다른 두 개의 우크라이나의 원자력발전소(로브노와 흐멜니츠키)는 VVER 원자로를 사용했다.

25. Read, *Ablaze*, p. 201. (리드는 6월 2일이라고 했는데 잘못된 기록으로 보인다. 다음날 열린 정치국 회의는 7월 3일 회의였다).

26. 빅토르 브류하노프, 다음과의 인터뷰. Maria Vasyl. *Fakty i kommentarii*, 2000.

27. Michael Dobbs, *Down with Big Brother: The Fall of the Soviet Empire* (New York: Vintage Books, 1998), p. 163.

28. 정치국 회의록(1급 기밀, 한 부만 존재함), 1986년 7월 3일. 다음에 수록되어 있다. Yaroshinskaya, *Chernobyl: Crime Without Punishment*, pp. 272-273. 그가 기록한 회의 요약에서 보로트니코프도 셰르비나가 RBMK의 결함과 설계자들이 결함을 파악하고 수정하려는 노력을 하지 않은 것을 지적했다고 기록했다. Vorotnikov, *This Is How It Went*, p. 104.

29. Dobbs, *Down with Big Brother*, pp. 163-164. 다음에 소장된 회의록 발췌본도 참고하라. Gorbachev Foundation archives in Mikhail S. Gorbachev, *Collected Works* [Собрание сочинений] (Moscow: Ves Mir, 2008), Vol. 4, pp. 276-277.

30. Read, *Ablaze*, p. 202; Yaroshinskaya, *Chernobyl: Crime Without Punishment*, p. 274.

31. 1986년 7월 3일 정치국 회의록. 다음에 수록됨. Anatoly Chernyaev, A. Veber and Vadim Medvedev, eds. *In the Politburo of the Central Committee of the Communist Party of the Soviet Union… From the notes of Anatoly Chernyaev, Vadim Medvedev, Georgi Shakhnazarov (1985-1991) [В Политбюро ЦК КПСС… По записям Анатолия Черняева, Вадима Медведева, Георгия Шахназарова (1985-1991)]*, 2nd ed. (Moscow: Alpina Business Books, 2008), pp. 57-62; 다음도 참고하라. "The meeting of the Politburo of the CPSU Central Committee on July 3, 1986; On Chernobyl" [Заседание Политбюро ЦК КПСС 3 июля 1986 года : О Чернобыле], Gorbachev Foundation, http://www.gorby.ru/userfiles/file/chernobyl_pril_5.pdf.

32. Vorotnikov, *Thie Is How It Went*, 104; "On Chernobyl" [О Чернобыле] "고르바초프 재단Gorbachev Foundation"이 펴낸 정치국 프로토콜 모음집의 1986년 7월 3일 정치국 회의록 발췌. www.gorby.ru/userfiles/protokoly_politbyuro.pdf.

33. Chernyaev, Veber and Medvedev, eds. *In the Politburo*, p. 58. 다음도 참고하라. "On Chernobyl," Gorbachev Foundation.

34. Yaroshinskaya, *Chernobyl: Crime Without Punishment*, p. 279.

35. Dobbs, *Down with Big Brother*, pp. 164-165; Chernyaev, Veber and Medvedev, eds. *In the Politburo*, pp. 59-60.

36. "Resolution of the Central Committee of the CPSU: On the results of investigation of the mistakes that caused the Chernobyl nuclear accident, on measures to address its aftermath, and on the safety of the atomic power industry" [Постановление ЦК КПСС: О результатах расследования причин аварии на Чернобыльской АЭС и мерах по ликвидации ее последствий, обеспечению безопасности атомной энергетики], 1급 기밀. July 7, 1986, in RGANI, opis 53, reel 1.1007, file 12. 이 결의안은 1986년 7월 14일에 정치국에서 만장일치로 승인되었다.

37. Gorbachev, *Collected Works*, Vol. 4, p. 279.

38. "Catalogue of information pertaining to the accident at block no. 4 of the Chernobyl NPP that is subject to classification" [Перечень сведений, подлежащих засекречиванию по вопросам, связанным с аварией на блоке № 4 Чернобыльской АЭС (ЧАЭС)], July 8, 1986, archive of the State Security Service of Ukraine fond 11, file 992, "우크라이나 해방 운동" 온라인 문서보관소에서 볼 수 있다. http://avr.org.ua/index.php/viewDoc/24475.

39. Read, *Ablaze*, p. 202; 브류하노프, 다음과의 인터뷰 Sergei Babakov, *Zerkalo nedeli*, 1999.

40. Associated Press, "Text of the Politburo Statement About Chernobyl," New York Times, July 21, 1986; Lawrence Martin, "Negligence cited in Chernobyl report," *The Globe and Mail* (Canada), July 21, 1986.

41. 빅토르 브류하노프와 발렌티나 브류하노프, 나와의 인터뷰, 2015년.

42. "Punishment for Chernobyl Officials," Radynska Ukraina, July 27, 1986, 다음에 의해 번역됨. BBC Summary of World Broadcasts, August 2, 1986.

43. Lyashko, *The Weight of Memory*, p. 369.

44. 브류하노프, 다음과의 인터뷰, Sergei Babakov, *Zerkalo nedeli*, 1999; 빅토르 브류하노프와 발렌티나 브류하노프, 나와의 인터뷰, 2015년.

45. Walter C. Patterson, "Chernobyl—The Official Story," *Bulletin of the Atomic Scientists 42*, no. 9 (November 1986), pp. 34-36. 레가소프의 IAEA 참석 모습을 담은 장면 은 다음 다큐멘터리에서 볼 수 있다. *The Mystery of Academician Legasov's Death [Тайна смерти академика Легасова]*, 감독: Yuliya Shamal and Sergei Marmeladov (Moscow: Afis-TV for Channel Rossiya, 2004).

46. Read, *Ablaze*, p. 196.

47. 알렉산더 칼루긴, 다음과의 인터뷰 The Mystery of Academician Legasov's Death. 칼루긴도 1990년의 기사에서 이와 비슷하게 이 메모의 내용을 언급했다. "Today's understanding of the accident"[Сегодняшнее понимание аварии], Priroda, 다음에서 볼 수 있다. https://scepsis.net/library/id_698.html.

48. Read, *Ablaze*, pp. 196-197.

49. 스타인버그, 다음에 실린 설명. Kopchinsky and Steinberg, *Chernobyl*, pp. 148-149; *The Mystery of Academician Legasov's Death*. 레가소프의 언어 사용에 대한 구체적인 설명(가령 "결함defects"보다 "미진한 점drawbacks"이라고 표현하는 것 등)은 다음 을 참고하라. Walt Patterson, "Futures: Why a kind of hush fell over the Chernobyl conference / Western atomic agencies' attitude to the Soviet nuclear accident," *The Guardian*, October 4, 1986.

50. "Soviets: Half of Chernobyl-Type Reactors Shut," *Chicago Tribune*, August 26, 1986. 다 음에 따르면 당시에 14개의 RBMK 원자로가 사용되고 있었다. Dodd, *Industrial Decision-Making*, Appendix D.

51. Patterson, "Chernobyl—The Official Story," p. 36; 알렉산더 보로보이, 나와의 인터 뷰, 2015년 10월 모스크바; 알렉산더 보로보이의 인터뷰, "The Liquidator."

52. 리처드 윌슨, 나와의 인터뷰, 2016년 8월, 매사추세츠 주 케임브리지. Alexander Shlyakhter and Richard Wilson, "Chernobyl: The Inevitable Results of Secrecy," *Public Understanding of Science* 1 no. 3 (July 1992), p. 255; Zhores Medvedev, *The Legacy of Chernobyl*, p. 99.

53. 안드레이 사하로프의 회상. 다음에 인용됨. Shlyakhter and Wilson, "Chernobyl: The Inevitable Results of Secrecy," p. 254.

16장: 석관

1. 타라카노프, 나와의 인터뷰, 2016년; Nikolai Tarakanov, *The Bitter Truth of Chernobyl* [Горькая правда Чернобыля] (Moscow: Center for Social Support of Chernobyl's Invalids, 2011). 다큐멘터리 영상은 다음을 참고하라. "Chernobyl. Cleaning the roofs. Soldiers (reservists)," (다음 다큐멘터리 시리즈의 일부. *Chernobyl 1986. 04. 26 P. S.* [Чернобыль. 1986. 04. 26 P. S.], 내레이션: 발레리 스타르듀모프Valery Starodumov (Kiev: Telecon, 2016)). www.youtube.com/watch?v=ti-WdTF2Q. 다음도 참고하라. *Chernobyl 3828* [Чернобыль 3828], 감독: 세르게이 자볼로트니Sergei Zabolotny (Kiev: Telecon, 2011).

2. Tarakanov, *The Bitter Truth of Chernobyl*, p. 142.

3. 타라카노프, 나와의 인터뷰, 2016년. 방사능 수치는 다음에 실린 스타로듀모프 의 언급을 참고하라. *Chernobyl 3828*. 스타로듀모프는 이 작전에서 방사능 정찰 담 당으로 일했다.

4. 유리 사모일렌코Yuri Samoilenko, 다음과의 인터뷰 Igor Osipchuk, "When it became obvious that clearing the NPP roofs of radioactive debris would have to be done by hand by thousands of people, the Government Commission sent soldiers there" [Когда стало ясно, что очищать крыши ЧАЭС от радиоактивных завалов придется вручную силами тысяч человек, правительственная комиссия послала туда солдат], *Fakty i Kommentarii*, April 25, 2003, http://fakty.ua/75759-kogda-staloyasno-chto-ochicshat-kryshi-chaes-ot-radioaktivnyh-zavalov-pridetsya-vruchnuyusilami-tysyach-chelovek-pravitelstvennaya-komissiya-poslala-tuda-soldat.

5. 레브 보차로프Lev Bocharov(US605 3조 수석 엔지니어), 나와의 인터뷰, 2017년 4월, 모스크바; V. Kurnosov et al., report no. IAEA-CN-48/253: "Experience of entombing the damaged fourth power unit of the Chernobyl nuclear power plant" [Опыт захоронения аварийного четвертого энергоблока Чернобыльской АЭС]. 다음에 수록됨. IAEA, *Nuclear Power Performance and Safety*, proceedings of the IAEA conferment in Vienna (September 28 to October 2, 1987), Vol. 5, 1988, p. 170. 최종에 오른 설계안의 숫자에 대해서는 다른 기록도 있다. 가령, Y. 유첸코Y. Yurchenko는 최종 목록에 28개의 설계안이 있었다고 회상했다(Kozlova, *The Battle with Uncertainty*, p. 205). 니콜라이 스타인버그는 100개 이상이었다고 말했다(나와의 인터뷰, 2006년).

6. Kopchinsky and Steinberg, *Chernobyl*, p. 128; Kozlova, *Battle with Uncertainty*, p. 209.

7. Kozlova, *Battle with Uncertainty*, p. 209; 스타인버그, 나와의 인터뷰, 2006년.

8. Kopchinsky and Steinberg, *Chernobyl*, p. 128.

9. 레브 보차로프가 소장하고 있는 설계안들(나와의 인터뷰, 2017년).

10. 벨랴에프Belyaev, 나와의 인터뷰, 2017년.

11. Kozlova, *Battle with Uncertainty*, pp. 206-207.

12. Baranovska, ed., *The Chernobyl Tragedy*, document no. 172: "Resolution of the Central Committee of the CPSU and the USSR Council of Ministers 'On measures to conserve Chernobyl NPP objects pertaining to the accident at energy block no. 4, and to prevent water runoff from plant territory,'" June 5, 1986.

13. 빅토르 셰야노프Viktor Sheyanov (US605 1조 수석 엔지니어), 다음에 수록된 설명. Kozlova, *Battle with Uncertainty*, p. 217.

14. Y. 사비노프Y. Savinov 장군, 다음에 수록된 증언. I. A. Belyaev, *Sredmash Brand Concrete [Бетон марки "Средмаш"]* (Moscow: Izdat, 1996), p. 39.

15. 사비노프는 예비군들이 45-50세였으며, 당시에 그가 예비군들을 마치 2차 대전 때의 파르티잔들처럼 훈련받지 않은 상태로 임시방편적으로 임무에 임하는 아마추어 군인들로 간주하고 있었다고 말했다. Belyaev, *Sredmash Brand Concrete*, p. 39.

16. 셰야노프Sheyanov. 다음에 실린 설명. Kozlova, *The Battle with Uncertainty*, p. 218.

17. 보차로프, 나와의 인터뷰, 2017년; 벨랴예프, 나와의 인터뷰, 2017년.

18. Kozlova, *The Battle with Uncertainty*, p. 260.

19. Ibid., 220, 229; 벨랴에프, 나와의 인터뷰, 2017년.

20. Kozlova, *The Battle with Uncertainty*, p. 226.

21. 레브 보차로프, 다음에 실린 설명. Kozlova, *The Battle with Uncertainty*, p. 290. 건설 감독 발렌틴 모즈노프Valentin Mozhnov는 1일 콘크리트 양이 최대 5600세제곱 미터에 달했다고 말했다: Kozlova, *The Battle with Uncertainty*, p. 261.

22. 보카로프와 니키포르 스트라셰브프키Nikifor Strashevsky(선임 엔지니어), 다음에 수록된 설명. Kozlova, *The Battle with Uncertainty*, pp. 290, 326.

23. L. 크리보셰인L. Krivoshein. 다음에 수록된 설명. Kozlova, *The Battle with Uncertainty*, p. 96; Tarakanov, *The Bitter Truth*, p. 142.

24. Kozlova, *The Battle with Uncertainty*, p. 243.

25. 유르첸코Yurchenko. 다음에 수록된 설명. Kozlova, *The Battle with Uncertainty*, pp. 245, 252.

26. A.V. 셰브첸코A. V. Shevchenko(US-605 2조 선임 건설 엔지니어). 다음에 수록된 설명. Kozlova, *The Battle with Uncertainty*, p. 251.

27. 보로보이, 나와의 인터뷰, 2015년; Alexander Borovoi, *My Chernobyl [Мой Чернобыль]* (Moscow: Izdat, 1996), p. 54.

28. Semenov, "For the 10th Anniversary of the Catastrophe at Chernobyl NPP," p. 41.

29. K. P. Checherov, "The Unpeaceful Atom of Chernobyl" [Немирный атом Чернобыля], nos. 6-7 (2006-2007), http://vivovoco.astronet.ru/VV/PAPERS/MEN/CHERNOBYL.HTM. 이 호실의 위치를 보려면 다음의 3차원 다이어그램을 참고하라. Sich, "The Chornobyl Accident Revisited," pp. 288, 296-298.

30. 보로보이, 나와의 인터뷰, 2015년; Borovoi, *My Chernobyl*, pp. 39-40.

31. 각료회의 부의장이자 정부위원회 제3기 위원장 블라디미르 보로닌Vladimir Voronin은 6월 1일에 체르노빌에서 텔레비전 방송과 한 인터뷰에서 "정부가 계획한 일정에 따라 1호기와 2호기가 겨울 이전에 재가동되리라고 전적으로 확신한다"고 말했다. BBC Summary of World Broadcasts, "1st June TV Report of Work at AES: Statement by Voronin." 1986년 6월 1일에 방영된 텔레비전 방송의 요약 (1986년 6월 3일에 번역됨).

32. Kopchinsky and Steinberg, *Chernobyl*, pp. 98, 108-112. 아직도 발전소 여기저기의 바닥과 계단에 플라스틱 덮개가 놓여 있다.

33. Ibid., 102-107.

34. 타라카노프, 나와의 인터뷰, 2016.

35. 엘레나 코즐로바Elena Kozlova, 나와의 인터뷰, 2017년 4월, 모스크바; Kozlova, *The Battle with Uncertainty*, pp. 190-192.

36. 더 상세한 사항은 다음을 참고하라. Y. Yurchenko, report no. IAEA-CN-48/256: "Assessment of the effectiveness of mechanical decontamination technologies and technical devices used at the damaged unit of the Chernobyl nuclear power plant" [Оценка эффективности технологий и технических средств механической дезактивации аварийного блока Чернобыльской АЭС], in IAEA, *Nuclear Power Performance and Safety*, 1988, pp. 164-165.

37. 타라카노프, 나와의 인터뷰, 2016년; 타라카노프의 회상(*The Bitter Truth of Chernobyl*, pp. 145-145). 다음으로 번역됨. Chernousenko, Insight from the Inside, p. 151. 사모일렌코의 외양에 대한 묘사는 다음의 다큐멘터리 영상을 참고한 것이다. *Chernobyl 3828*.

38. 이 스케치는 다음에 묘사되어 있다. *The Bitter Truth of Chernobyl*, p. 141. 다음에도 재수록되었다. Karpan, *From Chernobyl to Fukushima*, p. 14.

39. 타라카노프, 나와의 인터뷰, 2016년; Tarakanov, *The Bitter Truth of Chernobyl*, p. 151.

40. Tarakanov, *The Bitter Truth of Chernobyl*, p. 170.

41. 알렉산더 페도토프Alexander Fedotov(당시 리퀴데이터), 다음과의 인터뷰. The Battle of Chernobyl, dir. Thomas Johnson (France: Play Film, 2006). 대부분의 작업자는 파르티잔이었지만, 환풍 굴뚝 발치 구역에서의 작업은 자원한 하르코프의 소방학교 생도들이 담당했다. 이들은 십 대에 불과한 젊은이들이었는데, 매우 헌신적이었고 몇몇 경우에는 허락된 시간보다 더 오래 일했다.

42. 타라카노프, 다음과의 인터뷰, *The Battle of Chernobyl*.

43. 이고르 코스틴, 알렉사더 페도토프, 다음과의 인터뷰. 코스틴에 대한 인물 묘사와 그가 찍은 발전소 지붕 사진은 다음에 수록되어 있다. Igor Kostin, *Chernobyl: Confessions of a Reporter* (New York: Umbrage Editions, 2006), 76-81, 225-237.

44. 타라카노프, 나와의 인터뷰, 2016년; "List of personnel of army units and subdivisions of the USSR Ministry of Defense that took part in the operation to remove nuclear fuel, highly radioactive graphite and other products of the explosion from the roof of energy block no. 3, machine hall and vent supports of the Chernobyl NPP in the period from September 19 to October 1, 1986" [Список личного состава воинских частей и подразделений МО СССР, принимавших участие в операции

по удалению ядерного топлива, высокорадиоактивного зараженного графита и других продуктов взрыва с крыш 3го энергоблока, машзала и трубных площадок ЧАЭС в период с 19 сентября по 1 октября 1986 года], 니콜라이 타라카노프의 개인 소장 자료.

45. 스타르듀모프, 다음의 내레이션. *Chernobyl 3828*; 타라카노프, 나와의 인터뷰, 2016년.

46. Kopchinsky and Steinberg, *Chernobyl*, p. 115.

47. 다음 다큐멘터리를 참고하라. Chernobyl 3828. 이 다큐멘터리의 내레이션을 맡은 스타르듀모프는 깃발을 든 일원 중 하나였다. 코스틴이 찍은 사진은 다음에도 수록되어 있다. *Chernobyl: Confessions of a Reporter*, p. 95.

48. 타라카노프, 나와의 인터뷰, 2016년.

49. "원자로를 길들이기"[Укрощение реактора]라는 제목으로 실린 기사의 사진이 다음에 재수록되었다. Kozlova, *The Battle with Uncertainty*, p. 284.

50. 보카로프, 나와의 인터뷰, 2017년; Josephson, *Red Atom*, p. 69; IAEA, "Nuclear Applications for Steam and Hot Water Supply," report no. TECDOC-615, July 1991, p. 73; Stefan Guth, "Picturing Atomic-Powered Communism," paper given at the international conference "Picturing Power. Photography in Socialist Societies," University of Bremen, December 9-12, 2015.

51. 10월 5일자 KGB 메모는 석관 건설이 스레드마시가 정했던 원래의 공사 일정을 넘겼지만 지붕 작업은 10월 11일에 시작되고 2호기는 10월 20일에 재가동될 예정이라고 기록하고 있다. Danilyuk, ed., "Chernobyl Tragedy," *Z arkhiviv*, document no. 65. "Report of the USSR OG KGB and UkSSR KGB to the USSR KGB concerning the radioactive situation and the progress in works on the cleaning up operation after the accident at the Chernobyl NPS," October 5, 1986.

52. Kozlova, *Battle with Uncertainty*, p. 324.

53. Ibid., 358-359; Belyaev, *Chernobyl: Death Watch*, p. 145.

54. 보차로프, 나와의 인터뷰, 2017년; Kozlova, *The Battle with Uncertainty*, p. 270.

55. NIKIMT의 기술자들은 "심해잠수정"을 조금씩 다르게 여러 버전으로 만들었다. 사진과 묘사는 다음에서 알렉산더 코데에프가 설명한 것을 참고하라. Kozlova, *The Battle with Uncertainty*, pp. 161-162. 380페이지에는 파벨 사프로노프 Pavel Safronov의 설명이 나온다.

56. 보차로프, 나와의 인터뷰, 2017년.

57. 보차로프, 다음에 실린 설명. Kozlova, *The Battle with Uncertainty*, p. 382.

58. 콜딘, 나와의 인터뷰, 2017년.

59. Raab, *All Shook Up*, 172-173.

60. Marples, *The Social Impact of the Chernobyl Disaster*, p. 191.

61. James M. Markham, "Estonians Resist Chernobyl Duty, Paper Says" *New York Times*, August 27, 1986.

62. 로가쵸프, 다음과의 인터뷰. Taras Shumeyko, 2017년.

63. 출입금지구역에서 작업한 사람들의 임금은 평소 임금의 몇 배로 계산되어 지급되었다(마리아 프로첸코, 나와의 인터뷰, 2016년). 이에 더해 5월 말에 정치국은 리퀴데이션 작업에서 탁월했던 사람들에게 보너스 지급 계획을 세웠다. 다음을 참고하라. Baranovska, ed., *The Chernobyl Tragedy*, document no. 154: "Resolution of the Central Committee of the CPSU and the USSR Council of Ministers 'On conducting decontamination work in Ukrainian SSR and Belarusian SSR regions affected by radioactive pollution after the accident at Chernobyl NPP,'" May 29, 1986.

64. 블라디미르 우사텐코, 나와의 인터뷰, 2016년 12월, 키예프.

65. Ibid. 우사텐코는 그의 전기 엔지니어 봉급의 5배를 받았고, 하사관으로서의 업무에 대해 100루블의 보너스를 추가로 받았다. 그가 받은 보수는 총 1400루블이었다.

66. 보카로프, 나와의 인터뷰, 2017년; 보차로프, 다음에 실린 설명. Kozlova, *The Battle with Uncertainty*, pp. 361-378; Belyaev, *Chernobyl: Death Watch*, pp. 144-145.

67. Belyaev, *Chernobyl: Death Watch*, pp. 146, 149.

68. 보로보이, 나와의 인터뷰, 2015년; Astakhova, "The Liquidator."

69. Kozlova, *The Battle with Uncertainty*, p. 515.

70. Belyaev, *Chernobyl: Death Watch*, p. 165. 소비에트 보고서에서 자주 인용된 이 숫자들은 사실 면밀히 검토해 보면 오류가 있다. 알렉산더 시시는 박사학위 논문에서 이렇게 많은 양의 콘크리트를 석관 크기의 건물에 부어 넣는 것이 기하학적으로 불가능하다고 설명했다(Sich, "The Chornobyl Accident Revisited," p. 26, fn12).

71. Kozlova, *The Battle with Uncertainty*, p. 518.

72. Belyaev, *Chernobyl: Death Watch*, p. 162.

73. 벨랴예프, 나와의 인터뷰, 2017년.

74. 보차로프, 나와의 인터뷰, 2017년.

17장: 금지 구역

1. Gary Lee, "Chernobyl's Victims Lie Under Stark Marble, Far From Ukraine," *Washington Post*, July 2, 1986; Carol J. Williams, "Chernobyl Victims Buried at Memorial Site," Associated Press, June 24, 1986; Thom Shanker, "2 Graves Lift Chernobyl Toll to 30," *Chicago Tribune*, August 3, 1986. 묘지 구조에 대한 묘사는 다음을 참고하라. Grigori Medvedev, *The Truth about Chernobyl*, p. 262.

2. " 'No Significant Increase in Cancer Sufferers Foreseen' After Accident." 구스코바 및 L.A. 일린(소비에트 의학아카데미 부원장이자 소비에트 보건부의 생물리학 연구소 소장)의 인터뷰 발췌. 다음에 게재됨. *Izvestia* on September 19, 1987. 다음에서 영어로 번역됨. by BBC Summary of World Broadcasts on September 27, 1986; Reuters, "Chernobyl costs reach $3.9 billion," *The Globe and Mail* (Canada), September 20, 1986.

3. Shcherbak, *Chernobyl*, p. 340.

4. International Atomic Energy Agency, INSAG-1, p. 64. 한 여성은 사인이 뇌출혈이었는데 명백하게 ARS의 결과로 인한 것이었다. Igor A. Gusev, Angelina K. Guskova, and Fred A. Mettler Jr., eds. *Medical Management of Radiation Accidents*, 2nd ed. (Boca Raton, FL: CRC Press, 2001), p. 201.

5. International Atomic Energy Agency, INSAG-1, pp. 64-65; Zhores Medvedev, *The Legacy of Chernobyl*, p. 140.

6. Dyatlov, *Chernobyl: How It Was*, pp. 54, 109.

7. Felicity Barringer, "One Year After Chernobyl, A Tense Tale of Survival," *New York Times*, April 6, 1987.

8. 바라바노바, 나와의 인터뷰, 2016년. 다음도 참고하라. Davletbayev, "The Final Shift," p. 373.

9. 나탈리아 유브첸코, 나와의 인터뷰, 2016년. 안겔리나 구스코바는 직원들에 대한 무심하고 냉정한 태도와 달리 환자들에게는 매우 따뜻한 의사였다. 나탈리아에 따르면 경륜 많은 방사선 질환 전문의 구스코바는 유브첸코의 침대 옆에

와서 세심한 할머니처럼 친절하게 애칭으로 부르면서 안심시켜 주었다고 한다. "사센카! 다 잘 될 거예요. 왜 걱정을 하세요?"

10. Ibid.

11. Esaulov, *The City That Doesn't Exist*, p. 50.

12. Ibid., 69.

13. Ibid., 14, 55; 나탈리아 유브첸코, 나와의 인터뷰, 2016년.

14. Esaulov, *The City That Doesn't Exist*, pp. 55-56.

15. 옛 집을 방문하는 이전 주민들을 안내하는 역할을 맡았던 검문 요원의 일기. 1986년 10월에 다음으로 출간됨. *Komsomolskaya Pravda*. 다음으로 재출간됨. David R. Marples, *The Social Impact of the Chernobyl Disaster* (New York: St. Martin's Press, 1988), p. 173.

16. 나탈리아 유브첸코, 나와의 인터뷰, 2016년.

17. 발레리 슬러츠키, 나와의 인터뷰, 2006년 프리피야트.

18. 빅토르 브류하노프와 발렌티나 브류하노프, 나와의 인터뷰, 2016년. Svetlana Samodelova in "The private catastrophe of Chernobyl's director" [Личная катастрофа директора Чернобыля], Moskovsky komsomolets, April 22, 2011, www.mk.ru/politics/russia/2011/04/21/583211lichnaya-katastrofa-direktora-chernobyilya.html.

19. Esaulov, *The City That Doesn't Exist*, p. 56.

20. MePhI에서 프리피야트 검문 일에 자원한 학생들의 일기. *Komsomolskaya Pravda*, October 1986. 다음으로 재출간됨. Marples, *The Social Impact of the Chernobyl Disaster*, pp. 172-177.

21. Esaulov, *The City That Doesn't Exist*, p. 56.

22. Ibid., 67-68.

23. BBC Summary of World Broadcasts, "'Highlights' of Rock Concert for Chernobyl Victims Shown on TV," 1986년 7월 11일에 소비에트에서 방영된 TV 프로그램의 요약(7월 15일에 번역됨).

24. BBC Summary of World Broadcasts, "Contributions to Chernobyl aid fund," 1986년 8월 11일에 TASS 통신에서 보도된 뉴스의 요약(1986년 8월 15일에 번역됨).

25. Baranovska, ed., *The Chernobyl Tragedy*, document no. 173: "Resolution of the Central Committee of the CPSU and the USSR Council of Ministers 'On providing homes and social amenities to the population evacuated from the Chernobyl zone,'" June 5, 1986.

26. "New Homes for Evacuees: AES Workers' Township," *Pravda*, July 23, 1986. 다음에 의해 번역됨. BBC Summary of World Broadcasts on July 28, 1986.

27. Marples, *The Social Impact of the Chernobyl Disaster*, p. 197.

28. Ibid., 198.

29. Lyashko, *The Weight of Memory*, p. 370.

30. Ibid., 371-72; 발렌틴 쿠프니Valentin Kupny, 나와의 인터뷰, 2016년 2월, 우크라이나 슬라브티치; 나탈리아 호뎀추크, 나와의 인터뷰, 2017년 5월, 키예프.

31. Esaulov, *The City That Doesn't Exist*, pp. 58-59

32. 나탈리아 호뎀추크, 나와의 인터뷰, 2017년.

33. Samodelova, "The private catastrophe of Chernobyl's director."

34. G. K. Zlobin and V. Y. Pinchuk, eds., *Chernobyl: Post-Accident Construction Program [Чорнобиль: Післяаварійна програма будівництва]*, Kiev Construction Academy (Kiev: Fedorov, 1998), p. 311.

35. E. N. 포즈디세프E. N. Pozdishev, 다음과의 인터뷰. Pravda correspondents, "Chernobyl AES: Chronicle of Events—In Test Mode," *Pravda*, October 10, 1986. 다음에 번역됨. "Aftermath of Chernobyl Nuclear Power Plant Accident—Part II," Foreign Broadcast Information Service, USSR Report: Political and Sociological Affairs, January 22, 1987.

36. Kopchinsky and Steinberg, *Chernobyl*, p. 125; Danilyuk, ed., "Chernobyl Tragedy," Z arkhiviv, document no. 73: "Special report of the USSR KGB and UkSSR KGB 6th Management concerning the radioactive situation and the progress in works on the cleaning up operation after the accident at the Chernobyl NPS," December 31, 1986.

37. Kopchinsky and Steinberg, *Chernobyl*, p. 117.

38. O. Ignatyev and M. Odinets, "House Warming at Zelenyy Mys," Pravda, October 20, 1986. 다음에 번역됨. "Aftermath of Chernobyl—Part II," Foreign Broadcast Information Service; Marples, Marples, *The Social Impact of the Chernobyl Disaster*, pp. 225-226

39. BBC Summary of World Broadcasts, "Gromyko's Presentation of Awards to 'Heroes' of Chernobyl," 1987년 1월 14일에 보도된 TASS 통신 뉴스 요약(1987년 1월 16일에 번역됨).

40. Grigori Medvedev, *The Truth about Chernobyl*, p. 264.

41. 나탈리아 유브첸코, 나와의 인터뷰, 2015년.

42. 얀코프스키, 나와의 인터뷰 2017년. 이 통지문은 1986년 11월 28일자로 되어 있었다. 다음을 참고하라. Samodelova, "The private catastrophe of Chernobyl's director."

43. 빅토르 브류하노프와 발렌티나 브류하노프, 나와의 인터뷰, 2016년.

44. 브류하노프, 나와의 인터뷰 Maria Vasyl, *Fakty i kommentarii*, 2000.

45. 빅토르 브류하노프와 발렌티나 브류하노프, 나와의 인터뷰, 2015년.

46. 브류하노프, 나와의 인터뷰; Maria Vasyl, *Fakty i kommentarii*, 2000.

47. 유리 소로킨(빅토르 브류하노프의 변호사), 나와의 인터뷰, 2016년 10월, 모스크바.

48. 얀코프스키, 나와의 인터뷰, 2017년.

49. 이번에도 그 전문가는 블라디미르 볼코프였다(4장 참조). 이번에는 고르바초프 본인에게 항의하기 위한 편지였다.

50. 소로킨, 나와의 인터뷰, 2016년. 수사관 얀코프스키는 KGB의 전화 도청 기록, 발전소에 대한 데이터 등 57권 분량의 문서가 있었다고 회상했다(얀코프스키, 나와의 인터뷰, 2017년).

51. 재판에는 총 6명이 넘겨졌다. 나머지 한 명은 원자력산업 규제 당국 Gosatomenergonadzor의 체르노빌 발전소 주재 감독관인 유리 라우슈킨이었다. 6명 중 라우슈킨만 "폭발 위험이 있는 공장이나 시설"과 관련한 제220조에 의거해 기소되지 않고 업무상 과실과 관련된 제167조에 의거해 기소되었다. Schmid, *Producing Power*, pp. 4-5, 206 (footnotes 29, 30); A. Rekunkov, Prosecutor General of the USSR, "On the completion of the criminal investigation into the accident at Chernobyl NPP" [О завершении расследования по уголовному делу об аварии на Чернобыльской АЭС], memo to the Central Committee of the CPSU, in RGANI opis 53, reel 1.1007, file 56.

52. Karpan, From Chernobyl to Fukushima, p. 125; Schmid, *Producing Power*, p. 4. 법적으로 "폭발 위험이 있는 시설"에는 다량의 뜨거운 기름, 비료, 산성 물질, 기타 화학물질 등을 보관하고 있거나 제조하는 곳을 의미했다. 다음을 참고하라. A. G. Smirnov and L. B. Godgelf, *The classification of explosive areas in national and international standards and regulations [Классификация взрывоопасных зон в национальных и международных стандартах, правилах]* (Moscow: Tiazhpromelectroproyekt, 1992), http://aquagroup.ru/

normdocs/1232.

53. Voznyak and Troitsky, *Chernobyl*, p. 249; Karpan, From Chernobyl to Fukushima, p. 126.

54. A. 스마긴A. Smagin, 다음에 수록됨 진술. Grigori Medvedev, *The Truth about Chernobyl*, pp. 256-257.

55. Voznyak and Troitsky, *Chernobyl*, p. 246. 원래의 재판 일자에 대한 상세 사항은 다음을 참고하라. "On the criminal trial related to the accident at Chernobyl NPP" [O судебном разбирательстве уголовного дела,связанного с аварией на Чернобыльской АЭС], February 27, 1987, memo to the Central Committee of the CPSU, RGANI, opis 53, reel 1.1007, file 58. 2개월 뒤에 작성된 후속 메모는 재판 기일 연기에 대해 또 다른 이유를 제시하고 있다. 재판일이 사고 1주년일과 일치하게 되는 것을 피하기 위해서였다는 것이다. "On the criminal trial related to the accident at Chernobyl NPP" [O судебном разбирательстве уголовного дела,связанного с аварией на Чернобыльской АЭС] April 10, 1987, memo to the Central Committee of the CPSU, RGANI, opis, 4, reel, 1.989, file 22.

56. 프로첸코, 나와의 인터뷰, 2015.

57. 프로첸코, 나와의 인터뷰, 2016년. 이 표준적인 진단명의 정확한 표현은 다음에 나온다. Chernousenko, *Insight From the Inside*, p. 163.

58. L. Kaybysheva, "News panorama" from Chernobyl, *Izvestia*, March 13, 1987. 다음에 의해 번역됨. BBC Summary of World Broadcasts on March 26, 1987; Alexander Sich, "Truth Was an Early Casualty," *Bulletin of Atomic Scientists* 52, no. 3 (1996), p. 41.

59. Felicity Barringer, "A Reporter's Notebook: A Haunted Chernobyl," *The New York Times*, June 24, 1987.

60. 1987년 동안 연인원 약 12만 명이 출입금지구역의 리퀴데이션 작업에 투입되었다. 유리 스카레츠키Yuriy Skaletsky, 올레그 나스비트Oleg Nasvit (National Security and Defense council of Ukraine), "Military liquidators in liquidation of the consequences of Chornobyl NPP accident: myths and realities." 다음에 수록됨. T. Imanaka, ed., *Multiside Approach to the Realities of the Chernobyl NPP Accident* (Kyoto University, 2008), p. 92.

61. Danilyuk, ed., "Chernobyl Tragedy," *Z arkhiviv*, document no. 82: "Special report of the UkSSR KGBM on Kiev and Kiev region to the UkSSR KGB 6th Management

concerning the radioactive situation and the progress in works on the cleaning up operation after the accident at the Chernobyl NPS," May 19, 1987.

62. V. Gubarev and M. Odinets, "Chernobyl: Two years on, the echo of the 'zone'"; 『프라우다』에 실린 V.A. 마솔V. A. Masol(우크라이나 각료회의 의장)의 언급, 1988년 4월 24일(1988년 4월 29일에 다음에 의해 번역됨. BBC Summary of World Broadcasts).

63. 이반 글라두시Ivan Gladush(사고 당시 우크라이나 내무장관), 다음과의 인터뷰. Dmitry Kiyansky, "Let our museum be the only and the last" [Пусть наш музей будет единственным и последним], *Zerkalo nedeli Ukraina*, April 28, 2000, https://zn.ua/society/pust_nash_muzey_budet_edinstvennym_i_poslednim.html.

64. 알렉산더 로가쵸프, 다음과의 인터뷰. Taras Shumeyko, 2017.

65. Esaulov, *The City That Doesn't Exist*, p. 65; 마리아 프로첸코, 나와의 인터뷰, 2016년.

66. L. Kravchenko, list of proposed print, TV, and radio stories, in "Plan of essential propaganda measures to commemorate the first anniversary of the Chernobyl nuclear accident, approved by the Central Committee" [План основных пропагандистских мероприятий в связи с годовщиной аварии на Чернобыльской АЭС], April 10, 1987, in RGANI opis 53, reel 1.1007, file 27.

67. "Annex 7: Medical-Biological Problems." 다음에 수록됨. "USSR State Committee Report on Chernobyl," Vienna, August 1986.

68. David R. Marples, "Phobia or not, people are ill at Chernobyl," *The Globe and Mail* (Canada), September 15, 1987; Felicity Barringer, "Fear of Chernobyl Radiation Lingers for the People of Kiev," *New York Times*, May 23, 1988.

69. Stuart Diamond, "Chernobyl's Toll in Future at Issue," *New York Times*, August 29, 1986.

70. 발레리 슬러츠키Valeri Slutsky, 나와의 인터뷰, 2006년; Felicity Barringer, "Pripyat Journal: Crows and Sensors Watch Over Dead City," *New York Times*, June 22, 1987; Sue Fox, "Young Guardian: Memories of Chernobyl—Some of the things Dr. Robert Gale remembers from the aftermath of the world's worst nuclear disaster," *The Guardian*, May 18, 1988; Celestine Bohlen, "Chernobyl's Slow Recovery; Plant Open, but Pripyat Still a Ghost Town," *Washington Post*, June 21, 1987; Thom Shanker, "As Reactors Hum, 'Life Goes On' at Mammoth Tomb," *Chicago Tribune*, June 15, 1987.

71. Viktor Haynes and Marco Bojcun, *The Chernobyl Disaster* (London: Hogarth, 1988), p. 98. 하지만 그 날이 언제 올 것인지에 대해 이야기할 수 있는 사람은 없었다.

콤비나트 대변인은 이렇게 말했다. "나는 미래를 예측할 수 없습니다. 아마도 10년이나 15년 정도일까요?"

18장: 재판

1. Voznyak and Troitsky, *Chernobyl*, 244-250.
2. Martin Walker, "Three Go on Trial After World's Worst Atomic Disaster," *The Guardian*, July 7, 1987. 다음에 인용됨. Schmid, *Producing Power*, 205, fn13.
3. Voznyak and Troitsky, *Chernobyl*, p. 253.
4. 재판 사진은 다음을 참고하라. "Chernobyl trial" [Чернобыльский суд], 체르노빌과 프리피야트의 온라인 문서보관소, December 18, 2010, http://pripyat-city.ru/main/36-chernobylskiysud.html.
5. Voznyak and Troitsky, *Chernobyl*, pp. 254-255.
6. 브류하노프, 다음에 수록된 법정 진술. Karpan, *From Chernobyl to Fukushima*, pp. 130-133.
7. Ibid., 137.
8. Ibid., 173.
9. Voznyak and Troitsky, *Chernobyl*, p. 252.
10. 법정에 대한 동영상은 다음을 참고하라. "The Chernobyl Trial" [Чернобыльский суд], www.youtube.com/watch?v=BrH2lmP5Wao (2018년 5월에 접속함).
11. Voznyak and Troitsky, *Chernobyl*, p. 259; Karpan, *From Chernobyl to Fukushima*, p. 144.
12. 포민, 다음에 수록된 법정 진술. Karpan, *From Chernobyl to Fukushima*, p. 151.
13. 포민, 법정 진술, ibid., 143.
14. Voznyak and Troitsky, *Chernobyl*, p. 252; Karpan, *From Chernobyl to Fukushima*, p. 162.
15. Voznyak and Troitsky, *Chernobyl*, p. 259.
16. 댜틀로프, 다음에 수록된 법정 진술. Karpan, *From Chernobyl to Fukushima*, pp. 155, 164. 훈련생 두 명을 보냈다는 것은 나중에 회고록에서 인정했다. *How It Was*, p. 49.
17. Read, *Ablaze*, p. 231.
18. Voznyak and Troitsky, *Chernobyl*, p. 270.

19. Karpan, From *Chernobyl to Fukushima*, pp. 205-206; Voznyak and Troitsky, *Chernobyl*, p. 261.

20. Read, *Ablaze*, pp. 231-232.

21. Ibid., 231; Voznyak and Troitsky, *Chernobyl*, pp. 262-263.

22. Ibid.

23. 소로킨, 나와의 인터뷰, 2016년.

24. Voznyak and Troitsky, *Chernobyl*, pp. 264-268

25. William J. Eaton, "Candor Stressed in Stage Account; Soviet Drama Spotlights Chernobyl Incompetence," *Los Angeles Times*, September 17, 1986; Martin Walker, "Moscow play pans nuclear farce / Piece on Chernobyl accident to tour Soviet cities," *The Guardian*, September 18, 1986.

26. Thom Shanker, "Life Resumes At Chernobyl As Trials Begin," *Chicago Tribune*, June 16, 1987.

27. Read, *Ablaze*, p. 233.

28. Voznyak and Troitsky, *Chernobyl*, p. 271.

29. 빅토르 브류하노프와 발렌티나 브류하노프, 나와의 인터뷰, 2016년; Samodelova, "The private catastrophe of Chernobyl's director."

30. Viktor and Valentina Brukhanov, author interview, 2015; Voznyak and Troitsky, *Chernobyl*, 271; "스톨리핀 객차"는 죄수 호송 열차로, 죄수들은 정어리 통조림으로 허기를 면해야 했다.

31. Samodelova, "The private catastrophe of Chernobyl's director"; 빅토르 브류하노프와 발렌티나 브류하노프, 다음의 인터뷰, "The Incomprehensible Atom" [Непонятыйтаом], Profil, April 24, 200 www.profile/ru/obshchestve/iem/50192-items_18914; 빅토르 브류하노프와 발렌티나 브류하노프, 나와의 인터뷰, 2016년.

32. Marples, *The Social Impact of the Chernobyl Disaster*, pp. 226-227, 235; Baranovska, ed., *The Chernobyl Tragedy*, document no. 372: "Information from the Central Committee of the Communist Party of Ukraine to the Central Committee of the CPSU on the status of construction of the city of Slavutych," August 5, 1987; and document no. 373: "The letter of V. Scherbitsky to the USSR Council of Ministers about construction shortfalls in the city of Slavutych," September 21, 1987. 1988년 4월에 첫 주민 500명을 받게

된다. Reuters, "New Town Opens to Workers From Chernobyl Power Plant," *New York Times*, April 19, 1988.

33. Baranovska, ed., *The Chernobyl Tragedy*, document no. 374: "Report of the Joint Commission of USSR ministries and agencies on the radioactive situation in the city of Slavutych," September 21, 1987.

34. BBC Summary of World Broadcasts, "Chernobyl nuclear station third set restart," 1987 년 12월 4일 소비에트 텔레비전 방송의 요약(1987년 12월 11일에 번역됨).

35. Kopchinsky and Steinberg, *Chernobyl*, pp. 119-120. 심지어는 1990년에도 3호기 옥상 여기저기에 핵연료 케이스들이 있었다. Karpan, From Chernobyl to Fukushima, p. 13. 이 문제를 고치기 위해 1987년 가을에 시도되었던 일들이 다음에 상세하게 설명되어 있다. Borovoi and Velikhov, *The Chernobyl Experience*, Part 1, pp. 114-116.

36. Schmidt, *Producing Power*, pp. 153, 271n86.

37. Ibid., 152. 그해 말 서독 환경 잡지와의 인터뷰에서 레가소프는 각 발전소의 안전 수리에 드는 비용이 300만~500만 달러에 달할 것이라고 추산했다. BBC Summary of World Broadcasts, "Better safeguards for nuclear stations," West German Press Agency, November 22, 1987(1987년 12월 4일에 번역됨).

38. 이 보고서에 따르면 체르노빌 사고 이후 소비에트의 원자력발전소에서 320건 의 장비 고장으로 인한 사고가 있었으며 이중 160건의 경우에는 긴급하게 원 자로를 정지시켜야 했다(소비에트 공산당 중앙위원회에 제출된 메모. I. 야스트레 보프I. Yastrebov[중공업 및 전력공학 부서장]과 O. 벨랴코프O. Belyakov[국방산업 부 서장]가 작성. "On the work of the USSR Ministry of Atomic Energy and the Ministry of Medium Machine Building on securing operational safety of nuclear power plants as a result of implementing the CPSU Central Committee resolution of July 14, 1986" [О работе Министерства атомной энергетики СССР и Министерства среднего машиностроения СССР по обеспечению безопасности эксплуатации атомных электростанций в свете постановления ЦК КПСС от 14 июля 1986 года о результатах расследования причин аварии на Чернобыльской АЭС], May 29, 1987, in RGANI opis 53, reel 1.1007, file 61).

39. Danilyuk, ed., *Z arkhiviv*, document no. 82: "Special report of the UkSSR KGBM," May 19, 1987.

40. 레가소프, 다음에 쓴 기고문. *Pravda* (June 1986), 다음에 인용됨 Mould, *Chernobyl*

Record, p. 299n12.

41. 레가소프 테이프, 카세트3, p. 11-14.

42. Margarita Legasova, "Defenceless Victor." 다음에 수록됨. Mould, *Chernobyl Record*, p. 304.

43. Read, *Ablaze*, p. 254.

44. Vladimir S. Gubarev, "On the Death of V. Legasov." 다음의 발췌. The Agony of Sredmash [Агония Средмаша] (Moscow: Adademkniga, 2006) 다음에 재수록됨. Margarita Legasova, *Academician Valery A. Legasov*, p. 343.

45. Ibid., 340.

46. Read, *Ablaze*, p. 256.

47. Legasova, "Defenceless Victor," 다음에 수록됨. Mould, *Chernobyl Record*, p. 305

48. Margarita Legasova, *Academician Valery A. Legasov*, p. 382; Read, *Ablaze*, p. 257

49. Read, *Ablaze*, pp. 257-258; Gubarev, "On the Death of V. Legasov," p. 346.

50. Shcherbak, "Report on First Anniversary of Chernobyl," trans. JPRS, Part II, pp. 20-21.

51. Read, *Ablaze*, pp. 259-260.

52. 잉가 레가소바, 나와의 인터뷰, 2017년.

53. Ibid., 그가 발견된 시간은 다음에 나온다. *The Mystery of Academician Legasov's Death*.

54. 보로보이, 나와의 인터뷰, 2015년.

55. Read, *Ablaze*, p. 261.

56. E. I. Chazov, USSR Minister of Health, "Opening speech," in the proceedings of the event published by the IAEA: "Medical Aspects of the Chernobyl Accident: Proceedings of An All-Union Conference Organized by the USSR Ministry of Health and the All-Union Scientific Centre of Radiation Medicine, USSR Academy of Medical Sciences, and held in Kiev, 11-13 May 1988," report no. IAEA-TECDOC-516, 1989, pp. 9-10. 영향을 받은 지역에 사는 성인과 아동의 수는 다음에 나온다. G. M. Avetisov et al., "Protective measures to reduce population exposure doses and effectiveness of these measures," p. 151.

57. Felicity Barringer, "Fear of Chernobyl Radiation Lingers for the People of Kiev," *New York Times*, May 23, 1988.

58. Kopchinsky and Steinberg, *Chernobyl*, p. 41.

59. 레오니드 일린Leonid Ilyin. 다음에 인용됨. Barringer, "Fear of Chernobyl Radiation Lingers for the People of Kiev."

60. Taubman, *Gorbachev*, pp. 235-243.

61. Kotkin, *Armageddon Averted*, p. 68.

62. "'My Duty Is to Tell about This⋯': From Academician V. Legasov's Notes" [≪Мой долг рассказать об этом⋯≫ Из записок академика В. Легасова], *Pravda*, May 20, 1988, 다음에 번역됨. Mould, *Chernobyl Record*, p. 300.

63. 민스크 발전소는 황급히 천연가스 발전소로 변경되었다. 크라스노다 근처의 다른 건설 프로젝트는 철회되었다. Quentin Peel, "Work abandoned on Soviet reactor," *The Financial Post* (Toronto Canada), September 9, 1988; Sich, "The Chornobyl Accident Revisited," p. 165.

64. 그리고리 메드베데프, 인터뷰 녹취록, 1990년 6월 2RR. 전체 기사는 1989년 6월에 게재되었고 그보다 앞서 발췌본이 3월에 『*Kummunist*』 잡지에 게재되었다.

65. 사하로프의 메시지(1988년 11월)는 당 중앙위원회의 다음 회의록에 나온다. "On Academician A. D. Sakharov's letter" [О письме академика А. Д. Сахарова], January 23, 1989, in RGANI opis 53, reel 1.1007, file 81. 중앙위원회 이념 담당 부서장이 서명했다.

66. Grigori Medvedev, "Chernobyl Notebook," trans. JPRS, p. 1.

67. 1989년 3월의 오염 지도를 참고하라. Zhores Medvedev, *The Legacy of Chernobyl*, pp. 86-88.

68. Charles Mitchell, "New Chernobyl Contamination Charges," UPI, February 2, 1989.

69. Francis X. Clines, "Soviet Villages Voice Fears on Chernobyl," *New York Times*, July 31, 1989.

70. Gerald Nadler, "Gorbachev Visits Chernobyl," UPI, February 24, 1989; Bill Keller, "Gorbachev, at Chernobyl, Urges Environment Plan," *New York Times*, February 24, 1989.

71. "Ukrainian Ecological Association 'Green World': About UEA" [Українська екологічна асоціація ≪Зелений світ≫: Про УEA], www.zelenysvit.org.ua/?page=about.

72. John F. Burns, "A Rude Dose of Reality for Gorbachev," *New York Times*, February 21, 1989.

73. Nadler, "Gorbachev Visits Chernobyl"; Remnick, Lenin's Tomb, p. 245; Zhores

Medvedev, *The Legacy of Chernobyl*, p. 87.

74. BBC Summary of World Broadcasts, "'Sanctuary' Designated around Chernobyl Plant and Animal Mutations Appearing," 1989년 5월 19일(영문 기사)과 1989년 7월 31일 (러시아어 기사)에 보도된 TASS 통신 기사의 요약(1989년 8월 26일에 번역됨).

75. David Remnick, "Chernobyl's Coffin Bonus," *Washington Post*, November 24, 1989; Josephson, *Red Atom*, pp. 165-166. 정치국 보고서는 야로슬라플Yroslavl 지역에서 의 논란을 언급하고 있다. 야로슬라플의 육가공 공장이 오염된 고기를 공급받 았다는 의혹이 제기되어 논란이 일었는데 지역 당국은 그들이 소비에트 위생 당국의 승인하에 행동했다고 주장했다. 하지만 전에 그들은 체르노빌 육류 중 이 지역에 들어오는 것이 있다는 것을 스스로 부인한 바 있었다. "On the Radio Report from Yaroslavl Region" [O радиосообщении из Ярославской области], memo by the head of the agrarian department of the CPSU Central Committee, December 29, 1989, in RGANI opis 53, reel 1.1007, file 87.

76. BBC Summary of World Broadcasts, "'Sanctuary' Designated around Chernobyl Plant" and "An international research centre is to be set up at the Chernobyl AES," 1989년 9 월 15일에 보도된 TASS 통신 기사의 요약(1989년 9월 16일에 번역됨).

77. V. Kholosha and V. Poyarkov, "Economy: Chernobyl Accident Losses." 다음에 수록됨. Vargo, ed., *The Chornobyl Accident*, p. 215.

78. V. 홀로샤V. Kholosha와 V. 포야르코프V. Poyarkov는 우크라이나에서만 1986년 에서 1997년 사이의 직간접 비용을 총 1280억 달러로 추산했다. 우크라이나는 소비에트 붕괴 이후 지속적으로 가장 많은 지출을 감당해야 하는 나라였다. 1990년 소비에트 재무부의 공식 보고서는 소비에트 전체적으로 사고의 직접 비용만 120억 달러가 들 것이라고 추산했다. 이중 우크라이나가 차지하는 몫 은 30퍼센트였다. Kholosha and Poyarkov, "Economy: Chernobyl Accident Losses," p. 220. 소비에트의 국방 예산은 1989년에 고르바초프가 밝혔다. 이전의 더 낮은 수준이던 공식 숫자 연간 320억 루블보다 높은 것이다. "Soviet Military Budget: \$128 billion bombshell," *New York Times*," May 31, 1989.

79. Bill Keller, "Public Mistrust Curbs Soviet Nuclear Efforts," *New York Times*, October 13, 1988.

80. AFP 기사(1989년 10월 1일)와 『소베츠카야 쿨투라Sovetskaya Kultura』 기사(1989 년 10월 6일)의 요약. BBC Summary of World Broadcasts, "The Chernobyl situation:

Other reports, Nuclear Power and Test Sites," October 30, 1989.

81. Ben A. Franklin, "Report Calls Mistrust a Threat to Atom Power," *New York Times*, March 8, 1987.

82. Serge Schmemann, "Chernobyl and the Europeans: Radiation and Doubts Linger," *New York Times*, June 12, 1988.

83. Dodd, *Industrial Decision Making and High-Risk Technology*, pp. 129-130.

84. V. Kukhar', V. Poyarkov and V. Kholosha, "Radioactive Waste: Storage and Disposal Sites." 다음에 수록됨. Vargo, ed., *The Chornobyl Accident*, p. 85.

85. 유리 리소바니Yuri Risovanny, 다음과의 인터뷰. David R. Maples, "Revelations of a Chernobyl Insider," *Bulleting of the Atomic Scientists* 46, no. 10 (1990), p. 18: Antoshkin, *The Role of Aviation*, p. 1.

86. Burton Bennett, Michael Repacholi and Zhanat Carr, eds., "Health Effects of the Chernobyl Accident and Special Care Programmes," Report of the UN Chernobyl Forum Expert Group "Health," World Health Organization, 2006, p. 2.

87. Chernousenko, *Chernobyl: Insight From the Inside*, p. 160.

88. Ibid., 163. 소비에트 국방부가 소비에트 전역의 징집 센터에 보낸 지침에 따르면 군의관들은 리퀴데이터들에게 발급한 의료 증명서에서 체르노빌 사고를 언급하는 것이 금지되었다. 급성방사선증후군을 일으킬 만한 정도보다 낮은 수준의 피폭도 기록에서 제외되었다. "Explanation by the Central Military Medical Commission of the USSR Ministry of Defense," no. 205 (July 8, 1987). 다음에 인용됨. Yaroshinskaya, *Chernobyl: Crime Without Punishment*, p. 47.

89. 볼로딘, 나와의 인터뷰, 2006년.

90. Gusev, Guskova and Mettler, eds., *Medical Management of Radiation Accidents*, pp. 204-205t12.4.

91. "Late Chernobyl fireman's blood tests to be disclosed," *Japan Times*, April 19, 2006; 안나 코롤레브스카Anna Korolevska, 나와의 인터뷰, 2015년.

92. Guskova, *The Counry's Nuclear Industry Through the Eyes of a Doctor*, 156; 바라바노바, 나와의 인터뷰, 2016년.

93. 프리아니치니코프, 나와의 인터뷰, 2006년.

94. 안토슈킨, 다음에 실린 인터뷰. *The Battle of Chernobyl*, 2006년.

95. 알렉산더 유브첸코, 나와의 인터뷰, 2006년; 나탈리아 유브첸코, 나와의 인터

뷰, 2015년.

96. 나탈리아 유브첸코, 나와의 인터뷰, 2016년.

19장: 코끼리 발

1. 나의 프리피야트 방문, 2016년 4월 25일; Mycio, *Wormwood Forest*, p. 5.

2. Mycio, *Wormwood Forest*, pp. 5-6, 239.

3. 나의 방문, 2016년, 2월 10일.

4. 청동에 찍힌 손바닥은 호뎀추크의 아내 나탈리아의 것이다(나탈리아 호뎀추크, 나와의 인터뷰, 2017년).

5. Borovoi, "My Chernobyl," pp. 45-48.

6. 보로보이, 나와의 인터뷰, 2015년.

7. Ibid.; Borovoi, "My Chernobyl," pp. 86-87.

8. Borovoi, "My Chernobyl," pp. 90-92.

9. Sich, "The Chornobyl Accident Revisited," p. 241.

10. Borovoi and Velikhov, *The Chernobyl Experience*: Part I, pp. 118-119.

11. 보로보이, 나와의 인터뷰, 2015년; Sich, "The Chornobyl Accident Revisited," 326n.

12. Borovoi, "My Chernobyl," pp. 52, 99-100.

13. Borovoi and Velikhov, *The Chernobyl Experience*: Part I, pp. 66-71.

14. Borovoi, "My Chernobyl," pp. 104-109; 보로보이, 나와의 인터뷰, 2015년. 다음 다큐멘터리 영상도 참고하라. Inside Chernobyl's Sarcophagus(감독: Edward Briffa), United Kingdom: BBC Horizon, 1991. 1996년에 재방영됨.

15. 헬기로 투하되었던 납 전체 중 코륨에서 발견된 것은 0.01퍼센트에 불과했다. Sich, "The Chornobyl Accident Revisited," p. 331.

16. Spartak T. Belyayev, Alexandr A. Borovoy, and I. P. Bouzouloukov, "Technical Management on the Chernobyl Site: Status and Future of the 'Sarcophagus.'" 다음에 수록됨. European Nuclear Society (ENS), *Nuclear Accidents and the Future of Energy: Lessons Learned from Chernobyl*, Proceedings of the ENS International Conference in Paris, France, April 15-17, 1991, p. 27. 다음에 인용됨. Sich, "The Chornobyl Accident Revisited," p. 248 (34n).

17. Checcerov, "The Unpeaceful Atom of Chernobyl."

18. Sich, "The Chornobyl Accident Revisited," p. 331.

19. 이 문제는 다음에 상세하게 언급되어 있다. Ibid., 243-245.

20. Borovoi and Velikhov, The Chernobyl Experience: Part I, p. 118; 보로보이, 나와의 인터뷰, 2015; Sich, "The Chornobyl Accident Revisited," p. 332.

21. 알렉산더 시시는 전체 우라늄 연료 190.3톤 중 원자로 용기 아래로 흘러내린 양이 71퍼센트일 것이라고 추산한다. "The Chornobyl Accident Revisited," p. 288. 하단 생물학적 차폐막의 무게는 195페이지와 409페이지에 나온다.

22. Ibid., 293n; Borovoi and Velikhov, The Chernobyl Experience, Part 1, pp. 30-31.

23. 시시의 다음 저서에서 용암이 흘러간 4개의 경로를 그린 지도를 볼 수 있다. Sich, "The Chornobyl Accident Revisited," p. 322.

24. 보로보이, 나와의 인터뷰, 2015년; Sich, "The Chornobyl Accident Revisited," p. 322.

25. Sich, "The Chornobyl Accident Revisited," p. 308.

26. Ibid., 323. 시시에 따르면, 어떤 곳들은 응고된 코륨이 방사능 붕괴열 때문에 사고가 난 지 5년이나 지난 1991년까지도 계속 뜨거웠다. 245페이지에는 손상된 4호기의 단면도가 나온다.

27. 복합 단지 탐사단의 결론은 다음을 참고하라. S. T. Belyaev, A. A. Borovoi, V. G. Volkov, et al., "Technical Validation of the Nuclear Safety of the Shelter" [Техническое обоснование ядерной безопасности объекта Укрытие], 복합 단지 탐사단의 조사 보고서, 1990년. 다음에 인용됨. Borovoi and Velikhov, The Chernobyl Experience: Part I, pp. 147-148. 이 모니터링 시스템("완료Finish"라는 이름이 붙었다)에 대해서는 다음을 참고하라. Ibid., 148-149.

28. 보로보이, 나와의 인터뷰, 2015년.

29. 다음의 다큐멘터리 영상. Inside Chernobyl's Sarcophagus, 1991; Borovoi, "My Chernobyl," p. 110.

30. Borovoi, "My Chernobyl," pp. 30, 34.

31. Borovoi and Velikhov, The Chernobyl Experience: Part I, pp. 119, 134, 141.

32. 보로보이, 나와의 인터뷰, 2015년; 시시, 나와의 인터뷰, 2018년; Valery Soyfer, "Chernobylite: Technogenic Mineral," Khimiya i zhizn, November 1990. 다음으로 번역됨. JPRS보고서 JPRS-UCH-91-004: "Science and Technology: USSR

Chemistry," March 27, 1991.

33. Borovoi, "My Chernobyl," p. 37.

34. "Information on the criminal case against V. P. Brukhanov" [Справка по уголовному делу в отношении Брюханова В. П.], 유리 소로킨Yuri Sorokin의 개인 소장 자료.

35. 빅토르 브류하노프와 발렌티나 브류하노프, 나와의 인터뷰, 2016년.

36. S.B. 로마진S.B. Romazin (소비에트 대법원 형사사건 위원회Collegium on Criminal Cases 위원장), Letter no. 02DC-36-87, 1991년 12월 26일에 소로킨에게 발송된 서신. 유리 소로킨의 개인 소장 자료.

37. 빅토르 브류하노프와 발렌티나 브류하노프, 나와의 인터뷰, 2016년. 2011년에 게재된 브류하노프에 대한 신문 기사에는 브류하노프가 출소 후에 체르노빌에 기술부서 담당자로 돌아왔으며 직원들이 따뜻하게 맞아 주었다고 나와 있다(Samodelova, "The private catastrophe of Chernobyl's director"). 하지만 그의 아내 발렌티나는 나와의 인터뷰에서 브류하노프가 출소 후에 첫 일자리를 가진 곳은 키예프였으며 예전 동료의 행정비서 자리였다고 말했다.

38. 빅토르 브류하노프와 발렌티나 브류하노프, 나와의 인터뷰, 2016년; 빅토르 브류하노프, 다음과의 인터뷰. Babakov, *Zerkalo nedeli*, 1999.

39. Read, *Ablaze*, p. 336.

40. Samodelova, "The private catastrophe of Chernobyl's director."

41. Read, *Ablaze*, p. 336. 포민의 출소일(1988년 9월 26일)은 다음에 나온다. "Information on the criminal case against V. P. Brukhanov," 유리 소로킨의 개인 소장 자료.

42. Anatoly Dyatlov, "Why INSAG has still got it wrong," Nuclear Engineering International 40, no. 494 (September 1995), p. 17; 아나톨리 댜틀로프가 레오니드 톱투노프의 부모인 베라 톱투노바와 표도르 톱투노프에게 보낸 편지, 1989년 6월 1일, 베라 톱투노바의 개인 소장 자료.

43. 댜틀로프의 출소일(1990년 10월 1일)은 다음에 나온다. "Information on the criminal case against V. P. Brukhanov," 유리 소로킨의 개인 소장 자료.

44. 스타인버그, 다음에 수록된 회상. Kopchinsky and Steinberg, *Chernobyl*, pp. 149-151

45. 아르멘 아바기안Armen Abagyan, 아사히 신문(1990년 7월 17일, 8월 31일)의 인터뷰. 다음에 인용됨. Kopchinsky and Steinberg, *Chernobyl*, p. 151.

46. Kopchinsky and Steinberg, Chernobyl, p. 152; Read, *Ablaze*, p. 324.

47. 스타인버그, 다음에 인용됨. Read, *Ablaze*, p. 324.

48. Ibid.

49. Ibid., 324-325.

50. Ibid., p .325.

51. Kopchinsky and Steinberg, *Chernobyl*, p. 152.

52. nternational Atomic Energy Agency, INSAG-7, p. 16.

53. Ibid., 22.

54. 알렉산더 시시, 나와의 인터뷰, 오하이오 주 스튜벤빌, 2018년 4월.

55. "Brief biography of A. S. Dyatlov" [Краткая биография Дятлова А. С.]. 다음 책의 서문. Dyatlov, *How It Was*, p. 3.

56. Karpan, From Chernobyl to Fukushima, pp. 24-25; Decree of the President of Ukraine No. 1156/2008. 우크라이나 대통령 공식 웹사이트. http://www.president.gov.ua/documents/11562008-8322.

20장: 발레리 호뎀추크의 무덤

1. 나탈리아 유브첸코, 나와의 인터뷰, 2015년과 2016년.

2. 나의 "붉은 숲" 방문, 2011년 2월 5일.

3. Mycio, *Wormwood Forest*, pp. 68-69; Sergiy Paskevych and Denis Vishnevsky, Chernobyl: Real World [Чернобыль. Реальный мир] (Moscow: Eksmo, 2011). 다음도 참고하라. Mikhail D. Bondarkov et al., "Environmental Radiation Monitoring in the Chernobyl Exclusion Zone—History and Results 25 Years After," *Health Physics* 101, no. 4 (October 2011), pp. 442-485.

4. Liam O'Brien, "After 26 years, farms emerge from the cloud of Chernobyl," *The Independent*, June 1, 2012.

5. "Wild boars roam Czech forests—and some of them are radioactive," Reuters, February 22, 2017.

6. 세르게이 가스차크Sergei Gaschak, 체르노빌 국제 방사능생태연구소Chernobyl International Radioecology Laboratory 과학 담당 부소장, 나와의 인터뷰, 2011년 2월, 체르노빌 출입금지구역.

671

후주

7. Adam Higginbotham, "Is Chernobyl a Wild Kingdom or a Radioactive Den of Decay?" *Wired*, April 2011; 가스차크, 나와의 인터뷰, 2011.

8. 예를 들어, 다음을 참고하라. Mycio, Wormwood Forest, pp. 99-116; Radioactive Wolves, 다큐멘터리 영화(감독: Klaus Feichtenberger) (PBS: ORF/epo-film, 2011).

9. 이와 관련해 지속되고 있는 논란은 다음을 참고하라. Mary Mycio in "Do Animals in Chernobyl's Fallout Zone Glow?" *Slate*, January 21, 2013.

10. 드미트리 그로진스키Dmitry Grodzinsky, 우크라이나 과학아카데미의 세포 생물학 및 유전자 공학 연구소 생물리학 및 방사능 생물학부 부장, 나와의 인터뷰, 2011년 2월, 키예프.

11. Stephanie Pappas, "How Plants Survived Chernobyl," *Science*, May 15, 2009.

12. HO/IAEA/UNDP, "Chernobyl: The true scale of the accident," 합동 보도자료, September 5, 2005, 다음에 인용됨. Petryna, *Life Exposed*, p. xx.

13. Jorgensen, *Strange Glow*, 226-230.

14. 그로진스키Grodzinsky, 나와의 인터뷰, 2011년. 다음도 참고하라. Anders Pape Moller and Timothy Alexander Mousseau, "Biological Consequences of Chernobyl: 20 Years On," *Trends in Ecology & Evolution 21*, np.4 (April 2006): 200-220.

15. 뮐러Møller, 나와의 인터뷰, 2011년. 2017년 미국 국립 암연구소 과학자들은 사고에 영향을 받은 사람들 중 소규모의 표본을 대상으로 방사능의 장기적 효과를 조사하는 게놈 연구를 시작했다. R. 키요히코 마부치R. Kiyohiko Mabuchi, 국립 암연구소 체르노빌 연구팀, 나와의 인터뷰, 2018년 9월.

16. Andrew Osborn, "Chernobyl: The Toxic Tourist Attraction," *Telegraph*, March 6, 2011.

17. 이들 소위 "무단 거주자"[자발적 귀향자]들은 30킬로미터 반경 지역이 처음으로 출입 금지 조치가 내려진 거의 직후부터 대조국전쟁 때 나치를 피해 많은 이들이 피난을 갔던 동일한 오솔길을 통해 발전소 주변의 숲에 다시 들어왔다. 1988년에 내무부는 980명이 이미 자신의 집으로 돌아왔다고 보고했으며 113명은 애초부터 집을 떠나지 않았다. 다음에 실린 내무부 보고서를 참고하라. Anton Borodavka, *Faces of Chernobyl*, 2013, 19. 보로다브카는 "핵 보호 구역의 원주민들"이라는 용어가 우크라이나 시인 리나 코스텐코Lina Kostenko의 말이라고 설명했다(*Faces of Chernobyl*, 12).

18. 이 계약은 조지아 주의 보그틀 원자력발전소 건설 계약이었다. Terry Macalister, "Westinghouse wins first US nuclear deal in 30 years," *The Guardian*, April 9, 2008.

19. 우크라이나 정부가 흐멜리츠키 원자력발전소에 추가하기로 한 3, 4호기였다. "Construction cost of blocks 3 and 4 of Khmelnitsky NPP will be about $4,2 billion" [Стоимость строительства 3 и 4 блоков Хмельницкой АЭС составит около $4,2 млрд], Interfax, March 3, 2011.

20. 발전용 원자로 목록은 다음을 참고하라. US Nuclear Regulatory Commission, "Operating Nuclear Power Reactors (by Location or Name)." 2018년 4월 4일에 업데이트됨, www.nrc.gov/infofinder/reactors.

21. "Nuclear Power In France," World Nuclear Association. 2018년 6월에 업데이트됨, www.worldnuclear.org/information-library/country-profiles/countries-a-f/france.aspx; "Nuclear Power In China," World Nuclear Association, 2018년 5월에 업데이트됨. www.world-nuclear.org/information-library/country-profiles/countries-a-f/china-nuclearpower.aspx.

22. 에너지 소비량 예측치들은 사용된 예측 모델에 따라 편차가 크다. 더 최근의 예측치는 2060년까지 수요가 두 배가 될 것으로 내다보기도 한다. "World Energy Scenarios 2016: Executive Summary," World Energy Council, http://www.worldenergy.org/wp-content/uploads/2016/10/World-Energy-Scenarios-2016_Executive-Summary-1.pdf.

23. 미국 통계는 다음을 참고하라. "The Toll from Coal: An Updated Assessment of Death and Disease from America's Dirtiest Energy Source," Clean Air Task Force, September 2010, p. 4.

24. Barry W. Brook et al., "Why nuclear energy is sustainable and has to be part of the energy mix," *Sustainable Materials and Technologies* 1-2 (December 2014), pp. 8-16.

25. "Mortality Rate Worldwide in 2018, by Energy Source (in Deaths Per Terawatt Hours)," Statista.com, www.statista.com/statistics/494425/death-rate-worldwide-by-energy-source; Phil McKenna, "Fossil fuels are far deadlier than nuclear power," *New Scientist*, March 23, 2011.

26. 이 주제는 다음에 상세히 논의되어 있다. Gwyneth Cravens, *Power to Save the World: The Truth About Nuclear Energy* (New York: Vintage Books, 2008); 다음의 다큐멘터리에도 상세히 나온다. *Pandora's Promise*, 감독: Robert Stone (Impact Partners, 2013).

27. Robert Hargraves and Ralph Moir, "Liquid Fuel Nuclear Reactors," *Physics and Society* (미국 물리학회의 뉴스레터), January 2011.

28. 게이츠는 4세대 "진행파traveling wave" 원자로를 개발하는 테라파워Terra Power
의 공동 회장이다. 다음을 참고하라. Richard Martin, "China Details Next-Gen
Nuclear Reactor Program," *MIT Technology Review*, October 16, 2015; Richard Martin,
"China Could Have a Meltdown-Proof Nuclear Reactor Next Year," *MIT Technology
Review*, February 11, 2016.

29. Stephen Chen, "Chinese scientists urged to develop new thorium nuclear reactors by
2024," *South China Morning Post*, March 18, 2014.

30. WHO/IAEA/UNDP, "Chernobyl: The true scale of the accident." http://www.who.
int/mediacentre/news/releases/2005/pr38/en/.

31. WHO, "Health Effects of the Chernobyl Accident: An Overview," April 2006 http://
www.who.int/ionizing_radiation/chernobyl/backgrounder/en/; Cardis, Elisabeth et
al. "Estimates of the Cancer Burden in Europe from Radioactive Fallout from the
Chernobyl Accident," *International Journal of Cancer* 119, no. 6 (2006):1224-35.

32. WHO/IAEA/UNDP, "Chernobyl: The True Scale of the Accident." 다음에 인용됨.
Petryna, *Life Exposed*, p. xv.

33. "1986-2016: Chernobyl at 30—An update," WHO 보도자료, April 25, 2016.

34. Adriana Petryna, "Nuclear Payouts: Knowledge and Compensation in the Chernobyl
Aftermath," *Anthropology Now*, November 19, 2009.

35. Petryna, *Life Exposed*, pp. xix-xx.

36. 프로첸코, 나와의 인터뷰, 2015년.

37. 프로첸코, 나와의 인터뷰, 2016년.

38. 빅토르 브류하노프와 발렌티나 브류하노프, 나와의 인터뷰, 2015년.

39. Ibid.; 빅토르 브류하노프와 발렌티나 브류하노프, 나와의 인터뷰 2016년.

40. 나의 체르노빌 참사 30주년 행사 참여. 2016년 4월 26일, 체르노빌 원자력발전
소.

41. 이 시는 우크라이나 시인 리나 코스텐코가 지은 "사탄은 프리피야트 옆에서
잔다Satan Sleeps Beside the Pripyat"이다[На березі Прип́яті спить сатана]. 여기에
쓴 영어본은 테티아나 보디아니츠카Tetiana Vodianytska의 번역을 따른 것이다.

42. Petro Poroshenko, "The President's address at the ceremony marking the 30th
anniversary of the Chernobyl catastrophe,"[Виступ Президента під час заходів у
зв́язку з 30-ми роковинами Чорнобильської катастрофи]. "신 안전 격납고" 현장

에서의 연설(2016년 4월 26일) 우크라이나 대통령 웹사이트. www.president.gov. ua/news/vistup-prezidenta-pid-chas-zahodiv-u-zvyazku-z-30-mi-rokovin37042.

43. 니콜라스 카이유Nicolas Caille (노바르카Novarka 프로젝트 디렉터), 체르노빌 발전소 "신 안전 격납고" 완공 연설, 2016년 11월 29일. "Unique engineering feat concluded as Chernobyl arch has reached resting place," EBRD press release, November 29, 2016; 로린 도드Laurin Dodd, 나와의 전화 인터뷰, 2018년 5월.

44. Poroshenko "The President's address marking the 30th anniversary of the Chernobyl catastrophe."

45. 나의 신 안전 격납고 완공식 참석, 2016년 11월 29일, 체르노빌 원자력발전소.

46. 보카로프, 나와의 인터뷰, 2017년; 벨라예프, 나와의 인터뷰, 2017년.

47. 한스 블릭스, 신 안전 격납고 완공 기념 연설, 체르노빌 발전소, 2016년 11월 29일.

48. 로린 도드, 나와의 인터뷰, 2018년 5월; 아르투르 코네예브Artur Korneyev. 다음에 인용됨. Henry Fountain, "Chernobyl: Capping a Catastrophe," *New York Times*, April 27, 2014.

에필로그

1. "Former Academy President Aleksandrov on Chernobyl, Sakharov," *Ogonek* no. 35, August 1990, 6-10, translated by JPRS.

2. 나와의 인터뷰: "Nikolak Timofeyevich Antoshkin," Антошкин Николай Тимофеевич] *Geroi Strany*, www.warheroes.ru/hero/hero.asp?Hero_id=1011.

3. 알라 아타호바Alla Atakhova, 다음의 인터뷰. Alexander Borovoi, "The Liquidator," [Ликвидатор] Itogi 828, no. 17. April 23, 2012, www.itogi.ru/obsh-spetzproekt/2012/17/177051.html.

4. Taubman, Gorbachev, 650-663; Mikhail Gorbachev, 'Turning Point at Chernobyl," *Project Syndicate*, April 14, 2006.

5. Guskova, *The Country's Nuclear Industry Through the Eyes of a Doctor*, 156.

6. US Department of the Treasury, "Treasury Sanctions Russian Officials, Members of the Russian Leadership's Inner Circle, and an Entity for Involvement in the Situation in

Ukraine," March 20, 2014.

7. Andriyanov and Chirskov. *Boris Scherbina*, 386-88; 드라크, 나와의 인터뷰.

8. 라다 셰르비츠카야Rada Scherbitskaya. 다음과의 인터뷰. Sheremeta, "After Chernobyl, Gorbachev told Vladimir Vasiliyevich," 2006; Baranovka, eds., *The Chernobyl Tragedy*, document no 482; "Resolution on the termination of the criminal case opened February 11, 1992, with regard to the conduct of officials and state and public institutions after the Chernobyl NPP accident," April 24, 1993.

9. 비탈리 스클랴로프, 다음의 인터뷰. Natalia Yatseno, "Vitali Sklyarov, energy advisor to the Ukrainian prime minister: 'What's happening in our energy sector is self-suffocation,'" [Советник премьер-министра Украины по вопросом энергетики Виталий Скляров: Самоудушение вот что происходит с нашей энергетикой], *Zerkalo nedeli Ukraina*, October 7, 1994, http://zn.ua/ECONOMICS/sovetnik_premier-ministra_ ukrainy_po_voprosam_energetiki_vitaliy_sklyarov_samouduchenie_-_vot_cto_p.html.

10. Ekaterina Sazhneva, "The living hero of a dead city" [Живой герой мертвого города], Kultura, February 2, 2016, http://portal-kultura.ru/articles/history/129184-zhivow-geroy-mertvogo-gorodasazh; Tamara Stadnychenko-Cornelison, "Military engineer denounces handling of Chernobyl Accident," *The Ukrainina Weekly*, April 26, 1992.

11. 블라디미르 우사텐코Vladimir Usatenko, 다음과의 인터뷰. Oleksandr Hrebet, "A Chernobyl liquidator talks of the most dangerous nuclear waste repository in Ukraine," [Ликвидатор аварії на ЧАЕС розповів про нейнебезпечніше сховище ядерних віходів в Украині], *Zerkalo nedeli*, December 14, 2016, http://dt.ua/UKRAINE/ likvidator-avariyi-na-chaes-rozpoviv-pronaynebezpechnishomu-shovische-yadernih-vidhodiv-v-ukrayini-227461_.html.

12. 세르게이 얀코프스키, 나와의 인터뷰, 2017년, 키예프.

13. 즈브로프스키, 바라코프Barakov와의 인터뷰. 다음에 수록됨. Gudov, Special Battalion no. 731, 36, 78; John Daniszewsi, "Reluctant Ukraine to Shut Last Reactor at Chernobyl," *Los Angeles Times*, December 14, 2000.

참고 문헌

문서보관소 소장 자료

The American Presidency Project. 다음이 관장함. University of California, Santa Barbara, www.presidency.ucsb.edu/index.php.

Archive of the State Security Service of Ukraine [Галузеий державний архів Служби безпеки України (СБУ)]. Ukraine State Security Service Central Office. Kiev, Ukraine.

Barabanova, Dr. Angelika. 개인 소장 자료.

BBC Monitoring Service, Summary of World Broadcasts, 소비에트연방과 동유럽에 대한 기사.

"Chernobyl, Pripyat: A Bit About Everything" [Чернобыль, Припять: обо всем понемногу]. 알렉산더 카마예프Alexander Kamayev가 수집한 체르노빌과 프리피야트 전자 문서보관소. http://pripyat-city-ru.

"The Chernobyl Tragedy: The Crime of the Soviet Government" [Чернобильська трагедія -злочии радянської влади]. Ukrainian Liberation Movement electronic archive: Joint project of Ukrainian Center for Research on the Liberation Movement, Ivan Franko National University of Lviv, and National Museum Memorial of Victims of Occupation Regimes (Prison on Lacki) http://avr.org.ua/index.php/ROZDILY_RES?idUpCat=867.

CIA Records Search Tool (CREST), the Central Intelligence Agency. www.cia.gov/library/readingroom/collection/crest-25-year-program-archive.

Gorbachev Foundation Electronic Archive: Virtual Museum "M.S. Gorbachev. Life and Reforms" [Виртуальный музей ≪М.С.Горбачев. Жизнь и реформы≫]. www.

gorby.ru/en/archival/archive_library.

Joint Publication Research Service (JPRS), *Chernobyl Nuclear Accident Documents*, foreign media monitoring reports produced by the US government's National Technical Information Service (including CIA, Department of Defense, Department of Energy, Congressional, GAO, and Foreign Press Monitoring Files), released March 2011.

Legasov, Valery. "On the Accident at Chernobyl AES"("레가소프 테이프") [Об аварии на Чернобыльской АЭС]. V.A. 레가소프가 녹음한 테이프 5개 분량의 회고록 스크립트를 다음에서 온라인으로 볼 수 있다. http://lib.web-malina.com/getbook.php?bid=2755.

Ronald Reagan Presidential Library and Museum Electronic Archive: "Daily Diary" (www.reaganlibrary.gov/digital-library/daily-diary); "Public Papers of the President" (www.reaganlibrary.gov/sspeeches)

Russian State Archive of Contemporary History (RGANI) [Российский государственный архив новейшей истории (РГАНИ)]. Hoover Institution. Microfilm, Fond 89: Communist Party of the Soviet Union on Trial, 1919-1992. 다음에도 사본이 소장되어 있다. Lamont Library: Archive of Contemporary History. Harvard University, Cambridge, MA.

The Second Russian Revolution (2RR) Collection. 다음 다큐멘터리 시리즈와 관련된 자료. *The Second Russian Revolution*(테이프와 인터뷰 녹취). Reference no. GB 97 2RR. SLE Library Archive, London.

Sorokin, Yuri. 개인 소장 자료.

State Film Archive of Ukraine, Kiev, Ukraine.

Tarakanov, General Nikolai. 개인 소장 자료.

Toptunova, Vera. 개인 소장 자료.

Ukrainian National Chernobyl Museum(체르노빌 뮤지엄, 우크라이나 키예프 소재). [Национальный музей «Чернобыль»]. 문서보관소 자료.

Veterans of Rosatom website. www.veteranrosatom.ru.

Wilson Center Digital Archive. http://digitalarchive.wilsoncenter.org.

나와의 인터뷰

* 별도의 언급이 없으면 직책과 직업은 모두 사고 당시의 것이다.

가스차크, 세르게이Gaschak, Sergei. 체르노빌 국제 방사능생태연구소 과학 담장 부소장(2018년). 2011년 2월 7일.

게일, 로버트Gale, Robert. UCLA 의과 대학 교수; 국제 골수 이식 수술 정보공유 시스템 과학 자문위원회 위원장. 2016년 6월 22일(전화 인터뷰), 2016년 8월 11일, 몬태나 주 빅스카이.

골드스톤, 로버트Goldston, Robert. 프린스턴 플라스마 물리학 연구소, 토카막 실험로 물리연구팀장. 2018년 2월 15일, 뉴저지 주 프린스턴.

그레베뉴크, 블라디미르Grebeniuk, Vladimir. 대령. 키예프 군구 시민방호군 제427 적기군 기계화연대 지휘관. 2015년 2월 9일, 키예프.

그로진스키, 드리트리Grodzinsky, Dmitri. 우크라이나 과학아카데미 세포 생물학 및 유전자 공학 연구소 생물리학 및 방사능 생물학부 부장. 2011년 2월 8일, 2015년 7월 13일, 키예프.

구바레프, 블라디미르Gubarev, Vladimir. 〈프라우다〉 과학 담당 에디터. 2015년 10월 23일, 모스크바.

글루호프, 안드레이Glukhov, Andrei. 체르노빌 원자력발전소 1호기 선임 원자로 제어 엔지니어(1981년 4월-1984년 8월); 체르노빌 원자력발전소 원자력안전부 운영지원팀장(1984-1986년). 2015년 7월 12일, 우크라이나 슬라브티치; 2016년 2월 11일 체르노빌 원자력발전소, 우크라이나; 2018년 7월 3일, 전화 인터뷰.

나자르코프스키, 알렉산더Nazarkovsky, Alexander. 체르노빌 원자력발전소 건설 및 설비 품질 관리 담당 선임 전자기계 엔지니어. 2016년 2월 16일, 키예프.

네스테로프, 보리스Nesterov, Boris. 대령. 키예프 군구 공군 부지휘관. 2016년 12월 2일, 우크라이나 드니프로.

노스코, 발레리Nosko, Valeri. 소령. 우크라이나 KGB 제6부, 제3분과. 2015년 9월 9일, 키예프.

다닐로프, 니콜라스Daniloff, Nicholas. 〈US 뉴스 앤 월드 리포트〉 모스크바 특파원. 2017년 9월 26일, 전화 인터뷰.

도드, 로린Dodd, Laurin. 북서태평양 국립연구소(워싱턴 주 리치랜드) 핵 시스템 및 개념부 RBMK원자로 전문가(1986년 3월-1994년 5월); 체르노빌 원자력발전소 차폐시설 이행계획 운영 디렉터(2006년 4월-2014년 3월). 2018년 5월 4일, 전화 인터뷰.

드라치, 레오니드Drach, Leonid. 소비에트연방 각료회의 핵 에너지 분과장; 체르노빌 사고 대응 정부위원회 1기 위원. 2017년 4월 19일, 모스크바.

라이흐트만, 게오르기Reikhtman, Georgi. 체르노빌 원자력발전소 1호기 근무조장. 2015년 9월 9일.

레가소프, 잉가Legasov, Inga. 발레리 레가소프의 딸. 2017년 4월 18일, 모스크바.

레오넨코, 비탈리Leonenko, Vitali. 프리피야트 제126병원 의료위생센터장. 2016년 12월 3일, 우크라이나 베크렉.

로빈슨, 클리프Robinson, Cliff. 스웨덴 포스마크 원자력발전소 방사화학 실험실 기술자. 2016년 3월 2일, 전화 인터뷰.

리소벤코, 바실리Lisovenko, Vasily. 소령. 우크라이나 KGB 제6부 제3분과장. 2015년 9월 10일, 우크라이나 비센스키.

로가쵸프, 알렉산더Logachev, Alexander. 상위. 키예프 군구 시민방호군 제427 적기군 기계화연대 방사선 정찰 장교. 2017년 6월 1일, 키예프(나와의 인터뷰), 2017년 6월 3일(타라스 슈메이코와의 인터뷰).

마솔, 비탈리Masol, Vitali. 우크라이나 국가계획위원회 위원장; 우크라이나 각료회의 부의장(1994-1995년). 2017년 6월 1일, 키예프.

마부치, 키요히코Mabuchi Kiyohiko. 국립 암연구소 체르노빌 연구팀, 역학 및 유전학 분과. 2018년 9월 13일, 전화 인터뷰.

말레예프, 블라디미르Maleyev, Vladimir. 중령. 소비에트 화학전 부대 제14 방사선 및 화학 무기 정찰 연대 지휘관(1987년). 2017년 4월 16일, 모스크바.

맥닐, 오스카McNeil, Oscar. 체르노빌 차폐시설 이행계획 운영 디렉트(2015년-현재). 2018년 6월 11일, 전화 인터뷰.

묄러, 앤더스Møller, Anders. 파리쉬드대학(파리제11대학) 생태 시스템 진화 연구소 연구 디렉터(2018년), 2011년 1월 26일, 프랑스 파리.

무소, 티모시Mousseau, Timothy. 사우스캘롤라인 대학 생물학과 교수(2018년). 2011년 1월, 사우스캐롤라이나 주 컬럼비아.

밈카, 루보미르Mimka, Lubomir. 대령. 소비에트 공군 키예프 군구 제17공수부대 부지휘관. 2016년 2월 13일, 키예프.

바라바노바, 안젤리카Barabanova, Anzhelika. 모스크바 제6병원 방사선 피폭 화상 수술 전문의. 2016년 10월 14일.

벨랴에프, 이고르Belyaev, Igor. 중기계건설부 국장; 중기계건설부 석관건설팀 US-605 부책임자(1986년 6-11월). 2017년 5월, 모스크바.

보로보이, 알렉산더Borovoi, Alexander. 쿠르차토프 연구소 중성미자 실험실장; 체르노빌 복합 단지 탐사단 수석 과학자(1988-2003년). 2015년 10월 15일, 모스크바.

보차로프, 레브Bocharov, Lev. 중기계건설부 설계 및 자본 건설국 부수석 엔지니어, 중기계건설부 석관건설팀 US-605, 3조 수석 엔지니어(1986년 9월-12월). 2017년 4월 14일, 모스크바.

본 히펠, 프랭크Von Hippel, Frank. 미국과학자연맹 회장(1983-1991년). 2018년 2월 15일, 뉴저지 주 프린스턴.

볼로딘, 세르게이Volodin, Sergei. 대위. 키예프 군구 제225 혼성비행대대 헬기 조종사. 2006년 2월 15일, 7월 12일, 키예프.

볼쇼프, 레오니드Bolshov, Leonid. 쿠르차토프 연구소 트로이츠크 지부 연구 물리학자; 러시아 과학아카데미 핵 안전연구소 소장(1988년). 2017년 4월 15일, 모스크바.

브레우스, 알렉세이Breus, Alexey. 체르노빌 원자력발전소 4호기 2근무조 선임 원자로 제어 엔지니어. 2015년 7월 11일, 키예프.

브류하노프, 빅토르Brukhanov, Viktor(체르노빌 원자력발전소장)과 발렌티나 브류하노프(체르노빌 원자력발전소 열처리 전문가). 2016년 9월 6일, 2016년 2월 14일, 키예프.

사빈, 제이콥스Jacobs, Sabine. 로버트 게일의 조교(2016년). 2016년 9월 23일, 로스앤젤레스.

세바스티아노프, 알렉산더Sebastianov, Alexander. 체르노빌 원자력발전소, 메인건물부 엔지니어. 2016년 2월 10일, 체르노빌 원자력발전소.

소로킨, 유리Sorokin, Yuri. 빅토르 브류하노프의 변호사. 2016년 10월 13일, 모스크바.

슈셰르박, 이우리Shcherbak, Iurii. 저술가. 키예프 우크라이나 보건부 역학부 연구교수; 〈리터라투르나야 가제타〉 특별 통신원(1986년부터); "녹색의 세계" 당 창당 멤버, 2016년 2월 9일, 키예프.

스베테츠키, 아나톨리. 체르노빌 원자력발전소 3호기와 4호기 원자로 부서 및 터빈 부서 기술 안전 시스템 담당자. 2017년 5월 28일, 키예프(타라스 슈메이코와의 인터뷰).

스클랴로프, 비탈리. 우크라이나 에너지전기부 장관. 2016년 2월 6일, 2017년 5월 30일, 키예프.

스타인버그, 니콜라이Steinberg, Nikolai. 1971년부터 체르노빌 원자력발전소 엔지니어. 1983년에 3호기와 4호기 선임 터빈 엔지니어에서 퇴사함. 1986년 4월, 발라코포 원자력발전소 부수석 엔지니어. 2006년 2월 14일, 2015년 9월 4일, 2017년 5월 28일, 키예프.

스톨랴추크, 보리스Stolyarchuk, Boris. 체르노빌 원자력발전소 4호기 5근무조 선임 유닛 제어 엔지니어. 2015년 7월 14일, 2016년 12월 5일, 키예프.

슬러츠키, 발레리Slutsky, Valery. 프리피야트 버스 운전사. 2006년 2월 17일, 우크라이나 프리피야트.

시로코프, 세르게이Shyrokov, Sergei. 우크라이나 에너지전기부 원자력에너지부장. 2016년 12월 1일, 키예프.

시로타, 알렉산더. 프리피야트 제1학교 학생. 2017년 6월 4일, 우크라이나 이반코프.

시시, 알렉산더Sich, Alexander. MIT 핵공학과 박사과정. 쿠르차토프 연구소와 우크라이나 과학아카데미 하에서 체르노빌 복합 단지 탐사단 활동(1990년 11월-1992년 4월). 2016년 12월 21일, 전화 인터뷰, 2018년 4월 20-21일, 오하이오 주 스테우벤빌.

안토슈킨, 니콜라이Antoshkin, Nikolai. 소장. 키예프 군구 제17 공수부대 지휘관. 2015년 10월 21일, 23일; 2016년 10월 13일.

얀코프스키, 세르게이Yankovsky, Sergei. 키예프 주 검찰청 수사관. 2016년 2월 7일, 2017년 5월 31일, 키예프.

에사울로프, 알렉산더Esaulov, Alexander. 프리피야트 시 위원회 부위원장. 2015년 7월, 우크라이나 이르핀.

요르겐슨, 티모시Jorgensen, Timothy. 조지타운 대학 방사능 의학과 교수(2018년). 2016년 6월 19일, 전화 인터뷰.

우사텐코, 블라디미르Usatenko, Vladimir. 드네프르 과학 연구소(하리코프 소재) 선임 전기 엔지니어; 1986년 10월에 징집되어 체르노빌 특별 구역에 군공병

73413부대 하사관으로 근무함. 2016년 12월 1일, 키예프.

윌슨, 리처드Wilson, Richard. 하버드 대학 교수; 미국물리학회 중대원자로사고 연구그룹 회장. 2016년 8월 11일, 매사추세츠 주 케임브리지.

영, 마틴Young, Martin. 세계에너지협의회 정책 및 리스크 담당 디렉터(2018년). 2018년 8월 3일, 전화 인터뷰.

유브첸코, 나탈리아Yuvchenko, Natalia. 프리피야트 제4학교 교사. 알렉산더 유브첸코의 아내. 2015년 10월 22일, 2016년 10월 11일, 모스크바.

유브첸코, 알렉산더Yuvchenko, Alexander. 체르노빌 원자력발전소 4호기 5근무조 선임 기계 엔지니어. 2006년 2월 12일, 모스크바.

이그나텐코, 세르게이Ignatenko, Sergey. 우크라이나 에너지전기부, 키예프 주 드네프르 강 우안 송전 디렉터. 2016년 4월 22일, 키예프.

자하로프, 아나톨리Zakharov, Anatoly. 제2소방대 3당직조 소방차 운전사. 2006년 2월 15일, 2016년 2월 8일.

챔플린, 리처드Champlin, Richard. UCLA 병원 골수이식과장. 2016년 9월 21일, 전화 인터뷰.플라워스, 앨런Flowers, Alan. 런던 킹스턴 공과대학 교수, 핵물리학자; 나중에 킹스턴 대학 방사선 방호 책임자(radiation protection officer)가 됨; 사하로프 국제환경대학(벨라루스 국립대학, 민스크) 방사능생태 분야 명예 박사. 2016년 2월 25일, 전화 인터뷰.

코롤, 알렉산더Korol, Alexander. 체르노빌 원자력발전소 4호기 견습 원자로 제어 엔지니어. 2015년 9월 9일, 키예프(나와의 인터뷰), 2018년 4월 17일(타라스 슈메이코와의 인터뷰).

코롤레브스카, 안나Korolevska, Anna. 체르노빌 뮤지엄 과학 부디렉터(2018년). 2015년 7월 10일, 2016년 2월 8일, 키예프.

코르네예프, 유리Korneyev, Yuri. 체르노빌 원자력발전소 4호기 1근무조 터빈 엔지니어. 2015년 9월 8일, 키예프.

코브투츠키, 빅토르Kovtutsky, Viktor. 체르노빌 원자력발전소 건설부 수석 회계사. 2016년 4월 23일, 키예프.

코즐로바, 엘레나Kozlova, Elena. NIKIMT 물질 연구 기술자. 2017년 4월 17일, 모스크바.

코지레프, 유리Kozyrev, Yuri. 우크라이나 과학아카데미 물리연구소 기체전자학 선임 물리학자. 2017년 4월 21일, 키예프.

콜딘, 발레리Koldin, Valery. 대령. 중기계건설부 석관건설팀 US-605, 3교대조 공병부 부팀장(1986년 10-12월). 2017년 4월 18일, 모스크바.

콜리아딘, 아나톨리Koliadin, Anatoly. 체르노빌 원자력발전소 4호기 열 자동화 및 측정 워크숍 전기 기술자; 〈체르노빌 포스트〉 에디터(2003-2007년). 2015년 7월 10일, 키예프.

콥친스키, 게오르기Kopchinsky, Georgi. 소비에트연방 공산당 중앙위원회 원자력 발전 분야 선임 자문. 2016년 11월 28일, 키예프.

쿠프니, 발렌틴Kupny, Valentin. 자포리지아 원자력발전소장; 체르노빌 차폐 디렉트(1995-2002년). 2016년 2월 12일, 우크라이나 슬라브티치.

크랴트, 아나톨리Kryat, Anatoly. 체르노빌 원자력발전소 원자력안전부 핵물리 실험실 수석 연구원. 2016년 2월 15일, 키예프.

클로치코, 빅토르Klochko, Viktor. 대령. KGB 프리피야트 담당 장교. 타라스 슈메이코와의 인터뷰, 2015년 9월 7일, 키예프.

키리첸코, 스베틀라나Kirichenko, Svetlana. 프리피야트 이스폴콤 수석 경제학자. 2016년 4월 23일.

키지마, 바실리Kizima, Vasily. 체르노빌발전소 공사 담당 총책임자. 2016년 2월 7일, 키예프.

타라카노프, 니콜라이Tarakanov, Nikolai. 소장. 소비에트 시민방호군 부지휘관. 2015년 10월 22일, 모스크바.

톱투노바, 베라Toptunova, Vera. 레오니드 톱투노프의 어머니. 2015년 9월 7일, 9월 10일, 키예프.

파라신, 세르히Parashyn, Serhiy. 체르노빌 원자력바전소 당 서기; 체르노빌 원자력발전소장(1994-1998년). 2016년 11월 30일, 키예프.

페트로프스키, 알렉산더Petrovsky, Alexander. 하사. 제2소방대 제3당직조. 2016년 11월 20일, 우크라이나 보다니.

프로첸코, 마리아. 프리피야트 수석 건축가. 2015년 9월 5일, 키예프' 2016년 4월 24일, 2017년 5월 28일.

프리아니치니코프, 베니아민Prianichnikov, Veniamin. 체르노빌 원자력발전소, 기술교육 책임자. 2006년 2월 13일, 키예프.

호뎀추크, 나탈리아Khodemchuk, Natalia. 프리피야트 제2급수실 엔지니어, 발레리 호뎀추크의 아내. 2017년 5월 28일, 키예프.

흐멜, 표트르Khmel, Piotr. 중위. 제2소방대. 2006년 2월 16일, 2015년 7월 14일, 키예프.

도서, 회고록

Akhromeyev, Sergei, and Georgi Korniyenko. *Through the Eyes of a Marshal and a Diplomat: A Critical Look at USSR Foreign Policy Before and After 1985 [Глазами маршала и дипломата : Критический взгляд на внешнюю политику СССР до и после 1985 года].* Moscow: Mezhdunarodnye otnosheniya, 1992.

Albats, Yevgenia. *The State Within a State: The KGB and Its Hold on Russia-Past,* Present, and Future. Translated by Catherine A. Fitzpatrick. New York: Farrar, Straus, and Giroux, 1994.

Alexievich, Svetlana. *Voices from Chernobyl.* Translated by Keith Gessen. London: Dalkey Archive Press, 2005.

Andriyanov, V., and V. Chirskov. *Boris Scherbina [Борис Щербина].* Moscow: Molodaya Gvardiya, 2009.

Antoshkin, Nikolai. *Regarding Chernobyl [По Чернобылю].* 미출간 회고록.

-------. *The Role of Aviation in Localizing the Consequences of the Catastrophe at Chernobyl [Роль авиации в локализации последствии катастрофы на Чернобыльской АЭС]* 미출간 회고록.

Arnold, Lorna. *Windscale, 1957: Anatomy of a Nuclear Accident.* New York: St. Martin's Press, 1992.

Baranovska, N., ed. *The Chernobyl Tragedy: Documents and Materials [Чорнобильська Трагедія: Документи і матеріали].* Kiev: Naukova Dumka, 1996.

Belyaev, Igor. *Chernobyl: Death Watch. [Чернобыль: Вахта Смерти].* 2nded.IPKPareto-Print, 2009.

Belyaev, Igor A. *Sredmash Brand Concrete [Бетон марки «Средмаш»].* Moscow: Izdat, 1996, http://elib.biblioatom.ru/text/belyaev_beton-marki-sredmash_1996.

Bergdahl, Gunnar. *The Voice of Ludmilla.* Translated by Alexander Keiller. Goteborg: Goteborg Film Festival, 2002.

Boldin, Valery. *Ten Years That Shook the World: The Gorbachev Era as Witnessed by His Chief of Staff.*

New York: Basic Books, 1994.

Borodavka, Anton. *Faces of Chernobyl: Exclusion Zone [Лица Чернобыля : Зона отчуждения]*. Kiev: Statsky Sovetnik, 2013.

Borovoi, A.A., and E.P. Velikhov. *The Chernobyl Experience: Part I* (Work on the "Shelter" Structure) *[Опыт Чернобыля : Часть I (работы на объекте «Укрытие»)]* Moscow: Kurchatov Institute, 2012, www.nrski.ru/files/pdf/1464174600.pdf.

Brown, Kate. *Plutopia: Nuclear Families, Atomic cities and the Great Soviet and American Plutonium Disasters*. Oxford: Oxford University Press, 2015.

Chernousenko, Vladimir M. *Chernobyl: Insight from the Inside*: New York: Springer, 1991.

Chernyaev, Anatoly, A. Veber, and Vadim Medvedev, eds, *In the Politburo of the Central Committee of the Communist Party of the Soviet Union...From the Notes of Anatoly Chernyaev, Vadim Medvedev, Georgi Shaknazarov(1985-1991) [Политбюро ЦК КПСС...По записям Анатолия Черняева, Вадима Медведева , Георгия Шахназарова (1985-1991)]*

Chernyaev, Anatoly S. *My Six Years With Gorbachev*. University Park, PA: Pennsylvania State University Press, 2000.

Cooke, Stephanie. *In Mortal Hands: A Cautionary History of the Nuclear Age*. New York: Bloomsbury, 2010.

Cravens, Gwyneth. *Power to Save the World: The Truth about Nuclear Energy*. New York: Vintage Books, 2008.

Crawley, Gerard M. ed. *Energy from the Nucleus: The Science and Engineering of Fission and Fusion*. Hackensack, NJ: World Scientific Publishing, 2017.

Daniloff, Nicholas. *Of Spies and Spokesmen: My Life as a Cold War Correspondent*. Columbia: University of Missouri Press, 2008.

Danilyuk, Yuri, ed. "Chernobyl Tragedy in Documents and Materials" [Чорнобильська трагедія в документах та матеріалах]. Special Issue, *Z arkhiviv VUChK-GPU-NKVD-KGB* 1, no. 16, 2001.

Denisevich, K.B., et al. *Book 4: The Development of Atomic Power and Unified Electricity Systems [Книга 4 : Развитие атомной энергетики и объединенных энергосистем]*. Kiev: Energetika, 2011, http://energetika.in.ua/ru/books/book-4/section-2/section-3.

Dobbs, Michael. *Down with Big Brother: The Fall of the Soviet Empire*. New York: Vintage Books, 1998.

Dodd, Charles K. *Industrial Decision-Making and High-Risk Technology: Siting Nuclear Power Facilities in the USSR.* Lanham, MD: Rowman & Littlefield, 1994.

Donets, Natalia, et al. *25 Years of the National Olympic and Sports Committee of the Republic of Moldova* [25 de ani ai Comitetului National Olimpic si Sportiv din Republica Moldova], Chisinau: Elan Poligraph, 2016.

Dyachenko, A.A., ed. *Chernobyl: Duty and Courage [Чернобыль. Долг и мужество].* Vols. 1 and 2. Moscow: Voenizdat, 2001.

Dyatlov, Anatoly. *Chernobyl: How It Was [Чернобыль : Как это былою].* Moscow: Nauchtekhlitizdat, 2003. http://pripyat-city-ru/books/25-chernobyl-kak-yeto-bylo-html.

Epstein, Edward Jay. *Dossier: The Secret History of Armand Hammer.* New York: Random House, 1996.

Esaulov, Alexander. *The City That Doesn't Exist [Город, которого нет].* Vinnytsia: Teza, 2013.

Fischer, David. *History of the Atomic Emerge: The First Forty Years.* Vienna: IAEA, 1997.

Gale, Robert Peter, and Thomas Hauser. *Final Warming: The Legacy of Chernobyl.* New York: Warner Books, 1989.

Gale, Robert Peter, and Eric Lax. *Radiation: What It is, What You Need to Know.* New York: Vintage Books 2013.

Gorbachev. Mikhail S. *Collected Works [Собрание сочинений].* Moscow: Ves Mir, 2008.

Gubarev, Vladimir. *Sarcophagus: A Tragedy.* New York: Vintage Books, 1987.

Gudov, Vladimir. *Special Battalion no. 731 [731 спецбатальон].* Kiev: Kyivskyi Universitet Publishing Center, 2010. Translated by Tamara Abramenkova as *731 Special Battalion: Documentary Story* (Kiev: N. Veselicka, 2012)

Gusev, Igor A., Angelina K. Guskova, and Fred A. Mettler Jr., eds. *Medical Management of Radiation Accidents.* 2nd ed. Boca Raton, FL: CRC Press, 2001.

Guskova, A.K., and G. Baysogolov. *Radiation Sickness in Man [Лучевая болезнь человека].* Moscow: Meditsina, 1971.

Guskova, Angelina. *The Country's Nuclear Industry Through the Eyes of a Doctor [Атомная отрасль страны глазами врача].* Moscow: Real Time, 2004. http://elib.biblioatom.ru/text/guskova_atomnaya-otral-glazami-vracha_2004.

Ham, Paul. *Hiroshima Nagasaki: The Real Story of the Atomic Bombings and Their Aftermath.* New

York: Thomas Dunne Books/St. Martin's Press, 2014.

Hansen, Chuck. U.S. *Nuclear Weapons: The Secret History*. Arlington, TX: Aerofax, 1988.

Hawkes, Nigel, et al. *The Worst Accident in the World: Chernobyl, the End of the Nuclear Dream*. London: William Heinemann and Pan Books, 1988.

Haynes, Viktor, and Marco Bojcun. *The Chernobyl Disaster*. London: Hogarth Press, 1988.

Holloway, David. *Stalin and the Bomb: The Chernobyl Disaster*. London: Hogarth Press, 1988.

Howes, Roth H., and Caroline L., Herzenberg. *Their Day in the Sun: Women of the Manhattan Project*. Philadelphia: Temple University Press, 1999.

Ignatenko, Evegeny, ed. *Chernobyl: Events and Lessons [Чернобыль: события и уроки]*. Moscow: Politizdat, 1989.

Illesh, Andrey V. *Chernobyl: A Russian Journalist's Eyewitness Account*, New York: Richardson & Steirman, 1987.

Izrael, Y., ed. *Chernobyl: Radioactive Contamination of the Environment [Чернобыль: Радиоактивное загрязнение природных сред]*. Leningrad: Gidrometeoizdat, 1990.

Jorgensen. Timothy J. *Strange Glow: The Story of Radiation*. Princeton, NJ: Princeton University Press, 2017.

Josephson, Paul R. *Red Atom: Russia's Nuclear Power Program from Stalin to Today*. Pittsburgh, PA: University of Pittsburgh Press, 2005.

--------. "Rockets, Reactors and Soviet culture." 다음에 수록됨. Loren Graham, ed. *Science and the Soviet Social Order*. Cambridge, MA: Harvard University Press, 1990.

Karpan, Nikolay. "First days of the Chernobyl accident. Private experience." 회고록, 2008. 교토 대학 원자로 연구소(Kyoto University Research Reactor Institute) 웹사이트. http://rri.kyoto-u.ac.jp/NSRG/en/Karpan2008English.pdf.

--------. *From Chernobyl to Fukushima [От Чернобыля до Фукусимы]*. Kiev: S. Podgornov, 2011. Translated by Andrey Arkhipets. Kiev: S. Podgornov. 2012.

--------. *Chernobyl: Revenge of the Peaceful Atom [Чернобиль. Месть мирного атома]*. Kiev: CHP Country Life, 2005.

Kopchinsky, Georgi, and Nikolai Steinberg, *Chernobyl: On the Past, Present and Future [Чернобыль:О прошлом, настоящем и будущем]*. (Kiev: Osnova, 2011).

Kostin, Igor, *Chernobyl: Confessions of a Reporter*, New York: Umbrage Editions, 2006.

Kotkin, Stephen. *Armageddon Averted: The Soviet Collapse, 1970-2000*. 2nd ed. New York: Oxford

University Press, 2008.

Kozlova, Elena. *The Battle with Uncertainty [Схватка с неизвестностью]*. Moscow: Izdat, 2011. 다음에서 온라인으로 볼 수 있다. http://elib.biblioatom.ru/text/kozlova_shvatka-s-neizvestnostyu_2011.

Kruglov, A.K. *The History of the Soviet Atomic Industry*. New York: Taylor & Francis, 2002.

Kupny, Alexander. *Memories of Lives Given: Memories of Liquidators [Живы, пока нас помнят : Воспоминания ликвидаторов]*. Kharkiv: Zoloty Storynki, 2011.

Larin, Vladislav. *"Mayak" Kombinat: A Problem for the Ages [Комбинат «Маяк» - проблема на века]*, 2nded.Moscow:Ecopresscenter,2001.

Legasova, Margarita. *Academician Valery Alexkseyevich Legasov [Академик Валерий Алексеевич Легасов]*. Moscow: Spektre, 2014.

————. "Defenseless Victor: From the Recollections of Academician V. Legasov's Widow" [Беззащитный победитель: Из воспоминаний вдовы акад. В Легасова]. *Trud*, June 1996. Translated in Mould, *Chernobyl Record*.

Lewin, Moshe. *The Soviet Century. Reprint.* Edited by Gregory Elliott. New York: Verso, 2016.

Ligachev, Yegor. *Inside Gorbachev's Kremlin: The Memoirs of Yegor Ligachev*. Translated by Catherine A. Fitzpatrick, Michele A. Berdy, and Dobrochna Dyrcz-Freeman. Introduction by Stephen F. Cohen. New York: Pantheon, 1993.

Logachev, Alexander. *The Truth [Истина]*. 미출간 회고록. 2005.

Lyashko, Alexander. *The Weight of Memory on the Rungs of Power [Груз памяти : На ступенях власти]*. 3부작 중 제 2권. Kiev: Delovaya Ukraina, 2001.

Lyerly, Ray L., and Walter Mitchell III. Nuclear Power Plants: "Understanding the Atom" series. Rev. ed. Washington, DC: Atomic Energy Commission, 1973.

Mahaffey, James. *Atomic Accidents: A History of Nuclear Meltdowns and Disasters: From the Ozark Mountains to Fukushima.* New York: Pegasus Books, 2014.

————. *Atomic Awakening: A New Look at the History and Future of Nuclear Power.* New York: Pegasus, 2009.

Maleyev, Vladimir. *Chernobyl. Days and Years: The Chronicle of the Chernobyl Campaign [Чернобыль. Дни и годы : летопись Чернобыльской кампании]*. Moscow: Kuna 2010.

Manzurova, Natalia, and Cathy Sullivan. *Hard Duty: A Woman's Experience at Chernobyl*. Tesuque, NM: Natalia Manzurova and Cathy Sullivan, 2006.

Marples, David R. *Chernobyl and Nuclear Power in the USSR*. New York: St. Martin's Press, 1986.

————. *The Social Impact of the Chernobyl Disaster*. New York: St. Martin's Press, 1988.

Medvedev, Grigori. *Chernobyl Chronicle [Чернобыльская хроника]*. Moscow: Sovermennik, 1989. Translated by Evelyn Rossiter as The Truth About Chernobyl (New York: Basic Books, 1991)

Medvedev, Roy A., and Zhores A. Medvedev. *The Unknown Stalin*. Translated by Ellen Dahrendorf. New York: I.B. Tauris, 2003.

Medvedev, Zhores A. *The Legacy of Chernobyl*. New York: Norton, 1990.

Mettler, Fred A., Ju., Charles A. Kelsey, and Robert C. Ricks, eds. *Medical Management of Radiation Accidents*. 1sted.,BocaRaton,FL:CRCPress,1990.

Mickiewicz, Ellen Propper. *Split Signals: Television and Politics in the Soviet Union*. New York: Oxford University Press, 1990.

Mould, Richard F. *Chernobyl Record: The Definitive History of the Chernobyl Catastrophe*. Boca Raton, FL: CRC Press, 2000.

Mycio, Mary. *Wormwood Forest: A Natural History of Chernobyl*. Washington, DC: Joseph Henry Press, 2005.

Nesterov, Boris. *Heaven and Earth: Memories and Reflections of a Military Pilot [Небо и земля : Воспоминания и размышления военного летчика]*. Kherson, 2016.

Nove, Alec. *The Soviet Economy: An Introduction*. 2ndrev.ed.NewYork:Praeger,1969.

Paskevych, Sergiy, and Denis Vishnevsky. *Chernobyl: Real World [Чернобыль. Реальный мир]*. Moscow: Eksmo, 2011.

Petryna, Adriana, *Life Exposed: Biological Citizens after Chernobyl*. Princeton, NJ: Princeton University Press 2013.

Pikhoya, R.G. *Soviet Union: The History of Power, 1945-1991 [Советский Союз: История власти .1945-1991]*. Novosibirsk: Sibirsky Khronograf, 2000.

Pikhoya, R.G., and A.K. Sokolov. *The History of Modern Russia: Late 1970s to 1991 [Советник союз : История современной России : Конец 1970х-1991гг]*. Moscow: Fond Pervogo Prezidenta Rossii B.N. Yeltsina, 2008.

Plokhy, Serhii. *Chernobyl: The History of a Nuclear Catastrophe*. New York: Basic Books, 2018.

————. *The Gates of Europe: A History of Ukraine*. New York: Basic Books, 2015.

Popov, Fedor. *Arzamas-16: Seven Years with Andrei Sakharov [Арзамас -16 : семь лет с Андреем Сахаровым]*. Moscow: Institut, 1998.

Raab, Nigel. *All Shook Up: The Shifting Soviet Response to Catastrophes, 1917-1991*. Montreal: McGill-Queen's University Press, 2017.

Read, Piers Paul. *Ablaze: The Story of the Heroes and Victims of Chernobyl*. New York: Random House, 1993.

Remnick, David. *Lenin's Tomb: The Last Days of the Soviet Empire*. New York: Vintage Books 1994.

Roth-Ey, Kristin. *Moscow Calling: Memoirs of a Foreign Correspondent*. Berlin: Birlinn, 2017.

--------. *The Second Russian Revolution: The Struggle for Power in the Kremlin*. New York: Pharos Books, 1992.

Russian Ministry of Emergency Situations. "The aftermath of the man-made radiation exposure and the challenge of rehabilitating the Ural region" [Последствия техногенного радиационного воздействия и проблемы реабилитации Уральского региона]. Moscow, 2002, http://chernobyl-mchs.ru/upload/program_rus/program_rus_993-2010/Posledstviy_Ural.pdf.

Ryzhkov, Nikolai. *Ten Years of Great Shocks [Десять лет великих потрясений]*. Moscow: Kniga-Prosveshchenie-Miloserdie, 1995.

Schmid, Sonja D. *Producing Power: The Pre-Chernobyl History of the Soviet Nuclear Industry*. Cambridge, MA: MIT Press, 2015.

Sebag Montefiore, Simon. *Stalin: The Court of the Red Tsar*. New York: Knopf, 2004.

Semenov, A.N. ed. *Chernobyl: Ten Years On: Inevitability or Accident? [Чернобыль. Десять лет спустя. Неизбежность или случайность?]*. Moscow: Energoatomizdat, 1995.

Service, Robert. *A History of Modern Russia: From Tsarism to the Twenty-First Century*. Cambridge, MA: Harvard University Press, 2010.

Shcherbak, Iurii. *Chernobyl: [Чернобыль]*. Moscow: Sovietsky Pisatel, 1991.

--------. *Chernobyl: A Documentary Story*: Translated by Ian Press. Foreword by David R. Marples. London: Macmillan, 1989.

Shlapentokh, Vladimir. *A Normal Totalitarian Soviet: How the Soviet Union Functioned and How It Collapsed*. Armonk, NY: M.E. Sharpe, 2001.

Shultz, George P. *Turmoil and Triumph: My Years as Secretary of State*. New York: Charles

Scribner's Sons, 1993.

Sich, Alexander. "The Chornobyl Accident Revisited: Source Term Analysis and Reconstruction of Events During the Active Phase," PhD diss., Massachusetts Institute of Technology, 1994.

Sidorenko, V.A., ed. *The History of Atomic Energy in the Soviet Union and Russia [История атомной энергетики Советского Союза и России]*. Moscow: Kurchatov Institute/Izdat, 2001, http://elib.biblioatom.ru/text/istoriya-atomnoy-energetiki_v1_2001.

Sidorenko, Viktor A., ed. *The Contribution of Kurchatov Institute Staff to the Liquidation of the Accident at the Chernobyl NPP [Вклад Курчатовцев в ликвидацию последствий аварии на чернобыльской АЭС]*. Moscow: Kurchatov Institute, 2012, www.nrcki.ru/files/pdf/1464174688pdf.

Sklyarov, V.F. *Sublimation of Time [Сублимация времени]*. Kiev: Kvic, 2015.

––––––––. *Tomorrow Was Chernobyl: A Documentary Account [Завтра был Чернобыль]*. Kiev: Osvita, 1991. Translated by Victor Batachov as *Chernobyl Was··· Tomorrow: A Shocking Firsthand Account* (Montreal: Presses d'Amerique, 1993)

Smirnov, A.G., and L.B. Godgelf. *The Classification of Explosive Areas in National and International Standards and Regulations [Классификация взрывоопасных зон в национальных и международных стандартах, правилах]*. Moscow: Tiazhpromelectroproyekt, 1992. 다음에서 온라인으로 볼 수 있다. http://aquagroup.ru/normdocs/1232.

Smirnov, Y.N., ed. *Igor Vasilyevich Kurchatov in Recollections and Documents [Игорь Васильевич Курчатов в воспоминаниях и документах]*. 2nded.Moscow:Kurchatovinstitute/Izdat,2004,http://elib.bilioatom.ru/text/kurchatov-v-vospominaniyah-i-dokumentah_2004.

Stern, Eric K. *Crisis Decisionmaking: A Cognitive Institutional Approach*. Stockholm: Swedish National Defence College, 2003.

Tarakanov, Nikolai. *The Bitter Truth of Chernobyl [Горькая правда Чернобыля]*. Moscow: Center for Social Support of Chernobyl's Invalids, 2011.

Taubman, William. *Gorbachev: His Life and Times*. New York: Simon & Schuster, 2017.

Vargo, G.J., ed. *The Chornobyl Accident: A Comprehensive Risk Assessment*. Columbus, OH: Battelle Press, 2000.

Velikhov, Evgeny P. *My Journey: I Shall Travel Back to 1935 in Felt Boots [Мой путь. Я на валенках поеду в 35-й год]*. E-Book. Moscow: AST, 2016. Translated by Andrei Chakhovskoi as *Strawberries from Chernobyl: My Seventy-Five Years in the Heart of a Turbulent Russia* (CreateSpace Independent Publishing Platform, 2012).

Volkogonov, V. I. *This Is How It Went … From the Diary of a Member of the Politburo of the Central Committee of the Communist Party of the Soviet Union [A это было так … Из дневника члена Политбюро ЦК КПСС]*. Moscow: Soyuz Veteranov Knigoizdaniya SI-MAR, 1995.

Voznyak, Vasily, and Stanislav Troitsky. *Chernobyl: It Was Like This-The View from the Inside [Чернобыль: Так это было - взгляд изнутри]*. Moscow: Libris ,1993.

Weeks, Theodore R. *Across the Revolutionary Divide: Russia and the USSR, 1861-1945*. Chichester, UK: Wiley-Blackwell, 2010.

Wieczynski, Joseph, ed. *The Gorbachev Encyclopedia*. Salt Lake City, UT: Schlacks, 1993.

Yaroshinskaya, Alla A. *Chernobyl: The Big Lie [Чернобыль: Большая ложь]*. Moscow: Vremya, 2011. Translated by Sergei Roy as *Chernobyl: Crime Without Punishment*. Edited by Rosalie Bertell and Lynn Howard Ehrle. New Brunswick, NJ: Transaction Publishers, 2011.

————————. *Chernobyl: The Forbidden Truth*: Translated by Michele Kahn and Julia Sallabank. Foreword by David R. Marples. Lincoln: University of Nebraska Press, 1995.

Yelinskaya, T.N. ed, *Chernobyl: Labor and Heroism. Dedicated to Krasnoyarsk Liquidators of the Chernobyl Accident [Чернобыль: Труд и подвиг . Красноярским ликвидаторам Чернобыльской аварии посвящается]*. Krasnoyarsk: Polykor, 2011, www.krskstate.ru/dat/bin/atlas_let_attach/1008_book_1_131.pdf.

Yevsiukov, Yuri. *Pripyat [Припять]*. Kiev: Mystetstvo, 1986.

Zemtsov, Ilya. *Lexicon of Soviet Political Terms*. Edited by Gay M. Hammerman. Fairfax, VA: Hero Books, 1985.

Zickel, Raymond E., ed. *Soviet Union: A Country Study*: 2nded.Washington,DC:USGovernment PrintingOffice,1991.

Zlobin, G.K. and V.Y. Pinchuk, eds. *Chernobyl: Post-Accident Construction Program [Чернобыль: Післяаварійна програма будівництва]*. Kiev Construction Academy. Kiev: Fedorov, 1998.

논문, 기사

Abakumov, Vitali. "Analyzing the causes and circumstance of the 1975 accident on Unit One of Leningrad NPP (perspective of an engineer-physicist, participant and witness to the events)" [Анализ причин и обстоятельств аварии 1975 года на 1-ом блоке ЛАЭС (комментарий инженера-физика , участника и очевидца событий)]. April 10, 2013, http://accidont.ru/Accid75.html.

Abrams, Herbert L. "How Radiation Victims Suffer." *Bulletin of Atomic Scientists* 42, no. 7 (1986): 13-17.

Amerisov, Alexander. "A Chronology of Soviet Media Coverage." *Bulletin of the Atomic Scientists* 42, no. 7 (August/September 1986): 38-39.

Ananenko, Alexei. "Recollections of a Senior Machine Engineer of the 2ndReactorShop"[Воспоминания старшего инженера-механика реакторного цеха №2 Алексея Ананенка]. April 4, 20013, www.souzchernobyl.org/?id=2440.

"Angelina Konstantinovna Guskova: Biography" [Гуськова Ангелина Константиновна : биография]. Rosatom, www.biblioatom.ru/founders/guskova_angelina_ konstantinovna.

ApSimon, Helen, and Julian Wilson. "Tracking the Cloud from Chernobyl." *New Scientist*, no. 1517 (July 17, 1986): 42-45.

Arutunyan, Rafael V. "The China Syndrome" [Китайский синдром]. *Priroda*, no. 11 (November 1990): 77-83.

Associated Press. "Text of the Politburo Statement About Chernobyl." *New York Times*, July 21, 1986.

--------. "A Top Soviet Aide Details Situation at Stricken Plant." May 3, 1986.

Astakhova, Alla. Interview with Alexander Borovoi. "The Liquidator" [Ликвидатор]. Itogi 828, no. 17 (April 23, 2012), www.itogi.ru/obsh-spetzproekt/2012/17/177051.html.

Babakov, Sergei. Interview with Piotr Zborovsky. "I'm still there today, in the Chernobyl zone" [...Я и сегодня там в Чернобыльской зоне]. *Zerkalo nedeli Ukraina*, September 18, 1998, http://gazeta.zn.ua/SOCIETY/ya_i_segodnya_tam,_v_chernobylskoy_ zone.html. Translated as "⋯ I am still there, in nowadays Chernobyl zone." 다음에 수록됨. Gudov, *731 Special Battalion: Documentary Story* (Kiev: N. Veselicka, 2012)

––––––––. Interview with Viktor Brukhanov. "I don't accept the charges against me ···" [С предъявленными мне обвинениями не согласен...]. Zerkalo nedeli, August 27, 1999, http://zn.ua/society/c_predyavlennymi_mne_obvineniyami_ne_soglasen.html.

Baranov, Alexandre, Robert Peter Gale, Angelina Guskova et al. "Bone Marrow Transplantation after the Chernobyl Nuclear Accident." *New England Journal of Medicine* 321, no. 4.

Barre, Betrand. "Fundamentals of Nuclear Fission." 다음에 수록됨. Gerard M. Crawley, ed., *Energy from the Nucleus: The Science and engineering of Fission and Fusion.* Hackensack, NJ: World Scientific Publishing, 016.

Barringer, Felicity. "Fear of Chernobyl Radiation Lingers for the People of Kiev." *New York Times*, may 23, 1988.

––––––––. "One Year After Chernobyl, a Tense Tale of Survival." *New York Times*, April 6, 1987.

––––––––. "On Moscow Trains, Children of Kiev." *New York Times*, May 9, 1986.

––––––––. "Pripyat Journal: Crows and Sensors Watch Over Dead City." *New York Times*, June 22, 1987.

Batorshin, G. Sh., and Y.G. Mokrov. "Experience in Eliminating the Consequences of the 1957 Accident at the Mayak Production Association." International Experts' Meeting on Decommissioning and Remediation After a Nuclear Accident, IAEA, Vienna, Austria, January 28 to February 1, 2013, www-pub.iaea.org/iaeameetings/IEM4/Seesion2/Mokrov.pdf.

Baumann, Paul. "NL Man was First Victim of Atomic Experiments." *The Day*, August 6, 1985.

Bennet, Burton, Michael Repacholi, and Zhanat Carr, eds. "Health Effects of the Chernobyl Accident and Special Care Programmes." Report of the UN Chernobyl Forum Expert Group on Health, World Health Organization, 2006.

Bivens, Matt. "Horror of Soviet Nuclear Sub's '61 Tragedy Told." *Los Angeles Times*, January 3, 1994.

Bohlen, Celestine. "Chernobyl's Slow recovery; Plant Open, but Pripyat Still a Ghost Town." *Washington Post*, June 21, 1987.

––––––––. "Gorbachev Says 9 Died From Nuclear Accident: Extends Soviet Test Ban."

Washington Post, May 15, 1986.

Bolyasny, Alexander. "The First 'Orderly' of the First Zone" [Первый ≪санитар≫ первой зоны]. *Vestnik* 320 no. 9(April 2003), www.vestnik.com/issues/2003/0430/koi/bolyasny.htm.

Bond, Michael. Interview with Alexander Yuvchenko. "Cheating Chernobyl." *New Scientist*, August 21, 2004.

Bondarkov, Mikhail D., et al. "Environmental radiation Monitoring in the Chernobyl Exclusion Zone-History and Results 25 Years After." *Health Physics* 101, no. 4 (October 2011).

Borovoi, A.A⟩ "My Chernobyl" [Мой Чернобыль]. *Novy Mir*, o. 3 (1996)

Brook, Barry W., et al. "Why Nuclear Energy Is Sustainable and Has to Be Part of the Energy Mix." *Sustainable Materials and Technologies* 1-2 (December 2014): 8-16.

Brukhanov, Viktor. Interview. "The Incomprehensible Atom" [Непонятный атом]. Profil, April 24, 2006, www.profile.ru/obshchestovo/item/50192-itmes_18814.

Bukharin, Oleg A. "The Cold War Atomic Intelligence Game, 1945-1970" *Studies in Intelligence* 48, no. 2.

Burns, John F. "A Rude Dose of Reality for Gorbachev," *New York Times*, February 21, 1989.

Bushmelev, V.Y. "For Efim Pavlovich Slavsky's 115thBirthday"[К 115-летию Ефима Павловича Славского]. Interregional Non-Governmental Movement of Nuclear Power and Industry Veterans, October 26, 2013, www.veteranrosatom.ru/articles/articles_276.html.

Campbell, Murray. "Soviet A-Leak World's Worst': 10,000 Lung Cancer Deaths, Harm to Food Cycle Feared." *Globe and Mail*, April 30, 1986.

Cardis, Elisabeth, et al. "Estimates of the Cancer Burden in Europe from Radioactive Fallout from the Chernobyl Accident." *International Journal of Cancer* 119, no. 6(2006): 1224-35.

Champlin, Dr. Richard. "With the Chernobyl Victims: An American Doctor's Inside Report from Moscow's Hospital No. 6." *Los Angeles Times*, July 6, 1986.

Checherov, Konstantin P. "Evolving accounts of the causes and processes behind the Block 4 accident at the Chernobyl NPP on 26 April 1986"[Развитие представлений о причинах и процессах аварии на 4-ом блоке ЧАЭС 26 апреля 1986 г]. 다음

에 수록됨. *Problems of Chornobyl*, Issue 5: Materials of International Scientific and Practical Conference "Shelter-98," 1999: 176-178, www.iaea.org/inis/collection/ NCLCollectionStore/_Public/32/010/32020472.pdf.

--------. "On the physical nature of the explosion on ChNPP energy block no. 4." [О физической природе взрыва на 4-ом энергоблоке ЧАЭС]. *Energia*, no. 6, 2002, http://portalus.ru/modules/ecoogy/rus_readme.php?subaction=shofull& id=1096468666.

--------. "The Unpeaceful Atom of Chernobyl" [Немирный атом Чернобыль]. *Chelovek* no. 6, 2006. 다음에서 온라인으로 볼 수 있다. http://vivovoco. astronet.ru/VV/PAPERS/MEN/CHERNOBYL.HTM.

Cherkasov, Vitali. "On the 15thanniversaryoftheatomiccatastrophe:Chernobyl'sores"[К 15 -летию атомной катастрофы:язвы Чернобыля]. *Pravda*, April 25, 2011, www. pravda.ru/politics/25-04-2001/817996-0.

Chernobyl NPP website. "Materials: Liquidation Heroes" [Материалы:Герои -ликвидаторы]. Http://chnpp.gov.us/ru/component/content/article?id=82.

Clean Air Task Force, United States. "The Toll from Coal: An Updated Assessment of Death and Disease from America's Dirtiest Energy Source." September 2010.

Clines, Francis X. "Soviet Villages Voice Fears on Chernobyl." *New York Times*, July 31, 1989.

Daily Mail. "'2000 Dead' in Atom Horror: Reports in Russia Danger Zone Tell of Hospitals Packed with Radiation Accident Victims." April 29, 1986.

Daniloff, Nicholas. "Chernobyl and Its Political Fallout: A Reassessment." *Demokratizatsiya: The Journal of Post-Soviet Democratization* 12, no. 1 (Winter 2004): 117-132.

Daniszewsi, John. "Reluctant Ukraine to Shut Last Reactor at Chernobyl." *Los Angeles Times*, December 14, 2000.

Davletbayev, Razim. "The Final Shift' [Последняя смена]. 다음에 수록됨. Semenov, ed., *Chernobyl: Ten Years on*, 366-383.

DeYoung, Karen. "Stockholm, Bonn Ask for Details of Chernobyl Mishap: Soviets Seek West's Help to Cope With Nuclear Disaster." *Washington Post*, April 30, 1986.

Diamond, Stuart. "Chernobyl's Toll in Future at Issue." *New York Times*, August 29, 1986.

Dobbs, Michael. "Chernobyl's 'Shameless Lies'" *Washington Post*, April 27, 1992.

Drozdov, Sergei. "Aerial battle over Chernobyl" [Воздушная битва при Чернобыле].

Aviatsiya i vremya 2 (2011) www.xliby.ru/transport_i_aviacija/aviacija_i_
vremja_2011_02/p6.php.

Dyachenko, Anatoly. "the Experience of Employing Security Agencies in the Liquidation
of the Catastrophe at the Chernobyl Nuclear Power Plant" [Опыт применения
силовых структур при ликвидации последствий катастрофы на Чернобыльской
АЭС] *Military Thought [Военная мысль]*. No. 4 (2003): 77-80.

Dyatlov, Anatoly S. "Why INSAG has still got it wrong." *Nuclear Engineering International* 40,
no. 494 (September 1995): 219-223.

Eaton, William J. "Candor Stressed in Stage Account; Soviet Drama Spotlights Chernobyl
Incompetence." *Los Angeles Times*, September 17, 1986.

————. "Soviet Report Nuclear Accident: Radiation Cloud Sweeps Northern Europe:
Termed Not Threatening." *Los Angeles Times*, April 29, 1986.

————. "Soviets Tunneling Beneath Reactor: Official Hints at Meltdown into Earth;
Number of Evacuees Reaches 84,000." *Los Angeles Times*. May 9, 1986.

Eaton, William J., and William Tuohy. "Soviets Seek Advice on A-Plant Fire 'Disaster':
Bonn, Stockholm Help Sought, but Moscow Says Only 2 Died." *Los Angeles Times*.
April 30, 1986.

Engelberg, Stephen. "2D Soviet Reactor Worries U.S. Aides." *New York Times*, May 5, 1986.

Fedulenko, Valentin. "Some Things Have Not Been Forgotten." 다음에 수록됨. Sidorenko,
ed., *The Contribution of Kurchatov Institute Staff*.

————. "Perspectives on the Accident: Memoirs of a Participant and Expert Opinion.
Part 3" [Версии аварии , мемуары участника и мнение эксперта .Часть 3]
Chernnobyl.by, September 19, 2008, www.cherobyl.by/accident/28-versii-avarii-
memuary-uchastnika-i-mnenie.html.

Fountain, Henry. "Chernobyl: Capping a Catastrophe." *New York Times*, April 27, 2014.

Fox, Sue. "Young Guardian: Memories of Chernobyl-Some of the Things Dr. Robert Gale
Remembers from the Aftermath of the World's Worst Nuclear Disaster." *Guardian*,
May 18, 1988.

Franklin, Ben A. "Report Calls Mistrust a Threat to Atom Power." *New York Times*, arch 8,
1987.

Geiger, H. Jack. "The Accident at Chernobyl and the Medical Response." *Journal of the*

American Medical Association (*JAMA*) 256 no. 5.(August 1, 1986)

Geist, Edward. "Political Fallout: The Failure of Emergency Management at Chernobyl."
Slavic Review 74, no 1. (Spring 2015): 104-126

Ger, E. "Reactors Were Evolving Faster Than the Culture of Safety" [Реакторы
развивались быстрее , чем культура безопасности]. Interview with Viktor
Sidorenko. *Rosatom's Living History*, 2015, http://memory.biblioatom.ru/persona/
sidorenko__v_a/sidorenko__v_a.

Gorbachev, Mikhail. "Turning Point at Chernobyl" *Project Syndicate*, April 14, 2006.

Gray, Richard. "How We Made Chernobyl Rain" *Sunday Telegraph*, April 22, 2007.

Grogan, David. "An Eyewitness to Disaster, Soviet Fireman Leonid Telyatnikov Recounts
the Horror of Chernobyl." *People*, October 5, 1987.

Gubarev, Vladimir, interview with Angelina Guskova "On the Edge of the Atomic Sword."
[На лезвии атомного меча]. *Nauka I Zhizn*, no 4(2007), www/nkj.ru/archive/
articles/9759/.

--------. "On the Death of V. Legasov." Excerpts from *the Agony of Sredmash [Агония
Средмаша]*. (Moscow: Adademkniga, 2006), reproduced in Margarita Legasova,
Academician Valery A. Legasov.

Guskova, Angelina, and Igor Gusev. "Medical aspects of the Accident at Chernobyl." 다음
에 수록됨. Igor A. Gusev, Angelina K. Guskova, and Fred A. Mettler eds., *Medical
Management of Radiation Accidents* (New York: CRC Press, 2001), 195-210.

Gusman, Mikhail. "Geidar Aliyev, President of the Republic of Azerbaijan" [Гейдар Алиев
президент Азербайджанской Республики]. TASS, September 26, 2011, http://
tass.ru/arhiv/554855.

Guth, Stefan. "Picturing Atomic-Powered Communism." Paper presented at the
international conference Picturing Power: Photography in Socialist Societies,
university of Bremen, December 9-12, 2015.

Harding, Graham. "Sovetskoe Shampanskoye-Stalin's 'Plebeian Luxury'" *Wine As Was*, blog,
August 26, 2014.

Hargraves, Robert, and Ralph Moir. "Liquid Fuel Nuclear Reactors." *Physics and Society* (a
newsletter of the American Physical Society), January 2011.

Harrison, John, et al., "The Polonium-210 poisoning of Mr Alexander Litvinenko." *Journal of Radiological Protection* 371, no. 1 (February 28, 2017), 266-278.

Hawtin, Guy. "Report: 15,000 Buried in Nuke Disposal Site" *New York Post*, May 2, 1986.

Higginbotham, Adam. "Chernobyl 20 Years On." *Guardian*, March 25, 2006.

————————. "Is Chernobyl a Wild Kingdom or a Radioactive Den of Decay?" *Wired*, April 2011.

Hrebet, Oleksandr. Interview with Vladimir Usatenko, "A Chernobyl liquidator talks of the most dangerous nuclear waste repository in Ukraine" [Ліквидатор аварії на ЧАЕС разповів про найнебезпачніше сховище ядерних відходів в Україні]. *Zerkalo nedeli*, December 14, 2016, http://dt-ua/UKRAINE/likvidator-avariyi-na-chaes-rozpoviv-pro-naynebezpechnishomu-shovische-yadernih-vidhodiv-v-ukrayini-227461_html.

Ilyin, L.A., and A. V. Barabanova. "Obituary: Angelina K. Guskova." *Journal of Radiological protection* 35, No. 33 (September 7, 2015), 733-34.

Interfax. "Construction Cost of Blocks 3 and 4 of Khmelnitsky NPP Will Be About $4.2 Billion" [Стоимость строительства 3 и 4 блоков Хмельницкой АЭС составит около $ 4,2 млрд]. Interfax, March 3, 2011.

International Atomic Energy Agency. "Cleanup of Large Areas Contaminated as a Result of a Nuclear Accident." IAEA Technical Reports Series No. 330. IAEA. Vienna, 1998.

————————. "Environmental Consequences of the Chernobyl Accident and Their Remediation: Twenty Years of experience." Report of the Chernobyl Forum Expert Group "Environment" no. STI/PUB/1239, April 2006.

————————. "Medical Aspects of the Chernobyl Accident: Proceedings of An All-Union Conference Organized by the USSR Ministry of Health and the All-Union Scientific Centre of Radiation Medicine, USSR Academy of Medical Sciences, and held in Kiev, 11-13 May 1988" report no, IAEA-TECDOC-516, 1989.

————————. "Nuclear Applications for Steam and Hot Water Supply." Report no. TECDOC-615, July 1991.

————————. "Present and Future Environmental Impact of the Chernobyl Accident." Report no. IAEA-TECDOC-1240, August 2001.

International Nuclear Safety Advisory Group. "The Chernobyl Accident: Updating of INSAG-1." Safety series no. 75-INSAG-7. Vienna: International Atomic Energy

Agency, 1992.

————. "Summary Report of the Post-accident Review Meeting on the Chernobyl Accident." Safety Series no-INSAG-1. Vienna, Austria, 1986.

"Ivan Stepanovich Silaev" [Иван Степанович Силаев]. Biography on the website of the Republic of Chuvashia. http://gov.cap.ru/SiteMap.aspx?gov_id=15&id=36079, accessed on 12 November 2017.

Ivanov, Boris, "Chernobyl." *Voennye Znaniya* 40, nos. 1–4 (January–April 1988)

Jacquot, Jeremy. "Numbers: Nuclear Weapons, From Making a Bomb to Making a Stockpile to Making Peace." *Discover*, October 23, 2010.

Japan Times." "Late Chernobyl firemen's blood rests to be disclosed." April 19, 2006.

Keller, Bill. "Gorbachev, at Chernobyl, Urges Environment Plan." *New York Times*, February 24, 1989.

————. "Public Mistrust Curbs Soviet Nuclear Efforts." *New York Times*, October 13, 1988.

Kharaz, Alina. "It was like being at the front." [Там было как на фронте]. Interview with Yuri Grigoriev, *Vzgliad*, April 26, 2010.

Kholosha, V., and V. Poyarkov. "Economy: Chernobyl Accident Losses." 다음에 수록됨. Vargo, ed., *The Chornobyl Accident*.

Kirk, Don. "Gorbachev Tries Public Approach." *USA Today*, May 15, 1986.

Kiselyov, Sergei. "Inside the Beast." Translated by Viktoria Tripolskaya-Mitlyng. *Bulletin of the Atomic Scientists* 52 no. 3 (May–June 1996): 43–51.

Kitral, Alexander. "Gorbachev to Scherbitsky: 'Fail to hold the parade, and I'll leave you to rot!'" [Горбачев - Щербицкому ≪ Не проведешь парад-сгоною!≫]. *Komsomolskaya Pravda v Ukraine*, April 26, 2011, http://kp.ua/life/277409-horbachev-scherbytskomu-ne-provedeshparad-shnoui.

Kiyansky, Dmitry. "Let our museum b the only and the last." [Пусть наш музей будет единственным и последним]. Interview with Ivan Gladush (interior minister of Ukraine at time of accident), *Zerkalo Nedeli Ukraina*, April 28, 2000 http://zn.ua/society/pust_nash_muzey_budet_edinstvennym_i_poslednim.html.

Klages, P. "Atom Rain over U.S." *Telegraph*, May 6, 1986.

Kovalevska, Lyubov, "Not a Private matter" [Не приватна справа]. *Literaturna Ukraina*,

March 27, 1986. www.myslenedrevo.com.ua.uk/Sci/HistSources/Chornobyl/Prolog/
NePryvatnaSprava.html.

Kruchik, Igor. "Mother of the Atomgrad" [Мати Атомограда]. *Tizhden*, September 5, 2008
http://tyzhen.ua/Publication/3758.

Kukhar', V.V. Poyarkov, and V. Kholosha. "Radioactive Waste: Storage and Disposal
Sites," in Vargo, ed., *The Chornobyl Accident*.

Kurnosov, V. et al. Report no. IAEA-CN-48/253: "Experience of Entombing the
Damaged Fourth Power Unit of the Chernobyl Nuclear Power Plant" [Опыт
захоронения аварийного четвёртого энергоблока Чернобыльской АЭС]. 다음
에 수록됨. IAEA, Nuclear Power Performance and Safety, proceedings of the IAEA
conference in Vienna (September 28 to October 2, 1987), vol. 5. 1988.

Kuzina, Svetlana, "Kurchatov wanted to know what starts were made of-and created
bombs." [Курчатов хотел узнать, из чего состоят звезды . И создал бомбы].
Komsomolskaya Prava, January 10, 2013, www.kp.ru/daily/26012.4/2936276.

Lee, Gary. "Chernobyl's Victims Lie Under Stark Marble, Far From Ukraine." *Washington
Post*, July 2, 1986.

--------. "More Evacuated in USSR: Indications Seen of Fuel Melting Through
Chernobyl Reactor Four." *Washington Post*, May 9, 1986.

Legasov, Valery. "My Duty Is to Tell about This." 다음에 수록됨. Mould 9 (ed) *Chernobyl
Record*, 2000: 287-306.

Legasov, Valery; V.A. Sidorenko; M.S. Babayev; and I.I. Kuzmin. "Safety Issues at Atomic
Power Stations" [Проблемы безопасности на атомных электростанциях]. *Priroda*
no. 6(1980)

Macalister, Terry. "Westinghouse wins first US nuclear deal in 30 years." *The Guardian*, April
9, 2008.

Maleyev, Vladimir. "Chernobyl: The Symbol of Courage"[Чернобыль: символ мужества].
Krasnaya Zvezda, April 25, 2017, archive.redstar.ru/index.php/2011-07-25-15-55-
35/item/330101-chernobyl-simvol-muzhestva.

Malyshev, L.I., and M.N. Rozin. "In the Fight for Clear Water" [В борьбе за чистую
воду]. 다음에 수록됨. Semenov, ed., *Chernobyl: Ten Years On*, 231-244.

Marin, V.V. "On the Activities of the Task Force of the Politburo of the CPSU Central

Committee at the Chernobyl NPP" [О деятельности оперативной группы Политбюро ЦК КПСС на Чернобыльской АЭС]. 다음에 수록됨. Semonov, ed. *Chernobyl: Ten Years On*.

Markham, James M. "Estonians Resist Chernobyl Duty, Paper Sys." *New York Times*, August 27, 1986.

Marples, David R. "Phobia or not, people are till at Chernobyl." *Globe and Mail* (Canada), September 15, 1987.

--------. "revelations of a Chernobyl Insider." *Bulletin of the Atomic Scientists* 46, no. 10, (December) 1990.

Marin, Lawrence. "Negligence cited in Chernobyl report." *Globe and Mail* (Canada), July 21, 1986.

Martin, Richard. "China Could Have a Meltdown-Proof Nuclear Reactor Next Year," *MIT Technology Review*, February 11, 2016.

--------. "China Details Next-Gen Nuclear Reactor Program." *MIT Technology Review*, October 16, 2015.

Masharovsky, Maj. Gen. M. "Operation of Helicopters During the Chernobyl Accident." *Current Aeromedical Issues in Rotary Wing Operations: Papers Presented at the RTO Human Factors and medicine Panel (HFM)* Symposium held in San Diego, CA, October 19-21, 1998, RTO/NATO, 1999.

McKenna, Phil. "Fossil Fuels Are Far Deadlier Than Nuclear Power." *New Scientist*, March 23, 2011.

Medvedev, Grigori, "Chernobyl Notebook" [Чернобыльская тетрадь]. Novy Mir, no. 6 (June 1989) Translated by JPRS Economic Affairs (Report no. JPRS-UEA-89-034, October 23, 1989)

Mervine, Evelyn. "Nature's Nuclear Reactors: The 2-Billion-Year-Old Natural Fission Reactors in Gabon, Western Africa." *Scientific American* blog, July 13, 2011.

Mettler, Fred A., Jr., and Charles A., Kelsey. "Fundamentals of Radiation Accidents." Gusev, Guskova, and Mettler, eds., *Medical Management of Radiation Accidents*, 2001.

Ministry of Energy and Electrification of the USSR. "Chernobyl NPP: Master Plan of the Settlement" [Чернобыльская АЭС: Генеральный план поселка]. Moscow, Gidroproekt, 1971.

Mitchell, Charles. "New Chernobyl Contamination Charges." UPI, February 2, 1989.

Moore, D. "UN Nuclear Experts to GO to USSR." *Daily Telegraph*, May 5, 1986.

Morelle, Rebecca. "Windscale Fallout Underestimated." October 6, 2007, BBC News.

Mycio, Mary. "Do Animals in Chernobyl's Fallout Zone Glow?" *Slate*, January 21, 2013.

Nadler, Gerald. "Gorbachev Visits Chernobyl." UPI, February 24, 1989.

National Nuclear Laboratory. "Boiling Water Reactor Technology: International Status and
    UK Experience." Position paper, National Nuclear laboratory, 2013.

National Research Council. *Health Risks from Exposure to Low Levels of Ionizing Radiation: BEIR VII
    Phase 2*. Washington, DC: The National Academics Press, 2006.

New York Times. "Atomic Bomb Worker Died 'From Burns'" September 21, 1945.

————————."Soviet Military Budget: $128 Billion Bombshell." May 31, 1989.

Nikolaevich, Oleg. Interview with Viktor Brukhanov. "Stories about Tashkent Natives:
    True and Sometimes Unknown. Part 1" [Истории о ташкентцах правдивые
    и не всем известные . Часть 1]. *Letters about Tashkent*, April 29, 2016, http://
    maytashkent.uz/2016/04/29/istorii-o-tashkenttsah-pravdivye-i-ne-vsem-
    izvestnye-chast-1.

Novoselova, Elena. Interview with Nikolai Ryzhkov, "The Chronicle of Silence"[Хроника
    молчания]. *Rossiiskaya Gazeta*, April 25, 2016, https://rg.ru/2016/04/25/tridcat-let-
    nazad-proizoshla-avariia-na-chernobylskoj-aes.html.

O'Berien, Liam. "After 26 years, farms emerge from the cloud of Chernobyl." *The
    Independent*, June 1, 2012.

Osipchuk, Igor. "The legendary Academician Aleksandrov fought with the White Guard in
    his youth"[Легендарный академик Александров в юности был белогвардейцем],
    Fakty I kommentarii, February 4, 2014, http://fakty.ua/176084-legendarny-prezident-
    sovetskoj-akademi-nauk-v-yunosti-byl-belogvardejcem.

————————. "When it became obvious that cleaning the NPP roofs of radioactive
    debris would have to be done by hand by thousands of people, the Government
    Commission sent soldiers there"[Когда стало ясно что очищать крыши
    ЧАЭС от радиоактивных завалов придётся вручную силами тысяч человек
    правительственная комиссия послала туда солдат], interview with Yuri
    Samoilenko, *Fakty I kommentarii*, April 25, 2003, http://fakty.ua/75759-kogda-

stalo-yasno-chto-ochicshat-kryshi-chaes-ot-radioaktivnyh-zavalov-pridetsya-
vruchnuyu-silami-tysyach-chelovek-pravitelstvennaya-komissiya-poslala-tuda-
soldat.

Oskolkov, B. Y. "Treatment of radioactive waste in the initial period of liquidating the consequences of the Chernobyl NPP accident. Overview and analysis"[Обращение с радиоактивными отходами первоначальный период ликвидации последствий аварии на ЧАЭС .Обзор и анализ]. Chernobyl Center for Nuclear Safety, January 2014.

Pappas, Stephanie. "How Plants Survived Chernobyl." *Science*, May 15, 2009.

Parry, Vivienne. "How I Survived Chernobyl." *Guardian*, August 24, 2004.

Patterson, Walt. "Futures: Why a Kind of Hush Fell Over the Chernobyl Conference / Western Atomic Agencies' Attitude to the Soviet Nuclear Accident." *Guardian*, October 4, 1986.

Peel, Quentin. "Work abandoned on Soviet reactor." *Financial Post* (Toronto), September 9, 1988.

Petrosyants, Andranik. "'Highly Improvable Factors' Caused Chemical Explosion." *Los Angeles Times*, may 9, 1986.

Petryna, Adriana. "Nuclear Payouts: Knowledge and Compensation in the Chernobyl Aftermath." *Anthropology Now*, November 19, 2009.

Petty, Dwayne Keith. "Inside Dawson Forest: A History of the Georgia Nuclear Aircraft Laboratory." *Pickens County Progress*, January 2, 2007. http://archive.li/GmnGk.

Polad-Zade, P.A. "Too Bad It Took a Tragedy" [Жаль что для этого нужна трагедия]. 다음에 수록됨. Semenov, ed., *Chernobyl. Ten Years On*, 195-200.

Poroshenko, Petro. "The President's address at the ceremony marking the 30thanniversaryo ftheChernobylcatastrophe"[Виступ Президента під час заходів у зв'язку з 30-ми роковинами Чорнобильської катастрофи]. Speech on the New Safe Confinement site, April 26, 2016. www.president.gov.ua/news/vistp-presidenta-pid-chas-zahodivu-zvyazku-z-30-mi-rokovin-37042.

Potter, William C. "Soviet Decision-Making for Chernobyl: An Analysis of System Performance and Policy Change." Report to the National Council for Soviet and East European Research, March 1990.

참고 문헌

Prushinsky, B.Y. "This Can't Be-But It Happened." [Этого не может быть-но это случилось]. 다음에 수록됨. Semenov. Ed., *Chernobyl. Ten Years On*, 308-324.

Remnick, David. "Chernobyl's Coffin Bonus." *Washington Post*, November 24, 1989.

————————."Echo in the Dark." *New Yorker*, September 22, 2008.

Reuters. "Chernobyl Costs Reach $3.9 Billion." *Globe and Mail* (Canada), September 20, 1986.

————————. "New Town Opens to Workers from Chernobyl Power Plant," *New York Times*., April 19, 1988.

————————. "Wild Boars Roam Czech Forests-and Some of Them Are Radioactive." February 22, 2017.

Reva. V.M. Testimony at the 46thsessionontheSupremeRada,December11,1991. Kiev,Ukraine. 다음에서 스크립트를 볼 수 있다. http://rada.gov.ua/meeting/stenogr/show/4642.html.

Rogovin, Mitchell, and George T. Frampton Jr. (NRC Special Inquiry Group) *Three Mile Island: A Report to the Commissioners and to the Public*. Washington, DC: Government Printing Office, 1980)

Rybinskaya, Irina. Interview with Vladimir Trinos, "Fireman Vladimir Trinos, one of the first to arrive at Chernobyl after the explosion: 'It was inconvenient to wear gloves, so the guys worked with their bare hands, crawling on their knees through radioactive water …'" [Пожарный Владимир Тринос одним из первых попавший на ЧАЭС после взрыва : «в рукавицах было не удобно , поэтому ребята работали голыми руками , ползая на коленях по радиоактивной воде...»]. Fakty I kommentarii, April 26, 2001, http://fakty.ua/95948-pozharnyj-vladimir-trinos-odnim-iz-pervyh-popavshij-na-chaes-posle-vzryva-quot-v-rukavicah-byl-neudobno-poetomu-rebyata-rabotali-golymi-rukami-polzaya-na-kolenyah-po-radioaktivnoj-vode-quot.

Rylskii, Maksim. Interview with Vitali Sklyarov. "The Nuclear Power Industry in the Ukraine." *Soviet Life* 353, no. 2.

Samarin, Anton. Interview with Viktor Brukhanov. "Chernobyl hasn't taught anyone anything" [Чернобыль никого и нечему не научил]. *Odnako*, April 26, 2010. www.odnako.org/magazine/material/chernobil-nikogo-i0nichemu-ne-nauchil-1/.

Samodelova, Svetlana. "The private catastrophe of Chernobyl's director" [Личная катастрофа директора Чернобыля]. *Moskovsky Komsomolets*, April 22, 2011, www.mk.ru/politics/russia/2011/04/21/583211-lichnaya-katatrofa-direktora-chernobylya.html.

Sazhneva, Ekaterina. "The living hero of a dead city" [Живой герой мертвого города]. Kultura, February 2, 2016, http://portal-kultura.ru/articles/history/129184-zhivoy-geroy-mertvogo-gorodasazh.

Schmemann, Serge. "Chernobyl and the Europeans: Radiation and Doubts Linger." *New York Times*, June 12, 1988.

————. "Kremlin Asserts 'Danger Is Over.'" *New York Times*, May 12, 1986.

————. "Soviet Announces Nuclear Accident at Electric Plant." *New York Times*, April 29, 1986.

————. "The Talk of Kiev." *New York Times*, May 31, 1986.

Semenov, A. N. "For the 10thAnniversaryoftheChernobylCatastrophe." 다음에 수록됨. Semenov ed., *Chernobyl: Ten Years On*, 7-74.

Shanker, Thom. "As Reactors Hum, 'Life Goes On' at Mammoth Tomb." *Chicago Tribune*, June 15, 1987.

————. "Life Resumes at Chernobyl as Trials Begin." *Chicago Tribune*, June 16, 1987.

————. "2 Graves Lift Chernobyl Toll to 30." *Chicago Tribune*, August 3, 1986.

Shasharin, G. "Chernobyl Tragedy" [Чернобыльская трагедия]. Novy Mir 797, no. 9 (1991): 164-179. 다음에 동일한 제목으로 재출간됨. Semenov, ed. *Chernobyl: Ten Years On*, 75-132.

Shcherbak, Iurii. "Chernobyl: A Documentary Tale" [Чернобыль: Документальная повесть]. *Yunost*, nos. 6-7 (1987) Translated b JPRS Soviet Union Political Affairs as "Fictionalized Report on First Anniversary of Chernobyl Accident" (Report no. JPRS-UPA-87-029, September 15, 1987).

Sheremeta, Yelena. Interview with Rada Scherbitskaya. "After Chernobyl, Gorbachev told Vladimir Vasiliyevich, "If you don't hold the parade, say good-bye to the party.'" [После Чернобыля Горбачев сказал Владимиру Васильевичу : ≪ Если не проведешь первомайскую демонстрацию, то можешь распрощаться с партией≫]. *Fakty I kommentarii*, February 17, 2006, http://fakty.ua/43896-

rada –scherbickaya –quot –esli –ne –provedesh –pervomajskuyu –demonstraciyu –to –
mozhesh –rasproschatsya –s –partiej –quot.

––––––––. Interview with Vitali Masol. "Vitali Masol: 'We were quietly preparing to
evacuate Kiev'" [Виталий Масол: ≪ Мы тихонечко готовились к эвакуации
Киева]. *Fakty I kommentarii*, April 26, 2006, http://fakty.ua/45679 –vitalij –masol –
quot –my –tihonechko –gotovilis –k –evakuacii –kieva –quot.

Shunevich, Vladimir. "Former ChNPP Director Brukhanov: 'When after the accident my
mother learned that I'd been expelled from the party, her heart broke···'" [Бывший
директор ЧАЭС Виктор Брюханов : ≪ Когда после взрыва реактора моя мама
узнала, что меня исключили из партии, у нее разорвалось сердце...≫]. *Fakty I
kommentarii*, December 1, 2010, http://fakty.ua/123508 –byvshij –direktor –chaes –
viktor –bryuhanov –kogda –v –1986 –godu –possle –vzryva –reaktora –moya –mama –
uznala –chto –menya –isklyuchili –iz –partii –u –nee –razorvalos –serdce.

––––––––. Interview with Viktor Brukhanov. "Former director of the Chernobyl Atomic
Power Station Viktor Brukhanov: 'At night, driving by Unit Four, I saw that the
Structure above the reactor is ··· Gone!'" [Бывший директор Чернобыльской
Атомной Электростанции Виктор Брюханов : ≪Ночью проезжая мимо
четвёртого блока ,увидел , что верхнего
строения на реактором...Нету!≫]. *Fakty I kommentarii*, April 28, 2006, http://fakty.
ua/45760 –byvshij –direktor –chernobylskoj –atomnoj –elektrostancii –ciktorbryuhanov –
quot –nochyu –proezzhaya –mimo –chetvertogo –bloka –uvidel –chto –verhnego-
–stroeniya –nad –reaktorom –netu –quot.

Sich, Alexander. "Truth Was an Early Casualty." *Bulletin of Atomic Scientists* 52, no. 3 (May–
June 1996).

Sidorchik, Andrei. "Deadly experiment. Chronology of the Chernobyl NPP catastrophe"
[Смертельный эксперимент. Хронология катастрофы на Чернобыльской АЭС].
Argumenty I fakty, April 26, 2016, www.aif.ru/society/history/smertelnyy_eksperiment_
hronologiya_katastrofy_na_chernobylskoy_aes.

Skaletsky, Yuriy, and Oleg Nasvit (National Security and Defense Council of Ukraine)
"Military liquidators in liquidation of the consequences of Chornobyl NPP accident:
myths and realities." in T. Imanaka, ed. *Multi-side Approach to the Realities of the Chernobyl*

NPP Accident (Kyoto: Kyoto University, 2008).

"Slavsky Efim Pavlovich" [Славский Ефим Павлович]. Family history, www.famhist.ru/famhist/ap/001ef29d.htm.

Sparks, Justin. "Russia Diverted Chernobyl Rain, Says Scientist." *Sunday Times*, August 8, 2004.

Sports.ru. "Soccer in Pripyat: The History of the 'Builder' Soccer Club" [Футбол в Припяти. История футбольного клуба «Строитель»]. April 27, 2014, www.sports.ru/tribuna/blogs/golden_ball/605515.html.

Stadnychenko-Cornelison, Tamara. "Military engineer denounces handling of Chernobyl Accident," *The Ukrainian Weekly*, April 26, 1992.

Stastita. "Mortality Rate Worldwide in 2018, by Energy Source (in Deaths Per Terawatt Hours)" Statista.com, www.statista.com/statistics/494425/death-rate-worldwide-by-energy-source.

Stein, George. "Chernobyl's Flaws Exposed in March by Ukraine Paper." *Los Angeles Times*, May 2, 1986.

Strasser, Emily. "The Weight of a Butterfly." *Bulletin of the Atomic Scientists*, February 25, 2015, http://thebulletin.org/2015/02/the-weight-of-a-butterfly/.

Telyatnikov, Leonid. "Firefight at Chernobyl." Transcript of the address at the Fourth Great American Firehouse Exposition and Muster, Baltimore, MD, September 17, 1987. Fire Files Digital Library. https://fire.omeka.net/items/show/625.

Tolstikov, V.S., and V. N. Kuznetsov. "The 1957 Radiation Accident in Southern Urals: Truth and Speculation" [Южно-уральская радиационная авария 1957 года : Правда и домыслы] *Vremya* 32, no. 8 (August 2017): 13.

United Press International. "Tens of Thousands in March: nuclear Disaster Ignored at Soviet may Day Parade." *Los Angeles times*, May 1, 1986.

US Department of the Treasury. "Treasury Sanctions Russian Officials, Members of the Russian Leadership's Inner Circle, and an Entity for Involvement in the Situation in Ukraine." March 20, 2014, http://www.treasury.gov/press-center/press-releases/Pages/j123331.aspx.

US Nuclear Regulatory Commission. "Operating Nuclear Power Reactors (by Location or Name)" Updated April 4, 2018, www.nrc.gov/info-finder/reactors.

-------. "Report on the Accident at the Chernobyl Nuclear Power Station (NUREG-1250)" US Department of Energy, January 1987.

USSR State Committee on the Utilization of Atomic energy. "The Accident at the Chernobyl Nuclear Power Plant and Its consequences" ["빈 보고서"]. Information complied for the IAEA Experts' Meeting, Vienna, 25-29 August, 1986, Parts I and II (August 1986).

Vasyl, Maria. Interview with Viktor Brukhanov. "Former ChNPP director Brukhanov: 'Had they found legal grounds to have me shot, they would have done so.'" [Бывший директор ЧАЭС Виктор Брюханов: ≪ Если бы нашли для меня расстрельную статью , то думаю , расстреляли бы.≫]. *Fakty I kommentarii*, October 18, 2000, http://fakty.us/104690-byvshij-direktor-chaes-viktor-bryuhanov-quot-esli-by-nashli-dlya-menya-rasstrelnuyu-statyu-to-dumayu-rasstrelyali-by-quot.

Veklicheva, R. "A Soviet Way of Life: The Test" [Образ жизни-Советский . Испытание]. *Vperiod*(오브닌스크 당 기관지), June 17, 1986.

Voloshko, Vladimir. "The Town That Died at the Age of Sixteen" [Город погибший в 16 лет]. http://pripyat.com/people-and-fates/gorod-pogibshii-v-16-let.html.

Von Hippel, Frank N., and Matthew Bunn. "Saga of the Siberian Plutonium-Production Reactors." Federation of American Scientists Public Interest Report, 53(November/December 2000, http://fas.org/faspir/v53n6..htm.

Vorobyev, A. "Chernobyl Catastrophe Five Years On"[Чернобыльская катастрофа пять лет спустя]. *Novy Mir* 797, no. 9 (1991): 179-83.

Walker, Martin, "Moscow Play Pans Nuclear Farce: Piece on Chernobyl Accident to Tour Soviet Cities." *Guardian*, September 18, 1986.

Weber, W.T. et al. "Chernobyl Lessons Learned: Review of N Reactor." Report WHC-SP-0257, prepared for the US Department of Energy Assistant Secretary for Defense Programs. October 1987.

Wellock, Thomas. "'Too Cheap to Meter': A History of the Phrase." *United States Nuclear Regulatory Commission* (blog), June 3, 2016.

Whittington, Luther. "'2,000 Die' in Nukemare; Soviets Appeal for Help as N-plant Burns out of Control." *New York Post*, April 29, 1986.

Williams, Carol J. "Chernobyl Victims Buried at Memorial Site." Associated Press June 24,

1986.

World Energy Council. World Energy Scenarios 2016, Executive Summary. World Energy
Council report, http://www.worldenergy.org/wp-content/uploads/2016/10/World-
Energy-Scenarios-2016_Executive-Summary-1.pdf.

World Health Organization(WHO), Regional Office for Europe. "Chernobyl Reactor
Accident: Report of a Consultation." Report no. ICP/CEH 129, May 6,
1986(provisional)

WHO. "Health Effects of the Chernobyl Accident: An Overview." April 2006, www.who.
int/ionizing _radiation/chernobyl/backgrounder/en/.

--------. "1986-2016: Chernobyl at 30-An update." Press release, April 25, 2016.

WHO/IAEA/UNDP. "Chernobyl: The true scale of the accident." Joint press release,
September 5, 2005.

World Nuclear Association. "Nuclear Power in France." Updated June 2018, www.world-
nuclear.org/information-library/country-profiles/countries-a-f/france.aspx.

--------. "Nuclear Power in China," World Nuclear Association, updated May 2018,
www.world-nuclear.org/information-library/country-profiles/countries-a-f/china-
nuclear-power.aspx.

Yadrihinsky, A.A. "Atomic Accident at Unit Four of Chernobyl NPP and Nuclear Safety of
RBMK Reactors"[Ядерная авария на 4 блоке Чернобыльской АЭС и ядерная
безопасность реакторов РБМК]. Gosatomenergonadzor Inspectorate at the Kursk
Nuclear Power Station, 1989.

Yatsenko, Natalia. Interview with Vitali Sklyarov. "Vitali Sklyarov, energy advisor
to the Ukrainian prime minister: 'What's happening in our energy sector is
self-suffocation'" [Советник премьер-министра Украины по вопросам
энергетики Виталий Скляров : ≪Самоудушение - вот что происходит с
нашей энергетикой≫]. Zerkalo nedeli Ukraina, October 7, 1994, http://zn.ua/
ECONOMICS/sovetnik_premier-ministra_ukrainy_po_voprosam_energetiki_vitaliy_
sklyarov_samoudushenie_-_vot_chto_p.html.

Yurchenko, Y. Report no. IAEA-CN-48/256: Assessment of the Effectiveness of Mechanical
Decontamination Technologies and Technical Devices Used at the Damaged Unit of the Chernobyl
Nuclear Power Plant [Оценка эффективности технологий и технических средств механической

참고 문헌

дезактивации аварийного блока Чернобыльской АЭС]. in IAEA, Nuclear Power Performance and Safety, 1988.

Zhilin, A. "No such thing as someone else's grief"[Чужого горя не бывает]. *Aviatsiya I Kosmonavtika* no. 8(August 1986)

영화, 텔레비전

The Atom Joins the Grid. 다큐멘터리 영화. London: British Pathe, October 1956.

The Battle of Chernobyl. 다큐멘터리 영화. 감독: Thomas Johnson. France: Play Film, 2006.

The Bells of Chernobyl (Ten Years Later) 다큐멘터리 영화. 감독: Kurt Langbein et al. NTU/BTRC/TVP/RTL/Tele Images/Strix TV/TV Asahi, 1996.

Chernobyl: A Warning [Чернобыль: Предупреждение]. 다큐멘터리 영화. 내레이션: Lev Nikolayev. 감독: Vladimir Osminin. Moscow: Channel One, 1987.

Chernobyl: Chronicle of Difficult Weeks. 다큐멘터리 영화. 감독: Vladimir Shevchenko. Kiev: Ukrainian News and Documentary Studio, 1986.

Chernobyl: Two Colors of Time [Чернобыль: Два цвета времени]. 3부작 다큐멘터리. 감독: I. Kobrin. Kiev: Ukrtelefim, 1989.

Chernobyl 1986. 04. 26 Post Scriptum [Чернобыль. 1986. 04. 26]. 다큐멘터리 시리즈. 내레이션: Valery Starodumov. Kiev: Telecon, 2016.

Chernobyl 3828 [Чернобыль 3828]. 다큐멘터리 영화. 내레이션: Valery Starodumov. 감독: Sergei Zabolotny. Kiev: Telecon, 2011.

The Construction of the Chernobyl Nuclear Power Plant [Будівництво Чорнобильської AEC.]. 다큐멘터리 영화. Kiev: Ukrainian Studio of Documentary Chronicle Films, 1974. State Film Archive of Ukraine.

Inside Chernobyl's Sarcophagus. 다큐멘터리 영화. 감독: Edward Briffa. United Kingdom: BBC Horizon 1991 (1996년에 공개됨)

The Mystery of Academician Legasov's Death [Тайна смерти академика Легасова]. 다큐멘터리 영화. 감독: Yuliya Shamal and Sergei Marmeladov. Moscow: Afis-TV for Channel Rossiya, 2004.

Pandora's Promise. 다큐멘터리 영화. 감독: Robert Stone. Impact Partners, 2013.

Radioactive Wolves. 다큐멘터리 영화. 감독: Klaus Feichtenberger. Epo-Film, ORF/
  Universum and Thirteen in association with BBC, ND, and WNT New York Public
  Media, 2011.

The Science of Superstorms. 다큐멘터리 시리즈. 제작: Michael Mosley. London: BBC, 2007.

The Second Russian Revolution. 다큐멘터리 시리즈. 제작: Norma Percy. 감독: mark
  Anderson. London: BBC, 1991.

Windscale 1957: Britain's Biggest Nuclear Disaster. 다큐멘터리 영화. 감독: Sarah Aspinall.
  BBC, 2007.

Zero Hour: Disaster at Chernobyl. 다큐멘터리, 극화된 재구성. 감독: Renny Bartlett.
  Discovery, 2004.

사진 크레딧

1. Nikolay Belekhov/Pripyat-city_ru
2. Maia Protsenko
3. Stanislav Konstantinov/Pripyat-city.ru
4. Vitaly Kozlov/Pripyat-city-ru.
5. Valentina Brukhanov
6. Valentina Brukhanov
7. Natalia Yuvchenko
8. Natalia Yuvchenko
9. Pripyat-city.ru
10. Ukrainian National Chernobyl Museum
11. Alexander Sich
12. Petre Vyhovsky/Pripyat-city.ru
13. Alexander Korol
14. Ukrainian National Chernobyl Museum
15. Ukrainian National Chernobyl Museum
16. Anatoly Rasskazov/Ukrainian National Chernobyl Museum
17. Arkady Uskov/Ukrainian National Chernobyl Museum
18. Alexander Logachev/Ukrainian National Chernobyl Museum

19. Ukrainian National Chernobyl Museum

20. Nikolai Antoshkin

21. Ukrainian National Chernobyl Museum

22. Nikolai Antoshkin

23. Maria Protsenko

24. Robert Gale

25. Ukrainian National Chernobyl Museum

26. Ukrainian National Chernobyl Museum

27. Ukrainian National Chernobyl Museum

28. Ukrainian National Chernobyl Museum

29. Mykola Valitskij, Ukrainian National Chernobyl Museum

30. Alexander Sich

31. Alexander Sich

32. Ukrainian National Chernobyl Museum

33. Alexander Sich

34. Alexander Sich

35. Adam Higginbotham

찾아보기

우연히 일어난 필연적인 사고

체르노빌이라는 지명이 생소한 사람은 별로 없을 것이다. 잘 알려져 있듯이 체르노빌은 "사상 최악의 핵 사고"가 난 곳이다. 그런데, "최악"은 구체적으로 무엇이 어떠했다는 말인가? "핵 사고"라는 것은 무엇인가? 그 최악이라는 핵 사고는 왜, 어떻게 발생했는가? 그곳과 그곳 사람들은 어떻게 되었는가? "사상 최악의 핵 사고"라는 구절 외에 우리가 정작 알고 있는 것은 무엇인가? 사실 우리는 잘 모른다.

우리가 잘 모르는 데도 그럴 만한 이유가 있다. 원자력 공학이라는 분야 자체가 너무 어렵기도 하거니와, 이 사고는 냉전 시기 구소련에서 일어났다. 우리 대부분은 "장막 저쪽"의 세계를 모를 뿐 아니라 왜곡되게 알고 있을 가능성이 크다. 저자 본인도 20년 동안 체르노빌 사고를 칙칙하고 억압적이고 비참한 나라에서 발생한 끔찍한 사고라고만 생각하고 있었다니 말이다. 그러다 2006년, 체르노빌 사고 20주년 기사를 쓰기 위해 취재에 나선 저자는 첫 취재에서부터 "저쪽" 세계의 삶에 대해 가지고 있던 선입견이 깨지는 경험을 했고, "빛나는 원자력의 도시" 프리피야트의 일상까지 포함해 그 당시를 온전히 사실에 기

반해 재구성해 보고 싶었다고 밝힌 바 있다.[1)]

물론 이야기의 중심은 4호기에서 벌어진 사고다. 저자는 타이타닉 호 침몰을 다룬 월터 로드Walter Lord의 1955년 저서 『기억해야 할 밤 *A Night to Remember*』에서 착안해 이 책을 구성했다고 한다.[2)] 월터 로드의 책은 그날 밤 타이타닉 호의 침몰로까지 이어진 일련의 사건과 상황을 거의 분 단위로 기술하고 있는데, 촘촘한 사실관계만으로도 그 어떤 드라마보다 강력하고 몰입력 있는 드라마가 펼쳐진다. 이와 비슷하게, 이 책의 1부는 소비에트 사회 및 핵 공학(냉전 시기 양 진영 모두에서의 군사적인 기원도 포함해서)에 대한 배경 설명에 이어, 사고 직전부터 다음날까지의 상황을 때로는 초 단위까지 촘촘히 재구성하고 있다. 그리고 핵 사고는 발생 시점 이후로도 오랫동안 "진행 중"이기 때문에, 2부는 활화산처럼 계속해서 위협적으로 살아있는 4호기(사고가 난 원자로)의 상태와 추가 폭발을 막고 피해를 어떻게든 최소화하기 위해 분투한 몇 개월의 과정을 다룬다.

공산 세계에 대한 냉전 시절의 선입견과 사고 이후 서구에서 유통되었던 부정확한 뉴스들을 걷어낸다 해도, "사실"을 재구성하는 것은 쉬운 일이 아니었다. 자료는 여기저기에, 그리고 여러 언어로 흩어져 있었고, 종종 상충했다. 또 소비에트 당국의 자료는 시점마다 각기 다른 정도와 양상으로 은폐되었기 때문에(혹은 각기 다른 정도와 양상으로 공

---

1) 저자가 이에 대해 언급한 동영상을 다음 웹사이트에서 볼 수 있다. https://www.youtube.com/watch?v=ZBKf7DZuf2g; 저자가 가장 처음 인터뷰를 한 생존자는 알렉산더 유브첸코와 나탈리아 유브첸코 부부였다. 프리피야트는 체르노빌 원전 단지에서 일하는 엘리트 엔지니어들과 가족들이 거주할 수 있도록 인공적으로 만든 도시로, 사고 당시 주민은 약 5만 명이었고 서구의 현대적인 도시에 뒤지지 않는 풍족함을 누리고 있었다.

2) 저자가 이에 대해 언급한 동영상을 다음 웹사이트에서 볼 수 있다. https://www.youtube.com/watch?v=SgJpaQ3VAuA.

옮긴이 후기

개되었기 때문에) 일관된 설명으로 꿰기가 힘들었다.[3]

그래도 저자가 무無에서 시작해야 했던 것은 아니었다. 꿰여 있지 않은 구슬 서 말이 여기저기 흩어져 있었다. 당 정치국 회의록 등 기밀 해제된 문서들이 있었고, 당시 상황을 겪은 사람들의 회고록들도 출간되어 있었으며, 기술적인 부분과 관련해서는 과학자들의 조사 보고서와 연구 논문들을 참고할 수 있었고, 체르노빌 뮤지엄에 사고 직후 방사능 정찰 부대가 사용했던 지도부터 소방서의 화재 출동 기록까지 상세한 자료가 소장되어 있었다. 이에 더해, 저자는 수많은 사람들을 직접 만나 이야기를 들었고 그들이 개인적으로 가지고 있는 사진, 일기, 편지도 볼 수 있었다.

저자는 이 방대한 자료들을 토대로 날짜나 시간, 장소, 발언 등에 대해 사람들의 기억이 어긋나는 부분이나 기록의 실수로 상충하는 부분까지 하나하나 맞춰 나가면서,[4] 당시 상황을 생생하게 재구성해 냈다. 이렇게 해서, 2006년에 사고 20주년 기사를 쓰려고 시작했던 취재가 10년에 걸친 여정으로 이어졌고 2019년에 책으로 출간되었다.

---

3) 공정하게 말하자면, 전부 다 "의도적으로" 은폐한 것은 아니었다. 이 책에 상세히 묘사되어 있듯이, 말 그대로 전례 없는, 그리고 어마어마한 규모의 사고였던지라, 전문가와 고위 당국자 본인들도 정말로 상황이 어떠한지(가령, 폭발한 노심의 온도는 얼마인지, 핵 용암이 땅 밑으로 얼마나 파고들어갈 것인지, 내부에 핵 연료는 얼마나 남아 있는지, 대기 중으로 핵종을 내뿜고 있는 4호기를 막기 위해 공중에서 투하하는 모래가 실제로 어디에 떨어지고 있는지, 지하 수조에 물이 얼마나 남아 있는지, 그것이 아래로 녹아들어가는 핵 용암과 닿으면 증기 폭발을 일으킬 것인지 등등)를 파악하는 것이 불가능했기 때문이다.

4) 이를테면, 이 책의 후주에서 다음과 같은 설명을 여럿 볼 수 있다: "나중에 안토슈킨은 원자로에 [화재 진압 물질을] "투하"하는 작업을 [프리퍄트] 주민들의 소개가 완료되기 전에는 하지 못하게 되어 있었다고 회상했다…. 하지만 (…) 다른 이들의 회상은 그와 다르다. (…) 첫 번째 투하 임무를 수행한 보리스 네스테로프 대령은 자신이 오후 3시경에 물질을 원자로에 투하하기 시작했는데 주민들의 소개가 진행되고 있는 것이 조종석에서 보였다고 말했다."; "즈보로프스키는 [임무에 대한] 연락을 받은 것이 5월 1일에서 2일로 넘어가는 새벽 1시였다고 회상했지만, 실라예프가 체르노빌로 가는 비행 일정이 잡힐 수 있었던 것은 빨라야 5월 2일 오전이었다…. 따라서 즈보로프스키가 5월 1일에서 3일로 넘어가는 밤을 잘못 말한 것으로 보인다."

덕분에 우리는 이 사고가 과연 어떠했기에 "최악"이었는지, 그 최악의 사고는 어떻게 해서 일어났는지를 구체적인 묘사를 통해 따라가 볼 수 있다. 이를 테면, 어떤 사고가 "최악"이라는 것은 일단 규모의 문제일 텐데, "두꺼운 콘크리트 벽과 기둥이 고무처럼 찌그러지고" 원자로 건물 상단의 "육중한 생물학적 차폐막[약 2000톤에 달했다]이 위로 던져진 동전마냥 튕겨져 올라가고" "거대한 철제 물탱크가 젖은 마분지처럼 찢어지고" "맹렬한 증기 커튼이 몰려오는" 폭발의 순간부터, 4호기 내부의 화재를 진압하고 추가 폭발을 막기 위한 "체르노빌의 전투," 말 그대로 끝이 없는 제염 작업, 그리고 달 탐사용 로봇도 몇 분을 버티지 못하는 극한의 방사능 장에서 진행해야 하는 석관 건설 등의 묘사에서, 챕터를 넘길 때마다 미처 숨 돌릴 틈도 없이 또 다시 규모에 압도되는 경험이 이어진다.[5]

잔뼈 굵은 이 분야 전문가조차 "밀리뢴트겐" 단위와 "뢴트겐" 단위를 헛갈릴 정도의 무지막지한 규모는 기존에 알고 있는 지식을 무력화시킨다.[6] 발전소 직원들은 중대 사고 시 최악을 막기 위해 어떻게든 원자로에 냉각수를 대도록 훈련을 받았지만, 여기에서 "최악"은 노심에 냉각수가 고갈되는 것이었지 원자로 자체가 폭발해 버리는 것은 아니었다. 직원들은 사력을 다해 물을 내보냈지만 존재하지 않는 원자로에 물이 닿을 리 없었고 3호기의 냉각수마저 고갈될 위기에 처했다.[7] 또 부서진 원자로 안에서 튀어나온 물질로 발생한 화재는 온도가 수천 도에 달해 일반적인 화재 진압 방법은 어느 것도 통하지 않았다. 그리고

---

5) 나는 HBO에서 방영한 5부작 드라마 "체르노빌"을 보았기 때문에 이 사고의 압도적인 규모에 대해서는 이미 예방 주사를 맞았다고 생각했는데, 책에 묘사된 규모는 드라마를 보면서 상상한 것을 훨씬 능가했다.

6) 원자력을 잘 아는 전문가가 대형 사고가 발생했다고 해서 높여 잡은 예상 수치보다도 1000배가 훌쩍 넘는 규모의 사고였다는 의미다.

7) 사고는 4호기에서 발생했고, 3호기와 4호기는 냉각 수조를 공유하고 있었다.

옮긴이 후기

4호기 건물을 봉인해야 하는데, 전쟁 시 핵 공격을 당한 상황을 상정하고 준비한 첨단 군사 장비들도 4호기의 파편이 내뿜는 맹렬한 방사선을 견디지 못했다.

기존의 지식 체계를 통째로 뒤흔드는 거대한 상황에 직면해서, 그리고 그 상황에 대한 새로운 지식은 아직 전혀 없는 채로, 사람들은 그 상황이 "한층 더 최악"으로 치닫는 것을 어떻게든 막기 위해 무엇이라도 해야만 했고, 더구나 긴급하게 해야만 했다. 원전 엔지니어, 과학자, 소방대원, 의료진, 도시 당국, 고위 관료, 군인, "리퀴데이터" 모두가 아이디어, 물자, 지식 등 동원할 수 있는 모든 것을 동원해 "최악을 능가하는 최악"의 사고와 사투를 벌였다. 이미 사라진 노심에 냉각수를 댄 것처럼 상황을 악화시켰거나 수백 명의 광부가 지하로 굴을 파고 힘겹게 설치한 열 교환기가 결국 가동할 필요가 없었던 것처럼[8] 지금 보면 무의미했던 일들도 있었지만, 뭐든 해봐야 했던 당시의 상황에서 "무의미한 일"이란 있을 수 없었다. 그리고 기존의 모든 지식을 무력화시키는 듯한 사고에서도 어떤 것들은 무의미하지 않았다. 최초로 현장에 도착한 소방대는 즉시 우크라이나 전역에 경보를 발동했고, 4호기 터빈실 엔지니어들은 폭발 직후 혼란의 한복판에서 불이 붙지 않게 터빈 기계들에서 기름과 수소를 비웠고, 프리피야트의 도시 계획 담당자는 [사고 32시간 뒤에 프리피야트 주민 소개가 결정되자] 한나절 만에 4만여 주민을 무사히 소개시켰다.

하지만 이들의 이야기가 아무리 감동적이더라도 이것은 비극이었고

---

8) 과학자들이 원자로 용기에 남은 핵 연료가 용융되어 생긴 "핵 용암"이 추가로 일으킬지 모른다고 우려한 "최악의" 시나리오 두 개는 핵 용암이 수조에 남아 있는 물과 접촉해 증기 폭발을 일으키는 것과 핵 용암이 지반을 뚫고 내려가 토양과 수원을 오염시키게 되는 것이었는데, "알 수 없는" 이유로 어느 순간 갑자기 원자로 용기 내부의 온도[추정치]가 저절로 내려가기 시작했고, 용암을 식히려던 열 교환기는 가동할 필요가 없게 되었다.

그것도 "최악의" 비극이었다. 이 비극은 왜 발생했는가?

물론 이 사고 자체의 특수한 요인들이 있었다. 가령, 체르노빌 원전에 사용된 RBMK 원자로는 소비에트에서만 사용되던 모델이었는데 이 모델에는 내재적인 결함이 있었다. 사고 당일에는 "하필이면" 전력 수요가 많은 날이라 낮에 하기로 되어 있었던 테스트가 밤으로 미뤄졌고, "하필이면" 원자로 운전원이 운전 모드 설정을 바꿀 때 실수를 했고, "하필이면" 고압적인 관리자가 안전 테스트를 강행했다. 하지만 저자는 이 사고도 모든 사고가 보이는 동일한 패턴과 다르지 않았다고 말한다.[9] "필연적으로" 사고가 발생할 조건이 무르익어 있는 상태에서 "우연한" 사건이 트리거가 되었다는 것이다. 기술적인 결함, 비용의 압박, 정보의 은폐, 아무 문제 없을 거라는 믿음, 무모하게 뒤틀린 우선순위, 여기에서의 무지, 저기에서의 태만 등이 쌓여 언제 사고가 일어나도 이상하지 않을 상황이 되었고, 이제 사소한 우연도 사고를 촉발할 수 있었다. 우연히 촉발된 필연적인 사고라는 패턴도 공통되지만, 필연의 조건이 성숙하는 데 주되게 기여한 사람들(주로 권력자들)은 탓을 면하고 우연히 트리거를 당긴 사람들에게 사고 원인에 대한 책임이 덮어씌워졌다는 패턴에서도 체르노빌은 다른 많은 재난과 비슷했다.

사고 이후 4호기를 밀봉하기 위해 지은 석관이 충분히 견고하지 못해서 2016년에 "신 안전 격납고"가 지어졌다. 그 해는 사고 30주년이었다. 폐원전 주변의 상당한 지역은 아직도 출입금지구역이다. 2020년 4월에는 체르노빌 폐원전 바로 주변 숲에 큰 산불이 났다는 아찔한 소식도 있었다.[10] 올해[2021년] 4월은 체르노빌 사고 35주년이다. 당시의

---

9) 저자가 이에 대해 언급한 내용을 다음 동영상에서 볼 수 있다. https://www.youtube.com/watch?v=ZBKf7DZuf2g.

10) https://news.naver.com/main/read.nhn?mode=LSD&mid=sec&sid1=104&oid=032&aid=0003003596

많은 사람들이 이제는 존재하지 않고 소비에트연방이라는 국가 자체도 역사 속으로 사라졌지만 체르노빌은 지금도 계속해서 진행형이다.

2021년 2월
옮긴이 김승진

그날 밤 체르노빌

세계 최대 핵 재앙의 전말

첫 번째 찍은 날 | 2021년 3월 11일

지은이 | 애덤 히긴보덤
옮긴이 | 김승진
펴낸이 | 이명희
펴낸곳 | 도서출판 이후
표지 및 본문 디자인 | A. Lance

등록 | 1998. 2. 18.(제13-828호)
주소 | 10449 경기 고양시 일산동구 호수로 358-25(동문타워 2차) 1004호
전화 | (대표) 031-908-5588 (편집) 031-908-1357 팩스 02-6020-9500
블로그 | blog.naver.com/ewhobook
ISBN | 978-89-6157-101-2 03300